MIRABEAU

DU MÊME AUTEUR

Wilson, Presses de Sciences-Po et Grand Livre du Mois, 1998.
Théodor Herzl, Tallandier, 2000.
Delcassé, Olbia, 2001.
L'avenir de la sécurité internationale, Presses de Sciences-Po, 2003.
Histoire de l'Union européenne, Albin Michel, 2005. (Ouvrage couronné par l'Académie des Sciences morales et politiques.)

CHARLES ZORGBIBE

MIRABEAU

LE GRAND LIVRE DU MOIS

22, rue La Boétie, 75008 Paris

ISBN 978-2-286-04397-1

PREMIÈRE PARTIE

LE RÉVOLTÉ

LE NEVEU DE SATAN

« Ton neveu est laid comme celui de Satan. »

C'est en ces termes que le marquis de Mirabeau annonce à son frère la naissance de Gabriel-Honoré, le 9 mars 1749, dans sa propriété du Bignon, près de Nemours. Le nouveau-né apparaît en pleine agitation : la maison est vaste, à défaut d'être seigneuriale – de larges bâtiments de style Renaissance, séparés du parc par un fossé plein d'eau, « un petit panier d'herbes si drôlement mélangé d'arbres, de bocage, d'eaux et de culture qu'on dirait que tous les oiseaux de la contrée s'y sont donné rendez-vous ». Mais les murs sont délabrés, les terres dépérissent, et des détachements de maçons, de charpentiers, de menuisiers sont au travail, sous les ordres parfois contradictoires du marquis, qui semble enchanté. « Le Bignon est plein d'ouvriers en tous genres pour raccommoder ceci, rajuster cela, et si ce n'était que ma bourse en souffre, ce serait terriblement vivant. »

La journée du 9 mars a été angoissante. L'accouchement a été difficile, la vie de la mère et de l'enfant se jouait. Le médecin a prévenu le père… et accru son anxiété :

« Ne vous effrayez pas… »

De fait, l'enfant est pourvu d'une tête énorme, « d'une dimension surnaturelle » selon la famille ; il a une cheville tordue et un filet à la langue. Le marquis, par superstition, ne voulait pas d'une fête villageoise. Malgré son interdit, « les paysans se sont assemblés des paroisses voisines, et ont témoigné une joie que je ne leur demandais pas ».

Cette naissance, le marquis l'attendait avec impatience : un garçon, qui « perpétuerait la race ». Son premier enfant, un garçon, s'était empoisonné à l'âge de 3 ans en buvant le contenu de l'encrier de son écrivain de père ! Deux filles avaient suivi, dont Caroline, « une grande fille, assez bien faite, douce, bonne, gaie, la plus forte rieuse de France ». Le marquis souhaitait donc passionnément un héritier. Son ami le plus proche, le duc de Nivernois, arrière-petit-neveu de Mazarin, lui avait enseigné « son secret » pour engendrer des enfants mâles. Et la méthode avait réussi. Éperdu de reconnaissance, le marquis avait écrit à son ami : « Vous savez maintenant que j'ai un fils qui vous doit l'existence. »

Une vigoureuse paysanne du Bignon, plusieurs fois mère de famille, a été choisie comme nourrice. Le marquis est rassuré : son fils est robuste et n'a aucune infirmité. Il écrit à son frère : « Je n'ai rien à te dire de mon énorme fils, sinon qu'il bat sa nourrice, qui le lui rend bien. Ils se gourment à qui mieux mieux. Ce sont deux bonnes têtes ensemble. »

Malheureusement, il y a cette apparence physique du nouveau-né, qui provoque une véritable répulsion chez le marquis. Pour la noblesse en général et les Mirabeau en particulier, la beauté est une valeur forte, le culte de la beauté est de règle. Certains essayistes tenteront même de démontrer que les nobles, du fait de leurs traits, de leur teint et de leur blondeur, constituent une ethnie différente du reste de la nation. Le marquis apparaît comme un bel homme au regard clair, aux traits fins et à l'élégance naturelle dans le portrait que lui a consacré un élève de Chardin, Jacques Aved – le meilleur des portraits d'Aved, aujourd'hui au Louvre.

La laideur de Gabriel-Honoré s'accentue lorsque, à l'âge de 3 ans, il est atteint de la petite vérole. La grand-mère paternelle, très pieuse, « entière, inébranlable, ennemie de toute nouveauté », s'oppose à l'inoculation : ce serait un acte de rébellion contre la volonté divine. La mère, « qui a bien des recettes », applique un collyre qui a pour seul résultat d'approfondir les sillons de la maladie, de creuser des cicatrices profondes sur le visage de l'enfant.

Gabriel-Honoré est laid, on le lui répète sans cesse. Il finit par réagir : c'est la première prise de conscience du révolté ! Sa mère déplore devant lui, par avance, ce que seront les sentiments de sa future femme… Le bambin rétorque : « J'espère que ma femme ne considérera pas seulement mon visage ! »

La mère, ingénue : « Où veux-tu qu'elle te regarde ? »

Gabriel-Honoré, déterminé : « Le dessous aidera le dessus ! »

Et la famille de s'esclaffer… Le marquis est surpris par les saillies de son fils. Il confie à une amie : « Mon fils grandit. Son corps croît, le babil s'accroît, la figure s'enlaidit à merveille. »

Mais comment ne pas admirer son si précoce développement intellectuel ? À 5 ans, il lit tous les imprimés qui traînent dans la maison ; à l'extérieur, on s'étonne de son savoir. Lorsqu'il prépare sa confirmation, il met à la torture sa dévote grand-mère, qui lui explique :

« Dieu ne peut rien faire de contradictoire, comme par exemple un bâton qui n'aurait qu'un seul bout...

— Mais un miracle, n'est-ce pas un bâton qui n'a qu'un seul bout ? »

Le marquis reconnaît, comme à regret, que son fils est « péroreur à perte de vue ». Un don d'éloquence, mais aussi un don d'observation et un talent d'imitateur en herbe. Il invite une amie à une fête au Bignon : « Vous verrez un petit monstre qu'on dit mon fils jouer un rôle. Il serait le fils d'un acteur célèbre, il ne serait pas plus naturellement comédien, endiablé, plein de mémoire et bouffon ! »

Gabriel-Honoré est, aussi, victime de la mésentente conjugale. Rien ne va plus dans le couple, qui tangue en tous sens. Le marquis enrage : il croit retrouver dans son fils les traits et le caractère de la lignée de sa femme, les Vassan. Il reporte son ressentiment sur l'enfant. La grand-mère paternelle, le regard aiguisé par une sourde rancune contre sa belle-fille, le trouve « tout Vassan ». L'allégresse qui accompagna sa naissance tend à disparaître. D'autres enfants ont suivi : une fille, Louise, remarquablement belle et dont la grâce ravit le marquis. Et surtout, un autre fils, Boniface, qui, lui, est « tout Mirabeau ». L'aîné vivra à l'ombre de la prédilection paternelle pour son cadet.

Le marquis en vient à dresser un réquisitoire permanent contre le petit Gabriel-Honoré, comme s'il cherchait à justifier son absence totale de bienveillance et sa rigueur extrême :

« Je dois renoncer à ce que cet individu ait le caractère de notre race ! C'est un esprit de travers, fantasque, fougueux, incommode, penchant vers le mal avant de le connaître. L'aîné de mes garçons vendra son nom ! »

Le marquis a confié son fils à la tutelle d'un ancien avocat au Parlement, Poisson. Un caractère inflexible, une discipline d'acier. Le jeune Mirabeau ne sort pas d'une série de pénitences sans fin ; il se débat dans un cercle de contraintes inexplicables. Il discute les méthodes d'éducation de son père. Il tente de le convaincre que la sévérité excessive ne fait que l'irriter, que la réglementation excessive est inadaptée à son intelligence...

« Il raisonne d'or à certains moments », reconnaît le marquis ébranlé, avant de redonner libre cours à son ressentiment et de recommencer à humilier le jeune orgueil de Gabriel-Honoré.

Et si l'enfant, changeant de stratégie, joue la docilité absolue afin de désarmer son père, ce dernier s'exaspère : « C'est un type profondément inouï de bassesse, une platitude absolue, la qualité de la chenille qui ne se déchenillera jamais ! »

Le père reconnaît, certes, chez son fils « une intelligence, une mémoire, une capacité qui saisissent, ébahissent ». Mais ces qualités mêmes l'épouvantent car elles dérivent en autant de défauts : l'intelligence vive tourne au bavardage stérile, la puissance d'assimilation à la paresse, la fierté à la vantardise.

Poisson tombe malade. Le marquis s'inquiète à l'idée d'assumer seul la responsabilité de son fils de 8 ans :

« Poisson mourra et je m'acheminerai, traînant mon fils à ma ceinture, sans savoir dans quelle rivière je le jetterai. »

Mari fautif et bafoué, le marquis poursuit, impitoyablement, en son fils, « la furieuse race » de sa femme. Il s'acharne contre le jeune Gabriel-Honoré, il le persécute. Il recrute un maître d'armes pour le « débourrer », un géomètre pour le « redresser ». Il les prévient :

« C'est un caractère incurable, un fol invinciblement maniaque, avec toutes ces qualités viles qu'il doit à sa ressemblance avec sa mère. Je vois en lui le naturel de la bête ; on n'en fera jamais rien. »

Il juge, rétrospectivement, Poisson trop indulgent ; il s'adonne à un programme d'éducation toujours plus contraignant. Il lui faut éradiquer « les fougues si étranges et les vices de cet enfant ».

Parfois, ses amis s'indignent : « Vous allez en faire un scélérat, alors que vous pourriez en faire un grand homme. »

Scélérat ou grand homme ? Face aux condamnations répétées de son père, le jeune Mirabeau se durcit et trouve, face à ce qu'il perçoit comme une injustice, la force d'enraciner sa confiance dans ses propres qualités.

Qualifié de « mauvais sujet », Gabriel-Honoré se voit interdire, pour un temps, de porter le nom de Mirabeau : il sera Pierre-Buffière, le nom d'une terre de sa mère dans le Limousin.

Il est éloigné de la demeure paternelle, et mis en pension à Versailles, chez un ancien capitaine de cavalerie, Sigrais, époux d'une ancienne première femme de chambre de la dauphine. Sigrais doit appliquer la discipline militaire à cet « élément turbulent »... mais il découvre un jeune esprit des plus éveillés. Le marquis s'indigne : « avec son âme noble et romanesque », Sigrais applique un régime trop doux à son fils !

« Il est saisi, il est fasciné, il vante cette mémoire [de Gabriel-

Honoré] qui absorbe tout, il ne veut pas comprendre que le sable aussi absorbe tout, reçoit toutes les empreintes... et qu'il ne s'agit pas de savoir, mais de retenir et de garder. Il magnifie la bonté de cœur de mon fils qui n'est que flasque et banale attitude débonnaire envers les petites gens qui le mettent à l'aise, et qui devient démagogie du fait de son instinct de bassesse. Il loue son esprit de perroquet. »

Le marquis transfère donc son fils à la pension de l'abbé Choquard, « un homme raide, qui force les punitions », à la tête d'une « maison de correction ». De fait, il s'agit d'une école militaire, où les exercices physiques ont une grande part, et qui organise même des manœuvres à la manière prussienne. Mais c'est, en même temps, un établissement à la mode, qui recrute ses élèves dans les bonnes familles et est fréquenté par de nombreux jeunes étrangers. Gabriel-Honoré se lie aux frères Elliot, l'un futur membre de la Chambre des Communes et l'autre futur diplomate britannique. Il leur apparaît comme « négligé, sale dans ses vêtements, gauche dans ses manières, le visage disgracieux »... mais avec une grande confiance en lui, proche de la suffisance, et une grande vivacité d'esprit, qui lui donne du tranchant dans la conversation. C'est la première conquête de popularité, le premier exercice de séduction du futur tribun. Lorsque le marquis voudra retirer son fils de la pension Choquard, il se verra opposer une pétition signée par tous les condisciples de Gabriel-Honoré.

Élève toléré grâce au soutien de ses camarades, Pierre-Buffière devient, en troisième année, le champion intellectuel de sa classe. Il n'avait appris que le latin avec Poisson ; il révèle ses dons dans l'étude des langues étrangères. Son père voyait « dans son esprit, une suite de lueurs, d'étincelles, incapable d'un travail et d'un raisonnement suivis ». Le professeur de mathématiques est surpris par ses aptitudes, ses progrès au-delà du calcul intégral et différentiel. Il prononce un « Éloge du prince de Condé, mis en parallèle avec Scipion l'Africain ». Une publication de l'époque, le Recueil de Bachaumont, évoque, à propos du « jeune Aiglon »... les traces « de son illustre père ». Cette fois, le marquis est ému : son fils n'est décidément pas stupide ! Et on retrouve chez lui les qualités du père ! Mais, s'il n'est pas stupide, le jeune Gabriel-Honoré reste tout de même dangereux sous le regard tenacement soupçonneux du marquis : il correspond avec sa mère et reçoit d'elle de l'argent ! Sa mère, une femme qui, selon le marquis, « emploie tout ce qu'elle a et qu'elle n'a pas à débaucher la partie véreuse de ma famille ». Gabriel-Honoré reste bien « un Vassan » !

ITINÉRAIRE, DE SEYNE À MARSEILLE

Son impétuosité, Gabriel-Honoré l'attribuera plus tard à son origine italienne. Selon la légende affinée par son père, la noble famille des Arighetti, affiliée au parti des Gibelins, aurait été chassée de Florence après le triomphe des Guelfes et serait venue s'établir en Provence au XIIIe siècle. Les détails de la généalogie répondent à l'orgueil nobiliaire du marquis : une Arighetti de Florence aurait épousé un Médicis – « la seule mésalliance dans la maison des Mirabeau », se vantait-il devant l'intendant de la province ; et le premier Arighetti de Provence, devenu Riqueti, aurait pris pour femme « Sibylle de Fos, de la maison des comtes de Provence, dont tant de troubadours ont chanté la beauté ».

Imagination de romancier ? Falsifications d'un historien saisi par un rêve de grandeur familiale ? Le marquis a persisté, dans cette quête de ses racines : « Il est démontré que les Arighetti arrivèrent en Provence avec le titre et l'esprit de la noblesse de ce temps-là » ; « j'ai tiré de Florence des extraits des documents publics »... Les généalogistes n'ont pas partagé la conviction des Mirabeau ; les réticences de Michel de Nostradamus, dans son *Nobiliaire provençal*, n'ont d'égal que le refus pur et simple de Pierre et Étienne d'Hozier, ces Marseillais qui furent pendant deux siècles, pour toute la noblesse de France, l'autorité suprême dans le domaine du blason. Notre futur tribun, Gabriel-Honoré, sera plus hésitant. Député à la Constituante, il ironisera sur l'obsession nobiliaire de son père, qu'il qualifiera du « plus ridicule » et du « plus plat » : « Tout ce qui semble haut en impose, mais cela n'est pas haut, ce n'est que fanfaron et fou. » Pourtant, lorsqu'on lui soumettra la note de son père sur les Arighetti et l'origine italienne des Mirabeau, il ira jusqu'à surenchérir en biffant la mention de « noblesse » en marge du texte et en lui substituant les mots de « haute noblesse ».

Si l'origine toscane des Mirabeau ne peut être sérieusement prouvée, leur présence en Provence depuis le XIVe siècle est incontestable. Les Riquet ou Riqueti sont originaires de la petite ville de Seyne-les-Alpes, dans l'actuel département des Alpes de Haute-Provence, à l'est de la Durance, au milieu de ces montagnes de lumière qui vont du Briançonnais aux abords de Digne. Les paysages sont d'une austérité grandiose ; ils évoquent parfois ceux du Tibet, avec leur enchevêtrement de vallées étroites, de défilés, de pics. Les villages, perchés sous un ciel d'une intense clarté, semblent traverser les siècles, immobiles – comme les bâtisses aux murs crépis de Seyne, rassemblées autour de l'église romane, ornée de la Vierge des Sept-Douleurs, expression d'un art populaire imprégné de baroque. Mais, aujourd'hui, l'immense barrage de Serre-Ponçon a transformé le climat de la région, devenu plus humide : l'herbe devient plus abondante, l'air moins transparent.

Un acte de janvier 1346 révèle qu'un Riqueti a été élu « consul » de Seyne, l'un des trois consuls qui forment l'administration municipale des villes de Provence. Un siècle plus tard, les Riqueti ont atteint le « beau pays » de Digne où ils sont négociants. Au début du XVIe siècle, sous le règne de Louis XII, Honoré Riqueti s'installe à Marseille. La société marseillaise est ouverte aux promotions individuelles, et nourrie des émigrations de Haute-Provence et du Dauphiné ; elle est dominée par la frange supérieure du Tiers État. Pour les Riqueti, Marseille sera un lieu de réussite : Honoré est armateur d'une flottille de pêche ; il fonde une manufacture, qui produit des étoffes d'écarlate. Son fils Jehan développe ces activités, crée une maison de commerce de corail et devient premier consul de Marseille en 1562. Il défend la dignité des négociants dans une joute oratoire, suscitée par les railleries de l'évêque : « La qualité de marchand ne dégrade personne, puisque nos rois ont même invité la noblesse à s'intéresser au commerce marseillais ; comme consul, je suis marchand de police... et l'évêque marchand d'eau bénite. »

Magistrat municipal, il réprime une émeute protestante ; le roi Charles IX le récompense par des donations de terres et lui permet de s'allier, par son mariage, à une famille d'ancienne noblesse provençale, les Glandèves. (Dans ses bons jours, le marquis découvrira, chez Gabriel-Honoré, « l'exubérance des Glandèves ».) C'est encore Jehan Riqueti qui dotera la famille de son titre, en achetant la seigneurie de Mirabeau. Un retour aux racines de Haute-Provence, la Provence dure et âpre de Giono : à mi-chemin de Digne et de Marseille, le château de Mirabeau a l'allure d'une citadelle, d'une forteresse féodale ; il dresse ses murailles ocre et ses tours sur un rocher escarpé, qui surplombe un défilé par lequel dévale la Durance, grossie du Verdon. « Ciel brûlant, climat excessif, aspect sauvage, promenoirs arides, rochers, oiseaux de proie, rivières dévorantes, torrents ou nuls ou débordés », ainsi le marquis décrira-t-il le site.

Encore faudrait-il acquitter le droit de franc-fief, exigé de tout roturier qui acquiert une terre noble. Jehan Riqueti s'y refuse : il entend prouver que sa famille appartient déjà à la noblesse. Et il gagne son procès en recourant au témoignage d'habitants de Digne, qui ont entendu évoquer, par leurs « anciens », la mythique migration des Arighetti de Florence ! Les preuves concrètes manquent. Par chance, la rumeur populaire – peut-être fabriquée par le premier consul de Marseille – suffira…

Désormais, les Mirabeau seront toujours plus en vue au sein de la noblesse provençale. En 1644, quand Georges de Scudéry, nommé gouverneur du fort de Notre-Dame de la Garde, arrive à Marseille, accompagné de sa sœur l'illustre Madeleine de Scudéry, l'auteur à succès du *Grand Cyrus*, la société marseillaise leur ménage un accueil délirant… qui commence dans le salon de Mme de Mirabeau, place de Leuche. Et lorsque Louis XIV entreprend un voyage dans le sud de la France en 1660, il loge à Marseille dans la maison de l'écuyer Thomas de Mirabeau, qui avait pris position pour la couronne pendant la Fronde.

Les Mirabeau ne cesseront de vanter les qualités de leur maison, un mélange d'énergie dans l'action et d'éloquence vive et tranchante. Avec aussi un sentiment altier de leur dignité, qui les fera parfois apparaître rugueux. En cela, ils seront hautement provençaux, si on en croit le portrait contrasté, esquissé par l'intendant de Provence, Pierre Cardin Le Bret, en 1698 : « Les Provençaux sont généralement mieux faits de leurs personnes que les autres peuples de France et beaucoup plus agiles. Leur humeur est des plus gaies et leur esprit propre aux affaires et aux sciences quand il s'en trouve qui s'attachent à l'étude, dont les chaleurs de l'été et la douceur de l'hiver ne contribuent pas peu à les détourner… Mais leur vivacité ne leur permet pas de penser avant que d'entreprendre. » Retenons les qualités décelées par l'intendant. Quant aux défauts… La douceur du climat ne semble pas avoir freiné les recherches et les travaux d'écriture du marquis et de Gabriel-Honoré. Et la vivacité du futur député à la Constituante ne l'empêchera pas de penser à l'avenir de la Révolution et de la monarchie, dans les longues Notes qu'il adressera à la cour. Parfois, il est vrai, Mirabeau s'enflammera dans ses interventions devant l'Assemblée, sans penser réellement à l'impact de son discours... Marie-Antoinette parlera alors de son « incurable manie » de se laisser emporter par son éloquence.

La légende de Jean-Antoine de Mirabeau, le grand-père paternel, aura plané sur l'adolescence de Gabriel-Honoré. Un redoutable sabreur, téméraire et extravagant, dont les exploits ont été tellement enjolivés par ses fils qu'il semble prêt pour le rôle du *capitan*, ce personnage de la commedia dell'arte, fanfaron et ridicule, et qu'il rejoint ce baron de Münchhausen, célèbre pour ses hâbleries dans la guerre russo-turque avant de finir en héros de roman pour enfants.

Mais chez Jean-Antoine, la bravoure était réelle. Il se couvrit de gloire, pendant la guerre de succession d'Espagne, lorsqu'il défendit seul un pont, à Cassano, face à l'assaut des Impériaux du prince Eugène, après avoir donné à ses soldats l'ordre de se coucher à terre... Criblé de balles, le bras droit fracassé, la gorge entaillée, abandonné par son régiment en fuite, il fut laissé pour mort sur le champ de bataille. Découvert par le chirurgien des troupes impériales, il put rentrer en Provence, le corps recousu, le bras en écharpe et le cou raide retenu par un collier d'argent. Il parlera de Cassano comme du « jour où je fus tué ».

Frondeur dans l'âme, conscient de sa propre valeur, impatient devant les courtisans et les incapables, facilement exaspéré, il avait « l'appétit de l'impossible ». Au soir d'un combat où son régiment a été écrasé et lui-même blessé, alors qu'il tempête contre la stratégie absurde à laquelle il attribue sa défaite, il rencontre le maréchal de camp Chamillard, frère d'un ministre de la Guerre qui traîne une réputation d'incompétence. Le maréchal le félicite avec l'assurance des officiers de l'arrière : « Monsieur, je vous promets que j'en rendrai bon compte à mon frère. »

Jean-Antoine de Mirabeau se déchaîne : « Monsieur, votre frère est bien heureux de vous avoir car, sans vous, il serait l'homme le plus sot du royaume. »

Il promènera son indépendance absolue jusqu'à Versailles où, présenté par le duc de Vendôme, qui veut lui faire franchir ce grade de colonel sur lequel il semble définitivement figé, il laissera Louis XIV muet de stupéfaction :

« Sire, je n'ai rien d'un solliciteur. Si, en quittant les drapeaux, j'étais venu à la cour, et si j'avais financé une catin, j'aurais eu mon avancement et moins de blessures ! »

Fort marri, le duc de Vendôme l'entraîne au loin et lui lance :

« J'aurais dû te connaître ! Désormais, je te présenterai toujours à l'ennemi et jamais au roi. »

Le jeune Gabriel-Honoré, fasciné par son illustre grand-père, décide d'adopter sa maxime : « La patience est la vertu des cocus et des ânes. » Mais il hésite tout de même : « Si rien n'est plus impatientant que la sottise, rien n'est plus sot que cette impatience. »

Si Gabriel-Honoré n'a pas connu son grand-père, son adolescence aura été fortement marquée par sa grand-mère, une femme d'une grande énergie, d'une indomptable vitalité, exigeante, sévère, austère, méthodique, avec une sorte de passion rentrée. Elle avait à peine 22 ans lorsqu'elle rencontra à Digne, où il prenait les eaux, son héros, Jean-Antoine de Mirabeau. Revenu de tous les combats, enfermé dans ses convictions, Jean-Antoine s'enflamma pour cette grande jeune fille blonde, aux yeux bleu clair, et qui, très pieuse et précocement sérieuse, se sentait étrangère à son milieu aux mœurs relâchées : Françoise de Castellane était renommée, en Haute-Provence, pour sa beauté mais son comportement de solitaire semblait une énigme. En fait, elle était à la recherche de l'absolu ; elle céda à ce héros authentique qui demandait l'impossible.

Françoise et Jean-Antoine eurent sept enfants, dont trois survécurent.

Le plus jeune, le comte Louis-Alexandre, malgré ses traits trop fins, à la manière d'un pastel du XVIIIe siècle, fut le plus turbulent des trois frères, et le seul à échapper à l'influence et à l'emprise de ses parents. Sous-lieutenant à 13 ans, capitaine à 24, il se comporte courageusement pendant la guerre de succession d'Autriche. Mais son destin bascule quand il tombe amoureux de l'une des actrices que le maréchal de Saxe a l'habitude d'emmener avec lui en campagne – aménagement très rationnel du repos du guerrier... Le jeune Louis-Alexandre décide de l'épouser. Sa famille crie à la mésalliance et tente de faire arrêter les époux, réfugiés dans les États du pape à Avignon. Effrayée par ce tumulte, la jeune comtesse meurt en couches ; la carrière de Louis-Alexandre semble brisée.

Rebondissement étonnant : le margrave de Bayreuth et sa femme, sœur de Frédéric II, font étape à Avignon et sont séduits par l'esprit et l'élégance de Louis-Alexandre. Ils l'amènent en Allemagne. Il devient grand chambellan et conseiller privé du margrave. Il est chargé d'une mission en France, au nom de Frédéric II, et tente de convaincre Mme de Pompadour de la volonté de paix du monarque prussien : pour la première fois, un Mirabeau entre dans l'arène politique internationale. Puis il revient en France, comme envoyé du margrave auprès de Choiseul.

Louis-Alexandre est rentré en grâce au sein de sa famille. Ses frères, impressionnés par ses succès, l'appellent « Germanicus ». « Il a du brillant et du fond ; il n'est pas étonnant qu'il chemine. » Sa mère est enchantée de son second et brillant mariage avec une jeune aristocrate allemande, la comtesse de Kunsberg, bien dotée par le margrave. « Sa femme est petite, blanche et blonde, douce et parlant peu. Elle a l'attitude allemande, c'est-à-dire humble quant aux femmes... » Totalement réconcilié avec les siens, Louis-Alexandre meurt brusquement d'une mauvaise fièvre à son retour en Allemagne. Sa veuve demeurera en France, dans la maison de son beau-frère aîné, qui l'a chaleureusement accueillie.

Le cadet, le bailli Jean-Antoine, qui porte le prénom de son père, jouera un grand rôle dans la vie de son neveu, Gabriel-Honoré. C'est l'élément équilibré et équilibrant de la famille, le « bon génie ». Sa fougue reste sous le contrôle de sa réflexion, sa fermeté ne dégénère jamais en violence, sa supériorité morale est reconnue par tous. Certains parleront de sa démesure « à la Mirabeau » dans son combat pour le droit et la vérité. Heureuse démesure !

Il n'a pas 13 ans quand son père lui achète une charge dans la marine royale. Il combat contre l'Angleterre et rédige une série de mémoires sur les points faibles de la flotte française et sur la défense des côtes. Nommé gouverneur de la Guadeloupe, il est horrifié par l'esclavage des Noirs – une cause que son neveu assumera trente-cinq ans plus tard –, il sévit contre les violences des colons et les exactions de l'administration. Il prend part à l'expédition contre Minorque. Il est nommé à la direction des milices garde-côtes, qu'il réorganise. Il a conscience de la supériorité maritime de l'Angleterre, il veut « réveiller en France les cœurs engourdis », il multiplie les propositions de réforme. On parle beaucoup de lui comme ministre de la Marine, mais il ne dissimule pas son hostilité aux « plumes » qui conduisent la machine administrative et son refus de jouer les courtisans à Versailles...

Il est le plus beau des Mirabeau : il a les cheveux blonds, le teint clair, le regard bleu direct de sa mère, la haute taille et le côté robuste de son père. Pourtant, les femmes semblent avoir tenu peu de place dans sa vie. Après la fin de sa carrière de marin, il prononce ses vœux et se retire « dans son couvent »... l'ordre de Malte, dont il sera général des galères. Mais son activité essentielle, tout au long de sa vie, aura été de seconder, en toutes occasions et de toutes les manières, son frère aîné, qu'il considère comme le chef de famille et dont il attend la direction à suivre, même s'il est parfaitement conscient de ses défauts. Un frère aîné dont il aura été le conseiller… et le financier : n'est-ce pas pour lui assurer les revenus stables d'une commanderie qu'il a rejoint un ordre de Malte en pleine décadence ? Puis il revient en France, quand sa présence au château de Mirabeau semble utile à son aîné : « J'ai compris que tu désirais mon retour, et ne me regardant que comme un morceau de la famille, j'ai cru devoir suivre les idées du chef. »

Cet aîné, Victor, qui héritera du titre de marquis et aura Gabriel-Honoré pour fils, vit dans la crainte de son père, qui touche à la cinquantaine et qui, pour le réprimander, lui fait écrire par sa mère : « J'avais été si accoutumé à craindre en recevant ces lettres que je ne pouvais en ouvrir une sans battement de cœur. » Victor, comme plus tard son fils, se révolte contre les contraintes qui lui sont imposées, contre l'austérité de ses parents qui tranche sur son envie de vivre. Mais il s'insurge avec mauvaise conscience. Il aime passionnément ses parents et ne cherche pas véritablement à échapper à leur emprise. En résulte un caractère chaotique, « un dérangement de mœurs qui m'est devenu une seconde nature ».

Il entre, dès l'âge de 13 ans, dans la carrière militaire – dans le régiment de Duras que son père a commandé. Mais la routine du métier militaire l'exaspère. Envoyé pour se former dans une académie à Paris, il s'éprend d'une actrice… et son père lui coupe les vivres.

« L'ambition me dévore », confie-t-il à son ami Vauvenargues. Il est obstiné, il se croit volontaire, mais il n'est que velléitaire et faible envers lui-même. Il veut être quelqu'un et non quelque chose : « Ce n'est pas les honneurs que j'ambitionne, ni l'argent, mais un nom et d'être enfin quelqu'un. » Il se consacre tout de même à la gestion de sa fortune, à la mise en valeur de ses terres, mais il court d'un échec à l'autre. Son activité littéraire se développe, dans un certain désordre : comédies et tragédies, en vers et en prose, et bientôt l'essai qui le rendra célèbre. Montesquieu, qui le rencontre à Bordeaux, est près de voir en lui un véritable écrivain… gâché par sa précipitation : « Que de génie dans cette tête-là, et quel dommage qu'on n'en puisse tirer que de la fougue ! »

L'AMI DES HOMMES

Voltaire a brocardé la tendance de la société du XVIIIe siècle à se passionner pour les sciences sociales, au détriment des lettres et des arts : « Les grâces et le bon goût sont bannis de France et ont cédé la place à la métaphysique embrouillée, à la politique des cerveaux creux, à des discussions énormes sur les finances, sur le commerce, sur la population. » N'épargnant rien à ce nouveau courant intellectuel, l'auteur de *Candide* lui reproche, en outre, de ne jamais mettre dans l'État « ni un écu, ni un homme de plus ».

De fait, au milieu du XVIIIe siècle, les auteurs et les salons prennent le même intérêt à la réforme de l'impôt ou à la circulation des grains qu'à celui qu'ils éprouvaient naguère pour les règles de la tragédie classique. Et le marquis Victor de Mirabeau, père de Gabriel-Honoré, aura fortement contribué à ce changement de l'esprit du temps, par une œuvre d'une grande fécondité – que ses adversaires qualifieront évidemment de « prolifique ».

Depuis que les négociants Riqueti étaient devenus Mirabeau, le métier des armes était de tradition dans la famille. Le marquis Victor, sa carrière militaire avortée, se consacre à l'écriture : il devient le premier Mirabeau à s'illustrer dans la littérature politique et économique. Son premier manuscrit n'est pas destiné à la publication : par son *Testament politique*, qu'il écrit à l'âge de 32 ans, il veut poser les principes fondamentaux de la « maison des Mirabeau » à l'usage de sa postérité. Les Mirabeau sont destinés, par leurs possessions et leur influence, à se placer au premier rang de la noblesse de France. Le marquis s'exprime en gentilhomme de l'ancienne école, sur le modèle de son père, le fougueux Jean-Antoine. Il enjoint à ses descendants de maintenir leur qualité et leur position de seigneurs féodaux, face aux empiétements de la monarchie absolue, centralisatrice, et à ses représentants en province, les intendants et leur cohorte de subdélégués. À ses descendants, il conseille d'entretenir une « guerre sourde et cachée » contre « les préposés de la cour ». À eux de résister sur tous les fronts : le droit de justice de l'aristocrate propriétaire doit être maintenu intact, ainsi que ses droits féodaux, et le privilège de ne pas payer l'impôt. Mais cette conception féodale implique aussi que le seigneur prenne soin de ses vassaux : la plupart des nobles se bornent « à établir leurs droits et à faire valoir leurs fonds ». C'est assez pour faire un bon fermier, mais c'est négliger l'essentiel : se préoccuper du sort de ses vassaux et sujets. « Votre autorité une fois établie, servez-vous en pour corriger les abus et multiplier les avantages. »

En 1750, le marquis, alors âgé de 35 ans, publie son premier ouvrage, un court essai anonyme *Sur l'utilité des États provinciaux*. Il s'accommode toujours des distinctions de classe, fondées sur la naissance : « Il faut qu'un prince soit aveugle pour vouloir que tous ses sujets soient égaux devant lui. » Mais il pourfend, une fois encore, la centralisation que suscite la monarchie absolue : le souverain doit laisser aux notables de chaque province le soin de veiller au bon ordre du royaume. Sans quoi, la centralisation réalisée par les agents salariés du monarque, « tout le sang de l'État se porte à la capitale » ; il devient essentiel de vivre dans le voisinage de la cour, source de tous les pouvoirs et de tous les biens.

Le contrepoids à cette tendance funeste, c'est l'existence d'États provinciaux. Les nobles seront retenus dans les provinces par leur participation à ces assemblées ; ils seront, dès leur jeunesse, accoutumés à s'engager dans la gestion locale et régionale, au lieu de mener une vie oisive à Versailles. À leur côté, siégeront les représentants du clergé, « qui enseignent l'obéissance », et ceux du Tiers État, « destiné à porter le principal poids des charges ». L'harmonie régnera au sein de ces assemblées, qui proposeront le vrai tableau de l'état intérieur d'une province ; l'autorité royale n'aura rien à craindre d'elles, l'activité des États provinciaux ne pouvant qu'être utile aux intérêts du royaume.

En 1750, les États provinciaux ne subsistent que dans les quatre « pays d'États », dont la Provence. Dans les pays d'élections, la commission élue pour la répartition des impôts était devenue une pure émanation de l'État. L'objectif du marquis est non seulement de défendre l'autonomie des pays d'États contre les avancées de la monarchie absolue, mais aussi d'étendre les assemblées provinciales à toute la monarchie : le système fiscal est plus juste dans les pays d'États, qui permettent au contribuable d'être imposé par ses égaux, au lieu de le contraindre à porter « une taxe arbitraire à un préposé avide et ambitieux ». Et les pays d'États ne paient pas moins d'impôts que les pays d'élections, contrairement au reproche qui leur est souvent adressé : dans les grandes crises, les États provinciaux mettent leur crédit au service du monarque.

L'essai fut remarqué. L'impératrice Marie-Thérèse s'informa du nom de l'auteur. Comme Montesquieu avait effleuré le sujet, on le lui attribua. Tocqueville approuvera la thèse du marquis, dans *L'Ancien Régime et la Révolution* : « Une partie de la persévérance que les princes mirent à abolir ou à déformer les États provinciaux aurait suffi pour les perfectionner et les adapter aux nécessités de la civilisation. »

Six ans plus tard, le marquis publie son œuvre majeure, sous son nom et à Avignon, dans le Comtat venaissin, possession du pape : un « traité de la population », intitulé *L'Ami des Hommes.* Un pays est d'autant plus riche qu'il nourrit plus d'habitants, et en France on fait le contraire de ce qu'il faudrait faire pour rendre la vie supportable à un très grand nombre d'individus : tel est le thème de l'ouvrage. Un État peut être comparé à un arbre : « Les racines sont l'agriculture, le tronc est la population, les branches sont l'industrie, les feuilles sont le commerce et les arts. » Or les racines sont malades et l'arbre-France dépérit. Il faudrait accroître la classe moyenne rurale, lui permettre de prospérer. Tout au contraire, on écrase le cultivateur de corvées et d'impôts. Le travail des champs, le plus noble dans une nation, est méprisé. Les chemins ruraux sont à l'abandon. Les douanes intérieures entravent la libre circulation des grains.

Le marquis s'élève ainsi contre la pensée dominante : celle du mercantilisme. L'or n'est pas le noyau de la richesse d'une nation. Accumuler l'or ne permet pas d'augmenter le bien-être des habitants. Il faut libérer la France de toutes ses entraves, délivrer le commerce « de tant d'édits, de déclarations, de règlements et d'inspecteurs ». Les droits de douane, par lesquels un pays cherche à renchérir sur l'autre, sont le produit « d'une science absurde et scélérate ». Les colonies n'ont guère d'utilité car « au lieu de franciser les Sauvages, on sauvagise les Français ». Un plaidoyer pour une mondialisation avant la lettre : il convient d'établir la liberté du commerce entre tous les peuples ; ainsi étouffera-t-on les guerres entre nations.

Admirateur de Montesquieu, le marquis a repris la composition de *L'Esprit des lois* : le tableau d'ensemble s'appuie sur une longue série de petits tableaux, car « tout, ici-bas, est lié par des chaînes nécessaires » – les cloîtres et les maisons d'enfants trouvés, les prisons et les hôpitaux, l'ivrognerie et la charité, la navigation et les canaux, le système fiscal et les établissements de crédit, l'appareil de la justice et la police, l'armée de terre et la marine militaire, tous sujets reliés au thème central de la démographie. À quoi s'ajoute une méditation sur la morale et l'état des mœurs – décadentes, elles conduisent la nation à la ruine. L'auteur fait l'éloge attendu de la simplicité antique, des aristocrates de vieille roche qui vivaient en province, dans les châteaux de leurs ancêtres, alors que leurs rejetons sont pris, à Versailles, dans un tourbillon de frivolité... Les critiques fusent contre la bureaucratie, les gens « de plume et d'écritoire » et l'or corrupteur.

Le marquis passe, capricieusement, d'un tableau à l'autre, d'un sujet à l'autre, et finit par tisser un tableau d'ensemble de la société française. Son ton est souvent satirique, riche en portraits et en proverbes ou en mots forgés pour l'occasion. Le style n'a rien d'aride, il est très imagé. L'auteur apparaît, à travers ses lignes, comme un aristocrate, nostalgique de l'ère féodale, mais bousculé par les tendances démocratiques du siècle. Il est pour le maintien des différences de classes – voire de castes, s'agissant de l'Ancien Régime –, mais il prend la défense du paysan « qui sue sous le faix ». Il n'a pas contre l'Église la haine des Voltaire et des Diderot, il considère même l'indifférence religieuse comme le « pire des inconvénients », mais il se refuse à reconnaître une religion qui ne serait pas dans la ligne du Christ, « toujours et partout miséricordieux », qui ne respirerait pas « l'esprit de douceur et de charité ». Il s'affiche en royaliste fidèle, mais il ne craint pas de glisser quelques conseils pleins de liberté à Louis XV, de déplorer le mot fameux « Après moi le déluge ! », et de prédire à la nation de très lourdes épreuves...

Ces accents allèrent droit au cœur des contemporains. Le marquis était en accord avec la sensibilité de son époque. Il devint soudain célèbre. Le livre connut un très grand succès – « cela a valu 86 000 livres aux libraires, de leur propre aveu ». Quatre éditions se succédèrent en quatre ans, nombre d'exemplaires furent répandus au-delà des frontières. Le portrait de l'auteur fut reproduit en taille-douce à l'intention de ses admirateurs. On évoqua même la possibilité de sa nomination, comme ministre, à la tête des Finances de la France.

Le titre même de l'ouvrage fit fortune : *L'Ami des Hommes*, avec sa philanthropie un peu vague, reflétait une époque de transition – ce n'était pas encore la philippique contre unc société d'ordres, c'était déjà le refus de l'individu isolé, perdu dans sa misère. Le titre fut repris comme enseigne par de nombreuses boutiques de Paris, il devint le surnom définitif du marquis !

La publication de *L'Ami des Hommes* fut également à l'origine de la rencontre du marquis avec le docteur Quesnay, chef de file des « physiocrates ». En 1756, François Quesnay est encore peu connu. Médecin remarqué pour sa réfutation d'un *Traité de la saignée*, il a acheté la charge de premier chirurgien du roi et il est devenu le médecin personnel de Mme de Pompadour. D'apparence chétive, avec une « figure de singe » que ses admirateurs compareront à celle de Socrate, il est la cible des quolibets des courtisans, qui ne comprennent rien à ses élucubrations économiques. Il vient de rédiger, pour l'*Encyclopédie* de Diderot, les articles « Fermiers » et « Grains », qui rejoignent les conclusions du marquis. Deux ans plus tard, il publiera son *Tableau économique*, à l'intention du roi. Il partage avec l'Ami des Hommes une même protestation passionnée contre le mercantilisme et une même conviction du rôle essentiel de la paysannerie. Pour lui, toute nation se divise en trois classes : les producteurs, c'est-à-dire les paysans ; les propriétaires fonciers ; et la classe stérile, qui comprend les commerçants, les industriels et l'ensemble des autres professions. En France, le commerce et l'industrie sont traités en enfants gâtés alors que la nation se comporte en marâtre à l'égard de l'agriculture.

Après avoir lu *L'Ami des Hommes*, Quesnay prie le marquis de venir à Versailles débattre avec lui du point qui lui semble faire problème : il lui reproche d'« avoir mis la charrue avant les bœufs », en posant comme principe que la population est la source de la richesse publique ; selon Quesnay, il convient de renverser cette proposition fondamentale – c'est la richesse publique qui est à l'origine de la densité de population. Le marquis mettra quelques années à se laisser convaincre. Par la suite, il sera fêté par les physiocrates comme Paul converti sur le chemin de Damas. Il apparaîtra comme le disciple de Quesnay, alors qu'il l'avait précédé dans sa réflexion économique. Il substituera, à l'observation de la société française, dans laquelle il excellait, le rappel constant des dogmes d'un courant qui prenait parfois l'allure d'une secte, la « secte des économistes »... Il défendit ainsi, avec ardeur, la doctrine du « produit net », chère à Quesnay : seule l'agriculture pouvait donner un « produit » supérieur aux frais de main-d'œuvre ; la nation était d'autant plus riche que le produit net était élevé. Le marquis s'enthousiasmait devant ce nouvel évangile. Il tenta de convertir Jean-Jacques Rousseau : « Le produit net, vous dis-je ; ainsi se résume l'avantage physique et moral des sociétés. » Plus tard, il comparera Quesnay à Moïse et à Confucius.

La théorie du produit net pourfendait l'Ancien Régime dans son aspect le plus vulnérable, le système fiscal. Face à l'impôt unique sur le produit de la terre, les privilèges des propriétaires nobles ou ecclésiastiques disparaîtraient : même le marquis était prêt à revenir sur ses anciennes convictions de classe et sur l'exaltation des vertus féodales ! Les impôts indirects – la gabelle, l'accise, les droits douaniers extérieurs et intérieurs – frappaient les classes les plus pauvres. Surtout, la collecte des impôts était affermée à une trentaine de « fermiers généraux » qui, avec leurs milliers de commis, multiplient les tracasseries et les exactions. Quesnay parvient à convaincre le marquis de travailler à une étude générale sur la fiscalité qui permettrait d'éradiquer les injustices et les incohérences en matière d'impôts.

Avec sa *Théorie de l'impôt*, parue en 1760, le marquis frappe un grand coup. Il ne craint pas de s'adresser au roi – par prudence à Louis XIV, deux générations en arrière – pour lui rappeler qu'il n'est que « le premier employé de ses États », que l'impôt n'est pas un butin conquis sur ses sujets, qu'il devrait le répartir et le percevoir avec le concours des États provinciaux. Un impôt foncier, éventuellement complété par une contribution personnelle de chaque sujet du roi, assorti de l'abolition des divers impôts sur la consommation, et surtout de la suppression des fermiers généraux, qualifiés de « vampires » et de destructeurs de la nation : telle était la théorie du marquis. Elle déchaîna la fureur des fermiers de l'impôt et de leurs amis financiers. Le marquis fut, sur lettre de cachet, enfermé à Vincennes... mais il n'y resta qu'une semaine, grâce à l'intervention de Quesnay et de Mme de Pompadour. Cette courte incarcération, dira malicieusement Gabriel-Honoré, fut « pour la secte des économistes comme l'hégire du prophète pour les mahométans ».

Après le succès littéraire, venait l'influence politique. Le marquis correspondait avec les princes européens. Le grand-duc de Toscane, Léopold, le consultait, le roi de Suède, Gustave III, le décorait de son ordre le plus prestigieux, Charles-Frédéric de Bade se présentait comme « le plus docile de ses disciples ». La physiocratie allait-elle renouveler la face de l'Europe ? Les espérances les plus ardentes semblèrent satisfaites quand le jeune Louis XVI appela, en 1774, Turgot au ministère. Un théoricien de l'économie, qui avait montré ses talents de réformateur comme intendant de la généralité de Limoges, prenait en main les destinées du royaume. Les idées du marquis accédaient au pouvoir. Pierre-Samuel Dupont de Nemours, qui se veut le premier disciple du marquis et son ami fidèle – il est l'inventeur du mot « physiocratie » qui est le titre d'une brochure parue sept ans plus tôt –, devient le collaborateur le plus proche du ministre.

Le nouveau contrôleur général des Finances supprimait les charges inutiles, la contrainte solidaire pour la taille, et il établissait la libre circulation des blés. Hélas, la réalité se révélait parfois rebelle ! Après avoir affronté la « guerre des farines », un soulèvement populaire provoqué par une mauvaise récolte, Turgot présentait ses six édits, tendant à supprimer la corvée, la police de Paris sur les grains, les jurandes et maîtrises. Devant l'indignation des privilégiés, Louis XVI cessa de soutenir son ministre. Turgot donna sa démission en mai 1776. Les réformes qu'il avait imposées ou esquissées furent immédiatement démantelées. C'était la défaite de la physiocratie. Le marquis, comme tous les réformateurs, était gravement atteint – d'autant qu'au même moment, c'était sa propre famille qui implosait.

Le marquis n'était jamais parvenu à mettre en œuvre les plans qu'il élaborait pour sa descendance. Était-ce le fait de cette « vivacité » provençale, qui ne permet pas « de penser avant d'entreprendre » ? Le marquis pensait ; il croyait avoir tracé les chemins qui feraient d'une « grande famille de Provence » une « grande maison de France ». Mais sa fougue, sa précipitation, ses passions successives finissaient par ruiner ses plans.

Ainsi de ses projets immobiliers. Il a hérité, à la mort de son père, du marquisat de Mirabeau, qui lui donne un revenu de 16 000 francs, qui lui permettrait de tenir son rang. Mais, bien que personnellement de goûts simples et accoutumé à une vie austère, il est saisi de la fureur de la spéculation. Il achète pour un prix très élevé la terre de Bignon près de Nemours, qui est en très mauvais état et lui coûte fort cher pendant des années : il y a des murs écroulés à relever, des poutres à étayer, des fossés à ouvrir. Il acquiert un hôtel à Paris, rue Bergère, trop grand et ruineux car le toit s'obstine à laisser passer la pluie... Il le revendra, à perte, trois ans plus tard. Il commence, à grands frais, la réparation d'un canal à Mirabeau, mais c'est un échec. Il tente de s'installer sur la terre de sa femme à Saulvebœuf, en Périgord, mais le domaine est délabré et il n'y reste que deux ans. Il rêve d'assurer à sa famille le duché de Roquelaure, en Gascogne, dont le duc de Rohan désire se défaire ; mais il achète ce fief seigneurial sans l'avoir visité, à un prix trop élevé, qu'il règle grâce à un emprunt à gros intérêt... et il est heureux de pouvoir céder ce fief à l'État, huit ans plus tard. Il fonde une société par actions pour l'exploitation d'une mine de plomb située en Limousin et il reconnaît qu'elle n'a jamais donné que de « belles espérances »...

Ses comptes, qu'il tenait si bien, révélaient un déficit toujours croissant. Il payait ponctuellement ses créanciers, jusqu'au dernier liard, mais il était contraint d'emprunter d'un autre côté pour les régler. Homme à projets, il se tournait vers une nouvelle entreprise pour corriger l'échec précédent. Un jour où l'optimisme l'abandonnait, il confia à Mme de Rochefort, dont il fréquentait le salon : « Mon plus continuel et poignant souci a toujours été d'avoir de l'argent pour tout ce que j'en avais affaire et qui, sur mon âme, ne fut jamais pour moi. » Son frère cadet, le bailli, le morigénait : « Tes beaux plans m'ont toujours paru fondés sur les brouillards. » Dans un mouvement d'indulgence, ce frère dont il était si proche, tentait de démêler la contradiction entre les vues assurées du théoricien de l'économie et le naufrage du gestionnaire privé : « Tu étais fait pour être à la tête d'une grande machine, et tu as été à la tête d'une petite que tu as voulu mener en grand. Le paradoxe, c'est qu'un homme juste mène plus facilement un État qu'une maison, parce que, dans un État, il choisit ses outils, dans une maison il n'a que ceux qu'on lui donne. »

Le bailli ajoutait, non sans cruauté : « Un roi peut changer de Premier ministre, un mari ne peut pas changer de femme, et quiconque en a une destructrice travaillera en vain à faire une maison... Or, depuis la création du monde, on ne vit pas une femme de l'espèce de celle que Dieu t'a donnée. »

Car le marquis s'était marié comme il avait spéculé : dans la précipitation. Il avait souhaité s'allier aux Vassan, qui lui étaient présentés comme l'une des familles les plus riches et les plus anciennes de la noblesse du Limousin. Il a très rapidement mené son affaire : il s'est contenté de quelques vagues assurances sur la dot de sa future épouse, qu'il n'a pas rencontrée avant la cérémonie. Les espoirs de dot furent rapidement déçus : le rusé beau-père, le général de Vassan, n'attribuait au couple qu'une rente sur les revenus – inexistants – du domaine de Saulvebœuf. Et la jeune épouse, Marie-Geneviève, réservait des surprises à son nouvel entourage familial : peu éduquée, à peu près illettrée, ce qui était tout de même rare au sein de l'aristocratie du XVIIIe siècle, plutôt apathique de tempérament, elle allait se révéler incapable de tenir un train de maison régulier. Son beau-frère, le bailli, lui reprochait son bavardage insupportable et son manque de tact ; il ne discernait en elle « aucun agrément de son sexe », mais « tous les vices des deux sexes ». Sa rigide belle-mère lui menait une guerre constante et lui trouvait l'allure d'une « fille de joie ». Les amis de son mari se répandaient en remarques sur cette « créature ridicule ». Mais, longtemps, le marquis fit front : une sensualité partagée l'unissait à sa femme, qui le comblait de son affection ; et il ramenait les critiques qu'elle essuyait aux « petits désagréments domestiques, qui sont partout ». Peut-être avait-il une part de responsabilité : son ami

Vauvenargues l'avait qualifié de « personnalité difficile » – « Vous, mon cher Mirabeau, vous êtes ardent, bilieux, plus agité, plus superbe, plus inégal que la mer ». Et que pouvait la malheureuse Marie-Geneviève, en proie au mépris de sa belle-famille, sinon s'enferrer toujours davantage dans ses défauts, son manque d'intérêt pour les travaux de son mari, sa passion grandissante pour le jeu ?

Bientôt, l'indulgence du marquis tourna à la haine irrépressible contre son épouse et « la furieuse race », « le sang des Vassan ». Selon lui, la vie conjugale n'avait été qu'une « colique néphrétique » ; la marquise n'avait reçu que « la plus pestilentielle et la plus impudente éducation », ses tendresses mêmes lui apparaissaient désormais inconvenantes – « cet attachement turbulent dont vous me faites enrager » –, elle n'était finalement « qu'un monstre de folie effrénée en tous genres ».

En réalité, le marquis vient de rencontrer la véritable femme de sa vie : Marie de Malvieux, descendante de protestants français émigrés dans le pays de Vaud. Les huguenots renouent avec la France, par le biais des régiments suisses du roi : le père de Marie était capitaine dans l'un de ces régiments, et c'est aussi le cas de son mari, de trente ans plus âgé qu'elle. Marie de Malvieux, devenue Marie de Pailly par son mariage, admire l'Ami des Hommes, déjà célèbre ; elle va se partager entre ses séjours dans les résidences du marquis, à son côté, au Bignon ou à Mirabeau, plus rarement à Paris, et la Suisse, au retour des campagnes de son mari, avec lequel elle ne rompra jamais. Elle est belle et son éternelle jeunesse semble un défi au temps ; ses toilettes, de préférence noires, rehaussent son teint éclatant. Elle est admirée par les amis et relations du marquis : pour le duc de Nivernois, elle est la « belle Bernoise », Jean-Jacques Rousseau l'appelle sa « bonne et belle compatriote ». La comtesse de Rochefort, après l'avoir accueillie dans son salon, vante « l'étendue et la solidité de son esprit ». Dupont de Nemours la considère comme une « femme vraiment philosophe ». Gabriel-Honoré, qui a beaucoup de griefs contre elle car il estime qu'il lui doit une part de ses ennuis avec son père, reconnaît cependant qu'elle a « de l'élévation, de la souplesse et de l'activité dans l'esprit, de sorte qu'elle est capable de saisir et de jouer un rôle de générosité ».

Le marquis est en perpétuelle admiration devant Marie de Pailly. À son disciple italien Longo, il explique que son amie est « belle comme le jour ». Au bailli, il confie : « Je suis persuadé que tu as jugé cette digne femme ; mais il faut la voir en société privée, et avec des gens difficiles, pour bien connaître ce qu'elle est. » Et Marie semble avoir profondément aimé le marquis : elle restera fidèlement auprès de lui, jusque dans la maison qu'il loue à Argenteuil dans ses dernières années, lorsque, ruiné, délaissé, malade, il n'aura guère à lui offrir – et c'est elle qui lui sacrifiera sa fortune.

Les relations entre le marquis et sa femme, « la Vassan », se sont dégradées : se rendant dans le Limousin au chevet de sa mère, la marquise a une courte liaison avec un officier du régiment du Dauphin et elle accepte de signer à son amant éphémère un certificat « d'intense satisfaction » qui se retrouve, on ne sait trop comment, dans les mains du mari. Leurs rapports se résument désormais à l'examen des conditions de leur séparation. La marquise veut quitter le couvent de Limoges où elle a été assignée par le ministre Bertin, pourtant l'un de ses parents, sur la demande de son mari ; elle obtient le droit de séjourner dans la bourgade de Saint-Junien. Elle discute âprement le montant de sa pension. Elle débarque inopinément, flanquée de deux notaires, dans la chambre à coucher du marquis, à Paris… Elle commence à assouvir son ressentiment lorsqu'elle plaide contre son mari, entourée d'une armée d'avocats. Le marquis s'étonne : comment sa femme, ruinée, peut-elle assumer les frais d'un procès ? Il finit par apprendre que la plus jeune de ses filles, Louise de Cabris, finance la requête en séparation de sa mère : il lui avait constitué une dot de 80 000 livres, en empruntant ; sa fille met à la disposition de la marquise le quart de sa dot pour ses frais de justice !

En 1776, alors que la chute de Turgot fait pâlir l'image des physiocrates, la marquise publie un nouveau mémoire judiciaire, qui va exciter la curiosité de l'opinion : elle ne s'attaque pas à Marie de Pailly, qu'elle désigne simplement, sans la nommer, comme « la personne qui paraît avoir fixé l'inconstance de mon mari », mais elle accuse le marquis d'avoir souffert de la syphilis, « qui ne provenait certes pas d'un produit net ». L'Ami des Hommes hésite : répondra-t-il sur le plan judiciaire ? L'écrit qu'il a conservé de la main de sa femme, ce fameux « bulletin de satisfaction » délivré à son amant, anéantirait la marquise. Mais descendre dans l'arène, sur ce registre, ce serait mettre Marie de Pailly en première ligne, l'exposer aux répliques de la partie adverse… Il préfère choisir la voie de la violence verbale contre sa femme, contre sa fille Louise, contre Gabriel-Honoré qui s'est dit leur allié. Pourtant, s'il est son allié dans cette première phase de la guerre que se livrent ses parents, Gabriel-Honoré ne ménage pas sa mère pour autant : il évoque sa nature « fougueuse et enflammée », ses indiscrétions et ses imprudences, ses « excès de déraison » et il estimera, par un élégant euphémisme, qu'elle n'avait pas à rendre grâce à Dieu pour son intelligence.

DÉBOIRES DE JEUNESSE

Que faire de Gabriel-Honoré ? Son père, le marquis, a choisi : la vie militaire est la meilleure des écoles. Le régiment de Berri-Cavalerie est connu pour son extrême discipline. Il est commandé par le jeune marquis de Lambert, un colonel de 26 ans, qui veut compenser son manque d'expérience par une sévérité intransigeante. « Lambert est redouté comme le grand prévôt, se réjouit l'Ami des Hommes, il prétend que l'air exclusif de l'honneur et un régime dur et froid peuvent refaire les poumons les plus gâtés » ; en outre, le jeune colonel est frotté de philosophie et d'économie politique et se présente comme un disciple des physiocrates ! Le Berri-Cavalerie est stationné à Saintes, une petite ville de l'actuelle Charente-Maritime, qui vit repliée sur elle-même, au milieu de quelques vestiges gallo-romains et dans le souvenir de Bernard Palissy, qui y fabriqua ses poteries vernissées. Gabriel-Honoré – ou Pierre-Buffière – y débarque en juillet 1767, flanqué d'un « espion » délégué par son père, un « domestique-maître », un rusé compère, chargé d'une surveillance de tous les instants.

Gabriel-Honoré passe cinq mois de sa première année de service... à la prison du régiment. Il se juge « indignement turlupiné » par son colonel. « Je ne suis tout de même pas né pour être esclave ! » proteste-t-il. Il aime le métier militaire, mais il n'en voit qu'un côté – l'heure ponctuelle du service. Sa nature ardente est écrasée sous les contraintes ; et son espion personnel poursuit, avec excès de zèle, la dénonciation du « monstre affreux », « capable de tout ».

Quand il n'est pas en prison, le jeune Mirabeau s'ennuie dans la vie étroite de Saintes. Comment s'étourdir ? Gabriel-Honoré joue, et fait quelques dettes, des dettes légères, quelques dizaines de louis, qui font hurler son père : « Le voilà bien moulé sur le type de sa race maternelle, qui mangerait vingt héritages et douze royaumes ! » Il est excédé, lui aussi, de ces excessives réactions paternelles : « Rien ne me réussit, mes fautes les plus légères ont des suites plus funestes que les plus graves des autres. » En dehors du jeu, il y a les femmes. Gabriel-Honoré a une liaison, il promet le mariage à sa maîtresse. Nouveau scandale à Saintes. Il est persuadé que son jeune colonel est son rival auprès de la belle, et qu'ainsi s'expliquent les rigueurs du service. Sur un coup de tête, il fuit à Paris et demande protection au duc de Nivernois, son presque-parrain.

Le marquis de Mirabeau réagit à sa manière, durement : les dires de son fils ne sont qu'un « tas hideux de contre-vérités et d'ingratitudes » ; il décide de donner « un tour de plus à un écrou déjà tout établi » dans son cœur. Gabriel-Honoré est consigné à l'hôtel de Nivernois, placé sous la tutelle de son beau-frère du Saillant, époux de sa sœur Caroline, qui devra le ramener à Saintes. La colère du marquis ne faiblit pas : « Une geôle bien fraîche et bien close va modérer son appétit et amincir sa taille. » Et le bailli, cette fois, en rajoute : il préconise « l'envoi aux colonies hollandaises », à Surinam, d'où « on est sûr de ne jamais le voir réapparaître ».

« Ces choses-là sont plus faciles à projeter qu'à faire », objecte le marquis. Surprise du retour à Saintes : du Saillant, qui sera toujours très proche de son beau-frère, découvre une ville survoltée, qui a pris parti pour Gabriel-Honoré, comme naguère les élèves de l'abbé Choquard. Deux fois plébiscité ! Le marquis s'en remet difficilement : « Ce drôle a toute l'intrigue du diable et de l'esprit comme un démon ! » Le jeune colonel du Berri-Cavalerie décide de faire provisoirement profil bas.

Il lui reste ces « fameuses lettres de cachet sans cachet » – selon la définition qu'en donnait Beaumarchais, au moment où il était incarcéré à Fort-l'Évêque, « une résidence bien aérée, bien fermée de tous côtés, admirablement à l'abri des voleurs ». Ces lettres détestées, symboles de l'Ancien Régime, pouvaient être l'outil du gouvernement monarchique contre la liberté individuelle, mais aussi l'instrument de règlements de compte familiaux, sans le moindre motif politique. Dans le cas de Gabriel-Honoré, il s'agit de discipline militaire : la lettre de cachet a été demandée par le colonel de Lambert au ministre de la Guerre.

Un subterfuge a été imaginé, pour éviter toute réaction de la ville de Saintes : Pierre-Buffière est envoyé à La Rochelle, porter une missive au maréchal de Senneterre ; le maréchal le fait arrêter et conduire à l'île de Ré – sa première vraie geôle.

Deux mois plus tard, Gabriel-Honoré a déjà conquis le gouverneur de la place, le bailli d'Aulan. Pourtant, le marquis l'avait prévenu contre son fils : il l'avait décrit « fougueux, l'esprit de travers et menteur par instinct ». Mais le bailli d'Aulan a apprécié le jeune Mirabeau, « un fond d'un grand sérieux et quelques défauts facilement amendables... le bouillonnement d'un tempérament mal dirigé ». Le marquis rugit : « Voilà qu'il ensorcelle le gouverneur de l'île ! À l'encontre de mes ordres, il lui permet de se promener dans la citadelle ! »

Mais le bailli d'Aulan n'en démord pas : il demande la révocation de la lettre de cachet.

Le marquis entrevoit une nouvelle épreuve à laquelle il pourrait soumettre son fils : l'expédition militaire en Corse, qui se prépare au printemps 1769. Gabriel-Honoré sera sous-lieutenant dans la légion de Lorraine, qui va combattre l'insurrection dans l'île. Mais son père l'accuse de nouveaux méfaits, qu'il aurait commis entre sa sortie de la citadelle de Ré et son embarquement à Toulon : « Il va sacrant, battant, blessant, vomissant une scélératesse qui n'est semblable à rien. Il a, en sus d'autres bonnes qualités, celle d'emprunter à toutes les mains : sergents, simples soldats, tout lui est égal. »

Par le traité de Versailles, conclu l'année précédente, Gênes, qui fut au centre d'un vaste empire maritime, a cédé la dernière de ses colonies, la Corse, à la France. Mais l'île était en état d'insurrection permanente contre Gênes depuis quarante ans. Le parti national, mené par Pascal Paoli, se retourne contre la France. L'expédition de 1769, décidée par le duc de Choiseul, ministre de la Guerre de Louis XV et Premier ministre de fait, consacrera le rattachement de la Corse à la France : vaincu à Pontenuovo, Paoli devra s'exiler – il fomentera, un quart de siècle plus tard, une ultime tentative de sécession contre Bonaparte.

En 1789, à la tribune de l'Assemblée nationale, Mirabeau exprimera le regret d'avoir « souillé sa jeunesse » par sa participation à une guerre de conquête contre un peuple amoureux de sa liberté. Éprouve-t-il déjà ce sentiment, vingt ans plus tôt, au sein du corps expéditionnaire ? Il semble complètement engagé dans le métier militaire : c'est sa première campagne (ce sera la seule), il s'en tire avec honneur, donne de multiples preuves de bravoure, s'attire la confiance et l'affection de ses officiers et de ses compagnons de combat. Son colonel, le baron de Vioménil, pourtant prévenu contre lui, une fois de plus, par les messages de son père, certifie « n'avoir pas connu d'homme né avec de plus grands talents que le comte de Mirabeau pour le métier des armes » !

L'indiscipliné de Saintes est devenu un officier remarqué. D'abord parce que la guerre confère de toutes autres libertés qu'une vie de garnison mesquinement réglementée. Surtout parce que ses talents sont, enfin, reconnus, et qu'il doit se surpasser. Reconnaissance éperdue envers le colonel de Vioménil : « Un Lambert pouvait me perdre et un Vioménil tout obtenir de moi. » Gabriel-Honoré s'imagine en grand capitaine : « Ce que je suis le plus né, c'est homme de guerre. J'ai reçu de la nature un coup d'œil excellent et rapide. Il n'est pas un livre de guerre, dans aucune langue vivante ou morte, que je n'aie lu… Je puis montrer des mémoires de moi sur toutes les parties du métier, depuis les plus grands objets de la guerre jusqu'aux détails de l'artillerie, du génie et des vivres. »

Mais il n'est pas dans la nature du jeune Mirabeau de se cantonner exclusivement dans des réflexions sur la stratégie ou l'art de la guerre. Il porte aussi un regard neuf, toujours curieux, sur cette île inconnue de lui, sur les hommes et la terre de Corse. Il se passionne pour les institutions et l'économie du pays, les mœurs et la psychologie de ses habitants – pour le passé surtout, le long combat contre Gênes et cette âme insulaire, si farouche. Il veut écrire une *Histoire de la Corse* – le jeune Bonaparte, plus tard, entretiendra le même projet. Il enquête dans toutes les directions, s'engage dans toutes les recherches, guidé par des Corses érudits, tel son ami Buttafuoco. Rien ne le rebute : il se procure une topographie de l'île ; il parcourt la Corse et veut la décrire « pas à pas ».

Bien entendu, il y a aussi les conquêtes féminines, au sortir d'une existence si surveillée… Dans le sillage de son ami Lauzun, Mirabeau multiplie les aventures galantes : la fille du général Ceccaldi, la femme de l'intendant militaire Chardin figurent à son tableau de chasse, au côté de deux sœurs corses et d'une religieuse très jolie, « mais que je n'ai pu former ». Il les décrira plus tard, dans ses lettres à l'une des femmes de sa vie, Sophie de Monnier – des récits libertins, dans le style des *Mémoires* de Casanova ou de ses propres, futurs, romans érotiques.

Retour de Corse en mai 1770, Gabriel-Honoré va passer l'été en Provence, auprès de son oncle, le bailli et chevalier de Malte. Cet oncle, qui se proposait de l'expédier à Surinam, est très rapidement conquis. C'est le charme du jeune Mirabeau : stigmatisé, dans sa propre famille, pour son caractère rétif, il sait, par intermittence, se montrer des plus dociles. Il va au-devant de son interlocuteur, flatte ses idées, exalte la gloire des grands marins du passé, démontre que l'ordre féodal est le meilleur rempart des monarchies.

Le bailli est enthousiaste. Il trouve même, chez Gabriel-Honoré, une ressemblance physique, « dans l'attitude, le geste, l'expression », avec les Mirabeau : sous les cicatrices de la petite vérole, il découvre, attendri, « du fin, du gracieux, du noble ». Le marquis réagit ; il entreprend d'influencer son frère. Un étrange duel épistolaire prend forme entre le père et l'oncle.

Mise en garde du père : « Tu l'as vu dans son beau, car il est séduisant quand sa tête le lui permet... Ta bonté te mène plus vite que mes lettres ne te peuvent arriver. »

Timide plaidoyer de l'oncle : il voit bien ses défauts ; il lui reproche, par exemple, ce ton nasillard qu'il a imité de ses supérieurs. Mais quelle vitalité ! « Tu connais la tête carrée de l'abbé Castagny » – chapelain et ancien homme d'affaires du marquis, chez qui loge Gabriel-Honoré car il n'a pas eu droit au château –, « il ouvre les yeux et il pleure de joie, quand il écoute ton fils ». « Quant à moi, cet enfant m'ouvre la poitrine. L'abbé et moi, nous ne trouvons chez lui qu'un peu de vivacité et de feu, mais pas un mot qui ne dénotât droiture de cœur, élévation d'âme, force de génie, le tout peut-être un peu exubérant. »

Inquiétude du père : « Défie-toi, tiens-toi en garde contre la dorure de son bec. Pour manger dans ta main, c'est le premier homme du monde. » Réplique de l'oncle : « Cette tête-là est un moulin à pensées et idées, dont plusieurs sont très neuves. Tu trouveras comme moi que le fourneau est chaud, très chaud, mais, cher frère, rappelons-nous cet âge-là, et le salpêtre particulier à notre sang. »

Le bailli lit le manuscrit sur l'*Histoire de la Corse*. Très ému, il écrit à son frère – sans ménager son amour-propre : « Je t'assure qu'à 22 ans, tu n'en aurais pas tant fait, et moi, à 40, je n'en aurais pas fait la centième partie. »

Le marquis est excédé. Il confie à sa fille, Caroline du Saillant : « Le romanesque qui parfume ce vaurien de haut en bas a monté la tête pourtant bonne de son oncle... Le drôle a joué ses grandes marionnettes. »

Le dialogue, heurté, se prolonge. Le bailli suggère, non pas plus de bonté de la part de son frère, mais « une certaine diminution des tensions ». Le marquis rétorque qu'il n'a jamais été « de l'avis des pères et fils camarades ».

Le bailli interroge son neveu, sur son avenir professionnel...

non sans lui vanter les séductions du métier de marin. Désir de plaire ou conviction soudaine ? Gabriel-Honoré colle aux idées de son oncle : s'il faut attendre indéfiniment une position dans l'armée de terre, il est prêt à préférer la marine.

Le marquis brise brutalement ces perspectives : « Pas de rêveries romanesques et de voyages dans les planètes ! » Son fils, il veut « le faire rural ». Et puisqu'il a procédé à tant de relevés en Corse, qu'il fasse les mêmes « sur la culture du Limousin et du Périgord ». De fait, Gabriel-Honoré s'est déjà mis au travail. Il veut se mettre « la terre de Mirabeau dans la tête ». Le bailli en porte témoignage : « Le drôle y mord bien. Il ne se laisse ni distraire ni rebuter dans son travail. Je ne vis jamais de bohème à qui le soleil, le vent, la pluie, la grêle fassent moins peur. » Le marquis se laisse aller à approuver : « Le mal général en France est la résistance au travail... Le travail de Gabriel-Honoré fait plaisir. » Le bailli insiste : « Ton fils fait des plans de campagne contre les inondations de la Durance, et il en fait des volumes. C'est l'écrivain le plus abondant et le plus rapide. Ma provision de papier, prévue pour huit mois, a été épuisée en huit jours. J'en suis très content ! C'est une tête bien verte et pleine de vivacité et de feu. Je n'y vois que de la verdeur, qui deviendra sève. »

Le bailli discerne chez son neveu un mélange d'extrême maturité – ses réflexions, ses pensées, ses écrits lui semblent être de John Locke, le grand philosophe anglais de la liberté politique – et d'enfance prolongée. Il croit dans le destin de son neveu : « C'est le plus habile persifleur de l'univers ou ce sera le plus grand citoyen de l'Europe, général de terre ou de mer, ou ministre, ou chancelier, ou pape ou tout ce qu'il voudra. »

Le marquis a été gagné par l'enthousiasme de son frère. Le père retrouve son fils au château d'Aigueperse en Limousin. Mais Mme de Vassan, belle-mère du marquis, va s'éteindre. Pour la première fois, Gabriel-Honoré est confronté directement à la mort : il est bouleversé par l'agonie de sa grand-mère. Il est, en outre, affligé par la ruée familiale, qui suit : le marquis, sa femme, ses deux filles, la bonne et généreuse Caroline du Saillant, la belle et redoutable Louise de Cabris, mariée contre son gré à un hobereau de Provence dégénéré et devenue rebelle par insatisfaction, se disputent l'héritage. Gabriel-Honoré a redécouvert sa sœur Louise pendant son séjour auprès du bailli : ce sera une amitié forte, passionnée, parfois ambiguë, striée de conflits comme il sied aux Mirabeau.

La mort de Mme de Vassan a-t-elle rendu sa fille « tout à fait folle », comme le prétend le marquis – qui envoie Gabriel-Honoré traiter avec sa mère ? Elle l'accueille par des vociférations, qui sont autant de rappels des griefs accumulés à l'encontre de son père et, lorsqu'il se hasarde à parler de conciliation, elle dirige contre lui toute sa fureur, se saisit d'un pistolet... et heureusement manque son fils.

Le jeune Mirabeau est décidément entré en grâce auprès du marquis : « Je vois que mon fils mérite maintenant que je traite avec lui par la confiance. » À la mi-février 1771, son père l'introduit à Versailles. Il craignait qu'il ne montre une certaine rigidité face à ce milieu si ondoyant que constitue la cour. Nouvelle surprise ! Gabriel-Honoré fait des débuts brillants. « Nous le croyions rêche et il l'était en effet. Aujourd'hui, je ne le crains que trop susceptible de prendre la couleur des gens avec lesquels il vivra. Le voilà donc lancé dans les présentations, et Dieu sait comme il s'y démène. Il est aussi entrant que j'étais farouche. » Il étonne même ceux des courtisans qui ont passé leur vie à Versailles. On le présente au tout-puissant ministre Maurepas ? Quelques minutes plus tard, Gabriel-Honoré le prend machinalement, dans le feu d'une discussion, par le bouton de son justaucorps. « Il n'usurpe rien et atteint tout, attrape les entrées partout. Tout le monde est son parent, les Guéménée, les Carignan, les Noailles et je ne sais combien d'autres. » Et voici le marquis fier de la valeur exceptionnelle de son fils ! « Depuis cinq cents ans. on a toujours souffert des Mirabeau, qui n'ont jamais été faits comme les autres. On souffrira encore celui-ci, qui ne descendra pas le nom. »

Le marquis change maintenant d'idée : il veut « sevrer » son fils de Versailles et le jette dans les bibliothèques ; il y passe des journées entières, surveillé par deux amis de son père. « Il travaille et bouquine comme un forcené qu'il est », remarque le marquis – qui n'en refuse pas moins de financer l'impression de l'*Histoire de Corse*, en gestation, malgré les supplications de l'ami insulaire, Buttafuoco, et la « demande de la Corse entière », selon son fils. Mais Gabriel-Honoré conserve sa bonne humeur.

Plus préoccupant : le débat qui s'engage entre le père et le fils sur l'avenir de Gabriel-Honoré, sa vocation pour le métier militaire. Le marquis ironise sur « ce métier suranné, aussi passé de mode que les tournois ». Il écrit à son frère : « La guerre ! Croit-il que j'ai des fonds pour lui donner des batailles comme Arlequin et Scaramouche ? » De fait, il ne veut pas faire la dépense que nécessiterait l'achat d'une compagnie – le duc de Choiseul lui a proposé une compagnie de cavalerie, qui est vacante au sein de la légion de Lorraine. Il obtient, simplement, pour son fils, une commission de capitaine attaché à un corps de dragon – un statut ressemblant à celui d'officier de réserve.

Au printemps 1771, le marquis relève de maladie. Gabriel-Honoré organise feux d'artifice et banquet au Bignon pour célébrer sa convalescence. Toute la famille est réunie. Le marquis s'étonne, devant son frère, de la métamorphose de son fils :

« Cet animal s'est institué artisan de fêtes ! La Providence s'est moquée de moi. Elle m'a donné la paternité d'un poussin qui fut longtemps oiseau de proie, et qui est devenu canard de basse-cour, qui barbote, jabote, crie et nage après les mouches. »

Par ordre de son père, le jeune Mirabeau va se montrer à ses vassaux du Limousin puis de Provence. Dans le Limousin, tout réussira. En Provence, il en ira autrement.

Le marquis est à Paris : il laisse Gabriel-Honoré faire son apprentissage de propriétaire foncier dans cette baronnie de Pierre-Buffière, dont il aura, pour un temps, porté le nom. Un hiver rude, des paysans respectueux et timides, qui s'attendrissent aux moindres harangues de leur jeune seigneur. Gabriel-Honoré s'adonne avec passion à son nouveau métier, il « se fait rural », comme le souhaitait son père. Dès 4 heures du matin, il parcourt à cheval les routes verglacées de son domaine. Une disette s'abat sur le pays : il fait acheter cent quintaux de riz et mange à la même table que ses tenanciers, les anime, les soutient. Mais son plus grand succès reste l'installation d'un « tribunal de conciliation », dans ce morceau de France réfractaire à toute idée neuve : des arbitres « élus du peuple » rendront gratuitement des décisions équitables dans la baronnie. Il envoie un avis à tous les curés, leur demande d'organiser l'élection d'un « père de famille âgé et estimé » par paroisse. Le marquis est plein d'admiration pour son fils : « Mon gaillard se retourne. Le drôle s'est piqué d'honneur. Il vient de fonder une cour de prud'hommes ; il y a mis la souplesse, la finesse, la rondeur, l'activité, employé les curés, fait embrasser tout le monde. »

Fête champêtre et discours. À l'ouverture du tribunal, les paysans pleurent lorsque Gabriel-Honoré dit voir en eux « ses égaux », voire « ses maîtres ». Pendant sa première année, le tribunal arbitrera plus de cent cas. Pour le marquis, son fils est « le démon de la chose impossible ».

La deuxième mission, en Provence, sera moins heureuse. Le jeune Mirabeau retrouve, dans les élus de son bailliage, dans les colons de ses métairies… des hommes de sa trempe, tapageurs, rusés, retors, enfermés dans leurs coutumes, des têtes de sudistes, de Méditerranéens, prompts à réagir aux ordres d'un gentilhomme ; la Révolution les habite déjà. En outre, la cause est difficile à défendre : deux siècles plus tôt, les droits respectifs des habitants et des seigneurs dans l'exploitation des bois ont été précisés ; mais le redoutable grand-père, Jean-Antoine dit « Col d'Argent », a refusé de tenir le moindre compte de ces accords, il a imposé des servitudes à ses vassaux des communes de Mirabeau et de Beaumont et menacé de noyer dans la Durance les hommes de loi qui oseraient appuyer les revendications des habitants. L'Ami des Hommes, à l'encontre de ses écrits, a hérité de l'esprit féodal de son père et maintenu sa politique. Il fait annuler par un juge seigneurial l'arrangement bi-séculaire ; les communes de Mirabeau et de Beaumont interjettent appel contre la sentence ; le marquis ordonne à son juge de ne tenir aucun compte de l'appel et il envoie Gabriel-Honoré surveiller l'exécution de la sentence.

Les temps ont changé, les menaces n'intimident plus. Gabriel-Honoré découvre des communes en pleine effervescence, conseillées par des hommes de loi agressifs, le notaire Gastaud à Mirabeau, l'avocat Boyer à Beaumont. Il tente d'étouffer la rébellion en jouant les seigneurs féodaux : d'un ton « haut et fier », il s'adresse à ses « vassaux insolents », leur reproche « d'abuser de la bonté de son père ». Il réalise qu'il a fait fausse route. Il modifie son discours, fait preuve de patience, de compréhension et appelle, avec dignité, à la négociation. Mais l'avocat Boyer se dresse en travers de sa route, multiplie les discussions sur les places publiques, provoque même une altercation avec Gabriel-Honoré, le Jour des rois, dans le village de Beaumont en fête, au milieu des feux de joie… Le lieutenant criminel est saisi. Boyer a-t-il commis une agression contre le jeune Mirabeau, seigneur féodal ? Ce serait la peine capitale. Gabriel-Honoré préfère reculer, au grand mécontentement de son père. Et au risque des moqueries des hobereaux du voisinage, qui découvrent « du sang de macreuse dans les veines des Mirabeau ».

Cet effort de modération reste vain. Sur le différend entre le marquis et ses vassaux, la chambre des Eaux et Forêts déclare la sentence du juge seigneurial « nulle et attentatoire aux droits de la cour » et condamne le marquis aux dépens.

UN MARIAGE-VAUDEVILLE

Gabriel-Honoré rêvait d'une brillante carrière militaire. Son père, le marquis, lui a opposé un refus net : il est enlisé dans des difficultés financières sans fin, il a doté ses filles à crédit, il se refuse à faire l'investissement que représente l'achat d'une compagnie. Gabriel-Honoré est sans ressources, dans la stricte dépendance de son père. Il a 22 ans. Il lui reste l'espoir d'un riche mariage.

Le bailli lui a longuement parlé du plus beau parti de Provence : Émilie de Covet est la fille du marquis de Marignane ; à 18 ans, elle est une très riche héritière puisque des terres d'une valeur d'au moins un demi-million de livres lui reviendront un jour. Dans la ville d'Aix, « grande comme une tabatière », selon l'expression du marquis, on discute les chances de chacun des prétendants comme on alignerait des pronostics sur un concours. Selon les médisants, sa fortune tient lieu de beauté à Émilie. Louise de Cabris constate, avec mépris : « Elle est affreuse quant à la figure, et fort petite. » Il est vrai qu'elle est commune de visage, les traits irréguliers, le nez petit et gros, et desservie par sa taille modeste et son allure alanguie. Mais elle a quelques atouts : des yeux noirs et vifs, une expression mobile, une abondante chevelure sombre, un naturel très gai, et surtout une très belle voix, bien timbrée, qui efface l'impression première de laideur. De vrais talents d'animatrice, vantés dans la société aixoise : elle est une imitatrice exceptionnelle, elle sait raconter une foule d'anecdotes plus ou moins graveleuses. De vrais défauts, peu perçus dans le cercle superficiel au sein duquel elle évolue : une paresse naturelle d'esprit et de cœur, une totale absence de vie intérieure, de préoccupation spirituelle ou culturelle, l'enferment dans sa petite sphère de femme, dans son idéal d'égoïsme. Du moins, est-elle équilibrée : une bonne dose de sens commun s'ajoute à sa faculté d'assimilation. « Elle était née pour être raisonnable », dira d'elle Gabriel-Honoré.

Émilie est impatiente d'exprimer librement sa joie de vivre et son goût des plaisirs. Elle estime sa situation intolérable : elle est confiée à la garde d'une grand-mère devenue revêche et bougonne avec l'âge, après avoir, très jeune, laissé son mari guerroyer au loin pour mener une vie brillante à la cour – le lien conjugal se réduisait aux avancements qu'elle obtenait régulièrement pour son officier de mari. Elle voit peu son père, le marquis de Marignane, qui est la nonchalance incarnée : indifférent à toute passion, adversaire de toute turbulence, il s'est séparé de sa femme qui s'obstinait à vouloir l'aimer. Le bailli, lorsqu'il a dépeint, pour son neveu, la famille Marignane, a fait du marquis un portrait aiguisé : « La vie plate qu'il mène lui paraît douce ; son inertie le tient, tous les matins, quatre heures les pieds sur la tablette de la cheminée, avec un roman. » Le marquis de Mirabeau a ajouté à cette description l'une des formules dont il a le secret : « Il y a, en Marignane, quelque chose de noble qui pendille comme le livre de psaumes de l'abbesse, faute de savoir où se prendre. » Pourtant, le marquis de Marignane a fini par donner un sens à sa vie : il est un familier de la « cour d'amour », ce cercle que réunit régulièrement dans son château de Tourves son grand ami, le comte de Valbelle, un célibataire irréductible, à la grande allure et aux revenus immenses, soucieux d'affiner, de donner du brillant et du poli à la meilleure société provençale, de cultiver un libertinage cynique et raffiné, comme un art d'agrément, sur l'air des troubadours de jadis.

Gabriel-Honoré prend rang parmi les prétendants à la main d'Émilie. Une belle cousine éloignée, pleine d'énergie – la marquise de Limaye-Coriolis –, l'entraîne à Aix et l'encourage à se déclarer. Mais il est éconduit par le marquis de Marignane.

Cet échec éperonne la susceptibilité du jeune Mirabeau. Le voici transformé en stratège militaire : « On me dit que la place est invincible et inattaquable, et j'en conviens. Mais je ne connais rien d'invincible et fort peu d'inattaquable. »

Émilie est déjà fiancée au marquis de La Valette ? « À moi de renverser un mariage presque fait ! »

D'abord, s'introduire dans l'entourage d'Émilie. Gabriel-Honoré est convaincu d'avoir un grand pouvoir sur les femmes. Il entreprend de « séduire toutes les femelles ascendantes, descendantes et de niveau » de la famille Marignane. Il gagne ainsi une amitié forte : celle de la comtesse de Vence, « presque-tante » d'Émilie, qu'il admire, qui devient sa confidente, et dont les appréciations sur lui impressionnent la « presque-nièce ». Il fait une cour trépidante à Émilie. Mais comment éveiller et maintenir une grande passion dans un cœur aussi indécis ?

Mirabeau décide de précipiter l'affaire par les moyens les plus expéditifs. Le vaudeville précédera le mariage. La rumeur se répand dans Aix : la voiture du jeune comte de Mirabeau stationne la nuit, près de l'hôtel particulier où résident la marquise douairière et Émilie. Le scandale tarde à éclater ? Un matin, les palefreniers qui circulent dans le centre-ville, près du Cours du Roi-René, sont interpellés par un homme en chemise, au cou dénudé, qui tient à se faire voir sur le balcon d'Émilie. La manœuvre à la hussarde va réussir : Émilie a cédé à son fougueux amant ; son père, d'abord courroucé, finira par donner son consentement, conformément à son principe « Vivre et laisser vivre ».

Le mariage est célébré en grande pompe, à Aix, le 22 juin 1772. La fête dure huit jours. Tous les grands noms de Provence ont été conviés, et de somptueux cadeaux offerts aux jeunes époux – dont des diamants d'une valeur de 12 000 livres, par le marquis de Mirabeau. Mauvais présage ? Le marquis, pourtant secrètement flatté par le brillant mariage de son fils, n'a pas assisté à la cérémonie car sa compagne, Marie de Pailly, n'était pas invitée.

Les problèmes financiers ne tardent pas à assaillir le jeune couple. Le ressentiment du marquis de Marignane à l'encontre de ce gendre forcé s'exprime par un flot de mesquineries : les frais somptuaires du mariage, les cadeaux d'usage offerts, en retour, à ceux qui ont comblé la mariée, et jusqu'au trousseau d'Émilie seront à la charge de Gabriel-Honoré. En deçà des espérances pour un avenir lointain que donne la fortune virtuelle d'Émilie, les pensions que concèdent les deux marquis – de Marignane et de Mirabeau – sont modestes. Elles seront noyées par les dépenses qui s'annoncent :

« On ne nous donne pas de quoi vivre. Je ne supporterai pas l'humiliation de vous voir au-dessous de votre état, de vos espérances et de vos désirs », a tranché le jeune époux.

Les largesses de Gabriel-Honoré procèdent de sa gentillesse naturelle et de sa générosité, mais aussi de son amour-propre, car il est considéré, dans la société aixoise, comme ayant fait un mariage « au-dessus de ses moyens ». Les dépenses nécessaires s'entremêlent de luxe ostentatoire. Le château de Mirabeau où ils s'installent – le marquis et le bailli leur ont cédé la place, les paysans les accueillent avec allégresse, en brandissant des torches – n'est pas vraiment habitable. Mais fallait-il « exhausser, boiser et dorer » leur chambre à coucher, jusqu'à « la faire ressembler au salon du duc de Nivernois » comme le leur reprochera le bailli ? Gabriel-Honoré est toujours plus prodigue : « J'ai doublé et triplé les diamants d'Émilie ; elle trouve sans cesse des robes charmantes, faites à son insu. » Il achète un cabriolet et des chevaux, et fait tailler une route carrossable vers le château. Le jeune couple se lance, insouciant, dans une folle aventure. Ses faits et gestes sont exagérés par les fermiers et régisseurs. Au Bignon, le marquis s'alarme : son fils couperait le bois, vendrait les meubles, ferait parfiler les tentures pour en tirer de l'or. Après enquête, le bailli le rassure : « Il a prêté le flanc, mais on l'a beaucoup chargé. Il ne t'a coupé ni vendu de bois, ni vendu de meubles. » Le marquis adresse au couple des avertissements péremptoires. Gabriel-Honoré lui fait répondre par sa femme : « Nous courons après l'ordre, j'espère que nous l'attraperons. »

Victor, prénommé comme son grand-père paternel, naît en octobre 1773. Mirabeau se sent investi d'une responsabilité nouvelle : il étudie les questions d'hygiène infantile ; il sait les remèdes répondant à chaque maladie ; il se lance dans un *Essai sur l'inoculation*, destinée à combattre cette variole qui l'a tant marqué. Il prêche la propreté, « qui est la vie des enfants ». Surtout, il veut laisser faire la nature, « qui en sait plus long que nous » : « Pourquoi vos enfants emmaillotés ont le privilège à peu près exclusif d'être bossus, boiteux, noueux, contrefaits, rachitiques ? »

Mais les créanciers se pressent. Pour les fuir, le couple s'installe, un temps, à Aix, dans l'hôtel de la grand-mère d'Émilie. Les créanciers les retrouvent... Mirabeau fuit à nouveau, laissant Émilie et le bébé à Aix. Le couple est ébranlé par ces péripéties. Émilie séjourne maintenant dans la maison de son père ; elle y retrouve un ami d'enfance, le chevalier de Gassaud, un jeune mousquetaire invité par le marquis : Gassaud est aussi prévenant que Gabriel-Honoré est impétueux. Émilie voudrait être protégée contre elle-même. Elle lance un appel à son mari : « Reviens vite, j'ai besoin de ta présence. » Mais le jeune Mirabeau tente d'oublier ses créanciers dans les bras de sa jolie cousine, la marquise de Limaye-Coriolis. Elle accouchera d'un enfant dont le bailli dira : « Ce poussin ressemble étrangement à mon neveu. »

Au début de 1774, les difficultés s'accumulent. Les dettes de Gabriel-Honoré s'élèvent à plus de 200 000 livres. Le premier président du parlement de Provence, d'Albertas, d'autant plus irrité que son fils a été l'un des soupirants éconduits d'Émilie, dramatise la situation dans une lettre au marquis de Mirabeau : « Je crois devoir, en bon parent et ancien ami, vous prévenir sur les dangers auxquels s'expose une tête fougueuse, livrée à elle-même, qui se ruine de gaîté de cœur. » Le marquis de Marignane s'extrait de sa nonchalance : « Il ne se passe pas de jour où on ne m'annonce quelque nouvelle dette ou quelque bijou vendu ou mis en gage. » De fait, Gabriel-Honoré est prêt à prier son père de solliciter une lettre de cachet, qui le mettrait à l'abri des poursuites de ses créanciers. Étonnante lettre de cachet, qui peut être l'instrument du despotisme ou de règlements de compte familiaux, qui donne le pouvoir d'enfermer une femme adultère ou un fils spadassin, mais qui peut aussi dérober un mineur aux poursuites de ses créanciers ! Ceux-ci enrageront de voir passer le débiteur « sous la main du roi ». Et le débiteur pourra avoir le privilège, comme Mirabeau, d'être enfermé, non dans une place forte, mais dans l'enceinte du château de ses aïeux ! Car le marquis ne s'est pas fait prier : il lui importait de « sauver l'honneur compromis de sa maison ».

Deux mois plus tard, en mars, le marquis demande une modification de la lettre de cachet : il éloigne son fils du château de Mirabeau et lui fait assigner résidence à Manosque. Autre précaution : comme son fils devient majeur, il le fait placer, par le tribunal du Châtelet, sous sa propre curatelle, afin de l'empêcher d'achever de se ruiner. Le « dissipateur » est frappé d'interdiction ; le couple recevra le tiers de ses revenus ; le reste sera saisi par les créanciers. Émilie et Gabriel-Honoré entrent dans une vie de privations : même le pain et la viande qu'ils peuvent consommer leur sont étroitement fixés. « Je ne sais si mon cœur est plus flétri ou plus irrité de toutes ces humiliations », se lamente l'exilé de Manosque.

Le drame éclate au sein du couple : Gabriel-Honoré découvre une lettre d'Émilie à Gassaud, qui ne laisse guère de doutes sur leurs rapports. Les scènes violentes se succèdent. Émilie est terrorisée. Puis, soudainement, le calme revient : la comtesse de Vence conseille la clémence à Gabriel-Honoré car « il n'est pas juste que ce qui est permis à l'homme soit si rigoureusement sanctionné chez la femme… alors qu'elle ne fait souvent que suivre l'exemple que son mari lui a donné ». Mirabeau exige tout de même un acte de contrition de sa femme : il lui dicte un billet de rupture à son séducteur, il demande à Gassaud de le retourner, il le conservera et aura l'occasion de l'utiliser…

Inconstance et irresponsabilité du jeune Mirabeau ! Ne voilà-t-il pas qu'il rompt son assignation de résidence pour partir, dans une rapide chevauchée, vers Nice : il s'agit pour lui de plaider la cause de ce Gassaud qu'il menaçait de tuer en duel et dont les fiançailles avec la fille du marquis de Tourrettes sont rompues. Cette démarche absurde réussit... Peut-être s'agissait-il pour lui d'écarter ainsi son rival ? Nouvelle absurdité : au lieu de rentrer immédiatement à Manosque, il retrouve sa sœur Louise de Cabris à Grasse, avec son amant Briançon. Un déjeuner sur l'herbe, au milieu d'un bosquet d'oliviers, se prolonge, accompagné de vins de Provence, sous un soleil généreux. Surgit le baron de Villeneuve, un adversaire déterminé de Louise, dont il déplore publiquement l'inconduite... Gabriel-Honoré se précipite et le jette à terre. Les deux hommes dévalent la colline, tandis que Louise, accoudée à un mur, rit à gorge déployée à ce spectacle.

L'incident est plutôt comique. Les Mirabeau n'ont-ils pas toujours été de grands frappeurs ? Le bailli considère son neveu avec indulgence : « Il s'est donné le soin de vergeter avec un bâton l'habit d'un insolent gentilhomme, comme l'auraient fait nos oncles et nos pères. » Le marquis acquiesce : « Je reconnais que les plus grands torts sont du côté de son adversaire. »

Marqué de quelques égratignures, Villeneuve porte plainte ; il fait ouvrir une instruction criminelle par la cour de Grasse pour « tentative d'assassinat et guet-apens ». La rupture de l'assignation de résidence aggrave la situation : le jeune Mirabeau peut être arrêté à tout instant ; il décide d'envoyer sa femme au Bignon, afin de plaider sa cause auprès du marquis. Le jeune père prendra soin de Victor, dont il suit avec joie les premiers pas, pour lequel il fait faire des vêtements chauds car l'hiver approche, et auquel il prodigue ses soins quand il tombe malade. Mais Gabriel-Honoré ne réalise pas qu'il a offert un moyen d'évasion à Émilie. Dès cette fin d'août 1774, la séparation du couple est définitive.

CONTRE LE DESPOTISME

Pendant ses jours d'attente inquiète à Manosque, alors qu'il vient de se colleter avec le baron de Villeneuve, Mirabeau écrit d'un trait un *Essai sur le despotisme*, qui sera son premier ouvrage imprimé. Plus tard, il se repentira d'avoir « mutilé un si beau sujet, fruit trop hâté de sa jeunesse » ; c'est une histoire générale du despotisme qu'il aurait voulu écrire, « le plus bel ouvrage qui reste à faire ». Il est vrai que les circonstances, sa situation personnelle si incertaine, ne se prêtent guère à une recherche approfondie. Mais, après le vertige qui a suivi son mariage, il est comme dégrisé et scrute le monde qui l'entoure.

Le jeune Mirabeau est sous l'emprise de Jean-Jacques Rousseau, comme tous les esprits éclairés de sa génération. Adolescent, il a même rencontré l'auteur du *Contrat social*, qui, décrété de prise de corps, s'était réfugié sous un nom d'emprunt dans la maison de campagne de son père, à Fleury-sous-Meudon. L'Ami des Hommes avait même tenté, en vain, de le gagner aux principes de la physiocratie. « Aimez-moi toujours mais ne m'envoyez plus de livres, avait répondu Rousseau. Ayez pitié de mes malheurs et laissez en paix ma pauvre tête. On ne se convertit pas sincèrement à mon âge. »

Mirabeau est donc sous l'influence de Rousseau, mais il s'efforce de prendre une certaine distance avec ses principes... Ainsi il évoque « l'homme naturel, l'homme social », que notre auteur ne voit pas nécessairement bon car l'homme social a « le désir et l'instinct du despotisme », cet instinct « qui est le vœu constant de l'humanité » et que Mirabeau transcrit sur toutes les formes de gouvernement. La monarchie est le despotisme d'un seul, l'oligarchie « le despotisme réparti sur plusieurs têtes », et les républiques, ces « sortes de confédérations », sont « peut-être les pires des despotismes ». Mais Mirabeau fait-il réellement de l'anti-

Rousseau ? Ce serait oublier que Rousseau n'est pas partisan du gouvernement démocratique : ce serait le régime idéal, écrit-il, « pour un peuple de dieux », donc un régime non fait pour les hommes, à reléguer dans l'Olympe constitutionnel ; en réalité, il serait partisan d'un gouvernement aristocratique, projection abstraite de sa chère république de Genève.

De même, lorsque Mirabeau définit le roi comme un « salarié » – « celui qui paie a le droit de renvoyer celui qui est payé »... et Mirabeau de préciser, de la hauteur de ses 25 ans : « Si d'autres Français l'ont pensé avant moi, je suis peut-être le premier qui ait osé l'écrire » –, il reprend, en fait, la distinction chère à Rousseau entre l'origine du pouvoir et son exercice. Le pouvoir du monarque peut être légitime s'il tient sa fonction du souverain, c'est-à-dire du peuple. La monarchie, acceptée par l'ensemble du peuple, devient légitime et Rousseau la qualifie de « monarchie républicaine » : ce sera là, en 1789, l'idéal de Mirabeau et des hommes de la Constituante.

L'ouvrage vaut aussi par son style : un style oratoire, déclamatoire, mais direct, vibrant, qui tourne au pamphlet véhément, à la harangue, qui brasse les paradoxes avec une verve puissante et qui séduira le libraire de Neuchâtel qui publiera le manuscrit. « Le despotisme est une manière d'être effrayante et convulsive... Un État despotique devient une sorte de ménagerie, dont le chef est une bête féroce. »

Les idées se bousculent, turbulentes : le patriotisme, toujours sous-jacent chez Mirabeau, le loyalisme envers l'État, le Prince, doit tout de même céder devant la nécessaire lutte contre le despotisme. « Où la patrie ne donne rien, on ne lui doit rien, parce que les devoirs sont réciproques. Un homme de cœur sortira bientôt d'un pays où le despotisme sera établi. En justice, bien entendu, il ne saurait y avoir de trahison dans un État despotique, parce que l'esclave ne peut être ni créancier, ni débiteur. On ne saurait enfreindre les lois et les règles, dans un gouvernement dont l'essence est de n'en avoir point. »

Mirabeau revendique le droit à la révolte pour toutes les victimes du despotisme : « Le devoir, l'intérêt et l'honneur ordonnent de résister aux ordres arbitraires du monarque et de lui arracher même le pouvoir, dont l'abus peut entraîner la destruction de la liberté. » Et il conclut, dans une formule ramassée : « Tous les actes de despotisme sont des combats dans l'obscurité. »

Le jeune auteur précise sa pensée, ajuste son tir : sa cible est la monarchie absolue, qui dévitalise le royaume de France. Il s'en prend à Richelieu : « Combien de fois ne l'a-t-on loué en France ?

Ces louanges lui seraient très justement acquises s'il avait été chargé de détruire la nation ; mais elles sont la honte de la France. » Il oppose la sagesse, l'intelligence d'Henri IV à Louis XIV qui ne l'intimide guère et contre lequel il reprendra ses attaques, dix ans plus tard, dans un autre essai-pamphlet, les *Doutes sur la liberté de l'Escaut.* « Il réunit tout le nerf encore existant de la nation et le fit servir à sa gloire... qu'il détacha toujours de la gloire et des véritables intérêts de la France. »

La monarchie absolue, c'est la corruption du Prince par une trop longue habitude de commander, et la corruption du peuple par une trop longue habitude d'obéir. Quant aux grands du royaume, aux « notables et magnats des provinces, rassemblés dans la main du roi par l'appât du luxe et des honneurs, ils n'ont apporté dans la capitale que des ronces dorées ». Notre auteur blâme l'abandon des provinces par les seigneurs, déplore la concentration de la France dans les ministères parisiens... ou versaillais, dénonce « l'oppression terrible de la fiscalité et des déprédations en tous genres de finances ». Ce sont les thèmes des physiocrates, et particulièrement de l'Ami des Hommes, qui surgissent ici : la centralisation du pouvoir monarchique à Versailles appauvrit la France, la victoire du monarque sur l'ordre féodal a été une atteinte aux libertés. Mirabeau cite « l'immortel Quesnay », se réfère aux travaux de son père et procède à l'étonnant mariage de la liberté populaire à revendiquer et de l'ordre féodal à venger.

Comment sortir du despotisme ? Il importe de faire une bonne constitution. Certes, le mot d'ordre n'est pas d'application aisée : « Il ne naît pas, en quatre siècles, quatre hommes capables de prévoir jusqu'où peuvent aller les innovations, d'où l'on peut conclure que les changements constitutifs sont rarement sans danger. » Mais la constitution reste le seul moyen d'affirmation d'une pratique du pouvoir « républicaine » – qui peut, au demeurant, être celle du monarque, puisqu'il s'agit d'une manière de gouverner et non d'une forme d'État –, d'une pratique gouvernementale qui incite à s'affranchir de toute tutelle, qui est l'expérience concrète de la plus grande liberté publique possible, de la coexistence maximale des libertés... qui est diamétralement opposée à la pratique despotique du pouvoir.

« Sans constitution, nous sommes des esclaves. » La phrase claque dans l'*Essai sur le despotisme.* Et notre jeune auteur précise : « Partout où la monarchie est illimitée, il n'y a point, et il ne saurait y avoir de liberté. » En 1788, dans une lettre au ministre Montmorin, il reviendra sur la notion de constitution, dont il fera un bouclier contre les ordres et privilèges, contre la société hiérarchisée qui l'a rejeté, mais aussi contre toutes les dérives, « démocratique » ou « anarchique », d'un régime dont il pressent la fragilité : « Une constitution qui nous sauverait des complots de l'aristocratie, des excès de la démocratie et de l'anarchie profonde où l'autorité, pour avoir voulu être absolue, s'est plongée avec nous. » On perçoit déjà, sous le révolutionnaire virtuel, l'homme d'ordre... Mais, à la veille de la Révolution, ses phrases éparses se contrediront : Mirabeau n'est pas un doctrinaire, avec un système politique déjà établi en tête. Il reste ouvert aux hommes, aux événements, aux opinions.

La monarchie était-elle illimitée en France ? Ou, en d'autres termes : y avait-il une constitution en France avant la Révolution ?

Turgot semble le nier lorsqu'il signe, en 1775, à l'intention du jeune Louis XVI, son *Mémoire sur les municipalités* (dont Mirabeau tentera, douze ans plus tard, de s'attribuer la paternité) : « La cause du mal, Sire, vient de ce que votre nation n'a point de constitution. » Mme de Staël répond, elle aussi, par la négative, en jaugeant les institutions de la monarchie absolue à l'aune des exigences libérales : l'Ancien Régime n'était que despotisme – « Si veut le roi, si veut la loi » ; la seule constitution légitime est celle dont la nation est l'auteur.

Dans son « cahier de doléances » rédigé en vue des États généraux, la noblesse de Belley, dans l'actuel département de l'Ain, répliquera avec fermeté : « La France a une constitution. Vainement, de hardis novateurs... voudraient persuader qu'un État qui subsiste depuis plus de mille trois cents ans n'a jamais été constitué. » De même, pour Joseph de Maistre, la constitution de l'ancienne France ne doit rien à la volonté des hommes mais est le produit d'une histoire particulière : elle se donne comme un mystère de la Providence, fondé sur quatorze siècles de souveraineté des rois.

La querelle est insoluble. Dans leur ambition de faire table rase, les hommes des Lumières ont nié l'existence de la « constitution du royaume », qui n'était, certes, pas conforme aux principes des démocraties modernes. De fait, il existe deux notions de constitution, l'une juridique, formelle, procédant d'une opération de fondation, d'une procédure spéciale, de la volonté souveraine des membres du corps politique, l'autre organique, traditionnelle, façonnée par les précédents historiques, qui atteste plus qu'elle ne fonde les règles de dévolution ou d'exercice du pouvoir. Cette seconde conception existait sous l'Ancien Régime, même si le contenu des « lois fondamentales » restait relativement incertain, et s'il était loin de couvrir tout le champ des constitutions modernes.

La constitution de l'« Ancien Régime » avait sa dimension mystique et symbolique : Ernst Kantorowicz a montré que le sacré du pouvoir suprême se manifestait dans les « deux corps du roi », l'un physique, charnel, l'autre juridique, symbolique. L'élection divine est toujours présente : « Toujours Clovis a besoin de Rémi », constate Régis Debray. Mais, au-delà des rituels royaux, les lois fondamentales du royaume se ramenaient à deux ou trois règles : la dévolution de la couronne par succession selon l'ordre de proximité masculine, à l'exclusion des femmes et des bâtards, selon la doctrine élaborée au XVe siècle par Jean de Terre Rouge, avocat du roi ; l'inaliénabilité du domaine de la couronne qui, selon Jean Bodin, n'est pas « possession royale », le roi n'en étant que « l'usager » ; la loi de catholicité qui, réclamée en vain par les ligues aux États généraux de 1576 et de 1588 pour prévenir l'accession au trône d'Henri de Navarre, triomphe paradoxalement avec la conversion du même Henri IV à la foi catholique. Ces lois peuvent être sanctionnées, par ces juridictions que sont les parlements. « Quoi que fasse le roi, toujours son successeur peut casser ce qui aura été fait au préjudice des lois du royaume », soutenait Jean Bodin. En 1715, le Parlement de Paris casse le testament de Louis XIV – qui avait déclaré ses enfants légitimés habilités à régner.

L'ancienne constitution, « à la fois rigide et indéterminée », selon François Furet, « imprescriptible et purement consensuelle », était condamnée « du moment qu'elle passait de l'ordre inné à l'examen positif, voire à la contestation ».

L'ancien ordre fondamental va tendre à se dissoudre lui-même. Les parlements ont tendance à se dresser en organes représentatifs de substitution : ils invoquent « les droits de la nation », « la conservation des droits légitimes des peuples ». Mais leurs remontrances ne s'exercent pas dans un sens libéral : ils s'opposent aux réformes de Turgot puis de Necker. La destitution des parlements par le chancelier Maupeou, en 1771, a porté un coup décisif à l'autorité de ces juridictions, mais aussi à la constitution de la monarchie, à l'image d'un pouvoir royal tempéré par les corps intermédiaires. De Mably à Volney, les pamphlets constitutionnels apparaissent, la question constitutionnelle est posée, l'enjeu constitutionnel devient, progressivement, l'enjeu politique principal.

« Qu'est-ce que la constitution ? demande Volney en 1788

J'ouvre les recueils de nos lois, et je n'y vois qu'ordonnances antiques et barbares, inapplicables à notre temps, ou qu'édits et arrêts modernes qui se contrarient et se détruisent. » L'abbé Mably, qui a alors plus de lecteurs que Rousseau, souligne : « La nation doit être son législateur, parce que l'homme doit se faire son sort à lui-même et parce que l'homme doit être attaché à la chose publique. »

Avec l'*Essai sur le despotisme*, le jeune Mirabeau aura été l'un des premiers auteurs à lancer l'assaut contre les institutions de l'Ancien Régime.

DU CHÂTEAU D'IF AUX OURS DU JURA

« Ton père a obtenu le château d'If. » Présentée par Émilie, la nouvelle sanction qui frappe Gabriel-Honoré aurait « un air de punition paternelle » et le marquis pourrait l'interrompre quand il voudrait. Assurances mensongères ? Mirabeau, quand il est arrêté à Manosque, estime, au contraire, qu'il est traité avec brutalité, comme un vulgaire « coupeur de bourses ». Où sont les égards dus à un gentilhomme ? On l'arrache sans ménagement au chevet de son enfant, souffrant. On lui interdit d'emporter des affaires personnelles. On le dirige, solidement encadré, vers le château d'If – ce « roc désolatif » où il arrive à la fin de septembre 1774.

De fait, il avait, lui aussi, considéré cette forteresse, plantée sur un rocher dans la rade de Marseille, battue de tous côtés par la mer, comme un abri qui le déroberait aux poursuites de ses créanciers. Mais, une fois incarcéré, il se sent doublement en prison, séparé du monde extérieur à la fois par les murs et par les flots. Toute correspondance lui est interdite, à l'exception des lettres échangées avec sa femme. Le commandant du fort a été averti du « caractère dangereux » de son prisonnier.

Mirabeau ne supporte pas d'être désemparé. Pour se ressaisir, il se lance dans une enquête sur ses compagnons de captivité et dans des réflexions sur l'administration pénitentiaire et la politique pénale. Sur les trente prisonniers d'If, « un seul est un scélérat, de la lie du peuple, et à peine six peuvent passer pour de mauvais sujets ». « À la vérité, les autres prenaient le grand chemin pour le devenir ; c'est un des avantages de ces augustes maisons, une seule haleine empestée infecte tous les autres. » Plusieurs prisonniers ont sombré dans la folie « par l'excès de mauvais traitements et de la douleur ou l'horreur de la solitude ». Il préconise « un régime doux et sain et quelques exercices qui leur remettraient la tête ». Comment réinsérer les délinquants dans la société, ceux du moins qui ne sont pas incurables ? Le thème n'est, alors, guère à la mode... Mirabeau donne en exemple l'action d'un prêtre qu'il a connu à Manosque : « Six insensés lui sont tombés dans les mains pendant que je l'ai connu et observé, parmi lesquels trois qu'on était contraint d'enchaîner ; tous sont sortis d'avec lui bons et paisibles citoyens. » Ne pas oublier les cas de pure injustice : des hommes « dont le crime unique était d'avoir de jolies femmes, protégées par quelques-uns de ces bas valets qu'on appelle grands seigneurs ». Mirabeau s'attribuera le mérite d'être parvenu à faire sortir d'If l'un de ces maris incommodes.

Sa correspondance avec Émilie révèle son irritation croissante, il la questionne sur leur enfant. Elle répond, désinvolte, qu'elle n'a guère de nouvelles depuis qu'il n'est plus avec lui à Manosque. Le jeune père enrage, la jeune mère ne semble guère préoccupée de la santé du petit être qu'elle a confié à des mains étrangères. Par contre, Émilie entretient le prisonnier des modes de Paris – « de nouvelles coiffures d'une hauteur étonnante, des panaches surmontant ces coiffures de 25 pouces » –, de la Comédie-Italienne, des réceptions chez le marquis. Elle lui glisse qu'elle a peu de temps à lui consacrer : « Il faut absolument que tu m'excuses, je n'ai pas le temps de me tourner, je suis happée par quelques ouvrières, qui ne finissent plus ; une autre fois, c'est la messe, car ici on fête tous les saints du calendrier ; ensuite des emplettes, il faut se coiffer. » Il s'impatiente, il l'implore, lui demande de s'installer à Aix ou à Marseille et de lui rendre régulièrement visite dans la forteresse, comme elle en a le droit. Il essaie de réveiller ses sens. Elle s'esquive, en minaudant : « Quant aux autres polissonneries, je vous prie de croire, monsieur le comte, que je suis à présent une demoiselle trop chaste pour les entendre. » Il apprend qu'elle a revu le chevalier de Gassaud, il éructe de jalousie. Elle se justifie à peine : elle ne l'a vu que deux fois « sous prétexte qu'il a été malade à ce qu'il dit ». Il lui donne ordre de se retirer provisoirement dans un couvent, avec leur enfant. Nouveau faux-fuyant : elle réplique qu'elle part avec le marquis pour Le Bignon, que ses malles sont déjà bouclées et qu'on la prendrait pour folle si elle renonçait au voyage.

Émilie détient soudain le meilleur des arguments pour s'installer dans son refus. Elle vient d'apprendre la relation que Gabriel-Honoré a nouée avec la cantinière du fort, « la seule femme au château d'If qui ait figure de femme ». Le mari trompé s'est plaint auprès d'Émilie : il accuse sa femme d'avoir volé toutes les économies du ménage et Mirabeau d'être son complice et le responsable de sa ruine. Plus tard, il se rétractera devant le juge, et le commandant du fort niera toute implication de Gabriel-Honoré, « qui emporte avec lui l'estime, la considération et l'amitié de toute la place ».

Car le commandant d'Allègre a pris le prisonnier en sympathie. Il l'autorise à se mouvoir à l'intérieur du fort. Il adresse une attestation très chaleureuse au marquis, lui demandant de libérer son fils. L'Ami des Hommes bougonne : il croit le commandant « séduit, corrompu, trompé ».

Le marquis décide de « transfixer » son fils : d'If, Gabriel-Honoré sera conduit à la forteresse escarpée de Joux, proche de Pontarlier, à la frontière de la Franche-Comté. S'agit-il réellement de donner « un peu plus de liberté » au prisonnier ? En réalité, le marquis est perturbé par l'irruption soudaine de sa femme, qu'il n'a pas vue depuis quinze ans et qui lui demande des comptes sur son patrimoine. Il juge plus prudent d'éloigner son fils « d'une province où il a trop de rapports et des communications journalières avec Marseille » ; il redoute que « l'ingrate » Louise de Cabris ne parvienne à enrôler son frère dans le camp de sa mère.

Sur-le-coup, Gabriel-Honoré regrette sa captivité au château d'If, « une prison que les égards qu'on avait pour moi avaient adoucie ». Le 25 mai 1775, il entre dans « le pays le plus triste et le plus froid d'Europe » ; il se sent « relégué parmi les ours du mont Jura », dans un vrai « nid de hiboux » – le sol de la forteresse de Joux est encore couvert de neige.

En fait, sa séduction personnelle va jouer, une fois de plus. Le commandant du fort, le comte de Saint-Mauris, est un vieil officier qui ne se résigne pas à jouer les geôliers, d'autant que Mirabeau est le seul prisonnier, les autres pensionnaires de Joux étant des invalides. Le gouverneur offre à Gabriel-Honoré une chambre dans son appartement particulier, il lui permet d'aller à la chasse, lui prête son propre fusil. Dans un premier temps, il lui interdit d'aller à Pontarlier ; mais, au mois de juin, après le sacre et le couronnement de Louis XVI, la ville témoigne de sa joie par un *Te Deum*, des salves de canon, des feux d'artifice – et le comte de Saint-Mauris, son invité d'honneur, arrive, accompagné de Mirabeau. « Il me voulut pour témoin de sa gloire. Je dus à sa vanité la permission de venir à Pontarlier. » Bientôt, l'emprisonnement se muera en une résidence très vaguement surveillée : Mirabeau louera un pied-à-terre à Pontarlier, il sera autorisé à prendre ses repas à l'auberge et à circuler dans le pays.

Le nom et la personnalité de Mirabeau lui gagnent des amitiés fortes, particulièrement celle du procureur du roi, Michaud, qui lui propose de l'initier à l'histoire de la province et de lui prêter ses livres. De son côté, Saint-Mauris lui suggère d'écrire une étude sur *Les Salines de Franche-Comté.* Mirabeau se jette, à corps perdu, dans cette recherche, mû par sa double passion pour l'histoire et l'économie politique.

En digne fils de physiocrate, Gabriel-Honoré s'attaque à la description des exploitations agricoles et des établissements industriels producteurs de sel. Mais, rapidement, il s'acharne sur son vrai sujet : l'impôt sur le sel, la fameuse « gabelle », et l'action des auxiliaires des fermiers généraux. Derrière l'impôt : la volonté d'inquisition du pouvoir. Les Français n'ont pas connu l'Inquisition, la vraie, celle de la foi imposée par les bûchers ? C'est parce qu'ils avaient mieux : l'inquisition fiscale. « Ce serait un ouvrage à faire que le parallèle de l'inquisition sacerdotale et de l'inquisition fiscale. Je doute qu'il fût à l'avantage du fisc. »

L'inquisition fiscale saccage toute vie privée : elle s'impose au sein des familles, viole tout secret. L'édit sur la gabelle pousse si loin la chasse aux fraudeurs qu'il promet l'impunité à ceux qui auraient tué des faux sauniers récalcitrants ! Notre auteur s'indigne : « Ici la plume me tombe des mains, et je frémis en transcrivant cette loi que semble avoir vomie l'enfer. » C'est déjà l'orateur de la Constituante qui s'exprime, avec un trait de lumière pour condamner l'oppression : ne s'agit-il pas d'un assassinat légal ? Jamais l'assassinat n'avait ainsi reçu la sanction des lois !

De Joux, Mirabeau se rend à Neuchâtel, une enclave prussienne au milieu des cantons suisses : la censure y est absente ; imprimeurs et libraires sont tous de très actifs éditeurs, leurs ouvrages étant ensuite diffusés en France en contrebande. La mission que lui a confiée le gouverneur de Saint-Mauris n'est en rien subversive : il doit faire imprimer une courte brochure sur les fêtes du sacre de Louis XVI à Pontarlier. Il rencontre donc le libraire-imprimeur Fauche. Il lui soumet, en même temps, son *Essai sur le despotisme* : Fauche s'enthousiasme, accepte le manuscrit, le paie 1 500 livres... et lui propose une rémunération de 1 000 écus par an pour ses futurs écrits. L'ouvrage paraîtra anonyme. Fauche a été le premier à reconnaître le talent de polémiste de Gabriel-Honoré.

Mais une tempête imprévue va fondre sur Mirabeau. Saint-Mauris a invité la marquise de Monnier, dont il est l'un des admirateurs, à visiter la forteresse de Joux. Toujours dans l'ombre du gouverneur, Mirabeau accueille avec lui la marquise : c'est ainsi que Sophie entre dans la vie de Gabriel-Honoré.

Mirabeau a-t-il perçu immédiatement la passion qui va l'embraser jusqu'à ébranler son destin – et fracasser celui de la femme aimée ? Sophie n'a pas la beauté triomphante, extériorisée, évidente, des grandes séductrices. Elle est grande, et comme encombrée de son corps. Elle est timide et se tient la tête légèrement penchée. Ses traits ne sont pas vraiment réguliers : des joues pleines, un nez retroussé, des cils rares, un menton court, volontaire. Mais elle est attirante, sensuelle, désirable – un sourire tendre et moqueur, un visage mobile, une sensibilité qui affleure, un corps que dessinent ses robes très montantes.

Elle se prétend ignorante, mais elle est une grande lectrice, elle a une vraie culture. La timidité la fait souvent bafouiller, mais, quand elle est en confiance, elle a le mot juste, le trait acéré, beaucoup d'humour. Elle est naturelle, sans affectation ; elle a un tempérament souple, adaptable ; elle est subtile… et partiale car elle a tendance à exalter les mérites de ceux qu'elle aime. Elle est une femme aux sentiments exclusifs : Mirabeau découvrira que « son cœur est un volcan ».

Comme elle n'avait rien d'une révoltée, sa famille l'a crue soumise et sans personnalité. Son père, M. de Ruffey, président de la chambre des comptes de Dijon, ami de Voltaire et de Buffon – il joue les mécènes et est épris de poésie, même de la sienne –, l'a mariée, sans lui demander son avis, à son collègue Monnier, président de la chambre des comptes de Dôle, un veuf septuagénaire, fort riche. Voltaire écrira, ironique, à Ruffey : « Je ne savais pas que M. de Monnier était un jeune homme à marier. » En fait, Monnier, un dévot, craintif et plein de préjugés, a voulu se remarier pour se venger de sa fille qui s'est éprise d'un mousquetaire, Le Bœuf de Valdahon, et l'a épousé, une fois devenue majeure. Monnier voudrait déshériter sa fille et se donner un héritier.

Profondément ulcérée après avoir pris conscience du caractère absurde de son mariage, Sophie attend, troublée, de petites aventures ou une grande passion – sous les regards de la société de Pontarlier, qui l'observe avec curiosité, l'espionne, la critique par avance.

Gabriel-Honoré se découvre un amant passionné : « Avec toi a commencé l'amour. Jusque-là, je n'avais connu qu'un commerce de galanterie, qui n'est point l'amour, qui n'est que le mensonge de l'amour. » Passionnément jaloux : il lui demande inlassablement de parler de ses familiers, de jurer qu'elle ne leur a pas cédé. Elle lui voue une admiration éperdue. Ils deviennent la fable de la ville. Le procureur Michaud, qui s'est entièrement lié à Mirabeau, est l'un des rares à ne rien soupçonner : il se réjouit de voir son ami fréquenter la maison des Monnier, « un haut foyer intellectuel ». Saint-Mauris s'aigrit : il a compris les rapports qui se sont établis entre Sophie et Gabriel-Honoré. Il écume contre son prisonnier, il lui interdit de quitter le fort. Mirabeau obtient tout de même d'aller chez les Monnier, au bal qu'ils donnent le 14 janvier 1776 – le sort fera de lui le « roi de la fève » –, puis il disparaît.

LE FUGITIF

Une semaine plus tard, Saint-Mauris écrit au ministre de la Guerre : « Faites-moi la grâce, monsieur le comte, de ne plus m'envoyer de prisonniers. » Il apprend que Mirabeau se cache dans Pontarlier : il donne l'ordre de l'arrêter, mais seulement s'il se montre en public. Et quand le commandant de la forteresse royale décide de se lancer vraiment à la poursuite du fugitif, le procureur du roi Michaud déploie tous ses efforts pour entraver les recherches.

Mirabeau se cache, pendant cinq semaines, dans la maison même des Monnier, dans l'appartement de la femme de chambre : Sophie lui rend visite chaque jour, avec livres et nourriture. Mais il cherche une issue : comment « rentrer dans la société » ? Après tout, il est capitaine de dragons. Pourquoi ne reprendrait-il pas du service ? Il écrit au ministre de la Guerre, le comte de Saint-Germain, pour implorer sa protection et solliciter sa mise à l'épreuve. Il rappelle sa brillante conduite en Corse. Il explique sa fuite par la nécessité d'échapper aux ordres de son père.

Sa lettre au ministre est transmise par sa mère, avec laquelle il s'est réconcilié. La marquise vient de triompher en première instance sur sa requête en séparation de corps. Le marquis a fait appel. Elle souhaite pouvoir s'appuyer sur son fils, qui est prêt à faire cause commune : « Délivre-moi et je t'aiderai. » Elle plaide donc, avec une très grande conviction, la cause de Gabriel-Honoré, cette fois auprès de Malesherbes, secrétaire d'État à la Maison du roi. Son fils n'a commis que des peccadilles. « Le malheureux a parcouru toutes les prisons d'État de France. L'Ami des Hommes est l'ennemi juré de sa femme et de ses enfants. »

Malesherbes souhaite en finir avec cet abus de l'absolutisme, la pratique des lettres de cachet. Il est prêt à ouvrir une enquête sur le cas de Gabriel-Honoré. Le fugitif adresse, toujours par l'entremise de sa mère, un mémoire au « ministre citoyen d'un roi citoyen ». Il confie « avoir idolâtré son père » et ne pas comprendre pourquoi celui-ci « s'acharne à sa perte ». « Je respecte assez son cœur pour croire que je l'obligerai si je parviens à me sauver de sa violence. »

Tenu informé de ces démarches, le marquis réagit. Il évoque « le talent » de son fils « pour l'escroquerie », « sa folie, qui est très réelle ». Quelles que soient les dispositions qu'il prendra, le ministre ne doit pas laisser « ce fol atroce » revenir à Paris, car « il pourrait provoquer une scène déshonorante », dont souffrirait sa femme, « une jeune femme intéressante et malheureuse, réfugiée auprès de moi ». Tout le reste lui est égal ! Le marquis craint de voir son nom déshonoré, et son sang peut-être sous l'échafaud ! Il préfère se désintéresser de ce « forcené », s'en remettre complètement à la sagesse du ministre – à la condition qu'on tienne Gabriel-Honoré éloigné de Paris. Étrangement, il fait tenir une autre lettre, cette fois à son fils, par le procureur Michaud : il lui suggère de partir pour l'étranger, et s'engage à lui faire parvenir la pension qu'il lui a promise en justice, dès qu'il connaîtrait « le lieu où il se serait fixé ».

Pour obtenir une intervention des ministres, Gabriel-Honoré devrait commencer par regagner la forteresse de Joux. Il affiche l'intention contraire, et se montre en ville. Le soir du 21 février, Saint-Mauris apprend que le fugitif se trouve, en compagnie de Sophie, chez le procureur Michaud. Le lendemain, l'appartement de Michaud est vide. Gabriel-Honoré est parti de Pontarlier dans la nuit. Sophie s'éloigne à son tour : elle cherche refuge à Dijon, chez ses parents. Mirabeau l'y rejoint. Était-ce le désir violent des amants de se retrouver ? Lui, se reprochera cette maladresse : « Ce fut moi qui lui donnai ce conseil funeste... Il n'était ni sage ni décent de me cacher dans la ville où elle se retirait. »

La mère de Sophie, Mme de Ruffey, « grande, sèche, ridée, les mains pleines de prières », découvre rapidement la relation de sa fille, arrivée si soudainement, avec le voyageur suspect qui l'a suivie. Elle dénonce les amants au grand prévôt, Montherot, qui prend l'affaire avec une extrême philosophie. « Le fils de l'Ami des Hommes n'est pas fait pour être traduit dans les prisons », écrit-il au ministre Malesherbes. Montherot est un prévôt mondain : Mirabeau s'est même glissé parmi les invités à son grand bal, sous un nom de comédie – le marquis de Lancefoudras. Il se contente de placer le fugitif sous une très légère surveillance, dans l'appartement qu'il a loué à Dijon. « Quand l'effervescence de la jeunesse aura passé, ce sera un sujet utile à l'État. »

Pour le grand prévôt, il suffirait de mettre un terme à l'escapade et le jeune Mirabeau pourrait être renvoyé à son régiment. Mais le marquis entend maintenant sortir de sa passivité. Sur sa demande. Montherot reçoit l'ordre de Malesherbes de reconduire le fugitif à Joux. Montherot n'en fait rien : il invoque l'état de santé de Gabriel-Honoré, le drame que susciterait chez le vieux Monnier sa présence au voisinage de Pontarlier ; il compare, ému, Sophie à la belle Hélène et Mirabeau à Pâris... Malesherbes substitue donc à la forteresse de Joux une assignation de résidence au château de Dijon. Sophie, sur le conseil de Montherot, regagne Pontarlier et le domicile conjugal. Et Mirabeau fascine immédiatement le commandant du château de Dijon, Changey, qui lui laisse une totale liberté et recommande de le traiter « avec douceur ». Ce diable de Gabriel-Honoré s'est décidément fait une spécialité de séduire ses geôliers ! Montherot, de son côté, ne cesse de chanter les louanges de celui qui semble devenu son ami : « Il est plein d'honneur et de sentiment, il pétille d'esprit. Il n'aspire qu'à remplir ses devoirs de fils, de mari, de père et de citoyen. Tout en lui est trop sensible ; ses fautes viennent de là... Il adore monsieur son père et il n'en fait aucune plainte. » Et le grand prévôt d'insinuer que l'Ami des Hommes ne verse qu'avec trois mois de retard la pension qu'il doit à son fils.

Le marquis revient à la charge. Il demande au roi d'ordonner l'emprisonnement de son fils au château de Pierre-en-Scize, près de Lyon, et de lui couper toute communication avec l'extérieur. Puis il se ravise quand il apprend la présence de sa fille, Louise de Cabris, à Lyon : il demande une place plus éloignée, en Alsace, par exemple... à la condition que le commandant soit « un homme raisonnable et non subalterne à qui le prisonnier jetterait de la poudre aux yeux ».

Le marquis tempête contre le ministre Malesherbes qui, « avec ce débraillement de philanthropie et ses belles idées républicaines », a répondu à ses reproches : « Il est tout naturel que votre fils cherche sa liberté » ! Bien plus, le rapporteur auquel le ministre a confié l'examen du dossier de Gabriel-Honoré vient de se prononcer... pour la mise en liberté immédiate ! Le ministre amende cette proposition : les « écarts de jeunesse » ont été punis en leur temps, la rupture de l'exil de Manosque expiée par l'emprisonnement au château d'If. Reste à sanctionner l'escapade de Joux, en prolongeant de six mois la résidence forcée dans la forteresse. Pendant ce temps, sa famille pourrait tenter d'arranger les affaires privées du jeune Mirabeau, de désintéresser ses créanciers, de préparer son retour aux armées.

Le marquis contre-attaque, cherche d'autres appuis. Il obtient une lettre de cachet qui signifie à Mirabeau son incarcération dans la citadelle de Doullens, en Picardie. Cette fois encore, Changey et Montherot interviennent en faveur de leur ancien prisonnier, dont le mauvais état de santé serait manifeste... Mais Malesherbes ne peut plus rien : le trop libéral secrétaire à la Maison du roi est démis le 12 mai 1776. Selon Mirabeau, il lui aurait donné, avant d'abandonner ses fonctions, le conseil de fuir à l'étranger.

Dans la nuit du 24 au 25 mai, Mirabeau prend le chemin de la Suisse. Il attend Sophie à Verrières, dans la principauté de Neuchâtel, mais elle ne parvient pas à le rejoindre immédiatement. Il erre à Genève, à Thonon, à Lyon, fait une incursion en Provence, sous la protection de sa sœur Louise, toujours accompagnée de son amant, Briançon... Le marquis décide de le faire suivre. Avec l'aide du duc de Nivernois, nouveau ministre d'État, il enrôle un inspecteur de police « unique en Europe pour ces sortes de choses », et deux auxiliaires – tout en gémissant sur la dépense, 25 livres de gages par jour. Le 9 juillet, le résident de France à Genève, Hennin, annonce le passage de Gabriel-Honoré. Le policier, Bruguières, traque, en tous sens, le fugitif dans la cité de Calvin, mais il finit par reconnaître que le jeune Mirabeau est encore plus rusé que le père ne l'avait décrit ; et le marquis s'agite furieusement contre ces « fourbes ou idiots » qui dépensent en vain tout son argent.

Brûlant de retrouver Sophie, Gabriel-Honoré traverse la frontière et tente de se rapprocher de Pontarlier. Mais, finalement, c'est elle qui le rejoint. Elle lui avait écrit sa détermination : « Il faut que cela finisse, je le répète, Gabriel, ou mourir. » Elle s'échappe de la maison de son mari, le 24 août au soir ; le lendemain, on découvre les échelles de corde dont elle s'est servie. Les deux amants passent quelques jours à Verrières puis se dirigent vers la Hollande. Ils arrivent à Rotterdam à la fin septembre, puis s'installent à Amsterdam – sous le nom de Saint-Mathieu, un pseudonyme qu'ils empruntent à un domaine de la mère de Mirabeau.

Les sentences de divers procès leur parviennent comme assourdies, sur cette terre de Hollande qui leur semble un refuge sûr. La cour de Grasse, statuant sur l'affaire passablement ridicule de l'altercation avec le baron de Villeneuve, sanctionne très durement Gabriel-Honoré : une amende de 6 000 livres et l'humiliation du « blâme » qui, normalement, implique la perte des droits civiques… mais que personne n'invoquera lors de la candidature de Mirabeau aux États généraux. À Pontarlier, un procès autrement important s'ouvre, sur la plainte de M. de Monnier, réconcilié avec sa fille et son gendre Valdahon : un jugement par contumace du lieutenant-criminel du bailliage condamnera Mirabeau, pour « séduction et rapt », à la décapitation… pour l'heure simplement en effigie, et à 40 000 livres d'amende ; Sophie, déclarée coupable d'adultère, perdra tous les droits résultant de son contrat de mariage et sera condamnée à la détention à vie dans une maison religieuse de correction, « pour y être rasée et vêtue comme les filles de la communauté ». Un procès d'intérêt plus immédiat, auquel Mirabeau prête une très grande attention : la marquise est déboutée de sa plainte contre l'Ami des Hommes, en appel, par le Parlement de Paris.

Comme tant d'hommes de sa génération, adeptes des Lumières, Mirabeau est franc-maçon, membre du Grand Orient. Il a franchi les épreuves de l'initiation à Aix-en-Provence. À Amsterdam, il est en contact avec ses « frères » hollandais, au grand déplaisir de Sophie qui l'aime d'un amour trop exclusif pour tolérer tout lien qui peut l'éloigner d'elle : elle s'en prend donc souvent aux « méchants goujats de francs-maçons ».

Mirabeau voit dans la maçonnerie un « lieu universel, utile, grand, respectable », un agrégat de « gens éclairés », un moyen précieux de « procurer le bien des hommes » ; réformateur impénitent, il imagine un ambitieux plan de régénération des loges européennes… comme il imaginera à la Constituante un plan de régénération de la France.

« Le temps paraît venu », commence-t-il. La priorité du programme de l'Ordre maçonnique réformé ira à l'éducation, qui « éclairera » les hommes – une éducation « démocratisée », puisque le premier but de la maçonnerie sera « d'étendre, autant que possible, la sphère des connaissances, non pas tant en profondeur qu'en surface ». Le second but sera plus politique, constitutionnel : « la correction du système présent des gouvernements et des législations ». Mais notre réformateur allie la modération aux sursauts de révolte, l'esprit de reconstruction à la crainte des bouleversements extrêmes : cette « correction » constitutionnelle sera « insensible » et non « subite », « occulte » et non « éclatante ». Dans un éclair d'intuition, Mirabeau « voit » les nouveaux despotismes que peuvent engendrer les dérives révolutionnaires : « Des ambitieux se servent des moments de trouble pour imposer un autre joug, souvent plus dur, à l'espèce humaine. »

Dans son élan, Mirabeau va jusqu'à élaborer les règlements de l'Ordre réformé. Il exclut tout prince, « fût-il un Dieu pour les vertus » : une disposition qui va à l'encontre des pratiques des diverses loges nationales, dont les grands maîtres étaient souvent des membres des familles régnantes, mais dont on comprend les motifs lorsque Mirabeau explique qu'il veut enlever à la maçonnerie son effet de mode, « l'appétit de curiosité » superficiel. Il exclut aussi les sectaires, ceux qui condamnent toute religion ou conçoivent la maçonnerie comme une contre-Église, car les membres de l'Ordre doivent être « parfaitement tolérants » et la religion doit être considérée comme « une affaire entre Dieu et chaque homme en particulier, dont aucun tiers n'a le droit de se mêler contre le gré des intéressés ». Il exclut enfin ceux qui ne possèdent « ni biens ni talents les protégeant contre l'indigence » – plus tard, la Constituante reléguera les pauvres au rang de « citoyens passifs », exclus du champ politique. Mais la société future que construira la maçonnerie réformée devra « abolir la servitude des paysans, l'asservissement des hommes à la glèbe... et tous ces usages et droits qui avilissent l'Humanité ». Document finalement sans écho, qui aura été le catalyseur des contacts entre Mirabeau et ses « frères » d'Amsterdam.

Dans son exil d'Amsterdam, Mirabeau incarne ce « cosmopolitisme » que précisera Kant sept ans plus tard : une attention, une sensibilité aux progrès ou aux crises de la liberté dans le monde. « On en est arrivé au point où toute atteinte au droit en un seul lieu de la terre est ressentie en tous », écrira le philosophe de Königsberg. Et Mirabeau s'emploie à défendre la juste cause des Hessois...

Le commerce des soldats procure de grands revenus aux princes allemands. Pour combattre les « insurgents » d'Amérique, qui viennent de s'engager dans leur guerre d'indépendance, l'Angleterre est prête à embaucher partout des troupes. Le prince héritier de Hesse-Cassel livre à l'Angleterre un corps de six cents chasseurs mais, au moment d'embarquer à Nimègue, ces Allemands arrachés à leur sol se révoltent et sont aidés par les paysans hollandais. L'émoi est grand dans les Provinces-Unies. Mirabeau prend sa plume pour lancer un *Avis aux Hessois et aux autres peuples d'Allemagne, vendus par leurs princes à l'Angleterre* : « Vous êtes vendus, et pour quel usage, justes Dieux ! Pour attaquer les peuples qui défendent la plus juste des causes, qui vous donnent le plus noble exemple. Eh ! que ne les imitez-vous au lieu de vous forcer de les détruire ? »

Mirabeau prend contact avec Marc-Michel Rey, un éditeur français qui vient d'installer sa maison à Amsterdam afin d'échapper à la censure – et qui accepte de publier son *Avis* anonyme. Un auteur allemand répond par des *Conseils de la raison* et provoque la réplique de Mirabeau. Sa *Réponse*, toujours anonyme, proclame le droit d'insurrection des peuples : « Celui qui s'efforce de recouvrer sa liberté et combat pour elle exerce un droit très légitime. » Et la souveraineté du peuple au-dessus de celle du monarque : « Le crime de lèse-nation est le plus grand des forfaits et un peuple est aussi supérieur à son souverain que le souverain l'est à un individu. » De plus en plus en verve, Mirabeau complète ses deux pamphlets par une satire corrosive : la *Lettre du comte de Schaumberg au baron de Hohendorff*. Un prince allemand rappelle au commandant de ses troupes en Amérique qu'il reçoit trente guinées de l'Angleterre par soldat tué et qu'il a besoin de cet argent pour financer sa saison d'opéra italien : « N'économisez pas les recrues nouvelles. La gloire passe avant tout. Rien ne dégrade plus un soldat que l'amour de l'argent… Pas un des trois cents Lacédémoniens défenseurs des Thermopyles ne revint. Quel bonheur si je pouvais obtenir la même chose de mes braves Hessois ! »

Militant de la liberté, Mirabeau écrit aussi pour survivre dans cette Amsterdam « qui est la ville la plus chère d'Europe », et où il a trouvé un logement modeste, pour Sophie et lui, chez un tailleur français. Il multiplie les traductions de l'anglais, il publie une nouvelle édition de son *Essai sur le despotisme* et même un court essai sur la musique – intitulé, avec humour, *Le lecteur y mettra le titre*. Au milieu d'un éloge de la musique instrumentale et d'une exaltation de ce goût pour la musique qu'il partage avec sa compagne, Mirabeau sème quelques remarques ironiques : « On va au concert à Amsterdam parce que c'est le moyen de se rassembler dans un pays où l'on n'a point de société, parce que ceux qui n'aiment pas la musique y admirent les femmes jolies, parce que celles qui n'entendent rien à l'art de combiner les sons y sont du moins regardées. » Et la préoccupation politique est toujours présente : « Le despotisme détruit les arts, après les avoir avilis, car celui dont le cœur est corrompu a rarement l'imagination élevée. »

Mirabeau a payé, fort cher, le titre de bourgeois d'Amsterdam, censé le mettre « à l'abri de toutes sortes de surprises ». Sophie et lui mènent une existence précaire : « Je hais les dettes à un point incroyable », se plaint Sophie ; « je dois plus de cent louis ici et je n'en ai pas six », confie Gabriel-Honoré à sa mère. Mais ils sont insolemment heureux, et Sophie, enceinte, resplendit du bonheur de la maternité.

La meute des poursuivants s'est unie : le mari bafoué, qui a tant hésité à saisir les tribunaux ; les parents de Sophie, qui craignent de voir leur fille « conduite de crime en crime » et qui introduisent une demande d'extradition ; l'Ami des Hommes, qui s'associe à cette requête avec toute l'influence dont il dispose, car il est blessé par les attaques que son fils a multipliées contre lui, parmi lesquelles un article dans la presse hollandaise sur son « hypocrisie philosophique ». Et la trace des fugitifs a été retrouvée grâce au libraire Fauche, qui, de Neuchâtel, correspond avec « son » auteur.

L'idylle d'Amsterdam n'aura duré que sept mois. Le ministre de France en Hollande, le duc de La Vauguyon, est saisi de l'acte d'extradition, préparé par le ministre des Affaires étrangères. L'exempt de police Bruguières est chargé de l'arrestation.

Le 14 mai 1777, les amants sont avertis de la présence de Bruguières. Ils vont fuir séparément. Aidé d'un ami qui le conduira en lieu sûr, Mirabeau a déjà quitté l'appartement du tailleur. Mais il apprend l'arrestation de Sophie. Il rebrousse chemin et se livre à Bruguières. Lors de l'ultime entrevue entre les deux amants, Mirabeau s'effondre :

« Je t'ai rendue bien malheureuse ! »

DU DONJON DE VINCENNES

« C'est plus, beaucoup plus que mourir. »

À Vincennes, le prisonnier Mirabeau est désespéré. La grosse tour hostile, qui surplombe l'enceinte, symbolise toutes les rigueurs de l'Ancien Régime, et d'autres tours montent la garde à chaque angle de l'édifice. Les fossés profonds, les murailles épaisses, les lourds ponts-levis, les fenêtres hérissées de grillages, les portes fermées par des barres de fer suppriment tout espoir de libération. À son arrivée, Mirabeau est jeté dans un cachot sombre : une lucarne étroite, trop basse, ne laisse filtrer un rayon qu'au coucher du soleil. Il est dépourvu de tout, il est dans un accoutrement lamentable, il manque de linge, il porte, au fil des jours, la même chemise, réduite à l'état de lambeaux. Il réclame, mais n'obtient pas, un peigne, du papier, des livres. Il ne lui reste que la possibilité de tourner en rond dans sa cellule, hagard, échevelé. Il est malade, crache du sang, est tourmenté par des accès de coliques néphrétiques. Il manque de repères, le temps s'est arrêté. Il se sent enseveli vivant. N'était-ce pas la volonté de son père, qui écrivait : « Mon plan est fortement arrêté, c'est que l'autorité seule et moi, nous sachions où il sera, et qu'à ma mort, un billet cacheté l'apprenne à qui lira mon testament. »

Après quelques mois, le sort du prisonnier s'adoucit. Ce qui s'est produit dans chacune des résidences forcées de Mirabeau se reproduit : ses geôliers le prennent en amitié et le protègent ! Ce n'est pas vraiment le cas du commandant de la forteresse, Rougemont, un fonctionnaire borné, qui applique strictement les règlements. Mais, au-dessus de Rougemont, le lieutenant de police Le Noir, qui a la prison d'État de Vincennes dans son ressort, se préoccupe d'autant plus de Mirabeau qu'il voue une haine définitive aux physiocrates, car il a été destitué jadis, lorsque Turgot était au pouvoir. Il prend en sympathie ce Mirabeau, victime d'une lettre de cachet de son père, le marquis, l'un des premiers parmi ces physiocrates qu'il exècre ! Et Mirabeau, qui a rapidement compris la situation, prend la pose d'une « victime de la secte physiocratique », alors qu'au fond il s'est toujours nourri des principes de cette école... Ainsi Mirabeau obtient-il l'autorisation de lire et d'écrire : il reçoit plumes, papiers, journaux et livres ; il peut reprendre figure humaine et se multiplie en remerciements à son bienfaiteur. Survient, derrière Le Noir, un deuxième personnage, Boucher, premier secrétaire du lieutenant de police, auquel Mirabeau va décerner le titre de « bon ange ». Boucher est franc-maçon, comme Mirabeau ; il est ému par ses malheurs, lui manifeste, par tous les moyens, son amitié fraternelle et devient son conseiller inattendu. Derrière Boucher, on peut encore apercevoir la silhouette du policier Bruguières qui, après avoir capturé le fugitif et sa compagne, a été initié aux secrets les plus intimes du couple, a décidé de se vouer à la défense des intérêts de Gabriel-Honoré et de Sophie et a même promis de jouer les messagers clandestins entre les amants.

En Hollande, Mirabeau s'était découvert une vocation d'écrivain ; il écrivait pour vivre ; il avait ouvert, selon Edmond Rousse, « un atelier, une boutique de littérature ». À Vincennes, ce fut une usine : Mirabeau écrivait quatorze à quinze heures par jour ; il accumulait, rageusement, furieusement, lettres et manuscrits ; il écrivait pour survivre, pour lutter contre l'ennui, le désespoir, la tentation du suicide, la folie.

Au premier rang de cette bibliothèque bigarrée que Mirabeau élabora en quarante-deux mois de captivité, figurent ses lettres à Sophie. Une correspondance intense : chacun des amants écrit une ou deux lettres par jour, un double flot ininterrompu. Gabriel-Honoré s'est, dans un premier temps, procuré du papier clandestinement ; il écrit dans la demi-obscurité de sa cellule ; il craint de perdre la vue, ne voit plus qu'un « torrent de points noirs », plonge, pendant quelques jours, dans une cécité absolue, accompagnée de violents maux de tête, puis, toujours hanté par la crainte de devenir aveugle, s'entraîne à écrire les yeux fermés. Sophie a, d'abord, été internée à Sainte-Pélagie, une prison infamante pour prostituées, puis, comme elle est enceinte, à la maison de discipline de Mlle Douay, rue de Charonne, où elle partage sa chambre avec quatre autres prisonnières. Elle écrit le matin, très tôt, à l'abri des rideaux de son lit ; un livre appuyé sur ses genoux lui sert de dossier ; des restes de café lui tiennent lieu d'encre, puis elle utilise du vinaigre dans lequel elle a laissé tremper des clous. Elle tentera d'établir une correspondance secrète, entre les lignes, avec une encre sympathique : du jus de citron. Mais Boucher alertera les amants : leur stratagème est découvert.

Leur correspondance porte l'empreinte de *La Nouvelle Héloïse*, le roman de Rousseau publié quinze ans plus tôt : Gabriel-Honoré et Sophie revivent la passion de Saint-Preux et de Julie, avec les mêmes émotions, l'ivresse, les extases, l'adoration. N'est-ce pas un roman par lettres, avec, parfois, les problèmes « techniques » de Gabriel-Honoré et de Sophie, Saint-Preux écrivant dans les rochers, au milieu des neiges, sur un papier que le vent lui arrache des doigts, avant de retrouver papier et encre dans le boudoir de sa maîtresse, pour décrire leurs transports quelques instants avant qu'elle ne le rejoigne ? Gabriel-Honoré et Sophie recomposent leur vie dans ce qui devient « leur » roman épistolaire. Avec de nombreuses touches d'érotisme en plus.

Les deux amants écrivent pour tout se dire, pour décrire leur vie quotidienne, pour évoquer les mois de bonheur qu'ils ont connus, pour épancher leur tendresse. Gabriel-Honoré ne s'occupe que de Sophie, s'angoisse pour Sophie, parle de Sophie à tous ceux qui l'approchent dans sa réclusion. Les geôliers, émus par le récit de ses malheurs, lui offrent des fleurs... qu'il parvient à faire transmettre à Sophie, mais elles arrivent fanées. Sophie gémit sur l'atmosphère suffocante, la chambre surpeuplée, la promiscuité, l'été torride qui affecte sa grossesse. Mais elle est d'abord tourmentée par le sort de son amant, son inconfort physique, son horrible cachot.

Les deux amants partagent la même fureur sensuelle, souffrent pareillement de l'absence de l'autre. Leurs rêves se croisent, avec des réveils désenchantés. Gabriel-Honoré : « J'ai été toute la nuit occupé de toi... Je me suis réveillé vingt fois. Ces moments-là sont bien cruels : on vient de voir tout ce qu'on adore ; on se hâte de profiter de son bonheur ; et, dans l'instant où on croit le saisir, on s'aperçoit, avec une désolante surprise, qu'il a fui. » Sophie : « À moitié endormie, je te cherche près de moi, ma bouche cherche la tienne, ton beau col pour le baiser. Et le réveil est affreux. » Il évoque « le jour où elle consentit à le rendre heureux » : « Je frissonne encore d'amour et de volupté quand j'y pense. Ta tête appuyée sur mes bras, ton sein d'albâtre livré à mes brûlants désirs : ma main, mon heureuse main, ose s'égarer. Tes beaux yeux se ferment, tu palpites, tu frémis. La volupté t'enivre et la pudeur te tourmente. Mes désirs me consument. J'expire. Je renais. » Il lui révèle que, lui, homme couvert de femmes, n'aura connu que dans ses bras le sommet de « la carrière du plaisir » : « Jamais, une seule femme n'était l'objet d'un grand nombre d'assauts. Une seule fois, la lubricité d'une Messaline pensa me tuer. Tout le reste de ma vie, jusqu'à toi, n'a guère été que celle des autres hommes... Dans quel délire ne m'as-tu pas plongé ! Quelles incroyables victoires n'ai-je remportées sur ton sein ! Oh Sophie ! belle Sophie ! Que de voluptés je trouve à y penser, et que mes forces étaient encore inférieures à mes désirs ! » Elle lui répond sur le même ton, elle vante le corps de son amant : « ... alors, tu es superbe. » Il lui demande « une caresse neuve ». Elle répond : « J'en suis pour l'antique, vois-tu. Cependant, aujourd'hui, pour te satisfaire »... La jalousie attise leur passion. Elle partage sa chambre avec Alexandrine, une aventurière qui a eu de nombreuses liaisons et se console avec le geôlier... Mais elle apprend que le mari d'Alexandrine était l'avocat du marquis Victor, du père de Gabriel-Honoré ! Elle imagine aussitôt que son amant « a eu » l'aventurière : « Pardonne ma question, mais je crois que l'on ne peut te voir sans t'adorer. Ce serait un tourment pour moi de me trouver ici avec une femme que tu aurais eue. » Il apprend qu'un tout jeune homme a rendu visite à Sophie, amené par sa tante. Il écume : « Il m'apparaît clairement que ce petit monsieur est amoureux de toi, je ne puis ni ne veux le souffrir, je te demande exclusion formelle et précise. » Mais le versant passionné de *La Nouvelle Héloïse* est compensé par un versant vertueux. En bon lecteur de Rousseau, Gabriel-Honoré ne manque pas d'idéaliser ses sentiments : « Je te l'ai dit cent fois, je suis plus amoureux de tes vertus que de tes charmes ; un mot qui me peint ton âme m'est plus délicieux que ces ravissantes faveurs dont l'idée seule me plonge dans le délire » ; « l'ardeur de mes sens n'est pas la meilleure preuve que je n'aimai jamais que toi. C'est l'union des âmes qui met le sceau à notre tendresse ».

Comme Saint-Preux est le précepteur de Julie dans *La Nouvelle Héloïse*, Gabriel-Honoré veut être le précepteur par correspondance de Sophie. « Je n'ai pas cessé de m'occuper de toi », lui écrit-il. Il entreprend une traduction d'Homère d'après la version anglaise de Pope, des traductions et des commentaires des *Métamorphoses* d'Ovide, de Tibulle, de la *Vie d'Agricola* de Tacite. Il compose aussi un *Petit traité de langue française*, un *Abrégé de grammaire* pour parfaire les connaissances de Sophie en grammaire et en orthographe, un *Essai sur la littérature ancienne et moderne*, dans lequel il juge décadente la littérature française de son temps. Elle lui confie son ignorance de la mythologie ? Il réagit, quelques semaines plus tard : « Je t'ai donc fait un ouvrage dont tu n'aurais pas trouvé la substance dans deux ou trois cents volumes. »

Il est devenu l'auteur unique d'une *Encyclopédie* privée. Ce faisant, il reste dans le cadre de *La Nouvelle Héloïse* dont les héros sont d'intrépides raisonneurs, avec un besoin si poussé de l'exposé doctoral qu'en plus des lettres qu'ils échangent, ils composent des traités – un *corpus* fictif auquel Rousseau renvoie ses lecteurs. Simplement, chez Mirabeau, ces traités divers ne sont pas fictifs. Après la naissance de leur bébé, une fille qu'ils vont dénommer Sophie-Gabrielle, Mirabeau complétera le *Traité sur l'inoculation*, commencé pour le jeune Victor. Il est vrai qu'il a montré de fortes connaissances médicales pendant la grossesse de Sophie : il lui fait décrire ses malaises, lui indique ses remèdes. Il soignera bientôt, par correspondance, toutes les pensionnaires de la maison de discipline de la rue de Charonne.

Mirabeau donne aussi, par intermittence, dans le récit libertin. La tentation apparaît déjà dans ses lettres, quand il relate, pour Sophie, à la manière d'un Choderlos de Laclos, qu'il croisera plus tard dans son action politique, certaines de ses aventures amoureuses. Une anecdote surgit alors, superficielle : « Une certaine Mme Carrouge, dont je ne crois pas t'avoir jamais parlé, que je me mis en fantaisie d'avoir, parce qu'elle me parlait toujours de ses premières amours, qui seraient les dernières. Elle était amie et confidente de la Brémont et de la Latour du Pin, et elle savait par elles que j'avais quelque mérite dans un tête-à-tête. Je connaissais l'objet de sa tendresse, petit, boiteux, malingre et absent. Je trouvai plaisant de tenir sa place le jour même de son arrivée. Il revenait le soir, et devait coucher avec elle. Que fais-je ? Je vais chez la tendre amante… et la presse de venir avec moi. Elle me dit qu'elle attend Guérin. Je l'assure que je la ramènerai de bonne heure. Elle refuse. J'insiste, je la tiraille. Elle résiste, m'entraîne sur son sofa, et j'ai l'honneur… Cela fut si facile que j'en fus presque indigné. »

Avec plus d'ambition, Mirabeau commence, pendant sa première année de détention, un… roman par lettres, à la Rousseau : les *Dialogues du comte de M. et de la marquise de M.* C'est, en réalité, le récit de leur liaison, écrit à quatre mains, car Sophie rédige des notes, enrichit le journal intime, qu'elle a tenu, et lui adresse l'ensemble, chapitre par chapitre. Mais le roman restera inachevé. Entre-temps, le prisonnier de Vincennes aura rédigé une série de livres qui lui tiennent lieu d'aphrodisiaques : une traduction des poésies érotiques de Jean Second, le catalogue cocasse de tous les scandales sexuels de l'Antiquité gréco-latine et hébraïque, intitulé

Erotika Biblion, et un « roman tout à fait fou, mais d'une folie singulièrement neuve et que je ne puis pas relire sans rire » – Mirabeau le présente ainsi – et qui a pour titre *Ma conversion*.

Gabriel-Honoré ne fait qu'esquisser, dans ses lettres, le sujet de *Ma conversion*. Il n'envoie pas son manuscrit à Sophie car il risquerait « de se faire arracher les yeux ». Ce sont les aveux d'un amoureux qui décide de faire de l'amour sa profession : « J'ai été un vaurien. J'ai couru les beautés. J'ai fait le difficile. À présent, la vertu rentre dans mon cœur. Je ne veux plus foutre que pour de l'argent. Je vais m'afficher étalon juré des femmes sur le retour. Je leur apprendrai à jouer du cul à tant par mois. » Un conte libertin à la Voltaire, une explosion de gaîté et d'irrévérence – sur le fond des déboires qui ont mûri l'auteur. Le style est vif, le récit est animé, dans un tournoiement d'images et d'actions, le vocabulaire est grossier, emprunté à l'argot des tavernes. Le goût insolent de la liberté explose, sous le couvert du blasphème, dès la dédicace à « Monsieur Satan » : « Vous avez instruit mon adolescence, c'est à vous que je dois quantité de tours de passe-passe qui m'ont servi dans mes premières années. Vous savez si j'ai suivi vos leçons, si je n'ai pas sué nuit et jour pour agrandir votre empire et vous fournir des sujets nouveaux. Mais, monsieur Satan, tout est bien changé dans ce pays, vous devenez vieux. Vous restez chez vous. Les moines même ne peuvent vous en arracher... Je trouve donc une occasion de m'acquitter envers vous. Je vous offre mon livre. Vous y lirez la gazette de la cour, les nouvelles à la main des filles, des financiers et des dévotes. »

La plupart des biographes de Mirabeau ont eu la pudeur de baisser les yeux devant ses écrits libertins. Mais n'est-ce pas négliger leur message politique ? Dans la préface qu'il a donnée à la nouvelle publication de *Ma conversion* par les Éditions du Sandre, Rudy Le Menthéour nous montre que, dans le récit de Mirabeau, « l'éloge du plaisir charnel se double d'une satire sociale. Entre deux coïts, il y a toujours de la place pour une de ces diatribes anticatholiques, dont le XVIIIe siècle a le secret ». Le roman « est moins frivole qu'on ne croirait », se défend Mirabeau, dans une lettre à Sophie ; les portraits « de toutes sortes de femmes, la financière, la prude, la dévote, la présidente, la négociante, les femmes de cour », sont des « peintures très libres, mais très vraies de nos mœurs, de notre corruption ». La vérité est scandaleuse. Le renversement initial – Satan à la place de Dieu – permet de déplacer les normes sociales, de se venger de l'hypocrisie d'une société, de dévoiler ses intérêts cachés... Mais d'autres valeurs sont introduites – « en contrebande », nous dit

Le Menthéour : les nouvelles valeurs de la « sensibilité naturelle », qu'incarnent, « sauvées du tourbillon infernal », Julie et Euphrosie, tendres et vertueuses. Son attachement maintenu à Rousseau préserve Mirabeau du cynisme total de son codétenu Sade. Car Sade est un cousin, certes éloigné, et il est incarcéré à Vincennes en même temps que lui ; peut-être se sont-ils rencontrés dans l'une de ces promenades réglementées dans la cour qui flanque le donjon...

À la tête de son usine à manuscrits, Mirabeau confirme, plus que jamais, sa vocation d'écrivain politique. Il écrit des mémoires, qu'il destine à son père, à Le Noir et... au roi. Des chefs-d'œuvre de raison et de passion, des plaidoyers mordants et pathétiques, œuvres d'un avocat incomparable, qui joue sa vie. Il écrit aussi des essais politiques, du haut desquels il porte sur le pouvoir des rois, les droits de leurs sujets, les alliances de la France, le droit public tout entier, des analyses prophétiques. Sans doute la liberté d'expression et de réflexion au sein de l'espace politique de l'Ancien Régime était-elle plus grande qu'on n'imagine d'ordinaire : comment les censeurs et magistrats auraient-ils laissé passer de tels textes ?

Un mois après son « enfermement », Mirabeau adresse un premier mémoire au lieutenant de police Le Noir – le préfet de police de Paris de la monarchie. L'attaque est très digne : « Je ne doute pas, monsieur, que ce ne soit une occupation très fatigante que de lire et d'examiner les plaintes fréquentes et monotones des prisonniers qui ne pensent qu'à leur infortune, tandis que vous êtes surchargé de tant d'autres affaires. » Puis Mirabeau pose la question fondamentale, que ses lecteurs d'aujourd'hui ne peuvent pas ne pas se poser, plus de deux siècles plus tard : pourquoi est-il frappé de cette rigueur extrême ? « J'ose vous demander, monsieur, si le roi ne pardonne pas tous les jours des délits plus sérieux, plus essentiels, plus importants dans leurs suites. » Le prisonnier de Vincennes argumente : il ne nie pas ses torts, Sophie de Monnier était mariée, mais elle était consentante lorsqu'elle l'a rejoint. Et si même il l'avait enlevée ? « Je ne rappellerai pas pour ma défense des anecdotes scabreuses ; mais, en vérité, je ne puis m'empêcher d'observer qu'il arrive très fréquemment des choses plus étonnantes et plus graves que la fuite de la femme d'un époux septuagénaire, et que ces choses n'attirent pas aux coupables une punition aussi cruelle. »

Telle est sa ligne de défense, qui lui permet d'exposer sa situation paradoxale au regard du pouvoir politique : il est traité

« comme un prisonnier d'État » ; mais a-t-il mérité la « disgrâce du souverain » ? Sa détention importe-t-elle vraiment « à l'État, à la chose publique » ? Du même coup, il met à nu le paradoxe des lettres de cachet : le sceau de l'État apposé sur de pures querelles familiales, cette conjonction des fureurs domestiques et de la sévérité de l'État. Et s'il avait vraiment fallu sanctionner tous les adultères, au sein d'une noblesse dont on sait la liberté de mœurs sous l'Ancien Régime, alors cent donjons de Vincennes n'auraient pas suffi. En fait, l'État monarchique, en poursuivant un Mirabeau ou un Sade, s'en prend à l'aristocratie de Provence, physiquement éloignée de la cour, et qui n'appartient pas au premier cercle de la noblesse, resserré autour du monarque : l'État donne ainsi, selon le mot de Béatrice Didier, « des marques de rigueur morale à peu de frais ».

Cinq mois plus tard, Mirabeau s'adresse directement au marquis, son père. Il mobilise toute sa force de persuasion. Il en appelle à la conscience de son accusateur : le marquis ne doit pas se comporter en partie au litige, ce serait « dégrader la dignité paternelle » que se mettre au niveau de son enfant ; il le supplie d'être « juge dans sa propre cause », de s'interroger « dans la rigidité de son devoir ». Il discute, point par point, les charges qui pèsent sur lui et qui forment un « corps de plainte redoutable » : 1) « mon dérangement pécuniaire », 2) l'incident scandaleux de Grasse, l'agression contre M. de Villeneuve, 3) une conduite contestable dans les forts d'If et du Jura, 4) l'enlèvement de Mme de Monnier. Il reprend minutieusement l'enchaînement fatal des événements et en vient à une confession intime, l'histoire de sa vie depuis sa première enfance, le ressentiment constant de son père, les tracasseries permanentes, les responsabilités partagées, car il ne pouvait rien aux conflits entre ses parents, même si sa propre exubérance a parfois aggravé les malentendus : « Je ne m'annonce pas plus que je ne me crois irréprochable. Je n'aurai ni mauvaise foi, ni fausse modestie. Lisez, pesez, jugez. Décidez si mon honneur est souillé par des bassesses. » Notre héros jugera son long mémoire « ennuyeux et rédigé sans art » : en réalité, c'est une autobiographie, claire et nerveuse, dans laquelle il se dépeint tel qu'il voudrait se voir et être vu, en vraie force de la nature, qui se heurte aux limites que lui oppose la société. Et il termine par une invocation émouvante ; il ne s'adresse plus à la raison, mais au cœur du marquis : « Quelle effroyable mutilation de l'existence ! Je ne puis soutenir un tel genre de vie, mon père, je ne le puis ! Si vous me redonnez la liberté, la prison m'aura rendu sage. »

Le marquis ne réagit pas. Il ne reproche plus à son fils ses actes, mais ce qu'il est, son être profond : « Il a l'extravagance innée et le tour de cerveau tel que, quand il n'aurait rien fait de mal, encore faudrait-il le soustraire. » Au demeurant, ce père d'Ancien Régime poursuit son combat contre sa femme, contre laquelle il a obtenu quatre lettres de cachet, plus deux autres contre sa logeuse et son conseiller, et contre l'une de ses filles, Louise de Cabris, internée au couvent de Sisteron, après un accès de folie de son mari, qui n'est plus en mesure de la protéger.

Dans l'opinion publique, le marquis devient « le grand Interdiseur ». Il le sait : « À croire tous ces bruits, je suis le Néron du siècle. Mais que m'importe ? Si j'étais sensible au toucher, il y a longtemps que je serais mort. Le public n'est point mon juge. »

Et il compose un dialogue de fantaisie, avec un homme qu'il imagine retrouver après de longues années :

« Votre procès avec Mme la marquise est-il terminé ?

— Je l'ai gagné.

— Et où est-elle ?

— Au couvent.

— Et M. votre fils, où est-il ?

— Au couvent.

— Et Mme votre fille de Provence ?

— Au couvent.

— Vous avez donc entrepris de peupler les couvents ?

— Oui, et si vous étiez mon fils, il y a déjà longtemps que vous y seriez. »

Mirabeau rédige maintenant une *Adresse au roi*, qui fait pendant au mémoire expédié à son père. Subterfuge tactique : le roi est le père de tous les Français, le vrai père qu'on peut opposer à ce père dénaturé, « l'Ami des Hommes ». « Sire, je suis Français, jeune et malheureux ; ce sont autant de titres pour intéresser Votre Majesté. » Le texte est rythmé, comme porté par une dynamique intérieure. L'auteur invoque la bonté du père de la nation, mais aussi le déni de justice, qu'il porte à la connaissance du monarque : « Les magistrats, dépositaires et organes des lois, ont le temps d'examiner, c'est leur charge et leur devoir. Je suis homme, citoyen et père. C'est à tous ces titres que je réclame la protection de mon roi et la propriété de ma personne. » La démonstration se déroule comme prévu : il ne s'agit pas de nier des fautes, « il est sans doute des traits répréhensibles dans ma jeunesse », mais… « s'il fallait être irréprochable pour conserver sa liberté, il est trop vrai, Sire, que tous vos sujets seraient prisonniers ». L'Adresse ne parviendra pas jusqu'à Louis XVI. Mirabeau a tenté de la transmettre au ministre d'État Maurepas, auquel il n'hésite pas à rappeler sa propre disgrâce sous Louis XV, mais Maurepas est le beau-frère du duc de Nivernois, meilleur ami du marquis, et cette amitié, même indirecte et par beau-frère interposé, suffit à ensevelir ce courrier. Il est vrai aussi qu'une grande partie des mémoires expédiés par Mirabeau ne parviendra pas à ses destinataires : Le Noir a pour doctrine de garder « les lettres qu'il ne juge pas devoir faire remettre ». Mais le lieutenant de police n'en encourage pas moins les prisonniers à écrire : « Ces permissions sont d'un grand secours pour calmer les esprits échauffés par la solitude et la captivité. »

Du plaidoyer pour sa propre défense, Mirabeau va donc passer au réquisitoire général contre l'arbitraire ; il dépasse ainsi son cas personnel et s'engage dans le combat contre un régime politique : il consacre sa deuxième année d'incarcération à son étude *Des lettres de cachet et des prisons d'État.*

Un cri de révolte. Il rappelle au lecteur que cette protestation contre l'arbitraire est l'œuvre d'une victime de l'arbitraire, écrite du fond d'un cachot : « Libre ou non, je proclamerai jusqu'à mon dernier soupir les droits de l'espèce humaine. Quel moment plus propre à combattre le despotisme que celui où l'on gémit dans ses liens ! » Cet ouvrage tourne parfois à l'anthologie, tant sont nombreuses les citations de Platon, Cicéron, Machiavel ; mais la couleur personnelle reste très forte, qu'il s'agisse des défauts de la police parisienne, comparée à la police d'Amsterdam, des invectives contre M. de Rougemont, le commandant de Vincennes, de la reprise de morceaux de sa correspondance, des allusions à son père.

Contre l'arbitraire, Mirabeau préconise le règne de la loi : l'accusé doit être jugé dans des formes régulières ; sa détention doit être légale ; l'accusé doit être instruit de tout ce qui peut contribuer à sa justification. L'indépendance des juges est essentielle, « leur liberté pour garantir la liberté des citoyens ». Au-delà, des contrepoids politiques sont nécessaires dans l'État. Pourtant, Mirabeau ne se rallie pas à Montesquieu : il ne partage pas sa conviction que « la Constitution anglaise est le chef-d'œuvre de l'esprit humain » et il lui reproche de « composer partout avec les prêtres et les rois et, très souvent, de sacrifier le droit naturel au droit positif ». Il n'est pas, pour autant, un partisan inconditionnel du Rousseau politique du *Contrat social* : certes, il reconnaît, avec lui, que la souveraineté réside dans le corps social, dans le peuple, et que le monarque n'est que le premier fonctionnaire dudit peuple ; mais il s'indigne contre la démocratie « tumultueuse » des cités-États de l'Antiquité hellénique, et contre cette sorte de religion d'État que préconise l'auteur du *Vicaire savoyard.*

Pragmatique et réaliste, Mirabeau n'entretient pas des illusions excessives sur les conséquences de l'instauration de « formes légales » : ces formes ne sont pas un remède universel, mais elles peuvent constituer une garantie contre les dérives de comportement, et corriger l'imperfection des choses humaines. Il aborde, dans le même esprit relativiste, la politique étrangère : il rêve d'un renversement des alliances, d'une alliance avec l'Angleterre, l'ennemie héréditaire mais aussi l'État qui ouvre la voie à la liberté en Europe ; mais la politique internationale reste le domaine de l'affrontement entre nations, et c'est la nation entière qui doit défendre sa liberté – il reprend à Turgot son idée d'armée nationale, composée de milices. De même que l'ensemble de la nation doit élaborer sa législation, « lui donner le sceau d'un comportement libre et général » : avec ses *Lettres de cachet*, Mirabeau devance d'une dizaine d'années ce qui sera le vœu de la nation en 1789... Il soumettra son manuscrit à Boucher – « l'ami et non l'homme en place » –, qui le lui retournera sans l'avoir lu, car « ce n'est pas un livre à faire passer par mes mains » ; il dédiera sa seconde partie à Le Noir.

Mais Mirabeau est toujours en action : sa réflexion conquérante s'exerce sur des objets neufs. Ainsi de ses remarques sur la rénovation de Paris. Le prisonnier, condamné à tout ignorer des lumières de la capitale, propose, du fond de son cachot, une série d'embellissements : la création d'une grande galerie du Louvre, qui serait garnie des tableaux du roi, empilés dans le dépôt de Versailles. Une galerie parallèle, entre Louvre et Tuileries, servirait à l'aménagement d'une Bibliothèque royale. De grands percements devraient être effectués, de la place Vendôme aux boulevards, du Panthéon au Luxembourg, et un grand pont pourrait être construit, devant l'hôtel des Invalides. Mais il faudrait déplacer l'Hôtel-Dieu et démolir ses dépendances, qui cachent la Seine et rompent la ligne des quais... Nostalgie de piéton ? Il préconise aussi la construction de trottoirs, la condition du promeneur demeurant incertaine dans la montée tourbillonnante des voitures – ce sera l'une des idées fixes de Mirabeau, qui la reprendra, plus tard, lors d'un séjour à Londres. Et il souhaite une réflexion sur les problèmes sociaux, la distribution des secours aux indigents : « Quand la famille royale fait des aumônes, elle en charge le lieutenant général de police, qui ne connaît les besoins de la ville que par ses connaissances du quartier. Les vrais pauvres de la capitale sont ceux qu'on ne voit pas. Croit-on que les commissaires de quartier entrent dans ces labyrinthes de douleur ? »

Un double drame de la paternité va s'abattre sur Mirabeau, alors que se prolonge sa tragédie de fils condamné à une mort lente.

Les sentiments paternels de Mirabeau sont très développés – comme pour compenser leur absence chez son propre père ; et ils sont exacerbés par l'éloignement géographique, l'angoisse que crée la captivité, ses interrogations constantes sur le sort de son fils légitime, Victor, qui vit en Provence, auprès de sa mère, Émilie, et de sa fille naturelle, Sophie-Gabrielle, que Sophie a été contrainte de mettre en nourrice.

Mirabeau ne parvient pas à avoir des nouvelles régulières du petit Victor. Il sait qu'Émilie mène une existence mouvementée et insouciante au milieu de ses admirateurs, entre la « cour d'amour » de Tourves et le château du Tholonet : le comte de Galliffet, un jeune veuf, riche des plantations de sa famille à Saint-Domingue, a construit, au milieu de son domaine aixois, un théâtre privé afin qu'Émilie puisse y briller. Elle consacre le temps qui lui reste à Victor, qui n'a pas hérité de la fougue de son père : c'est un enfant doux et sage, qui considère comme son bien le plus précieux la bible qui lui a été offerte, et qu'il apporte à sa mère, dès qu'elle est seule, afin qu'elle lui en fasse lecture. Victor rit peu, regarde sa mère de ses grands yeux étonnés, l'interroge sur ce père dont il a gardé le souvenir, et qui le protégeait de toute sa tendresse dans les premiers temps de sa vie. Mirabeau est inquiet : il le sait jalousé par la cohorte des tantes et nièces d'Émilie qui espéraient en l'héritage du marquis de Marignane, il l'imagine abandonné à lui-même par une mère futile.

Peu avant son cinquième anniversaire, Victor tombe malade. D'un ton très sérieux, il rassure sa mère. Très susceptible, il croit que les domestiques rient de sa maladie. Affolée, Émilie écrit à son beau-père, le marquis Victor ; mais l'état du petit malade s'améliore. « J'ai pris l'alerte trop chaude », commente le marquis. Une représentation théâtrale est donnée au Tholonet, pour l'anniversaire de Victor. Émilie joue le premier rôle. On l'avertit que l'enfant est pris de convulsions. Elle ne peut interrompre le spectacle... On vient lui porter un nouveau message : son fils est mort.

Le coup fracasse Mirabeau, malade et mis en pièces par la douleur. Il n'imagine pas survivre à son fils : il rassemble ses manuscrits dans un grand paquet cacheté, il rédige une série de lettres d'adieu qu'il confie à Boucher : « Las d'être malheureux et de l'être sans compensation, et presque sans espoir, on invoque la mort. » Sophie le supplie de survivre pour leur fille. Elle l'imagine bouleversé : « Je vois trop ta douleur quoique tu veuilles me la déguiser. Je sais combien tu l'aimais. Avec quel attendrissement tu me parlais de lui, au temps de notre bonheur ! » Elle lui demande un ultime sacrifice : « Tu vivras pour moi et pour ma fille. Je te le demande et tu ne refuseras pas, car tu ne m'as jamais rien refusé. »

De fait, Mirabeau ne cesse de s'inquiéter pour sa fille, qu'il n'a jamais vue. Il regrette de ne pas avoir mis l'Atlantique, dans leur fuite, entre leurs poursuivants et eux-mêmes : « Si nous étions à Boston, tu serais maintenant à peu près tranquille, moi utile et estimé, ma fille américaine, c'est-à-dire née au milieu de la plus respectable nation qui soit sur terre. » Sophie aurait voulu garder sa fille auprès d'elle, ou la placer chez des gens sûrs. Mais sa mère, qui pense obstinément à une réconciliation avec M. de Monnier, voit dans l'enfant l'obstacle principal à un futur arrangement... Voici donc le destin de Sophie-Gabrielle entre les mains d'une paysanne, peu formée. Mirabeau pressent le drame. Il s'indigne : « On laisse ta fille à la merci de la négligence d'une paysanne ! C'est dur jusqu'à l'atrocité ! » Il ne cesse de demander des nouvelles de l'enfant ; il en vient même à reprocher à Sophie de « s'accommoder de ce silence de plusieurs mois ». Son angoisse est justifiée. La petite fille meurt, au printemps 1780, d'une crise dentaire. Boucher a fait le voyage ; il ne peut que constater que « les secours de l'art ont été insuffisants ». Gabriel-Honoré s'inquiète pour Sophie : « C'était la mère que j'aimais dans cet enfant. Je ne la connaissais pas, mais je sentais combien ta fille t'était nécessaire. Rends-moi tout l'amour que tu lui portais, fais-moi le sacrifice, non pas de ta douleur, mais de tes égarements. » Sophie s'inquiète pour Gabriel-Honoré : « C'était pour toi que je vivais, car c'était toi que j'aimais dans ma fille. Je survis à ta fille. Je te reste tendre et fidèle. »

Ces deux terribles coups du destin ne sont pas sans incidence sur le destin du couple.

La mort du petit Victor a bouleversé le marquis ; il avait aimé beaucoup plus et bien mieux que ses enfants ce petit-fils qui portait son nom et son prénom : « Je reçois la nouvelle de la mort de notre enfant. Après avoir tout supporté, je croyais à ma force. Dieu a voulu me détromper. » L'obsession de sa « postéromanie », le souci de continuer la « race » des Mirabeau le reprend : son cadet, Boniface, est-il « mariable » avec son obésité précoce ? Peut-être faut-il revenir sur la lettre de cachet et accepter la libération de Gabriel-Honoré ? La fille bien-aimée du marquis, Caroline du Saillant, et sa compagne, Mme de Pailly, insistent... Mais le marquis résiste, pose ses conditions. Postéromanie oblige : le retour à la liberté n'aurait de sens que si Gabriel-Honoré se réconciliait avec Émilie ; ainsi pourrait-il ensuite procréer, en toute légitimité. Sur les instances de Mme de Pailly, un « médiateur » est désigné, entre Gabriel-Honoré et son père : Dupont de Nemours, que le marquis a toujours considéré comme son « premier disciple » et que Gabriel-Honoré admire, car il le tient pour le seul véritable économiste de la « secte ».

Pierre-Samuel Dupont de Nemours doit ses prénoms bibliques à ses racines protestantes et la fausse particule qui prolonge son nom à l'achat d'une « maison bourgeoise » entre Nemours et Montargis, qui lui a permis de devenir le voisin de son cher maître, le marquis Victor de Mirabeau, à deux lieues de sa propriété du Bignon. Il s'est intégré à la « secte » des physiocrates, dont il a forgé le nom, à partir du grec : ceux qui cherchent la constitution naturelle du gouvernement le plus avantageux au genre humain. Le docteur Quesnay et le marquis Victor se sont entichés de lui. Le marquis l'a « ré-éduqué » : « Je l'ai dérouillé de toute la crasse du bel esprit, je l'ai contrarié, désespéré, avec une bonté et un zèle sans égal, j'ai fait un plongeur du nageur qu'il était... Quesnay me disait de lui ce mot, digne de mémoire : il faut soigner ce jeune homme, car il parlera quand nous serons morts. »

Le marquis l'a présenté à de grands seigneurs polonais, et la Pologne est venue le chercher. Le prince Czartoryski, cousin du « roi de la république de Pologne », l'a enrôlé comme précepteur, pour former son fils à la gestion de ses domaines, mais aussi comme « secrétaire du roi et de la république », en charge du conseil suprême de l'instruction nationale, le premier laboratoire européen d'une éducation nationale planifiée. Le contrat était conclu pour dix ans ; l'expérience dura trois mois, car le réformateur Dupont inquiéta immédiatement les aristocrates polonais : non content de prévoir un premier degré d'éducation, les écoles paroissiales, destinées aux enfants des serfs, il avait suggéré d'apprendre le maniement des armes à feu aux jeunes paysans ! Le réformateur avait été remercié. Il était rentré en France pour s'engouffrer dans un autre malentendu : l'expérience gouvernementale de Turgot, qui l'avait nommé inspecteur général du Commerce.

Dupont est de dix années l'aîné de Mirabeau. Il le retrouvera à l'Assemblée nationale constituante, en 1789 – avant de chercher refuge en Amérique où il fera souche : ses descendants, les Du Pont de Nemours, deviendront les grands maîtres de l'industrie chimique des États-Unis.

C'est le premier visage d'un ami des temps de liberté à apparaître dans la cellule de Vincennes. Un visage familier, orné d'un nez cassé depuis la plus tendre enfance et des marques de la petite vérole... Mirabeau est ému, presque emprunté, avec une difficulté d'élocution inattendue. « Le maléfice de la solitude m'a ôté la faculté de m'énoncer », se plaint-il. Dupont lui fait part de la condition posée par le marquis : son père ne consentira à sa libération que pour « en tirer de la race » ; Émilie devra donc consentir, au préalable, à « l'élargissement » de son mari.

Dupont veut persuader Mirabeau : il lui met la plume dans la main, approche du papier, lui demande d'esquisser un premier essai de lettre à Émilie. Mirabeau réplique qu'il ne fera rien « sans l'aveu et presque l'ordre de Sophie, qui m'a tout sacrifié, qui n'espère qu'en moi, qui ne veut que moi, dont je suis la propriété ». Sophie n'hésite pas à donner son consentement : aucun sacrifice n'est trop grand pour obtenir la liberté de son amant. Mais elle écrit subtilement au « bon ange », Boucher, qui joue les intercesseurs : « Je crains qu'il ne trouve, dans les permissions que je lui donne, plus de générosité que d'amour, et qu'il s'en afflige. »

Mirabeau écrit donc à Émilie : « Êtes-vous morte pour moi ? Me croyez-vous mort ? Je ne vous demanderai point de vous intéresser à mon sort et de me rendre l'existence. Je ne puis cependant l'attendre que de vous et j'ai lieu de croire que mon père ne vous le refuserait pas. » À cette demande faite de mauvaise humeur et sous la contrainte, Émilie répond, plusieurs semaines plus tard, par un refus net et cinglant : « Je sens parfaitement, monsieur, l'horreur de votre position. Mais vous m'avez malheureusement mis dans le cas de ne pouvoir faire cause commune avec vous. » Tout est à recommencer... et Mirabeau s'en réjouit secrètement « en voyant à combien de titres, j'ai droit de mépriser cette âme vile et gangrenée ».

De longs mois passent. Dupont joue toujours les intermédiaires – avec componction. Mirabeau s'exaspère : il trouve Dupont « tous les jours plus ridicule et plus girouette ». Boucher s'exaspère : il le juge « trop ministériel ». Sophie s'exaspère : elle « voit naître et fuir les espérances dans la même journée ». Dupont n'a cure des critiques. Il exhorte Mirabeau à la patience. Il ne cesse de lui rappeler, avec sévérité, son passé – il lui inflige ce que Mirabeau qualifiera de « rudes bordées » :

« Hélas, mon cher comte, oserai-je vous dire que je ne trouve pas que votre père et votre femme aient tort. Vous avez fait cent fautes. Est-il bien juste qu'à la première démarche, tous ceux que vous avez offensés soient à vos ordres et à vos pieds ? »

Il lui reproche d'avoir brisé la vie de Sophie :

« Vous avez abusé de votre ascendant pour enlever à une femme aussi sensible et d'un caractère aussi noble que votre Sophie, la paix, l'état, la fortune et l'honneur. Pour cela seul, vous auriez bien mérité la prison. »

Mirabeau réagit :

« Il est fort injuste de censurer ma conduite et celle de Sophie quand on ne peut pas apprécier notre passion. Nous parlons une autre langue, nous habitons un autre univers. »

Informée, Sophie réagit à son tour :

« Non, je ne me trouve point humiliée. Mon amour et mon amant font, au contraire, toute ma gloire. »

La tension monte entre Mirabeau et Dupont :

« Votre père a pu être sévère. Mais quand a-t-il été injuste ?

— Sa conduite envers moi est un attentat contre la nature, la justice et les lois... Quand a-t-il été injuste ? Depuis que j'existe.

— Votre père vous fait grâce en vous croyant fou. C'est l'opinion la plus avantageuse qu'il puisse avoir de vous.

— Qu'il étudie alors ses devoirs envers un fou, et ses devoirs ne sont pas de me tuer.

— Je dirai, avec votre père, que vous êtes porté à la folie. Car je ne veux ni dire ni croire que vous avez été dépravé et dénaturé.

— Vous ne pouvez pas excuser ma conduite passée ? Alors, vous êtes incapable de me comprendre car je vous avertis que je ne suis ni fou, ni dépravé, ni dénaturé. Il ne faut pas juger un homme sans avoir toutes les données pour cela. Vous n'êtes ni de bonne foi, ni généreux avec moi. »

Mirabeau pense avoir compris le jeu de Dupont :

« Vous lambinez par prétextes mais, en fait, vous vous êtes concerté avec mon père, et vous vous conformez à ses vues et moyens. Je ne suis pas dupe. »

Dupont avoue :

« Mon envie et mon projet sont de vous voir résigné, touché, attendri, renonçant à toute justification ou récrimination dont vous vous êtes ôté le droit, criant merci et rien d'autre au père que vous avez offensé. »

Dupont, qui a rompu avec son père, horloger du roi, à l'âge de 17 ans, car il le considérait comme une brute, semble maintenant réduire sa conception du monde à la primauté du père ! Mais le dressage de Mirabeau semble difficile :

« Devrais-je me laisser tuer par mon père plutôt que me sauver de ses coups ?

— Oui.

— Grand bien vous fasse ce sentiment ! Pour moi, je ne tends point le cou au cordon. »

La brouille frôle la rupture :

« Si c'est ainsi que vous vous occupez de mes affaires, j'aime beaucoup mieux que vous ne vous en mêliez pas. »

Mais le médiateur est obstiné ; il refuse de mettre fin à sa mission : « Je ne cesse ni ne cesserai de m'intéresser à vous, malgré la prière que vous m'en faites. Je voudrais vous voir la même ténacité : recommencez vos démarches, variez-en la forme, persévérez au fond mais persévérez à genoux. »

Dupont délivre au captif des consolations de son cru : « La seule loi de notre État est : Malheur aux vaincus ! Vous êtes un prisonnier de guerre, d'une guerre que vous n'auriez pas dû faire, et dont vous devez vous repentir. »

Mirabeau continue de protester : « Je ne m'accoutume point, mon cher Dupont, à vous voir donner raison à tout le monde contre moi, lorsque le droit est le plus évidemment de mon côté. » Dupont reste sentencieux : « Même à torts égaux, les gens en place sont toujours pour les pères contre les enfants. »

Dupont conseille une nouvelle tentative, cette fois auprès du père d'Émilie, le marquis de Marignane, qui répond, sur un ton tempétueux : « Vous avez été un tyran dans le temps que ma fille a passé avec vous. Ma fille serait insensée si elle donnait les mains à votre libération. »

Mirabeau commente, amer, pour Dupont : « Ce qui m'afflige vraiment, c'est que mon pauvre père fasse dépendre le sort de son fils du caprice d'une putain ou d'un homme sans volonté. »

Les négociations sont arrêtées. La troisième année de détention se poursuit. Mirabeau écrit au ministre de la Guerre afin de s'engager, comme officier, dans la guerre d'Amérique, mais il n'obtient pas de réponse.

Mirabeau continue de diriger de très près la vie de Sophie : ses lettres sont des guides ou des commandements. Il dicte jusqu'à ses sentiments. Avec humour, elle lui explique qu'elle ne peut pas le consulter avant chaque acte de sa vie : « Tu conviendras que je ne pouvais pas lui dire : Monsieur, attendez pour que je vous réponde que Gabriel-Honoré m'ait dit de le faire. »

Dans sa correspondance, Mirabeau se comporte de plus en plus en « vrai mari querelleur », selon un mot de Sophie. Il revendique de sa part une « stricte fidélité », tout en lui expliquant qu'il a droit à « des permissions », tant sa nature est exigeante. Elle soupire et se résigne... D'autres visages de femmes peuplent le cachot de Mirabeau, et Mirabeau s'en entretient avec Sophie : il s'engage dans une correspondance amoureuse, sous un nom d'emprunt, avec une inconnue de petite vertu, Julie Dauvers, dont il a appris l'existence par un codétenu. Il prétend avoir noué une idylle avec l'épouse du commandant de Vincennes, Mme de Rougemont, avec laquelle il lui arrive de chanter en duo, elle depuis le balcon de l'appartement de fonction de son mari, lui depuis le bout de jardin qu'on a fini par lui concéder. Forfanterie du méridional que restera Mirabeau jusqu'à son dernier souffle ? Le captif, dont la grande passion est maintenant connue de l'opinion publique, semble avoir excité la curiosité des femmes qui sont logées au château. En 1789, un certain Bertrand, qui se présente comme un ancien geôlier de Vincennes, décrira un Mirabeau devenu, dans les derniers mois de son incarcération, une sorte de sultan du donjon, donnant ses ordres à Rougemont. Mais peut-on accorder crédit à ce témoignage surréaliste, quand on sait qu'il prend place dans un ouvrage collectif, à charge contre Mirabeau ?

Soudain, l'horizon du prisonnier semble s'éclairer. Une coalition féminine, menée par Mme de Pailly et Caroline du Saillant, s'anime avec détermination autour du marquis, qui parle d'une « sédition femelle » et qui ressent, par ailleurs, la désapprobation de l'opinion publique – même dans les cercles dirigeants, les abus des lettres de cachet sont dénoncés. Sophie harcèle Mirabeau : il se doit de réécrire à sa femme. Il finit par brosser, pour Émilie, le tableau de sa vie quotidienne, et par lui promettre « un cœur formé par tant d'années de malheurs et de souffrances » ; il implore « son humanité et sa noblesse ». Émilie est émue : « Je donnerais de mon sang pour le voir raisonnable et heureux, confesse-t-elle à Caroline, mais c'est une corvée terrible pour moi d'entretenir papa des lettres de M. de Mirabeau... Nous ne sommes jamais d'accord sur ce que je dois faire et dire. » Elle finit par écrire à Mirabeau : « Du moment que vous croyez, monsieur, que mes sollicitations peuvent influer sur votre liberté, je vais les employer auprès de mon beau-père. » Le marquis se dit satisfait. La libération est proche !

TROIS PROCÈS

Libre ! Mirabeau est ivre de sa liberté retrouvée. Le 13 décembre 1780, les grilles du donjon se sont, enfin, ouvertes. Deux fidèles l'attendaient : Dupont de Nemours et son beau-frère du Saillant. Très ému, il ne pouvait pas avancer ; les jambes et les mots lui manquaient. Dupont l'a soutenu, du Saillant lui a ouvert ses bras.

Ses vêtements sont en lambeaux : il commence par rester... dans l'enceinte du château de Vincennes. Il passe sa première nuit de liberté chez le commis de police Boucher, puis quelques jours chez le chirurgien-chef Fontelliau. Son père est inaccessible. Le marquis est satisfait de ces trois ans et demi d'incarcération, qui vont remettre « la tête de son fils à l'endroit » : « Quarante-deux mois dans un lieu où l'on n'a pour toute compagnie dans des voûtes gothiques et lugubres que les hurlements nocturnes des souterrains sont une médecine qui doit renouveler une tête : il faut du malheur à l'homme. » Le 30 janvier 1781, le marquis croise, par hasard, son fils à Paris, devant la maison de son avocat ; il ne l'a pas vu depuis neuf ans... mais il passe son chemin.

Mirabeau est avide de plaisirs, d'écriture, de contacts. Il multiplie les gestes d'ingratitude. Chez Boucher, qu'il a surnommé le « bon ange », il fait sa cour, avec succès, à la maîtresse de maison, qui est peintre et fait son portrait. À sa sœur Caroline, qui a « la rage de rétablir son frère », il dérobe une montre qu'il met au Mont-de-Piété, ce qui lui permet de se lancer dans une nouvelle et rapide idylle avec la comtesse de Bussy, dont le mari est prisonnier d'État. Il repart aussi à la conquête de Julie Dauvers, à laquelle il a envoyé des déclarations d'amour depuis sa prison et à laquelle il a promis, dans un accès de mythomanie, sa haute protection. Elle résiste ? Il imagine, avec quatre ans d'avance, la fameuse mystification de l'Affaire du collier, qui perdit le cardinal de Rohan et faillit perdre la reine. La scène se passe, cette fois, au bal de l'Opéra : il présente Julie à deux inconnues masquées, la princesse de Lamballe et Marie-Antoinette. Julie est enthousiasmée, et séduite… Le rôle de la princesse de Lamballe était tenu par Dubut de La Tagnerette, le codétenu travesti de Vincennes.

À la stupéfaction de son père, il se rend souvent à Versailles et est reçu en audience par trois ministres, Maurepas, Miromesnil et ce duc de Nivernois… qui a veillé, jadis, sur sa conception. Le marquis commente : son fils est « incompréhensible dans son talent d'usurpation ».

Il veut se réconcilier avec son père. Il est persuadé de pouvoir faire entendre raison à sa mère. Il se rend au couvent Saint-Michel, mais « la malheureuse et honorable femme » est « obsédée par des flagorneurs qui la pillent ». En réalité, elle est furieuse du changement de camp de son fils, qui met autant d'ardeur à défendre les intérêts du marquis qu'il en mit à défendre les siens, naguère. Elle refuse toutes ses propositions et finit par ne plus le recevoir… Dans son élan, Mirabeau, plagiant son père, demande une lettre de cachet contre Briançon, l'amant de sa sœur Louise de Cabris ! Il provoque la colère de Maurepas qui, disgracié sous Louis XV, est devenu ministre d'État de Louis XVI : « Il faudrait un secrétaire d'État pour gérer les affaires de cette famille ! »

Pris dans cette agitation frénétique, Mirabeau n'a guère de temps pour Sophie. Sophie n'appartient-elle pas, déjà, au passé ? La prisonnière du couvent de Gien se désespère. Elle craint d'être oubliée, elle pressent la rupture avec son amant… « Tes lettres deviennent furieusement rares », lui reproche-t-elle. Il ne trouve que de pauvres excuses : des laquais négligents, des poches de vêtement trouées, les irrégularités de la poste. Elle revient à la charge : « Je t'avoue que je suis furieusement lasse de commencer toutes mes lettres par des plaintes sur ton silence. » Dupont de Nemours s'interpose : « Si ses affaires, si ses devoirs urgents le forcent quelques fois à écrire plus brièvement ou à laisser passer involontairement un courrier, que votre noble et sensible cœur ne s'alarme point. Dites-vous que votre ami fait ce qu'il peut et ce qu'il doit, et n'allez jamais craindre que votre empire sur son âme soit diminué. Vous vous feriez injure à tous deux… Je serai sa caution auprès de vous. »

Finalement, Mirabeau tente une escapade à Gien. Sophie a préparé sa venue avec une inventivité digne des héroïnes du *Décaméron* de Boccace. Elle s'est acquis la complicité du jardinier du couvent, de Victoire, sa religieuse-servante, et surtout du docteur Isabeau, son médecin. Elle a fait fabriquer de fausses clés, des chaussons qui étoufferont les pas, et même une grande armoire – qui permettra de cacher un homme de haute taille.

Mirabeau passe cinq jours au couvent des Saintes-Claires. Les deux amants se retrouvent dans une dernière étreinte. « Je t'aime comme je t'aimais », lui écrira-t-elle. Mais Dupont vient arracher Mirabeau aux bras de Sophie : on les a dénoncés ; il risque, à nouveau, sa liberté. Sophie est déchirée, amoureuse inébranlable mais prête à la résignation, dans un ultime sacrifice. Elle s'inquiète pour l'avenir de Mirabeau : « Je te le jure, si on t'enferme, je me tuerai. »

Son rêve s'est écroulé lorsque Mirabeau lui a demandé d'envisager son retour chez son mari. Elle fera donc acte de contrition, elle écrira une lettre au marquis de Monnier pour lui dire qu'elle l'a toujours aimé ! Elle s'humiliera. Et Mirabeau semble tenir à cette démarche ! « Je ne pouvais concevoir ce désir de ta part. »

Elle a compris que, pour lui, ce ne sont plus que les cendres d'une grande passion. Elle se refuse à accabler son amant. Elle affrontera seule une vie désormais sans horizon. Elle lui fait ses adieux, dignes et mélancoliques : « Ils pensaient tous que nous ne pouvions pas vivre l'un sans l'autre. Hélas ! Ils se trompaient. »

Le premier des trois procès qui accaparent Mirabeau pendant les trois années qui suivent ne l'implique pas personnellement : le Parlement de Paris a fini par accepter une nouvelle plainte en séparation du marquis. Mais l'Ami des Hommes n'est pas venu en personne : il est représenté par son gendre du Saillant et par son fils qui, pour la première fois, va manifester en public son talent oratoire. Mirabeau assiste d'autant mieux l'avocat de son père qu'il n'ignore rien du contentieux familial : les deux époux ont des caractères difficiles, des liaisons hors mariage et de lourdes dettes accumulées au fil des ans. Il rédige un mémoire, qu'il diffuse sous le nom de l'avocat. Il intervient, avec fougue, dans les débats. Ainsi, après les conclusions de l'avocat général, favorables à sa mère, il s'écrie : « Dites donc que c'est couronner le vice ! »

Le marquis apprend à reconsidérer son fils : « Il voit comme un aigle. » Et il dit sa surprise : son « drôle », toujours plus hardi et entreprenant, a l'aplomb de paraître à la grande chambre du Parlement, à la buvette, chez tous les juges, et de « parler au mieux, pour le poids et la dignité »... alors que, cinq ans plus tôt, il était condamné à mort par contumace et exécuté en effigie ! « Quelle époque singulière, pareille à nul autre royaume ou siècle ! » Et il s'émerveille du « don de familiarité » de son fils « qui fait retourner les grands comme des fagots ».

De son côté, Mirabeau se prend de pitié pour son père, ce vieillard si orgueilleux et si durement éprouvé par la vie. Notre futur tribun n'est absolument pas rancunier : son indulgence naturelle, jointe à la conscience de sa propre valeur et à une certaine indifférence ou distraction, le conduisent à effacer les querelles de la veille... voire le souvenir de trois ans et demi d'incarcération ! Le marquis, si vindicatif, s'étonne de cette attitude : « Il a tout oublié et tout pardonné le quart d'heure d'après ! »

En première instance, les juges avaient estimé que l'union des deux époux devait être maintenue. Mais le marquis refusait de reprendre sa femme au foyer, la marquise refusait de rembourser, sur son patrimoine, les dettes de son mari. La séparation devenait inévitable. Mais à quelles conditions ?

Le combat de Mirabeau va s'avérer vain. Les temps ont changé : l'Ami des Hommes est maintenant reconnu comme un despote. Les plaintes de ses enfants ont altéré son image dans l'opinion – et le retournement de Mirabeau n'a pas arrêté cette érosion. À travers le marquis, les parlementaires veulent condamner tout despotisme, tout le système politique. Le 18 mai 1781, ils donnent totalement tort au marquis, qui gémit : « Finalement, ils m'ont tué. » Dix jours plus tard, Louise de Cabris est libérée, Briançon mis hors de cause. La marquise vient narguer son mari devant son hôtel parisien.

Le marquis a perdu à la fois sa réputation et sa fortune. « Depuis les cheveux jusqu'aux ongles des pieds, je me trouve lié et garrotté dans l'abîme », écrit-il à son frère. Les frais du procès sont à sa charge. La marquise dresse un inventaire de ses créances et des déprédations qu'elle lui attribue et qu'il aurait commises sur ses terres. Elle finira par faire saisir les meubles de son mari, sans tirer grand avantage de son triomphe judiciaire car elle a 400 000 livres de dettes. Le marquis échappe à la misère grâce au seul bon placement qu'il ait réalisé : son frère, le bailli, lui assure 15 000 livres de rente annuelle sur sa commanderie du Rouergue, en échange des 150 000 livres qu'il a empruntées naguère pour lui permettre d'acquérir le généralat des galères de l'ordre de Malte.

« C'est le retour de l'Enfant prodigue ! » s'exclame Dupont de Nemours, lorsqu'il conduit Mirabeau au Bignon.

Le marquis s'est décidé à faire « un grand effort de paternité ».

Sa fille, Caroline, avait insisté. Ainsi que le commis Boucher, qui semble ignorer sa mésaventure conjugale. La première mission du marquis est, désormais, de rééduquer son fils aîné. Il s'en prévaut auprès du bailli, qui le presse de quitter la région parisienne et de s'installer à Mirabeau :

« Tu as de belles terres en Provence. Elles ont été abandonnées à un agent fripon, elles ont diminué, elles ont perdu leurs fruits et ton château est dépenaillé.

— Je ne peux quitter Paris, car je dois rester à la portée de l'autorité.

— Paris est le plus intense cloaque que le soleil éclaire, avec ses vapeurs noires et ses immondes reptiles. Tu n'aurais pas besoin de Paris si tu avais tenu ta famille en province.

— J'ai maintenant la responsabilité de mon fils... »

Le bailli, habituellement si indulgent, se prend à persifler :

« Encore ta "postéromanie" ! Te voilà occupé à régenter un poulet de 33 ans ! Es-tu assez dupe de toi-même pour croire que tu en feras autre chose que ce qu'il est ?

— Il n'a pas plus 33 ans que moi 66 ! Ses incertitudes, ses aspirations sont celles d'un adolescent... Tu n'as pas eu d'enfant et tu crois qu'on peut se couper d'un fils comme on se coupe le bras. Si cela était, il y a longtemps que je serais manchot. Il faut que tu comprennes que j'ai entrepris de faire un plongeur du nageur qu'il était.

— Le meilleur moyen d'échouer dans une telle entreprise, c'est de vouloir penser pour les autres, de les vouloir mener selon son propre goût, et non suivant le leur.

— Mais c'est un enfant, te dis-je ! Il ne lui pèse pas d'avoir un guide, un mentor. Je le bourre de principes et de tout ce que je sais. Je tâche de verser sur lui ma tête, mon âme et mon cœur. »

De fait, Mirabeau semble découvrir le confort et le bonheur simple d'une vie d'adolescent sous la tutelle paternelle – cette vie qu'il n'a jamais connue. Sa gentillesse naturelle s'exprime, à tout propos : il compose un intermède en vers et en musique pour l'anniversaire de son père ; il découvre une ancienne fondrière qui a les allures d'un cirque antique et il projette d'y établir un monument à la gloire de son père « qui aura toujours de grands droits à la célébrité, quoi qu'en pense aujourd'hui le public » ; et il est le fidèle partenaire du marquis dans sa partie quotidienne de loto. Cette gentillesse, il l'étend au personnel du Bignon : le valet Legrain le blesse, par maladresse, à la chasse ; « le pauvre diable, qui m'aime fort, a été assez puni de son étourderie par la peur qu'il a eue en voyant ruisseler mon sang » ; Legrain lui sera désormais extraordinairement dévoué, il sera toujours à son côté, l'accompagnera dans toutes ses aventures, le servira même sans être payé... et lui fermera les yeux.

Étrange et exceptionnel tête-à-tête de plusieurs mois entre le père et le fils dans l'intimité du Bignon. Dix années semblent effacées, les deux hommes se redécouvrent et reconstituent un fragment de famille. La compagne du marquis, Marie de Pailly, s'est discrètement et provisoirement absentée – elle séjourne en Suisse ; le fils cadet, Boniface, a embarqué pour la guerre d'Amérique. Le marquis manifeste affection, attention et sollicitude à l'enfant prodigue ; il tente de débrouiller ses dettes et, pour rembourser l'une d'elles, 500 livres à Julie Dauvers, il va jusqu'à vendre une tabatière d'or, le seul effet personnel qui lui reste. Il discerne finalement, chez son fils, une ressemblance physique avec « la race des Mirabeau » : « Il a beaucoup grossi, surtout des épaules, du cou et de la tête. Il a de notre forme, construction et allure. Ses cheveux sont fort beaux. Son front s'est ouvert, ses yeux aussi. » Il se félicite de son changement de caractère : « Loin d'être difficile à vivre et d'avoir cette humeur médisante, inquiète et ennemie qu'on lui reprochait, il est gaillard, facile, bon au fond. » Il admire sa puissance de travail lorsqu'il le voit sur ses manuscrits. Mais il raille sa trop grande facilité. Son fils n'est-il pas un touche-à-tout ?

« Pourquoi se sentirait-on un homme si ce n'était pour réussir à tout et partout ? » répond Mirabeau.

Mais l'idylle du père et du fils va prendre fin avec le retour de Marie de Pailly. Le marquis tente de confier Gabriel-Honoré à son frère, le bailli :

« Je te le donne pour un sujet rare au futur. C'est un foudre de travail. Je ne connais pas d'homme plus maître de lui dans certaines occasions... »

Le bailli se récuse, ironique :

« Tu veux faire aujourd'hui des romans de bon ordre familial, comme jadis tu faisais des romans d'ordre social. Moi, je ne sais pas faire de romans. Gabriel-Honoré est la pire de toutes ces têtes faussées par le moule où tu les as jetées. »

Survient la grande explication entre les deux frères sur la liaison du marquis avec Marie de Pailly, qui rend indésirable la présence de Gabriel-Honoré.

Le marquis prend la défense de sa compagne :

« Son bien, ses soins, son temps, tout a été à moi ; mes maisons, mes meubles, tout fut de sa main. Dans les orages, quand tout le monde me croyait fini, enfoui, elle a donné le signal de la fidélité. Elle est la seule amie qui me reste. Sans elle, il y a longtemps que je serais isolé. »

Le bailli reste sceptique : « J'ai rarement osé aborder cette question scabreuse de ta relation avec Mme de Pailly. Je veux bien admettre toutes les raisons que tu as de lui être reconnaissant. Il n'en reste pas moins qu'elle a causé beaucoup de mal… à toi, et à la famille. S'il lui avait été possible d'anéantir l'amitié que tu as pour moi, sois assuré qu'elle l'aurait entrepris. » Mais le bailli n'insiste pas : « Cette mise en accusation est vaine. C'est une faiblesse dont tu ne guériras pas. Nos passions durcissent avec l'âge… »

Le marquis est troublé par cette querelle avec son frère. Il en veut à son fils, indirectement à l'origine de cette controverse. Les rapports entre le père et le fils se tendent. Tout exaspère soudainement le marquis, même l'esprit de soumission de son fils, sa manière de reprendre ses propres opinions.

« Ce que tu viens de me dire, il était 8 heures, hier soir, quand je te l'ai dit ! »

Il lui reproche sa faculté d'adaptation :

« Tu es pie et geai, par instinct ! »

Et même son insouciance apparente. Un reproche injuste, car Mirabeau prépare les combats qui devraient lui permettre de reconquérir son existence civile, et peut-être sa femme, les combats qui l'opposeront au marquis de Monnier puis aux Marignane.

Finalement, il compare son fils à une « bibliothèque renversée » et décrète que son principal talent consiste à « éblouir par des superficies ».

La tentative de réconciliation avec son père a échoué. Mirabeau ne reviendra plus au Bignon.

Le deuxième procès est celui de l'amant de Sophie. Mirabeau a pour but de faire révoquer la sentence de Pontarlier qui l'a condamné à une mort civile, et au paiement de 40 000 livres de dommages et intérêts au marquis de Monnier dans un délai de cinq ans, qui expire en 1782. Plaider, c'est donc tenter d'être relevé d'une condamnation infamante et, dans le même temps, éviter une nouvelle et lourde dette. C'est aussi préserver la possibilité d'intenter une autre action, contre Émilie, afin de lui faire reprendre la vie conjugale… ce qui serait impossible à un mari frappé de mort civile et accusé d'adultère. C'est enfin, bien que Mirabeau s'en défende, consacrer la fin de l'idylle avec Sophie.

Mirabeau doit commencer par se constituer prisonnier à Pontarlier. Nouvelle cellule, malpropre et nauséabonde : il ne cesse de brûler du vinaigre pour combattre l'atmosphère fétide. Ses compagnons d'enfermement sont des contrebandiers, des déserteurs, des voleurs. La nuit, les hurlements des malades « chassent le sommeil » de sa « paupière fatiguée ». De sa fenêtre, il distingue un échafaud dans la cour de la prison.

L'environnement est très hostile : Mirabeau a eu le plus grand mal à faire inscrire sur les registres de la prison que son incarcération était volontaire ! Le marquis de Monnier est un magistrat important, premier président de chambre des comptes. Dans la petite société de Pontarlier, tous les magistrats lui sont dévoués, ainsi que le personnel pénitentiaire. Le substitut Sombarde, qui doit mener l'instruction, lui est apparenté. Magistrats et notables de la ville sont liés par des intérêts communs. Ce réseau de connivences exaspère Mirabeau : « Je ne crois pas qu'il y ait jamais eu, en aucun lieu du monde, un pareil exemple d'une corruption universelle ; il n'est pas jusqu'au dernier huissier du siège qui ne soit vendu à Monnier et à son gendre Valdahon. »

Mirabeau aurait-il pu solliciter du roi des lettres d'abolition qui auraient effacé les condamnations précédentes ? Le marquis en est convaincu : il lui conseille de recourir à la clémence du roi. Mais Mirabeau s'y refuse : une telle « abolition » laisserait intacte la condamnation par contumace de Sophie.

Les interrogatoires sur le « rapt de séduction » commencent. Le prisonnier se joue des enquêteurs, désarçonne les témoins, nie avec impudence la lettre à Sophie où il s'accusait lui-même. Mais il espérait être mis en liberté provisoire après le premier interrogatoire ; Monnier parvient à le faire maintenir en prison.

Mirabeau se démène, transforme sa cellule en atelier de rédaction, les documents jonchent le sol : selon les mœurs judiciaires de l'époque, il se lance dans la rédaction d'une série de mémoires qui prendront place dans la procédure mais qui, imprimés, pourront influer sur l'opinion publique... Par son premier mémoire, qui s'ouvre sur une citation de Virgile et est modéré dans la forme, il se concentre sur un point de droit : il conteste la condamnation pour « rapt de séduction » car ce crime ne peut être invoqué à l'encontre d'une femme mariée, civilement responsable de ses actes, venue de son plein gré le rejoindre en Suisse ; la condamnation doit donc être rapportée. Il passe rapidement sur l'adultère, qu'il nie implicitement et qui n'a pas été invoqué dans l'arrêt le condamnant : « On blessa, par le récit controuvé, l'amour-propre d'un vieillard facile, tendre et peut-être amoureux... Il avait les droits d'un mari, les désirs d'un amant et peut-être les tristes humiliations de la vieillesse. »

Mirabeau, cinglant, a mis les rieurs de son côté. Il assure qu'aucune charge ne peut être maintenue contre lui. Il s'insurge contre une condamnation qui « lui a ôté cinq années entières d'existence civile » et « porté la désolation dans deux familles ». Il s'indigne contre la décision qui refuse son élargissement : « On délibère deux jours pour savoir si on m'élargira provisoirement, alors que le procès me condamnant a été jugé en deux heures. Deux heures pour décider que la tête d'un homme de qualité devait tomber aux pieds du bourreau et qu'une jeune femme, si intéressante, si douce, si chérie, serait retranchée du livre des vivants ! »

Ce que Mirabeau n'a pas prévu, c'est que le marquis de Monnier va changer de chef d'accusation et modifier les termes de sa plainte. Le rapt de séduction tombe ? Il invoque purement et simplement l'adultère ! Mirabeau risque les galères. Heureusement, l'adultère ne commence que lorsque Sophie le rejoint à Verrières. Le tribunal de Pontarlier doit convoquer des témoins résidant dans la principauté de Neuchâtel… Mirabeau saisit le Conseil d'État de Neuchâtel et obtient qu'il autorise la déposition de ses ressortissants à la condition qu'ils ne soient pas interrogés sur un délit commis sur leur territoire. La justice de Pontarlier est paralysée. Elle réagit par l'interrogatoire sans ménagement de témoins habitant la ville, impressionnés par le déploiement de l'appareil judiciaire. L'une des confrontations dure dix heures. « Nous lasserons le comte de Mirabeau », lance l'avocat du marquis de Monnier en pleine audience.

Mirabeau est agacé par une visite de Marie de Pailly, qui vient le voir en prison de la part de son père et lui dit ne pas comprendre l'intérêt de la décision du Conseil d'État de Neuchâtel. Il se réjouit du récit du fidèle Legrain, qu'il a envoyé à Neuchâtel présenter sa requête et qui prétend au retour avoir cinglé en pleine figure l'avocat du roi Pion, qui a tenu sur son maître des propos injurieux. Erreur simulée : Legrain a croisé Pion retour de la chasse et l'a atteint de son fouet en feignant de se défendre contre sa meute.

Mirabeau présente un deuxième mémoire au ton plus violent, émaillé d'attaques personnelles. « C'est au grand jour que les crimes et les calomnies doivent être exposés, c'est au public qu'il faut dénoncer les connivences obscures, les subordinations secrètes. » Et notre futur tribun d'attaquer « l'inspiratrice du procès », la « geôlière de son père », Mme de Valdahon « à l'insultante vanité, à l'insatiable et sordide cupidité ». Saisi par les adversaires de Mirabeau, le parlement de Besançon a décidé la destruction des deux mémoires. Mais le garde des Sceaux casse cette décision. Car la défense de Mirabeau plaît en haut lieu. Le marquis est sidéré. Il écrit à son frère : « Je ne le vis jamais si extravagant. Il a humilié les témoins, exaspéré les juges, insulté tout le monde, et il se croit, de bonne foi, innocent, opprimé, modéré, magnanime. »

Mirabeau poursuit son combat, plein de verve. On l'accuse de séduction ? « Regardez ma figure », rétorque-t-il, et il demande que son portrait soit déposé au greffe.

Véhément, il traite de romans toutes les dépositions qui ne lui conviennent pas et il qualifie Monnier de « grand faiseur de romans ».

Aboutissement de cette défense très offensive : Mirabeau rédige un troisième mémoire, qui s'ouvre, cette fois, sur une citation d'Ovide et qui prend à partie le substitut Sombarde. Il l'interpelle, par écrit : « Sombarde, perfide Sombarde, venez, je vais dévoiler votre crime et donner à connaître si je vous ai calomnié quand je vous appelai prévaricateur. » Les accusations pleuvent : « Vous avez menacé, séduit, suborné les témoins, vous avez assisté à leur déposition, vous les avez payés des deniers de M. de Monnier. » Mais le plus grave est ailleurs : Mirabeau a établi la généalogie de Sombarde, qui est apparenté au marquis de Monnier à un degré prohibé par la loi.

Affolés par l'accusation d'avoir suborné les juges, et par le scandale qu'elle pourrait susciter dans la petite société de Pontarlier, les Monnier et Valdahon sont prêts à un arrangement. L'Ami des Hommes, voulant éviter de nouveaux dommages à son fils, a demandé à son gendre du Saillant de préparer une transaction... Mirabeau résiste : « J'ai dit à mon père, et je vous le répète, que nul devant Dieu et les hommes n'a le droit de se mêler de mon affaire malgré moi. » Puis il cède, approuvé par son oncle, le bailli : « Vous étiez enferrés, vous en seriez sortis difficilement sans cette transaction sortie de terre comme un potiron, grâce à du Saillant. »

Le 14 août 1782, le compromis prend forme – et libère Mirabeau : le jugement de Pontarlier est considéré comme non avenu. Sophie échappe à la prison perpétuelle : sa séparation de corps et de biens avec M. de Monnier devient définitive ; une pension viagère lui sera assurée, à condition qu'elle reste au couvent jusqu'à la mort de son mari. Le marquis reconnaît le talent de son fils : « Il est possible que ses enragés mémoires soient ce qui lui a valu le four de campagne sous lequel cette affaire va être ensevelie. »

Fort de son succès judiciaire, Mirabeau se rend à Neuchâtel. Non en pèlerinage sur les lieux où s'exalta naguère sa passion pour Sophie, mais pour publier ses manuscrits de Vincennes. Les imprimeurs Fauche et Vitel ont déjà édité son *Essai sur le despotisme* ; ils lui achètent ses *Lettres de cachet*, son roman libertin *Ma conversion* et un recueil d'anecdotes, de poésies et de commentaires politiques – un Éloge de Turgot et le Conseil aux Hessois – qu'il a composé avec son codétenu Baudouin, pendant leur captivité commune, *L'Espion dévalisé*. Samuel Fauche lui refuse un essai de l'Ami des Hommes, *L'Instruction d'un prince*, que Mirabeau publiera six ans plus tard...

Les manuscrits sont imprimés sans nom d'auteur et avec un lieu d'édition souvent fantaisiste : ainsi les *Lettres de cachet* sont présentées comme publiées à Hambourg, et *Ma conversion*, afin d'ajouter au libertinage le charme sulfureux de l'Orient ottoman, à Stamboul, à l'imprimerie des Odalisques ! Puis les ouvrages sont expédiés en contrebande en France. Les libraires et imprimeurs de Neuchâtel, principauté vassale de la Prusse, ont pour principale fonction de transgresser la censure française : la principauté est un « paradis éditorial », comme il y a aujourd'hui des paradis fiscaux.

Le succès des *Lettres de cachet* est immédiat : l'ouvrage est publié en deux parties, à 9 000 et 4 000 exemplaires. Le lieutenant de police Le Noir s'inquiète : ne pourrait-il être suspecté de complicité avec Mirabeau, d'autant que son prisonnier souhaitait lui dédier la seconde partie des *Lettres de cachet* ? Il avertit le ministre des Affaires étrangères, Vergennes, et dénonce les ouvrages sans révéler le nom de leur auteur. Le ministre de Prusse à Paris reçoit une protestation de la France. Le Conseil d'État de Neuchâtel prend toutes les mesures pour arrêter l'impression. Frédéric II approuve, désireux de donner cette preuve d'amitié au royaume de France. À Berlin, toute l'administration est perturbée par cette affaire. L'ambassadeur de France, d'Esterno, ironise : « On n'a jamais parlé d'une bagatelle avec plus d'importance. » À Paris, le censeur constate, avec effroi, que l'auteur des *Lettres de cachet* a tenté d'« anéantir la religion en la faisant envisager comme une invention humaine » et que *L'Espion dévalisé* est écrit avec « une audace inadmissible contre la cour ».

Les imprimeurs seront condamnés à un emprisonnement de trois jours ; des scellés seront apposés sur leurs presses. Ils se contenteront d'indiquer les libraires étrangers qui diffusent les ouvrages, mais non ceux de France. Ils finiront par donner le nom de Mirabeau, mais celui-ci sait qu'il ne sera pas inquiété, faute de preuves.

Pendant son séjour à Neuchâtel, Mirabeau rencontre les « proscrits de Genève », avec lesquels il a correspondu lorsqu'il était à Pontarlier, et qui vont jouer un si grand rôle à son côté pendant la première phase de la Révolution. Les proscrits sont deux bourgeois de Genève : le financier Étienne Clavière, fils d'un huguenot français émigré en Suisse, et l'ancien procureur général Duroverai, brillant juriste, issu d'une vieille famille genevoise. Genève vient de connaître une véritable révolution, brisée, en juillet 1782, par l'intervention étrangère. La petite république, qui a condamné, vingt ans plus tôt, l'*Émile* de Jean-Jacques Rousseau, est, en fait, un régime oligarchique, à la manière de Venise : seuls 3 000 bourgeois sur 25 000 habitants disposent des droits civiques, et tous les pouvoirs sont concentrés dans les mains des deux cents membres du Grand Conseil. Au sein des « Deux Cents », Clavière et Duroverai ont pris la tête de la faction libérale, dite des « Représentants » : ils ont rédigé une constitution plus démocratique, qui confère le pouvoir législatif au peuple de Genève et triomphé, lors des élections de 1782 ; et, lorsque la faction conservatrice, dite des « Négatifs », a fait appel à l'intervention étrangère, le procureur Duroverai a dénoncé, dans une remontrance solennelle, l'ingérence extérieure dans les affaires internes de Genève. Le 2 juillet, la ville, soumise à un blocus, s'est rendue à la coalition tripartite – unissant la France, le royaume de Sardaigne et le canton de Berne – qui l'assiégeait. Les chefs de file du parti réformateur se sont réfugiés à Neuchâtel. Le texte de la remontrance de Duroverai a été brûlé publiquement par le bourreau de Genève, et le procureur général déclaré déchu et inéligible à tout emploi. En novembre 1782, les deux proscrits seront condamnés, par contumace, au bannissement perpétuel.

Mirabeau éprouve, pour Clavière, l'un de ces coups de foudre amicaux qui rythmeront sa vie – et le coup de foudre est réciproque. Au-delà des différends qui surgiront entre eux, les deux hommes resteront toujours liés et collaboreront toute leur vie. Clavière, qui est de quinze ans l'aîné de Mirabeau, pourrait être présenté comme un Necker « de gauche » : d'apparence effacée, il maîtrise parfaitement l'engrenage des opérations financières de l'époque ; il se lancera, et lancera parfois Mirabeau, dans les grandes querelles bancaires et les polémiques sur l'économie. Mirabeau éblouit Clavière par le tableau politique qu'il brosse de la France, par sa vision prophétique : au Genevois, il annonce, sept ans à l'avance, la réunion inéluctable des États généraux. Il compte y être élu député... et il « rétablira leur patrie ». Clavière est séduit par l'intelligence de Mirabeau, mais aussi par ses qualités de cœur, son indignation véhémente devant l'injustice : « C'est un grand homme par la tête et par ses moyens moraux. » Avec Duroverai, Clavière rédigera le journal de Mirabeau sous la Révolution, *Le Courrier de Provence*, et il inspirera nombre de discours du futur député à la Constituante. Clavière poursuit un rêve secret : devenir, comme son compatriote Necker, contrôleur général des Finances de la France ; de fait, il sera ministre des Finances sous la Législative, dans le gouvernement constitué par les Girondins. Étonnant destin des citoyens de Genève, dans une Révolution française qui se développera sous le fronton idéologique de Jean-Jacques Rousseau, après avoir commencé sous les tentatives réformistes de Necker : ils seront plusieurs à entourer Mirabeau, car à Clavière et à Duroverai se joindront Dumont, qui enragera parfois de son statut de « nègre littéraire », et le pasteur Reybaz, aussi compétent en finances qu'en théologie. Mais tragique destin de la génération de 1789 : Clavière n'échappera à la guillotine qu'en se suicidant.

Mirabeau reçoit une lettre de son père qui lui fait craindre que son retour en France ne soit « le premier pas vers une nouvelle prison » : le marquis entend user des pouvoirs sur son fils que lui confère l'ordre royal du 13 décembre 1780. De Neuchâtel, il écrit au ministre Vergennes pour lui demander sa protection. Le chef de la diplomatie a exigé, jadis, son extradition, lorsqu'il s'était réfugié en Hollande ; mais, lié à la famille de Sophie, les Ruffey, il a discrètement soutenu Mirabeau pendant le procès de Pontarlier. « Trente-huit lettres de cachet ont déjà frappé ma famille », explique Mirabeau en exagérant le nombre des coups de force de son père. « J'ai été la victime d'une partie de ces ordres, je ne saurais me résoudre à l'être du trente-neuvième. » Pourtant il ne joue pas réellement les solliciteurs. Il écrit, en toute indépendance, au ministre responsable de l'intervention militaire française à Genève pour lui annoncer « un avis important sur les affaires de Genève ». Un gros mémoire suit.

C'est la première intrusion de Mirabeau dans l'arène de la politique étrangère. Une intrusion qui porte l'empreinte de l'idéalisme diplomatique : « La loi du plus fort est un droit des gens qu'il ne faut pas s'attendre à voir respecter par les plus faibles. » Mais il entend surtout démontrer que les troubles de Genève sont dus, en réalité, au clan conservateur : « Ils ne sont pas l'ouvrage du parti sacrifié, mais le chef-d'œuvre du machiavélisme de l'autre parti. » La France, en intervenant, a donné trop d'importance aux divisions politiques au sein de la petite république, alors qu'il aurait suffi de conseils délivrés par le ministre français aux protagonistes pour prévenir la crise : « Il fallait parler tout bas aux aristocrates. Les seuls accents de votre voix bienfaisante auraient calmé les Genevois et fixé le terme de leurs discussions. » Le problème est maintenant celui de ces exilés genevois qui s'éparpillent à travers le monde. La France a besoin de cet apport humain. Ses gouvernants ne doivent pas recommencer l'erreur de la Révocation de l'Édit de Nantes. Les proscrits de Genève seraient un levain. Ils sont déjà sollicités, de divers côtés : la Prusse leur propose de les établir à Constance, et l'Angleterre sur cette terre d'Irlande « qui devient le pays le plus libre de la terre, le plus désirable pour des hommes qui sentent le prix de la liberté ». « Gardez-vous de vous tromper ! insiste-t-il. Les Genevois humiliés sont la partie de leur petite nation la plus estimée de l'Europe. » Mirabeau conseille au ministre de retirer les troupes françaises ; il va jusqu'à lui dicter les paroles qui pourraient ramener la concorde et apaiser le ressentiment des « Représentants ».

Mirabeau n'obtiendra pas de réponse de Vergennes. Il prépare son retour en France, découragé. Ses dettes ont encore augmenté, avec son séjour à Pontarlier. Il reste enlisé dans ses soucis, ses talents sont inemployés. « J'attends tous les jours un tour de roue du destin, et tous les jours je reçois une secousse nouvelle, souvent désagréable. » Pourtant ses idées progressent : un courtisan, le comte de Vaudreuil, fera lire ses *Lettres de cachet* à Louis XVI ; deux ans plus tard, le gouvernement du roi fera évacuer le donjon de Vincennes, cette trace d'une « antique barbarie ».

Le troisième procès sera, à Aix, celui de Mirabeau, dans son rôle de mari d'Émilie. Pour le préparer, Gabriel-Honoré rejoint, sur l'ordre de son père, le château de Mirabeau. Le bailli a longtemps refusé d'accueillir son neveu :

« J'ai pris une aversion contre Gabriel-Honoré qui est surprenante. Je pense que son domicile devrait être chez toi, près de toi. Je veux bien me soumettre à ton désir et le laisser s'installer près de moi, mais je crois impossible de m'accoutumer à lui.

— Je te rassure. Tout cédera à son ascendant car, de loin, on le renie, mais de près nul ne lui résiste. »

Le marquis a vu juste. L'arrivée de Gabriel-Honoré suscite l'enthousiasme des paysans voisins : fifres et tambourins, discours et feux de joie. Le bailli n'y est pour rien : « Mon oncle a fait ce qu'il a pu pour me recevoir tièdement, il n'y a pas réussi », écrit Mirabeau à Caroline. Le bailli est étonné de la joie de ce « peuple-ci » : « Ils l'aiment beaucoup, et j'ai été touché des expressions vives de quelques-uns. »

Quelques jours plus tard, la séduction de Mirabeau a opéré. Les fronts sont renversés. Son père ressasse ses vieux griefs. Son oncle a pris son parti :

« Il est très agréable et très docile. On te le fait juger un peu plus mauvais qu'il n'est. Je suis très content de lui, sauf quelques contes très brodés... Oui, mon neveu a fait bien des fautes. Mais il a été souvent plus malheureux que coupable. »

À la demande de son frère, le bailli est parti, en éclaireur, sonder les dispositions d'Émilie et de la famille Marignane :

« Ces gens ne manquent pas d'esprit, mais ils n'ont pas plus de sensibilité que les pagodes chinoises dont leur bon goût s'entoure ! Ils ne songent qu'à leur plaisir, à leur société, à la musique et à la comédie. À tout ce qu'ils imaginent pour tuer le temps. »

Le bailli désapprouve cette activité mondaine, qui semble redoublée depuis la libération de Mirabeau. Émilie lui reproche de ne plus le voir aussi souvent que dans le passé ? Il répond, d'un ton rogue, faisant allusion aux festivités du château du Tholonet :

« On ne sait même plus s'il faut vous appeler Mme de Mirabeau ou Mme du Tholonet... »

Puis il se tourne vers son frère :

« Je n'espère rien de la réunion des époux. Autant faire rebondir une balle de paume sur un matelas ! »

Et il confie à son neveu : « Les femmes sont imprévisibles. Sais-tu quel est le plus grand grief d'Émilie ? Que tu aies abandonné Sophie de Monnier ! »

Gabriel-Honoré est-il plus confiant que le bailli ? Il n'aime plus Émilie, il ne souhaite pas réellement reprendre la vie commune. Émilie dansait sur les tréteaux du Tholonet, à l'heure où il était condamné à être décapité en effigie, et elle dansait sur les mêmes tréteaux quand leur enfant mourait. Mais elle représente une solution dans cette phase de désenchantement, d'incertitude, l'ivresse de la liberté presque évanouie. La solution d'une vie organisée, d'une existence assurée.

Le marquis s'impatiente ; il conseille à son fils les moyens les plus expéditifs. Pourquoi ne s'imposerait-il pas dans le lit de sa femme ? « Une femme de chambre gagnée aurait tout conclu. » C'est le bailli qui lui répond : « Le moyen a déjà servi ; et la femme de chambre d'Émilie est mariée au valet du père. »

Mirabeau adresse des courriers, très mesurés, à Émilie et à son père, le marquis de Marignane. Au marquis, qui prétendait que son gendre avait solennellement renoncé à sa fille pendant le procès de Pontarlier, il rappelle qu'il a, alors, parlé de son épouse « indulgente et tendre, autant que chérie ». Il tente d'émouvoir Émilie : « Il y va de votre bonheur et du mien. Vous m'avez aimé, vous m'avez beaucoup aimé. Ce moment peut décider de votre vie entière. » Mais il garde sa dignité : « Certainement, je ne veux pas d'une femme malgré elle. Mais certainement aussi, je me dois de ne pas laisser tomber ma maison pour que ma femme ait le plaisir d'être la virtuose d'une troupe de comédie. » Il l'adjure de ne pas choisir la confrontation judiciaire : « Tu sais quels marchands de mensonges et d'injures se trouvent parmi les avocats. On te choisira un forcené. Il m'outragera. Il fera tout ce qu'il pourra pour me rendre impossible de vivre avec toi. Non, tu ne plaideras pas, ou je t'ai mal connue. »

Émilie réagit, durement. Elle répond à Gabriel-Honoré qu'elle est déterminée à ne jamais vivre avec lui, et qu'elle défendra sa liberté « par le secours de la loi ». Elle confie à Caroline : « Papa n'épargnera ni sa fortune ni aucun moyen pour me soustraire à un homme si peu maître de lui. »

Gassier, avocat des Marignane et ami du bailli, vient à Mirabeau afin de prouver ses torts à Gabriel-Honoré. Il est abasourdi quand Mirabeau lui montre les courriers compromettants d'Émilie, la révélation de son adultère avec le jeune Gassaud. Puis il réplique en exhibant de terribles missives du marquis, décrivant son fils comme « le plus scélérat des hommes », à l'époque où il voulait faire cause commune avec le marquis de Marignane contre Gabriel-Honoré.

Gabriel-Honoré est resté très calme. Le bailli s'est emporté : « Vous voyez que je suis plus mauvaise tête que mon neveu. » Puis il crie son indignation à son frère : « Ta plume est ce qui rend le futur procès si difficile ! Tu as fait cela, toute ta vie ! Tu écris selon ton humeur du moment. Tu ne veux pas envisager que les circonstances peuvent changer, et qu'alors les idées et les pensées doivent changer de même. »

Consterné, le marquis écrit une longue lettre, au ton à la fois à la fois vif et embarrassé, au père d'Émilie : « Quels avantages personnels ai-je cherchés dans votre alliance ? Qu'ai-je exigé de vous ? Je vous ai laissé disposer des fonds et des revenus de Madame votre fille à votre gré. Quand elle est venue à moi, ma maison lui a été ouverte sans réserve, sans payer de pension. Quand elle a désiré garder son fils auprès d'elle, ne lui ai-je pas laissé ce fils, le seul espoir de ma race ? Il a péri dans une maison étrangère, au milieu des fêtes... Ma profonde affliction n'a pas laissé échapper la moindre plainte. Je n'ai songé qu'à consoler la mère dans sa juste douleur. »

Ira-t-on jusqu'au procès ?

Le marquis hésite :

« On n'a pas une femme par huissier. »

Le bailli s'impatiente :

« Il me faut un oui ou un non. Je ne suis plus d'âge à être lanterné. »

Le marquis se résigne :

« Je n'ai pas le droit d'empêcher mon fils de plaider. Il sait très bien que le seul résultat sera la séparation... Mon sort est d'être traîné par les cheveux dans le gouffre. »

Mirabeau lance sa requête, à la fin de février 1783, auprès du lieutenant général de la sénéchaussée d'Aix : qu'injonction soit faite à sa femme de se rendre auprès de lui dans un délai de trois jours. Émilie réplique en demandant la séparation de corps.

La ville semble figée dans l'attente. Deux grandes familles provençales vont se déchirer. De larges lambeaux de vies privées vont être révélés, exhibés.

Une marchande de modes confie au bailli :

« Il est venu un monsieur qui dérange les bals et les comédies du Tholonet. On ne vend plus rien. »

Émilie semble heureuse : elle est l'héroïne du grand épisode judiciaire qui va s'ouvrir. Elle se promène sur le cours, avec son amant, le maître du Tholonet, le comte de Galliffet. Mirabeau est isolé : sur un mot d'ordre des Marignane, sa présence est interdite dans les salons. Il s'indignera, à l'audience : « On a voulu ameuter le public, me fermer toutes les portes, m'interdire jusqu'à la vue de mes amis les plus anciens et les plus chers. »

Émilie a réuni auprès d'elle... vingt-trois avocats, la presque-totalité du barreau d'Aix, menés par Pascalis, déjà célèbre pour sa fougue provençale, sa passion pour les corps à corps judiciaires, et Portalis, qui prendra, sous l'Empire, une part majeure à la rédaction du Code civil. Mirabeau plaidera lui-même, assisté du jeune avocat Jaubert.

Le 20 mars 1783, Mirabeau, accompagné de deux amis anglais, pénètre dans le tribunal de la sénéchaussée d'Aix, qui n'a jamais connu une telle affluence. Mirabeau vient de diffuser un premier mémoire, composé de lettres d'Émilie, écrites dans les années 1774 et 1775 : « Dieu veuille nous rejoindre bientôt, car nous ne sommes pas faits pour être séparés » ; « sans toi, l'univers est un désert pour ton Émilie »... Puis il commence son plaidoyer, d'une voix forte, harmonieuse, sensuelle, bien timbrée. Il veut élever le débat, éviter les « calomnies publiques et secrètes » qui vont déferler sur lui, le « bourbier infect » qui menace d'ensevelir l'ensemble du procès. Il entend montrer sa modération, sa maturité nouvellement acquise :

« Il est loin de moi l'espoir de réchauffer un cœur par une sentence judiciaire, d'attendre d'un ordre des tribunaux qu'une femme redevienne tendre épouse, fidèle compagne. »

On l'accuse d'avoir diffamé Émilie ? Il répond, chevaleresque : « Mme de Mirabeau est capable de tous les sentiments et de toutes les actions honnêtes et seulement de ceux-là. »

Son but ? Soustraire Émilie à l'influence de son père : « On ne saurait la dire libre dans une maison où ceux qui la harcèlent sont admis, tandis que la voix de son mari ne peut s'y faire entendre. »

Suit le cri d'amour, convenu : « Toi qui m'aimes toujours, qui ne sortis jamais de mon cœur, toi qu'un regard m'eût ramenée, n'accuse que nos ennemis communs du triste rôle que tu me forces à jouer ici ! »

Premier succès judiciaire, accompagné des applaudissements du public aixois, qui semble en voie d'être retourné : le tribunal ordonne à Émilie « de rejoindre son mari provisoirement ou de se retirer dans un couvent où elle devrait recevoir ses visites ». Émilie interjette appel devant le parlement d'Aix. Gabriel-Honoré obtient, du tribunal de la sénéchaussée, l'exécution provisoire de sa sentence. Mais le duel se poursuit : le parlement d'Aix ordonne le sursis à exécution.

De fait, Mirabeau considère le parlement comme l'ennemi : « Les conseillers du parlement sont accoutumés à trouver chez le marquis de Marignane une maison dévouée, où ils sont regardés comme la meilleure compagnie. » Collusion sociologique : déjà, les jeunes membres de la chambre des requêtes prennent partie pour les Marignane dans les salons et les cafés...

Les Marignane préparent une manœuvre, qui mêle l'intimidation au chantage. Leurs avocats rédigent un mémoire d'une très grande violence, fondé sur les lettres sulfureuses du marquis, à l'époque où il était atteint du « diable de la scribomanie » – pour reprendre l'expression de son frère, le bailli. Mirabeau est décrit, injures à l'appui, comme un mauvais père, un mauvais fils, un mauvais mari, un mauvais sujet du roi et un personnage dangereux. Les Marignane parviennent à ameuter les créanciers de Mirabeau : le bailli est contraint d'engager sa croix de Malte en diamants. Émilie dépose le mémoire auprès du bailli, et le somme de choisir : il devra consentir à la séparation, ou le mémoire sera diffusé. Le bailli renvoie le mémoire, sans réponse. L'impression et la diffusion commencent. Le comte de Galliffet participe à la distribution des exemplaires dans les cafés aixois. Les réimpressions se succèdent. Le texte sulfureux est lu et commenté en Provence, à Paris, à Londres, à Berlin.

Mirabeau répond par un contre-mémoire de 200 pages, qu'il présente comme ses *Observations sur un libelle diffamatoire.* Sa réplique reflète la maîtrise sur lui-même, le sang-froid dont Mirabeau fait preuve désormais. Les lettres du marquis « ont été dictées par la colère d'un père justement irrité de l'inconduite de son fils mais qui, comme tous les pères, s'exagérait et cette inconduite et sa propre indignation ». Ces lettres, depuis le moment où elles ont été rédigées, ont été désavouées par les attitudes et les démarches du père, comme par les faits. Même si ce désaveu n'était pas intervenu, il aurait été indigne de les faire publier par Émilie, la femme qui porte son nom ! Émilie, que Mirabeau continue de ménager : « Je désirerais la soustraire à ceux qui ont intérêt à nous séparer ; je voudrais la soustraire et non la déchirer. » On lui reproche d'avoir, lui aussi, utilisé une correspondance privée, celle d'Émilie ? « Vous prétendiez que mon épouse ne pouvait même pas supporter ma vue, et j'ai répondu par les regrets qu'elle témoignait de notre séparation. Vous souteniez que je l'avais maltraitée, et j'ai montré, par son propre témoignage, que j'avais toujours été juste et tendre pour elle. Est-ce ainsi que j'ai rompu le sceau des secrets domestiques ? »

La solennité de la grand-chambre du parlement de Provence semble inciter à une certaine gravité dans les plaidoiries. L'avocat Portalis n'en a cure. Il a la réputation d'un escrimeur mais, cette fois, il a choisi la massue. Tourné vers Mirabeau, qu'il ne quitte pas des yeux, il lance contre lui une attaque d'une grande violence :

« Mieux vaut être diffamé que loué par vous ! »

Il annonce qu'il a « des horreurs à révéler ».

« Vous avez fait un mariage au-dessus de votre condition. Vous avez été animé par l'intérêt le plus sordide, par la cupidité. J'ai ici une lettre de votre père qui vous presse de conclure le mariage "par toute voie".

— J'ignore tout de cette lettre. Puis-je la voir ? »

Portalis promet… mais ne communiquera pas la lettre.

Il poursuit :

« Le jour même de votre mariage, vous vous enivrez. Puis vous multipliez les voies de fait sur votre femme, qui est d'abord votre victime, la victime quotidienne de vos infamies. À ses remontrances, vous répondez par des soufflets. Vous vous endettez. Vous menez un train de vie excessif. »

Sans craindre les contradictions internes dans son récit, Portalis assure que Mirabeau refusait, certains jours, toute nourriture à sa femme.

« Vous avez abusé de sa personne et de sa fortune, puis vous l'avez trompée et vous l'avez diffamée. »

L'avocat aixois dépeint maintenant Mirabeau au lendemain de la séparation. Le mari indigne est devenu un bandit de grand chemin, rançonnant les voyageurs. Puis il le décrit en assassin :

« J'ai ici une autre lettre de votre père qui avertit le marquis de Marignane de vos noirs desseins : vous êtes, alors, en Suisse mais vous êtes sur le point de venir en Provence "pour égorger votre beau-père, votre femme et votre fils". »

Après avoir exécuté Mirabeau, Portalis s'en prend, avec la même fureur, à son père :

« Votre père, le marquis de Mirabeau, ruiné après le procès en séparation gagné par sa femme, a convoité la fortune de sa belle-fille. Il a foulé aux pieds sa foi de gentilhomme… »

Après la plaidoirie de Portalis, Mirabeau n'a plus qu'un but : rétablir son honneur et celui de sa famille. La reprise de la vie conjugale avec Émilie était impossible, il le réalise désormais. Son oncle, le bailli, partage ses vues :

« Il ne faut plus répondre que pour démentir ces infamies, et non pour demander cette femme qui ne doit pas entrer dans notre maison. »

Le lendemain, 23 mai, Mirabeau répond d'une voix sourde, avant de donner libre cours à son ironie :

« Le marquis de Marignane est un aimable épicurien, auquel il est difficile de donner tort quand on est de sa société, commence-t-il en fixant l'avocat général près le parlement, qui jouait naguère la comédie avec Émilie, au Tholonet… Et nous pouvons imaginer comment Mme de Mirabeau vivra dans la maison paternelle. Elle y vivra comme elle y vit depuis neuf années. On la verra aux promenades sans son père, dans les cercles sans son père, aux spectacles sans son père. »

L'ombre de l'amant, le comte de Galliffet, est rapidement évoquée :

« On a vu Mme de Mirabeau faire les agréments de la société d'un homme qui n'a pas de femme. On l'a vue, dans la maison de cet homme, faire les plaisirs d'un théâtre de société. »

Le tableau de mœurs ainsi brossé, Mirabeau reprend les griefs de sa femme. Il les examine un à un, les dissèque, les tourne en ridicule.

Il en vient aux accusations contenues dans les lettres de son père et il parvient à les retourner… contre ses propres accusateurs :

« De loin, mon père débitait tous les on-dit dont on affligeait son cœur paternel, tous les on-dit dont tant de bouches téméraires, dans cette province, ont été les échos, les on-dit qui, tous, peut-être, sont nés dans cette province. Ainsi, lorsque mes diffamateurs en appellent aux lettres de mon père, ils en appellent, en réalité, à leur propre témoignage, à leurs propres inventions ! »

La défense est terminée. Mais Mirabeau est décidé à attaquer :

« Mme de Mirabeau m'accuse de l'avoir calomniée. Depuis des années, je m'efforce de ne pas médire d'elle, et il paraît que je l'ai calomniée ! J'avais pardonné. Je voulais pardonner encore, mais le pardon serait lâcheté aujourd'hui. »

Il a en main la lettre d'Émilie :

« Cette lettre n'aurait jamais vu le jour si Mme de Mirabeau n'avait des fautes à expier. »

Il lit la lettre d'Émilie au jeune Gassaud, avec l'aveu de son adultère. C'est une explosion. Les avocats d'Émilie semblent stupéfaits. Le public est fasciné par la révélation…

Mirabeau insiste :

« Ma femme rendait, alors, hommage à ma modération et me louait pour ma générosité, elle qui vient de tracer le tableau le plus monstrueux de ma prétendue brutalité. »

Il conclut, impitoyable :

« Messieurs, nous dira-t-on encore que Mme de Mirabeau doit résider chez son père, dans ce sanctuaire des bonnes mœurs, cet asile d'innocence ? L'homme auquel cette lettre était adressée a résidé tout un hiver chez M. de Marignane, dans l'appartement qui m'était destiné, séparé de celui de Mme de Mirabeau par un simple cabinet ! »

Mais Mirabeau n'a pas terminé. Il entend encore pourfendre l'avocat Portalis. Cet homme, « à l'abri de l'impunité accordée à sa profession », a vomi des « déclamations injurieuses, des mensonges, des calomnies », et a tronqué ou falsifié les pièces qu'il cite. Un tel homme se ravale, « d'une profession dont l'indépendance est l'âme… au plus servile esclavage ».

Portalis se redresse. Il veut réagir… mais il s'écroule, évanoui.

Mirabeau a gagné devant l'opinion publique. Il a triomphé, lui simple plaideur, d'une légion d'avocats aixois. La foule provençale a brisé portes, fenêtres et barrières pour l'écouter. Le bailli écrit à sa nièce, Caroline, que Gabriel-Honoré est devenu « l'idole du pays ». L'archiduc Ferdinand, frère de Marie-Antoinette, en voyage en France, est venu assister à l'audience du 17 juin. Mais Mirabeau a perdu devant la justice : sa contre-attaque, face aux accusations de Portalis, a rendu impossible tout rapprochement avec Émilie. Le parlement prononce, le 5 juillet 1783, la séparation de corps.

Les lendemains du procès sont amers. Le bailli abandonne Gabriel-Honoré. Il le dit à son frère : « Ton fils n'a plus rien à faire ici. Ni moi, à qui cette affaire coûte six mois de mon temps, mon repos, ma santé, et 20 000 francs d'argent jeté. Laisse-le donc aller vers toi. C'est ton tour. »

Mais le marquis préfère rompre : « Il logera où il voudra, non chez moi. Je ne veux plus entendre parler de ses affaires, ni en blanc, ni en noir. »

Et il va jusqu'à renoncer à la lettre du gouvernement qui, à la sortie de Vincennes, avait placé son fils sous sa tutelle.

Mirabeau poursuit son combat solitaire, de toutes les manières imaginables. Le soir du jugement, il a provoqué son rival, Galliffet, en duel. Il le blesse légèrement, d'un coup d'épée au bras. Il le défie à nouveau et, comme les autorités interdisent la rencontre, il lui donne rendez-vous en territoire pontifical, à Fontaine-de-Vaucluse ; après avoir constaté son absence, il lui adresse un panier d'écrevisses car « personne ne peut mieux que vous leur apprendre à reculer ».

Il veut aller en cassation, mais son pourvoi est rejeté sur l'intervention du marquis de Marignane et d'Émilie qui ont fait le voyage de Versailles. Il veut alors publier le mémoire qu'il avait préparé pour le Conseil d'État.

Les mémoires judiciaires ont joué un très grand rôle chez les Mirabeau. Ils jouissent d'un privilège étonnant en ces temps de censure : ils peuvent être librement imprimés et diffusés, pourvu qu'un avocat ait prêté son nom. Ils sont, en réalité, des libelles, tissés d'accusations redoutables, et obtiennent souvent un grand succès de librairie. Par ce biais, la monarchie encore absolue rejoint les libertés à l'anglaise : tout sujet du roi peut, en France, donner de la publicité à sa cause ! Les plaintes contre « l'abus d'une liberté » qui « compromet l'honneur des familles » sont repoussées.

Il est vrai que, depuis les scandales provoqués par les *Mémoires* de Beaumarchais, la vente de ces libelles en forme de documents judiciaires est interdite avant le prononcé du jugement, voire un certain temps après. Mais cette interdiction n'est guère appliquée. Elle le sera, pourtant, contre le mémoire en cassation préparé par Mirabeau. Un mémoire qui peut étonner le lecteur lorsque Gabriel-Honoré vante « la sainteté du lien conjugal », mais qui tonne contre la décomposition des lois, la mauvaise justice, le gouvernement de l'arbitraire, les « vizirs qu'on méprise trop profondément pour les craindre », et qui proclame qu'en cas de violation du droit, la cause d'un seul homme est la cause de tous.

Mirabeau proteste, auprès du garde des Sceaux Miromesnil, contre l'interdiction du mémoire :

« Monsieur, c'est un acte arbitraire !

— Commencez, monsieur, par rayer le mot "arbitraire" de votre dictionnaire.

— Monsieur, je vous connaissais pour chef de la magistrature, non pour censeur de mon dictionnaire.

— C'est que, monsieur, ce mot "arbitraire" est fort étrange.

— C'est, cependant, permettez-moi de vous le dire, un des plus usuels du pays.

— Où voyez-vous l'arbitraire ? Une loi en Conseil de 1774 interdit d'imprimer les requêtes en cassation jusqu'à ce qu'elles soient devenues contradictoires. C'est l'usage.

— Tout le monde imprime des mémoires en cassation. Vous le savez, vous l'approuvez, vous le conseillez à ceux que vous protégez. Pour moi seul, vous vous rappelez aujourd'hui qu'il est une loi qui peut me priver de tout moyen de repousser la calomnie. »

Le ministre aura la surprise de voir ce dialogue véhément reproduit en tête du fameux mémoire, que Mirabeau fera imprimer à Maastricht et diffuser, en contrebande, dans le royaume.

FRANKLIN ET CINCINNATUS

Benjamin Franklin est devenu la « coqueluche » de Paris. Les femmes du monde ont fait de l'ambassadeur de la république américaine, venu négocier l'alliance de la France, l'idole des salons, voire de la cour car, à Versailles, Diane de Polignac, l'amie de la reine, est l'une de ses plus ardentes admiratrices. Et comme il a une drôle de coiffure, une toque de fourrure qui couvre son grand crâne, ovoïde et dégarni, depuis qu'il a jeté sa perruque à la mer en signe de simplicité, la « coiffure à la Franklin », haute et poilue, va voler sur les chevelures féminines.

L'engouement qu'il suscite est général. Les Noailles se veulent les adeptes du rédacteur de la Déclaration d'indépendance ; le jeune duc de La Rochefoucauld devient son secrétaire bénévole et entreprend de traduire les textes constitutionnels américains, qu'il considère comme les évangiles de la liberté. L'Académie des sciences ouvre ses portes à l'homme de science, à l'inventeur du paratonnerre. Les économistes, les physiocrates exaltent en lui la robuste simplicité du citoyen d'une nation encore rurale ; ils vérifient, à travers lui, leurs théories sur les vertus agricoles.

Grave et badin, le vieux sage du Nouveau Monde reçoit, en chef d'État – ou en prophète –, tous ces Français qu'il fascine et séduit. Il s'est installé dans la maison que lui a louée le financier Le Ray de Chaumont, sur la colline de Passy – dont il apprécie tant l'air vivifiant et les « bains minéraux chauds », loin des miasmes parisiens. Passy, Chaillot, Auteuil : sur ces hauteurs de la douceur de vivre, se réfugient tous les esprits libres qui veulent fuir Paris, sans accepter Versailles.

À son arrivée à Paris, Franklin avait immédiatement rendu visite au marquis de Mirabeau, dont il avait lu *L'Ami des Hommes*. Maintenant il reçoit son fils, Gabriel-Honoré :

« Vous savez combien je suis opposé à toute aristocratie. Chez les Anglais, j'ai d'abord combattu les aristocrates qui nous opprimaient, nous les colons d'humble condition. Je n'ai jamais oublié l'atelier de mon père, le fabricant de chandelles, ni l'imprimerie de mon frère James, où j'ai commencé ma vie comme prote… Ah, le scandale que j'ai suscité lorsque j'ai publié les lettres du gouverneur Hutchinson, que j'avais réussi à me procurer et qui accablaient les colons du Nouveau Monde du mépris le plus insultant ! Eh bien, jeune homme, je crains le pire pour notre république américaine. Washington voit d'un œil favorable la création d'un “ordre de Cincinnatus”, qui serait attribué aux combattants de la guerre d'indépendance et qui serait transmissible aux descendants mâles. C'est inacceptable ! C'est une nouvelle aristocratie, une noblesse héréditaire, qui est sur le point d'être créée sur notre terre de liberté ! Il faut démontrer le danger de cette nouvelle institution ! J'ai déjà écrit quelques feuillets, un court manuscrit. Vous allez les traduire, reprendre tout cela, ajouter vos propres réflexions. Je sais votre talent d'écrivain politique. Je compte sur vous pour anéantir, par votre plume, l'ordre de Cincinnatus ! »

Mirabeau regarde, enthousiasmé, le vieillard illustre, si digne dans ses vêtements de gros drap et avec ses cheveux plats. Il promet de reprendre les données que lui transmet Franklin et de rédiger un pamphlet sur l'ordre de Cincinnatus.

Mirabeau demande à Chamfort de l'assister dans la rédaction du pamphlet commandé par Franklin – Chamfort auquel il vient de se lier, en cette année 1784, par un nouveau coup de foudre d'amitié.

Sébastien Roch Nicolas a, lui-même, forgé ce patronyme de Chamfort dont il s'est doté. Roturier et bâtard, il aurait pu être répudié par la société de son temps comme il l'avait été par son père inconnu. Mais la société de castes, d'ordres fermés, du XVIIIe siècle finissant peut se révéler ouverte à des personnalités hors normes. Chamfort est beau, il a des traits réguliers, une sorte de grâce physique, et il sera rapidement fêté par une aristocratie éprise de beauté. Chamfort mêle à l'indépendance d'esprit et à la sûreté de jugement, un fonds de scepticisme, une absence prétendue de passions et une ironie corrosive qui le rendent irremplaçable dans un monde qui craint, par-dessus tout, l'ennui.

Après des études, comme boursier, au collège parisien des Grassins, où il a manifesté une intelligence précoce, il a été lecteur du comte d'Artois, frère du roi, a connu le succès avec des ballets joués à Versailles, des comédies et ses Éloges de Molière et de La Fontaine ; il travaille à sa grande tragédie *Mustapha et Zéangi* ; il vient d'être élu à l'Académie. Mais il est surtout à l'aise à la cour où sa désinvolture, ses remarques sarcastiques et son mépris sous-jacent pour ceux qui l'entourent font merveille.

« Savez-vous, monsieur de Chamfort, lui dit Marie-Antoinette, que vous avez plu à tout le monde à Versailles, non pas à cause de votre esprit mais malgré votre esprit.

— La raison en est toute simple, répond Chamfort. À Versailles, je me résigne à apprendre beaucoup de choses que je sais par des gens qui les ignorent. »

Après avoir été sous la dépendance du prince de Condé, il a accepté l'hospitalité du comte de Vaudreuil, qui doit sa fortune à sa proximité du couple royal, car il est l'amant de la duchesse de Polignac. Devant Mirabeau, Chamfort a résumé les paradoxes dont sa vie est tissée :

« Je n'aime pas les princes et je suis attaché à une princesse et à un prince. On me connaît des maximes républicaines, et plusieurs de mes amis sont revêtus de décorations monarchiques. J'aime la pauvreté volontaire et je vis avec des gens riches. Je fuis les honneurs et quelques-uns sont venus à moi. Les lettres sont presque ma seule consolation et je ne vois point de beaux esprits et ne vais guère à l'Académie. Je crois les illusions nécessaires, et je vis sans illusions... »

Sans illusions, Chamfort ? Il sait, exceptionnellement, faire preuve d'enthousiasme. Ainsi, lorsqu'il rencontre Mirabeau : cet homme lui semble incarner le désir de changement, l'attente d'une nouvelle ère, le désir de révolution. Et il estime que personne n'a mieux deviné que Mirabeau sa vraie personnalité.

Gabriel-Honoré a saisi l'inflexibilité du caractère de son nouvel ami, à travers ses contradictions :

« Vous êtes la preuve vivante qu'il n'est pas vrai qu'il faille plier ou briser et qu'on peut atteindre à la plus haute considération sans un respect superstitieux pour le monde et ses lois. »

Chamfort lui permet de se retrouver, lui montre son chemin. Mirabeau admire cette « tête électrique », d'où ne cessent de jaillir des étincelles. À eux deux, ils vont s'unir pour flétrir l'aristocratie « composée à l'origine d'une troupe d'oppresseurs et d'assassins ou de concussionnaires et de voleurs publics ». Ces attaques se retrouvent dans le pamphlet commandé à Mirabeau, les *Considérations sur l'ordre de Cincinnatus*. Franklin s'impatientait du retard de Gabriel-Honoré. Ce dernier lit son manuscrit, en juillet 1784, en présence de Chamfort, dans la villa de Passy. Il s'affirme satisfait de son œuvre :

« Il y a, dans cet écrit, un bon sentiment philosophique et un bon mouvement oratoire. »

Franklin est hésitant :

« Vous avez surtout écrit une satire contre la noblesse.

— Une satire contre son ordre, rédigée par un rejeton de la noblesse provençale : cela peut amener le succès… »

Désordre familial, financier, amoureux.

Rien ne va plus entre Mirabeau et son père. Ruiné, le marquis ne veut pas se charger des dettes de Gabriel-Honoré, ce « forcené ». Il ironise sur ses publications : « Mon fils compte vivre de sa belle plume. Il écrira des libelles contre tout ce qu'il connaît pour soutenir son personnage de boutefeu publiciste. »

Le marquis veut ignorer ce fils aîné qui lui ressemble tant. Il lui préfère, désormais, son cadet, Boniface, qui rentre, couvert de gloire, de la guerre d'Amérique et auquel le roi confie le régiment de Touraine.

Un nouveau procès l'oppose à Gabriel-Honoré, qui lui réclame une pension alimentaire. Après une âpre confrontation judiciaire, Mirabeau obtient 250 livres par mois – qui ne signifient presque rien dans le flot de ses dépenses et que, de surcroît, le marquis s'obstine à ne pas payer régulièrement. Mirabeau se tourne vers ses amis : il obtient le concours de Dupont de Nemours, aussi attaché au fils qu'il est fidèle au père, et de Jean-François Vitry. commis au ministère des Finances, qu'il a connu chez Boucher, à sa libération de Vincennes, et avec lequel il est maintenant étroitement lié. Il est également aidé par le brillant duc de Lauzun, qui est si près d'être l'amant de la reine et qui a été le compagnon d'armes de Mirabeau en Corse, et par le jeune abbé de Talleyrand, riche et influent agent général du clergé, qui devine le talent de Mirabeau et une communauté d'ambition qui n'attend que des temps nouveaux… Il monte une obscure combinaison financière avec sa mère, dont il s'est rapproché après sa nouvelle rupture avec son père : le prêt d'un banquier alsacien, dont une part doit lui revenir, mais la marquise refuse finalement de lui verser la somme prévue.

En fait, la marquise a décidé de le harceler, d'une manière inattendue : elle suit de près les aventures amoureuses de son fils et prend plaisir à alerter les maris ou amants trompés. Ce jeu contraint Mirabeau à vivre au milieu de tempêtes quotidiennes – ainsi lorsque, après avoir séduit une lointaine cousine, la marquise de Saint-Orens, qui l'a caché dans son château de La Balme en Dauphiné, il reçoit la visite à Paris d'un Saint-Orens fulminant, qu'il menace de précipiter par la fenêtre.

Mme de Saint-Orens veut retrouver Mirabeau à Paris. Pour désarmer les soupçons de son mari, elle imagine un stratagème : elle ira rejoindre, dans un couvent mondain, la maison des Petites-Orphelines, une jeune Hollandaise de ses amies, Henriette-Amélie de Nehra, qui y loge. Mais Henriette refuse de jouer les chandeliers. Mirabeau arrive, exaspéré, pour tenter de la convaincre... et comprend qu'il vient de rencontrer la nouvelle femme de sa vie.

Henriette est la fille naturelle d'un homme d'État et poète qui eut son heure de célébrité dans les Provinces-Unies, Willem Van Haren. Son père s'est suicidé lorsqu'elle avait 3 ans. Elle a été élevée par son oncle, Otto Zwier Van Haren, lui aussi homme d'État et poète, dans sa propriété de la Frise : à sa mort, cinq ans plus tôt, elle s'est établie à Paris, sous ce nom de Nehra, qui est l'anagramme de celui de son père.

Mirabeau est ému par cette jeune fille de 19 ans, lumineuse et candide, en apparence si vulnérable avec son teint clair, presque transparent, son regard bleu sous une masse de cheveux blond cendré. Mais sa vulnérabilité, sa douceur, sa grâce cachent une étonnante énergie, un sens de l'ordre et de l'organisation qui vont lui permettre de prendre une véritable autorité sur Mirabeau, de l'encadrer, le discipliner comme personne n'avait réussi à le faire jusqu'ici.

Lorsqu'elle a vu Mirabeau pour la première fois, elle a eu un mouvement de répulsion : elle imaginait tout autrement l'amant de Mme de Saint-Orens. Puis elle s'est prise à éprouver pour lui, non la passion à l'état pur à la manière de Sophie de Monnier, mais une admiration forte et froide, mêlée de compassion pour cet homme encerclé par les persécuteurs. « Je n'étais pas amoureuse, écrira-t-elle plus tard. Ce qui me détermina surtout, ce furent ses malheurs. » Elle ne voulait pas détourner l'amant de son amie, elle s'était retirée dans son couvent... mais la marquise, femme-tempête, avait perçu l'évolution des sentiments de Mirabeau et avait rompu après une grande scène de jalousie.

Mirabeau lui propose de l'accompagner dans un voyage en Belgique – les Pays-Bas autrichiens, distincts des Provinces-Unies, la république de Hollande indépendante. Avec, tout de même, un détour par l'enclave de Maastricht, qui est hollandaise et où il a fait imprimer son mémoire sur le procès d'Aix – dont Henriette parviendra à ramener 200 exemplaires, cachés sous les coussins et dans les coffres du fiacre qu'ils ont loué.

Ils sont partis amis. Ils reviennent amants. Elle prend en main la vie de Mirabeau : elle l'oblige à déménager d'un appartement coûteux (il proteste : « j'aimerais autant être en Sibérie »), à renvoyer cochers et domestiques, à renoncer à ses habituelles dépenses extravagantes, à rendre au joaillier les bijoux qu'il avait achetés pour elle… à crédit. Une vie paisible, la seule période paisible de sa vie, s'ouvre à Mirabeau. Elle lui fait serment de « n'exister que pour lui, de le suivre partout, de s'exposer à tout pour l'aider dans la bonne, comme dans la mauvaise fortune ».

Le mémoire semble avoir fortement déplu au garde des Sceaux, Miromesnil : il est vrai qu'il était épinglé dès l'introduction. La menace d'une nouvelle lettre de cachet plane sur Mirabeau ! En août 1784, il prend la décision de partir, accompagné d'Henriette, vers l'Angleterre, comme l'ont fait tant de proscrits avant lui. Franklin lui remet une introduction pour son meilleur ami anglais, Benjamin Vaughan, économiste et futur membre des Communes, afin d'activer la publication du livre sur l'ordre de Cincinnatus.

La traversée a été difficile : « Le vent et la mer écrasaient notre frêle paquebot. On avait, sur le pont, de l'eau au-dessus du genou. J'ai vomi le sang, moi qui n'ai jamais été malade en mer, et mes nerfs ne sont pas encore remis. Heureusement, ma pauvre Henriette était dans cet état horrible appelé mal de mer, dont l'effet moral est de rendre insouciant de tout et sur tout. » Sur l'Angleterre et les Anglais, Mirabeau éprouve un enthousiasme certain, même si son anglomanie est finalement… tempérée. Il écrit à Chamfort : « C'est le plus beau pays d'Europe, par la variété des sites et de la verdure, la beauté et l'opulence de la campagne, la propreté et l'élégance de chaque propriété. Les approches de Londres sont d'une beauté champêtre, dont la Hollande même n'a point fourni de modèles. » Mais il est pris de doutes : pourquoi est-il ému ? « Ces châteaux, comparés aux nôtres, sont des guinguettes. Plusieurs cantons de France, même les plus médiocres, et toute la Normandie, que je viens de traverser, sont assurément plus beaux que ces campagnes. » Ce qui l'enchante, finalement, c'est « ce soin, cette propreté universelle, qui sont un symptôme parlant de bien-être… Tout me dit qu'ici le peuple est quelque chose, qu'ici chaque homme a le développement et le libre exercice de ses facultés ».

Londres semble le décevoir : « À part cette superbe Tamise, qu'il ne faut comparer à rien car rien ne lui est comparable, la capitale me paraît ordinaire et presque mesquine. » Mais il est ébloui par l'existence de trottoirs : « Béni soit Dieu. Voilà un pays où l'on s'occupe des gens à pied. » Il reste interdit devant... « la physionomie glaciale des Anglais », leur vie affairée ; il va jusqu'à écrire que leurs préjugés en font l'un des peuples les moins libres. Mais il corrige cette impression : « Rien n'est parfait ici-bas, mais il y a du moins mauvais, beaucoup de moins mauvais en Angleterre. »

Mirabeau rencontre l'un des Elliot, ses anciens camarades de la pension de l'abbé Choquard : sir Gilbert, membre des Communes. L'autre, Hugh, est ministre d'Angleterre à Copenhague.

Gilbert relate leurs retrouvailles à Hugh : « Notre ancien camarade persécuté est toujours aussi ardent ! Il est toujours aussi tranchant dans sa conversation, toujours aussi laid et mal tourné de sa personne, et toujours aussi suffisant. Mais, avec toutes ses épreuves, ses talents, qui sont réellement très grands, ont beaucoup mûri. » Il admire, discrètement, Henriette : « Comment une telle femme peut-elle rester fidèle à l'un des hommes les plus laids et les plus pauvres d'Europe ? Elle est toute discrétion, finesse, vertu. » Mirabeau est invité à Bath, dans la maison louée pour l'été par sir Gilbert, mais son impétuosité, son exubérance tranchent sur la réserve anglo-saxonne et semblent perturber son hôtesse. Lorsque Mirabeau exprime le souhait de visiter Minto, la résidence de son ami en Écosse, lady Elliot précise qu'il devra se contenter de la maison du forestier. « Aucune puissance de la terre ne me décidera à le recevoir sous mon toit », confie-t-elle à son époux.

Sir Gilbert introduit Mirabeau dans les milieux politiques britanniques, surtout du côté de l'opposition whig. Il se lie avec le juriste Samuel Romilly, issu d'une famille française protestante, émigrée en Angleterre après la Révocation de l'Édit de Nantes – « l'événement dont il ne parlait jamais sans bénir la mémoire de Louis XIV, grâce auquel il avait l'obligation d'être Anglais ». Il voit Romilly tous les jours ; il lit le manuel de tactique parlementaire qu'il vient de publier – cinq ans plus tard, Mirabeau proposera, en vain, aux élus du Tiers de s'inspirer des procédures analysées par Romilly. Surtout, il se découvre nombre de points communs avec Edmund Burke, l'un des principaux animateurs du parti whig, et l'adversaire incisif du Premier ministre Pitt – Burke qui publiera, six ans plus tard, ses *Réflexions sur la révolution de la France*, premier grand réquisitoire contre la Révolution, et qui pleurera Marie-Antoinette, « l'étoile du matin ». Affinités entre les deux hommes, qui se retrouvent dans la propriété de Burke à Beaconsfield : comme Mirabeau, Burke a eu un père irritable ; comme lui, il est harassé par les dettes et se débat dans des embarras financiers sans fin ; comme lui, il est facilement tonitruant, enthousiaste, indigné, car son tempérament fiévreux d'Irlandais a peu à voir avec le style habituel des Communes. Burke a livré bataille au Parlement en faveur des colons d'Amérique ; il critique maintenant la politique indienne de l'Angleterre. Mirabeau assiste, le 25 janvier 1785, à l'ouverture des Communes. Il remarque la femme du gouverneur des Indes orientales, Warren Hastings, dans une toilette somptueuse – « parée comme une châsse ». Et voici Gabriel-Honoré s'ingérant dans les controverses politiques d'outre-Manche ! Il signale à Burke un passage de Pline le Jeune condamnant le luxe des femmes de magistrats publics. Le député whig va citer Pline dans l'une de ses virulentes attaques contre le gouverneur des Indes, qu'il va réussir à faire comparaître devant le Parlement.

Mirabeau s'initie au libéralisme économique, à travers les écrits d'Adam Smith, dans lesquels il veut percevoir un écho de la pensée des physiocrates : Smith ne combat-il pas le mercantilisme et toutes les entraves aux échanges ? Mirabeau esquisse une étude « de terrain » de la société britannique : il visite les hôpitaux et ces maisons d'enfants trouvés que son père évoquait dans *L'Ami des Hommes*. Et il poursuit la rédaction de son pamphlet sur l'*Ordre de Cincinnatus* – grossi d'apports nouveaux, qui le font ressembler à un gros traité... ou à une anthologie hétéroclite. Benjamin Vaughan, le mentor que lui a assigné Franklin, lui apparaît comme « l'un des vrais philanthropes qu'il y ait en Europe et certainement l'Anglais le plus dégagé des préjugés nationaux ». Son beau-frère, William Manning, « l'un des plus riches planteurs des îles Britanniques », est aussi l'un des plus empressés à lui être utile. Mirabeau a rencontré le docteur Price, un autre ami de Franklin, qui lui a demandé d'insérer dans l'ouvrage l'essai qu'il a rédigé sur *L'importance de la révolution américaine et son intérêt pour le monde*. Mirabeau se lance dans la traduction du texte de Price ; il écrit à Chamfort : « Ce n'est pas excellent, mais on m'en a beaucoup prié. » Il insérera aussi une lettre de Turgot à Price et un commentaire de Target, ancien avocat au Parlement de Paris, en semi-exil à Londres – il le décrit comme « un parfait honnête homme, pur, sensible, incorruptible » et il demande à Chamfort de soutenir sa candidature à l'Académie française, avec cet argument décisif : « Target a fait bien mieux que de mauvais ou médiocres ouvrages ; il n'en a point fait. »

Les *Considérations sur l'ordre de Cincinnatus* paraissent à Londres, à la fin de 1784, chez l'éditeur Johnson. C'est la première fois que Mirabeau publie un livre sous son nom. Une irruption à visage découvert, qui n'altère pas la vigueur du pamphlet. La noblesse a trouvé son origine dans « la conquête de territoires par les barbares ». Les ordres de chevalerie « ont toujours créé de nouveaux moyens d'oppression, de nouveaux instruments de despotisme ». Or, voilà que « les héros d'un peuple libre et d'un siècle des Lumières » ambitionnent « des honneurs que créèrent des chefs de sauvages » ! Les États-Unis, cette « terre de liberté, dotée de toutes les richesses de la nature », sont donc placés devant un choix qui concerne tous les êtres humains : « Déterminer avec certitude si l'espèce humaine est destinée à la liberté ou à l'esclavage. »

Mirabeau est-il totalement sincère, lorsqu'il convoque toute l'espèce humaine au chevet des anciens combattants de la guerre d'indépendance ? Lorsqu'il rédige l'ultime version de ses *Considérations*, il sait déjà que la société de Cincinnatus, devant les critiques qu'elle a soulevées sur le sol américain, a renoncé au principe de l'hérédité. Ne subsiste plus qu'une vague société de secours mutuels... Le succès fut considérable. Une traduction anglaise fut publiée par Samuel Romilly, et une allemande, trois ans plus tard, à Königsberg.

Mirabeau publie un autre livre, presque simultanément, le 28 décembre 1784, chez l'éditeur Faden, « géographe du roi », à Londres : un essai de 200 pages, les *Doutes sur la liberté de l'Escaut*, rédigé et imprimé en un mois – « un véritable tour de force », comme il l'écrit à Chamfort. Un essai qui fait entrer Mirabeau dans la « grande politique étrangère » : un contentieux vient de naître entre l'empereur d'Autriche Joseph II et cette république hollandaise, qui lui est si proche à travers Henriette.

Joseph II, frère de Marie-Antoinette, se sent si libre depuis la mort de sa mère, Marie-Thérèse, l'impératrice que Mirabeau ne cessera jamais d'admirer... Une personnalité très complexe : il se veut le premier serviteur de l'État autrichien, mais il reste un souverain autoritaire. Il s'affiche en partisan de la liberté, mais il admet mal la contradiction. Il est patriote, mais il se refuse à comprendre le particularisme des différents peuples qui composent l'Autriche, cette marqueterie humaine. Il accorde la liberté de culte aux protestants et aux orthodoxes, mais sa tolérance s'arrête sur les pourtours de l'Église catholique, dont il sécularise avec brutalité des centaines de couvents. Il se consacre à des réformes intérieures, il s'efforce d'unifier et de centraliser l'Autriche, puis il se passionne pour la politique extérieure, s'allie à Catherine de Russie, en un accord défensif et secret contre les Turcs, tente de briser la résistance du roi de Prusse Frédéric II à la domination des Habsbourg, et s'emploie à élargir ses territoires.

Depuis les traités de Westphalie de 1648, l'Escaut est fermé à la navigation. Les Pays-Bas autrichiens – la Belgique – ont été sacrifiés à la prospérité des Provinces-Unies, et Anvers à celle d'Amsterdam. Cette situation, Joseph II a décidé de la modifier. Il exige la libre circulation sur l'Escaut. Mirabeau le compare à un don Quichotte, désireux de combler de bienfaits les provinces de son empire, mais qui manquerait d'un Sancho Pança pour le ramener aux réalités. Car les Provinces-Unies résistent, de manière inattendue : en avril 1784, un navire marchand qui tente de quitter Anvers est arrêté par les canons du fort hollandais de Lillo ; en août, un bâtiment autrichien qui part d'Anvers pour gagner Ostende est capturé par les Hollandais, qui ont le soutien de Frédéric II et tentent d'obtenir celui de Louis XVI. Une nouvelle guerre européenne semble poindre.

La demande de levée du blocus de l'Escaut aurait pu paraître naturelle, mais Joseph II, le « pasteur autrichien » comme le surnomme malicieusement Mirabeau pour sa tolérance envers les protestants, poursuit un autre objectif. Ses aspirations démocratiques se mêlent aux principes du pouvoir absolu et, finalement, il traite les peuples comme des marchandises : il souhaite échanger ses Pays-Bas contre la Bavière. L'électeur de Bavière Charles-Théodore est prêt à endosser ce projet, mais son héritier, le duc de Deux-Ponts, est hostile… Si la France intervenait en arbitre, elle pourrait peut-être le contraindre, imagine Joseph II. Mais, à Versailles, seule Marie-Antoinette soutient l'Empereur, son frère. La France, par la voix de son ministre des Affaires étrangères Vergennes, promet ses bons offices à La Haye ; elle ne veut pas que la Hollande retrouve, presque par automatisme, le chemin de l'alliance traditionnelle avec l'Angleterre.

Dans ses *Doutes sur les libertés de l'Escaut*, l'amant d'Henriette de Nehra prend d'abord pour cible, sur un ton véhément, le frère de la reine de France : « Joseph II passe pour un homme ardent, sans suite, agité d'idées et de turbulence, sans système, sans ordre et dont l'activité ressemble souvent au délire. Il est comme cet enfant qui voyait la lune au fond d'un puits et qui disait : " je veux la lune " ; il dit : " je veux du commerce ", sans savoir comment. Il veut le commerce et il est ennemi de la liberté. » Il se tourne vers Vergennes, le libérateur de l'Amérique, pour le dissuader de se rallier à l'Autriche : « Il ne désertera pas lâchement la cause de la

Hollande. » Il ne suivra pas une politique de prétendue grandeur : « Louis XIV fut grand, mais tous les illustres fléaux de la guerre furent grands. Louis XIV fut grand, mais de cette grandeur qui désole et déshonore l'humanité... Malheur au ministre inconsidéré ou pervers qui proposerait un tel modèle au jeune roi. »

Le rôle que Mirabeau souhaite pour la France serait celui d'une puissance non belliqueuse qui parviendrait, par le seul déploiement de ses forces armées, à l'établissement d'une paix durable. Mais la France a-t-elle les moyens de jouer ce rôle ? « Peut-elle compter sur dix années d'un gouvernement prospère ? Pourra-t-elle se régénérer ? Pourra-t-elle mettre fin à la routine qui prolonge et protège sa décadence ? »

Lucidité critique, mais aussi esprit constructif de l'homme d'État qui propose « sa » solution : la paix de l'avenir devrait être assise sur une large alliance des principales puissances européennes, incluant cette fois, contrairement aux traditions diplomatiques, l'Angleterre. Un traité de commerce serait un préalable utile ; il tendrait à la « disparition des jalousies nationales ».

Prémonition de l'homme d'État visionnaire : les libertés de l'Escaut seront rétablies, un jour, non avec l'Autriche mais avec un futur État belge indépendant, Mirabeau le soutient, avec toute sa conviction. La république de Hollande accordera à cet État ce qu'elle refuse à une province autrichienne.

Dans les faits, les souhaits de Mirabeau seront exaucés : dès le 2 janvier 1785, le Conseil de Louis XVI considère que l'acquisition de la Bavière par l'Autriche serait un danger pour l'équilibre de l'Europe. Le 23 juillet, une ligue des princes allemands se forme autour de Frédéric II de Prusse. Le 8 novembre, un accord est signé entre la république de Hollande et l'Autriche : l'Escaut reste fermé à la navigation.

Mais l'étude de Mirabeau est étonnante par l'esprit qui la domine : celui de la sécurité collective au sens contemporain – par le déploiement de forces d'interposition ; celui d'une reconsidération du système des alliances européennes et d'une prise en compte des volontés des peuples – l'esprit de 1789 avant la lettre. Et aussi l'annonce, sur un ton de Cassandre, du risque d'une décadence française.

Jusqu'ici Mirabeau était un rebelle à l'ordre familial, donc social, de l'Ancien Régime. Par ses publications de Londres, il devient un vrai dissident politique : dans l'*Ordre de Cincinnatus*, il abaisse la noblesse, devenue « l'héritière des barbares » ; dans les *Libertés de l'Escaut*, il s'en prend à la diplomatie classique, cette physique politique faite de quête de territoires, de puissance, de prestige, il conteste la gloire du refondateur de la monarchie française, il invective l'empereur d'Autriche, frère de la reine de France. Pourra-t-il rentrer en France ? Sa position devient particulièrement difficile. Ses amis le mettent en garde : Dupont de Nemours se sent lui-même menacé, car on le soupçonne d'avoir collaboré aux ouvrages de Mirabeau.

Pourtant, la vie de proscrit à Londres est, finalement, sans horizon. Mirabeau retrouve ses amis de Neuchâtel, les Genevois exilés, Clavière, Duroverai : ils ont tenté de fonder une nouvelle Genève en Irlande, près de Waterford, mais le climat pluvieux, l'ignorance de la langue, les différences dans les mœurs, l'éloignement géographique de leurs anciennes relations, les discordes entre émigrés les inclinent à la mélancolie ; ils envisagent de s'installer à Paris. Mirabeau rencontre aussi le journaliste Jacques-Pierre Brissot qui, par anglomanie, se fait appeler Warville – par transformation de la diphtongue « ou » de son hameau natal de Ouarville, sur la route de Chartres à Pithiviers. Brissot l'introduit auprès du *Courrier de l'Europe*, un extraordinaire succès de presse, un journal édité en français sur le sol anglais puis diffusé à travers le continent. Mais, au-delà de sa teinte libérale, *Le Courrier* rassemble ragots et bavardages, il tourne à la gazette de chantage, son directeur se faisant rémunérer… pour ne pas publier certains articles. Mirabeau explore donc d'autres voies : il élabore les plans d'une revue d'économie politique, qui serait publiée en français et en anglais, puis ceux d'une géographie universelle ; il remanie un gros ouvrage sur l'*Histoire des révolutions de Genève*. « Si quelqu'un avait voulu lui donner les éléments de la grammaire chinoise, il aurait fait un traité sur cette langue », ironise-t-on à Londres. Mais les éditeurs anglais ne suivent pas… Mirabeau devient amer. Certes, il y a toujours cette Constitution anglaise, « la meilleure connue ». Mais, pour le reste, « les Anglais n'ont de fruits mûrs que les pommes cuites et de poli que l'acier… Vraiment, pas de quoi justifier leur orgueil féroce ! »

Il faut décidément rentrer en France. À Londres, tout se dégrade. Le secrétaire-valet que Mirabeau a amené de Paris, Hardy, a dérobé des papiers personnels de Mirabeau et des manuscrits. Devant le juge de paix, une audience burlesque s'ensuit – une publicité fâcheuse, qu'appuiera un libelle dudit Hardy. Et de surcroît, l'annonce terrifiante d'une épidémie de peste sur la capitale anglaise…

Henriette a regagné Paris pour négocier les conditions du retour de son amant ! À Londres, Mirabeau se sent perdu. Il vit dans l'attente de ses lettres. « Le plus léger mouvement dans la maison me fait tressaillir. » Il maudit les lenteurs de la poste : « Mon Dieu, me faudra-t-il encore longtemps être privé de toi et de tes nouvelles ? »

Avec une audace insoupçonnée, Henriette a demandé audience au secrétaire d'État à la Maison du roi, le baron de Breteuil – qui lui dit l'extrême irritation du roi et de la reine contre l'auteur des *Libertés de l'Escaut*. Elle insiste : Mirabeau souhaite tant rentrer en France ; il a déjà payé si cher sa liberté ! Les dignitaires d'un régime absolutiste peuvent avoir le cœur tendre. Breteuil est ébranlé : l'homme capable de susciter un tel dévouement amoureux ne mérite peut-être pas sa réputation sulfureuse. Il présente Henriette à sa fille, Mme de Matignon, qui brûle de rencontrer cette amoureuse romanesque. Il intervient auprès du roi. Il assure finalement que Mirabeau ne sera pas inquiété. La route de la France est ouverte.

POLÉMIQUE AVEC BEAUMARCHAIS

Retour d'Angleterre, Henriette se veut volontariste et protectrice. Elle conseille à Gabriel-Honoré de se retirer pendant un an à la campagne et d'y rédiger un grand ouvrage digne de lui, l'ouvrage qui lui permettra d'asseoir sa réputation. Mirabeau est tenté même si, au fond de lui-même, il renâcle à la perspective de jouer les hobereaux en province, que ce soit dans son château familial ou ailleurs.

Mais le grand dessein d'Henriette est soudain entravé, puis ajourné. Le sculpteur Lucas de Montigny « restitue » à Mirabeau un petit garçon qu'il croyait sien, mais dont la ressemblance physique avec Gabriel-Honoré est troublante. En outre, la liaison de sa femme avec Mirabeau a été naguère de notoriété publique.

Henriette, toute affection déployée, va se comporter comme une mère et prodiguer tous ses soins à l'enfant. Mirabeau sera ému par la gentillesse et la tendresse du petit Lucas et il luttera, un an plus tard, pour conserver sa garde lorsque le sculpteur fera mine de revenir sur sa décision. Or le jeune garçon a été si négligé à sa naissance qu'il est souvent malade. Il doit être inoculé contre la variole. Il faut lui éviter les fatigues d'un voyage en province.

Dans le même temps, Clavière fait appel à Mirabeau – Clavière dont Mirabeau a fait la connaissance, trois ans plus tôt, à Neuchâtel, et qu'il a croisé en Angleterre, alors que l'ancien proscrit de Genève tentait de créer une nouvelle Genève en Irlande. Pour Brissot, le futur chef de file des Girondins, journaliste malheureux, arrêté à Londres pour dettes puis incarcéré à la Bastille, Clavière est « une mine intarissable de diamants bruts », auxquels « il faudrait un metteur en œuvre ». Mirabeau sera-t-il cet intercesseur ?

Clavière s'est étroitement lié à l'un de ses compatriotes, Panchaud, qui jouit d'une grande réputation comme banquier et comme conseiller du Trésor public – Panchaud, que loue Talleyrand : « L'esprit le plus ardent, le plus étendu, le plus vigoureux, une raison parfaite. Il a tous les genres d'éloquence. Son nom se présente toujours en premier dans les tractations financières. »

Panchaud fascine Mirabeau, qu'il ne ménage pourtant pas : « personne ne sait aussi bien parler de ce qu'il ignore », écrit-il de lui. Mirabeau vante son « coup d'œil d'aigle » et décide de le compter « parmi ses meilleurs amis » – au grand déplaisir d'Henriette qui déplore qu'il « passe sa vie » au domicile de Panchaud. Et c'est par Clavière et Panchaud que Mirabeau entre en relation avec Calonne, le nouveau contrôleur général des Finances, frivole, mondain, prodigue, toujours à la recherche d'expédients – lui-même couvert de dettes lorsqu'il accède au pouvoir, il accorde à la cour tout ce que son prédécesseur d'Ormesson lui refusait.

En ces temps d'innocence financière, les banquiers genevois sont remarqués à Paris pour leur compétence, leur austérité, leur ambition. Ils irritent, car ils donnent le spectacle du travail et de l'enrichissement. L'opinion les envie et se ligue contre eux car elle constate leur influence croissante sur l'État. Mais si Law et son système sont morts depuis cinquante ans, l'agitation qu'ils ont suscitée a survécu.

L'épargne française, traditionnellement méfiante, a entrouvert ses cassettes. Les coffres du roi sont vides. L'État a été à demi ruiné par les gaspillages du précédent règne, puis par les armements nécessaires à la guerre d'Amérique : il multiplie les emprunts. Le public est intéressé : mieux vaut prêter son argent au roi contre une rente qu'être contraint de l'abandonner par l'impôt. Mais d'autres offres, pleines de promesses, se présentent : les premières sociétés par actions sont créées, des combinaisons financières dites infaillibles sont proposées. C'est l'heure de la spéculation, de « l'agiotage » sur tous les titres mobiliers. Les marchés à terme ne sont pas autorisés, mais on les pratique. Les fortunes se font et se défont. Les titres sont surmenés dans ces entreprises aventureuses, leur valeur s'enfle et se dégonfle. Les actionnaires ruinés crient vengeance... Comme toujours à Paris, les bons mots et les épigrammes accompagnent les faillites ; les Parisiennes portent des chapeaux dits « à la Caisse d'escompte », car ils n'ont pas de fond.

Mirabeau se précipite dans la mêlée, persuadé de sa compétence en matière financière : « Quand on peut conjuguer le verbe avoir et qu'on est laborieux, on est un aigle en finances », écrit-il à Chamfort. En cinq mois, il va publier cinq ouvrages, avec vigueur et intrépidité, pour combattre les agioteurs et « faire fléchir le balancier de la Bourse » – en étroite collaboration avec ses amis genevois et… le contrôleur général des Finances, Calonne.

La Caisse d'escompte a été fondée, neuf ans plus tôt, par Panchaud, sous les auspices de Turgot : elle devient, très rapidement, la plus importante des banques de l'époque. Elle émet des papiers qui sont placés à la Bourse de Paris, à côté des fonds d'État. Elle a pour objet principal d'escompter les effets de commerce et d'acheter et vendre des métaux précieux. Panchaud voulait lui éviter les erreurs qui ont provoqué l'échec de Law, mais elle a failli connaître le même effondrement, en 1783 : le contrôleur général des Finances d'Ormesson lui emprunte 6 millions de livres ; l'emprunt ébruité, la foule se précipite pour échanger les billets de caisse contre de l'argent monnayé, métallique ; d'Ormesson sauve provisoirement la banque en l'autorisant à ne rembourser ses effets qu'en billets de change, auxquels il donne cours forcé. Calonne, lorsqu'il arrive aux affaires, rembourse les sommes empruntées. La banque connaît un nouvel essor, le capital en actions est augmenté de 12 à 15 millions de livres, les actions émises au cours de 3 000 livres atteignent celui de 8 000 livres. Le conseil d'administration de la Caisse favorise la hausse par tous les moyens, le public est animé par l'espoir d'une progression sans fin des dividendes, « l'agiotage » est plus actif que jamais.

L'esprit de spéculation gagne d'autres établissements : la Banque de Saint-Charles a été fondée en Espagne par le Français Cabarrus – son nom est un hommage au roi d'Espagne Charles III ; elle a pour annexe la Compagnie des Philippines, qui jouit de privilèges pour le commerce colonial. Les actions de la Banque Saint-Charles sont, pour l'essentiel, dans des mains françaises ; elles montent rapidement, à Paris plus encore qu'à Madrid, soutenues par la Caisse d'escompte, et particulièrement par un homme d'influence qui figure parmi ses administrateurs, le banquier Coulteux de La Noraye.

Cette effervescence suscite, en 1785, la coalition de ceux qui luttent contre ce mouvement de hausse. Calonne craint que ces sociétés ne prospèrent au détriment des fonds publics : leur concurrence ne va-t-elle pas l'empêcher de couvrir son nouvel emprunt de 125 millions, malgré ses conditions alléchantes ? Panchaud, qui a abandonné la Caisse d'escompte pour le poste de banquier de la cour, et son ami Clavière jouent à la baisse – mais, selon Brissot, ils ne parient jamais que « pour la raison et contre le charlatanisme ». À la Bourse et au sein de l'assemblée générale des actionnaires de la Caisse, Clavière en vient aux voies de fait contre ses adversaires. Il veut poursuivre par la plume son combat contre la spéculation, mais il faut que Mirabeau « écrive pour lui » : lui seul a de l'ordre dans les idées, de la clarté dans le style, « un talent particulier » pour présenter la pensée de Clavière.

Mirabeau rédige donc son ouvrage *De la Caisse d'escompte* à partir des matériaux fournis par ses amis. Brissot prétend même être l'auteur des sixième et huitième chapitres, un autre serait de Dupont de Nemours, le reste de Clavière. En fait, Mirabeau a repris le tout, imprimé à l'ensemble son style particulier, sa passion pamphlétaire. La première partie reste assez technique : elle consiste en un plaidoyer pour un contrôle sérieux des gouvernants sur les établissements financiers, afin d'empêcher l'attribution de dividendes exagérés. La seconde est un réquisitoire contre les interventions désordonnées du gouvernement dans les affaires de Bourse : ici resurgit la véhémence de Mirabeau.

Car Calonne a, finalement, été très hésitant sur les mesures à appliquer. Par un arrêt du Conseil du 19 janvier 1785, il enraye la montée des dividendes : seuls les bénéfices des six derniers mois seront répartis entre les actionnaires et un niveau élevé de fonds de réserve sera exigé des établissements. Puis, cinq jours plus tard, alors que les joueurs à la baisse triomphent, le ministre cède sous la pression d'adversaires influents : il annule, par l'arrêt du 24 janvier, tous les marchés à prime ou à terme antérieurs... sous la pluie des protestations des joueurs à la baisse.

Mirabeau ne sait comment expliquer cette deuxième intervention, si inattendue, du contrôleur général : serait-ce « l'immensité des occupations » de Calonne ? Il cloue au pilori l'initiative du pouvoir : « C'est le gouvernement lui-même qui porte atteinte au crédit public » ; « malheur à qui croit pouvoir redresser la morale avec des règlements ». Et sur l'arrêt du 24 janvier : « Dieu même ne peut pas faire qu'une loi rétroactive soit une loi juste. »

Calonne veut rencontrer Mirabeau : il trouve la critique de l'arrêt du 24 janvier trop acerbe. L'auteur ne pourrait-il l'adoucir ? Mirabeau se rebiffe : « Je poursuivrai jusqu'au tombeau toute loi rétroactive ! »

Au demeurant, Mirabeau a qualifié son écrit de « fort élémentaire ». Mais, même imparfait, « il a sauvé beaucoup d'honnêtes gens que des fripons allaient duper ».

Calonne ne s'est pas offusqué du refus de Mirabeau. Il le charge maintenant d'ouvrir le feu sur la Banque Saint-Charles et lui communique une série de documents. L'ennui est que

Clavière et Brissot ont presque achevé leur propre étude sur la banque espagnole. Calonne prie les auteurs de confier l'ouvrage à Mirabeau – qui reprend le texte en quatre jours et publie un volumineux pamphlet de 320 pages, *De la banque d'Espagne, dite de Saint-Charles.*

Mirabeau tempête contre « le monstre dévorant des monopoles », enfanté par Cabarrus, le « nouveau Law » ; il décrit l'avenir incertain de l'institution. Son travail lui semble infiniment meilleur que celui sur la Caisse d'escompte. La banque espagnole tente de parer le coup. Elle est prête à payer le silence de Mirabeau « de tout l'or que j'aurais voulu ». Mirabeau refuse ; il restera étranger à toute spéculation, en marge de ses publications financières. L'attaque a un succès foudroyant. Les actions de la banque s'effondrent ; elles passent de 900 à 400 francs. Celles de la Compagnie des Philippines sont encore plus discréditées.

Nouveau recul de Calonne, qui s'inquiète du tumulte qu'il a contribué à provoquer. Le pamphlet de Mirabeau est interdit en Espagne. L'ambassadeur d'Espagne à Paris proteste contre la publication. Les administrateurs de la Caisse d'escompte s'estiment atteints en première ligne ; le plus influent d'entre eux, Coulteux de La Noraye, tient des propos fielleux contre Mirabeau.

Le 17 juillet 1785, un arrêt du Conseil interdit le pamphlet de Mirabeau. Deux jours plus tôt, notre auteur avait publié une nouvelle et violente diatribe : la *Lettre à M. Coulteux de La Noraye*, datée de Bruxelles, le 15 juillet. Ce nouveau pamphlet sera, lui aussi, interdit par un arrêt du Conseil.

Mirabeau est indigné par les reculades de Calonne, qui prétend que ces arrêts lui ont été « escamotés » par le garde des Sceaux. L'arrêt du 17 juillet interdit le livre sur la banque espagnole comme « l'ouvrage d'un de ces particuliers qui se hasardent d'écrire sur des matières importantes dont ils ne sont pas assez instruits » ! Mirabeau est ulcéré : Calonne n'aurait-il pu au moins lui éviter ces phrases méprisantes, humiliantes ?

Le ministre s'en sort, comme à son habitude, par une pirouette : « Après tout, quelle est l'importance d'un arrêt du Conseil ? »

Mirabeau s'attaque maintenant à la Compagnie des Eaux de Paris. Il va polémiquer avec Beaumarchais, son aîné de dix-sept ans, avec lequel il a tant en commun ! Deux vies tout en défaites et en rebondissements... Comme Mirabeau, Beaumarchais a mené un long combat contre les gens de robe, armé de ses pamphlets et de ses mémoires judiciaires à répétition. Comme lui, il a rendu coup pour coup avec ses rudes éclairs de plume, il a connu les condamnations des tribunaux accompagnées des acclamations du public, il a ébranlé les colonnes du Temple et fait front aux monarques et aux ministres. Comme lui, il a été un touche-à-tout de très grand talent, il a été dénoncé comme un « aventurier », une « âme basse », avant de figurer parmi les hommes les plus célèbres du royaume. À la différence de Mirabeau, il a tenu Paris en haleine pour ses « comédies à sa façon », du *Barbier de Séville* au *Mariage de Figaro*, annonciateur de la fin d'un régime : il était « l'horreur de Paris », selon Grimm, mais, après ses succès sur la censure, « tout le monde en raffole »... « tout le monde est affolé de lui », confirme Mme du Deffand.

Beaumarchais est, en outre, un grand brasseur d'affaires et un passionné de technique. Pierre-Augustin Caron a été, à 20 ans, l'inventeur génial de « l'échappement », qui permit aux montres d'être à l'heure : il étonna Versailles avec ses montres plates, avant de prendre quelques quartiers de noblesse – avec cette « petite campagne de rien », Beaumarchais, près d'Arpajon, qui appartenait à sa première femme.

Beaumarchais a donc décidé de soutenir les frères Perier, ces ingénieurs – ces « mécaniciens » – qui veulent procurer l'eau courante aux Parisiens. Ils vont distribuer l'eau à partir de pompes à feu, installées sur des hauteurs : ils ont choisi la colline de Chaillot pour installer leur première pompe. Ils triomphent des craintes des défenseurs de la nature, alliés pour la circonstance à la corporation des porteurs d'eau et aux puissants propriétaires des réservoirs du pont Notre-Dame et de la Samaritaine. Encore faut-il trouver les financiers aventureux qui s'associeront à l'entreprise. Le duc d'Orléans, sollicité, a admiré les machines des frères Perier, puis s'est montré pusillanime. Beaumarchais a donc pris tous les risques et fondé une société par actions. Le succès a suivi : émises à 1 200 livres, les actions sont montées à 3 800.

Clavière et Panchaud ont joué à la baisse. Clavière prépare donc, cette fois encore, ses dossiers pour Mirabeau – qui publie, à l'automne 1785, un pamphlet de 43 pages, soi-disant imprimé à Londres, *Sur les actions de la Compagnie des Eaux de Paris*. Mirabeau veut dissuader « le père de famille crédule » : « l'or du Pactole » ne roulera pas dans les canaux destinés à distribuer l'eau dans Paris ; « les actions de la pompe à feu n'ont qu'un intérêt très limité ». L'autorité de Mirabeau, analyste financier, est telle que les actions tombent à 2 000 livres et ne se relèvent plus.

Clavière et Panchaud ne sont plus en bons termes avec

Calonne. Le ministre est furieux : il veut se réconcilier avec ses adversaires dans le milieu de la finance et il possède lui-même un nombre considérable d'actions de la Compagnie des Eaux. Il met en garde Mirabeau par l'intermédiaire de son ami Lauzun. Il intimide Clavière, auquel il trouve commode d'attribuer le pamphlet et qu'il fait convoquer par le lieutenant de police. Et la Compagnie réagit : Beaumarchais se dresse, sous l'anonymat, pour réfuter les arguments de Mirabeau.

Beaumarchais est-il fatigué de sa propre gloire ? Ou apprécie-t-il trop ce cadet qui lui ressemble tant pour le combattre réellement ? Sa réponse à Mirabeau étonne le public par sa modération. Il se contente de dire sa foi dans l'entreprise qui vient d'être lancée et de démentir les calculs de Mirabeau. Il insinue aussi, mais avec courtoisie, que l'auteur de la brochure n'est pas totalement désintéressé, qu'il a voulu venir en aide à ses amis qui spéculent sur la baisse des actions. Seule pique : Beaumarchais compare les philippiques de Mirabeau à des « mirabelles »... Mirabeau se fâche. Il reprend le combat avec une extrême violence dans sa *Réponse à l'écrivain des administrateurs de la Compagnie des Eaux*, un texte de 104 pages, publié à Bruxelles. Il joue les moralistes indignés, s'en prend à la personne même de Beaumarchais, qualifié de « chevalier d'industrie », de « maître-renard » aux amitiés sulfureuses, d'intrigant de cour auquel il faut arracher « la palme des martyrs ». Il n'épargne même pas l'écrivain, le poète, l'auteur dramatique qui « change la scène comique en école de mauvaises mœurs, outrage les ordres de l'État et toutes les bienséances ». Voici Mirabeau transfiguré, en la circonstance, en allié des censeurs ! Il présente aussi sa propre défense : loin d'être l'allié des spéculateurs, il n'est qu'un patriote qui, depuis des mois et avec un grand succès, s'attache à détruire « l'agiotage et les agioteurs ». Il s'érige en apôtre des classes populaires, qui ne pourront pas payer l'eau que des actionnaires cupides leur vendent si cher. Il va jusqu'à reprocher à Beaumarchais ses liens avec le libelliste Morande, dont il considère l'amitié comme un opprobre, alors qu'il avait lui-même établi des rapports très cordiaux avec le même Morande pendant son séjour à Londres.

Le public se réjouit de cette passe d'armes. Mais, à sa grande surprise, l'échange s'arrête : Beaumarchais ne répond pas au nouvel opuscule de Mirabeau. Le vieux renard a-t-il voulu arrêter le combat avec le jeune lion ? Mirabeau considère qu'il a gagné ; il est très fier de sa victoire. Il s'est acquis de nouvelles amitiés : les porteurs d'eau, menacés de perdre leur emploi, se rassemblent autour de leur défenseur. Les portefaix savoyards, inquiets des projets de création d'une compagnie de transports, veulent faire appel à lui... Mais Beaumarchais n'est-il pas le vrai vainqueur ? Mirabeau n'a-t-il pas choisi, cette fois, le camp de l'archaïsme, lui qui dénonçait comme une chimère l'idée de pouvoir amener de l'eau dans chaque maison de Paris ?

Le marquis, son père, s'étonne : « Ce monsieur est maintenant à la solde de l'agio. On se sert de lui comme d'un chien hargneux et fol qu'on jette aux jambes à tous venants, et toujours prêt sitôt qu'il est question de mordre. »

Sa renommée, accrue depuis la polémique avec Mirabeau, offusque son père : « Ses commettants le tiennent, tout gonflé de l'opinion de son rare talent. Ce personnage et sa vénalité, dans un homme de qualité, en font un phénomène curieux et avili. »

Mirabeau, pour sa part, tourne sa colère contre Calonne :

« C'est lui qui a déchaîné contre moi ce saltimbanque de Beaumarchais. »

Mirabeau est subjugué par l'éclat de son ami Lauzun avec lequel il avait fraternisé pendant leur campagne de Corse : Lauzun réunit un nom illustre, une grande fortune et un physique de séducteur irrésistible, et il a conquis de nouveaux lauriers pour avoir combattu pour l'indépendance américaine.

Mirabeau est un convive habituel de Lauzun dans la « folie » de ce dernier à Montrouge, où il donne des fêtes galantes. Henriette ne s'y trompe pas : « Il me faisait de fréquentes infidélités. Voyait-il un joli minois, une femme lui faisait-elle des agaceries, aussitôt il prenait feu. Mais ses intrigues ne duraient pas. Il en était quelquefois si ennuyé qu'il me demandait comment rompre avec décence. »

Au-delà de leurs rapports frivoles, Mirabeau et Lauzun sont unis par une communauté d'idées, de visions : Lauzun est partisan d'un système politique fondé sur des libertés constitutionnelles ; comme Mirabeau, il souhaite un renversement des alliances, un traité avec l'Angleterre. Sous la Révolution, il deviendra le général Biron, chargé de réprimer la « contre-Révolution » vendéenne. Proche d'eux : Talleyrand, l'abbé de Périgord, habitué des boudoirs plus que des chapelles et attaché à construire sa propre fortune au sein de l'agence générale du clergé. Mirabeau subit l'ascendant de Talleyrand ; il le présente à Calonne, auprès duquel Talleyrand fera son apprentissage politique.

Mais Mirabeau est toujours à la recherche d'un emploi. Va-t-il continuer à s'enfoncer dans le « bourbier des folliculaires » ?

« Travailler sous la dictée des autres n'est pas, selon moi, un bon régime. » Il vit au jour le jour. Il rêve de créer un nouveau type de journal, qui « s'occuperait des vieux livres » et ferait la synthèse des travaux des Académies. Puis il songe à s'expatrier : pourquoi pas en Allemagne, où s'illustra le plus jeune de ses oncles, cette Allemagne dont il admire tant le monarque, le grand Frédéric ? Il imagine le plan d'un grand ouvrage sur la Prusse.

« Vous connaissez l'esprit de M. de Mirabeau, écrit Lauzun à Calonne, vous connaissez sa manière séduisante de parler et d'écrire et combien il sera intéressant à entendre en Prusse, lorsqu'il y parlera de vous. » Lauzun encourage Mirabeau dans son projet allemand, et il s'engage à trouver le financement de son voyage – au prix d'une manière de chantage sur Calonne : « La liberté avec laquelle Mirabeau se permettra d'écrire ne sera pas sans inconvénient pour vous, dans un pays éloigné où vous jouissez d'une considération particulière. Il faut lui faire garder le silence en lui procurant de l'argent… non pas de votre part, car il sera choqué, mais sous le couvert d'un de ses amis. »

UNE ANNÉE À BERLIN

Le jour de Noël 1785, Mirabeau part pour Berlin, avec sa « horde » – Henriette de Nehra, Lucas et le petit chien qu'il vient de leur offrir. Il est muni de la lettre de recommandation du ministre des Affaires étrangères, Vergennes, et de la promesse de subvention que Lauzun a extorquée à Calonne. Un froid intense s'est abattu sur l'Europe. La voiture fait de courts arrêts à Nancy, Francfort et Leipzig. Deux incidents animent le parcours : entre Toul et Verdun, deux coups de pistolet sont tirés, dans la nuit, sur la voiture ; à Francfort, Gabriel-Honoré esquisse un début de cour à une jolie voyageuse allemande, une « intrigue de galanterie » qui irrite fort Henriette.

Les voyageurs arrivent à Berlin le 20 janvier 1786, et s'installent à l'auberge de la « Ville de Paris ». Mirabeau se présente sur-le-champ à l'ambassadeur de France. Le comte d'Esterno est un diplomate traditionnel, du plus pur classicisme. Le mutisme lui donne de l'élégance et le ton aigre-doux de l'autorité ; les banalités qu'il se laisse parfois aller à exposer sont censées prouver sa vaste culture internationale. Mirabeau lui apparaît comme un pur aventurier, dont il ne doit surtout pas s'encombrer. N'a-t-il pas déjà été confronté à ses extravagances, lors de la publication des *Lettres de cachet* à Neuchâtel, sous souveraineté prussienne, une affaire qui avait mobilisé d'Esterno et l'ambassade ?

L'ambassadeur réagit vertement à la recommandation de « son » ministre : si ce n'était cette lettre, il n'aurait jamais pris sur lui de présenter cet homme aux autorités prussiennes ! Est-ce l'effet de la maladie de Vergennes ou du manque d'énergie des gouvernants de l'Ancien Régime finissant ? Le ministre fait profil bas, dans sa réponse à « son » ambassadeur : « La lettre que M. de Mirabeau vous a remise de ma part ne vous engage à quoi que ce soit envers ce gentilhomme. Rien ne doit vous empêcher de vous conduire à son égard avec réserve. »

Mais, finalement, Mirabeau n'a pas besoin de l'appui de l'ambassadeur pour être introduit à Berlin. Frédéric II lui accorde une audience, dans les salons rococo du château de Sans-Souci à Potsdam, dès le 25 janvier. Au vrai, il est renseigné sur tous les visiteurs étrangers par les fiches que dresse le bureau des corps de garde, à l'entrée de la ville. Il a d'abord pris Mirabeau pour l'un de ces « efféminés satyriques » qui écrivent sur tout et contre tout, comme il l'a confié à son secrétaire. Mais le roi de Prusse et Mirabeau vont se découvrir très proches.

Mirabeau relate ses années d'emprisonnement à Vincennes. Frédéric II rappelle qu'il a été, lui aussi, en butte à l'hostilité de son père, le Roi-Sergent : Frédéric-Guillaume le fit passer en conseil de guerre pour désertion et fit exécuter, sous ses yeux, son meilleur ami. Au-delà de ces destins parallèles, le roi se souvient d'un autre Mirabeau, Louis-Alexandre, le plus jeune des oncles de Gabriel-Honoré, qui fut conseiller du margrave de Bayreuth et auquel il confia lui-même une mission délicate à Versailles, à la fin de la guerre de Sept Ans, alors que la Prusse était épuisée.

Frédéric « le Grand », « l'Unique », le type même du « despote éclairé » : Mirabeau a dit l'admiration qu'il lui porte dans son *Essai sur le despotisme*. Quand retrouvera-t-on, dans un même homme, l'amoureux des livres et de la littérature, l'écrivain prolixe dont Voltaire corrigeait les textes, et le chef de guerre qui a contribué à remodeler la carte de l'Europe ? Mirabeau observe le souverain prussien, adulé, exalté même par ses ennemis. Au soir de ses soixante-quatorze années d'existence en première ligne, il semble incarner l'Histoire – une Histoire qui prend fin car les jours du roi sont comptés, et le visiteur tente de graver en lui les détails de l'entrevue.

Le lendemain, Mirabeau adresse à Frédéric II un paquet de ses écrits. Le roi le remercie, par l'entremise de son aide de camp, Goertz, auquel il demande de s'informer sur les raisons du séjour à Berlin du voyageur français. Mirabeau écrit donc une nouvelle lettre au roi, dans laquelle il expose sa situation : il se dit « bien mal récompensé des véritablement grands services » qu'il a rendus en France, voire « menacé dans sa sécurité » par un ministre dont il a dénoncé les manipulations financières ; il a donc été « tourmenté du désir, peu raisonnable peut-être », de se faire « regretter en France » ; il a décidé de « pousser en Russie »... certes « une nation à peine ébauchée, une contrée sauvage », car le gouvernement de Prusse semble « trop complètement organisé » pour lui faire une place.

L'offre de service est à peine déguisée. Elle déçoit probablement Frédéric II, encerclé par les solliciteurs : il répond par une lettre courtoise et neutre, tout en souhaitant le revoir « un couple de fois ».

L'audience de Frédéric II a ouvert à Mirabeau toutes les portes de Berlin. Le diplomate et historien Christian Wilhelm von Dohm l'initie à la politique intérieure de la Prusse et à l'ultime grand dessein diplomatique de Frédéric II, la « Ligue des Princes » allemands ou « Fürstenbund », qu'il rassemble contre les ambitions de l'empereur d'Autriche. L'écrivain et éditeur Friedrich Nicolaï lui présente les grandes tendances de la littérature allemande – en fait, les tendances rationalistes et, comme Nicolaï, Mirabeau sous-estimera l'influence du mouvement « Sturm und Drang », « Tempête et Élan », constitué en réaction au classicisme, avec les jeunes Goethe et Schiller. Il se lie à l'ambassadeur d'Angleterre, Dalrymple, « un homme d'honneur et de sens, ennuyeux quelquefois parce qu'il est toujours ennuyé » et au « très britannique » secrétaire de l'ambassade, Ewart. Il assiste aux cours de physique de Marcus Hertz, le dernier lieu à la mode pour une société berlinoise avide de savoir scientifique, et il fréquente le salon d'Henriette Hertz, l'hôtesse juive de Berlin, où se retrouvent hobereaux prussiens et huguenots exilés. Un émigré français, le marquis de Luchet, devenu directeur de théâtre à la cour de Hesse-Cassel sur la recommandation de Voltaire, le guide à travers Berlin et est toujours prêt à lui venir en aide.

Il est devenu une figure familière aux Berlinois. On le voit partout, large de carrure dans son habit de ville de style anglais. Il passe, chaque jour, des heures à la poste, pour expédier ses dépêches, tandis qu'Henriette et Lucas l'attendent dans la voiture. Il va au théâtre et plonge dans les coulisses. Il se rend dans une lointaine taverne d'artistes, dans le quartier de Kreutzberg. Il ne cesse de poser des questions, d'observer, d'examiner, tout en jouant avec sa lorgnette... et de faire des progrès en allemand.

Surtout, il est devenu un intime du prince Henri, le frère cadet du roi, qui se présente comme un humaniste, disciple des philosophes et épris de culture française tout en revendiquant – ô paradoxes des négociateurs des Lumières ! – la paternité du partage de la Pologne. Mirabeau est reçu dans sa résidence d'été de Rheinsberg. Il se prend à lui prodiguer des conseils… au grand désespoir de l'ambassadeur d'Esterno, qui tente de mettre en garde le prince. Mais celui-ci repousse ses avertissements :

« Je sais qu'il y a beaucoup à dire, mais cet homme m'amuse infiniment. »

Le diplomate français se lamente dans ses courriers : « Le prince Henri s'est engoué de cet homme… M. de Mirabeau fait parade chez ce prince de cinquante-quatre lettres de cachet qu'il dit avoir été données à sa famille. Il parle sans cesse des finances de la France qu'il dit être dans un dérangement horrible. »

En réalité, le prince Henri, qui admire la France, pense qu'elle est mal représentée à Berlin. L'ambassadeur a, finalement, peu de chances de nuire à Mirabeau.

Mirabeau a repris ses activités d'écriture. Allié à l'école rationaliste allemande, il veut prendre part à son combat contre le mysticisme et la superstition. Il rédige un pamphlet de 75 feuillets, une *Lettre à M. sur Cagliostro et Lavater*, qui paraîtra dès 1786, à Berlin, en deux éditions, française et allemande. Malicieusement, Mirabeau garde beaucoup de mesure sur Cagliostro, cet aventurier international qui s'illustre, au même moment, en France, dans l'Affaire du collier de la reine : il ne voit en lui qu'un « simple extravagant ». Par contre, il s'acharne sur Jean-Gaspard Lavater, le pasteur de l'église Saint-Pierre de Zurich, qui a multiplié des études de théologie imprégnées de mysticisme et s'est opposé, dans ses essais et *Confessions*, aux doctrines des encyclopédistes. Pour lui, « ce Lavater, doué sous les glaces du nord des plus bouillantes extases du midi », est un « composé bizarre d'instruction et d'ignorance, de superstition et d'impiété, d'esprit et de démence, dévot et magicien, galant et rigoriste, voluptueux et mystique, intrigant et studieux ». Il veut alerter l'opinion contre « ce christianisme philosophico-cabalistique », dont Lavater s'est fait le prophète et qui mène, selon notre auteur, au fanatisme. « Dira-t-on que mon imagination s'exalte, et que je franchis les bornes du possible ? Connaissez-vous les bornes de la superstition et du fanatisme ? » Car le message sous-jacent est politique, comme souvent chez Mirabeau : superstition et fanatisme peuvent être les alliés du pouvoir absolu. Qui comprendra le danger « que préparent ces têtes qui s'échauffent et s'exaltent » ? Cette hostilité aux idées nouvelles se propage en Allemagne, « chez les princes comme chez les artisans, dans les palais comme dans les estaminets ». Extraordinaire prémonition des dérives du XXe siècle : « Si ces misérables jongleurs éloignaient des cours qu'ils obsèdent les sages et les bons citoyens, si la haine pour la résistance, cette maladie contagieuse et mortelle de tous les princes absolus, allait changer ces rêveries ténébreuses en un système d'intolérance et de persécution... ah ! que deviendriez-vous ? »

L'édition allemande de la *Lettre* eut un grand écho et suscita des réponses au pamphlet de Mirabeau : particulièrement, une défense de Lavater par le landgrave de Hesse-Hombourg, ce qui montre que la secte « philosophico-cabalistique » avait déjà une certaine influence politique. Mais, entre-temps, Mirabeau s'était passionné pour un tout autre thème : la question de l'émancipation des juifs – et la Prusse fournissait le meilleur des laboratoires. Jusqu'ici, Mirabeau ne connaissait des juifs que les usuriers qui le poursuivaient à Aix et chez lesquels il mettait en gage les bijoux d'Émilie. À Berlin, il rencontre une élite intellectuelle. Il est intrigué, il lit le *Nathan le Sage* de Lessing, dont il apprend qu'il est le portrait du philosophe juif Moses Mendelssohn. Le souvenir de Mendelssohn est encore intact dans Berlin : il est mort peu avant l'arrivée de Mirabeau. La lecture de Mendelssohn le rassure : le judaïsme médiéval, celui du ghetto, pouvait être rangé parmi les fanatismes que pourfend Mirabeau. Mais, avec Mendelssohn, surgit l'idéal d'un judaïsme rationalisé, qui serait la religion sœur d'un christianisme éclairé. Du même coup, le combat pour l'émancipation des juifs rejoint l'assaut, plus général, que lance Mirabeau contre le fanatisme. L'antisémitisme lui apparaît comme le symbole de tous les préjugés. « Un préjugé aussi barbare que celui qui mutile une partie de l'espèce humaine et la dégrade au-dessous du rang qu'assigne la nature à ses enfants. La nature humaine se ressemble partout. » Notre auteur découvre même une parenté entre la théorie de la tolérance, exposée par Mendelssohn dans sa *Jérusalem*, et le préambule de l'Acte fondateur de la Virginie. Il en appelle à l'engagement des littérateurs contre tous les fanatismes : « Ah ! Si les hommes de lettres se dévouaient loyalement au noble métier d'être utiles, si, au lieu de s'entre-déchirer, ils se croisaient contre les préjugés, les mensonges, le charlatanisme, la superstition, la tyrannie... » Avec l'aide de Dohm et de Nicolaï, il rédige un essai, *Sur Moses Mendelssohn et la réforme politique des juifs*, qui sera publié à Londres en 1787 ; et il reprendra le combat pour l'émancipation des juifs au sein de la Constituante.

Mais voici Mirabeau ressaisi par les querelles françaises, qui le poursuivent jusqu'à Berlin. Il reçoit la réponse, très vive, de la Banque de Saint-Charles à la brochure qu'il avait rédigée. Il est ulcéré, et plein de ressentiment contre le ministre « qui l'a déserté ». Au demeurant, il supporte de plus en plus mal sa position d'envoyé non accrédité. Son horizon est tellement plus vaste que celui du comte d'Esterno, et son pouvoir d'influence tellement plus grand !

En outre, la promesse de soutien financier de Calonne ne se concrétise pas. Mirabeau rumine sa vengeance. Il se lance, d'une plume indignée, dans une longue *Lettre ouverte* à Calonne. Le récit de ses relations personnelles avec le ministre se marie avec l'histoire de l'administration des finances. C'est une véritable guerre qu'il déclare à Calonne, dont il se targue de dévoiler l'ignominie, à coups de violents reproches, afin d'obtenir son renvoi par le roi. Le ministre n'est qu'un « agioteur qui tient une place principale au Conseil du roi ». Comment être à la fois responsable des finances publiques et spéculateur privé ? « Un ministre des Finances agioteur est le plus cruel fléau que la Providence puisse déchaîner sur un royaume inconstitué comme la France. » Suit le portrait d'un homme d'État léger et frivole. « On croit trop aisément que vous savez ce que vous comprenez, que vous comprenez ce que vous écoutez d'un œil spirituel et fin, que l'on vous décidera facilement à ce qu'on vous a démontré. Ce sont autant d'erreurs. Uniquement occupé d'échapper à la difficulté du moment, de trouver les moyens d'être ministre demain, sans savoir comment vous le serez dans huit jours, vous voulez des expédients et non pas des conseils, des louanges et non pas la vérité. Pourvu que vos coteries vous encensent, que votre inexprimable légèreté rencontre des distractions, que rien ne vous arrache à vos plaisirs, les affaires vont toujours assez. » Mirabeau parle déjà le langage de la Révolution : il accuse le ministre de « crime de lèse-nation » et il propose de se constituer prisonnier afin que le roi décide si l'auteur de la *Lettre ouverte* est un « calomniateur effréné » ou Calonne un « ministre prévaricateur ».

Mirabeau envisageait-il réellement de publier son pamphlet ? Il adresse son manuscrit à deux de ses amis, Talleyrand et Lauzun, qui sont « aux affaires » et proches du ministre. Les deux compères alertent Calonne. Ils lui font comprendre qu'il a tout à gagner au silence d'un auteur aussi déterminé et incisif. Calonne va s'entendre avec Vergennes sur les moyens d'utiliser Mirabeau. Le prince Henri ne vient-il pas, dans un courrier aux Affaires étrangères, de demander que la France soit représentée à Berlin « par un homme doué de plus d'énergie et d'habileté que d'Esterno » ? Mirabeau est rappelé à Paris pour recevoir de nouvelles instructions. Toujours tenaillé par ses difficultés financières, il accepte l'offre et laisse, pour un temps, sa « horde » à Berlin.

Mirabeau fait part à Frédéric II de sa convocation à Paris. Le roi souhaite le revoir avant son départ. Il le reçoit à Sans-Souci, le 17 avril.

Frédéric II est épuisé. Toujours volontariste, d'une énergie indomptable, il a fait sa promenade du matin avec ses chevaux. Il est écroulé dans son fauteuil ; il suffoque par accès. Pourtant, il s'exprime avec une grande clarté. « Impossible d'imaginer une tête plus fraîche », dira Mirabeau.

Le visiteur s'étonne, auprès de Frédéric II, de son abstention politique dans le domaine de la culture :

« Pourquoi Frédéric le Grand n'a-t-il pas daigné s'associer à la gloire de la révolution littéraire, opérée de son temps, la hâter, la féconder, au feu de son génie, de sa puissance ?

— Mais qu'aurais-je pu faire aux gens de lettres allemands, qui leur valût le bien que je leur ai fait en ne m'occupant pas d'eux ? »

Dans son grand ouvrage sur la *Monarchie prussienne*, Mirabeau se ralliera à la vision – très libérale – du roi : « En comparaison d'un tel bien, je regarde comme très petit le malheur que la littérature allemande ait été dépourvue de l'appui des grands et des souverains. Il en est des lettres comme du commerce ; elles haïssent la gêne et la gêne est la compagnie inséparable des grands. »

Sur la route de la France, il fait étape à Brunswick. Il est fêté par la cour du duché, auprès de laquelle il a été recommandé par Frédéric, mais il est déçu de ne pas pouvoir se présenter au duc régnant. Par contre, il rencontre Jacques Mauvillon, major dans le corps du génie et professeur de tactique au collège militaire Carolinum. Allemand enthousiaste, Mauvillon conserve un vif intérêt pour la France, terre de ses ancêtres – son père est même originaire de Provence. Amoureux du métier militaire, il mêle à son sens de la discipline un étonnant goût de la liberté. Travailleur infatigable, versé en économie politique, il a diffusé, comme auteur et comme traducteur, l'enseignement des physiocrates. Il a mené campagne contre les armées permanentes, pour une monarchie dotée d'une constitution, pour la liberté de penser, pour un rapprochement pacifique entre les peuples... Entre Mirabeau et Mauvillon, se noue immédiatement une amitié très forte – un mariage d'âmes, selon Mirabeau.

Interlude parisien. Le procès du « collier de la reine » met la ville en effervescence. « L'enfer n'a jamais vomi plus de corruption qu'il n'y en avait dans cette affaire », écrit Mirabeau à Henriette. Devant le Parlement de Paris, les débats tournent au procès du régime – qui est le véritable accusé. Mirabeau se joint à la foule qui attend le jugement. L'acquittement du cardinal de Rohan est prononcé : le peuple se précipite vers les membres du Parlement pour les féliciter, les embrasser. Rohan a été grossièrement dupé par un escroc et une aventurière : ainsi s'explique son acquittement. Mais il avait cru pouvoir acquérir les faveurs de la reine en lui offrant un collier de 1 600 000 livres, il avait cru à de soi-disant rendez-vous nocturnes avec la reine, évidemment simulés par ses douteux partenaires. En d'autres temps, il aurait été durement sanctionné pour ses pensées de lèse-majesté. Le Parlement juge normale la crédulité du cardinal, comme si le goût effréné du luxe et le ballet des intrigues autour du pouvoir étaient de notoriété publique. Il dévoile ainsi l'érosion de l'image de la monarchie dans l'opinion, mais aussi le cynisme d'une société.

En présence de Calonne, Mirabeau n'est plus accusateur mais solliciteur. Oubliées, les diatribes du manuscrit envoyé de Berlin ! Notre auteur accepte de se faire acheter. Bien plus, comme le ministre évoque, parmi ses plans de réforme, la mise en place d'assemblées provinciales – sur le modèle expérimenté par Necker dans le Berry et la Haute-Guyenne –, Mirabeau se souvient qu'il a recopié, naguère, à Vincennes, le mémoire de Turgot sur les municipalités ; il s'en attribue sur-le-champ la paternité et le met à la disposition de Calonne, afin d'apparaître comme un collaborateur précieux, irremplaçable ! Une série d'incidents s'ensuivent. Mirabeau semble avoir oublié que le véritable auteur du mémoire de Turgot est Dupont de Nemours, l'ami fidèle des mauvais jours, le premier disciple du marquis ! Dupont explose devant cet abus de confiance : « Il a fallu que je présente au ministre l'original de ma main, pour lui montrer comment Mirabeau fait ses écrits. » Dans le même temps, le journaliste Brissot veut publier le manuscrit : Clavière le lui a transmis, après l'avoir obtenu de Mirabeau, qui l'attribuait à Turgot. Mirabeau veut faire arrêter l'impression. Brissot proteste : « La diffusion de ce texte peut régénérer la France ! Cet ouvrage, composé par un homme qui n'est plus, et qui s'est sacrifié, toute sa vie, au bien de l'Humanité, appartient au public ! » Et voici l'auteur des *Lettres de cachet* qui menace, au plus fort de sa colère, d'envoyer Clavière et Brissot à la Bastille ! Incidents en chaîne : Mirabeau a montré à Clavière, et celui-ci à Brissot, un manuscrit de Talleyrand condamnant les loteries,

« cette horrible invention, qui exploite le délire ou le désespoir d'êtres humains ». Cette fois, Brissot veut publier ce texte sous son nom, car il s'agirait d'une « bonne et patriotique action ». Nouvelle altercation violente avec Mirabeau qui, au passage, traite Clavière de « perfide Genevois ». Échange épistolaire virulent entre Talleyrand et Mirabeau... mais les intérêts des deux hommes sont trop liés : Talleyrand oublie l'incident et, toujours à la recherche d'une « immense fortune », il veut associer Mirabeau à un grand projet financier, la création d'une Banque d'État, avec des capitaux prussiens, et le placement des fonds publics. Dès son retour à Berlin, Mirabeau s'entretiendra avec le nouveau ministre des Finances, le Danois Struensee, qui le félicitera pour ce projet « superbe », promettra son appui pour le placement des fonds... mais leur conversation restera sans suite.

Talleyrand s'est entremis dans les négociations entre Calonne et Mirabeau. Il précise les conditions de la collaboration de « l'envoyé officieux » à Berlin. Il lui demande, à titre d'essai, une Note sur « la situation actuelle de l'Europe ». Mirabeau remet ses réflexions, le 2 juin 1786. Il considère que l'intérêt de la France et de la paix est d'imposer une digue aux ambitions de Joseph II d'Autriche et de Catherine II de Russie. Il préconise une alliance franco-anglaise, qui serait préparée par un traité de commerce. Il espère que le futur souverain de Prusse maintiendra la position de Frédéric II, hostile au renforcement de l'Empire d'Autriche – ce qui rendrait possible une triple alliance, franco-anglo-prussienne. Mais il craint que la guerre civile qui menace en Hollande, entre la maison d'Orange, qui détient la direction de l'exécutif, le Stathoudérat, et le parti des « patriotes », ne fasse éclater ces espoirs de coalition...

Mirabeau est de retour à Berlin, le 21 juillet.

Il a, de nouveau, fait étape à Brunswick. Cette fois, il a été reçu par le duc Charles-Guillaume-Ferdinand. Entré au service de la Prusse, le duc est considéré comme l'un des meilleurs généraux européens. Il est, par ailleurs, le grand maître de la franc-maçonnerie allemande.

L'entretien a été très chaleureux. Le duc a retenu Mirabeau à dîner, puis il l'a entraîné dans une embrasure et ils ont discuté, pendant deux heures, à voix basse. Le duc fait assaut de courtoisie, il parle avec précision et élégance, mais il cherche souvent ses mots, avec une certaine affectation.

Le duc s'inquiète de la situation politique à Paris, de l'évolution de la diplomatie française :

« Est-il vrai que Vergennes pourrait être remplacé, aux Affaires étrangères, par le baron de Breteuil, si proche de l'Autriche ?

— Le renforcement de notre relation avec l'Autriche n'est envisageable que si elle contribue à la paix, et non si elle stimule la guerre. Ainsi le veulent la probité du roi et la morale de sa politique. »

Mirabeau a montré qu'il était rompu aux dissertations prudentes des chancelleries. Il exprime, à son tour, les appréhensions de la France :

« Que se passera-t-il après la mort de votre roi ? La Prusse est, aujourd'hui, le pivot de la guerre et de la paix en Europe. Vous êtes le seul homme capable de “prendre le timon” en Allemagne et d'influencer le successeur de Frédéric. Vous serez presque le seul à décider de la paix et de la guerre. On vous considère comme le “Dieu de la guerre”…

— Je nie, avec force, avoir jamais aimé la guerre ! Tout m'éloigne de la guerre, qui n'est qu'un jeu de hasard, qui fait du vainqueur d'hier, le vaincu de demain. Comment un homme sensé, avançant en âge, pourrait-il jouer sa vie comme un jeu de hasard ? »

Mirabeau se demandera, plus tard, s'il ne s'est pas laissé duper – s'il n'a pas oublié, en cet instant, que la guerre est « l'industrie nationale de la Prusse ».

Le duc semble hésitant :

« J'aimerais vous interroger sur un point, mais je vous prie de ne pas considérer ma question comme absurde. L'idée d'une alliance entre la France, l'Angleterre et la Prusse, afin d'assurer la paix en Europe, vous semble-t-elle une chimère ? »

Mirabeau s'enthousiasme :

« Cette idée me roule dans la tête depuis des années. Elle est trop grande pour ne pas être séduisante. Elle changera la face de l'Europe et immortalisera le souverain qui la réalisera ! »

Ah ! S'il pouvait mettre fin à l'inertie de la diplomatie française ! Dès son arrivée à Berlin, Mirabeau envoie sa première dépêche : avec Frédéric, va disparaître la clé qui « resserrait la voûte politique de l'Europe. Le projet d'une grande alliance semble favorablement accueilli par le duc de Brunswick ».

À Potsdam, Frédéric II est mourant.

Mû par son intuition de presque-journaliste, Mirabeau estime que le gouvernement français devrait être rapidement informé du tragique événement. Il achète deux paires de pigeons voyageurs, les met en place dans une ferme à quatre milles de Berlin.

À l'aube, il part à cheval pour Potsdam, afin de rencontrer le ministre de France. Mais d'Esterno dort encore. Mirabeau lui fait passer un billet : il décrit l'organisation qu'il a mise sur pied, et qu'il tient à la disposition du représentant de la France. Le billet en réponse est toujours aussi rogue : « Le comte d'Esterno a l'honneur de faire ses remerciements au comte de Mirabeau ; il ne profitera pas de ses offres obligeantes. » Découragé, Mirabeau relâche ses pigeons. Vergennes apprendra la mort du roi, plusieurs jours plus tard, par la lecture de la *Gazette de Leyde*.

Mirabeau est bouleversé par la disparition de Frédéric II, le 17 août. Il en veut aux Berlinois de ne pas ressentir l'importance de cette perte pour la Prusse et pour l'Europe. Il se promène dans les rues de Berlin avec Henriette. « Tout est morne, rien n'est triste, tout est occupé, rien n'est affligé. Pas un regret, pas un soupir, pas un éloge. Un sentiment de soulagement sur la plupart des visages. » Le soir, ses remarques sont désabusées : « C'est donc là qu'aboutissent tant de batailles gagnées, tant de gloire, un règne de près d'un demi-siècle, marqué par tant de hauts faits ! Tout le monde en désirait la fin, tout le monde s'en félicite. » Peut-être est-ce la sanction normale de tout absolutisme, de tout césarisme, même éclairé : « Les cordes sont si tendues qu'elles ne peuvent qu'être relâchées ; le peuple a été si opprimé, vexé, pressuré, qu'il ne peut qu'être soulagé. » Frédéric avait-il été plus lucide sur la trace qu'il laisserait sur son peuple ? Dans un ultime pied de nez, il a demandé à être enterré auprès de ses chiens.

Maintenant, Mirabeau se tourne vers le nouveau monarque, Frédéric-Guillaume II, neveu du grand Frédéric. Il veut lui soumettre un projet politique, le plan qui pourrait donner cohérence au règne qui s'ouvre. Ce plan, il y a déjà pensé à Paris, puis tout au long de son voyage à travers l'Allemagne. Il a couvert des dizaines de pages : il adresse son mémoire, dès le 20 août, au nouveau souverain – imprimé, l'année suivante, à Berlin, il représentera une brochure de 84 pages.

Ce Mirabeau berlinois est conquérant ; il n'est guère saisi par le doute. Son ton n'est pas celui d'un courtisan. Il esquisse avec hauteur le bilan du règne de Frédéric : « Votre prédécesseur a gagné sans doute assez et peut-être trop de batailles. Il a conquis l'admiration des humains, mais jamais leur amour. » Il expose, avec la même hauteur, les principes des temps nouveaux : « Une logique sévère juge de tout aujourd'hui. Les hommes qui ne voient que leur semblable sous le manteau royal et en exigent des vertus sont plus nombreux que jamais. On ne peut plus se passer de leur suffrage. »

Suit une longue série de réformes que Mirabeau réclame au monarque. Transformer l'armée permanente – « l'esclavage militaire » – en une milice nationale, accorder les mêmes droits aux fonctionnaires civils qu'aux officiers, supprimer la censure, réformer le système fiscal et douanier, détruire les monopoles et favoriser le commerce, renoncer à accumuler l'or et l'argent. Mirabeau va jusqu'à préconiser « une justice prompte et gratuite », la nomination de « juges indépendants, payés du revenu public » et même ce « droit au travail » – « que tout homme qui veut travailler trouve du travail » – que tenteront d'établir les hommes de 1848. Mais l'esprit général est celui des physiocrates. Et du libéralisme : « ne pas trop gouverner », « se garder contre la manie de réglementer », « laisser jouir chacun en paix de son travail ».

Mirabeau fait à Berlin ses débuts de planificateur politique : en 1790, il proposera un tout autre plan à la cour, qui tiendra compte des rapports de forces politiques, voire des réalités sociales, de la France des premières années de la Révolution. Rien de tel dans le mémoire adressé à Frédéric-Guillaume II : notre auteur présente l'épure d'une démocratie idéale, qui n'a guère à voir avec l'État militaire prussien, fondé sur une armée permanente qui est le socle de l'unité autour du monarque, une armée de taille disproportionnée par rapport à la population et dont tous les commandements sont l'exclusivité de l'aristocratie.

Quelle sera la réaction du nouveau monarque à ce plan ? « Le roi m'en a seulement accusé réception », reconnaît Mirabeau dans une lettre à Talleyrand. Le comte d'Esterno s'indigne : « Mirabeau vient encore de nuire à la nation par sa présomption. Il a écrit des choses très déplacées et très désobligeantes pour le roi de Prusse. » Il assure que le prince Henri soutient « qu'il serait fort à propos de faire partir Mirabeau des États de Prusse ». Mais le prince Henri continue de recevoir Mirabeau dans sa résidence de Rheinsberg… et le charge d'indiquer au ministère que « d'Esterno est beaucoup trop froid, trop pincé, trop ministre pour le nouveau roi ».

Le roi a supprimé les loteries d'État. Il rencontre Mirabeau et le remercie :

« Je vous dois sur cela un pardon. C'est un des bons conseils de votre manuscrit. Pour le reste, il faut que vous m'excusiez encore un peu… et il m'a déjà fallu passer outre aux conventions existantes.

— Sire, on s'est tant servi du despotisme pour le mal. Quand on s'en servirait une fois pour le bien…

— Vous vous réconciliez un peu avec le despotisme ?

— Il le faut bien, Sire, dans un pays où une seule tête a 400 000 bras. »

Mirabeau poursuit sa correspondance confidentielle pour le ministère. Henriette le décrit, dans l'aube glaciale, vêtu d'une robe de chambre, affairé à la rédaction de ses dépêches. Il a pour collaborateur un jeune baron balte, Nolde. Sa chronique presque quotidienne de la cour de Berlin est pleine de verve : son sens de l'investigation et de l'observation, la liberté de ses commentaires font merveille. Les tableaux statistiques sur l'évolution de la Prusse voisinent avec des anecdotes ou des commérages sur la vie privée du monarque – qui entretient une liaison, parfois agitée, avec Mlle de Voss, mais une aventurière française, Mme Joly de Fleury, s'est mise en tête de le conquérir – en vain.

« On est parfaitement content de votre correspondance, on me le répète tous les jours », écrit Talleyrand à Mirabeau. En fait. Vergennes, influencé par les colères du ministre de France, a cessé de la consulter. Par contre, Louis XVI et Calonne lisent avec gourmandise les missives de Mirabeau – tout de même épurées au préalable par Talleyrand pour en écarter les critiques de la politique étrangère française.

Mais Mirabeau s'ennuie. Il n'est qu'un « bas officier » de la diplomatie, sa fonction est « amphibie » ! Et le nouveau monarque le déçoit : il est « de plus en plus Allemand, purement Allemand », il « nargue la supériorité française ». « La cause de la France est perdue à Berlin », constate, non sans mélancolie, l'envoyé officieux. Et des changements se préparent à Paris, une « Assemblée des notables » va être réunie. Pour Mirabeau, l'heure du retour approche.

CEUX QUI SONNENT LE TOCSIN

Mirabeau est reparti enthousiaste de Berlin.

« La convocation des Notables précédera de peu celle d'une Assemblée nationale », prophétise-t-il devant le marquis de Luchet, son compagnon de voyage, « prêté » par le prince Henri.

À son arrivée à Paris, le 1er février 1787, il déchante. Le scepticisme est général, à l'endroit de Calonne. Le ministre a feint de céder à l'opinion publique, qui exige une réflexion collective sur les lourdes charges imposées par l'État. En fait, il a surtout voulu masquer une situation insoluble, un désordre inextricable, avouer sa gestion imprudente et un déficit de 100 millions, troquer contre des réformes et des concessions à l'esprit du temps... de nouveaux appels de fonds, de nouveaux emprunts.

Calonne soumet à Louis XVI un plan qui esquisse une répartition plus équitable des charges, des économies sur le budget de la Maison du roi et l'aliénation partielle du domaine de la couronne :

« Mais c'est du Necker que vous m'apportez là !

— Sire, dans l'état présent de nos finances, je ne peux rien vous donner de mieux. »

On raille la composition de l'Assemblée des notables, jusque dans les milieux de la cour : 17 princes du sang, 7 archevêques, 8 maréchaux, 12 ducs, 34 premiers présidents de parlements ou procureurs généraux, 20 gentilshommes titrés... Est-ce là la représentation du royaume ?

La fronde des boulevards double celle des salons. Une affiche provocatrice est collée sur les murs du ministère des Finances : « La nouvelle troupe de comédiens, levée par le sieur de Calonne, donnera pour grande pièce *Les Fausses Confidences*, pour petite *Le Consentement forcé*, et ces pièces seront suivies d'un ballet allégorique intitulé *Le Tonneau des Danaïdes.* »

Une comédie aussi révélatrice est représentée devant Marie-Antoinette : le personnage central, un roi, est arrêté au milieu d'un de ses voyages par le manque d'argent. Un écuyer demande :

« Comment faire ?

— Assemblez les notables ! » répond, en chœur, la salle.

Une estampe connaît un vif succès. Un fermier convoque sa basse-cour : « Mes chers animaux, je vous ai assemblés pour délibérer à quelle sauce je veux vous mettre. »

Mirabeau écrit à Henriette : « C'est une étrange nation que celle qui ne peut recevoir ni le bien ni le mal qu'en riant. » Et à son ami Mauvillon : « Les circonstances sont si orageuses, les événements si imprévus que j'ai besoin de toute ma tête dans ce torrent de soudainetés. »

La déception de l'opinion accroît sa déception personnelle. Il avait fini par se persuader qu'il était l'inventeur de l'idée d'une Assemblée des notables ; seule l'exécution du plan revenait à Calonne… Et il avait écrit à Talleyrand pour se porter candidat à l'un des postes de secrétaires de l'Assemblée. Mais sa requête est laissée sans réponse : Dupont de Nemours est le véritable inventeur des Notables et le véritable auteur du fameux « mémoire » de Turgot ; il est nommé deuxième secrétaire de l'Assemblée. Le premier secrétaire sera Hennin qui, résident à Genève, avait surveillé, dix ans plus tôt, les faits et gestes de Mirabeau, fugitif.

Lorsque l'Assemblée s'ouvre le 22 février, Mirabeau constate que les questions de politique étrangère ne sont pas à son ordre du jour : sa déception est donc moindre, lui qui se prévaut désormais de son expérience internationale, de son « horizon élargi ».

Il relève aussi que Calonne va être amené à « batailler pour sa sûreté personnelle » et non à « organiser la nation ». Le contrôleur général des Finances aura donc besoin « d'intrigants et de satellites » et non « d'aides de camp citoyens ». Autant de raisons, pour Mirabeau, de renoncer à figurer dans l'entourage du ministre.

De fait, il souhaite maintenant une mission diplomatique, officielle cette fois. Pourquoi ne serait-il pas accrédité à Nimègue ? Envoyé en Hollande, où il a tant de relations, il se verrait en « pacificateur », au nom de la France. Mais Calonne reste muré dans son silence ministériel. Et l'absence politique de Vergennes, gravement malade, empêche toute nomination aux Affaires étrangères.

Talleyrand revient à la charge :

« Il faut faire quelque chose pour Mirabeau, qui n'est pas un homme à mécontenter. »

Mais Calonne méprise les gens qu'il paie ; il sait les difficultés financières de Mirabeau :

« J'arrangerai tout cela avec de l'argent. »

Ressentiment de Mirabeau devant cet « outrage inexpiable » :

« Je montrerai à ce personnage que si je suis bon à prendre, je ne suis pas bon à laisser. »

Assouvir sa vengeance tout en défendant le bien public ! Mirabeau avait déjà, à Berlin, esquissé le bilan des bévues de l'administration de Calonne. Il veut aller plus loin dans son réquisitoire, avec pour cible le ministre, avant les « agioteurs ».

... Ou le ministre comme « agioteur ». Calonne s'est-il laissé aller à de périlleuses spéculations, en marge de ses fonctions officielles ? Mirabeau lance son enquête. Autour de lui, le cercle des banquiers genevois s'est élargi : il a noué des liens très forts avec le Zurichois Jean-Gaspard Schweizer, heureux en finances et idéaliste en politique, dont la maison et la bourse lui sont généreusement et discrètement ouvertes... Les dettes de Mirabeau s'élèveront à 20 000 livres, que Schweizer sera très surpris de se voir rembourser lorsque son ami, figure de proue de l'Assemblée constituante, aura retrouvé une certaine aisance grâce aux subsides de la cour. Dans son élan pour les Schweizer, Mirabeau tentera même de séduire Madeleine, la gracieuse épouse du banquier, mais cette dernière le repoussera avec élégance.

La compagnie de Schweizer permet à Mirabeau d'être éclairé sur les liaisons de Calonne avec les « agioteurs », particulièrement avec le premier d'entre eux, l'abbé d'Espagnac, vicaire général de Sens. Fils du gouverneur des Invalides, neveu d'un membre du Parlement de Paris, d'Espagnac était, sous l'habit ecclésiastique, un libertin et, surtout, un joueur : il spéculait sur tout, il aurait pu « spéculer sur les âmes », disait-on de lui. Rivarol l'avait surnommé « l'apôtre de la Bourse ». Il avait offert ses services aux agents de Calonne. Il préparait les opérations financières du ministre... ou ses propres opérations avec les moyens de l'État.

Calonne souhaitait faire monter le cours de certaines actions : pour affermir la confiance de l'opinion publique, une confiance indispensable au moment de la réunion des Notables, pour reprendre la justification qu'il avancera plus tard, mais aussi parce qu'il était intéressé personnellement à certaines valeurs, telles celles de la Compagnie des Eaux. Calonne a donc procédé, par l'intermédiaire de l'abbé d'Espagnac, à d'immenses achats fictifs. À l'égard de la Compagnie privilégiée des Indes, Calonne a perdu le contrôle de la manœuvre : ses agents n'ont pas les moyens de réaliser leurs achats d'actions, que d'Espagnac est prêt à leur reprendre à terme, avec un grand bénéfice et une perte pour les finances du royaume. Pour parfaire l'opération, l'abbé se lie à d'autres spéculateurs et rédige un « plan des opérations », dont s'empare Mirabeau grâce à Schweizer. Il le publiera en annexe de son pamphlet contre Calonne, s'indignera contre ce « plan d'escroquerie audacieux et extravagant » : « Je l'ai sous les yeux ce plan secret, livré par l'imprudente avidité d'acquérir des complices... Cette scélérate entreprise a pour objet l'accaparement de toutes les actions de la Compagnie des Indes. » Et surtout, il s'en prendra à la « main invisible » qui semble protéger les spéculateurs – on reconnaîtra aisément Calonne, qui n'est pas nommé : « Comment peut-on exécuter des opérations aussi immenses et aussi scandaleuses ? D'où peuvent venir les secours ? » Un ministre est stigmatisé « à qui tout principe de bonne foi, de fidélité aux engagements, de respect pour la propriété est inconnu, dont la morale est entièrement odieuse... »

Circonstance aggravante : après avoir remboursé, dès son arrivée aux affaires, les 6 millions que son prédécesseur, d'Ormesson, avait empruntés à la Caisse d'escompte, Calonne s'est laissé aller à des expédients qui dépassaient de loin ceux imaginés par d'Ormesson. Ainsi a-t-il modifié les statuts de la Caisse et donné l'autorisation d'élever le capital en actions à 100 millions, dont il prit 70 pour le Trésor public, au taux de 5 % d'intérêt. C'était, en fait, un véritable emprunt, mais ce détour par la Caisse permettait d'éviter l'enregistrement du Parlement. Mirabeau dénonçait donc la Caisse, qui « vendait ses services » ; il exigeait qu'elle fût réformée dans l'esprit de sa fondation.

Le livre parut sous le titre de la *Dénonciation de l'agiotage – au roi et à l'Assemblée des notables*, le 20 février 1787. Cet ouvrage de 143 pages avait été écrit et imprimé en trois semaines – « il a été fait trop vite pour être bon », reconnaît avec modestie Mirabeau. Mais la *Dénonciation* ne se limite pas à la critique des spéculateurs ; elle propose un plan de réformes : une presse libre, pour conduire l'opinion publique et la mettre en garde contre une vision erronée des pratiques boursières, l'organisation saine des finances de l'État, l'élection d'assemblées provinciales.

La *Dénonciation* aura une très grande audience. « Ce livre a un succès prodigieux, constate Mirabeau. Tous les yeux sont fixés sur moi. Les notables, les chefs des corps, d'honnêtes gens de toutes les classes m'ont félicité, remercié. Des études de notaires aux boudoirs des belles, on m'a lu, vanté, prôné. »

Face à l'indignation générale, Calonne est contraint de sévir.

Il ordonne l'exil de l'abbé et de ses propres agents compromis. Mais, dans le même temps, pour empêcher la ruine de la Caisse d'escompte, qui est ébranlée, et de la Compagnie des Indes, dont les actions se sont effondrées, il traite avec d'Espagnac et puise 12 millions dans le Trésor public pour le dédommager.

Le marquis enrage, à son habitude, contre son fils :

« On s'arrache l'ouvrage, on le paie jusqu'à 9 livres l'exemplaire ! Depuis que ce monsieur imprime partout son nom prostitué, il prend un ton de dignité insolente et la redingote de l'honnête homme. Avec quelle impudence, il mâtine l'art de la parole ! »

En fait, on attribue souvent la *Dénonciation* au marquis : « Je suis obligé de renier le livre à toute heure et de répondre à une foule de billets que je ne connais ni le livre, ni l'auteur ! »

Cependant, le marquis n'est-il pas secrètement flatté, ne se retrouve-t-il pas en Gabriel-Honoré ?

« Il est impossible, à son style actuel, de méconnaître son père. »

Mais Mirabeau n'est pas seulement loué. Les amis de Calonne dénoncent le dénonciateur. Les épigrammes volent. Rivarol décoche à Mirabeau l'un de ses traits assassins : « Un voleur converti doit devenir bourreau, et prêcher sur l'échelle en pendant ses confrères. »

Craignant une lettre de cachet, Mirabeau s'est réfugié à Liège. Chamfort est offusqué : « En France, on laisse en repos ceux qui mettent le feu et on persécute ceux qui sonnent le tocsin. »

Mais Calonne reprend contact avec Mirabeau, lui donne toutes assurances sur son retour à Paris... S'il se montre si débonnaire, c'est parce qu'il sait Mirabeau hostile à Necker et qu'il recherche un allié dans la querelle de chiffres qui l'oppose à l'ancien directeur des Finances. Dans son *Compte rendu au roi*, publié en 1781, au moment où il va abandonner la direction générale des Finances, Necker assure que son administration s'est terminée par un excédent de recettes – ce que conteste Calonne, qui accuse le banquier genevois d'avoir laissé un important déficit et d'être ainsi responsable de la situation des finances françaises. Necker réclame une enquête, que le roi refuse ; mais il est soutenu, au sein de l'Assemblée des notables, par une faction nombreuse, qui voit en lui un oracle infaillible. Calonne veut poursuivre le combat, mais il ne peut le faire lui-même, car le roi a interdit la guerre de brochures entre les deux hommes. Quelques semaines plus tard, quand Calonne sera chassé du pouvoir sous les coups des Notables, Necker sera exilé à vingt lieues de Paris pour avoir violé l'ordre royal en publiant son *Apologie*.

Mirabeau n'a guère à se contraindre pour répondre aux invites de Calonne : il éprouve pour Necker une aversion naturelle, spontanée. À l'origine, un ressentiment en quelque sorte « historique » : Gabriel-Honoré ne pardonne pas à Necker d'avoir attaqué, dans ses écrits, les principes de l'école physiocratique – une preuve de l'attachement de Mirabeau à son père, par-delà les graves conflits qui les ont toujours opposés. Depuis le donjon de Vincennes, Mirabeau a continué de s'en prendre à celui qu'il surnomme le « panégyriste de Colbert », incapable de « guérir la maladie du budget ». Plus tard, il a même réussi à liguer contre Necker ses amis genevois, en leur montrant que leur compatriote était resté inactif, en tant que ministre du royaume de France, à l'heure où ce même royaume menaçait la liberté de Genève.

Tout exaspère Mirabeau dans la personnalité de Necker : sa popularité et ce qu'il prend pour de la fatuité, pour une pédanterie pesante... Les deux hommes sont tellement dissemblables ! Necker tient de son père allemand le sérieux, la gravité, la froideur, et de son milieu financier genevois la discrétion, la pudeur, la décence ; il est honnête, vertueux – une vertu qui apparaît comme une curiosité dans la France de la fin du XVIIIe siècle ; il se comporte, dans sa vie privée comme publique, en père de famille économe. Mirabeau, qualifié d'ouragan par son père, de bourrasque par son oncle, incarne le brio et l'éloquence du Sud français, des provinces de droit romain, et aussi la démesure méridionale – n'est-il pas bruyant, incommode, souvent insupportable, même à ses amis les plus proches, désordonné dans une vie émaillée de scandales ?

Dans sa *Dénonciation de l'agiotage*, Mirabeau a déjà lancé une attaque rapide, mais incisive, contre la politique financière de Necker : il lui reproche d'avoir comblé le déficit créé par la guerre d'Amérique par le recours à l'emprunt – 530 millions d'emprunts – au lieu de procéder à une réforme de l'impôt. « Necker se ménage une réputation d'adresse et d'escamotage politique en éloignant l'impôt, mais il laisse à ses successeurs la tâche plus difficile d'acquitter les dettes qu'il met sa gloire à accumuler. » Le juriste Lacretelle reproche à Mirabeau ses critiques de Necker : il s'attire une réplique qui accentue le blâme de la « monstrueuse faute », commise par le banquier genevois ; cet échange est publié, le 19 mars 1787, sous la forme d'une *Lettre sur l'administration de M. Necker*. Une seconde lettre suit, six semaines plus tard, le 1er mai : Mirabeau ironise sur « le grand homme adoré, tout éclatant de gloire et de vertu », sur « la magie de l'usurpateur étranger ». On avait, dans le passé, considéré les physiocrates comme une secte ? Mirabeau retourne ce reproche sur Necker. « Tels furent tous les chefs de secte : ils prouvent leur mission par leurs miracles et leurs miracles par leur mission. » Et il assène sa condamnation définitive, au nom des générations futures : « Les amis de Necker disent : “ Il a fait la guerre sans impôts ! C’est un Dieu ! ” Je réponds : “ Peuple crédule ! Hâtez-vous de l’admirer, vos enfants le maudiront ! ” »

Mirabeau a accusé Necker « d’avoir vilement intrigué contre le grand Turgot » – un autre règlement de compte au nom des physiocrates. Dans son élan, il publie comme *Œuvres posthumes de Turgot* le fameux mémoire sur les municipalités, accompagné des *Réflexions d’un républicain* sur Necker et Turgot, rédigées par Brissot : Necker est, à nouveau, vilipendé ; son idée de « grande municipalité » ne vaudra jamais celle d’États généraux érigés à la hauteur du Parlement anglais. L’Ami des Hommes est cité par Mirabeau comme le premier auteur à avoir soulevé la question des assemblées provinciales ; Dupont de Nemours, véritable auteur du « mémoire » de Turgot, n’a droit qu’au silence qui enveloppe son nom ! Dupont, l’ami des mauvais jours, est affligé par ce traitement ! Il alerte le frère de Turgot, publie une protestation dans le *Journal de Paris* contre Mirabeau, « le plus étrange alliage de bon et de mauvais ». Mais Mirabeau ne peut répondre : il est parti pour Brunswick, mettre au point, avec Mauvillon, son grand ouvrage sur la *Monarchie prussienne*.

Mirabeau demeure quatre mois à Brunswick, du début mai à la fin août 1787. C’est un entracte dans ces deux années de combat qui précèdent le grand affrontement de 1789. Il prend du champ : les bruits de Versailles et du monde ne sont plus qu’une rumeur lointaine. « Je me sens aussi étranger à ce qui se passe ailleurs que si j’étais un habitant du Kamtchatka. » Il a le sentiment qu’une autre vie, dépouillée d’ambition, serait possible : au cours de son voyage, il a contemplé, du haut de Saverne, « les pays enchantés qu’on découvre sur l’un et l’autre bord du Rhin » ; il serait heureux de « ne vivre ici que pour son amie et son fils ».

À Brunswick, Mirabeau fréquente la petite cour du duché, mais il sort peu. Il rédige, à marche forcée, avec le concours de Mauvillon, sa *Monarchie prussienne*. Il relate ses progrès dans la rédaction à Henriette, à laquelle le lie un amour confiant, paisible : « C’est pour te rejoindre plus tôt que je m’applique ainsi… Quand cet ouvrage paraîtra, j’aurai à peu près 38 ans. J’ose le prédire, il me fera un nom. »

Il expose les raisons qui l’ont conduit à son grand ouvrage : « Un pareil travail sur l'Angleterre eût été plus facile, plus brillant, plus recherché. Mais j'ai préféré commencer par une étude de l'Allemagne, car les Français ignorent sa langue et ses institutions. » Il veut étudier comment Frédéric a édifié un gouvernement fort, digne d'exciter l'admiration de ses contemporains : écrire l'histoire de l'administration prussienne sous Frédéric, plus que l'histoire de Frédéric. Mirabeau ne cesse d'exalter la grandeur de la Prusse : sa justice équitable, l'ordre exemplaire, le sentiment du devoir, le déclin de la bigoterie et de l'ignorance. La grandeur de la Prusse est, d'abord, militaire : ici, « tout homme est né soldat ». Mais, au-delà du génie de Frédéric le Grand, « le premier de son peuple et de son siècle », il affirme que la chose publique ne peut reposer totalement sur un seul dirigeant, prétendu infaillible : « Cela est une base chancelante, l'orage d'une nuit peut jeter à bas la bâtisse tout entière. » En outre, le gouvernement absolu de la Prusse ne permet pas aux citoyens de donner un libre essor à leurs forces : dans les domaines de l'industrie, du commerce et des charges publiques, l'action de l'administration prussienne est déplorable. Et Mirabeau de se déchaîner contre « la manie des fabriques, chère à Frédéric », de fulminer contre « le fisc, lion dévorant, insatiable », d'exalter, une fois de plus, les thèses physiocratiques... revues par le libéral Adam Smith. L'occasion est belle de rendre justice à son père, le marquis, philosophe politique oublié, à la renommée ébranlée par ses procès et ses difficultés familiales. Le généreux Mirabeau oublie les torts de son père envers lui ; il est prêt à effacer un passé de rancune.

Armé de son intuition politique, Mirabeau a-t-il pressenti la naissance de l'Empire allemand, sous l'aiguillon des Hohenzollern ? Il décrit le chaos d'une Allemagne divisée en une mosaïque de petits États souverains : cet ensemble « informe et bizarre de souverains considérables et médiocres, petits et très petits, entremêlés de quelques villes libres impériales, aussi inégales entre elles ». Mais il préfère les conséquences de ce manque de cohésion à la création d'une « grande monarchie », d'une Allemagne unifiée. Il préfère une confédération de « petits États », « les seuls où l'espèce humaine acquière le plus grand développement possible de sa perfectibilité » : c'est le citoyen du monde qui s'exprime ici – qui utilise le vocabulaire d'Emmanuel Kant, à la recherche du régime qui permet la plus grande liberté possible... Mais peut-être faut-il faire aussi la part du patriote français, par avance inquiet de la naissance d'une trop grande puissance de l'autre côté du Rhin. Avertissement prémonitoire de l'auteur de la *Monarchie prussienne* : « S'il était un pays, objet de la jalousie, de l'envie de toute l'Europe ; qui eût de grandes conquêtes à conserver, de grandes victoires à expier, de grandes défaites à effacer, de grands intérêts à défendre... où l'on prît l'habitude de fronder pour la liberté, l'opinion de la capitale et ses explosions verbeuses pour un gage de la restauration de l'État... le faste sans exemple, le luxe effréné, les déprédations incalculables, le désordre et tous ses délires, pour la puissance... s'il était un tel pays, nous lui conseillerions de réfléchir sur la constitution de l'armée prussienne. »

Mirabeau surveille de près le duc de Brunswick, avec lequel il continue de s'entretenir très amicalement – mais sur les sympathies duquel il n'a plus d'illusions : il le croyait ami de la France ; il le découvre adversaire virtuel. Le duc vient d'être nommé à la tête de l'armée prussienne ; le nouveau feld-maréchal prépare l'invasion de la Hollande. Mirabeau décrit les mouvements de troupes, dans des dépêches pour Talleyrand. « Le duc paraît fort tranquille ici, écrit-il à Henriette ; mais c'est le sommeil du lion. »

De fait, à La Haye, le parti des « patriotes », qui croit pouvoir compter sur l'appui de la France, affronte directement la princesse d'Orange, sœur de Frédéric-Guillaume II ; le roi de Prusse considère l'assaut des « patriotes » comme une offense personnelle. Lorsque le duc de Brunswick entrera à la tête de ses troupes en Hollande, la France préférera abandonner ses amis et perdre, pour un temps, tout prestige en Europe. Mirabeau reviendra sur l'événement en publiant, en avril 1788, une *Adresse aux Bataves* : il dira sa conviction que l'invasion prussienne « est un jour de deuil pour l'Europe », il appellera les démocrates hollandais à la résistance, il énumérera les droits qui sont les leurs – une sorte de répétition générale des « adresses » que Mirabeau lancera à ses compatriotes.

Pour l'heure, il se préoccupe de l'édition de la *Monarchie prussienne*. Il négocie à Hambourg où Fauche, le libraire de Neuchâtel, a créé une filiale, tenue par son fils. Mirabeau obtient une avance de 20 000 francs, à la remise du manuscrit. Le livre sera édité, de concert, à Paris, par le libraire Le Jay.

Mirabeau revient de Hambourg, par la mer. Il essuie trois violentes tempêtes, pendant une traversée de dix-sept jours. À son retour à Paris, il lance :

« J'ai estimé que la noyade était une issue trop vulgaire pour moi. »

QUAND L'ABSOLUTISME SE DISSOUT

Vénération pour la figure royale, volonté de dépossession de l'autorité monarchique : le premier acte révolutionnaire, qui consiste dans l'abaissement du monarque absolu comme condition de la régénération politique, est accompli « dans les esprits » dès avant 1789. En quelques années, l'opinion est passée du « constitutionnalisme parlementaire » triomphant, de la tentative des corps intermédiaires de restaurer la constitution de l'Ancien Régime, à un nouveau radicalisme politique, à la conviction révolutionnaire de la nécessaire abolition des institutions de l'Ancien Régime.

Le sentiment d'un naufrage de l'ancien ordre est dû, pour une grande part, aux dissensions et à l'absence du pouvoir royal. Calonne a proposé une contribution à payer par tous les sujets du royaume, et des assemblées provinciales composées sans distinction d'ordres : il retirait donc à la noblesse le privilège du rang dans l'ordre politique. Au contraire, la vision du garde des Sceaux, Miromesnil, restait « parlementaire » : un pouvoir royal, tempéré par les corps intermédiaires. L'autorité royale doit-elle donc s'appuyer sur les ordres privilégiés, comme l'affirment, dans un mémoire retentissant, les princes du sang ? Ou résulter d'une alliance du roi avec le peuple, d'une monarchie absolue et populaire, comme le suggère, implicitement, Calonne ?

Lorsque le roi promettra de convoquer les États généraux, son gouvernement lancera un extraordinaire « appel à témoins » : il invitera, le 5 juillet 1788, la nation à entreprendre des recherches sur le mode de convocation et de délibération des États généraux ! Manœuvre de retardement ? Ou aveu ? Le détenteur du pouvoir absolu a déjà perdu le « savoir absolu ». Un pouvoir royal, « ballotté entre les anciens usages et l'esprit nouveau », va destituer l'absolutisme « sans pour autant l'abdiquer » (François Furet) et laisser aux États généraux le soin de décider de l'avenir.

Au centre de la tragédie : Louis XVI, qui a succédé en 1774 à son grand-père Louis XV. « Nous régnons trop jeune » : le nouveau souverain, honnête, animé du désir de bien faire, a conscience de ses limites intellectuelles. On sait qu'il s'épanouit à la chasse ou dans son atelier de serrurier, mais ne prend guère d'intérêt aux travaux du Conseil : il vivra « semi-inconscient » des journées révolutionnaires décisives. Ses frères, les comtes de Provence et d'Artois, animés d'une forte ambition personnelle, sont aux aguets. Son cousin, le duc d'Orléans, l'homme le plus riche du royaume, déploie une stratégie fondée sur l'adhésion au changement politique. La jeune reine, Marie-Antoinette, veut jouer un rôle politique ; mais, pour l'opinion, elle devient le symbole de la frivolité de la vie de cour. On lui reproche de ne pas penser français ; elle reste « l'Autrichienne ».

Le comportement du roi est velléitaire, là où il aurait fallu un Philippe le Bel pour refonder la monarchie. Il a évincé Maupeou, qui a voulu casser les parlements ; il n'a pas soutenu Turgot et son inspiration « progressiste », puisée chez les physiocrates ; il l'a remplacé par Necker, qui a révélé, en 1781, le poids disproportionné des dépenses de la cour ; il a appelé, ensuite, Calonne.

La crise politique est, à l'origine, une crise des finances du royaume. En 1788, le déficit est de 126 millions de livres ; le produit de l'impôt a été de 140 millions... en dix ans ; le système fiscal est fondé sur l'exemption des privilégiés ; les dépenses militaires représentent le quart des dépenses ; la cour engloutit 6 % des revenus ; le « compte du Trésor » pour 1788 révèle les largesses royales (23 millions de livres en remboursement des dettes du comte d'Artois, 14 millions pour le comte de Provence) ; le service de la dette absorbe 51 % du revenu annuel. N'en déplaise à Mirabeau, Calonne a proposé un vrai plan de réformes : l'aliénation progressive, en vingt-cinq ans, du domaine royal ; la suppression des douanes intérieures et la liberté du commerce des grains, afin de relancer l'activité économique ; un impôt universel, proportionnel au revenu foncier. L'Assemblée des notables se dresse contre le ministre.

En mai 1787, le roi appelle l'archevêque de Toulouse, Loménie de Brienne, un homme des Lumières, ambitieux, intelligent, qui tente de se concilier les Notables en leur rendant des comptes, en leur promettant des économies. Il propose, par ailleurs, une série de « réformes éclairées » : aux protestants, la liberté de l'état civil ; à l'élite du Tiers État, des assemblées provinciales au sein desquelles le Tiers aurait une représentation « double », égale à celle des deux autres ordres réunis ; à la masse paysanne, la suppression de la corvée royale contre une contribution en argent. Il échoue sur l'opposition réitérée des Notables, qui se déclarent inaptes à consentir l'impôt.

L'idée d'une convocation des États généraux prend forme. La Fayette réclame une assemblée à l'américaine, et une « Grande Charte », une constitution. Nouvel affrontement avec le Parlement de Paris, qui défend les privilèges tout en jouant sur l'ambiguïté de la résistance « antifiscale », un thème rassembleur pour l'opinion publique. Nouvel enregistrement forcé par « lit de justice », le 6 août 1787. Le Parlement dénonce « la violence qui lui est faite » ; les parlementaires sont exilés à Troyes ; les parlements de province et l'opinion publique les soutiennent ; le pouvoir royal capitule, retire les édits fiscaux, met fin à l'exil. Brienne propose une série d'emprunts : 420 millions sur cinq ans et, en contrepartie, la convocation des États généraux... en 1792. Le Parlement de Paris se raidit : les 4 janvier et 3 mai 1788, il dénonce les « lettres de cachet » au nom du droit naturel et se proclame gardien des « lois fondamentales ». Le 5 mai 1788, la révolte parlementaire culmine : les parlementaires refusent de livrer deux « meneurs », d'Éprémesnil et Montsabert ; le pouvoir royal reprend tardivement la politique de Maupeou ; six édits du garde des Sceaux Lamoignon remanient en profondeur l'organisation judiciaire – une justice mieux équilibrée pour le plaideur, mais la vénalité des offices est maintenue.

L'agitation gagne la province. De Dijon à Toulouse, de Rennes à Pau, l'aristocratie locale et les parlements apparaissent unis à la bourgeoisie urbaine, à la paysannerie, aux étudiants, contre les représentants du pouvoir royal.

Le vrai tournant est pris en Dauphiné : un autre programme s'esquisse, une force politique autonome prend forme, celle de la bourgeoisie – même si la « journée des Tuiles », le 7 juin 1788, a pour origine une solidarité populaire avec les magistrats dépossédés. L'assemblée générale des municipalités du Dauphiné se tient, le 21 juillet 1788, au château de Vizille, prêté par un entrepreneur capitaliste « moderne », Claude Perier : 50 ecclésiastiques, 165 nobles, 276 représentants du Tiers État réclament le rappel des parlements, mais dépouillés de leur influence politique, proposent le rétablissement des États provinciaux, avec une représentation égale du Tiers et des deux autres ordres réunis... et le couronnement de cette « restructuration politique » par les États généraux, seuls à même de « lutter contre le despotisme des ministres et de mettre un terme aux déprédations des finances ». Une dynamique nouvelle est née.

L'appareil d'État craque de toutes parts. Brienne doit suspendre les paiements du Trésor. Le 5 juillet 1788, il avance la réunion des États généraux au... 1er mai 1789, et il suspend la cour plénière prévue par Lamoignon pour remplacer les parlements. Brienne a capitulé : le 24 août, le roi accepte sa démission et rappelle Necker. Ce banquier genevois sorti du rang, déjà directeur général des Finances du royaume en 1777, et cible constante de l'ire de Mirabeau, inspire, pour un temps, confiance : il obtient une avance de 85 millions de livres et choisit de faire, politiquement, profil bas, en réinstallant les parlements et en rappelant les Notables en novembre 1788. Mais que seront les États généraux ? Seront-ils convoqués « par ordre », selon la procédure de 1614 ? Le Tiers État serait en minorité. Doublera-t-on sa représentation ? Si le vote « par ordre » est maintenu, le doublement n'aura qu'un intérêt symbolique. Seul le doublement de sa représentation et le vote « par tête » conféreraient au Tiers État l'égalité avec les ordres privilégiés.

Le Parlement de Paris décide, le 21 septembre 1788, que les États généraux seront « convoqués et composés suivant la forme observée en 1614 » : il révèle soudain, en pleine lumière, son conservatisme intransigeant. Le soutien que l'opinion lui avait toujours manifesté s'effondre. En novembre 1788, l'illusion d'une révolution des Notables se dissipe également. La seconde Assemblée des notables est l'occasion de l'ultimatum des princes du sang : « Votre Majesté pourrait-elle se déterminer à sacrifier, à humilier sa brave, antique et respectable noblesse ? »

Le 5 décembre 1788, le Parlement de Paris revient sur sa première décision : il accepte le doublement du Tiers. Necker ne veut pas faire moins ; il propose, à son tour, le doublement devant le Conseil du roi du 27 décembre 1788 : il importe de prendre en compte « l'importance accrue du Tiers État, associé à la fortune publique » et de proportionner le nombre des députés à la population des bailliages. Mais votera-t-on par tête ou par ordre ? La lancinante question n'est toujours pas tranchée.

À son retour en France, Mirabeau trouve « sa nation avilie et déshonorée », mais il est persuadé « qu'il n'y a de remède que dans l'excès du mal ». Il comprend que « quelque grande révolution, soit en bien, soit en mal », est inévitable. Mais il hésite sur le choix de son destin personnel : doit-il se faire solliciteur, tenter de s'impliquer dans l'appareil d'État ? Ou rester en dehors du système politique, se maintenir dans la position qui est devenue la sienne, celle d'une puissance en marge des pouvoirs ? Ou encore se résigner à l'obscurité, jusqu'au jour de cette grande révolution « qui ordonnera à un bon citoyen d'élever la voix » ?

Mirabeau croise Soufflot de Mercy, qui vient d'être nommé premier commis du principal ministre, Loménie de Brienne, et qu'il a rencontré, naguère, à Berlin. Soufflot lui reproche de n'être pas venu le voir :

« Je ne demande rien, je ne convoite rien, je n'envie rien, lui répond-il avec orgueil. Laissez-moi donc à mon obscurité, je dis à mon obscurité parce que mon dessein est d'y rester invariablement, jusqu'à ce qu'il sorte un ordre de choses régulier du tumulte où nous sommes. »

Il semble, cependant, hésiter. Cette volonté de « rester dans l'obscurité » est-elle sérieuse ? « Cette révolution ne saurait tarder. Le sanctuaire où vous êtes est tellement obsédé d'hommes et de choses... Je ne peux croire qu'on m'y voudrait utile. Je m'y trouverais donc importun et déplacé. »

L'imagine-t-on occupé à battre les antichambres des ministres ? « Ne me demandez pas d'aller montrer un visage de courtisan. » Pourtant, il ne peut se retenir de faire une offre non déguisée de services, par l'entremise de Soufflot : « Il me serait trop facile et même trop naturel de me donner à l'homme d'État qui nous fait espérer que la France sera régénérée. »

Même jeu dans les rapports de Mirabeau avec le nouveau ministre des Affaires étrangères, Montmorin. Il lui demande l'autorisation de faire imprimer à Paris son grand ouvrage sur la Prusse, lui présente un tableau de l'État prussien, lui rappelle les grandes lignes de sa mission à Berlin, les rapports qu'il a adressés au ministère, les sacrifices financiers qu'il a consentis au profit de l'État. L'audience s'est tenue dans un excellent climat. Il revient à la charge. Il est prêt à mettre toutes ses forces au service de la diplomatie :

« La vie exécutive me convient mieux que la spéculative, et je préférerais servir le gouvernement comme acteur politique que de risquer de lui déplaire dans mon métier d'écrivain politique... Il est des postes pour lesquels vous avez peu d'hommes, parce qu'il faut y porter une tête forte avec un courage intrépide et des talents d'exécution. Je suis très homme à risquer ma tête pour le service du roi. Varsovie, Saint-Pétersbourg, Constantinople, Alexandrie, tout m'est à peu près égal. »

Montmorin est très réservé. Comment, englué dans son conformisme, pourrait-il décider d'octroyer l'honneur de représenter la France à un pamphlétaire aussi remuant, aussi incontrôlable ? Il imagine un compromis : il donne à Mirabeau l'autorisation de publier un périodique. Mirabeau avait rêvé de prendre la direction politique du *Mercure de France* : le directeur en titre, le Genevois Mallet du Pan, faisait ouvertement campagne contre la politique étrangère de la France – il ne cessait de chanter les louanges de la diplomatie britannique, on l'avait surnommé « le furieux anglomane ». Mirabeau n'obtient que la permission de publier une feuille rivale du *Mercure de France* : ce sera l'*Analyse des papiers anglais*, qui est lancée le 14 novembre 1787, avec le concours de Clavière et de Brissot et de l'ancien pasteur genevois Étienne Dumont, un travailleur acharné au savoir encyclopédique, un caractère rigide, parfois intransigeant, un ton moralisant, une tendance au pédantisme – mais cet incorruptible sera finalement séduit par Mirabeau. La publication est censée s'appuyer sur l'analyse et la critique des journaux britanniques ; elle a surtout pour objectif de répandre les « idées anglaises » ; elle a immédiatement un grand succès ; elle connaîtra 102 parutions hebdomadaires, jusqu'au 19 novembre 1789.

Tenu à l'écart des affaires publiques, solliciteur toujours éconduit, Mirabeau suit avec passion les mésaventures gouvernementales. Brienne n'espère plus obtenir du Parlement l'enregistrement de l'impôt. Il propose un emprunt de 420 millions, à répartir entre cinq années, de 1788 à 1792 : la convocation des États généraux suivrait. Mirabeau estime « risible » une telle promesse ; la réunion des États « est ordonnée par la nécessité » ; 1789 serait la meilleure date, après un emprunt de 120 millions, qui ne susciterait pas de protestation généralisée…

Mirabeau retrouve Soufflot. Son discours sur le principal ministre s'est radicalisé : « Il est impossible de soutenir l'archevêque de Toulouse dans la place que nous connaissons. Essayer de le faire serait se déshonorer gratuitement. Certainement, la guerre a des dangers, mais elle n'en a pas de comparables, pour un homme public, à la défection de la chose publique. »

Le 19 novembre, le Parlement refuse d'enregistrer l'emprunt, le roi décide de briser sa résistance en tenant brusquement un lit de justice, le duc d'Orléans proteste contre l'enregistrement forcé et devient l'idole de la foule. Mirabeau, qui n'a jamais rencontré le cousin du roi, lui écrit le lendemain : il vante son

« acte de patriotisme, haut et magnanime, par lequel vous avez soutenu les droits, les magistrats et la sainte liberté de la nation ».

Après avoir baigné dans l'excitation de l'opinion, Mirabeau ne partage plus « la fièvre chaude générale ». Il lui semble voir clair dans le jeu de la noblesse de robe : celle-ci a toléré le « despotisme » jusqu'à ce qu'elle en soit elle-même victime. Ces « aristocrates en robes noires » ne sont que « d'insatiables privilégiés ». Cette attitude le rend impopulaire : « Je suis en butte à toutes les calomnies parce que je n'adhère pas au fanatisme parlementaire et que je n'ai pas écrit une seule ligne pour le parti de l'opposition. »

Soucieux de combattre le prestige grandissant du Parlement, Montmorin et le garde des Sceaux Lamoignon s'adressent à Mirabeau : ne pourrait-il écrire quelque brochure favorable au gouvernement ? Par exemple, en critiquant les remontrances du Parlement... Mirabeau répond qu'il n'a pas l'intention de se vendre :

« Peut-on, aujourd'hui, servir utilement le gouvernement en portant sa livrée ? Peut-on guerroyer pour l'autorité au moment où le roi affirme que seule sa volonté fait la loi ? »

Mais il prend ses distances avec le... ou les parlements puisque ceux de province se sont également embrasés :

« Je ne ferai jamais la guerre aux parlements qu'en face de la nation... Dès que vous aurez fixé, par un mot solennel, la date de la réunion des États, les parlements ne seront plus regardés comme les gardiens des droits de la nation ; il ne restera que leur ambition de corps privilégié. »

Il choisit donc de se taire lorsque le Parlement de Paris, sur la proposition de Goislard de Montsabert, cherche à paralyser l'administration des finances, mais aussi lorsque le Conseil du roi décrète un ordre de prise de corps contre les conseillers de Montsabert et d'Éprémesnil. Le 8 mai 1788, la Révolution prend déjà forme : la résistance est ouverte aux ordres du gouvernement, des barricades sont édifiées, les forces armées ont un comportement incertain...

Mais Mirabeau est, financièrement, en pleine détresse. Il a chargé son ami Vitry de porter une partie de ses vêtements au Mont-de-Piété. Il « n'a pas six francs dans sa poche ». Il cède aux pressions du ministère et publie un pamphlet anonyme : la *Réponse aux alarmes des bons citoyens*. L'auteur change de ton : il entend rassurer ces « bons citoyens ». Il demande des États généraux, se réunissant à dates régulières et votant l'impôt, la suppression des privilèges, la réalisation des réformes inévitables. Mais il rend, aussi, hommage à Louis XVI, « qui s'est noblement rapproché de ses sujets », et qui comprend qu'il vaut mieux « commander à des hommes libres qu'à des esclaves ». Surtout, il s'en prend, en termes virulents, à l'enthousiasme aveugle qui accompagne le combat des parlements. Quelle prétention, pour ces derniers, que de vouloir exercer la fonction législative, alors que cette fonction n'appartient qu'à la nation, à travers les États généraux ! Les parlements ne sont qu'une « compagnie aristocratique », disqualifiée par l'hérédité et la vénalité des charges qu'elle détient !

Le brûlot provoque la colère des amis de Mirabeau, de Lauzun surtout :

« Cette volonté hautement affirmée de ne pas jouer les martyrs au nom du Parlement s'expliquait donc simplement par le dessein de se vendre au despotisme ! »

Il est temps, pour Mirabeau, de s'ériger, à nouveau, en champion de la liberté. Il publie un nouvel essai financier : la *Suite de la dénonciation de l'agiotage*. Il entend, cette fois encore, défendre les intérêts de son ami Panchaud, tombé en disgrâce : son renvoi de son poste de banquier du roi l'a fait rugir de fureur. Il reprend donc ses attaques contre les spéculateurs, ces « agioteurs » de plus en plus actifs, qui font monter artificiellement les actions d'entreprises dont la bonne santé est imaginaire... Puis l'essai politique surgit sous l'essai financier. Une seule voie pour la nation : « Donnez, donnez à ce pays une constitution. Une constitution : voilà la base de toute économie, de toute confiance, de toute ressource. Alors vous verrez, comme en Grande-Bretagne, les intarissables richesses produites par un sol qu'on croyait épuisé et par un peuple qui paraissait découragé. »

Rien ne va plus entre Gabriel-Honoré et Henriette de Nehra.

Quelques semaines auparavant, elle lui avait dit : « Mon pauvre Mirabeau, vous n'avez dans le monde qu'un ami, et c'est moi. » Au début de 1788, il était tombé gravement malade. Il était atteint de fréquentes crises néphrétiques, entrecoupées d'hémorragies. Les médecins pratiquèrent de multiples saignées – vingt-deux en deux jours. Sa robuste constitution était ébranlée. Elle était restée, fidèle, à son chevet.

Mais Mirabeau vient de s'embraser dans une nouvelle et violente passion, et, cette fois, il ne s'agit plus d'une de ces passades qu'il inflige périodiquement à Henriette avant de revenir vers elle. La *Monarchie prussienne* s'imprime chez le libraire Le Jay et Mirabeau est en fréquents pourparlers avec son épouse, véritable chef de l'entreprise. Mme Le Jay est une femme à la sensualité débordante, et dont la beauté s'impose d'emblée. Elle ne veut pas d'une liaison passagère et incite Mirabeau à la rupture avec sa rivale.

Henriette accable Mirabeau de reproches :

« Je protesterai toujours contre ce qui peut vous nuire et vous compromettre. Je maudis votre folie physique, l'asservissement de tous vos sens à une femme indigne de vous. Vous êtes aveuglé par vos désirs. Elle et son libraire de mari vous exploitent. Je tremble que vous ne soyez enlacé, un jour, dans une grande affaire d'escroquerie dont le profit serait pour ce couple diabolique. Peut-être même se servira-t-on de votre nom sans que vous le sachiez, peut-être vous fera-t-on signer je ne sais quel traité, annonciateur de mauvaises affaires. »

Mirabeau est troublé. En fait, il partage ses appréhensions mais il ne veut pas l'écouter. Orages et réconciliations alternent. Mirabeau et Henriette décident de se séparer provisoirement... Elle se retire dans l'élégant petit appartement qu'il a aménagé pour elle sur la colline de Passy.

Lorsqu'elle le retrouve, elle reprend ses remontrances :

« Quitte à vous perdre, je veux au moins vous sauver des griffes de cette femme qui n'est qu'une canaille. Abandonnez-moi, mais liez-vous à une jeune fille fraîche et honnête, ou retournez à Aix pour reconquérir votre tendre épouse à la barbe des Provençaux... »

Mirabeau est déchiré. Henriette reste « ce qu'il a de plus cher au monde ». Elle incarne la voie droite qu'il s'est promis de suivre, l'appui indispensable à ses ambitions. De nouveaux orages s'abattent sur le couple, dans l'appartement de Passy. Il ne peut supporter ses larmes, il menace de se suicider, pistolet au poing.

Accablée, Henriette de Nehra choisit la fuite. Un soir d'août 1788, après avoir embrassé le petit Lucas, qui était chez elle, elle part pour Londres et disparaît définitivement de la vie de Mirabeau.

En cet été 1788, les événements se précipitent. L'ouverture des États généraux est fixée au 1er mai 1789. Mirabeau exulte ; il écrit à Mauvillon : « C'est un pas d'un siècle que la nation a fait en vingt-quatre heures. Ah ! mon ami, vous verrez quelle nation ce sera le jour où le talent aussi sera une puissance ! » Mais l'avènement de Necker le déçoit : il n'a rien à attendre du nouveau

« principal ministre ». Il songe à tout abandonner, à partir pour l'Angleterre avec Mauvillon pour y écrire un grand ouvrage...

Il veut préparer son élection aux États. Il pense à une candidature en Alsace. L'un de ses amis, le libraire Levrault, tente de préparer l'opinion. Mirabeau esquisse une stratégie de conquête politique : « Cinq ou six personnes détermineront toujours le troupeau. » Il dit déjà son ambition, non pas seulement de siéger aux États, mais de dominer la future Assemblée, laquelle « sera très nombreuse, mais d'autant plus facile à mener ». Mais ce début de campagne régionale échoue : « L'Alsace m'avait capté, provoqué, tout promis, mais elle a fouiné après le retour de Necker. »

Pour être élu par la noblesse, il faudra probablement être propriétaire d'un fief. Mirabeau tente d'en acquérir un, fictivement, en Dauphiné. Il lui faut 200 louis d'or. Il supplie son ami Lauzun, devenu depuis peu duc de Biron, d'intervenir auprès du ministre Montmorin. Il s'exaspère dans une attente vaine :

« Par quelle fatalité, nous, qui valons mieux qu'eux, manquons-nous de la seule puissance décisive en ce moment, celle de l'argent ! Ah, monsieur le duc, soyons aux États généraux à tout prix. Nous les mènerons, nous ferons de grandes choses, nous aurons de grandes jouissances, qui vaudront mieux que tous les hochets de la cour ! »

Il est finalement plus naturel pour Mirabeau de songer à sa Provence. L'appui de son père lui est nécessaire. Le marquis, âgé de 73 ans, vit maintenant à Argenteuil, dans un pavillon qu'il a loué, et qui jouxte celui de Mme de Pailly. Il a été contraint de vendre sa propriété du Bignon ; il a cédé son hôtel de Paris à sa fille et à son gendre du Saillant. Obstiné, il garde toute sa rancune à l'encontre de son fils. À l'évêque de Blois, Mgr de Thémines, son parent par alliance, venu intercéder en faveur de Gabriel-Honoré, il lance :

« Comment pourrais-je frayer avec mon fils, ennemi fougueux du genre humain ? Il est vénal, à la solde des banquiers et des gouvernants, et toujours prêt à les trahir quand il les voit tomber ! Sa plume est atroce et injurie tout le monde. »

Le marquis remâche d'autant plus ses griefs que son fils, plagiaire spontané et presque inconscient, vient de publier, sous son propre nom de comte de Mirabeau, un de ses écrits de jeunesse – les *Conseils à un jeune prince qui sent la nécessité de refaire son éducation*, en annexe à une nouvelle édition de sa *Lettre à Frédéric-Guillaume II*. Incorrigible, Gabriel-Honoré provoque, au même moment, un incident identique avec le cher

Mauvillon. Il avait pressé son ami allemand de rédiger une critique des travaux du grand stratège français, Guibert : l'*Essai général de stratégie* et l'*Éloge du grand Frédéric*. L'étude compléterait la partie militaire de leur ouvrage sur la Prusse ; il avait ensuite décidé d'en faire un ouvrage autonome, qui préparerait la sortie de la *Monarchie prussienne* : s'attaquer à un homme aussi célèbre que Guibert, n'était-ce pas gagner en notoriété ? Mirabeau voulait « habiller l'ouvrage allemand un peu à la française »... mais il n'était pas prévu qu'il le publierait en omettant le nom de Mauvillon, suscitant la colère du major allemand.

De la monarchie prussienne sous Frédéric le Grand : le « chef-d'œuvre » de Mirabeau sort des presses, en deux éditions – quatre forts volumes de plus de 600 pages chacun, dans l'édition in-quarto ou huit volumes in-octavo. Il comporte une mention chaleureuse de « son collaborateur allemand Mauvillon » et, surtout, une dédicace inattendue, de plusieurs pages, à son père, le marquis, qu'il n'a pas revu depuis six ans, et avec lequel il était en procès pour le paiement de sa pension ! Il lui dédie son œuvre parce qu'il est « touché de l'honneur d'être son fils », mais aussi « pour rendre hommage au philosophe patriote » : il veut démontrer que son père et Quesnay n'ont jamais été des « chefs de secte », pour reprendre l'appellation qui leur a été accolée, mais qu'au contraire ils ont été de grands précurseurs et que la plupart de leurs idées ont été réalisées. Il ajoute que la plus belle récompense de son père serait « de posséder un fils digne de lui » – ce qu'il entend prouver par « un ouvrage qui présente l'application de toutes les vérités dont l'étude a occupé votre génie ».

Le marquis est étonné, puis enthousiasmé. Il étudie de la première à la dernière page les quatre volumes de la *Monarchie prussienne*, et les considère comme le plus grand triomphe de la doctrine physiocratique. Il est plein de joie et d'orgueil. Il écrit à son frère, le bailli : « Après vérification de tout ce que contient l'énorme compilation de cet ouvrier forcené, je le tiens pour l'homme le plus rare de son siècle... »

Le marquis reçoit donc son fils à Argenteuil, à la fin octobre. Gabriel-Honoré s'introduit dans son salon en s'abîmant en trois profondes révérences. Le marquis, très à l'aise, lui lance, en riant, que cela fait trois révérences de trop. Mirabeau veut évoquer son élection en Provence, et quémander le soutien de son père. Le marquis abrège son intervention, place un long commentaire de son livre et conclut que « ce travail opiniâtre et constant permettrait peut-être ce prodige de faire de M. le comte un honnête homme ». La question de l'élection et des subsides nécessaires n'a pas été effleurée.

Une autre manière de préparer les États généraux est de réunir ceux qui aspirent à y siéger en une formation politique, certes encore embryonnaire : une action banale dans un régime parlementaire institué, tel que celui de l'Angleterre voisine avec sa Chambre des Communes, une initiative révolutionnaire dans une monarchie qui se veut absolue. L'architecte du premier club politique est Adrien Duport. Il est le fils d'un conseiller au Parlement de Paris, du Port de Prélaville ; il est lui-même devenu conseiller à l'âge de 19 ans. Il se pique d'avoir renoncé à ses titres de noblesse, liés à sa profession de robe ; il est le chef de file de la « faction américaine », l'aile progressiste du Parlement, partisane d'un véritable régime représentatif. Il se sait incorruptible, « le plus indomptable des magistrats », selon Brienne ; il est à l'origine des poursuites contre Calonne. Ce petit homme à la santé délicate – il va mourir jeune et poitrinaire – est d'un caractère inflexible. Il a d'abord ouvert « une véritable école de républicanisme » au sein du Parlement, puis il s'est projeté à l'extérieur en créant son club, la « Société des Trente », ainsi dénommée en raison du nombre de ses membres fondateurs.

Le banquier Panchaud a amené ses fidèles « disciples financiers », Talleyrand et Mirabeau – lequel, à son tour, s'évertue à entraîner Biron. « Nous avons affilié plusieurs hommes de mérite, explique Mirabeau. Cette conspiration d'honnêtes gens ira aussi loin que le voudra l'intérêt public. » Biron est suivi par la partie frondeuse de la haute noblesse : les ducs de La Rochefoucauld, d'Aiguillon, de Luynes. Mirabeau rencontre pour la première fois, au sein des Trente, La Fayette qui a non seulement combattu dans le Nouveau Monde, mais a aussi pris la parole devant les Notables. Au sein de la Société, il croise également le capitaine Choderlos de Laclos, qui représente le duc d'Orléans. L'auteur des *Liaisons dangereuses* est un mari irréprochable... et un sceptique absolu. Il parie cent louis à Biron que les États généraux ne donneront aucun résultat... Mirabeau se regimbe :

« Nous aurons une constitution ! L'esprit public le souhaite. Il a fait de telles conquêtes... »

La Société des Trente est, d'abord, un forum, une tribune, une sorte d'assemblée privée où s'affrontent les différentes opinions. Le banquier Schweizer, qui a assisté à l'un de ces débats, en 1786, en est transporté. Il se confie à un ami allemand :

« Vous entendrez bientôt des choses auxquelles on ne s'est jamais attendu hors de France. Hier soir, j'ai assisté de nouveau à une de ces assemblées... Toute la nuit, je me suis occupé de ce que j'y avais vu et entendu et je me suis demandé : ne l'as-tu pas rêvé ? tout cela est-il arrivé ? »

La Société des Trente est, aussi, la première organisation partisane moderne. Elle entend recruter des candidats pour les élections aux États. Elle envoie des agents en province. Elle va même rédiger des « cahiers de doléances » types, qui serviront de modèles aux diverses assemblées des trois ordres, dans chaque sénéchaussée.

Des controverses, parfois vives, prennent forme en son sein. Ainsi, lorsque La Fayette suggère que les aristocrates « progressistes » – il dit « les nobles du parti populaire » – se présentent, de préférence, aux suffrages du Tiers, Mirabeau réplique aussitôt en affirmant que la mission desdits aristocrates est bel et bien de représenter, armés de leurs convictions, leur propre ordre de la noblesse, et c'est la thèse de Mirabeau qui rallie la majorité des Trente. L'ironie de l'histoire fera que tout se terminera à fronts renversés, Mirabeau élu par le Tiers de Provence et La Fayette par la noblesse d'Auvergne.

Autre controverse : si Mirabeau est très attaché aux activités des Trente, il craint que l'influence du Parlement ne soit trop forte, que les intérêts de la magistrature, même « progressiste », ne soient dominants. Comme les réunions de la Société se tiennent au domicile de Duport, il demande, avec solennité, qu'elles soient déplacées dans un local indépendant. Il sera, néanmoins, rassuré par le retournement du Parlement de Paris : la décision du 5 décembre désavoue la déclaration si conservatrice du 21 septembre, qui érigeait en modèles les États de 1614 ; et il sait que cette révolution interne du Parlement a été préparée au sein même des Trente.

Malgré son hostilité aux privilégiés – au premier rang desquels, il place toujours la noblesse de robe, les parlements – il ne peut que constater le chemin parcouru : en préconisant la réunion périodique des États, en affirmant le droit de consentir l'impôt et de légiférer, la liberté individuelle des citoyens et la liberté de la presse, et même la responsabilité des ministres devant les États, c'est bien l'idéal d'un régime parlementaire que dépeint le Parlement de Paris. Dans une nouvelle publication, *Sur la liberté de la presse*, un commentaire d'un pamphlet de Milton contre la censure, il loue le Parlement qui, s'il a, cette fois encore, « outrepassé ses droits », s'il est « sorti de ses attributions juridiques », l'a fait, du moins, « pour le bien de la nation ». Ainsi, « nous aurons une constitution, peut-être même sans de grands troubles civils ».

Reste que Mirabeau a déjà une stratégie très arrêtée et une doctrine très élaborée : pour lui, le gouvernement du roi doit se présenter devant les États avec un programme précis, s'il veut éviter la tempête. Il doit octroyer « l'ébauche d'une charte » : ainsi contrôlera-t-il les événements et endiguera-t-il l'agitation générale qui trouble la France ; ainsi évitera-t-il la formation d'une assemblée « constituante » puisque le gouvernement du roi sera lui-même à l'origine d'une nouvelle constitution. Mais Necker ne présentera pas de programme clair ; il se contentera d'esquisser, en traits indécis et vagues, la transformation souhaitée de l'absolutisme...

Mirabeau est déjà acquis à l'idée de monarchie constitutionnelle, de démocratie royale. En même temps, une transformation à peine perceptible s'opère dans sa personnalité : il maîtrise ses emportements, son impatience et son intolérance envers les médiocres. À l'heure des combats collectifs, il semble prêt à renoncer à ses démonstrations personnelles, flamboyantes, pour acquérir le sens du possible, inhérent à l'homme d'action. Il se confie à Mauvillon : « La conscience de notre propre faiblesse, la prudence qui craint d'être injuste, l'envie de bien faire, l'impossibilité de refondre les hommes et les choses me conduisent à tirer parti de tout ce qui est, comme il est. Je porte désormais cette extrême tolérance sur toutes les opinions, philosophiques et religieuses. En un sens, tout m'est bon : les événements, les choses, les hommes, les opinions, tout a une anse, une prise. Je deviens trop vieux pour user mon reste de forces à des guerres, je veux le mettre à aider ceux qui aident. N'excommunions personne. »

DÉPUTÉ DE PROVENCE

Mirabeau part de Paris pour la Provence, le 8 janvier 1789. La traversée du royaume, plongé dans la famine et la mort par un hiver terriblement rigoureux, est lugubre : « On dirait que l'ange exterminateur a frappé l'espèce humaine, écrit-il à son père. Tous les fléaux sont déchaînés. J'ai trouvé partout des hommes morts de froid et de faim, souvent le pain à cinq sous la livre, jamais à moins de trois sous sept deniers. On périt d'ailleurs de misère au milieu du blé, faute de farine. Tous les moulins sont gelés. »

Il arrive à Aix après six jours de voyage, et se retrouve dans une ville en plein tumulte. Face à l'affaiblissement de la monarchie, les vieilles familles de la Provence aristocratique, nourries, dans leurs bastides crénelées, du souvenir de leur indépendance, sont revenues à la théorie du « co-État » : la Provence n'est pas une province ordinaire du royaume, mais un État associé au royaume de France ; elles ont même obtenu la résurrection des États de Provence, que Richelieu avait suspendus en 1639. Mais ces États sont en contradiction avec la vague démocratique qui tend à submerger la France : ils sont dominés par 128 nobles possesseurs de fiefs et 19 prélats face à 60 représentants du Tiers, au vrai peu représentatifs par leur mode de désignation, car les circonscriptions sont d'étendue très variable, le nombre d'électeurs restreint, et les 35 consuls des plus grandes villes qui siègent de droit aux États pour représenter le Tiers... sont souvent des nobles. Ils contredisent surtout le décret royal du 27 décembre 1788, qui ouvre très largement la compétition pour les États généraux : non seulement l'élection des députés du Tiers se fera au suffrage universel, à plusieurs degrés, mais encore le corps électoral des deux ordres privilégiés sera le plus large possible. Ainsi la possession d'un fief ne sera pas la condition de l'élection comme député de la noblesse : tous les possesseurs

« d'état de noble », les cadets non nantis, les pauvres hobereaux des campagnes, seront admis aux assemblées nobiliaires. De même les assemblées du clergé ne seront pas limitées aux seuls possesseurs de bénéfices, mais ouvertes à tous ceux qui sont entrés dans les ordres, misérables curés à portion congrue compris.

L'aristocratie terrienne de Provence s'engage dans un combat d'arrière-garde, au nom du particularisme de l'antique « province romaine », tardivement rattachée au royaume. Une position d'autant plus paradoxale que d'autres institutions provençales sont en avance sur le reste de la France : ainsi de « l'assemblée des communautés » qui se réunit une fois par an à Lambesc pour voter l'impôt, sous la présidence de l'archevêque d'Aix et des quatre consuls de la ville, deux gentilshommes et deux bourgeois.

Autour des États de Provence, la mêlée est générale : les 500 gentilshommes qui ne possèdent aucun fief et le bas-clergé protestent vigoureusement contre leur exclusion ; les avocats Portalis et Pascalis, qui plaidèrent naguère pour Émilie au procès d'Aix, exigent des ordres privilégiés qu'ils contribuent aux charges de l'État en proportion de leurs biens – lesquels représentent le sixième de l'ensemble des terres de Provence ; la noblesse et le clergé veulent bien aller jusqu'à concéder au Tiers une représentation égale à la leur, mais ils se refusent énergiquement à partager le fardeau de l'impôt ; au parlement d'Aix, le conseiller d'André conteste avec talent la prétention des États de Provence d'être érigés en collège électoral.

La chambre de la noblesse des États de Provence a choisi une ultime ligne de résistance : seuls les possesseurs de fiefs pourraient participer aux assemblées préparatoires aux élections.

Mirabeau arrive à Aix, armé de la conviction contraire. « Mon arrivée a fait explosion. » D'emblée, l'antipathie éclate entre Mirabeau et son ordre, celui de la noblesse, au sein duquel il voulait se présenter, fidèle à la doctrine énoncée à la Société des Trente. « Je n'ai point vu de corps de noblesse plus ignorant, plus cupide, plus insolent. Ces gens-là me feraient devenir tribun du peuple malgré moi, si je ne me tenais à quatre », écrit-il à sa sœur Caroline. Ce « corps de noblesse » lui est d'autant plus hostile qu'il s'est comporté en ennemi de Mirabeau, cinq ans plus tôt, lors du retentissant procès contre Émilie, dont Aix a gardé le souvenir. Par contre, le fameux procès, interprété par le peuple aixois comme un combat contre l'injustice, lui vaut l'attachement inconditionnel du Tiers : « Le Tiers crie que je viens pour être son avocat, on s'attroupe, on projette des acclamations, des pétitions, des fadaises. » Un soutien gênant pour le futur tribun : ces marques de confiance et d'enthousiasme sont « très imprudentes pour ma cause, car elles mettent le comble à la rage des nobles ».

Mirabeau se dérobe, se veut prudent, assure qu'il n'est pas « venu pour démolir ». « La noblesse a vraiment peur. Je ne la désarme ni ne la rassure. » Il se comporte, tout de même, en champion de l'unité française et de la monarchie, dans cette chambre de la noblesse, qui tourne à l'assemblée quasi factieuse, opposée aux règles électorales que tente de lui imposer la cour :

« Si nous sommes un co-État, traitons de puissance à puissance, envoyons à Versailles non des députés mais des ambassadeurs, et combattons les légions françaises si Versailles ne veut pas entendre raison ! Mais si nous sommes une province, obéissons à la loi commune ! »

La chambre de la noblesse se raidit face à ce donneur de leçons, perdu de dettes et interdit par arrêt de justice ! Et à la supériorité trop manifeste... Elle a d'abord tenté une manœuvre pour le neutraliser : elle l'a nommé membre de la commission des élections, afin de lui aliéner la sympathie du Tiers – le gentilhomme récalcitrant sera ainsi associé par l'opinion publique à toutes les mesures impopulaires que pourraient édicter les États. Désormais, il ne s'agit plus de le neutraliser, mais de l'exclure grâce à une arme secrète : un règlement de 1620 exigeant la possession de fief pour l'élection aux États.

Mirabeau pressent le piège. Il répond, par avance, le 30 janvier :

« Je demande d'abord si le roi a convoqué la noblesse ou les seuls possédant-fiefs. S'il n'a convoqué que les possédant-fiefs, il manque un ordre dans les États, l'ordre de la noblesse, et la nation est incomplète. S'il a convoqué la noblesse dans son ensemble, cet ordre n'est pas encore assemblé, n'a pas encore élu ses représentants, et les prétendus " représentants de la noblesse " au sein des États sont sans pouvoir car ils ne peuvent se dire les représentants de cet ordre, n'ayant pas été élus. »

Mirabeau a mis en place sa machine infernale : par avancées successives, en dialecticien implacable, il démontre l'illégalité de la « représentation » de la noblesse, du clergé et du Tiers au sein des États de Provence, et il réclame une véritable convocation générale des trois ordres de Provence. Ainsi hommage sera rendu à la nation provençale !

Au passage, Mirabeau va plus loin dans la provocation des ordres privilégiés :

« Quand verrons-nous, au-delà de ces séquelles médiévales, sans distinction des agrégations de citoyens ? Est-il juste, dans le siècle où nous sommes, que les deux ordres qui ne sont pas la nation l'emportent sur la nation ? »

C'est le thème de Sieyès que Mirabeau vient d'introduire en Provence : la nation, c'est avant tout le Tiers. Le Tiers n'est plus simplement un ordre.

Les protestations fusent : selon ses opposants de la noblesse et du clergé, le seul but de l'orateur était de rompre la paix entre les ordres et de détruire l'antique constitution de la Provence. Et la contre-attaque s'abat sur le tribun effronté : ses titres sont-ils clairs ? Est-il, de son chef, détenteur d'un fief provençal ? Le complot est ourdi lors d'un grand dîner chez le syndic de la noblesse. Mirabeau, qui n'est plus appelé aux séances de son ordre, reçoit une convocation. Il comparaît devant le marquis de La Fare, premier consul d'Aix, qui énonce avec solennité les titres de ses fiefs, puis l'invite à en faire autant. Mirabeau répond qu'il « n'a pas ses archives dans sa poche ». Le « syndic de robe » et un abbé généalogiste sont chargés d'éclaircir le cas.

De fait, Mirabeau n'avait jamais été bien assuré de son titre de possesseur de fief et de son admission aux États. D'après son contrat de mariage, il n'était appelé que par substitution à revendiquer, après la mort de son père, les fiefs provençaux que celui-ci avait désignés. Sa possession de fief n'était donc que virtuelle. Encore faut-il remarquer que cette situation de « possesseur virtuel » avait toujours semblé suffisante, jusque-là, pour participer aux assemblées de la noblesse provençale. Mais les privilégiés tenaient leur vengeance : on le priva du droit d'assister aux délibérations ultérieures des « possédant-fiefs ».

Mirabeau est sorti de cette réunion humiliante avec dignité et sang-froid. Il avait envisagé de répondre, lors de la séance du 3 février, aux protestations véhémentes qui avaient suivi son discours sur l'illégalité des États. Comme il était interdit de parole, il fit imprimer sa contre-protestation.

Il commence par repousser l'accusation d'être « ennemi de la paix », en évoquant tous ses loyaux ancêtres, depuis le consul de Marseille jusqu'à son père « respectable citoyen du monde ». « Qu'ai-je donc fait de si coupable ? » demande-t-il. Et sa réponse reflète, déjà, la position, finalement pragmatique et réformiste, qui sera la sienne pendant les deux premières années de la Révolution : « J'ai désiré que mon ordre fût assez habile pour donner aujourd'hui ce qui lui sera infailliblement arraché demain. »

Suit une impétueuse déclaration de guerre aux privilégiés : « Dans tous les pays, dans tous les âges, les aristocrates ont implacablement poursuivi les amis du peuple... Ainsi périt le dernier des Gracques, frappé par la main des patriciens ; mais, atteint du coup mortel, il lança de la poussière vers le ciel, en attestant les dieux vengeurs. Et de cette poussière naquit Marius, moins grand pour avoir vaincu les Cimbres que pour avoir abattu dans Rome l'aristocratie de la noblesse... »

Vibrante évocation de la Rome antique sur cette terre de Provence encore nourrie de culture latine et entourée des témoignages de son passé romain ! Mirabeau sera, lui aussi, l'homme qui courbera les privilèges devant le peuple : « J'ai été, je suis, je serai jusqu'au tombeau, l'homme de la liberté publique, l'homme de la Constitution. Malheur aux ordres privilégiés, si c'est là plutôt être l'homme du peuple que celui des nobles ! Car les privilèges finiront, mais le peuple est éternel. »

« Le comte de Mirabeau, défenseur du peuple ! » Le cri avait déjà jailli à Aix, le 31 janvier, jour de marché : les paysans lui offraient leurs services. Maintenant, Mirabeau a choisi son camp. Il avait expliqué à son père : « Je ne me fâche point, mais je fais comprendre assez clairement à mon ordre que si je ne suis point noble, il faudra que je sois roturier. » Ses regards se portent donc vers l'élection des députés du Tiers par les sénéchaussées d'Aix ou de Marseille. Il lance sa campagne : « J'emploie la nuit à écrire, comme le jour à pérorer. » Il se plaint : « Il semble que ma fatale destinée soit d'être toujours obligé de tout faire en vingt-quatre heures. » Il maudit les importuns : « Je n'écris pas une ligne que je ne sois interrompu trente fois »...

Il réussit à rédiger en vingt-quatre heures son manifeste électoral *À la nation provençale*. Son but est de dépasser son cas personnel, son exclusion du corps de la noblesse provençale, pour l'ériger en symbole de l'état du royaume. Son affaire est « en elle-même frivole », mais sa cause est celle de tous les citoyens. « Ainsi l'égoïsme qui rapetisse tout dans les affaires privées peut tout agrandir dans les affaires publiques. » Il prend à partie le marquis de La Fare, qui, en tant que consul d'Aix, fait partie fictivement du Tiers et qui se comporte en exécuteur des basses œuvres de la noblesse ; sans doute a-t-il pensé de Mirabeau : « Puisque cet homme n'opine pas comme nous, il n'est pas des nôtres. » Et Mirabeau de prolonger, avec ironie, le procès du procureur : « M. de La Fare a confondu la légitimité de mon statut et celle de mes pensées. Il a cru que le droit de rejeter une opinion renfermait celui d'en rejeter l'auteur. »

Mirabeau interrompt soudain sa campagne et regagne Paris, dans la précipitation. Il va vivre, dans la capitale, une semaine très agitée, du 15 au 21 février.

Une fois de plus, il a créé ses propres problèmes par son action impétueuse – et il est surpris par les orages qu'il a déchaînés. Avant de partir pour la Provence, toujours à la recherche des moyens financiers qui lui permettraient d'être candidat aux États généraux, il s'est lancé dans deux initiatives éditoriales, qui vont le mettre en grave difficulté devant l'opinion publique : la publication des « Lettres à Cerutti » et de l'*Histoire secrète de la cour de Berlin.*

Cerutti, un ancien élève des jésuites, prêtre défroqué, a rencontré Mirabeau dans les cercles littéraires et politiques qu'ils fréquentent, et a noué amitié avec lui. Mais Cerutti est un admirateur fervent de Necker. Mirabeau lui en fait reproche et lui adresse, au début de janvier 1789, deux longues lettres, qui sont deux philippiques contre le ministre. Il proteste, comme dans ses précédentes polémiques, contre l'habitude qui a été prise d'exalter les compétences politiques de Necker en s'appuyant sur l'exemplarité de sa vie privée. Quel encens familial ! Mme Necker parle de « son ange », sa fille de ses « qualités célestes ». Peu importe ce qu'il est pour sa femme et pour sa fille… Mais on peut tout de même trouver mauvais qu'il suppose nécessaire la séparation en ordres, que la question de la censure et des lettres de cachet reste non tranchée, que son « programme de constitution » ait si peu de netteté, que la décision de doubler la représentation du Tiers ne soit pas accompagnée d'une autre décision sur le vote par tête, qui seule lui donnerait un sens, et qu'ainsi « il fait perdre au Tiers sa cause sous l'apparence de la lui faire gagner ». Libre à Cerutti de se fier aveuglément à l'homme qui est à la tête du gouvernement, mais y a-t-il rien de plus dangereux que la croyance enthousiaste en l'infaillibilité d'un seul ? Au demeurant – et Mirabeau s'attaque maintenant à la politique financière de Necker –, le magicien genevois veut « passer pour faire des miracles », alors qu'il ne fait « que des tours et pas des bons » : Necker ne s'est-il pas fait avancer secrètement 15 millions par la Caisse d'escompte, et n'a-t-il pas accordé, en échange, cours forcé à ses billets ? « Le papier-monnaie non racheté est un fléau véritable, un foyer d'infidélité et de chimères, une véritable orgie de l'autorité en délire. »

Au moment de partir pour Aix, Mirabeau n'a pas pu résister à la tentation de publier sa *Correspondance avec M. C…*, qui devient un court pamphlet de 54 pages. Ainsi affronte-t-il à visage découvert Necker, dont il soupçonne l'hostilité à son élection aux États. Ainsi acquiert-il, grâce au succès de l'ouvrage, des ressources supplémentaires pour sa campagne… Mais Cerutti est indigné. Il n'a été désigné que par l'initiale de son nom, mais ses lettres privées ont été divulguées sans son accord. Il accuse Mirabeau d'abus de confiance, dans un article très amer qu'il donne au *Journal de Paris*, tout en s'accusant de sa propre imprudence puisqu'il constate que sa mésaventure n'a surpris que lui. Dans l'éloge funèbre de Mirabeau, qu'il prononcera deux ans et trois mois plus tard en l'église Saint-Eustache, l'ancien jésuite fera encore allusion, au milieu d'un océan de louanges, aux « actions moins pures » et aux « égarements » du tribun. Pour l'heure, Mirabeau choisit le profil bas ; sur le conseil de ses amis, il s'abstient de toute réponse publique et il admet, en privé, que sa manière d'agir n'était pas correcte – d'autant plus, prétend-il contre l'évidence, qu'il a été le premier à reconnaître le secret comme le principe du commerce épistolaire !

Le scandale suscité par la publication de l'*Histoire secrète de la cour de Berlin* est beaucoup plus profond – et plus grave par ses conséquences éventuelles. Henriette de Nehra avait prédit à Mirabeau que sa nouvelle maîtresse, Mme Le Jay, « l'enlacerait un jour dans une grande affaire d'escroquerie ». La prédiction s'est rapidement réalisée. Mme Le Jay a entraîné son amant dans un flot de dépenses : il se doit de posséder un carrosse et de louer une maison de campagne à Polangis pour abriter sa liaison. La librairie Le Jay est criblée de dettes, et menacée de faillite. Mme Le Jay harcèle Mirabeau : il lui a montré un manuscrit, composé des diverses dépêches qu'il a envoyées à ses correspondants du ministère, Talleyrand et Lauzun, pendant les six derniers mois de son séjour à Berlin, du 5 juillet 1786 au 19 janvier 1787 ; ses confidences de « presque-journaliste », d'un ton si alerte, sur la vie quotidienne à la cour de Prusse… et sur la vie privée du roi Frédéric-Guillaume II, ne peuvent qu'exciter la curiosité d'un très large public. Le redressement de la librairie Le Jay serait assuré, comme le financement de la campagne de Mirabeau.

Mirabeau a-t-il été consentant ou son manuscrit a-t-il été dérobé ? Le flou règne. Mirabeau combat la tentation et tente d'écarter la tentatrice. Il confie son manuscrit à son secrétaire, Comps, et lui demande de l'enfermer chez lui, sous clé. Selon la version officielle de Mirabeau, « on » aurait pénétré chez Comps en son absence, et forcé un meuble pour s'emparer du précieux manuscrit ; le couple Le Jay aurait donc triomphé par effraction. Le marquis de Luchet, qui est le plus touché par la publication indiscrète puisqu'il avait présenté Mirabeau au prince Henri de Prusse, donne une autre présentation des faits : dans un moment de faiblesse, Mirabeau aurait livré sa précieuse correspondance à sa maîtresse aux abois : « Prenez cet aliment de curiosité. Il me perd, mais il vous sauve. »

C'est le libraire Le Jay qui a fait le voyage d'Alençon pour confier le manuscrit à l'imprimeur ; les épreuves n'ont pas été corrigées par Mirabeau. Mais il est prouvé que Mirabeau a fait, lui aussi, le voyage d'Alençon, à la fin 1788, pour surveiller la publication…

L'ouvrage est présenté comme le recueil des lettres d'un voyageur anonyme, mort en 1788 ; les noms des correspondants parisiens sont désignés par des initiales. Mais personne ne s'y trompe. Mirabeau est discrédité, d'abord à Berlin, pour avoir trompé la confiance des princes et ministres qui l'accueillaient, mais aussi à Paris, pour avoir violé les règles élémentaires d'une correspondance diplomatique, même officieuse.

L'*Histoire secrète* – « cet ouvrage des ténèbres », selon l'avocat du roi au Parlement de Paris – suscite un immense intérêt, à Paris comme en Prusse. 20 000 exemplaires sont vendus à Paris, avant même que la police ne soit alertée. À Berlin, l'ouvrage est rapidement épuisé ; il sera réédité clandestinement par un libraire de Francfort et connaîtra une traduction allemande, à Cologne chez Peter Sandhof ; il suscitera également une série d'ouvrages en réponse – des réfutations de Posselt à Karlsruhe, *Sur l'Histoire secrète de Mirabeau*, de Trenck à Berlin et à Leipzig, *Examen politique et critique de l'Histoire secrète*, ce commentaire lui-même publié dans les deux langues…

En Prusse, l'émotion domine. Le roi est exaspéré. Un débat est organisé à l'Académie de Berlin : sa conclusion est que l'auteur « se sert de sa plume vendue pour usurper le nom et la mission sacrée de l'Historien ». Les ministres Hertzberg et Finkenstein expriment leur surprise : comment le gouvernement français, qui maintient avec tant de sévérité sa censure sur les ouvrages étrangers, a-t-il pu laisser passer ce libelle ? À Paris, le ministre français Montmorin est embarrassé. Il multiplie ses excuses à l'ambassadeur prussien, Goltz ; il promet l'interdiction du livre et des sanctions contre l'imprimeur et l'éditeur. Quant à Mirabeau… le ministre explique qu'il serait facile de le mettre en lieu sûr par une lettre de cachet, ou de l'embarquer pour les Indes orientales, mais le problème est qu'il mène campagne en Provence et que son arrestation provoquerait des clameurs dans cette province indisciplinée. Au demeurant, le ministère mettra trois semaines à interdire la vente de l'ouvrage.

Circonstance aggravante : le scandale intervient alors que le prince Henri, particulièrement égratigné par Mirabeau, séjourne à Paris, dans un hôtel de la rue de l'Université. Son conseiller français, le marquis de Luchet, se précipite pour lui annoncer, désespéré, la sortie de l'ouvrage. Le prince réagit avec élégance : « Pourquoi s'affliger ? Mon rang ne me permet pas de tricher avec la vérité historique. Si Mirabeau dit vrai, il ne fait que devancer le verdict des historiens. Si ce qu'il dit est faux, l'histoire me vengera. »

Et le prince de demander à Luchet d'acquérir... seize exemplaires de l'ouvrage : il les distribuera à Berlin à ses amis proches, qu'il interrogera sur sa ressemblance avec le portrait qui est fait de lui.

Louis XVI a remis lui-même l'ouvrage à l'avocat du roi près le Parlement de Paris, Antoine-Louis Séguier. Le réquisitoire n'exclut pas l'amertume : toute mesure d'interdiction « ajoutera à la célébrité de l'auteur, accélérera la vente de l'ouvrage, en doublera le prix, et donnera une plus grande publicité à l'imposture et à la calomnie » – ni même l'hommage implicite à l'auteur : « Il est malheureux d'avoir un si grand talent quand on n'a pas une trempe de caractère assez forte pour le diriger vers le bien. Lorsque la perversité étouffe le sentiment de l'honneur, le génie est un présent funeste de la nature. » Mais cet auteur inconnu, « s'il est absolument étranger à l'impression, c'est à lui seul de se reprocher sa bassesse et sa turpitude ; la justice ne peut lui faire un crime de la publicité de sa correspondance ».

Mirabeau échappe à toute sanction. Il avait craint le pire, et, hésitant à entrer dans Paris, il s'était réfugié dans la maison louée à Polangis – où il avait reçu quelques amis fidèles : Panchaud, Lauzun devenu Biron, Dupont de Nemours... et même le marquis de Luchet qui lui a rapidement pardonné ses indiscrétions. En ce début de campagne pour les États généraux, la monarchie ébranlée n'a plus vraiment les moyens de sévir – ni même de protéger les autres têtes couronnées d'Europe. Le Jay et l'imprimeur ne seront guère inquiétés – une fois l'ouvrage saisi, mais il était quasiment épuisé... La seule sanction sera symbolique : les deux tomes de l'*Histoire secrète* seront condamnés à être « lacérés et brûlés en la cour du Palais, au pied du grand escalier d'icelui, par l'exécuteur de la Haute justice ».

Mais Mirabeau affronte la réprobation de ses amis. Talleyrand est indigné – particulièrement par les allusions à certaines opérations financières, qu'il a menées à Berlin par l'entremise de Mirabeau. Les deux hommes se retrouveront souvent, dans l'action, sur les bancs de la Constituante, mais Talleyrand ne pardonnera l'incartade de son ami que sur le lit de mort de Mirabeau. La Société des Trente menace de l'exclure, et Mirabeau en est très profondément blessé !

Le futur tribun a, tout de même, le front de proposer au ministre Montmorin, tout en tentant de se disculper auprès de lui, de l'informer régulièrement sur la situation en Provence. Il reçoit une réponse cinglante : « J'ignorais qu'il eût été question de vous dans un journal à l'occasion de l'*Histoire secrète de la cour de Berlin*, et j'ignore même ce qu'on a dit. Si on vous attribue la publication de cet ouvrage et que vous n'y ayez aucune part, je conçois combien vous devez en être blessé » – et insultante : « Je vous remercie de l'offre que vous voulez bien me faire d'une conférence particulière sur la Provence, mais il me paraît au moins inutile que j'aie désormais l'honneur de vous recevoir chez moi. » Seul un changement total de la situation politique de la France permettra, près de deux ans plus tard, une « coalition » entre Montmorin et Mirabeau.

Mirabeau s'efforce de sauver les apparences, de se protéger des nombreux articles et pamphlets qui l'accablent. Il décline toute responsabilité, dans un article que publie le *Journal de Paris*, le 22 février : sa bonne foi a été surprise ; les dépêches de Berlin sont bien de lui, mais elles ont été « mutilées, falsifiées, empoisonnées » et il n'avait même pas reçu un exemplaire de l'ouvrage !

Il joue la comédie auprès de son secrétaire, imagine un complot contre lui : « Il est évident que ce sont les gens qui ne veulent pas me voir prendre place aux États généraux qui ont ourdi cette intrigue. »

Puis il se rassure par un bon mot : « Je suis devenu un chien enragé, auquel personne ne saurait donner la moindre confiance. Mais ils auront besoin d'un chien enragé, car le despotisme mourra de mes morsures. »

À son retour en Provence, Mirabeau est accueilli triomphalement. C'est un déferlement passionnel. Pour la première fois de sa vie, il connaît le vertige de la popularité. À chacune de ses étapes, la foule l'attend dans l'allégresse. Les cloches sonnent, des « boîtes d'artifice » explosent. Le Tiers le considère désormais comme son chef de file naturel ; les scandales d'édition de Paris n'ont eu aucune prise sur la bourgeoisie provençale.

Le 5 mars, à son arrivée à Lambesc, sa voiture est dételée et tirée à bras d'hommes. Il proteste :

« Mes amis, les hommes ne sont pas faits pour porter un autre homme, et vous n'en portez déjà que trop. »

À Aix, la foule en liesse l'acclame au son des tambourins. Place des Prêcheurs, il est porté jusqu'à la maison où il loge, puis on le réclame. Il apparaît sur son balcon, pour une rapide allocution :

« Haïssez l'oppression autant que vous aimez vos amis, et vous ne serez pas opprimés. »

Il soupe chez l'avocat Jaubert, son seul ami au sein du barreau d'Aix. Il se prend à philosopher :

« Je vois comment les hommes sont devenus des esclaves. La tyrannie s'est greffée sur la reconnaissance. »

La ville est illuminée en son honneur. 2 000 personnes encerclent le théâtre : elles espèrent voir Mirabeau. Le directeur accourt chez Jaubert, pour l'implorer : « Il faut que vous veniez, ou je ne sais ce qui arrivera ! »

Un souper a lieu, le même soir, chez le syndic de la noblesse, de l'autre côté de la place des Prêcheurs. Intrigué par le bruit, le syndic se glisse à sa fenêtre. Il est reconnu. Les huées sont immédiates...

L'élection de Mirabeau paraît décidément assurée à Aix. Mais, comme les candidatures multiples sont autorisées, dans plusieurs bailliages ou sénéchaussées, le héros de la Provence ne veut courir aucun risque ; il entend se présenter également à Marseille.

La réception du grand port méditerranéen est grandiose. 120 000 personnes sont dans les rues, pour l'acclamer. Les commerçants ont fermé leurs boutiques. Les fenêtres des maisons qui bordent son parcours ont été louées un ou deux louis. Les pavillons de tous les navires qui relâchent dans le port ont été empruntés pour flotter, en guise de décoration, sur la façade de l'appartement où il loge. Le soir, la foule l'accompagne au théâtre de Marseille, où l'on joue *Le Bourgeois gentilhomme*. On l'installe dans une loge, entre deux jeunes filles rougissantes. Il se penche vers l'une de ses voisines, lui demande son avis sur la pièce de Molière. Mlle Thiers – qui ne sait pas encore qu'elle sera la tante d'un futur homme d'État, car son neveu, Adolphe, ne naîtra que huit ans plus tard – répond qu'elle est surtout heureuse d'être assise à côté du « Gentilhomme bourgeois ».

Pionnier de la démocratie d'opinion, praticien de la propagande politique, Mirabeau prend soin d'entretenir l'enthousiasme, de conforter sa popularité par un flot de journaux, brochures, mémoires, pamphlets, que le peuple provençal lit avec avidité et passion... Il publie un écrit anonyme – la *Lettre d'un citoyen de Marseille à un de ses amis* – pour recommander deux candidats à la députation, l'abbé Raynal et... Mirabeau.

Le futur tribun sait éviter les pièges de la fausse modestie. L'Amérique allait anéantir sa si neuve liberté en créant un corps de noblesse : Mirabeau foudroie ce projet scélérat avec son essai sur l'ordre de Cincinnatus. Un nouveau monarque monte sur le trône de Prusse : Mirabeau se dresse en précepteur des princes pour retracer « les devoirs d'un bon roi » et plaider « la cause du genre humain ». Son ouvrage sur la *Monarchie prussienne* est impérissable, il apparaît comme le « code pratique de toutes les institutions humaines » ; au demeurant, tous ses ouvrages « vivront autant que le bronze et l'airain », car Mirabeau a gravé sur eux « les droits les plus sacrés de l'homme, la liberté et l'égalité ».

Conclusion du panégyrique : « Ce bon citoyen est l'homme le plus éloquent de son siècle ; sa voix domine dans les assemblées publiques comme le tonnerre contre les mugissements de la mer ; son courage étonne encore plus que ses talents ; il n'est aucune puissance humaine qui pût lui faire abandonner un principe. »

Magnifique exagération d'un Provençal né ! Mais, en ces jours bénis des Dieux, le portrait que Mirabeau trace de lui-même est bien celui que perçoit le peuple de Provence. Quand il a quitté Marseille pour regagner Aix, il a été précédé de plusieurs centaines de cavaliers, « les jeunes gens les plus distingués de la ville », et escorté par 300 voitures. Et l'avocat Brémond a juré, au nom des Marseillais, « une haine éternelle aux ennemis du bourgeois héros ».

Au moment du départ de son frère pour la Provence, Caroline du Saillant s'était reprise à espérer en une réconciliation avec Émilie. Mirabeau avait brutalement fermé cette perspective :

« Nous avons trop d'affaires d'homme pour penser à des affaires de femme. »

Le petit peuple du pays aixois communiait pourtant, sur ce point, avec Caroline. Les paysans n'avaient-ils pas organisé, un jour de marché, une manifestation devant l'hôtel des Marignane ? Ils avaient interpellé Émilie, qui riait à son balcon, l'avaient adjurée :

« C'est une trop belle race, ce serait dommage qu'elle vienne à manquer ! »

Ainsi étaient-ils atteints, comme le marquis Victor, de postéromanie...

Émilie est flattée et tentée.

Prise dans la tourmente de la pré-Révolution, elle se passionne, comme toutes les femmes en vue de la société aixoise, pour l'évolution politique du royaume. La mode n'est plus aux « cours d'amour » et aux représentations théâtrales entre amis. La compétition politique inédite qui s'ouvre, à mesure que l'absolutisme s'efface, et qui vibre jusque dans les profondeurs du pays, n'est-elle pas le plus grand des théâtres ?

Émilie suit, avec une curiosité exaltée, les succès politiques de Gabriel-Honoré. Elle qui fut sourde aux appels de son mari depuis If, Joux ou Vincennes, est maintenant prête à le suivre. Elle a la conviction de le comprendre, désormais ; l'attachement fugitif qu'elle éprouva pour lui est réanimé et elle n'est plus d'humeur à s'incliner devant les pressions de son père...

Les amis de Mirabeau tentent d'aider aux retrouvailles :

« La comtesse veut absolument retourner dans les bras de son cher et glorieux époux. Elle s'inquiète pour vous, vous voit sans cesse sanglant au détour d'une rue ou égorgé dans votre lit. Elle veut partager votre destin périlleux. »

Mais Mirabeau ne réagit pas. Il n'éprouve plus de ressentiment, ni d'affection – seulement une profonde indifférence. Il serait même prêt à reprendre la vie commune, mais il n'a pas de temps à consacrer à Émilie. L'agitation est si forte autour de lui. Émilie appartient au passé, alors que son ambition politique l'emporte au loin.

Les ovations et défilés d'Aix et de Marseille ne sont qu'un fragile décor, en ce rude hiver 1789. Sous le délire de la foule qui acclame Mirabeau : le désespoir, la détresse devant la cherté de la vie, la lourdeur des impôts, les effets pervers d'un État omniprésent, par exemple avec le monopole de la viande. Le mistral souffle depuis novembre, la neige n'est pas assez dense pour protéger la végétation de la gelée, l'hiver rigoureux anéantit les plantations d'oliviers et d'orangers.

La Provence s'enflamme. Les premiers troubles affectent la Haute-Provence : des paysans se soulèvent à Manosque, le 14 mars. L'évêque de Sisteron, Mgr de Suffren, apparaît au marché : il a rédigé la protestation du clergé contre le discours de Mirabeau ; on le soupçonne de spéculer sur le blé. Il est victime de l'exaspération de la foule et doit fuir, gravement blessé, sous une volée de pierres. Les émeutes se propagent, comme un feu de forêt ; on en recense une cinquantaine dans la seule troisième semaine de mars. Des villes, elles atteignent les villages, les bourgades isolées. L'intendant de Provence relève que « la population attaque indistinctement l'ecclésiastique, le noble, le bourgeois ». Pour l'avocat général au parlement d'Aix, « c'est une guerre déclarée aux propriétaires et à la propriété ». « Jamais le peuple n'a été si inflammatoire », se désole le commandant militaire de la province.

Caraman, ce commandant militaire, est un parent éloigné de Mirabeau : il descend des Riqueti du Sud-Ouest, de la branche de Béziers. Ses rapports sont bons avec son lointain cousin, mais, au lendemain de son retour triomphal de Marseille, il lui reproche d'entretenir l'agitation publique. Mirabeau lui répond avec une vivacité inattendue :

« Où me voyez-vous alarmer le public ? Quand saurez-vous que vos coteries et vos flatteurs ne sont pas le public ? Trouvez-vous que l'honorable escorte, qui m'a raccompagné à Aix, s'est mal conduite avec vous ? »

Puis, en manière de contre-attaque, il entreprend de l'éclairer sur les vrais motifs des troubles :

« Le mécontentement universel, que vous traitez d'effervescence, a des motifs trop connus pour ne pas lever tous vos doutes. Le peuple meurt de faim : voilà un sujet. Les principaux mandataires de l'autorité dans notre province sont accusés, depuis quarante ans, de brigandage sur le blé : voilà un autre sujet. Et les iniquités de la justice ! Le parlement s'obstine à juger et à pendre les malheureux que la faim a égarés. L'évêque de Sisteron pardonne tout haut et se venge tout bas. Et vous-même, vous cédez, contre vos principes et votre bonté naturelle, à d'iniques envois de troupes. »

Et Mirabeau va publier ce dialogue, pour la plus grande irritation du commandant militaire ! Par la suite, cependant, son attitude se modifie radicalement : dans une Provence gagnée par l'anarchie, et face à la démission des représentants de l'État, Mirabeau se sent investi d'une responsabilité. Il était revenu de Paris pour prendre la tête du Tiers dans le combat « contre le despotisme ». Il s'improvise responsable du maintien de l'ordre, de ce qui reste d'ordre dans une monarchie qui se délite.

Sa première tâche est d'assurer la bonne marche du processus électoral. Parmi les électeurs du Tiers, le mécontentement est perceptible. Beaucoup espéraient l'érection de la Provence en une circonscription unique. Le découpage des circonscriptions, les divers degrés des collèges électoraux, la sous-représentation des grandes agglomérations : tout est l'objet de contestations. Mirabeau intervient – en « véritable Français » et non comme « Provençal », dit-il – pour convaincre le Tiers qu'il devrait, finalement, être satisfait du résultat obtenu. Dans une *Opinion du comte de Mirabeau* – une brochure publiée à Aix, chez Émeric-David –, il conseille au Tiers de se soumettre sans résistance aux règlements royaux sur l'organisation des élections : « Obéissons, parce qu'il est évident que le vœu secret d'une partie des ordres privilégiés est d'éluder la tenue des États généraux ! Obéissons parce que tous les bons citoyens auront reconnu que le roi est le convocateur naturel et le législateur provisoire des États généraux ! » Les autorités de la province sont reconnaissantes à Mirabeau de son appel au calme ; elles ne vont plus cesser de faire appel à sa coopération.

Le 23 mars, l'émeute embrase Marseille. On accuse l'intendant de la province d'avoir maintenu un fermier général qui retient, pour son propre bénéfice, près de la moitié de l'impôt qu'il lève. On réclame, par des affiches écrites à la main et collées à travers la ville, l'abaissement du prix de la viande et du pain. Le flot des émeutiers se dirige vers la maison du fermier général, puis se détourne vers l'hôtel de ville, qui est envahi. Le commandant militaire Caraman intervient, harangue la foule, croit avoir rétabli le calme et regagne Aix au milieu de la nuit. Après son départ, la violence reprend et se généralise : les résidences de l'intendant, comme celle du fermier général, épargnée le matin, sont saccagées ; les manifestants tentent de forcer les magasins de blé, de briser les portes des prisons.

Le jeune avocat Brémond, qui a organisé la réception triomphale de Mirabeau à Marseille, lance un appel à son « idole » :

« Tout est perdu s'il faut céder au peuple, mais tout est détruit si l'on emploie la force... Votre présence calmerait les choses. Quand on n'attend plus rien des hommes, il faut bien recourir aux Dieux. Je vous en prie, au nom des citoyens de Marseille... Le sort de votre race est de nous être toujours utile ! »

Mirabeau est troublé. La mission est exaltante, mais périlleuse. Il veut prendre conseil du commandant militaire. En fait, ce dernier devrait donner des instructions au simple sujet du roi, au simple citoyen qu'est Mirabeau. Mais Caraman est dépassé par les événements :

« Faites ce que votre cœur et votre pouvoir vous dicteront pour le bien public. Ce qu'on vous dit est vrai : il faudrait calmer le désordre sans recourir à la force. C'est véritablement un moment décisif. Vos succès auraient une grande importance. »

Mirabeau s'installe à Marseille. Il fait fonction à la fois d'intendant et de commandant militaire. Il constate que les troubles ont changé de nature :

« Hier, le peuple de Marseille ne voulait qu'obtenir justice. Cette nuit et ce matin, des Génois, des étrangers, ont occasionné le tumulte et paraissent vouloir en profiter. »

Comment rétablir l'ordre ? La police est totalement débordée et on n'ose pas avancer les troupes de ligne, qui sont en garnison dans les forts. Brémond a commencé à organiser une milice civique, formée par les jeunes gens « de bonne famille » de la ville : l'une des compagnies vient même de prendre le nom de Mirabeau ! Il faut élargir l'expérience. Mirabeau, toujours à l'aise en Provence – il jure avec les portefaix, parle provençal avec les paysans –, intègre aux nouvelles milices le petit peuple des artisans et boutiquiers.

Caraman lui a donné pleins pouvoirs pour procurer pain et viande aux Marseillais. Mirabeau apprend qu'un navire chargé de grains va quitter le port : il interdit son départ et négocie l'achat de la cargaison. Il s'initie à la gestion de la ville, promet un contrôle des comptes du fermier général. Il explique inlassablement à la foule la nécessité de fixer un juste prix pour le pain :

« Le blé doit être importé. Puisque le blé est cher partout, comment pourrait-il être bon marché ici ? Vous êtes justes, raisonnables. Raisonnons ensemble. »

Il passe à la nécessité de la perception d'un impôt, même odieux comme le « piquet » sur la farine :

« Marseille, comme toutes les villes, doit payer quelque chose pour les dépenses du royaume. L'argent se prend un peu sur ceci, un peu sur cela. »

Mirabeau a trouvé le ton de ses relations avec la foule. Il rédige une Adresse « au peuple marseillais », qu'il intitule simplement *Avis de Mirabeau*, en laissant tomber titre et particule :

« Mes bons amis, je vais vous dire ce que je pense sur ce qui s'est passé depuis trois jours dans votre superbe ville ! Écoutez-moi, je ne désire que vous être utile, et je ne veux pas vous tromper ! »

Toujours la relation de confiance. Et le succès qui suit, dans une situation on ne peut plus périlleuse ! En quelques jours, l'homme d'État a remplacé le candidat tenté par la démagogie. Un auteur provençal, témoin des événements, fera jouer à l'automne, à Paris, une pièce intitulée *Liberté ou Marseille sauvée.* L'action est située au XVIe siècle, mais le héros s'appelle Riqueti.

Le 25 mars, l'émeute gronde à Aix. Devant l'hôtel de ville, la foule demandait – comme à Marseille – l'abaissement du prix du pain et de la viande, et la suppression du droit de piquet. Le premier consul, La Fare, a joué les provocateurs, à coups de phrases insultantes. Un détachement d'infanterie est intervenu et a tiré. La place de l'hôtel de ville est ensanglantée... La foule s'apaise dans le centre-ville. Mais l'émeute reprend dans les quartiers extérieurs, où les magasins de blé sont pillés. Le pire semble à venir. La terreur paralyse la ville.

Caraman ne voit plus de recours qu'en Mirabeau, qui rejoint Aix, au milieu de la nuit, à franc étrier. Le commandant militaire se décharge de toutes ses responsabilités sur le nouvel « Ami du Peuple », qui rétablit le calme en quelques heures. Il organise une milice civique, sur le modèle marseillais, qu'il substitue aux unités militaires ; il harangue la foule en révolte, sur un ton paternel :

« Promettez-moi d'être sages. Ne m'obligez pas à vous imposer la sagesse, par la contrainte... »

Et il lance à Caraman :

« Plus le moindre vestige de trouble... »

Mirabeau a bien mérité des électeurs de Provence. À Aix, il arrive très largement en tête dans le collège du Tiers, avec 290 voix sur 344. L'avocat Portalis, qui a été également élu mais qui n'a pas oublié la correction que lui a infligée Mirabeau, six ans plus tôt, au procès d'Aix, préfère renoncer à représenter la Provence car « une sénéchaussée y a assez mal entendu ses intérêts pour députer le comte de Mirabeau aux États généraux ».

Triomphe symbolique : la paroisse de Mirabeau, qui n'a pas été touchée par les troubles, se flatte, dans son « cahier de doléances », « d'avoir toujours eu pour seigneurs les Riqueti », tels que le marquis Victor, « l'Ami des Hommes », et son fils, le comte Gabriel-Honoré, « dont le nom sera toujours cher à la nation provençale, pour avoir été le seul, dans son ordre, à plaider la cause du Tiers État ». La petite communauté « ne demandera pas aux États généraux l'abolition des droits féodaux ; elle l'attendra de la bienfaisance seule de l'Ami des Hommes et de l'Ami du Peuple ».

L'influence de Mirabeau a finalement été presque aussi forte sur la noblesse aixoise : l'ordre privilégié s'est scindé en deux groupes, et c'est la faction des nobles qui ne possèdent pas de fief, les « non-fieffés », alliés à Mirabeau, qui remporte la victoire avec l'élection du conseiller au Parlement, d'André. Le député du Tiers a manifestement inspiré la rédaction du « cahier de doléances » de la noblesse aixoise : un étonnant manifeste « progressiste », l'un des plus progressistes de France, qui revendique le vote par tête, « la suppression des distinctions humiliantes qui avilirent le Tiers État », la liberté de la presse, l'entière suppression des « lettres de cachet », voire, par une étrange prémonition de la future Constitution civile du clergé, la suppression du Concordat et l'élection des évêques, et surtout la « responsabilité des ministres » – sur laquelle reviendra si souvent Mirabeau à l'Assemblée.

À Marseille, l'élection dans le collège du Tiers n'a pas répondu à l'attente de Mirabeau : celui qui venait d'être surnommé l'Ami du Peuple avait sous-estimé l'hostilité que lui portait la grande bourgeoisie, liguée contre lui. Les armateurs et le haut commerce de Marseille devaient une grande part de leur fortune à la « traite des Noirs » ; les convictions anti-esclavagistes de Mirabeau étaient connues – il animait même la « Société des Amis des Noirs ». L'enthousiasme de la jeunesse marseillaise, l'adhésion du petit peuple furent donc neutralisés : le premier tour ne donna aucun élu ; Mirabeau ne passa qu'au troisième tour, en quatrième et dernier rang, sous la pression de ses jeunes admirateurs, qui encerclaient le couvent des Carmes où se tenait le vote.

Mirabeau est déçu : en cas de vraie victoire, il aurait opté pour Marseille. Mais la grande cité méditerranéenne l'élit citoyen d'honneur et lui fait de brillants adieux : des centaines de jeunes gens à cheval l'escortent, le flambeau à la main, formant un long défilé lumineux.

Le voici donc député d'Aix. Il veut partir discrètement pour Versailles, mettre fin à ces manifestations spectaculaires. Il fait commander, tard dans la soirée, des chevaux de poste pour le milieu de la nuit. Mais son coup est manqué : les Aixois veillent, restent attroupés autour de sa maison. Une foule dense est massée dans les rues adjacentes. La voiture manque d'être bloquée. Les Provençaux seront présents à chaque relais de poste.

À Argenteuil, l'intraitable marquis Victor soupire : « Voilà de la gloire, de la vraie gloire. »

DEUXIÈME PARTIE

LE RÉVOLUTIONNAIRE

VERSAILLES, LES 4 ET 5 MAI

En ce début de mai 1789, Versailles, le temple de la monarchie, semble une ville envahie. Les courtisans ont la sensation de se heurter partout à des visages inconnus. De toutes les provinces, affluent les députés aux États généraux : ils sont près de 1 200 ! La diversité des physiques et des accents souligne l'extrême diversité du royaume.

Le 4 mai, les élus des trois ordres défilent en procession, de la paroisse Notre-Dame, dans la ville neuve, à l'église Saint-Louis, dans le vieux Versailles. Les Parisiens sont venus nombreux, par cette douce journée, applaudir un cortège somptueux, « comme au temps d'Henri IV ». Les façades sont ornées de tapisseries des Gobelins. Les gardes du roi, les Suisses, avec leurs chapeaux à plume, dominent la foule. La masse sombre des bourgeois du Tiers État, vêtus de noir avec une simple cravate blanche, précède les élus de la noblesse aux vêtements étincelants, vestes brodées, dentelles moussant sur les poitrines, manteaux bordés d'or, chapeaux retroussés aux grandes plumes multicolores. Suit le clergé, enveloppé de noir, mais éclairé par les couleurs vives des prélats, chapes rouges des cardinaux et soutanes violettes des évêques – ils sont une cinquantaine. Sous un dais porté par les princes, marchent le roi et la reine, entourés des dames de la cour en grande toilette, des dignitaires du royaume, maréchaux et officiers de la couronne, et d'un essaim de courtisans… Des fauconniers clôturent le cortège, faucon sur le poing.

Arrivés les premiers à Saint-Louis, les députés du Tiers s'installent dans l'église. Les maîtres des cérémonies interviennent alors, dans une excitation proche de la panique, pour rétablir l'ordre des préséances. L'évêque de Nancy, Mgr de La Fare, prononce un sermon inattendu : il vitupère le luxe excessif de la cour et s'en prend aux agents des impôts, ces « misérables exacteurs », avec lesquels il semble directement en conflit. Les courtisans sont irrités, la reine pâlit, le roi somnole… mais les applaudissements des députés du Tiers le ramènent aux réalités.

Le soir, Mirabeau tire les leçons, devant les collaborateurs de son « atelier », de ce prélude à l'ouverture des États :

« Toute la pompe du trône a été déployée, et on percevait l'exaltation du peuple, qui sent que son sort va se décider… Mais quelle humiliation pour nous, les députés du Tiers ! Nous représentons la nation, nous allons devenir le corps législatif du royaume, et la cour nous prescrit, avec un grand luxe de détails, les vêtements que nous devons porter. Relisons le règlement royal : “ habit, veste et culotte de drap noir, un manteau court… et un chapeau rehaussé de trois côtés, sans ganses ni boutons ”. Un chapeau tout nu, le costume morne d'un magistrat subalterne ! »

Tout cela a un sens politique. Prescrire un costume aux élus de la nation, c'est les soumettre à l'autorité d'un maître des cérémonies ! C'est le comble du despotisme et de l'avilissement ! Le pouvoir arbitraire est satisfait lorsqu'il voit appliquer ses décrets les plus bizarres ! Cela mène à l'empereur Caligula qui voulait faire son cheval consul ! Quand on saisit de tels symptômes, on comprend que cette nation est complètement asservie, et qu'elle n'a plus rien à perdre…

Et, dans un retournement soudain, Mirabeau prêche la patience :

« Certains de mes collègues, députés du Tiers, voulaient déposer immédiatement une réclamation au pied du trône, et représenter, avec véhémence, au roi combien une telle discrimination était douloureuse pour la partie vraiment nationale des trois ordres. Je pense qu'une telle démarche serait prématurée ; il faut choisir la modération. »

Mirabeau veut convaincre ses amis :

« Essayons de comprendre les gens de la cour et des ordres privilégiés : jusqu'ici le code de l'étiquette a été leur feu sacré. Qu'ils poursuivent leur jeu, un certain temps, et ne mettons pas trop d'impatience à les interrompre. Aujourd'hui, nous ne sommes que des individus ; politiquement, le souverain ne nous a pas encore ouvert les lèvres. Quand nous pourrons parler, nous nous occuperons d'objets plus sérieux que la nomenclature des escaliers et des salons par où le maître des cérémonies nous fait passer ! »

Le député d'Aix en vient au sermon de l'évêque de Nancy :

« C'est un autre mouvement et une autre inspiration que nous attendions, en cette veille de l'ouverture des États ! Ce sermon était trop long, sans style, sans idées... Tous les lieux communs, depuis le baptême de Clovis, toutes les déclamations, contre le luxe et contre les philosophes ! L'orateur n'avait ni plan, ni parti arrêté et il n'a rien compris à son époque. »

Même humiliation pour le Tiers, le 5 mai, lors de l'ouverture solennelle des États. La voûte de l'immense salle ovale des Menus-Plaisirs filtre la lumière voilée d'un jour humide. Derrière une rangée d'imposantes colonnes doriques, la galerie du public sera occupée par 2 000 spectateurs, essentiellement des courtisans. Face à l'entrée principale, la tribune royale : sous un grand dais de velours bosselé, brodé de fleurs de lys, le trône est encore vide. Depuis 8 heures du matin, le maître des cérémonies place les députés – ceux de la noblesse et du clergé – à droite et à gauche de la tribune royale, surélevée. L'entrée du duc d'Orléans, député de Crépy-en-Valois, a été vivement applaudie. Il est le seul prince du sang : le comte d'Artois, le plus jeune frère du roi, a été élu à Tarbes, mais il s'est récusé sur l'ordre de Louis XVI. Les députés du Tiers attendent plusieurs heures, mal abrités de la pluie sous un hangar, puis ils sont introduits un à un, par une petite porte latérale, et prennent place sur des banquettes, séparées par une barrière des ordres privilégiés. C'est le cérémonial de 1614, avec une seule novation : un orateur du Tiers devait, alors, prendre la parole, à genoux ; cette fois, une telle intervention n'est pas prévue.

Mirabeau s'interroge. Pourquoi blesser ainsi, à coups redoublés, la susceptibilité du Tiers ?

« Il est difficile d'aller plus loin dans la provocation à l'égard des députés du Tiers ! Il a fallu bien du talent pour parvenir à ce résultat ! »

Le roi paraît, puis la reine, quelques instants plus tard, qui semble flotter dans une gaze d'argent ; les princes du sang, dignitaires et ministres, répartis en demi-cercle autour du couple royal, brillent de tous leurs feux lors d'une brève éclaircie.

Députés aux États, entourage du roi, public des galeries : tous sont debout et tête nue pour écouter le roi – lui-même assis et couvert. Le discours est bref ; il est interrompu par des acclamations d'une très grande force : « Malgré moi, j'ai versé des larmes », avouera l'ambassadeur des États-Unis.

Le cérémonial et l'incommodité de la salle se prêtent mal à une écoute politique. Les impressions sont contrastées.

Noblesse et sagesse d'un souverain, qui s'appuie sur d'antiques traditions pour lancer un appel au rassemblement de la nation :

« Un long intervalle s'était écoulé depuis les dernières tenues des États généraux, et quoique la convocation de ces assemblées parût être tombée en désuétude, je n'ai pas balancé à rétablir un usage dont le royaume peut tirer une nouvelle force... »

Mais aussi, mises en garde d'un monarque désireux de reprendre l'initiative face à ce qu'il considère comme des dérives de l'opinion :

« Une inquiétude générale, un désir exagéré d'innovations se sont emparés des esprits et finiraient par égarer totalement les opinions, si on ne se hâtait de les fixer... Les esprits sont dans l'agitation ; mais l'esprit dominant de vos délibérations répondra aux sentiments d'une nation généreuse... »

La question budgétaire, bien qu'au centre de l'allocution, est simplement survolée :

« La dette de l'État, déjà immense à mon avènement, s'est encore accrue... L'augmentation des impôts en a été la suite nécessaire... J'ai déjà ordonné dans les dépenses des retranchements considérables... mais je crains de ne pouvoir soulager mes sujets aussi promptement que je le désirerais. »

Le profil bas est de rigueur. La bonne volonté est là, et aussi la volonté de transparence. Aux ministres d'approfondir l'exposé des difficultés du royaume et des solutions imaginables.

Le député Adrien Duquesnoy croit découvrir une autorisation informulée : en proposant d'établir « un ordre permanent dans les finances » sur la proposition des États, le roi « en dit assez pour indiquer qu'on pouvait s'occuper de constitution ».

Mais que veut exactement le roi ? Les discours du garde des Sceaux, Barentin, et du directeur général des Finances, Necker, sont contradictoires. Pour le premier, les États généraux doivent se saisir de très nombreux dossiers, non seulement le rétablissement des finances, mais aussi la liberté de la presse, la réforme de la législation criminelle, la simplification de la procédure civile, la régénération de l'éducation... Mais le ministre de la Justice fixe une frontière à ne pas franchir : les députés aux États ne doivent pas toucher aux institutions politiques !

Necker lui succède... et suggère le contraire :

« Les changements survenus dans nos mœurs et dans nos opinions... exigent peut-être un ordre nouveau. On a recueilli les débris d'un vieux temple, c'est à vous d'en faire la révision. »

La question constitutionnelle est posée, même si Necker met en garde contre les « systèmes exagérés » : le ministre évoque même « l'abolition des privilèges pécuniaires » et « une puissance royale revigorée et affranchie des résistances ».

Ainsi, les institutions politiques seraient au centre des travaux des États – « leur principal objet », selon Germaine de Staël. Pourquoi cette témérité constitutionnelle de Necker passe-t-elle inaperçue de Mirabeau ? Parce qu'elle est noyée dans un discours-fleuve de plus de trois heures, consacré à l'état des finances... et à la louange de ses propres talents : le ministre explique à son auditoire qu'il pourrait aisément parvenir à combler le déficit. Necker semble proposer une modeste opération de finances comme solution au malaise du royaume, une course aux trésors cachés : « Quelle nation, messieurs, que celle où il suffit de quelques objets cachés pour rétablir les affaires publiques. » Il semble régenter l'Assemblée ; il dira, plus tard, son étonnement et sa déception que ses préceptes n'aient pas été mieux accueillis. Sur quoi, Necker, exténué par l'énumération de ses chiffres, fera achever la lecture de son discours par un de ses collaborateurs !

Mirabeau dissèque l'exposé du ministre des Finances :

« Des longueurs insupportables, des répétitions sans nombre, des trivialités dites avec pompe. Pas un principe, pas une ressource d'homme d'État, pas même un grand expédient de financier, aucun plan de restauration... »

Et que dire de l'apologie de ses propres compétences financières à laquelle s'est livré le ministre ? Mirabeau est toujours aussi sévère :

« Si Necker avait eu l'ombre d'un talent, il aurait combiné impôts et emprunts pour régler la situation financière et il n'aurait plus eu besoin de nous, les États étaient dissous au bout de neuf jours ! »

Réaction épidermique de Mirabeau, faite d'agacement et de jalousie à demi consciente, à l'encontre de ces hommes qui ont la chance d'exercer le pouvoir sans avoir son propre talent ? Certes. Mais soulignons surtout la part de l'intuition politique et de la capacité d'analyse des situations, qui sont si grandes chez le député d'Aix. Mirabeau enrage. Il comprend, dès l'ouverture des États, que le roi n'a pas saisi l'occasion de reprendre l'initiative, en annonçant clairement les réformes que l'opinion publique réclame. Il lui aurait été si facile d'accroître encore son prestige, et l'adoration que lui portent ses sujets. La réalité est plus triste : un ministère incapable, qui ne prend pas conscience des conséquences de son incurie.

Mirabeau a-t-il réellement envisagé de répondre au roi ? Son discours était prêt. Il en a confié, plus tard, le texte à son ami Frochot et l'a publié en partie dans son journal. Mais aurait-il vraiment eu l'audace de faire un éclat contre l'étiquette, de provoquer le roi et d'attirer l'attention sur lui, lors de l'ouverture solennelle des États ? Selon Frochot, le roi, voyant Mirabeau se lever, se serait levé aussi et aurait mis fin à la séance. Le dépôt d'un mémoire aux pieds du roi aurait été plus vraisemblable ; c'est l'intention qui figure sur le manuscrit remis à Frochot : « Je laisse ma supplication par écrit aux pieds du roi et je demande acte de la réquisition que je fais ; qu'elle soit insérée dans le procès-verbal de l'Assemblée. »

La « supplication » de Mirabeau rend d'abord hommage au roi : « Vous avez enfin placé la nation dans les États généraux et mis en balance les privilèges de quelques classes avec les droits de tous les Français. »

Il aborde la question constitutionnelle et ne craint pas d'opposer... la souveraineté de la nation à celle du monarque : « Achevez votre ouvrage, ô prince magnanime... Vous avez soumis votre prérogative même à la discussion de ce peuple, de qui tout pouvoir émane sans doute... »

Puis, par un subtil renversement, il chante la vénération maintenue de la nation pour le monarque : « ... ce peuple, dont les acclamations vous donneraient le sceptre, si vous ne l'aviez déjà. »

Et de conjurer le roi de trancher la question de l'heure, qui agite tous les esprits et qui, parce que non réglée, va figer le début des travaux des États : « Les ordres doivent-ils se séparer ou rester unis ? Ne confiez pas aux préjugés des ordres ce qui doit être réglé par la raison de tous. Ce sera le fruit de la plus belle action de votre règne, le meilleur moyen de répondre au vœu de la nation. La façon dont cette question sera réglée va décider du sort de l'Assemblée... et peut-être de la monarchie. »

CINQ MOIS QUI ÉBRANLÈRENT LA FRANCE

5 mai-6 octobre 1789 : ces cinq mois ébranlèrent si profondément la France que les images qui en surgirent s'imprimèrent sur le subconscient collectif. Le serment du Jeu de paume, la prise de la Bastille, la nuit du 4 Août semblent résumer cette première phase de la Révolution : ils symbolisent la révolution juridique constituante, puis l'explosion de la révolution populaire, enfin, en écho à la révolution paysanne, l'effondrement de l'Ancien Régime social. Ondes de choc successives : de Paris aux villes de province puis aux campagnes, avec la « Grande Peur » qui suscite un choc en retour, les milices bourgeoises s'armant à la fois contre l'absolutisme et les risques de « dérive » populaire. Mais aussi unité du mouvement révolutionnaire : un même projet, un même résultat, la destruction de l'ancien ordre politique et social. Au-delà des méfiances et des incompréhensions, les différentes révolutions convergent et augmentent l'intensité du mouvement.

Le gouvernement monarchique a donné, le 5 mai, le spectacle de ses divisions aux députés aux États : 578 élus du Tiers État, 291 du clergé, 270 de la noblesse. Au sein du Tiers, les professions judiciaires dominent largement, surtout les avocats avec Mounier, auréolé de sa gloire de chef de file du Dauphiné, Target à Paris, Bergasse à Lyon, le Normand Thouret, les Bretons Lanjuinais et Le Chapelier ; les commerçants, les gens de finance ou d'industrie sont en minorité. Les représentations des ordres privilégiés ne sont pas homogènes. Les curés, qui l'emportent au sein du bas-clergé, sont pour la plupart partisans du changement ; parmi les prélats, quelques « libéraux », tels Boisgelin, archevêque d'Aix-en-Provence, ou Talleyrand, évêque d'Autun. Les habits chamarrés de la noblesse mêlent les grands noms de l'aristocratie et les petits nobles. Paradoxalement, les premiers sont parfois des libéraux, tels d'Aiguillon, Noailles, La Rochefoucauld, La Fayette, le « héros des deux mondes », et certains des seconds de fermes tenants de « l'esprit aristocrate », tel le Languedocien Cazalès.

Dans ses *Réflexions sur la révolution de la France*, Edmund Burke, bien que membre du parti whig, la gauche de la Chambre des Communes, et défenseur de la liberté politique, lancera, dès novembre 1790, depuis l'Angleterre, le premier cri d'alarme contre les événements de France : il dénoncera le goût des principes abstraits et de la table rase, la logique nue des révolutionnaires français, et il s'en prendra particulièrement à l'inexpérience, à l'impréparation d'un « agrégat de juristes ». De fait, les élus des États généraux sont des hommes jeunes : Barnave a 28 ans, Alexandre de Lameth 29, Duport 30, Mounier et Cazalès 31, Clermont-Tonnerre 32, Talleyrand et Le Chapelier 35. À 40 ans, Mirabeau fait – comme Sieyès – figure de vétéran.

Et ces hommes jeunes sont inexpérimentés car, d'emblée, la « classe politique » a été renouvelée : l'ancienne élite politique, celle des parlements, s'est fracassée dans les assemblées électorales de la noblesse ou du Tiers : la plupart des parlementaires candidats ont été battus ; seuls Duport, d'Éprémesnil et Le Peletier de Saint-Fargeau ont réussi à se faire élire à Paris. Parmi les hauts administrateurs de la monarchie, un seul intendant siège aux États, Malouet, qui exerça ses fonctions à Toulon.

À l'inexpérience, à l'impréparation, on peut ajouter l'inhibition de la plupart des élus au contact des figures célèbres, Sieyès, La Fayette, Mirabeau, ou face à la clarté dans l'expression, au sang-froid inaltérable d'un Clermont-Tonnerre, l'un des porte-parole de la noblesse. Mme Roland, la future égérie des Girondins, dira son secret dépit de constater l'aisance naturelle et la supériorité oratoire des représentants de la noblesse face aux « lourds » élus du Tiers. Pourtant, les nobles ne se jugent pas mieux formés. Le duc de Lévis, député de Senlis, estime qu'il y a incompatibilité entre l'éloquence de l'Assemblée et le ton allusif et détaché de la conversation aristocratique. Le brio de Clermont-Tonnerre lui viendrait moins des salons que de la fréquentation des loges maçonniques.

Déjà apparaissent les différences traditionnelles entre les usages français et britanniques : le voyageur anglais Arthur Young constate que les élus français « lisent » leurs discours et que, du même coup, les plus grands débats tournent à la litanie d'interventions rédigées à l'avance, les orateurs s'ignorant les uns les autres. En outre, il ne faut pas oublier, dans les moments décisifs, la fièvre apportée de l'extérieur par l'agitation des galeries du public et la pression populaire.

Assistant à la procession des trois ordres, le 4 mai, Germaine de Staël n'a remarqué que Mirabeau, qu'elle considère comme le plus redoutable ennemi de son père, Necker. « Aucun nom, excepté le sien, n'était encore célèbre parmi les 600 députés du Tiers. L'opinion que l'on avait de son esprit était singulièrement augmentée par la peur que l'on avait de son immoralité. Il était difficile de ne pas le regarder longtemps quand on l'avait une fois aperçu : son immense chevelure le distinguait entre tous, toute sa personne donnait l'idée d'une puissance irrégulière, mais enfin d'une puissance telle qu'on se la représentait dans un tribun du peuple. »

De fait, Mirabeau est l'un des élus les mieux préparés à une action politique immédiate.

Ses atouts ? Son immense culture, certes désordonnée chez ce Pantagruel de l'esprit, avide de connaissances, mais confortée par sa très grande faculté d'assimilation. Sa connaissance des êtres, aiguisée par ses rencontres, à travers l'Europe, de souverains, de ministres ou de délinquants ; sa connaissance des dossiers qui font la « grande politique », sa spécialisation, qu'il affiche fièrement, en politique étrangère et en finances publiques. Ses talents de manœuvrier politique, sa capacité de mener plusieurs intrigues de front, qui auraient pu lui permettre de « parvenir » dans un régime d'autorité, celui des dernières années de l'Ancien Régime, mais qui, dans le régime d'opinion, instauré en fait depuis 1788, et dans le régime d'assemblée et de clubs qui s'annonce, doivent s'appuyer sur des talents de plume et de parole. Or ces talents, Mirabeau les possède au plus haut point : à la tribune de l'Assemblée, sa déclamation étrange, sa voix musicale et souple, ses périodes inattendues, fougueuses, au sein desquelles alternent le ton majestueux, solennel, et le trait soudainement perçant du pamphlétaire, ne cesseront de surprendre et de fasciner ; au vrai, longtemps l'orateur sera présent, même dans ses écrits – de Vincennes, c'est un « orateur en cage » qui s'adresse à Sophie – et ne s'effacera que dans les Notes à la cour, dans lesquelles Mirabeau parviendra à marier la sobriété à la lucidité politique. Mais la première phase de la Révolution, Mirabeau la dominera surtout par son intuition politique, son appréciation si rapide des situations historiques, son instinct politique, parfois gêné par un « moi » volcanique, sa capacité de prévision, d'imagination, d'anticipation sur l'événement, qui s'exprimera, au plus fort des crises, par des prophéties lucides… et tragiques.

Mû par son instinct politique, Mirabeau a été le premier à comprendre, au sein de l'Assemblée, que la presse serait l'un des vrais pouvoirs des temps nouveaux. Dès le 4 mai, il a l'audace de publier le *Journal des États généraux*, avec, en sous-titre, une citation de Virgile : *« Novus rerum nascitur ordo »* – « Il naît un ordre nouveau ». Dans le grand public, le succès est immédiat. Le ministre de Genève écrit à son secrétaire d'État : « Je vous enverrai un journal que Mirabeau fait des opérations des États. Il sera curieux par la liberté et l'esprit critique de l'auteur. »

Mirabeau s'appuie sur le cercle des Genevois émigrés : Dumont et Duroverai, arrivés d'Angleterre, ont rejoint Clavière ; ils sont installés à Versailles, en l'hôtel Charost, pour suivre les événements. Dumont a, pourtant, essayé de dissuader Mirabeau :

« Il n'y a rien de plus dangereux, pour un député, que de faire un journal ; il doit laisser passer tous les demi-talents, toutes les demi-réputations, qui se détruiraient d'elles-mêmes. »

De fait, le *Journal* vaut d'âpres critiques à Mirabeau. On l'accuse de malmener l'Assemblée, d'user d'un ton trop violent, de « ne chercher qu'à gagner de l'argent ». Pourtant, le député Duquesnoy reconnaît que « tous les Bretons » – le futur Club des Jacobins – « sont avec lui ». Les admirateurs de Necker répondent par une série de pamphlets : ils opposent le ministre « patriote et vertueux » à « l'écrivain scandaleux », au « député de l'enfer ». « Qui voudra s'asseoir à côté d'un Mirabeau ? » Le « reptile venimeux » a seulement voulu s'approprier l'argent des citoyens qui ont souscrit un abonnement ; « il sait bien que sa publication va être interdite ».

Le *Journal* n'aura que deux parutions. Mirabeau l'a publié sans aucune autorisation, comme si la censure n'existait plus... Dès le 7 mai, il est interdit par un arrêt du Conseil. Mirabeau s'indigne : « Loin d'affranchir la nation, on ne cherche qu'à river ses fers ! En face de la nation assemblée, on ose produire des décrets où l'on attente à ses droits les plus sacrés ! »

Mirabeau prend soin d'imputer l'interdiction au gouvernement, et non au roi : « Il est heureux qu'on ne puisse imputer ces prescriptions au monarque. Personne n'ignore que ces arrêts du Conseil sont des faux où les ministres se permettent de parler au nom du roi. »

Et le vrai responsable est... Necker : « Le crime de cette gazette est d'avoir annoncé l'impartialité la plus sévère, et surtout de ne pas avoir encensé l'idole du jour, d'avoir cru que la vérité était plus nécessaire aux nations que la louange. »

Mirabeau n'est pas seul à protester. L'appel aux États généraux ne comportait-il pas une invitation à toutes les opinions de s'exprimer ? Les électeurs parisiens, qui sont encore réunis en assemblées électorales, font valoir que le roi avait laissé entrevoir un adoucissement de la législation sur la presse ; ils disent la volonté de la France entière de pouvoir suivre les délibérations des États. La protestation du Tiers est rédigée par l'avocat Target ; la noblesse se joint au Tiers, sans se prononcer sur le contenu du *Journal*.

Dès le 10 mai, Mirabeau lance une nouvelle publication : les *Lettres du comte de Mirabeau à ses commettants*. En fait, seul le titre a changé. Qui aurait l'outrecuidance d'interdire à un député aux États de rendre compte de son mandat à ses électeurs ? Cette fois, le gouvernement bat en retraite : « Le roi trouve bon que les feuilles périodiques et journaux rendent compte de ce qui se passe aux États. » Seule restriction, qui ne sera qu'une vaine parade : les faits devront être rapportés « en s'abstenant de tout commentaire ».

Les *Lettres à ses commettants* se transforment, à partir du 24 juillet 1789, en un journal régulier, *Le Courrier de Provence*, qui paraît trois fois par semaine. Mirabeau a souvent imaginé des projets d'entreprises de presse. Cette fois, la réussite est au rendez-vous. Les souscripteurs viennent en foule. « Nous imaginions déjà des montagnes d'or », écrit Dumont. 3 000 souscripteurs à Paris, autant en province. Le *Courrier* rapporte tous les discours aux États. Comme les députés ont l'habitude de lire leurs interventions, Mirabeau leur demande leur texte... qu'il corrige et épure ! Le Chapelier le remercie : « Lorsqu'on relit nos textes, dépouillés de leur verbiage et de leurs sottises, on doit croire que nous parlons comme des oracles. »

Mirabeau ne souhaite « aucune flatterie » pour ses interventions. Par contre, il évite tout ce qui pourrait blesser les chefs de file de l'Assemblée. Sieyès se plaint de quelques remarques critiques... Mirabeau réagit : « Je vous en supplie, ne me brouillez pas avec cet homme-là ; il a une vanité implacable. »

Mirabeau a ouvert la voie. Brissot le suit de près avec son *Patriote français*. Puis les feuilles se multiplient avec la découverte de la liberté de la presse. À l'extrême-gauche : *L'Ami du peuple*, rédigé de la première à la dernière page par Marat, qui parvient à maintenir une parution quotidienne ; le *Père Duchesne*, de l'imprimeur-journaliste Hébert, au ton gouailleur et canaille – le style même du *Canard enchaîné* aujourd'hui, un étonnant exemple de continuité... À gauche, les *Révolutions de Paris* de

Loustalot, les *Révolutions de France et de Brabant* de Camille Desmoulins, *L'Orateur du peuple* de Fréron. Au centre, des journaux semi-officiels : *Le Moniteur*, qui publie lois et décrets, le *Journal logographique*, qui donne un compte rendu sténographique des séances de l'Assemblée, *La Feuille villageoise*, dans la tradition des almanachs. Le *Journal de Paris* tient une tribune libre... payante. Sur la même ligne que Mirabeau et Brissot : les *Annales patriotiques* de Carra et *Le Courrier de Versailles* de Gorsas, qui survivra grâce aux subsides de la cour. À droite, les journaux déjà installés : la *Gazette* et le *Mercure de France*, mais aussi des nouveaux venus, tels *Les Actes des apôtres* de Rivarol. Et des feuilles de combat : *L'Ami du roi* et *Le Petit Gauthier*, qui prendront parti avec fougue pour la contre-Révolution lorsque le conflit éclatera avec l'Europe monarchique. Progressivement, la presse s'implante en province : du *Journal de Marseille* aux *Affiches de Rennes* et à *L'Abeille de Lille*, de la *Strasburgische Zeitung* au *Courrier de Lyon*.

La fabrication est artisanale, confiée à de petits imprimeurs. La présentation matérielle est modeste : le petit format, in-8° ou in-12°, prévaut et les illustrations sont rares. Le rythme de parution est irrégulier ; le plus courant est de deux ou trois numéros par semaine. Les tirages sont faibles : Mirabeau considère que son *Courrier de Provence* est une réussite avec une diffusion de 10 000 exemplaires ; Marat n'en atteint que 2 000 pour son *Ami du peuple* ; les *Révolutions de Paris*, seul organe richement illustré, plafonne à 15 000 exemplaires. Il est vrai que les lecteurs sont beaucoup plus nombreux : la lecture est collective dans les clubs, particulièrement ceux de province qui tiennent session à l'arrivée du courrier de Paris. La vente se fait surtout par abonnements, par « souscriptions », mais aussi par colportage, ou à la criée.

La presse est, d'abord, une presse d'opinion : chaque journal s'ouvre sur un long éditorial, suivi de tribunes libres et de nouvelles du temps et des spectacles. L'information est inégale, la communication instantanée n'est guère recherchée : *L'Ami du peuple* attendra un mois avant de commenter la nuit du 4 Août. Les nouvelles de province ne sont connues que grâce à des correspondants bénévoles ; celles de l'étranger sont reprises sur les grandes gazettes internationales.

Mirabeau a créé une société d'édition du *Courrier de Provence*. Les actions sont partagées entre Dumont, Duroverai, le libraire-éditeur Le Jay et lui-même. Les deux Genevois prélèvent, en tant que rédacteurs, une somme pour leurs frais et Le Jay reçoit une fraction importante du chiffre d'affaires pour l'impression et la diffusion du journal. Mirabeau, toujours lié à Mme Le Jay, lui cède sa propre part dans les bénéfices, malgré ses difficultés financières. « Si Le Jay était un homme de tête, sa fortune serait faite ! » se lamente Dumont.

Mais le succès du *Courrier* est très mal géré par le couple Le Jay. La maîtresse de Mirabeau cache les livres de comptes à ses associés, suscite cent obstacles avant d'effectuer des paiements. En fait, elle joue les exploiteuses avides et sans scrupule, mais elle accumule les négligences et est incapable de veiller à ses propres intérêts.

Mirabeau est excédé. Dumont et Duroverai veulent intenter un procès aux Le Jay. Les abonnés se plaignent : les envois sont irréguliers, parfois espacés de deux semaines à un mois. Le Jay est incapable de payer les frais de poste. L'imprimeur menace de suspendre la parution. Mirabeau est contraint de faire les avances.

Avec son élection aux États généraux, un autre Mirabeau est né, conscient de sa force et de ses possibilités, soucieux de respectabilité, passionné par ce qu'il entrevoit du destin d'une France rénovée. Sa vie privée ne compte plus guère ; elle se réduit à des aventures fugitives. Sa vie publique est trop remplie pour faire place à de nouvelles liaisons. Il tente de s'éloigner de Mme Le Jay : son attachement sensuel pour elle, qui fut si intense, s'est éteint. Mais sa maîtresse ne veut pas lâcher prise. Les scènes violentes se succèdent. Il craint le scandale. Il s'effondre, en pleurs, un soir, devant Dumont :

« Cette femme incarne le côté de ma vie dont j'ai honte. Jusqu'à quand vais-je expier les errements de mon passé ? Je serais prêt à me jeter à travers les flammes pour purifier le nom de Mirabeau. »

LA STRATÉGIE DE L'IMMOBILITÉ

Dès le 5 mai au soir, les députés du Tiers se sont réunis, par origines provinciales, pour une première concertation : les élus du Dauphiné autour de Mounier, de Bretagne autour de Le Chapelier et Lanjuinais, de l'Artois autour de Robespierre. Ils s'intituleront, à l'anglaise, « députés des Communes ». Ils inviteront les autres ordres à se réunir à eux pour une vérification commune des pouvoirs : ainsi commencent le conflit attendu... et la révolution constitutionnelle.

À l'hôtel des Menus-Plaisirs, deux salles séparées ont été prévues pour les réunions distinctes du clergé et de la noblesse ; le Tiers siégera dans les lieux mêmes de la séance inaugurale.

« Il suffit de rester immobile pour se rendre formidable à ses ennemis », avait prophétisé Mirabeau.

Le Tiers refuse donc d'entamer séparément la vérification des pouvoirs. Ses députés feignent de croire qu'ils se trouvent dans une salle commune aux trois ordres. Ils attendent ostensiblement l'arrivée des privilégiés – qui délibèrent dans les locaux qui leur ont été alloués.

La convocation royale était équivoque : le roi faisait connaître aux députés le souhait qu'ils s'assemblent dès le 6 mai ; « le local destiné à les recevoir » serait « prêt à 9 heures du matin ». En fait, la convocation s'adressait à chacun des ordres en particulier, mais on pouvait toujours l'interpréter comme sous-entendant une réunion unique des trois ordres dans un lieu unique.

Le gouvernement avait, en outre, commis une erreur tactique en assignant au Tiers la salle de la séance inaugurale. Necker le comprend trop tard. Il songe même à provoquer l'éboulement d'un mur dans la grande salle, afin d'en interdire l'accès le lendemain, mais il n'aura pas recours à ce moyen extrême.

Le Tiers demeure sur place. Mirabeau se félicite de cette

immobilité calculée, volontaire. Il ne la croyait pas possible : « Le Tiers fait preuve d'une persévérance qu'on n'attendait pas d'un esprit public, à peine à son aurore. »

En fait, l'immobilité n'est que de façade. Les élus du Tiers ne savent quel parti prendre ; ils bouillonnent. Le député d'Aix les décrit dans son journal : « Figurez-vous plus de 500 individus jetés dans une salle, sans se connaître, rassemblés de lieux divers, sans chef, sans hiérarchie, tous libres, tous égaux, nul n'ayant le droit de commander, nul ne se croyant contraint d'obéir, et tous voulant, à la française, être entendus avant d'écouter. »

Dans un premier temps, ils veulent d'abord dire et faire dire qu'ils ne se sont pas constitués en « chambre » séparée, ils veulent éviter toutes les apparences d'une chambre séparée. Un incident imprévu peut surgir, et tourner au burlesque involontaire. Des lettres, apportées on ne sait par qui, sont adressées au « Tiers État assemblé ». Faut-il les ouvrir ? Les ouvrir, ne serait-ce pas authentifier la thèse de la chambre séparée ? Les élus de 25 millions de Français vont débattre gravement de l'ouverture desdits courriers pendant plus d'une heure.

Ces débordements, cette confusion. Mirabeau les juge avec indulgence :

« Je tremblais d'entendre dire que vous étiez un troupeau de moutons, rangés en ordre au premier mot, obéissant à la première voix, se soumettant au premier avis. En un mot, toutes ces habitudes d'esclavage que les sots appellent prudence et les fripons esprit de paix. C'est le contraire que nous vivons ! Vous avez peine à vous mettre en ordre, vous comptez parmi vous des esprits violents, des orateurs emportés. Tant mieux ! L'expérience et le temps corrigeront tous ces défauts. »

Il se tourne vers les sceptiques :

« À vous entendre, il faut que des hommes rassemblés des quatre coins de la France soient d'accord dès le premier jour ! Que des hommes qui jamais n'ont vu d'assemblées, qui jamais n'ont délibéré, discuté, opiné, connaissent et pratiquent tout d'un coup le mécanisme compliqué des votes et des délibérations ! »

Et de trancher par un encouragement solennel à ses collègues du Tiers :

« Vous avez commencé par le chaos : et le monde a-t-il commencé par autre chose ? »

Pourquoi ne pas mettre à profit cette inactivité du Tiers pour instruire les élus, leur livrer des précédents à méditer en matière de débats parlementaires ?

Mirabeau fait traduire par Dumont le manuel anglais de

tactique parlementaire de son ami Samuel Romilly, fondé sur les pratiques et règles coutumières de la Chambre des Communes : comment interpeller l'exécutif, rédiger des motions, répartir le travail entre des comités, débattre et voter. Il fait même imprimer le volume et le distribue à ses collègues. Mais l'inexpérience de ces derniers n'a d'égale que leur ambition d'inaugurer... une phase inédite dans l'histoire des régimes politiques :

« Nous ne sommes pas en Angleterre, nous ne sommes pas Anglais, et nous n'avons pas besoin d'Anglais. »

Dumont, déçu, ironise : « C'est le monde au lendemain de la création. Avec des peuplades ennemies qui veulent tout régler comme si rien d'antérieur n'avait existé. »

Pour Mirabeau, l'essentiel est que le Tiers se maintienne dans son immobilité :

« Dans ce moment, votre art d'agir est d'être en repos. Votre armée est parfaitement campée. Gardez-vous de faire des mouvements. Défiez-vous de l'envie d'agir... La France, l'Europe vous regardent avec attention, mais non avec impatience. N'allez donc pas vous impatienter ! »

Pour le député d'Aix, la cause est entendue : temporiser n'est pas perdre du temps, mais le gagner.

En apparence, la question qui fige les députés du Tiers est de pure procédure : la vérification de la validité des élections est seule en jeu. En réalité, la question de procédure cache et commande la question constitutionnelle : la vérification des pouvoirs précipite le débat sur la délibération par tête. Lally-Tollendal propose aux députés de la noblesse de transiger sur la question de procédure, tout en réservant la question constitutionnelle : il n'est pas suivi ; les deux problèmes sont trop étroitement liés dans l'opinion. Chacun comprend que, du dénouement de la question de procédure, résultera le sort des « anciens principes » constitutionnels, l'affirmation éventuelle d'une nouvelle légitimité politique. Un conflit de procédure entre les trois ordres glisse inexorablement vers une épreuve de légitimité entre la nation et le roi.

Cinq semaines d'observation réciproque : l'intransigeance nobiliaire répond aux revendications du Tiers. Cet immobilisme est donc mis à profit par les représentants du Tiers, unis dans l'hostilité à un système de castes fermées. Ils sont formés à la même discipline intellectuelle, issus des mêmes cénacles et groupements qu'ils ont fréquentés et qui sont nombreux, à l'instar de l'Angleterre, dans le royaume de France : « sociétés de lecture » des fils des Lumières, chambres ou sociétés d'agriculture ou d'industrie des disciples des physiocrates, loges maçonniques qui établissent des liens transversaux entre les divers milieux d'une même ville et qui sont présentes, en un réseau serré, à travers tout le royaume.

Ces élus du Tiers, qui ne se connaissent pas encore, ont, certes, commencé à s'agglomérer autour d'intérêts provinciaux : une telle aspiration était forte, surtout parmi les députés des pays d'États qui ont déjà l'expérience d'une vie politique commune. Mais ils préféreraient organiser un noyau cohérent au sein de l'Assemblée novice : visites, dîners, réunions de loges se multiplient. Dans cette perspective, la vérification des pouvoirs permet de gagner un temps précieux, de se préparer à l'action commune, de parfaire une organisation commune... tout en faisant attendre le roi et son ministre des Finances, en quête de subsides. Le premier parti parlementaire de l'histoire française est fondé dans les premiers jours de juin 1789 : il est dénommé « Club breton », en hommage au rôle décisif de l'avocat de Rennes, Le Chapelier, dans sa création... mais il n'ouvre pas ses portes aux seuls députés de Bretagne.

Les deux premiers ordres ont délibéré séparément. La noblesse fait savoir qu'elle s'est prononcée pour la vérification par ordre, par 188 voix contre 47, et le clergé, plus divisé, par 133 voix contre 114. Des élus du Tiers s'impatientent : comment mettre un terme à ce piétinement ? Mirabeau craint un fléchissement. Il intervient, le 18 mai, à la tribune de la... chambre du Tiers provisoirement séparée :

« Qu'on ne nous répète pas de grands lieux communs sur la nécessité d'une conciliation ! Certes, le vœu de tous les cœurs honnêtes est la concorde et la paix, mais une paix durable ne peut être fondée que sur la justice... »

Et le député d'Aix de stigmatiser, face à de légers murmures, « les esprits peu attentifs », voire « les bons citoyens qui ont plus de qualités morales que de connaissance des affaires, plus de zèle que de prévoyance ».

Rabaut Saint-Étienne suggère, tout de même, une initiative. Sa personnalité l'immunise contre tout reproche de faiblesse. Protestant cévenol, « pasteur du désert », armé du courage des persécutés, élu par le Tiers État de la sénéchaussée de Nîmes, il a saisi, dès l'annonce des États généraux, l'enjeu constitutionnel : « Le Tiers État, composé de 20 millions de citoyens, compose presque toute la nation ; les privilégiés n'ont pour titre de légitimité que leurs onéreuses prérogatives. » Mais il mesure aussi « l'impréparation des Français à discuter les grandes combinaisons constitutionnelles » ; il propose la désignation de « commissaires » du Tiers, qui iraient négocier avec les deux autres ordres.

À tout prendre, Mirabeau accepterait un tel dialogue, mais avec le seul clergé :

« Le clergé, par intérêt bien compris ou par intuition politique, peut jouer les médiateurs. Il est trop habile pour s'exposer au premier coup de tempête, il aura toujours le souci de s'assurer une part dans la confiance populaire. C'est à lui que nous devons nous adresser. »

Et, toujours, la même mise en garde : ne pas vaciller, la nation serait tellement déçue, alors qu'elle pourrait être le meilleur des remparts, face à la menace d'un retour brutal à l'ordre monarchique.

« N'égarons pas, n'alarmons pas l'opinion publique ! Que le royaume de France vous sache fermes et unis, vous serez investis de toute sa sécurité ! »

Échec de Mirabeau : la motion de Rabaut Saint-Étienne est adoptée. Mais l'envoi de commissaires du Tiers auprès des deux autres ordres ne donne aucun résultat. Le débat rebondit, le 27 mai :

« Chacun des ordres joue son rôle, ironise Mirabeau. La noblesse tranche, le clergé ruse… La noblesse refuse toute réunion avec nous pour vérifier nos pouvoirs communs. Elle fonde son obstination sur la déraison et l'injustice. Opposons-lui notre fermeté, qui plaide pour la raison et la justice. »

Et il reprend sa proposition : « Le clergé persévère dans le rôle de conciliateur. Envoyons, auprès de lui, une députation très solennelle et très nombreuse, qui adjurera les ministres de Dieu ! »

La motion de Mirabeau est adoptée. Une délégation se rend auprès du clergé. Les curés veulent négocier immédiatement, les évêques préfèrent encore temporiser. Lally-Tollendal, élu de la noblesse, persifle :

« Le clergé attend qu'il y ait un vainqueur pour s'en faire un allié ! »

Une lettre du roi est remise aux trois ordres : le souverain « désire concilier les parties ».

Qui, au sein du Tiers, songerait à contester une proposition, auréolée de l'immense prestige du monarque ? Mirabeau dit ses craintes :

« C'est un piège ourdi par des conseillers du roi, qui ont rendu un compte inexact de la situation… Piège si l'on défère au désir du roi. Piège si l'on s'y refuse. »

Ah ! Si le roi voulait s'appuyer sur le peuple, contre l'aristocratie, tout deviendrait possible, dans le respect du pouvoir royal et dans l'alliance avec le roi ! Frédéric III vient d'agir ainsi, au Danemark : il s'est libéré de ses grands féodaux, et son récent coup d'État lui a valu l'entier concours de son peuple. Mais la France n'est pas le Danemark, et Louis XVI est « tout acquis aux magnats »...

Mirabeau suggère l'envoi d'une « adresse » au roi. Les élus du Tiers remplacent l'Adresse par une délégation, qui demanderait audience au souverain.

Les élections de Paris se sont terminées, avec un grand retard, le 25 mai. Elles amènent aux « Communes » le renfort de plusieurs personnalités, parmi lesquelles Bailly, l'historien de l'astronomie, qui est élu « doyen » du Tiers. C'est lui qui demandera audience au roi. Mais Mirabeau, qui vient d'être désigné comme « adjoint du doyen », intervient, une fois de plus ; il est jaloux de la dignité du Tiers et impose, par surprise, un protocole : les élus du Tiers ne devront pas passer par le maître des cérémonies ; il n'y aura pas d'intermédiaire entre le roi et les représentants de son peuple.

La députation du Tiers demandera au roi d'arbitrer en faveur d'une vérification générale, en commun, de tous les pouvoirs. Mais l'indécision du roi est accrue par son chagrin privé : le jeune duc de Normandie, dauphin de France, vient de mourir.

Lorsque l'audience, d'abord différée, se tient, Bailly présente au roi ses condoléances, et l'assure que le peuple français sera toujours prêt à verser son sang et à prodiguer ses biens pour les « vrais principes de la monarchie ». Mais Louis XVI, qualifié de « restaurateur de la France », contourne la question de l'heure et se contente de généralités : « Les trois ordres ont un droit égal à mes bontés ; vous pouvez compter sur ma protection et ma bienveillance. »

Maintenant, c'est Necker qui présente un projet « d'arbitrage ». Les ordres mèneraient, séparément, leurs opérations de vérification, puis échangeraient leurs résultats. Les cas litigieux seraient soumis à une commission mixte, puis à l'arbitrage du roi.

Mirabeau refuse, véhément :

« Cette proposition attente aux droits de la nation ; elle frappe à mort la dernière espérance de la nation, l'espoir d'une assemblée commune aux trois ordres ! »

Plus d'un mois d'immobilité ! Une immobilité aux conséquences très positives pour le Tiers : l'opinion publique s'exacerbe, elle considère que les privilégiés refusent tout et se refusent même à une réunion dans une salle commune avec les représentants de l'écrasante majorité de la nation. La noblesse et le clergé sont des « opiniâtres » ! Le petit peuple de Versailles se prend à insulter les « aristocrates » aux portes des Menus-Plaisirs. Le peuple de Paris, « si flasque dans son état calme » selon Dumont, « se remplit peu à peu de gaz inflammable comme un ballon ». « Les germes des désordres futurs sont semés pendant cette longue attente. »

Pour Mirabeau, l'horizon reste nébuleux. Il y a si peu « d'hommes éclairés dans la tourbe des élus ». Il faudra absolument gagner le « grand procès de la Révolution » ou… « fuir en Amérique ». Car, si les privilégiés ne sont pas vaincus, leur revanche sera terrible : les « vengeances de la féodalité et de la jugerie » (ainsi appelle-t-il l'aristocratie judiciaire) « n'auront ni terme ni mesure ».

Sieyès est le dernier élu du Tiers à Paris : vingt et unième sur une liste de vingt et un noms, et au troisième tour de scrutin. Le théoricien de la place du Tiers dans la nation a bien failli ne pas représenter le Tiers aux États généraux ! Il a rejoint, avec un mois de retard, les États et Mirabeau a décidé de le mettre en avant.

L'oracle du Tiers est-il inférieur à sa légende ? Mirabeau est plein de sympathie pour ce prêtre d'occasion, poussé dans l'Église par la pauvreté – cinquième enfant d'un receveur des domaines de Fréjus. Il apprécie sa froide passion de logicien. Certes, Sieyès se révèle un orateur décevant, le visage fermé, la bouche serrée, dédaigneuse. Il est peu liant, s'enferme dans sa solitude. Il est sûr, trop sûr, de son autorité : « La politique est une science que je crois avoir achevée. » Mirabeau lui trouve le fanatisme des fondateurs de religion et il l'a surnommé « Mahomet ». Mais ce fanatique d'une politique conçue comme un objet de laboratoire n'est-il pas l'homme de la situation, ce 10 juin où il prend, pour la première fois, la parole, face à la paralysie des États ?

« Il faut sortir de l'inaction. Coupons le câble, il est temps ! »

Sa suggestion : adresser une dernière sommation à la noblesse et au clergé de se réunir au Tiers, et avertir les deux chambres privilégiées qu'on passera ensuite, même sans elles, à l'appel des présents et à la vérification.

Le moteur de la Révolution est en marche. Une Adresse est tout de même portée au roi, pour lui expliquer les raisons des « Communes ». Le lendemain, le roi ne l'aura pas encore reçue, car il se trouve à la chasse.

L'appel alphabétique a commencé. Il se poursuit dans le silence pour les bailliages de la noblesse et du clergé... mais, à l'appel du Poitou, trois curés se présentent avec leurs titres, qu'ils remettent au bureau. Émotion des élus du Tiers, qui se précipitent pour embrasser les nouveaux venus ! D'autres prêtres suivront, le lendemain 14 juin. Le 15 juin, la nouvelle Assemblée est virtuellement constituée ! Bailly échange son titre de doyen contre celui de président. Des procès-verbaux des séances seront dressés, chaque jour.

Sieyès commente : « Les absents, qui n'ont pas répondu à l'appel de leurs noms, ne peuvent empêcher les présents de siéger valablement, dans la plénitude de leurs droits. Il est temps de commencer l'œuvre de restauration nationale. »

Il faut donner un nom à la nouvelle Assemblée, un nom qui exprime son ouverture au ralliement des autres ordres et son ambition de représenter l'ensemble des Français – ce sera l'objet de la très longue séance du 15 juin, de 9 heures du matin à 10 heures du soir, à laquelle assiste, depuis la galerie du public, le voyageur anglais Arthur Young, cet expert agricole qui se révélera un excellent observateur de la France en mouvement de 1789...

Sieyès, dans sa brochure *Qu'est-ce que le Tiers État ?*, avait posé très logiquement le problème : le Tiers ne peut, à lui seul, former les États généraux ; par contre, représentant les 96/100e de la nation, il pouvait, il devait se constituer sous le titre d'« Assemblée nationale ».

Mais s'intituler Assemblée nationale, c'est défier les privilégiés, qui sont ainsi niés, supprimés, et contester les assises de la France monarchique, fondées sur l'existence d'ordres distincts... Sieyès n'ose pas franchir le pas, reprendre la proposition de sa brochure. Il suggère un titre pour greffier, précis et incontestable : *Assemblée des représentants connus et vérifiés de la nation française*. Le chef de file des élus du Dauphiné, Mounier, juriste consciencieux, avance un autre titre, encore plus pesant et interminable : *Assemblée légitime des représentants de la majeure partie de la nation, agissant en l'absence de la mineure partie* !

Mirabeau se dirige vers la tribune :

« Je n'ai jamais été moins capable qu'aujourd'hui de discuter une question importante. Je suis pris d'une fièvre qui me tourmente... Je sollicite donc une grande indulgence pour ce que je vais dire. »

... Mais Arthur Young constate que Mirabeau parle pendant plus d'une heure, sans aucune note, avec chaleur et éloquence. Le député d'Aix oppose le « métaphysicien » qui, dans la solitude de son cabinet, peut méditer sur la politique pure, à l'« homme d'État », qui doit tenir compte du passé, de l'Histoire, des obstacles réels. Le métaphysicien voyage sur une mappemonde, franchit tout sans peine, montagnes, déserts, abîmes ; mais, à l'arrivée, il devra se rappeler qu'il marche sur terre, et non dans un monde idéal.

« Ne prenez pas un titre qui effraye, nous aurons contre nous tous les antécédents, tous les usages… »

Certes, notre tribun comprend l'impatience de ses collègues, les élus du Tiers : « Il serait facile aujourd'hui, par un discours véhément, de vous porter à des résolutions extrêmes. Vos droits sont si évidents, vos réclamations si simples. »

Une allusion au discours du roi du 5 mai. Mirabeau fait dire à Louis XVI plus qu'il n'eût sans doute voulu : « Le roi lui-même a senti qu'il fallait donner à la France " une manière fixe d'être gouvernée ", c'est-à-dire une constitution… »

Mais subsiste la résistance des privilégiés :

« Les usurpations des deux ordres se sont accrues. Votre sage lenteur a été prise pour faiblesse. Aux volontés du roi, aux vœux de son peuple, on oppose les gothiques oppressions des siècles barbares… Et, pourtant, la nécessité reste de redoubler de sagesse et de persévérance. »

Se constituer, mais comment ? L'orateur discerne un double obstacle :

« Aurez-vous la sanction du roi, et pouvez-vous vous en passer ? Êtes-vous sûrs d'être approuvés de vos commettants ? N'allez pas croire que le peuple s'intéresse aux discussions métaphysiques qui nous ont agités jusqu'ici. Ce titre de " représentants connus et vérifiés " est-il réellement intelligible ? »

Intervention complexe : Mirabeau récuse les titres « énigmatiques », inintelligibles pour la masse, ceux qu'il appelle les « doubles logogriphes », ces énigmes en vers dans lesquelles il faut déchiffrer plusieurs mots… Mais, dans le même temps, il prêche la conciliation, s'inquiète de la provocation que pourrait constituer le titre de l'Assemblée pour un régime ébranlé…

Il propose « Assemblée des représentants du peuple français ».

« Si nous prenons ce titre, qui peut nous l'ôter ? Qui peut nous le disputer, crier à l'innovation, à des prétentions exorbitantes, à une dangereuse ambition ? Qui peut nous empêcher d'être ce que nous sommes ? »

Contradictions dans l'intervention de notre tribun : le nom qu'il suggère se veut « modéré », mais il est suivi d'une série de projets de résolutions qui bouleversent le droit public du royaume ! « Aucun impôt ne peut légalement exister sans le consentement exprès du peuple par ses représentants. » En fait, à partir du levier budgétaire, tel qu'il est manié par Mirabeau, la nouvelle Assemblée se saisit du pouvoir législatif, déclare illégales les contributions non consenties par la nation, mais autorise la perception des impôts existants... jusqu'à la première séparation de l'Assemblée. Puis l'orateur revient à une modération, une prudence, un zèle monarchique inattendus : la sanction royale sera, de toute façon, nécessaire ; le roi devra sanctionner le nouveau nom de l'Assemblée. Sans quoi, où irons-nous ? Où irons-nous si le roi rejette le titre que Sieyès propose, ou s'il dissout l'Assemblée ? Vous aurez des pillages, des boucheries... Ce sera l'anarchie hideuse, qui ramènera fatalement le despotisme.

Le mot « peuple » semble écorcher la sensibilité des élus. L'idée de peuple serait équivoque. Correspond-elle à la nation entière ? Alors, il faut parler de nation. Se réduit-elle au Tiers ? C'est retomber dans la division en ordres. Et il y a aussi le sens le plus péjoratif : le peuple serait-ce la populace, la dernière classe de la nation, la masse sulfureuse des plus démunis ? Le rapprochement serait humiliant pour les élus.

Telle est la controverse qui vole d'un banc à l'autre. Un « tout jeune homme », Barnave, va s'en faire l'interprète. Ce sera son premier combat contre Mirabeau ; d'autres suivront pendant ces deux années...

Antoine Barnave, alors très proche de Mounier, est déjà « l'enfant chéri » des députés. Fils d'un avocat de Grenoble, lui-même avocat à 19 ans, il a une allure si jeune – boucles blondes sur un front haut, regard bleu, silhouette fine et mise soignée d'un prince du sang – qu'il n'apparaît comme le rival de personne et l'élève, le disciple de tous. L'amour passionné que lui porte sa mère, issue de la noblesse de robe, la confiance qu'elle lui a insufflée dans son futur destin, lui ont donné une assurance précoce, une indépendance d'esprit et une complète maîtrise de lui-même. L'aisance de sa famille lui a permis de se consacrer à la vie publique. Il se veut intransigeant, il cultive la sobriété et la sécheresse de parole – ne serait-ce que pour faire oublier sa jeunesse. Comme son maître Mounier, il conçoit la « révolution » dans un sens emprunté à l'astronomie : un retour, un rétablissement, porté par les lumières de la raison, qui ferait disparaître des préjugés incohérents et permettrait de revenir aux caractères originels de la nation française.

Par son histoire personnelle, Barnave est l'anti-Mirabeau ; et il a choisi, ce 15 juin, de pourfendre Mirabeau, dont l'autorité lui semble insupportable. Il l'attaque avec vivacité : Mirabeau est trop variable dans ses principes ; il imprime, tour à tour, la terreur et l'indignation ; il égare les députés... Puis Barnave combat le mot « peuple », en analyse tous les sens possibles, avec leurs dangers politiques. Enfin, il repousse, méprisant, les craintes de Mirabeau sur l'éventuelle absence de sanction royale : en pareille matière, il n'y aurait pas lieu à sanction royale.

Mirabeau répond, tourné vers Barnave :

« Je croyais avoir énoncé clairement mon opinion touchant la séparation des ordres ; et l'on m'accuse de favoriser cette séparation ! Je croyais avoir présenté une série de résolutions qui montraient le droit et la dignité du peuple, et l'on m'apprend que ce mot " peuple " a une acception basse. »

Mirabeau revient sur la sanction royale, dont la nécessité a été niée par Barnave :

« Je réfute cette opinion hasardée ! La jeunesse de mon contradicteur peut bien ajouter à mon estime pour ses talents, mais n'est pas un titre pour m'en imposer... La sanction du roi ne serait pas nécessaire ? Allons donc ! Pour moi, je crois le veto du roi tellement nécessaire que j'aimerais mieux vivre à Constantinople qu'en France s'il ne l'avait pas. Oui, je le déclare, je ne connaîtrais rien de plus terrible que l'aristocratie souveraine de 600 personnes qui, demain, pourraient se rendre inamovibles puis héréditaires et tout envahir, comme les aristocraties de tous les pays. »

Cet agitateur de Mirabeau serait donc subtilement monarchiste : le garde des Sceaux Barentin le relève, dans un compte rendu pour le roi. Du côté des élus du Tiers, c'est la méfiance qui s'insinue, à l'endroit de cet « aristocrate déguisé ».

Le lendemain 16 juin, dans l'après-midi, Mirabeau occupe la tribune pour une troisième intervention. Dumont lui a reproché de ne pas avoir défendu avec suffisamment d'énergie la qualification de « peuple français »...

« Je persévère dans ma proposition. Cette notion de peuple, que vous contestez, je l'adopte, je la défends, je la proclame !

« On a cru m'opposer un dilemme : le mot " peuple " signifierait trop ou trop peu. Trop : la nation, *populus* en latin. Trop peu, une classe à part, *plebs*, et on ne veut plus d'un ordre séparé. On a même craint que ce mot ne signifiât ce que les Romains appelaient *vulgus*, ce que les Anglais appellent *mob*, la populace, et ce que nos aristocrates appellent insolemment " canaille ".

« Pour ma part, je trouve cette ambiguïté salutaire ! L'avantage du mot " peuple ", c'est de présenter tant d'acceptions différentes et d'être si vague. Ce mot nous qualifie sans nous avilir, nous désigne sans nous rendre terribles ! Aujourd'hui, il semble modeste mais il peut s'agrandir au fil des événements...

« C'est parce que le nom de peuple n'est pas respecté en France, parce qu'il est prononcé avec mépris dans la chambre des aristocrates, que nous devons l'adopter. Quel titre plus fastueux ? Nous n'avons pas à rougir de nos commettants. Cette expression de "représentants du peuple" nous attache à cette masse imposante sans laquelle rien ne serait possible, sans laquelle nous ne serions que des individus, de faibles roseaux qu'on briserait un à un !

« Et si même le peuple était la "populace"... Pourquoi ne pas nous faire gloire de ce mot ? Les patriotes des Pays-Bas, révoltés contre Philippe II d'Espagne, ont bien fondé la liberté de leur pays en se faisant gloire du nom de "gueux" ! »

Mirabeau est interrompu. D'abord subjugués, les députés sont gagnés par l'indignation. Que dit cet aristocrate perfide ? Il nous accuse de mépriser le peuple, il nous dénonce à la « populace », il nous défie avec ce nom de « gueux ». Il nous insulte ! Qu'il sorte !

Depuis la galerie du public, Dumont assiste, pétrifié, à ces convulsions de rage. C'est lui qui a inspiré cet argument à Mirabeau. Quelle erreur !

Mirabeau reste, immobile, à la tribune. Il est grave, méprisant. Il lance au président :

« Je consigne sur votre bureau le morceau qui a été si mal compris. Je consens à être jugé sur son contenu par tous les amis de la liberté ! »

Et il sort, au milieu des imprécations.

Dumont rejoint Mirabeau chez lui. Il l'imagine effondré. En fait, notre tribun triomphe : il relit son discours à un groupe d'électeurs marseillais, admiratifs.

La réaction de ses collègues à l'Assemblée ?

« Ce sont des ânes sauvages. Ils ne m'ont pas fait peur, mon cher Dumont. Dans huit jours, je serai encore plus fort quand ils reviendront vers moi, submergés par la tempête qu'ils viennent de déchaîner... »

La tempête, c'est la motion proposée par deux obscurs députés, Legrand et Pison du Galand, maintenant appuyés par Sieyès, qui franchit le pas que tous craignaient de franchir : la dénomination première, suggérée dans *Qu'est-ce que le Tiers État ?*, sera votée le lendemain, 17 juin, par 491 voix contre 90 – ce sera l'« Assemblée nationale ». « C'est la Révolution même », constatera, stupéfaite, Germaine de Staël.

ÉCHEC AU ROI

Mirabeau s'est abstenu : il était contre ce saut dans l'inconnu. Les députés sont angoissés, la menace d'une « reprise en main » par le pouvoir royal leur apparaît réelle. Les rumeurs sont insistantes : des lits seraient prêts, à la Bastille et à Vincennes, pour ceux des députés qui vont être arrêtés.

Mais le désarroi de la cour est immense. « Le roi est indigné de cette nouveauté qui bouleverse toutes les notions connues, note Marie-Antoinette. On délibère ici, mais je suis au désespoir de ne voir rien aboutir ; tout le monde est dans une grande alarme. » La reine s'interroge sur les deux scénarios envisageables : « Si on soutient le Tiers, la noblesse est écrasée, mais le royaume sera tranquille ; si le contraire arrive, on ne peut calculer les maux dont nous sommes menacés. » Mais « celui qui est au-dessus de moi garde le silence… »

Au milieu de ces jours d'incertitude, un étonnant intermède : la rencontre de Mirabeau avec Malouet, qui tourne au vif incident avec Necker.

Pierre-Victor Malouet est le seul intendant royal à avoir été élu par le Tiers. C'est un grand administrateur : il a été le gouverneur intègre de Saint-Domingue puis de la Guyane, avant d'être nommé intendant à Toulon. Sa carrière brillante, il l'a menée sans appui à la cour, sans intrigue à Versailles. Il reste un parfait honnête homme du XVIIIe siècle, un idéaliste, qui croit aux réformes et… au règne de la raison.

Il a été élu à Riom, en son absence, mais il a failli démissionner à son premier contact avec ses électeurs :

« Je vis de petits bourgeois, des praticiens, des avocats, sans aucune instruction, discuter sur les affaires publiques, citant le *Contrat social*, déclamant avec véhémence contre la tyrannie, contre les abus et proposant chacun une constitution. Je me représentai tout ce que pouvaient produire de désastreux sur un plus grand théâtre de telles extravagances. »

Il arrive à Paris, mécontent des ministres qui filent, inconscients, vers l'abîme, de ses concitoyens et de lui-même. Il se veut libéral, mais il est déconcerté par la Révolution.

Il est épouvanté par Mirabeau, son style oratoire et son « manque de sens moral ». Mais il a rencontré à Genève l'un des collaborateurs de Mirabeau, Duroverai, qui veut organiser une rencontre entre les deux hommes. Malouet est séduit : le « dangereux tribun » a finalement des idées très proches des siennes. Le député d'Aix analyse la situation politique, telle qu'il la perçoit :

« Il s'agit de savoir si la monarchie et le monarque survivront à la tempête qui se prépare ou si les fautes faites ou à faire nous engloutiront tous. »

Il sait Malouet proche de deux ministres, Necker et Montmorin :

« Je ne les aime ni l'un ni l'autre, et je ne suppose pas qu'ils aient du goût pour moi. Mais peu importe que nous nous aimions, si nous pouvons nous entendre… S'ils ont un plan raisonnable pour la réforme de la monarchie, je suis prêt à mettre tous mes moyens, toute mon influence pour les soutenir. »

Malouet est impressionné par la sincérité de Mirabeau. Il retrouve Necker chez Montmorin – ce dernier est encore sous le coup de la publication de l'*Histoire secrète de la cour de Berlin*. Necker, l'air absent, les yeux fixés au plafond, affirme que Mirabeau n'est pas un personnage digne de confiance. Malouet insiste. Necker finit par accorder une audience pour le lendemain. Montmorin ne pourra y participer et déconseille à Malouet d'y assister.

Le lendemain, Necker, condescendant, reçoit Mirabeau :

« M. Malouet me dit que vous avez des propositions à me faire. Quelles sont-elles ? »

Mirabeau réplique, sur un ton vif :

« Ma proposition est de vous souhaiter le bonjour ! »

Et il retourne, rouge de colère, à l'Assemblée.

Pourquoi ce rendez-vous saboté ? Necker ne veut pas engager un vrai dialogue avec Mirabeau, qu'il considère comme un « déclassé », une espèce d'homme qu'il méprise. Sa fille, Germaine de Staël, explique : « Mirabeau a passé toute sa vie dans les procès, les enlèvements et les prisons ; il a donc été banni de la bonne compagnie et son premier désir est d'y rentrer. Mais il faudrait mettre le feu à l'édifice social pour que les portes de Paris lui soient ouvertes. »

Les hérauts d'armes l'annoncent, devant la salle des Menus-Plaisirs : Louis XVI tiendra une séance royale, le 22 juin. Jusque-là, les séances sont suspendues.

Ce 20 juin, les députés s'attroupent donc, sous la pluie, devant les portes closes. Seul Bailly et deux secrétaires de l'Assemblée sont autorisés à entrer pour prendre leurs dossiers. L'irritation gagne. Sieyès propose aux députés de quitter Versailles et de se transporter en corps à Paris, pour y tenir séance sous la protection du peuple. Ce serait consacrer le divorce entre l'Assemblée et le roi... Mounier suggère de rester à Versailles, et de rechercher une salle assez vaste pour réunir tous les députés. Le docteur Guillotin a trouvé la solution : ce sera la salle du Jeu de paume. Les députés s'y rendent en cortège et s'encouragent en marchant, se promettant de résister jusqu'à la mort.

Les hauts murs nus écrasent les députés. L'étrangeté du lieu, le jour gris qui filtre depuis les baies de la galerie haut placée, donnent plus de gravité à la réunion. L'immense salle austère, dépourvue de mobilier, semble conçue pour cette séance dramatique où l'Assemblée va se dresser contre le roi pour affirmer sa légitimité. Les députés sont tous debout – Bailly a refusé le fauteuil qu'on lui apportait ; dans leurs conciliabules, ils semblent se découper en ombres chinoises au rythme saccadé. Leurs voix se répercutent sur les parois sonores. La tragi-comédie n'est pas absente : un voleur à la tire s'est glissé dans la salle et a vidé les poches de ses voisins. Lorsqu'on vient l'arrêter, des députés croient à l'irruption des forces de l'ordre pour dissoudre l'Assemblée.

À la suite de Bailly, les membres de l'Assemblée vont tous prêter le serment qui marque leur rupture avec l'ancien ordre : ils ne se sépareront pas et se rassembleront partout où les circonstances l'exigeront « jusqu'à ce que la constitution du royaume soit établie et affermie sur des fondements solides ». Tous sauf un : Martin d'Auch, qui fustige « un attentat contre les droits du roi » et est bien près d'être écharpé par la foule, lorsqu'il sort de la salle par une porte dérobée.

Mirabeau a été appelé parmi les premiers et a prêté serment. Mais il est resté muet. L'annonce de la séance royale l'inquiète.

Dumont est enthousiaste :

« Que craignez-vous ? Les timides criaient le plus fort. Le serment est un lien d'honneur. Les députés du Tiers sont désormais confédérés contre la puissance royale. »

Mirabeau répond, pessimiste :

« Un retour en force de la puissance royale pourrait créer bien des dommages dans l'opinion. C'est ainsi qu'on mène les rois à l'échafaud. »

La séance royale, prévue le 22, a été reportée au 23 juin.

Le 22, le Tiers remporte un nouveau succès. L'Assemblée se réunit en l'église Saint-Louis de Versailles, car le comte d'Artois a voulu mettre les rieurs de la cour de son côté… en louant la salle du Jeu de paume. Mais les élus du Tiers ont l'heureuse surprise de voir 148 prêtres, menés par les archevêques de Vienne et de Bordeaux et les évêques de Chartres et de Rodez, se joindre à eux – ainsi que deux élus de la noblesse, en rupture avec leur ordre.

Le 23 juin, le décor de l'ouverture des États réapparaît, mais, cette fois, la présence du public est prohibée. Une garde nombreuse entoure les Menus-Plaisirs, les élus doivent franchir plusieurs barrages. Mirabeau maugrée : « Dans un moment où tout devrait inspirer la confiance, on ne songe qu'à imprimer la terreur. »

De fait, l'immense foule qui, devant le château, assiste à la formation du cortège royal, est silencieuse ; elle ne se manifeste par aucun applaudissement, et semble dominée par la crainte. L'espoir et la confiance du 5 mai semblent évanouis. Mais les erreurs du 5 mai se reproduisent : les deux premiers ordres sont admis par la porte principale, alors que le Tiers piétine longtemps sous la pluie.

Au bas du trône, parmi les fauteuils des ministres, celui de Necker est vide. Une absence-désaveu : Necker a finalement désapprouvé la séance royale.

Les formes sont celles d'un « lit de justice », non d'une assemblée librement élue. Le roi veut casser les délibérations des États, comme il cassait naguère les arrêts du Parlement de Paris, instance judiciaire. Il déplore « la funeste division qui jette l'alarme dans tous les esprits » puis il édicte ses décisions : l'ancienne distinction des trois ordres « doit être conservée en son entier ». Les trois chambres devront donc délibérer séparément – à une concession près, passée inaperçue : elles pourront « convenir de délibérer en commun, avec l'approbation du souverain ». Les décisions prises par le Tiers depuis le 17 juin sont « illégales et inconstitutionnelles »… Et, pour l'avenir, les États ne devraient pas toucher aux privilèges des deux premiers ordres.

Le lendemain, Mirabeau fera, dans une nouvelle *Lettre à ses commettants*, une critique approfondie du discours du roi.

Les débats ne seront plus ouverts au public, a décidé le roi :

« Le bon ordre, la décence, la liberté l'exigent. » « Que signifient ces mots de décence, de bon ordre ? s'indigne Mirabeau. L'indécence serait dans le mystère, le désordre dans le secret de nos opérations. Cette interdiction est inspirée par ceux qui craignent qu'on ne dévoile leurs coupables manœuvres. »

Le roi menace de dissoudre les États et d'appliquer lui-même les propositions contenues dans les « cahiers de doléances » des différents bailliages. Mirabeau ironise : « N'était-il pas inutile d'assembler les représentants du peuple pour arriver à un tel résultat ? N'aurait-il pas été plus commode d'adresser les « cahiers » aux ministres par la poste ? »

Le roi exige le respect de « toutes les propriétés », et sous ce terme il comprend les dîmes, cens, droits féodaux et seigneuriaux et tous les droits et prérogatives attachés à la possession de fiefs. Mirabeau commente : « Le roi se déclare l'arbitre de ce qui est propriété ou de ce qui ne l'est point, indépendamment de la nature des choses. » Le député d'Aix relève que des nobles ont eu « l'indécence d'applaudir » ce passage du discours royal et qu'il a été contraint de les faire taire en leur assenant l'une des expressions en vogue à l'Assemblée : « Paix là ! »

Le roi, fermé à l'esprit du temps, a dit sa conviction qu'il lui appartenait « de faire le bonheur de son peuple » ; il ne demande à ses sujets que de s'entendre afin d'accepter ses bienfaits. Mirabeau feint de s'interroger : « Les droits des peuples sont-ils des bienfaits des rois ? »

Le roi a terminé en « ordonnant » aux élus des trois ordres leur séparation immédiate et en « ordonnant » la préparation de salles pour chacun des ordres. Mirabeau constate que le roi, « non content de prescrire des lois aux États généraux, et même leur police, intérieure ou extérieure, ne parle que par cette formule : je veux, je défends, j'ordonne. Un monarque ne s'est jamais plus formellement arrogé tous les pouvoirs, sans limites et sans partages ».

Mirabeau conclut son commentaire acéré en soulignant ce qu'on ne trouve pas dans le discours du roi : rien sur « une participation quelconque des États au pouvoir législatif », rien sur « la responsabilité des ministres, solennellement réclamée par la nation ».

Le roi s'est levé, suivi des ministres, des élus de la noblesse, d'une partie du clergé. Les ouvriers arrivent, emportent le trône, démontent le dais et décrochent les tapisseries, mais ils s'arrêtent brusquement. Les députés du Tiers et ceux, ralliés, du clergé, sont restés, amers et silencieux ; leur stratégie de l'immobilité semble avoir échoué ; ils sont blessés dans leur loyalisme : pourquoi le roi, chef de la nation, s'est-il comporté en chef de la faction des aristocrates ?

Le marquis de Dreux-Brézé, le jeune et brillant maître des cérémonies, la tête empanachée de plumes, fait irruption dans la salle... et dans l'Histoire. Il reste couvert, car il parle au nom du roi, mais les élus protestent, une clameur s'élève.

Dreux-Brézé s'adresse au président Bailly :

« Vous avez entendu, monsieur, l'ordre du roi. »

Bailly répond, très digne :

« Je ne peux séparer l'Assemblée sans qu'elle ait délibéré. »

Puis il se tourne, hésitant, vers ses collègues :

« Je crois que la nation assemblée ne doit pas recevoir d'ordre. »

Un flottement imperceptible. Dreux-Brézé hésite à son tour, pendant quelques secondes... De sa banquette, tel un Jupiter tonnant, Mirabeau l'apostrophe, d'une voix éclatante :

« Oui, monsieur, nous avons entendu les intentions suggérées au roi. Et vous qui ne sauriez être son organe auprès des États généraux, vous qui n'avez ici ni place, ni droit de parler, vous n'êtes pas fait pour nous rappeler son discours. Cependant, pour éviter toute équivoque et tout délai, je déclare que si l'on vous a chargé de nous faire sortir d'ici, vous devez demander des ordres pour employer la force. Car nous ne quitterons nos places que par la force des baïonnettes. »

Il semble que Mirabeau ait précisé, à voix basse, gouailleur, à l'intention de ses voisins :

« Et puis, si les baïonnettes viennent, nous foutrons le camp ! »

Bailly est vexé et choqué par l'intervention de Mirabeau :

« Vous n'aviez pas à répondre à Dreux-Brézé ! C'était à moi seul de le faire ! Et votre apostrophe était déplacée : le maître des cérémonies n'avait prononcé aucune menace. Personne n'avait parlé de recours à la force ni de baïonnettes ! »

Mais sa protestation est couverte par les cris qui fusent de tous les bancs, les approbations qui s'adressent à Mirabeau :

« Oui, tel est le vœu de l'Assemblée ! »

Le maître des cérémonies, troublé, sort à reculons, comme il le ferait devant la personne du roi. Il applique à l'Assemblée le protocole royal !

Le lendemain, le journal de Mirabeau attribuera modestement son intervention à « un député », non dénommé. Mais personne ne s'y trompe : le nom de Mirabeau vole à travers la France et l'Europe. Par une phrase fulgurante, il semble avoir changé le cours de l'Histoire.

Après le départ de Dreux-Brézé, la séance reprend, selon des formes plus régulières.

Mirabeau, mû par ses souvenirs du donjon de Vincennes mais aussi par le précédent de l'arrestation des parlementaires rebelles, en plein Parlement de Paris, un an plus tôt, propose de décréter l'inviolabilité des députés :

« Ce n'est pas manifester une crainte. C'est opposer un frein aux conseils violents qui assiègent le trône. »

Rancunier, Bailly s'oppose à sa motion :

« L'inviolabilité est suffisamment établie dans les faits. Toute précaution supplémentaire l'affaiblirait en laissant place au doute... »

Mirabeau réplique :

« Vous ne savez pas à quoi vous vous exposez ! Sans ce décret, vous-même et 60 députés, serez arrêtés cette nuit. »

L'Assemblée vote la motion de Mirabeau, par 493 voix contre 34 : sera déclaré « infâme, traître envers la nation et coupable de crime capital » celui qui aura osé poursuivre ou arrêter un député pour délit d'opinion.

LES LÉGIONS EN MARCHE

Comment le roi réagira-t-il au refus d'obéissance de l'Assemblée ? Recherchera-t-il la conciliation avec les représentants du Tiers ? Ou préparera-t-il la revanche de l'ancien ordre ?

Dans la quatorzième parution de la *Lettre à ses commettants*, Mirabeau revient sur la journée du 23 juin. Il se dit inquiet de l'impression que fera l'événement sur « ce peuple malheureux ». Il distingue les « représentants de la nation » de leurs électeurs, les simples sujets du roi, les simples « citoyens » comme on dit depuis le début des années 1780. Les premiers sont mieux informés, ils savent qu'à l'origine du tumulte il n'y avait qu'une « erreur de l'autorité ». Les seconds croient discerner le « dessein formel », la détermination du pouvoir royal, de s'attaquer « aux droits » des élus. Ainsi « l'imagination du peuple » risque-t-elle d'être « égarée »... Et Mirabeau d'évoquer une émeute qui vient de se produire au faubourg Saint-Antoine, d'affirmer la nécessité « de prévenir de nouveaux accès de frénésie et de vengeance ». Car « les agitations, les tumultes, les excès ne seront que les ennemis de la liberté ».

Paradoxalement, Mirabeau, qui s'est érigé en porte-parole véhément de l'Assemblée et qui a contribué à l'anéantissement de l'acte d'autorité du roi, se tient à une position moyenne. Il prêche le compromis. Il se refuse à qualifier de tentative de « coup de force » la séance royale, il regrette ce qui fut pour lui une simple « erreur ». Il importe, d'abord, de protéger le peuple contre lui-même, un peuple ivre de la victoire du Tiers... Aux « députés de France d'éclairer, de calmer, de sauver le peuple des excès que pourrait produire un zèle furieux ». De fait, sous des variations apparentes dans le discours, au-delà des réactions que pourra susciter en lui telle situation historique, le député d'Aix se tiendra toujours à une position « centriste » : il se veut « loyaliste » envers la monarchie, il est partisan d'une monarchie réformée, d'une monarchie constitutionnelle. Il souhaite une révolution des institutions, menée dans l'ordre, sans effusion de sang. Comme tout serait plus simple si, comme au Danemark – qui est pour lui le vrai modèle, plus que l'Angleterre –, le roi décidait de prendre appui sur le peuple, contre les ordres privilégiés.

Ces ordres privilégiés doivent-ils, au demeurant, être considérés comme des « ennemis » ? C'est un des traits de caractère de Mirabeau : il est généreux, indulgent, dans la victoire ; il répugne à écraser le vaincu. Au lendemain de la journée de combat du 23 juin, il est d'abord à la recherche d'une nouvelle harmonie dans le royaume. Il le dit, à la tribune de l'Assemblée, le 24 juin :

« On exagère beaucoup le nombre de nos ennemis. Plusieurs de ceux qui ne pensent pas comme nous sont loin de mériter pour cela ce titre odieux... Il s'agit de concitoyens qui ne cherchent, comme nous, que le bien public, mais qui le cherchent sur une autre route ; des hommes qui, enchaînés par les préjugés de l'éducation et les habitudes de l'enfance, n'ont pas la force de remonter le torrent ; des hommes qui, en nous voyant dans une position toute nouvelle, ont redouté de notre part des prétentions exagérées, se sont alarmés pour leurs propriétés, ont craint que la liberté ne fût un prétexte pour arriver à la licence. Tous ces hommes méritent, de notre part, des ménagements. Il faut plaindre les uns, donner aux autres le temps de revenir, les éclairer tous et ne point faire dégénérer en guerres de factions des différences d'opinion... »

La réalité semble rejoindre la doctrine de « l'extrême tolérance », chère à Mirabeau. Le 24 juin, la majorité du clergé s'est ralliée au Tiers, au sein de l'Assemblée. Le lendemain, 47 députés de la noblesse ont suivi, avec, à leur tête, le comte de Clermont-Tonnerre : le Tiers leur avait respectueusement conservé les places qu'ils occupaient à l'ouverture des États. Parmi eux : un prince du sang, le duc d'Orléans, qui va siéger au sein d'une assemblée présidée par un bourgeois ! On lui propose de succéder à Bailly à la présidence de l'Assemblée. Il refuse : « Je serais indigne de vos bontés si j'acceptais... »

Mirabeau salue ces évolutions dans une nouvelle intervention, grandiloquente voire pompeuse, imprégnée de l'esprit des Lumières... ou de la maçonnerie :

« Il n'est pas un jour où l'horizon de la vérité ne s'agrandisse et où l'aurore de la raison ne se lève pour quelques individus qui jusqu'à présent avaient été éblouis plutôt qu'éclairés par l'éclat même de la lumière... »

Même du côté du pouvoir royal, un revirement se produit : en fait, un vrai coup de théâtre, le 27 juin, quatre jours après la séance royale ! Louis XVI adresse une lettre aux députés du clergé qui résistent encore, puis il se tourne vers la noblesse et demande aux deux ordres privilégiés de se joindre au Tiers : « Je le désire et, au besoin, je le veux. » La majorité de la noblesse est scandalisée. Certains de ses élus ont fait serment de ne jamais céder aux demandes du Tiers et de maintenir intacte la structure en ordres de l'Ancien Régime – tel le cadet de Gabriel-Honoré, le vicomte Boniface de Mirabeau, élu de la noblesse de la sénéchaussée de Limoges, qui, par opposition à son aîné, s'est enfermé dans une sorte d'intégrisme aristocratique et exige d'être délié de son serment par le président de la chambre de la noblesse.

L'ambassadeur des États-Unis, Morris, n'est guère impressionné par ces combats d'arrière-garde : « La majorité de la noblesse ne possède ni la force, ni la richesse, ni les talents du Tiers ; jusqu'ici, elle a opposé à ses adversaires de l'orgueil plus que des arguments. » Mirabeau est sarcastique : « Quand on a invoqué la dictature, il faut accueillir les prières, même dictatoriales. »

La première phase de la Révolution semble avoir triomphé du roi et des privilégiés. Le peuple a conscience d'avoir remporté une victoire. Des feux sont allumés à Versailles et à Paris, accompagnés de frénétiques « Vive le roi ! »

Mirabeau se laisse aller à l'optimisme ambiant. Il prophétise une révolution pacifique, la plus pacifique des révolutions européennes :

« Qu'il sera glorieux pour la France et pour nous que cette grande Révolution ne coûte à l'humanité ni des forfaits, ni des larmes... Les plus petits États n'ont souvent acheté une ombre de liberté qu'au prix du sang le plus précieux. L'Angleterre, une nation trop fière de sa Constitution, a souffert plus d'un siècle de convulsions. L'Amérique n'a joui de l'affranchissement qu'après des revers sanglants et des combats longs et douloureux... Notre Révolution s'approfondira avec le seul concours des Lumières et des intentions patriotiques. »

En réalité, la tension est perceptible à Paris. Mirabeau le sait bien : il part souvent, en compagnie de Dumont, « humer l'air de la capitale ». Le Tiers et le pouvoir royal se disputent les faveurs de l'armée. Dans un libelle anonyme, *Sur les dispositions naturelles, nécessaires et indubitables des soldats français et étran-*

gers, l'auteur, qui se présente comme « un officier français », adjure les troupes de ne reconnaître qu'un seul maître : la nation. La cour, elle aussi, a conscience de la fermentation de l'opinion : il importe de gagner du temps, de rassembler suffisamment de troupes pour imposer la volonté du roi.

Mirabeau s'inquiète à la fois des troubles qui s'annoncent et des conclusions qu'en tireront les adversaires de la Révolution : « Qu'ils sont funestes à la liberté ceux qui croient la soutenir par leurs révoltes ! Voilà les fruits de la liberté, voilà la démocratie, affectent de répéter tous ceux qui n'ont pas honte de représenter le peuple comme un troupeau furieux qu'il faut enchaîner ! »

Quelques membres des gardes-françaises ont déserté : accusés d'insubordination, ils ont été incarcérés à l'Abbaye. Les manifestants enfoncent les portes de leur prison et les escortent jusqu'au Palais-Royal, où ils sont mis sous la garde d'une foule immense. Le ministre de la Guerre est déterminé à reprendre ces soldats, par la force s'il le faut. Une délégation de citoyens de Paris se rend à l'Assemblée, le 1er juillet, lui demande d'intervenir. L'Assemblée ne peut pas adhérer à un acte de violence… Mirabeau considère « qu'il n'y a pas lieu à délibérer, l'affaire étant si évidemment étrangère à notre mission ». Mais il est malade : sa voix ne porte pas !

Finalement, l'Assemblée se tourne vers le roi pour « intéresser sa clémence ». Louis XVI accorde sa grâce aux soldats, mais lance un avertissement aux élus :

« L'esprit de licence et d'insubordination est destructif de tout lien social. S'il prenait de l'accroissement, non seulement le bonheur de tous les citoyens serait troublé, mais on en viendrait même à méconnaître l'intérêt des délibérations des représentants de la nation. »

La légitimité de l'Assemblée est menacée par l'avertissement du roi, et sa survie même par l'appareil de coercition que le pouvoir royal rassemble.

Depuis les premières désertions des gardes-françaises, le roi ne fait plus confiance qu'aux troupes étrangères. Leur commandant, le baron de Besenval, a promis au monarque de transformer « le château de Versailles en quartier général et les jardins en camp militaire ».

Rivarol retrace l'atmosphère de ces journées : « Rien ne peut égaler la terreur qui s'empara de l'esprit de tous les députés à la vue des troupes et des canons… Déjà un grand nombre de troupes nous environnait. Il en est arrivé davantage. Il en arrive chaque jour. Elles accourent de toutes parts. » Alexandre de Lameth, l'un des futurs « triumvirs » qui animeront l'Assemblée, a assisté au défilé nocturne des unités suisses et allemandes, sur la place d'Armes de Versailles, sous les fenêtres du roi : « Le plus profond silence régnait partout. Point de tambours, pas un commandement de la part des officiers, pas un mot de la part des spectateurs. Seulement le bruit monotone du pas ordinaire qui, pour tous les esprits préoccupés, avait quelque chose de sinistre et semblait présager de tragiques événements. »

Les rumeurs alarmantes se propagent dans Paris – à partir des allées et des cafés du Palais-Royal, ce cœur battant des passions révolutionnaires. La cour veut briser les États généraux ; la salle des Menus-Plaisirs sera occupée militairement ; les députés libéraux les plus en vue seront arrêtés, peut-être exécutés, les autres seront dispersés. Les élus du Tiers appellent à l'aide ; plusieurs milliers de Parisiens seraient prêts à marcher sur Versailles pour les défendre...

La rumeur gagne les salons. Lors d'un dîner chez le duc de Liancourt – descendant d'un protecteur des jansénistes, qui se vit refuser l'absolution par le curé de Saint-Sulpice –, les convives tentent d'établir la liste des élus qui auront l'honneur d'être de la « première fournée ». Mathieu de Montmorency-Laval, très jeune élu de la noblesse, rallié au Tiers – il a 22 ans et sera, trente ans plus tard, ministre des Affaires étrangères sous la Restauration –, affirme qu'il ne sera pas de la première vague, mais qu'il est assuré d'être de la seconde.

Mirabeau est, évidemment, en première ligne : il figure sur toutes les listes... Pourtant, il se veut un monarchiste « presque zélé ». Pourquoi cette incompréhension de la cour, qui persiste à voir en lui un ennemi acharné ? À la fin juin, lors d'un dîner chez le comte de La Marck, qui a la confiance de la reine, il tente d'éclaircir sa position : « Le jour où les ministres du roi consentiront à raisonner avec moi, on me trouvera dévoué à la cause royale et au salut de la monarchie. » Et il glisse à son hôte, en le quittant :

« Faites donc qu'au château on me sache plus disposé pour eux que contre eux. »

Le 8 juillet, Mirabeau surgit à la tribune et interrompt l'ordre du jour de l'Assemblée. Il est dans sa meilleure condition de grand acteur : il joue de sa voix pleine, mâle, il affine ses expressions, appuie sur les mots, contracte toutes les parties de son visage, prend feu progressivement comme sous le soufflet d'une forge. Impétueux, il donne l'impression d'une très grande force. Il se veut grave, car il veut exprimer la gravité de l'heure, sonner l'alerte face aux menées de la cour, aux préparatifs contre-révolutionnaires :

« 35 000 hommes sont déjà répartis entre Paris et Versailles. On en attend 20 000 autres. Des trains d'artillerie les suivent. Des points sont désignés pour les batteries. On s'assure de toutes les communications, on intercepte tous les passages. Nos chemins, nos ponts, nos promenades sont changés en postes militaires. Les préparatifs de la guerre, en un mot, frappent tous les yeux... Il a fallu déployer tout l'appareil du despotisme et montrer plus de soldats menaçants à la nation qu'il n'en aurait fallu face à une invasion étrangère ! »

Mirabeau veut désigner les vrais responsables, ceux qui ont mis en place « l'appareil militaire de la séance royale » :

« Avant, tout était tranquille. L'agitation a commencé dans cette triste et mémorable journée. Est-ce à nous qu'il faut s'en prendre si le peuple, qui nous a observés, a murmuré, a conçu des alarmes ? »

Puis il dit le danger qu'il y aurait à provoquer une fracture au sein de l'armée, à l'inciter à se diviser en factions hostiles, associées aux diverses factions politiques :

« Les soldats français ne sont pas de purs automates. Au-delà du dévouement aveugle de l'obéissance militaire, ils n'oublieront pas ce que nous sommes ; ils verront en nous leurs parents, leurs amis, leur famille. Ils ne croiront jamais que le devoir est de frapper sans s'enquérir des victimes. »

Enfin, grondant de toute la colère populaire, Mirabeau s'en prend aux conseillers du roi, peu conscients de la portée de leurs actes :

« Ont-ils prévu, les conseillers de ces mesures, les suites qu'elles entraînent pour la sécurité même du trône ? Ont-ils étudié, dans l'histoire de tous les peuples, comment les révolutions ont commencé, comment elles se sont opérées ? Ont-ils observé par quel enchaînement funeste de circonstances, les esprits les plus sages sont jetés hors de toute modération, et par quelle impulsion terrible un peuple enivré se précipite vers des excès dont la première idée l'eût fait frémir ? »

La conclusion est prophétique. L'Assemblée le pressent peut-être, elle applaudit frénétiquement. Les préventions contre le député d'Aix semblent s'évanouir. Mirabeau s'impose comme la voix de l'Assemblée, en temps de crise.

L'Assemblée confie à Mirabeau la rédaction d'une Adresse au

roi, lui demandant le renvoi des troupes. Une seule des propositions de l'orateur est supprimée : l'appel à organiser une milice bourgeoise. Cette initiative, que Mirabeau a mise en œuvre à Marseille, semble prématurée. Elle s'imposera, quelques jours plus tard, spontanément, à Paris.

L'Adresse est présentée par Mirabeau, le 9 juillet, puis imprimée, par ordre de l'Assemblée. La mise en forme a été aisée. Mirabeau avait rédigé un premier texte, puis il a accepté tous les amendements ou corrections. L'évêque de Chartres s'en félicite :

« L'auteur s'est prêté aux changements que nous avons crus nécessaires avec cette facilité qu'on trouve surtout chez les hommes de génie. »

De fait, on retrouve dans l'Adresse, à la fois l'inspiration et le style de Mirabeau, son rythme précipité, son ton direct : « Sire, nous vous en conjurons au nom de la patrie, au nom de votre bonheur et de votre gloire, renvoyez vos soldats aux postes d'où vos conseillers les ont tirés. Renvoyez cette artillerie, destinée à couvrir vos frontières. Renvoyez surtout les troupes étrangères, ces alliés de la nation, que nous payons pour défendre et non pour troubler nos foyers. Votre Majesté n'en a pas besoin. Pourquoi un monarque adoré de 25 millions de Français ferait-il accourir à grands frais, autour du trône, quelques milliers d'étrangers ? »

Le 10 juillet, Louis XVI reçoit une délégation de l'Assemblée – 6 députés du clergé, 6 de la noblesse et 12 du Tiers. Clermont-Tonnerre donne lecture de l'Adresse. Le roi tient son regard fixé sur Mirabeau. Il ne répond pas réellement : des gens mal intentionnés tendraient à tromper le peuple sur la signification des mesures prises ; la présence des troupes est nécessaire ; si l'Assemblée en prend ombrage, elle pourra demander à être installée plus loin de Paris, à Noyon ou à Soissons...

« Le prestige du roi est si grand, écrit Mirabeau dans son journal, que cette réponse a produit un effet sensible de tolérance et même de sécurité dans l'Assemblée. » Les Français ont décidément une confiance illimitée dans leur monarque, pense Mirabeau, qui donne une relation douce-amère de l'audience : « Dans ce salon souillé de viles adulations de courtisans de Louis XIV, et qui recelait, en ce moment même, les conspirateurs qui voulaient armer Louis XVI contre son peuple, des Français ont enfin parlé à leur monarque le langage des hommes libres. »

En réalité, Mirabeau en veut à l'Assemblée. Il ne lui pardonne pas cet aveuglement qu'elle manifeste à la moindre parole du roi, dès que le roi lui fait l'aumône d'une concession, même minime, même simplement apparente. Le 11 juillet, il reprend possession de la tribune pour fouetter la dignité de l'Assemblée :

« Cette confiance dont nous faisons montre envers la parole du roi ne nous garantit pas la conduite du ministère... Cette confiance est moins une vertu qu'un vice... Qui de nous ignore que c'est notre aveugle inconsidération qui nous a conduits, de siècle en siècle, et de faute en faute, à la crise qui nous afflige aujourd'hui, et qui doit enfin dessiller nos yeux, si nous n'avons pas résolu d'être, jusqu'à la consommation des temps, des enfants toujours mutins et toujours esclaves ? »

Et l'orateur repousse, avec fermeté, la proposition d'un transfert de l'Assemblée :

« Nous n'avons pas demandé à fuir les troupes, mais que les troupes s'éloignent de la capitale. Et cette demande, nous ne l'avons pas faite pour nous, et nous ne l'avons pas faite par un sentiment de peur, mais parce que ces troupes troublaient l'ordre et pouvaient provoquer de grands malheurs ! Seul l'intérêt général nous a animés. »

Au moment où il quitte la tribune, Mirabeau apprend le renvoi de Necker. C'est un coup de force au sein du ministère, qui va déclencher la révolution dans la rue.

SUR LES DÉBRIS D'UNE PRISON D'ÉTAT

Necker est déjà parti, secrètement, pour Bruxelles : le roi lui a demandé de « se prêter à une retraite sans éclat, prompte et sûre » et de « ne donner lieu à aucune commotion ». Ses collègues Montmorin, Saint-Priest, La Luzerne ont reçu, aussi soudainement, leur congé. Les noms des nouveaux ministres symbolisent la volonté de retour à l'autorité et prennent l'allure d'un défi à l'opinion publique : le maréchal de Broglie est l'organisateur de l'appareil militaire ; le baron de Breteuil est l'artisan de l'alliance autrichienne et le confident de la reine.

Le dimanche 12 juillet, les députés se réunissent très tôt le matin. Ils ont appris la nouvelle. « Ils sont plongés dans la consternation et ne mesurent qu'avec terreur l'abîme où la résolution de la veille peut entraîner la patrie », écrit le journal de Mirabeau. Dans l'après-midi, c'est Paris qui s'embrase : « Un mouvement immense soulève tout à coup la ville entière », selon Rabaut Saint-Étienne. Les rumeurs partent du Palais-Royal, au milieu d'une foule dense : l'Assemblée va être dissoute par la force ; l'assaut va être lancé sur Paris ; les batteries installées sur les hauteurs de Montmartre tireront pour soutenir l'action des troupes stationnées au Champ-de-Mars, à Courbevoie et à Saint-Denis, qui se préparent à faire irruption ; les barrières seront fermées et la capitale sera isolée du reste de la nation.

Alors que l'agitation s'étend en ces heures décisives, Mirabeau est absent : son père, le marquis, vient de mourir, le 11 juillet au soir, à l'âge de 73 ans ; la fille aînée de Caroline du Saillant, Bonnette, était à son chevet, avec la fidèle Marie de Pailly, quand il s'est éteint. Gabriel-Honoré se recueille à Argenteuil, avec son frère, le vicomte Boniface, et sa sœur Caroline.

Le marquis, ce père d'Ancien Régime, disparaît au moment où s'effondre le monde qu'il a connu. Jusqu'à ses derniers instants, il est resté très lucide et combatif. Il demeure convaincu que l'école physiocratique détient la réponse à tous les maux de la société. Il vient de relire les épreuves d'une brochure, les *Rêves d'un goutteux*, dans laquelle il assène sa vérité aux conservateurs intransigeants comme aux révolutionnaires. Il a entrepris une série d'études sur les grands hommes qui furent, selon lui, les précurseurs des physiocrates : il a commencé par Sully, le ministre du « bon roi Henri » ; Vauban, Montesquieu et l'abbé de Saint-Pierre auraient dû suivre. Il désapprouve, avec amertume, les événements récents : il ricane sur la « merveilleuse constitution » que vont fabriquer « douze cent cinquante législateurs », au premier rang desquels il place « l'homme aux contes bleus », ou plutôt aux « comptes » bleus, Necker, qui n'est pour lui qu'un financier dérisoire, et le « bonnet vert », que coiffent symboliquement les prodigues, et il a évidemment en vue son propre fils, Gabriel-Honoré.

Il a rendu hommage à son fils aîné, auquel il reconnaît son « travail infatigable, vraiment unique », son « ne douter de rien », sa hauteur, son esprit... Mais la malédiction suit immédiatement : « Il tend visiblement à la destruction de l'ordre établi, et mal lui en arrivera. Il recueillera ce qui revient aux gens qui ont manqué par la base, par les mœurs. Il n'obtiendra jamais la confiance, voulût-il la mériter. Il aura des partisans, des admirateurs même, selon le temps, mais jamais d'amis, ni personne qui se fie vraiment à lui. » De fait, il continue de préférer son cadet, le vicomte, dont il fera son « légataire universel ».

Les deux frères se retrouvent à l'enterrement de leur père. La foule, massée près de la maison d'Argenteuil, crie : « Vive Mirabeau le grêlé ! », pour bien marquer sa préférence... Gabriel-Honoré semble sincèrement affligé. Au-delà du cauchemar des lettres de cachet, au-delà des prisons infligées par son père, il est fier d'appartenir à la lignée des Mirabeau et d'être le fils de l'Ami des Hommes. Dans le dix-neuvième numéro de sa *Lettre à ses commettants*, qui deviendra, une semaine plus tard, *Le Courrier de Provence*, il revient sur la mort du marquis, qui « met en deuil tous les citoyens du monde ». Il apparaît à la tribune de l'Assemblée et fait l'éloge de son père. Il écrit à son oncle, le bailli : « La mort a enlevé un beau génie. » Le bailli laisse percer son ressentiment persistant à l'endroit de Gabriel-Honoré : « Réparez autant que vous le pourrez les chagrins que vous avez donnés à ce pauvre père. Pour ce qui me regarde, j'ai la satisfaction de ne lui en avoir jamais donné aucun. » Il est vrai qu'il ajoute : « Il ne dépendra que de vous de trouver en moi un bon oncle. »

Le 13 juillet, les cortèges se succèdent dans Paris et les manifestations tournent à l'émeute. Sur la place Louis-XV, la foule se heurte aux soldats du régiment royal allemand, commandé par le prince de Lambesc, qui a donné l'ordre de charger. Le canon tire, sur les hauteurs de la capitale. Tout le peuple de Paris semble mobilisé. Dans la soirée, les barrières de la Ferme générale, ces frontières de la ville, incendiées par les manifestants, continuent de brûler et dessinent un décor de feu. La foule envahit les théâtres, dont elle exige la fermeture. On s'attend à l'irruption en force des troupes royales dans la nuit ; le mot d'ordre est d'illuminer toutes les fenêtres, pour parer à toute surprise.

De cette journée d'agitation, de nouveaux chefs de file de la Révolution sont nés, tel Camille Desmoulins, jeune avocat sans cause, qui jusqu'ici a rêvé ses ambitions. Petit, les jambes grêles, le buste court, quelques mèches raides sur un front tourmenté, le regard noir étrangement fixe, il n'a rien d'un meneur de foules. Mais il rencontre son destin, ce 13 juillet, dans les jardins du Palais-Royal. Il s'indigne de la passivité des groupes qui se forment, et qui « ne lui semblent pas assez disposés au soulèvement ». Il gémit sur « notre lâcheté à tous ». Trois jeunes gens, qui criaient « Aux armes ! », l'entendent, le font monter sur une table. Camille oublie sa timidité et son bégaiement. Il trouve spontanément les mots qui électrisent l'auditoire :

« Citoyens, vous savez que la nation avait demandé qu'on lui conserve Necker et on l'a chassé ! Peut-on vous braver plus insolemment ? Ils vont tout oser ! Cette nuit, ils préparent peut-être une Saint-Barthélemy pour les patriotes ! »

Il ne se savait pas un courage physique exceptionnel... Mais est-ce encore lui qui parle, ou un double inconnu ? L'exaltation l'envahit. Une foule, qu'il évaluera plus tard à 6 000 personnes, s'est rassemblée autour de lui :

« L'infâme police est peut-être ici, cachée parmi vous, citoyens... Qu'elle me regarde ! Qu'elle m'observe bien ! Oui, j'appelle mes frères à la liberté. »

Dans l'enthousiasme, surgissent des bustes de Necker et du duc d'Orléans, qui vont être promenés en tête de ce nouveau cortège.

Dumont rencontre Camille : il est en quête d'échos, dans ce Paris en révolte, pour le journal de Mirabeau. « Ce Camille me parut être un bon enfant mais… sans jugement, ignorant autant qu'étourdi, n'ayant pas en politique les premiers éléments de la raison. » L'inconscience, l'absence d'un cadre de pensée préalable, de responsabilités, de réflexion, est-ce là l'explication de l'audace dans les idées et de la témérité de comportement de Camille Desmoulins ?

Dans les semaines qui suivent, Desmoulins va acquérir une immense notoriété. Ébloui par son propre succès, il écrira à son père : « Beaucoup me nomment parmi les principaux auteurs de la Révolution, certains vont jusqu'à me considérer comme son seul auteur. » Pour Robespierre, il est « l'enfant gâté de la Révolution ». Il n'a pas son pareil pour discerner, dans le chaos du subconscient populaire, les idées et les sentiments qui émergent, pour les exprimer par une formule, les cristalliser.

Dumont l'a mis en relation avec Mirabeau, auquel il voue une admiration éperdue : « J'aime Mirabeau avec idolâtrie. » À l'Assemblée, on le surnomme « le séide de Mirabeau ». Du député d'Aix, il dit qu'il exerce « la seule dictature que souffre une nation libre, la dictature de la parole ». En septembre, il passe deux semaines chez Mirabeau, à Versailles : « Nous sommes devenus de grands amis. À chaque instant, il me prend les mains, me donne des coups de poing. Puis il reprend sa dignité, va à l'Assemblée et fait des merveilles. Il revient dîner avec une excellente compagnie, parfois sa maîtresse, et nous buvons d'excellents vins. » Un brin de mauvaise conscience : « Je sens que sa table, trop délicate et trop chargée, me corrompt. Les vins de Bordeaux et son marasquin ont leur prix que je cherche vainement à me dissimuler et j'ai toutes les peines du monde à reprendre ensuite mon austérité républicaine et à détester les aristocrates, dont le crime est de tenir à ces excellents dîners. »

Car il se veut républicain, et fait parade – devant Mounier, le « monarchien », qu'il terrorise – de son refus de tout monarque… Il amuse Mirabeau par sa fougue. Le député d'Aix veut le discipliner, il lui apprend à « rédiger des motions ». Par lui, il comprend les grands courants qui agitent le peuple de Paris et, surtout, les dangers que court la monarchie.

Mirabeau réapparaît à l'Assemblée, le 14 juillet. Il a conscience – il l'écrira dans son journal – de « l'incertitude de ce qui se passe dans la capitale », du « mystère effrayant du cabinet », des listes de proscriptions qui circulent, avec son nom parmi d'autres ; il ressent « cette émotion involontaire à l'approche d'un dénouement qui décidera du salut ou de la perte d'un État ». À la tribune, il entend démontrer l'absolue nécessité d'exiger du roi un rappel des troupes. Mais le vicomte de Noailles fait irruption : il revient de Paris, annonce que l'hôtel des Invalides est envahi par la foule, qui s'est emparée des fusils et des canons, et qui assiège maintenant la Bastille.

L'Assemblée envoie une délégation au roi, qui la fait longuement attendre et lui donne une réponse évasive. Une seconde délégation suit. Le roi lui déclare qu'il est impossible que les ordres qu'il a donnés à ses troupes soient la cause des malheurs de la capitale.

À Paris, la forteresse de la Bastille, réputée imprenable, est tombée après quatre heures d'assaut. On compte une centaine de morts parmi les assaillants ; le gouverneur de Launay est abattu sur les marches de l'Hôtel de Ville, le prévôt des marchands Flesselles a la tête fracassée d'un coup de pistolet. Pour les ambassadeurs étrangers, le régime politique de la France vient de changer. Dorset, le représentant de la Grande-Bretagne, écrit à son gouvernement : « C'est la plus grande révolution dont l'histoire ait conservé le souvenir. De ce moment, nous pouvons regarder la France comme un pays libre, le roi comme un monarque aux pouvoirs limités, la noblesse comme réduite au niveau du reste de la nation. » Morris, l'ambassadeur des États-Unis, voit dans la chute de la citadelle « l'événement le plus extraordinaire de sa vie ». Mais, pour les ministres du roi, ledit événement reste un regrettable incident : « Un ou deux régiments calmeront tout. » Et le maréchal de Broglie poursuit l'établissement de ses plans de campagne.

À l'Assemblée, la tension gagne. Les députés décident de prolonger leur séance toute la nuit. De la terrasse de l'Orangerie, ils perçoivent le cliquetis des armes et les cris des soldats, qui semblent les encercler. Mirabeau décrira ces heures d'anxiété : « Je n'oublierai jamais ce triste spectacle. Les députés de la nation en proie aux affres les plus dévorants, les uns cherchant une heure de repos sur des tables et des tapis, les plus délicats couchés sur des bancs, tous voyant le glaive suspendu sur eux et sur la patrie. »

Le 15 juillet au matin, Mirabeau tonne contre la cour, contre l'entourage du roi. Il a appris la visite qu'auraient faite, la veille, la reine, sa favorite Mme de Polignac, le plus jeune et le plus déterminé des frères du roi, le comte d'Artois, aux hussards cantonnés dans l'Orangerie du château de Versailles :

« Dites au roi, s'écrie-t-il, que les hordes étrangères, qui nous encerclent, ont reçu la visite des princes, des princesses, des favoris, des favorites, et leurs caresses, et leurs exhortations, et leurs présents. Dites-lui que, toute la nuit, ces troupes étrangères, gorgées d'or et de vin, ont prédit, dans leurs chants impies, l'asservissement de la France. Dites-lui que leurs vœux brutaux invoquaient la destruction de l'Assemblée. Dites-lui que, dans son palais même, les courtisans ont mêlé leurs danses au son de cette musique barbare et que telle fut l'avant-scène de la Saint-Barthélemy. »

La brûlante tirade du député d'Aix se termine sur une rumeur, qui devient, pour lui, une certitude : le ministère aurait fait revenir à Versailles des farines qui étaient, déjà, sur la route de Paris :

« Dites-lui que le bon roi Henri IV, dont l'univers bénit la mémoire, celui de ses aïeux qu'il voulait prendre pour modèle, faisait passer des vivres pour Paris révolté… qu'il assiégeait ! Alors que ses conseillers féroces font rebrousser les farines que le commerce apporte dans Paris affamé et fidèle ! »

La nouvelle délégation envisagée ne partira pas pour les appartements du roi : on vient d'apprendre que Louis XVI se rend à l'Assemblée pour l'informer du renvoi des troupes ! La joie envahit l'Assemblée. Mirabeau tente de calmer une allégresse inconsidérée :

« Qu'un morne respect soit le premier accueil fait au monarque dans un moment de douleur ! Surtout, qu'on n'applaudisse pas ! Le silence des peuples est la leçon des rois ! »

Vaines précautions ! De nombreux députés sont scandalisés à l'idée de ne pas applaudir. Les cris de « Vive le roi ! » ponctuent la venue de Louis XVI.

Le roi parle debout et découvert :

« Je viens, avec confiance, au milieu de mes représentants, leur témoigner ma peine et les inviter à trouver les moyens de ramener l'ordre et le calme. Je sais qu'on a osé publier que vos personnes n'étaient pas en sûreté : m'est-il donc nécessaire de vous rassurer sur des bruits aussi coupables, démentis d'avance par ce que vous savez de mon caractère ? J'ai donné l'ordre aux troupes de s'éloigner de Paris et de Versailles. »

Le roi a capitulé. Un monde nouveau semble né. Des acclamations accompagnent son départ. Le roi rentre à pied au château : un autre signe des temps nouveaux. Une grande partie de l'Assemblée et le peuple de Versailles font retentir des cris de bénédiction.

Mirabeau commente, sarcastique : « Cette scène est intéressante pour le sentiment, mais elle n'offre rien au politique. » Et il résume l'apport de ce 14 juillet : « Tout l'ancien édifice, usé, vermoulu, est tombé dès le premier choc, pour ne plus se relever. On pourra construire un nouveau plan et affermir cette structure sur la base immuable du droit des peuples. »

Le 16 juillet, c'est encore Mirabeau qui aiguillonne l'Assemblée ! Il est le seul, parmi les députés, à avoir bien distingué la responsabilité pénale, pour crime, des ministres, et leur responsabilité simplement politique. Il suggère donc le renvoi de Broglie, de Breteuil et des autres ministres responsables de ces journées d'anxiété. Mounier crie à l'usurpation sur les pouvoirs du roi. Et il précise :

« C'est la responsabilité ministérielle qui a perdu l'Angleterre ! »

Réflexe d'élu de la Provence ? Mirabeau ne peut pas se retenir de répliquer par une galéjade :

« L'Angleterre est perdue ! Oh ! Grands dieux, quelle sinistre nouvelle ! Eh ! Par quelle latitude s'est-elle donc perdue ? Quel tremblement de terre, quelle convulsion de la nature a englouti cette île fameuse, cet inépuisable foyer de grands exemples, cette terre classique des amis de la liberté ? »

Mirabeau répond aussi à l'objection selon laquelle la demande de renvoi des ministres empiéterait sur les compétences de l'exécutif :

« S'il est une maxime impie et détestable, c'est celle qui interdirait à l'Assemblée de déclarer au monarque que son peuple n'a pas confiance dans ses ministres. La responsabilité des ministres est une loi encore plus importante pour le roi que pour son peuple. »

Mais Louis XVI a prévu la requête de l'Assemblée. La démission des ministres impopulaires est annoncée. Mirabeau est perdant : il avait triomphé de Mounier sur le principe du renvoi, donc de la responsabilité, des ministres. Mais il avait pris soin de ne pas demander le rappel de Necker. Ainsi le roi prendrait-il l'engagement tacite d'appeler au gouvernement les hommes qui jouissent de la confiance des représentants du peuple ; ainsi, Necker laissé de côté, l'obstacle aux grands desseins de Mirabeau disparaîtrait...

Mais Mirabeau ne peut rien contre une opinion publique unanime : le renvoi de Necker a été à l'origine du soulèvement populaire ; son rappel est souhaité. L'Assemblée le réclame. La cour cède.

Au lendemain du 14 juillet, un grand courant d'émigration prend forme. Le comte d'Artois, tous les princes du sang – à l'exception du duc d'Orléans –, les Lorraine et les Rohan, mais aussi les Broglie, avec tous les officiers généraux de l'armée de Broglie, les Gramont, les Guiche, beaucoup de gentilshommes de province, de financiers, d'évêques, ainsi que la duchesse de Polignac, la favorite de la reine, qui a, sans trop de scrupules, abusé de l'amitié de Marie-Antoinette, tous fuient vers l'étranger, sous des déguisements parfois ridicules, avec des passeports empruntés. Ils suscitent des soupçons lorsqu'ils sont interrogés. Nombre d'entre eux sont arrêtés par les polices locales. Mirabeau s'emporte contre ces mesures de police, ces arrestations, « contre l'emploi des procédés et des maximes de la tyrannie » :

« Il ne convient pas à un peuple qui veut devenir libre de blesser la morale après avoir été si longtemps victime de ceux qui la violèrent. Que ces vulgaires politiques qui font passer avant la justice ce qu'ils appellent la sûreté politique nous disent quel intérêt peut colorer cette violation des libertés. »

Robespierre, encore inconnu, le teint très pâle, le maintien embarrassé par le manque d'habitude d'un grand auditoire, rétorque, après avoir ciselé chacun de ses mots :

« Lorsque toute une nation est en danger, lorsqu'on trame contre la liberté, ce qui est un crime dans un autre temps devient une action louable. »

Bien qu'irritée par l'émigration massive, l'Assemblée se range au côté de Mirabeau.

Necker reprend, en sens inverse, la route qu'empruntent les candidats à l'émigration. N'a-t-il pas croisé à Bâle, dans l'hôtel où il était descendu à son arrivée de Bruxelles, la duchesse de Polignac, qui l'a toujours desservi auprès de la reine ?

De Versailles à Paris, l'accueil préparé à Necker est triomphal. Le ministre s'adresse à l'assemblée des électeurs de Paris :

« Au nom de Dieu, messieurs, plus de jugements, de proscriptions, plus de scènes sanglantes ! Je vous le demande, comme je le demande au plus obscur, au plus inconnu des citoyens de Paris. »

En réalité, Necker a une requête précise à présenter, qui contribuera à l'ériger en conciliateur, en pacificateur. Il veut obtenir la grâce de son compatriote Besenval, qui commandait les troupes cantonnées au Champ-de-Mars et qui a été arrêté alors qu'il allait regagner la Suisse. Dans l'émotion générale, les électeurs de Paris votent, à l'unanimité, la mise en liberté de Besenval.

Mais le peuple de Paris proteste, des districts s'indignent. Mirabeau va jouer de cette agitation. Il est « blessé jusqu'au fond de son orgueil des succès de M. Necker » selon Mme de Staël

– toujours prête à rompre des lances en faveur de son père. Il va défaire devant les députés ce que Necker a obtenu du peuple de Paris, dans l'enthousiasme de son retour. Il intervient devant l'Assemblée, déclare le pardon accordé à Besenval « impolitique et répréhensible » :

« Nous-mêmes, nous n'avons pas le droit de prononcer une amnistie. Nous ne pouvons ni punir, ni absoudre. Nous faisons les lois, nous ne les appliquons pas. Il nous est impossible d'approuver une démarche inconsidérée, qui a excité dans Paris une fermentation très naturelle. »

L'Assemblée suit Mirabeau et ordonne le renvoi de Besenval devant le tribunal du Châtelet, qui l'acquittera. Mirabeau n'avait évidemment pas de vengeance à assouvir, au contraire de la foule parisienne qui réclame la tête de l'officier suisse. Il voulait rappeler le principe de la séparation des pouvoirs législatif et judiciaire... et probablement commencer à régler, par cette escarmouche, sa querelle avec Necker. Mme de Staël dit son amertume : « Mirabeau a ainsi arraché à Necker la palme de la paix intérieure et porté le premier coup à sa popularité. »

Dans la deuxième quinzaine de juillet 1789, c'est le peuple de Paris qui octroie le pouvoir, confère la puissance. Le député de Provence, conscient de son immense popularité, regrette de n'avoir pu être candidat à la mairie de Paris, contre Bailly, ou au commandement général de la nouvelle garde bourgeoise, cette seconde armée du royaume, contre La Fayette : son père venait de mourir : « La décence m'empêchait de me montrer. » L'ambition l'anime, mais aussi la conviction qu'il pourrait, avec son autorité, prévenir ou limiter les exécutions sommaires et les autres actes de barbarie qui ensanglantent la capitale et défigurent la cause révolutionnaire :

« Bailly et La Fayette n'ont pu ni désarmer, ni ralentir la vengeance publique, constate-t-il devant ses amis. Ce qu'il y a de plus effrayant c'est qu'aussitôt le coup frappé, tout rentre dans l'ordre, les activités quotidiennes de la ville ne sont même pas interrompues, comme si la sécurité publique naissait naturellement de ces attentats. »

On soupçonne Mirabeau de menées souterraines dans Paris. Ne considère-t-il pas l'assemblée des électeurs de la capitale comme un « club privé », sans légitimité et sans autorité légale ? Il semble travailler le peuple de Paris, à partir de ces districts qui pourraient lui permettre d'établir son emprise sur la capitale, et de conquérir la mairie ou la Garde nationale. Le district de l'Oratoire, où il était domicilié avant de s'installer à Versailles, et le district des Blancs-Manteaux lui sont particulièrement favorables.

Décidément, l'influence de Mirabeau inquiète l'Assemblée. Bailly est maintenant persuadé que Mirabeau convoite la mairie de Paris : le député d'Aix ne se rend-il pas, certains jours, deux fois dans la capitale ? N'a-t-il pas proposé d'envoyer des députés calmer l'agitation dans les districts, et collaborer à l'élaboration de la future constitution municipale ? Autant de manières de placer « ses » agents, aux yeux des plus soupçonneux adversaires de Mirabeau.

Le 1er août, Regnault, député de Saint-Jean-d'Angély, et ami proche de Bailly, présente une motion… qui interdit à tout membre de l'Assemblée de se rendre dans la capitale, sans un ordre de mission spécial ! Mirabeau n'est pas présent en séance. À son retour, il fulmine quand il apprend que la motion a recueilli quelques applaudissements ; il menace Regnault :

« Je te ferai pleurer des larmes de sang. »

À la tribune, Mirabeau est véhément :

« Je demande lequel d'entre nous, en recevant l'honneur d'être nommé représentant de la nation, a pensé abdiquer ses droits et devoirs de citoyen. Comment pourrait-on interdire à ceux d'entre nous qui ont leur domicile à Paris de porter leurs lumières et leurs vœux dans les districts, de remplir, s'ils le souhaitent, leurs devoirs de simples citoyens, en même temps que ceux d'hommes publics ? »

Une fois de plus, l'Assemblée, unanime, suit Mirabeau. Regnault n'a même pas osé soutenir sa motion… Mais c'est la première tentative qui a pour but de miner l'influence de Mirabeau. D'autres suivront.

En attendant d'autres combats, l'ancien prisonnier d'If, de Joux, de Vincennes, peut mesurer sa popularité lorsqu'il visite, accompagné de Dumont, les ruines de la Bastille. C'est un triomphe romain, une marche vers le Capitole. La foule lui jette fleurs et poésies ; elle emplit sa voiture des livres et manuscrits découverts dans la citadelle. Il descend dans l'un des cachots. Il propose qu'un temple civique soit édifié sur la place où la Bastille s'élevait, avec à son fronton une simple inscription : « Louis XVI régnant, sur les débris d'une prison d'État, consacrée aux vengeances ministérielles et détruite par le peuple de Paris, l'Assemblée nationale de 1789 a élevé ce temple à la liberté. »

ABSENT, LE 4 AOÛT

« Voilà bien nos Français ? Ils sont un mois entier à disputer des syllabes et, dans une nuit, ils renversent tout l'ancien ordre de la monarchie. »

Ce commentaire sarcastique, Mirabeau le lance, le 5 août, devant ses amis de la rédaction du *Courrier de Provence*. Il s'exprime sur les événements de la veille, cette nuit de l'abolition de l'ancien ordre féodal, cette « Saint-Barthélemy des privilèges ». Il ne peut résister au plaisir de frapper une formule qu'il veut définitive, mais qui n'exprime pas les nuances de sa pensée : « Ce fut une nuit d'orgie ! »

En fait, Mirabeau n'a pas participé à la fameuse nuit. Sa nuit à lui ne resterait pas dans l'histoire : c'était une réunion de famille avec son frère, le vicomte Boniface, et ses sœurs, Caroline et Louise, afin de réfléchir à la succession du marquis, au partage entre les héritiers de ce qui restait du patrimoine paternel... Mais était-ce une obligation ou un alibi, le conseil de famille venant à point pour éviter au député d'Aix cette nuit tumultueuse, susceptible de toutes les dérives ?

Le journal de Mirabeau a relaté de près cette « Grande Peur », en partie mythique, cette agitation assortie de violences, qui a embrasé l'ensemble du royaume au lendemain du 14 juillet. Les châteaux flambent et la France est en feu... Chaque village a sa Bastille à quelques lieues, un château à l'allure de forteresse, un seigneur peut-être détesté, des droits seigneuriaux devant lesquels il a fallu se courber depuis des siècles. La part de l'autosuggestion est forte. Le tocsin sonne à toute volée parce qu'on a cru apercevoir une bande de maraudeurs. Les moments de frayeur tournent à la terreur panique. Des armées de brigands – soutenues par l'Angleterre, dit-on ! – hanteraient les campagnes. Les paysans craignent un complot aristocratique, ils s'arment de faux et de fourches, décident de se faire justice eux-mêmes. De vrais incidents suivent : un château est envahi près de Vesoul, le maître des lieux résiste, un baril de poudre saute, par imprudence, dans une resserre, on compte plusieurs morts, la propriété est saccagée. L'onde de choc se propage. Les expéditions punitives se multiplient, les châteaux sont pillés, les archives et les signes de la féodalité sont détruits.

Le Courrier de Provence a tenté de modérer les passions, d'analyser les événements avec une hauteur de vues qui permettrait de dominer à la fois la panique collective et le pronostic pessimiste sur l'avenir de la Révolution… et on reconnaît, dans ces lignes, le style de Mirabeau : « Qui ne le sait ? Le passage du mal au bien est souvent plus terrible que le mal lui-même. L'insubordination du peuple entraîne des excès affreux. En voulant adoucir ses maux, il les augmente, en refusant de payer, il s'appauvrit, en suspendant ses travaux, il prépare une nouvelle famine. Tout cela est vrai, et même trivial. Mais quand on ajoute que le despotisme valait mieux que l'anarchie, et de mauvaises lois que nulle loi, on avance un principe faux, extravagant, détestable… Les nations peuvent vieillir dans la servitude, périr dans la licence, ou réformer leur gouvernement. Tel sera le sort de la France ! La France ne périra point, elle deviendra libre, le désordre actuel hâtera le moment de sa liberté, car il déterminera les classes privilégiées aux sacrifices nécessaires. »

Les « sacrifices nécessaires » ont fait l'objet d'une véritable compétition entre aristocrates, au cours de la « nuit de l'orgie » ! Le duc d'Aiguillon, arrière-petit-neveu de Richelieu, est, selon Alexandre de Lameth, « après le roi, le seigneur le mieux pourvu de France en propriétés féodales » ; il jouit de tous les droits régaliens dans l'Agenais et le Condonnais que la faiblesse de Louis XIII a concédés à Richelieu pour ses neveux ; il est aussi le fils du ministre de Louis XV, en charge des Affaires étrangères, qui ne put empêcher le partage de la Pologne et fut disgracié à l'avènement de Louis XVI. Il a entrepris de réhabiliter la mémoire de son père ; il a été l'un des premiers à souhaiter la réunion de la noblesse au Tiers ; il a décidé de donner l'exemple des « sacrifices nécessaires » pour mettre un terme à la Grande Peur… Mais l'ambitieux beau-frère de La Fayette, le vicomte de Noailles, surnommé « Jean sans Terre » car il n'est que le cadet de sa maison et n'a guère de biens à sacrifier – La Marck le qualifiera cruellement de « mouche du coche de la Révolution » –, parvient à parler le premier et à arracher ainsi le mérite de son initiative à d'Aiguillon. Il propose l'abolition des servitudes et des corvées et le rachat des droits féodaux par les communautés. D'Aiguillon le soutient, en justifiant la fureur populaire :

« Le peuple cherche à secouer un joug qui, depuis tant de siècles, pèse sur sa tête. Son insurrection est certainement coupable, car elle se transforme en agression violente, mais elle trouve son excuse dans la vexation dont il est victime. »

Le jeune duc a invité les propriétaires de fiefs et de seigneuries à abandonner leurs droits contre une juste indemnité. Tous les privilèges fiscaux – des villes et communautés comme des individus – seraient abolis. La propriété serait déclarée inviolable... en échange de ces concessions.

L'Assemblée a, alors, été prise de fièvre. Chacun a voulu faire le sacrifice d'un droit qu'il possédait ou ne possédait pas... Les députés se sont bousculés à la tribune. Les pensions des grands seraient réduites ; les emplois civils et militaires ne seraient plus réservés. L'évêque de Chartres a offert son droit de chasse. François-Henri de Virieu a proposé la suppression des colombiers. Une voix a retenti :

« Je suis Catulle et je demande la permission d'offrir aussi mon moineau. » Ainsi le rire ne perdait-il pas ses droits, en plein sociodrame !

Le Courrier de Provence loue, avec prudence, la « noble émulation » qui a entraîné les députés à la manière d'un « tourbillon électrique », évoque l'admiration de l'Europe pour les progrès accomplis en cette « nuit mémorable », mais s'interroge sur la précipitation dont ont fait montre les représentants de la nation et la part laissée à l'émotion : « L'esprit de l'Assemblée, la vivacité des sentiments, le passage rapide d'impression généreuse, le désordre des mouvements qui faisait oublier les législateurs pour faire apparaître des hommes sensibles, l'espèce de défi réciproque et de combat de générosité, le trait national qui se faisait sentir dans une facilité aimable, une promptitude séduisante, un enthousiasme soudain, et ensuite dans l'attrait d'une plaisanterie au milieu des objets les plus sérieux, tout cela est impossible à décrire. »

Précipitation : c'est aussi le principal reproche que formule Mirabeau. Cette précipitation excessive, fondée sur le besoin « d'émotions vives », explique l'imperfection des décrets du 4 août, que le député d'Aix entend corriger lors de ses interventions devant l'Assemblée. « On a négligé les règles et les formes par lesquelles toute assemblée qui aspire à quelque maturité dans les résultats, dirige ses examens. » Il le répète dans une lettre à son oncle, le bailli : « Ce que vous me faites l'honneur de me dire sur la précipitation des arrêtés du 4 août est entièrement conforme à mes principes. Au lieu d'une renonciation solennelle, j'aurais préféré que toutes les questions des privilèges et fiefs soient discutées. » Mais Mirabeau est convaincu de l'impossibilité d'un retour en arrière : « Toutes ces résolutions de l'Assemblée sont irrévocables. Elles sont sous la garantie sacrée de l'honneur. » Il explique à son oncle : « Je n'ai pas le moindre regret à l'abolition du système féodal. Je connais vos respectables principes : un seigneur de fiefs n'est qu'un utile protecteur de ses vassaux face à la voracité des gens du palais et à toutes les rapines des usuriers. Mais, mon bon oncle, les seigneurs qui vous ressemblent, sont rares. »

Divergence sur la méthode, entre Mirabeau et l'Assemblée, en ce lendemain du 4 août : la destruction de l'ancien ordre est toute de principe ; elle relève de la rhétorique ; elle ne pourra être mise en œuvre qu'après plusieurs années – trois, selon Mirabeau. Le député d'Aix aurait préféré la démarche contraire : obtenir des résultats révolutionnaires par des méthodes classiques ! Car la France est une vieille nation, à ne pas bousculer... « Nous ne sommes pas des sauvages, arrivant nus des bords de l'Orénoque pour former une société. Nous sommes une nation sans doute trop vieille pour notre époque. Nous avons un gouvernement, un roi, des préjugés. »

Le 19 août, Mirabeau revient sur les décrets du 4 : l'Assemblée n'a peut-être pas suffisamment distingué entre ce qui est propriété de la nation et ce qui revient aux individus. Ainsi, au lieu d'abroger en toute hâte le droit d'aînesse, il conseille de renvoyer cette proposition au jour où on élaborera un nouveau droit civil. Mais le député d'Aix aime toujours surprendre, ne pas être là où on l'attend : après ces positions liminaires, qui ne peuvent que plaire aux éléments les plus conservateurs de l'Assemblée, il redevient un chef de file « progressiste » lorsque, dans le débat sur la limitation du droit de chasse, il refuse toute exception en faveur des chasses royales, des « plaisirs du roi » : « La prérogative royale est trop précieuse à mes yeux pour que je la confonde avec un futile passe-temps du roi. »

Progressiste aussi – ainsi sera-t-elle interprétée – l'intervention de Mirabeau dans le débat sur la suppression « sans rachat » de la dîme ecclésiastique, qui s'est ouvert le 10 août. Sieyès, se comportant pour une fois en prêtre et non en oracle de la Révolution, plaide pour le rachat de la dîme : pour lui, une telle décision serait conforme à l'équité et refléterait le principe de l'inviolabilité de la propriété. Mais il suscite des mouvements divers et perd patience, à la tribune :

« Ils veulent être libres et ne savent pas être justes ! » profère-t-il à l'adresse de ses collègues.

Mirabeau, peut-être secrètement satisfait de la déconvenue de Sieyès, lui répond, faussement solidaire :

« Mon cher abbé, vous avez déchaîné le taureau et vous vous plaignez qu'il frappe de la corne ! »

Le 4 août, un député avait protesté contre l'éventuel rachat de la dîme : « Les biens ecclésiastiques appartiennent à la nation. » Mirabeau et son journal étaient restés neutres : *Le Courrier de Provence* avait publié un article de Sieyès – mais Mirabeau s'était étonné, devant la rédaction, d'entendre parler Sieyès « dans un sens plus ecclésiastique que national ». Le 10, Mirabeau se découvre, dans une allocution pleine de réminiscences physiocratiques : la dîme « n'est pas une propriété », elle est « d'institution nationale » ; le « service public de morale et d'instruction », qui est confié au clergé, doit, certes, être financé... mais un « salaire » serait plus judicieux que la perception de la dîme. Et comme certains s'étonnent de voir la notion de « salaire » appliquée aux prêtres, Mirabeau répond :

« Je ne connais que trois manières d'exister dans la société. Il faut y être mendiant, voleur ou salarié... le propriétaire n'étant lui-même que le premier des salariés. »

Mendiants, voleurs et salariés : l'étrange classification de Mirabeau serait-elle une nouvelle distinction des trois ordres ? Une fois encore, le député d'Aix aura mis les rieurs de son côté dans les cafés du Palais-Royal...

Élaborer une déclaration des Droits de l'homme : Mirabeau est aussi réticent à l'égard de ce nouveau chantier qu'il vient de l'être à l'égard de la nuit du 4 Août. Certes, l'ancien prisonnier de Vincennes, l'auteur du pamphlet sur les *Lettres de cachet*, a été un précurseur dans le combat pour l'État de droit et les Droits de l'homme : l'Assemblée se prépare à doter la France d'une constitution, et il réclame une constitution depuis son *Essai sur le despotisme* ; l'Assemblée veut commencer par élaborer une déclaration des droits, et il a esquissé sa propre déclaration des droits, naguère, dans son *Adresse aux Bataves*.

Mais *Le Courrier de Provence* le rappelle : les temps ont si rapidement changé, à l'encontre de ces « sages routiniers » qui ne voient jamais « au-delà de ce qui est » ! « La nation, nous disait-on gravement, n'est faite que pour s'occuper de bagatelles, la liberté sera quelque temps la mode régnante, comme l'*Encyclopédie* et les pantins, mais la cour est trop dépravée, la capitale trop frivole, l'Opéra trop important, les provinces trop ignorantes, les peuples trop façonnés au joug, pour qu'on puisse opérer une régénération… Aujourd'hui tout est changé. Ceux qui croyaient le moins à la Révolution se vantent de l'avoir prévue. »

Le rythme du changement n'est-il pas trop rapide ? Une déclaration des Droits de l'homme n'est-elle pas prématurée ? Ne va-t-elle pas se transformer rapidement en déclaration de guerre aux tyrans et agiter les passions populaires ? Le député d'Aix dit son inquiétude après la séance de l'Assemblée du 1er août, qui inaugure les travaux constitutionnels : « Un homme sage ne réveille point un somnambule qui marche entre des précipices. Au lieu de le sauver, il risque de le perdre… »

C'est la crainte « d'exciter une fermentation dangereuse » qui alarme Mirabeau. Au passage, une profession de foi de réalisme politique : le philosophe peut tout se permettre car « il travaille pour le temps et ne s'adresse pas à la multitude » ; par contre, l'homme d'État « agit sur tous et dans un moment donné ». Le philosophe pourra qualifier d'« impardonnable lâcheté » le comportement de l'homme d'État, mais si ce dernier se plie aux injonctions du philosophe, de l'intellectuel pur, il pourra se voir reprocher une « impardonnable légèreté ».

La Fayette a présenté, en premier, son projet de déclaration. Mais un Comité spécial de cinq membres est chargé de dépouiller les diverses motions relatives à la déclaration. Mirabeau sera le rapporteur du Comité spécial. Son collaborateur Dumont ironise :

« Mirabeau eut la générosité de prendre sur lui ce travail et de le donner à ses amis… Nous voilà donc avec Duroverai, Clavière et lui-même rédigeant, disputant, ajoutant un mot, en effaçant quatre, nous épuisant sur cette tâche ridicule et produisant enfin notre mosaïque de droits qui n'ont jamais existé. »

On l'aura compris : le scepticisme domine au sein du clan des « Genevois ». Dumont précise : « Cette longue discussion dura des semaines. Ce fut un temps d'ennui mortel. Vaines disputes de mots, fatras métaphysique, bavardage assommant. L'Assemblée s'était convertie en école de Sorbonne et tous les apprentis de la législation faisaient leur essai sur ces puérilités. »

Dumont tranche, en guise de conclusion : « C'était une idée américaine. » L'ambassadeur des États-Unis le corrige : « Les députés français ont tous ces idées romantiques, dont, heureusement pour l'Amérique, nous avons été guéris avant qu'il fût trop tard. »

Le scepticisme est contagieux : il gagne Mirabeau qui rédige un texte d'une grande prudence – la liberté est définie comme « l'autorité exclusive de la loi », l'égalité comme « le devoir égal de tous les citoyens de se soumettre à la loi ». Mirabeau parle de la prodigieuse difficulté de sa tâche, une difficulté grossie par le fait qu'on ignore tout de la Constitution dont la Déclaration sera le prologue...

Mirabeau repart à l'assaut. Le 18 août, il propose à l'Assemblée d'ajourner l'élaboration de la Déclaration jusqu'au moment où le nouveau texte constitutionnel aura été adopté. Il suscite un torrent d'indignation. Le député breton Glezen l'interpelle : « Votre supériorité de talent est grande : vous savez guider l'Assemblée vers des buts contraires. » Le député d'Aix proteste : « C'est une injure vide de sens, un trait lancé de bas en haut. » Et il entre dans le débat, article par article.

Il insiste sur le maintien d'un article de son projet : « Tout citoyen a le droit d'avoir chez lui des armes et de s'en servir, soit pour la défense commune, soit pour sa propre défense contre toute agression illégale. »

Il s'explique :

« C'est l'une des principales garanties de la liberté politique et civile. Tout citoyen a le droit naturel d'être armé. Il est impossible d'imaginer une aristocratie plus terrible que celle qui s'établirait dans un État, par cela seul qu'une partie des citoyens serait armée et que l'autre ne le serait pas. »

Mais l'Assemblée s'impatiente. Elle écarte le rapport de Mirabeau et reprend pour base de sa rédaction le projet de déclaration de La Fayette. Du texte de Mirabeau, ne restera finalement que le Préambule.

Le député d'Aix n'en participe pas moins au débat. Il insiste sur la nécessité d'inscrire le principe de la responsabilité des fonctionnaires et agents publics. Une fois encore, c'est l'ancien prisonnier d'If et de Vincennes qui parle :

« Ne pas étendre cette responsabilité “du Premier ministre jusqu'au dernier des sbires”, des agents subalternes de l'autorité, enlèverait toute garantie à la sécurité personnelle des citoyens. Il n'y a pas une nation plus faite que nous pour l'esclavage, plus insultée, plus opprimée par le despotisme. »

L'auteur de l'essai sur Mendelssohn intervient avec véhémence en faveur d'un principe qu'il a toujours défendu :

« La liberté la plus illimitée de religion est, à mes yeux, un droit si sacré que le mot même de tolérance a quelque chose de tyrannique. »

Autre souvenir de son séjour à Berlin et des amitiés nouées là-bas ? Il fait allusion aux « pays voisins » et glisse un mot, railleur, sur la place des protestants en Europe :

« À ceux qui anticipent sur les désordres qui ravageront le royaume si on y introduit la liberté des cultes, je demande de constater que la “tolérance” n’a pas produit chez nos voisins de fruits empoisonnés, et que les protestants… inévitablement damnés dans l’autre monde, comme chacun sait… se sont très passablement arrangés dans celui-ci, sans doute par une compensation due à la bonté de l’Être suprême. »

Interruption inattendue : le vicomte Boniface a décidé de porter la contradiction à son frère.

« Ce sera l’anarchie religieuse. Chacun choisira la religion de ses passions. La religion turque celle des jeunes gens, la religion juive celte des usuriers, la religion de Brahma celle des femmes. »

L’intervention n’est pas d’une grande clarté… La voix du vicomte est submergée par les protestations. Le cadet de Mirabeau en est fort marri : « La logique des poumons est aussi nécessaire dans cette Assemblée que celle du raisonnement ! »

Mais Gabriel-Honoré n’est pas satisfait pour autant. On a présenté le catholicisme comme le « culte dominant » :

« Cela signifie quoi ? Le culte du prince ? Mais le prince n’a pas le droit de dominer les consciences ! Le culte du plus grand nombre ? Mais le culte est une opinion, et une opinion ne se forme pas par le résultat des suffrages. Dans cette perspective, vous aurez aussi une philosophie dominante, des systèmes dominants. Rien ne doit dominer que la justice et les droits de chacun. »

Mais l’Assemblée, après avoir déclaré que « nul ne peut-être inquiété pour ses opinions, même religieuses », précise : « Pourvu que leur manifestation ne trouble point l’ordre public établi par la loi. » Mirabeau fulmine, dans *Le Courrier de Provence* : « Au lieu d’étouffer le germe de l’intolérance, l’Assemblée l’a placé comme en réserve dans la Déclaration des droits : l’ordre public peut s’opposer à la liberté d’opinion, la loi peut la restreindre… »

Votée le 26 août 1789, la Déclaration des Droits de l’homme et du citoyen forme le Préambule de la future Constitution, elle en est le fronton : elle fixe au pouvoir constituant le but à atteindre ; elle permet aux gouvernés de mesurer la fidélité des gouvernants aux principes fondateurs. Elle n’est pas, contrairement à la Constitution, un texte de droit positif qui fixe l’organisation des pouvoirs publics et les droits garantis aux citoyens. Elle énonce les droits naturels de l’homme – « inaliénables et sacrés » – non pas en tant que membre du corps social, mais avant même son entrée dans quelque structure politique que ce soit : des droits innés, antérieurs à la société politique. Elle a une valeur absolue, universelle, qui s'impose à tous les législateurs et non au simple législateur français.

Extraordinaire ambition que celle des constituants de 1789 : élaborer un nouvel évangile du droit public à l'intention de tous les peuples entrant dans la voie de la liberté. Sieyès, dans sa brochure *Préliminaire de la Constitution*, explique que le but est de présenter « à toutes les constitutions politiques » l'objectif que toutes doivent atteindre. Dupont de Nemours lance : « Il s'agit de la loi fondamentale de notre nation et de celle des autres nations. » Adrien Duport s'adresse à l'Assemblée : « Vous avez voulu une déclaration convenable à tous les hommes, à toutes les nations. Il ne faut pas craindre de dire ici des vérités de tous les temps et de tous les pays. »

C'est cette extraordinaire ambition que ne cesse de railler Mirabeau, en homme d'État réaliste :

« Une déclaration des droits applicables à tous les âges, tous les peuples, toutes les latitudes morales et géographiques, était sans doute une belle et grande idée. Mais, avant de penser si généreusement au code des autres nations, il eût été bon que les bases du nôtre fussent posées. »

Et le député d'Aix d'ironiser sur les « abstractions du monde intellectuel » dans lesquelles s'enlise l'Assemblée, la « législation métaphysique » qu'elle « tente péniblement de tracer ».

De fait, la comparaison de la Déclaration française avec le *Bill of Rights* des États-Unis, qui fera l'objet, en 1791, des dix premiers amendements, est révélatrice. Côté américain, il s'agit des droits très concrets, parfois prosaïques, d'un citoyen américain de chair et de sang de l'extrême fin du XVIIIe siècle : « une milice bien organisée » et ce « droit de détenir et de porter des armes » que proposait aussi, mais en vain, Mirabeau ; l'assurance qu'en temps de paix, « aucun soldat ne pourra être cantonné dans une maison particulière sans le consentement de son propriétaire » ; « lorsque l'intérêt du litige excède vingt dollars, le droit au jugement des faits par un jury »... La Déclaration française a, au contraire, un caractère nettement abstrait : les droits des individus sont énoncés en formules générales, qui peuvent difficilement être invoquées devant les tribunaux. Par là, elle se distingue aussi de la source anglaise : l'*Habeas Corpus* de 1679 et le *Bill* des droits concernent les libertés des sujets de Sa Majesté, celles de l'homme anglais arrachées au pouvoir royal.

Les formules de la Déclaration de 1789 seraient donc trop

abstraites : après Mirabeau, le juriste allemand Jellinek a dénoncé un « pathos creux », reflet de la légèreté française. En réalité, ces critiques sont exagérées : la forme de la Déclaration est générale, mais chaque article vise un abus précis de l'Ancien Régime. « Nul ne peut être arrêté et détenu que dans les cas et dans les formes déterminées par la loi » : les « lettres de cachet » sont répudiées. « Nul ne peut être inquiété pour ses opinions, même religieuses » : les pensées des membres de l'Assemblée sont tournées vers la Révocation de l'Édit de Nantes. « Tous les citoyens sont également admissibles à tous les emplois publics, sans autre distinction que celle de leurs capacités et de leurs talents » : l'édit de Louis XVI sur les quartiers de noblesse nécessaires pour accéder aux grades militaires apparaît en négatif. C'est l'absolutisme et les privilèges, concrètement vécus jusque-là par les hommes de 1789, qui sont solennellement annihilés.

PATRIOTES DE GAUCHE ET DE DROITE

Le débat constitutionnel est engagé. *Le Courrier de Provence* estime que l'Assemblée est sortie de « la vaste région des abstractions intellectuelles » et de « la législation métaphysique » pour revenir au « monde réel ». Pour être concrètes, les questions à aborder n'en sont pas moins fondamentales : la future Assemblée législative comportera-t-elle une ou deux chambres – une chambre du Tiers et une chambre aristocratique, comme en Angleterre avec les Communes et les Lords ? Le roi aura-t-il un droit de veto sur les lois ? Les ministres seront-ils responsables devant l'Assemblée ?

Mirabeau se tient en retrait. Il n'est pas membre du Comité de constitution. Il n'a pas voulu entrer dans une nouvelle confrontation d'idées ; il n'est pas doctrinaire, mais pragmatique sur les institutions – ce qu'il souhaite, c'est un gouvernement légitime et... efficace.

Le comité, mené par Mounier, est partisan d'une constitution « à l'anglaise », avec deux chambres et un veto royal. Mais une minorité du comité, menée par Sieyès et Talleyrand, repousse les institutions « gothiques » de l'Angleterre, car elles seraient le fruit non d'une réflexion rationnelle mais des hasards de l'Histoire. Mirabeau se sent à mi-distance, entre les deux camps : il n'a pas de vénération pour le système de gouvernement de l'Angleterre – il ironise, le 16 juillet, devant l'Assemblée, sur ceux qui prennent « des mots pour des choses, des formules pour des arguments » – mais il est l'un des rares députés à avoir compris la mécanique parlementaire britannique, la mise en jeu de la responsabilité politique des ministres. Ce sera, dans l'avenir, son principal combat : sauvegarder un vrai pouvoir exécutif, fondé sur la confiance de l'Assemblée. Sur les deux autres points, ses choix peuvent sembler contradictoires : il se prononce pour une chambre unique et pour le veto du roi.

Une ou deux chambres ? En mai, les *Lettres* de Mirabeau *à ses commettants* avaient consacré trois numéros à une polémique avec l'évêque de Langres, qui était un ferme partisan du système des deux chambres. Mais le député d'Aix n'est pas encore un adversaire résolu du bicamérisme.

Certes, il n'acceptera pas un bicamérisme à l'anglaise, avec une chambre aristocratique à l'image de la Chambre des Lords : le combat pour l'unité de l'Assemblée nationale vient d'être gagné ; accepter une chambre haute, aristocratique, ce serait opérer une régression, revenir à la division en ordres – la chambre haute serait le refuge de la noblesse et du haut clergé. Mirabeau est d'autant plus opposé à la chambre aristocratique qu'il se sent en rupture de ban avec la noblesse ; il n'y aurait pas de place dans une telle chambre pour un « déclassé » comme lui. Mais son point de vue est largement partagé : Clermont-Tonnerre souhaite une chambre haute… qui ne serait pas fondée sur la naissance, le rang, la fortune, une chambre haute sans sièges héréditaires, ni viagers : tout au plus une « certaine maturité d'âge, signe de l'expérience, pourrait-elle être prise en compte ». Une chambre « des pairs », nommée par le roi seul ? Ce serait « l'asservissement du peuple » et même les députés de la noblesse repousseront l'idée.

Mirabeau n'acceptera pas un bicamérisme à l'américaine, avec un Sénat qui serait représentatif des « États », donc des corps provinciaux ou communaux. La centralisation administrative, héritée de l'Ancien Régime, est trop bien passée dans l'esprit des Français. Sieyès s'écrie : « La France n'est point une collection d'États, elle est un tout unique, composé de parties intégrantes ! »

Le bicamérisme ne peut donc répondre qu'à des motivations techniques : l'existence de deux chambres permettrait d'éviter les emballements d'une chambre unique et de prolonger la réflexion des législateurs. Mirabeau semble se rallier à cette formule : « Je veux deux chambres si elles ne sont que deux sections d'une seule… » Puis, soudainement, il tente de faire triompher, par un surprenant et fragile argument de texte, la thèse de la chambre unique. Le 9 septembre, l'Assemblée vient de voter le principe de la « permanence » de l'Assemblée – le corps législatif sera réuni en permanence, d'une session à l'autre. La discussion va s'engager sur la question de l'unité ou de la dualité du pouvoir législatif. Mirabeau a-t-il voulu entraîner les hésitants, à l'encontre de leurs propres convictions ? *Le Courrier de Provence* rend compte de la séance, sans expliquer la position de son inspirateur. Mirabeau se dresse ; il déclare qu'il n'y a pas lieu à débat, que la question vient d'être tranchée puisque ses collègues ont décidé la permanence « de l'Assemblée » – il s'agirait donc bien d'une chambre unique ! Fureur de ses collègues. Dupont de Nemours condamne la démarche de Mirabeau, « une question préalable erronée ». Virieu s'emporte contre les « impétueux démagogues ». Clermont-Tonnerre parle « d'escobardage »... Au milieu du tumulte, Mirabeau tente de trouver une sortie, après son initiative malheureuse, en prétendant qu'il avait voulu montrer, par l'absurde, combien était incohérent l'ordre d'examen des différentes questions constitutionnelles par l'Assemblée.

Le 31 août, Lally-Tollendal, député de la noblesse de Paris, a présenté un brillant plaidoyer pour un corps législatif composé de deux chambres. Il exaspère parfois l'Assemblée par sa façon de dramatiser les questions qu'il aborde. Il est un « amoureux du drame », car il a vécu toute sa vie dans la tragédie : son père, le baron Thomas de Tollendal, un officier d'origine irlandaise, fut gouverneur des Indes, capitula à Pondichéry, et, rendu responsable de la défaite, fut condamné à mort par le Parlement et exécuté ; dès 1773, Voltaire avait fait campagne pour sa réhabilitation. Le marquis Gérard de Lally-Tollendal a obtenu cinq ans plus tard la cassation de l'arrêt du Parlement de Paris. Sa célébrité est née de son combat, mais ses contemporains, s'ils donnent si facilement dans la compassion, se protègent, dans le même temps, par une ironie acérée : comme le physique épanoui de Lally fait oublier ses épreuves alors que sa voix reste larmoyante, on le surnomme « le plus gras des hommes sensibles ».

Lally-Tollendal dépeint les avantages techniques du bicamérisme : si l'essence du pouvoir exécutif est dans « l'unité, la célérité, le mouvement », les caractères du pouvoir législatif doivent être « la délibération, la lenteur, la stabilité ». « Une Assemblée unique court perpétuellement le danger d'être entraînée par l'éloquence, séduite par des sophismes, égarée par des intrigues, enflammée par des passions qu'on lui fait partager, emportée par des mouvements soudains qu'on lui communique »... et l'orateur ajoute, inspiré par la situation qui est déjà celle de l'Assemblée : « Arrêtée par des terreurs qu'on lui inspire, par une espèce de cri public même dont on l'investit, et contre lequel elle n'ose pas seule résister. » Par contre, s'il existe deux chambres, « la première portera plus d'attention à ses décisions, par cela seul qu'elles doivent subir une révision dans la seconde. La seconde, avertie des erreurs de la première... se prémunira d'avance contre un jugement erroné. Si la question est douteuse, de l'acceptation d'une chambre et du refus de l'autre naîtra un nouvel examen, une nouvelle discussion ».

Resterait, pour le rapporteur, à se prononcer sur la nature de la chambre haute, qu'il propose de dénommer « Sénat » : sera-t-il composé « de ce qu'on appelle à présent la noblesse et le clergé » ? « Ce serait perpétuer cette séparation d'ordres... qui est le grand ennemi de l'esprit public. » Le nombre de ses membres devrait être très limité, « des citoyens de toutes les classes », remarqués pour « leurs talents, leurs services, leurs vertus », âgés d'au moins 35 ans et disposant d'une « propriété territoriale », dont l'Assemblée fixerait la valeur. La désignation des sénateurs devrait résulter « du concours du roi et de la nation », peut-être par l'entremise de l'autre chambre ou des élus des provinces et départements...

Le plaidoyer de Lally-Tollendal n'aura pas convaincu l'Assemblée : le 10 septembre, les députés trancheront sans appel – 89 seulement seront favorables au bicamérisme, alors que 849 se prononceront pour une chambre unique et que 122 s'abstiendront ! Est-ce l'écho de l'agitation parisienne qui résonne jusqu'au sein de l'Assemblée ? Lally-Tollendal soutiendra, sans doute avec raison, que beaucoup de députés ont voté en faveur de la chambre unique pour ne pas s'exposer à la colère du peuple... Ce n'est certainement pas le cas de Mirabeau qui montre, au même moment, sur la question du veto du roi, qu'il est trop sûr de son emprise sur le peuple de Paris pour craindre ses réactions.

Le choix du député d'Aix – qu'explique sa répugnance de noble rejeté par sa caste pour une chambre haute qu'il voit peuplée d'aristocrates contre-révolutionnaires – n'en est pas moins en contradiction avec les craintes qu'il exprime sur la dérive oligarchique que laissent deviner les débats constitutionnels et qui naît de la toute-puissance de l'Assemblée. Au lendemain de l'adoption des nouvelles institutions, Clermont-Tonnerre, dans son *Analyse raisonnée de la Constitution française*, tout en dénonçant l'enivrement politique des révolutionnaires, leur tendance à la délation et à l'arbitraire, verra dans l'existence d'une chambre unique la source de tous les maux de la nouvelle organisation des pouvoirs : une Assemblée qui cumule volonté et action, qui commande l'ensemble de l'appareil d'État, à moins qu'elle ne soit destituée de tout pouvoir par une revanche de l'exécutif – ainsi serait-elle condamnée à être « esclave ou despote ».

La limite à la toute-puissance de l'Assemblée, Mirabeau croit la trouver dans le veto absolu du roi, dans sa faculté de refuser sa sanction à une loi : c'est sa manière à lui de parer à l'éventuel despotisme de l'Assemblée, en l'annihilant par une sorte de co-souveraineté du monarque. Une co-souveraineté imaginée par Montesquieu dans *L'Esprit des lois* : la « puissance héréditaire » ne doit avoir de part à la législation que par sa « faculté d'empêcher », non « de statuer », mais cette faculté « d'arrêter les entreprises du corps législatif » interdira à celui-ci s'être « despotique ». Plus précisément, l'autorité royale est un pouvoir institué par l'Assemblée, un pouvoir délégué par la souveraineté du peuple et partageant l'exercice de cette souveraineté avec l'Assemblée : le roi n'est pas seulement l'exécutant des lois élaborées par les représentants du peuple.

En réalité, Mirabeau veut réinventer la monarchie. Il se dit partisan de la « démocratie royale », une alliance de deux termes jusqu'ici fort éloignés l'un de l'autre, que le baron de Wimpffen, député de la noblesse de Normandie, a proposé d'inscrire à l'article Ier de la Constitution, et que le maire de Paris, Bailly, a approuvée... tout en hésitant entre « démocratie royale » ou « monarchie démocratique ». Pour *Le Courrier de Provence*, l'expression de « démocratie royale », qui peut paraître paradoxale, exprime une grande vérité : « La démocratie s'allie naturellement avec la monarchie ; il n'existe aucune opposition entre leurs intérêts puisque le vœu du roi est que son peuple soit nombreux, florissant, redoutable, et que le vœu du peuple est que son roi soit assez fort pour s'opposer à l'introduction d'une aristocratie... dont la puissance ne s'exerce jamais qu'aux dépens du prince et du peuple. »

Le problème de Mirabeau – et la grandeur de sa démarche – est qu'il fait appel à une tradition monarchique qui n'existe pas, ou qui n'existe plus après deux siècles d'absolutisme. Comment enraciner dans un héritage la co-souveraineté du roi ? Comment discerner une continuité entre l'Ancien Régime et la Révolution à travers un gouvernement monarchique imaginaire, fondé sur l'alliance du roi et du peuple alors que cette alliance est niée par deux siècles d'absolutisme ? Il serait plus simple de reprendre la souveraineté indivisible et désormais en déshérence des Bourbons et d'y installer le peuple que d'inventer une co-souveraineté du roi et du peuple qui n'a jamais existé...

Mirabeau a donc choisi la difficulté, dans son discours du 1er septembre, par lequel il tente de défendre le veto absolu du roi. Il n'est toujours pas à l'aise dans ses exposés de droit public. Le discours n'est pas vraiment de lui : il a, sous les yeux, à la tribune, des feuillets extraits d'un ouvrage intitulé *Simplicité de l'idée d'une constitution*, publié par l'un de ses amis, le marquis de Cazeaux, qu'il qualifie de « penseur profond, un excellent citoyen du monde ». Mais Mirabeau sent la réticence de l'Assemblée ; il n'a pas l'auditoire en main – il s'émeut, transpire, laisse de côté son texte et prononce quelques formules brillantes contre le despotisme, puis il revient à son texte... et l'agitation reprend.

Qu'a-t-il voulu démontrer dans ce discours obscur ? Que le veto du roi est d'autant plus nécessaire que l'Assemblée ne comporte qu'une seule chambre et qu'il ne peut que tourner au bonheur du peuple : « Ce n'est point pour son avantage particulier que le monarque intervient dans la législation, mais pour l'intérêt même du peuple... et l'on doit dire que la sanction royale n'est point la prérogative du monarque, mais la propriété, le domaine de la nation. » Que si le veto était jamais utilisé dans le sens du despotisme, les autres principes de la Constitution – réunion annuelle de l'Assemblée, fixation annuelle des forces armées, consentement annuel à l'impôt, responsabilité des ministres – rendraient aisée la réplique des représentants du peuple : ces représentants pourraient paralyser l'exécutif, s'en prendre aux ministres et leur réélection apparaîtrait comme un désaveu pour le monarque. Ainsi le veto ne pourrait être d'un usage prolongé... « Ne faudra-t-il pas que le prince obéisse ; car c'est là le vrai mot, quelque idée qu'on lui ait donnée jusqu'alors de sa prétendue souveraineté, lorsqu'il cesse d'être uni d'opinion avec son peuple et que le peuple est éclairé. » Pourquoi, dans ces conditions, évoquer un veto simplement suspensif ? Faire du monarque le maître de 25 millions de Français et le contraindre à appliquer une loi non consentie par lui, ce serait détruire d'une main ce qu'on bâtit de l'autre.

L'avantage de ce que Mirabeau considère lui-même comme un discours-galimatias, c'est que le public des tribunes n'a pas saisi les lignes de force de son exposé et qu'il est persuadé, comme va l'être tout le peuple de Paris, que le député d'Aix est un adversaire résolu du veto. Car le veto n'est pas populaire dans ce peuple de Paris, qui s'est pris de passion pour les questions constitutionnelles, au grand étonnement de Dumont : « On n'a jamais vu tant d'hommes s'imaginer qu'ils étaient tous législateurs et qu'ils étaient là pour réparer toutes les fautes du passé, remédier à toutes les erreurs de l'esprit humain et assurer le bonheur des siècles futurs. » Le peuple de France a envahi cet espace politique, qui lui fut si longtemps fermé, et la politique a envahi les rues. *Le Courrier de Provence* explique l'effervescence populaire que suscite le seul mot de veto : « L'autorité des mots agit tyranniquement sur la pensée. Je m'oppose, je défends – ces termes ont quelque chose de dur, qui repousse. La liberté naissante a les oreilles chatouilleuses. Que sera-ce si, à ce terrible veto, on attache le mot absolu, plus terrible encore ? »

L'effervescence populaire s'étend. Mais qu'est-ce que le veto ? Au début, le mot même de veto est étrange et déroutant : certains le prennent pour un impôt, d'autres pour un agent anglais, un espion de la perfide Albion. Virieu rapporte, dans un sourire, à son ami Mounier, le dialogue entre deux paysans de son village :

« Sais-tu ce que c'est que le veto ?

— Non.

— Eh bien ! Tu as ton écuelle pleine de soupe. Le roi te dit : "Répands ta soupe." Tu dois la répandre. »

Dans les cafés du Palais-Royal, les esprits s'enflamment. Comment la volonté d'un seul homme pourrait-elle annihiler celle de 25 millions de Français ? On crie à la conspiration de la noblesse, du clergé et d'une partie du Tiers. Pourquoi donner une telle arme au roi, dont la reine, âme de la contre-Révolution, va se saisir ? La haine monte contre Marie-Antoinette, qui devient « Madame Veto ».

Le marquis de Saint-Huruge, un gaillard trapu aux poumons puissants, rentré de Londres où il vivait et où il allait être mis en prison pour dettes, rassemble 200 personnes afin de marcher sur Versailles et de ramener le roi à Paris… mais la Garde nationale lui barre la route. Il repart avec sa petite troupe vers l'Hôtel de Ville pour dénoncer le veto « sacrilège national », et a droit à une harangue, fort digne, de Bailly. On dresse une liste de proscriptions, qui dénonce comme « traîtres » les partisans du veto absolu. Mirabeau n'y figure pas : on propose même de lui donner une garde de citoyens car la rumeur a couru que sa vie était menacée par le clan du veto…

Au lendemain de son discours du 1er septembre, Mirabeau n'est toujours pas honni, ni proscrit : il est le seul partisan du veto à être ménagé par les auteurs de libelles. Mounier s'étonne : dans le pamphlet *La Lanterne aux Parisiens*, tous les orateurs de l'Assemblée favorables au veto – Lally-Tollendal, Clermont-Tonnerre, Mounier lui-même – sont malmenés, à la seule exception de Mirabeau, qui est couvert d'éloges… et présenté comme un adversaire du veto ! Est-ce un effet du charisme du député d'Aix ? Veut-on, par ces flatteries, l'entraîner dans le camp opposé ? Un soir, alors qu'il se rend à Paris, à la librairie Le Jay, pour retrouver l'équipe du *Courrier de Provence*, il découvre une foule en pleurs qui attendait sa voiture pour le conjurer, lui « le

Père du Peuple », de protéger les honnêtes citoyens contre l'atroce veto, de les préserver d'un retour à la servitude.

Mirabeau poursuit son combat à l'Assemblée. Mais le désaveu viendra du gouvernement ! Le 11 septembre, alors que les députés vont passer au vote décisif et que le veto semble devoir rassembler une majorité, le président annonce la lecture d'une communication de Necker. Mirabeau et Mounier tentent de faire déclarer le débat clos... Necker, effrayé par l'agitation populaire, propose de substituer au veto absolu un veto suspensif pour deux législatures. Mirabeau a le sentiment d'avoir combattu en vain. L'Assemblée adopte la transaction suggérée par le ministre, par 673 voix contre 325.

Au lendemain du vote sur le veto du roi, le 11 septembre, la scission du parti « patriote » devient irrémédiable. Les « avancés », à la Barnave, étaient hostiles au veto absolu, mais résignés à un veto simplement suspensif : ils vont s'asseoir à la gauche du président. Les modérés à la Mounier, désormais unis aux aristocrates, s'installeront à sa droite. Gauche, droite : le système respiratoire de la politique française vient d'être mis en place. Et Mirabeau s'assoit à gauche, alors qu'il vient de prendre position, avec toute sa force de conviction, pour le veto absolu, critère des membres de la droite ! Il vient même de prendre à partie Le Chapelier, qui tentait de terroriser l'Assemblée en appuyant une « adresse » de la ville de Rennes flétrissant par avance, comme « ennemis de la patrie », les députés qui voteraient le veto. Sur un ton sarcastique, Mirabeau, coalisé cette fois aux « aristocrates », avait déjoué cette manœuvre et, sans même demander un vote de désapprobation, avait obtenu, à une majorité écrasante, qu'on passe à la suite de l'ordre du jour.

Dans une Assemblée en proie à la houle des passions, de nouveaux chefs de file émergent... Mirabeau est plein d'indulgence pour le nouveau « champion des privilèges », le nouveau chantre du pouvoir absolu, car il lui rappelle l'allure cassante et fracassante de son grand-père, le légendaire Jean-Antoine, tel qu'on le lui a décrit.. Cazalès est un capitaine de cavalerie, de petite et très récente noblesse. Il est entré très jeune dans l'armée, où il a passé sa vie – se partageant entre les aventures amoureuses, de violentes querelles à répétition, et le jeu. L'annonce des États généraux lui a fait découvrir sa vocation. Il s'est présenté dans trois bailliages avant d'être élu. Il promène à l'Assemblée son allure de paysan-soldat, sa haute taille, son regard brillant et ses manières gauches. Son accoutrement surprend.

« Je ne me souviens pas de lui avoir vu un habit possible, rapporte son ami le député Montlosier. Peut-on appeler chapeau un mauvais feutre, percé de toutes parts ? Et que dire de sa culotte qu'il relevait à tout moment, comme si elle allait lui tomber sur les genoux ? Mais, malgré ses vêtements grotesques, s'imposait sa dignité personnelle, hautaine, indifférente aux conventions. »

La franchise de Cazalès, la netteté de ses idées, son mépris de tout formalisme désarment ses adversaires. À chacune de ses sorties dans Versailles, la foule le suit sur les places ou dans les rues. Il s'arrête devant les groupes, discute avec chacun – comme s'il était en présence d'un homme d'État. Un jour, pris à partie par un groupe hostile, il réplique : « Citoyens, vous aimez la liberté. La preuve que je suis un homme libre, c'est que je ne pense pas comme vous et que j'ose le dire devant vous. » L'un de ses interlocuteurs va vers lui, le frappe sur l'épaule et le qualifie de « brave homme », aux applaudissements du groupe.

Cet absolutiste à visage humain aura tout de même l'occasion d'affronter Mirabeau : un jour de troubles, il revendique des « pouvoirs dictatoriaux » pour le roi.

Mirabeau proteste : « La dictature à un seul ! Dans un pays qui travaille à sa constitution, et dont les représentants sont assemblés ! La dictature passe les efforts d'un seul, quels que soient son caractère, ses vertus, son talent, son génie. »

Et soudain, Mirabeau bifurque. Il évoque une lettre de Joseph II, l'empereur d'Autriche, frère de Marie-Antoinette, ce despote éclairé dont il fait un despote ensanglanté – une autre manière de se signaler à l'attention de la cour ?

« Lisez, lisez ces lignes de sang dans les lettres de Joseph II au général d'Alton : “Il ne faut pas compter quelques gouttes de sang de plus ou de moins quand il s'agit d'apaiser des troubles…” Voilà le code des dictateurs, voilà ce qu'on n'a pas rougi de proposer. »

Le 18 septembre, le curé Vallet, qui siège à droite, traverse l'Assemblée, gagne les travées de la gauche et prend place à côté de Mirabeau. Ce dernier l'interroge, surpris :

« Que faites-vous à gauche ?

— J'ai un message pour vous. »

Vallet tend une lettre à Mirabeau, et poursuit : « Sophie de Monnier est morte. Vous l'avez bien connue, je crois. Mon beau-frère, Ysabeau, qui était son médecin, m'a chargé de vous transmettre la terrible nouvelle. »

Mirabeau a pâli. Son visage semble se décomposer. Il met très longtemps à lire la lettre, s'arrête, soupire, tousse, reprend sa lecture. Il se lève brusquement, remercie Vallet, lui rend la lettre... et disparaît de l'Assemblée pour s'enfermer chez lui pendant trois jours.

Sophie est morte ! Le médecin Ysabeau lui annonce qu'elle s'est suicidée : elle s'est asphyxiée dans son appartement du couvent de Gien. Elle était sur le point de « refaire sa vie » avec un ancien officier de cavalerie, qui lui avait inspiré un grand attachement. Mais, malade de la poitrine, celui qui allait devenir son époux est mort le 8 septembre. Elle l'a suivi le lendemain.

Sophie... Il ne l'avait pas revue depuis cette triste et ultime rencontre à Gien. Il s'est si souvent demandé ce qu'elle pensait maintenant de lui, de sa célébrité, de sa gloire politique. Le considérait-elle comme un ingrat, lui qui l'avait abandonnée pour accomplir son destin ? Il a si souvent pensé qu'il avait saccagé sa vie. Il lui a révélé ce monde des passions qu'elle ignorait, elle qui était fondamentalement une femme normale, équilibrée et elle en est morte... L'a-t-elle maudit dans ses moments de désespérance ?

Il repense à la déception de Gien, le charme rompu d'un amour défunt. Mais il repense aussi au temps où il la serrait si passionnément dans ses bras, puis à la captivité de Vincennes pendant laquelle elle accaparait toutes ses pensées, ces années où la seule évocation de l'absente provoquait la folie de tous ses sens. Pourquoi l'a-t-il oubliée dans le tumulte de la Révolution en marche ? Il tenait à elle par toutes ses fibres. Peut-être est-il passé à côté de la vraie vie, en s'adonnant à une ambition, dont il se prend à penser qu'elle n'est qu'une duperie ?

LA TENTATION D'ORLÉANS

Comment réussir la réforme de la monarchie avec un monarque aussi indolent que Louis XVI ? La question préoccupe Mirabeau. Il a longtemps épargné le roi et attaqué ceux qui étaient censés le conseiller ; mais, dans son discours du 11 juillet, il s'en est pris, pour la première fois, au roi lui-même, et a qualifié de « vice et non de vertu » la confiance que lui portent les Français.

À la recherche d'un « roi de rechange », d'un grand nom du royaume qu'il pourrait mettre en avant et derrière lequel il prendrait la direction effective du mouvement, Mirabeau a naturellement pensé au duc d'Orléans : Louis-Philippe-Joseph, arrière-petit-fils du régent de Louis XV. Le duc n'est-il pas devenu le chef virtuel de l'opposition dès ce 19 novembre 1787 où, en pleine révolte des parlements, il a protesté contre la volonté du roi de transformer une séance royale en lit de justice et d'imposer l'enregistrement de son édit – alors qu'il aurait fallu passer au vote ou, à défaut, faire clairement allusion au « très exprès commandement de Sa Majesté » ? « Mais c'est illégal ! » avait lancé le duc à son cousin : il avait transformé un incident de procédure en débat sur la légitimité du régime. La monarchie absolue ne signifiait pas le despotisme absolu ; le pouvoir royal devait s'exercer selon les formes et procédures édictées par le roi. Le Parlement avait déclaré l'enregistrement illégal. La foule avait acclamé le duc et l'avait accompagné jusqu'au Palais-Royal.

D'autres actes avaient suivi : lors de la procession du 4 mai 1789, le duc avait marché à l'écart de la noblesse et les femmes du peuple l'avaient applaudi ; il avait été triomphalement élu aux États généraux, à Paris, à Villers-Cotterêts, à Crépy-en-Valois (... mais battu à Orléans !) et il avait choisi de représenter la noblesse du bailliage de Crépy-en-Valois, dont les « cahiers » demandaient « la liberté individuelle, bornée par des lois que fixeraient les États généraux et le retour périodique desdits États » ; il comptait un nombre important de partisans parmi les nouveaux élus – qui l'avaient porté à la présidence de l'Assemblée, un honneur qu'il avait refusé par une affectation de modestie.

Ce « roi de rechange » est, en outre, un ami du peuple, voire du sous-prolérariat parisien. Au petit peuple de Paris, il offre des distributions gratuites de pain et le spectacle permanent des jardins et des galeries du Palais-Royal, qui lui appartiennent et qui sont interdits à la police. Depuis le début de la Révolution, le Palais-Royal, refuge classique du jeu et de la prostitution, est devenu un forum politique pour tous les exaltés et « exagérés », les pamphlétaires, agitateurs et orateurs d'un Paris de plus en plus prompt à s'enflammer. Leur ardeur est entretenue par l'argent distribué par les agents du duc, l'un des hommes les plus riches de France. Pendant que l'administration de Paris semble se consolider, le Palais-Royal reste un centre d'agitation, « les États généraux de la Révolution ».

Difficulté d'être d'une lignée. La maison d'Orléans, issue de la maison de France, avait été fondée par le frère unique de Louis XIV, Philippe, appelé Monsieur. Fils et frère de rois de France, gendre du roi d'Angleterre puis beau-père du roi d'Espagne, le premier duc d'Orléans vécut dans la conviction qu'il était un prince royal de la plus haute lignée.

Imbus de l'orgueil de leur maison, les descendants de Monsieur étaient, en même temps, blessés dans leur orgueil. Un véritable complexe de persécution s'était emparé de la branche cadette ; une longue liste de griefs, réels ou imaginaires, accumulés contre les aînés, était répercutée de génération en génération. Ils avaient été abaissés dans leur qualité dynastique, « maculés de bâtardise » par Louis XIV qui avait imposé au fils unique de son frère – le futur régent de Louis XV – d'épouser Mlle de Blois, l'une des filles qu'il avait eues de Mme de Montespan. Ils avaient été neutralisés politiquement, mis dans l'impossibilité de jouer un rôle dans l'État et au service de la monarchie. Louis XIV, obsédé par le souvenir de la Fronde, craignait qu'un prince auréolé de prestige militaire ne devînt une menace : il ne pardonna pas à Monsieur son triomphe à la bataille de Cassel, ni à son neveu et gendre, le futur régent, la victoire de Lérida. Après lui, Louis XV puis Louis XVI avaient toujours pris soin d'écourter les carrières militaires des Orléans.

Au fil des générations, les Orléans devenaient des cadets relativement éloignés. Louis, fils unique du Régent, n'étant qu'un arrière-petit-fils de Louis XIII, n'eut plus droit à « l'Altesse Royale ». Les déboires de Louis-Philippe dit « le Gros », petit-fils du Régent, furent matrimoniaux : il se prit de passion pour Mlle Henriette, fille de Louis XV, mais essuya une rebuffade du roi. Son fils, Louis-Philippe-Joseph, qui deviendra « Philippe Égalité » et sur lequel reposent, pour un temps, les espoirs de Mirabeau, conçoit beaucoup de rancœur de n'avoir pu obtenir le maintien du rang de premier prince du sang et surtout d'avoir été éconduit dans sa candidature à la charge d'amiral, après avoir pris très au sérieux ses débuts dans la carrière de marin.

Une succession d'avanies. Une longue histoire d'humiliations. Le divorce entre les deux branches venait de loin. Guy Antonetti fait le bilan de cette très ancienne querelle : « Dans cette attitude à l'égard des aînés, il y a toujours eu un mélange de chien battu et de mouton enragé : chien fidèle, doux agneau, qui ne désirait que servir loyalement, fidèlement, docilement ; mais les coups bas, aussi injustes que répétés, lassèrent ces bons sentiments et provoquèrent à la longue l'exaspération... Les Orléans abandonneraient à leur sort ces aînés méchants et aveugles. » En 1830, le moment viendra, pour la branche cadette, « de faire, sans les aînés, le bonheur véritable de la France ». Les conciliabules, manœuvres, initiatives de 1789 apparaissent ainsi comme une répétition générale ou une première tentative, vite avortée, de la révolution de 1830, qui verra le départ en exil de Charles X, dernier souverain de la branche aînée, et l'accession au trône, comme « roi des Français », de Louis-Philippe, fils de Louis-Philippe-Joseph.

Dans l'*Histoire de Louis-Philippe-Joseph, duc d'Orléans, et du parti d'Orléans dans ses rapports avec la Révolution française*, un ouvrage dont il sera le commanditaire et l'inspirateur en 1842, le roi des Français, Louis-Philippe, précisera et grossira la divergence doctrinale entre la branche aînée, « accrochée aux anciennes traditions de la monarchie », et la branche cadette, douée de l'intuition du « mouvement des choses » : « L'une a continué ses antécédents en s'opposant à la Révolution, c'est-à-dire à l'extirpation des abus, l'autre n'a fait que suivre son instinct héréditaire en s'alliant à la Révolution, c'est-à-dire à la noble cause des réformes. » Dans le même ouvrage, consacré pour une très grande part à l'apologie de son père, le roi fait écrire que Louis-Philippe-Joseph, duc d'Orléans, fut un franc-maçon « parfaitement inoffensif » et que la franc-maçonnerie, société d'origine et de recrutement aristocratiques, ne pouvait avoir eu de rapport « avec les événements de cette époque » : il entreprend ainsi de réfuter les idées reçues sur le rôle de la maçonnerie dans la Révolution.

Car Louis-Philippe-Joseph, qui n'est encore que duc de Chartres, a été élu, dix-huit ans plus tôt, en 1771, grand maître du Grand Orient de France, récemment organisé en France. Sans doute est-ce moins une attirance philosophique que le souci de trouver une clientèle, des vassaux possibles, qui a motivé le duc. Et c'est probablement par ce réseau que Mirabeau, lui-même franc-maçon, est entré en relation avec le duc. D'autres rencontres suivront : en décembre 1788 puis en septembre 1789, à Versailles, chez le comte de La Marck. Rencontres peu concluantes : Mirabeau confie à La Marck que le duc ne lui inspire « ni goût, ni confiance » et à son collaborateur Dumont qu'il est le cynisme incarné et « ne peut plus distinguer le bien et le mal ».

À ses collègues de l'Assemblée qui le soupçonnent de collusion avec le duc d'Orléans, Mirabeau lancera : « On dit que j'en veux faire mon maître, je n'en voudrais pas pour laquais ! » Mais la pensée semble bien l'avoir effleuré d'en faire sa marionnette politique... Comment expliquer les relations suivies du député d'Aix avec le clan du duc : Choderlos de Laclos, « l'âme du parti d'Orléans », qui, à peine sorti de ses *Liaisons dangereuses*, ce tableau presque clinique d'un libertinage auquel il ne participe guère, rédige les instructions du duc pour ses représentants dans les bailliages relevant de ses domaines ; le marquis de Sillery, à la fois chef de file des députés orléanistes et époux de la comtesse de Genlis, l'une des maîtresses préférées du duc ; et... son vieil ami Lauzun, duc de Biron.

Le dessein du parti d'Orléans, que partage, fugitivement, Mirabeau, est de parvenir, si les circonstances l'exigent, au remplacement de Louis XVI par le duc, devenu Louis XVII, ou, au moins, de le faire nommer lieutenant général du royaume. Et le député d'Aix serait le Necker du nouveau monarque ou quasi-monarque. Mais Mirabeau réalisera rapidement que le duc n'est pas l'homme capable de jouer ce rôle : d'une intelligence médiocre et d'un caractère peu affirmé, dépressif à éclipses, Louis-Philippe-Joseph est velléitaire et versatile, et plus homme d'intrigues qu'homme d'État. « En mission » à Londres au lendemain des journées d'Octobre, il sera décrit par l'ambassadeur de France comme un viveur neurasthénique, qui sombre dans l'alcoolisme : « Le vin, le jeu, les chevaux, les filles occupent uniquement le prince. Les gens qui vivent beaucoup avec lui m'assurent qu'il est ivre tous les soirs. » Le 14 juillet 1789, son entourage a convaincu le duc de se présenter à la sortie du Conseil du roi pour offrir à Louis XVI d'être son médiateur avec le peuple de Paris... avec le titre de lieutenant général du royaume. Mais, le 15 au matin, le duc arrive trop tard, après la fin du Conseil, et le ministre Breteuil le persuade d'écrire au roi pour lui demander... la permission de passer en Angleterre « si les affaires prennent un tour fâcheux ». Dérobade imprévisible ! Les partisans du duc sont exaspérés, et Mirabeau le considère comme « un eunuque ».

Rapprocher le duc d'Orléans du trône ? La question est posée – mais au plan constitutionnel – lorsque l'Assemblée traite, en trois jours de débats, du 15 au 17 septembre, des règles de dévolution de la couronne. Le premier dauphin est mort en juin et le comte d'Artois a émigré en juillet ; entre Louis XVI et le duc d'Orléans, il ne reste que le second fils du roi et le comte de Provence – à condition de tenir pour valide la renonciation au trône de France de la branche espagnole des Bourbons, une renonciation à laquelle le duc d'Anjou a été contraint en 1713 par les puissances européennes. Les partisans du duc d'Orléans demandent que l'exclusion de la branche espagnole soit expressément reconnue. La droite hésite et suggère un ajournement. La question est délicate, selon l'évêque de Langres : « Admettre la branche d'Espagne au trône, ce serait mécontenter toutes les nations voisines, qui ne verraient pas sans crainte l'équilibre européen rompu. Déclarer la maison d'Espagne exclue, ce serait perdre le seul État européen allié à la France. »

Mirabeau n'est plus solidaire du parti d'Orléans : il se prononce pour l'ajournement car « nos circonstances ne nous permettent pas de nous occuper de nos relations extérieures ». Mais il ne peut résister à l'envie de jouer les provocateurs par quelques paroles sulfureuses – une manière de se rappeler à l'attention du couple royal, et plus particulièrement de la reine ?

« Il ne s'agit de rien de moins que d'introduire une domination étrangère en France. Au fond, la question préalable espagnole pourrait être une question autrichienne... »

Et Mirabeau aggrave son cas en évoquant la question de la régence éventuelle :

« Seul un prince né en France devrait pouvoir exercer la régence. »

En faveur de qui le député d'Aix intervient-il ? Est-il revenu a une intrigue avec le clan d'Orléans ? Pourtant, il ne soutient pas le marquis de Sillery lorsque ce dernier revient sur la question de la succession espagnole. Et, dans le même temps, il rabroue l'obscur député de la noblesse qui veut revenir au commentaire des textes :

« Le traité d'Utrecht de 1713, qui mit fin à la guerre de succession d'Espagne, ne contient pas de renonciation expresse de la maison d'Espagne, mais seulement l'assurance que les deux couronnes ne pourront pas être réunies...

— J'appelle à l'ordre l'opinant. Son assertion est profondément fausse, elle blesse la dignité nationale, elle insulte notre droit public, elle tend à faire croire que des individus peuvent léguer des nations comme des troupeaux. »

Car Mirabeau entend élever le débat. Certes, la nation « veut un prince français ». Mais que signifie le choix entre deux princes « tous deux de naissance royale, tous deux élevés, c'est-à-dire pervertis dans une cour, tous deux au-dessous des autres hommes parce qu'ils se croient supérieurs à eux ? » Il est l'un des rares membres de l'Assemblée à avoir le pressentiment d'une diplomatie nouvelle, née de la Révolution. Les commentaires du traité d'Utrecht doivent céder le pas au nouveau droit international de l'ère révolutionnaire, fondé non sur les « pactes de famille » mais sur le « pacte des nations ».

Le 17 septembre, par 541 voix contre 438, l'Assemblée vote l'hérédité de la couronne par ordre de primogéniture, et avec exclusion des femmes et de leurs descendants, mais en laissant ouverte la question d'une éventuelle prétention de la branche espagnole au trône de France. La crainte des intrigues du duc d'Orléans l'a emporté.

LE MASQUE HIDEUX DE LA BANQUEROUTE

Un rôle nouveau pour Necker : le ministre intègre, l'homme de confiance de la nation, lance un appel pathétique à l'Assemblée, ce 24 septembre. Et il présente ses supplications toute sensibilité exhibée, conformément à l'esprit du temps :

« J'ai l'âme déchirée d'avoir à présenter un pareil tableau de notre détresse... Ah ! que la prudence des hommes est un faible bouclier ! que leur prévoyance est incertaine. »

Necker est encore plein du souvenir de ses succès financiers, ces anciens succès sur lesquels il gémit, à grands coups d'images nautiques :

« C'est en vain que le nautonier jeté sur le rivage se rappelle douloureusement le vaisseau qu'il a conduit longtemps avec sûreté au milieu des mers orageuses, mais dont il n'aperçoit plus que les malheureux débris, le jouet des vagues et de la tempête. »

Ainsi l'Assemblée, après avoir deux mois durant fixé l'avenir constitutionnel, aboli les privilèges, élaboré la Déclaration des Droits de l'homme, cette « table de la loi » indélébile, est contrainte de revenir aux très prosaïques exigences financières.

La question est essentielle : l'Ancien Régime est mort de la crise de ses finances. Le nouveau assurera-t-il sa simple survie ? La situation est dramatique. Les recettes ne rentrent plus, car tout le système fiscal s'est écroulé : les bureaux ont été pillés, les registres détruits et les percepteurs trop malmenés pour agir ; la municipalité de Paris est privée des recettes de l'octroi par l'incendie des « barrières » des douanes et demande l'aide de l'État. L'économie s'est effondrée : à Paris, les manufactures ont fermé, surtout celles qui relèvent des industries de luxe, et dès le lendemain du 14 juillet, les riches étrangers et les familles nobles ont commencé à émigrer avec leurs fortunes ; au début d'août, on compte 12 000 ouvriers parisiens sans travail, et une foule de provinciaux, tout aussi démunis, accourent à Paris. Des dépenses extraordinaires sont nécessaires pour parer à l'effervescence du peuple parisien, affamé, et au pillage des convois ; le gouvernement achète du blé à haut prix à l'étranger, organise des distributions gratuites de pain, et enrôle 20 000 ouvriers dans une série de travaux de terrassement autour de Paris, au salaire de 20 sols par jour... Où trouver l'argent ? Deux emprunts, obtenus de l'Assemblée par Necker, les 7 et 27 août, n'ont pas eu de succès : le premier, il est vrai, avait été assujetti par les députés à des conditions peu favorables aux créanciers, mais le second avait été lancé à un taux élevé, beaucoup plus avantageux pour les souscripteurs – la confiance était décidément perdue ! Seules les avances de la Caisse d'escompte permettent la survie de l'appareil étatique. Le Trésor est presque vide : 3 ou 4 millions sont disponibles, alors qu'il en faudrait 30 pour le mois d'octobre et 80 jusqu'à la fin de l'année.

Après avoir dépeint l'état tragique des finances, Necker propose un grand geste patriotique : une contribution extraordinaire du quart de tous les revenus supérieurs à 400 livres ! D'autres gestes civiques avaient précédé : vingt jours plus tôt, les « femmes et filles d'artistes » avaient fait hommage de leurs bijoux « à la nation ». D'autres allaient suivre, en une vibrante émulation : le roi et la reine allaient faire don de leur vaisselle et de leur argenterie. La proposition de Necker était assortie de l'invitation pressante aux citoyens de porter à la Monnaie leur vaisselle plate et leurs bijoux... Dans leur enthousiasme, les députés décident, sur-le-champ, d'offrir au Trésor public les boucles d'argent de leurs souliers.

Piètres expédients, à portée seulement symbolique ? Ou sursaut face à la perspective de la banqueroute ? Dupont de Nemours est sceptique : « L'enthousiasme suffit pour voter, mais il n'y a que la richesse qui puisse payer. Or la richesse suffisante pour payer un quart de ses revenus ne me paraît pas exister, à présent, chez la plupart de nos riches. » En attendant, la proposition de Necker est renvoyée au Comité des finances de l'Assemblée.

Si Necker a perdu une part de son prestige de magicien des finances publiques, Mirabeau y a certainement contribué par ses critiques répétées. Le ministre qui l'avait repoussé avec mépris était désormais contraint de supplier l'Assemblée ; il fallait l'humilier, disséquer ses projets, préconiser d'autres solutions à la crise : telle avait été la première réaction de Mirabeau, qu'il avait tenté de mettre en œuvre, lorsque la question financière surgissait subrepticement, tout au long du mois d'août.

Le 7 août, Necker propose un emprunt de 30 millions au taux de 5 %, remboursable pendant la prochaine législature au gré des prêteurs, avec priorité sur les anciens créanciers de l'État. Il s'écrie, devant les députés : « Sauvez l'État, sauvez la patrie ! Le gouvernement ne peut plus rien et vous seuls avez encore quelque moyen pour résister à l'orage ! »

Mirabeau est, alors, partagé : il a assez mené campagne contre « l'agiotage » pour se défier de la proposition ministérielle d'autant que, il l'a souvent dit, l'emprunt consiste à endetter les générations futures. Mais il ne peut être question de voter un nouvel impôt avant d'avoir voté la Constitution : ce serait aller à l'encontre des intentions manifestées par les auteurs des « cahiers de doléances ». Et si la catastrophe est imminente – et Mirabeau est convaincu de cette imminence –, ne faut-il pas s'impliquer dans une solution d'urgence : l'Assemblée ne saurait se limiter à un travail de démolition !

Un député enthousiaste, Clermont-Lodève, demande que le nouvel emprunt soit voté par acclamation en présence du ministre. Mirabeau exige le retrait de Necker, s'élève contre la motion et menace son auteur : « Je demanderai la proscription de ce vil esclave ! » Puis il expose sa propre conception : « Que les députés donnent l'exemple, qu'ils engagent leur crédit personnel, qu'ils garantissent personnellement l'emprunt ! À défaut, qu'ils obtiennent de leurs électeurs l'autorisation de pourvoir, chaque mois, aux dépenses courantes de l'État ! »

Certains orateurs suggèrent qu'une renonciation aux pensions acquises permettrait d'alléger les charges de l'État et, cette fois, c'est l'autre Mirabeau qui est exemplaire : le vicomte Boniface renonce à la pension de 2 000 livres qu'il a reçue pour sa participation à la guerre d'Amérique ! Pour la première fois, un député évoque les biens du clergé, présentés comme une propriété nationale... Mais Mirabeau se tient à son idée : l'emprunt est indispensable, chaque membre de l'Assemblée devrait souscrire une certaine somme, la liste des souscripteurs serait transmise au roi.

L'intervention de Mirabeau est celle d'un candidat à la succession de Necker : le député d'Aix se présente en homme d'État responsable ; il dit sa fidélité aux engagements contractés auprès des électeurs mais il fait aussi l'éloge du roi, porté « vers la simplicité qui appartient à la vraie grandeur » et que l'Assemblée doit aider à combattre le luxe des courtisans. Mais l'Assemblée refuse de le suivre : elle exclut la garantie personnelle des députés et durcit les conditions de l'emprunt – le taux est abaissé de 5 à 4,5 % alors que celui des anciens papiers d'État est de 6 % – sous le prétexte que le crédit du nouveau régime ne doit pas être galvaudé ! Vingt jours plus tard, une communication de Necker scelle l'échec de l'opération : sur les 30 millions espérés, l'emprunt n'a rapporté que 2,5 millions.

Le 27 août, Necker propose donc un nouvel emprunt, de 70 millions, à 5 %, remboursable en dix ans, le capital pouvant être souscrit pour moitié en ancien papier d'État. Mirabeau exige du ministre une déclaration solennelle aux anciens créanciers de l'État, leur donnant l'assurance que leurs titres ne subiraient aucune réduction. Malgré des conditions beaucoup plus favorables, ce nouvel appel au crédit est sanctionné par un nouvel échec : la situation de la France inspire une méfiance croissante.

Le 16 septembre, Mirabeau engage même le combat contre la Caisse d'escompte – ultime salut pour Necker, pourvoyeuse des fonds indispensables à la marche de l'État. Necker voulait transformer l'établissement en banque d'État. Mirabeau renouvelle ses attaques contre la Caisse, cette « fabrique malhonnête d'une quantité illimitée de papier-monnaie ». Ériger la Caisse en institution nationale, la laisser « étendre son empire sur tout le royaume », contribuerait à « égarer l'opinion publique » et à « compromettre l'autorité » qui croirait pouvoir se reposer sur « un aussi fragile appui ».

Le 26 septembre, le Comité des finances présente son rapport sur la contribution exceptionnelle du quart des revenus demandée par Necker – et Mirabeau modifie sa ligne d'action. Lui qui n'a cessé de harceler le financier genevois, qui a discuté, contesté, raillé chacune de ses propositions, se transforme en fougueux ami du ministre. Sa nouvelle stratégie ? Si le plan de Necker est bon, s'il réussit, Mirabeau pourra se faire gloire de l'avoir soutenu. S'il échoue, le ministre en pâtira seul… à la condition que ses soutiens aient accepté de confiance, sans discuter les détails de son projet.

Mirabeau se bat donc à front renversé. En août, il rugissait contre le député qui souhaitait un vote par acclamation, qui voulait opiner en présence du ministre. Désormais, il tance les membres de l'Assemblée qui refusent le vote par acclamation !

Le Comité des finances n'est pas enthousiaste ; certains députés demandent des éclaircissements. L'un d'eux déclare : « Il faut que je sois avare des deniers de mes commettants. »

Mirabeau se dresse à la tribune pour répondre aux hésitants :

« Demander des détails sur des objets de détail, c'est s'éloigner de la question. Nous n'avons pas le temps et les moyens de délibérer. Les revenus de l'État sont anéantis, le Trésor est vide, la force publique sans ressort. Le ministre vous demande les secours les plus urgents, il vous indique des moyens, il vous presse de les accepter. »

Mirabeau s'explique : l'Assemblée ne peut pas opposer son propre plan à celui du ministre ; elle n'a pas les moyens d'en élaborer un car elle n'a pas connaissance de l'ensemble des besoins de l'État et, au demeurant, ce n'est pas sa mission – elle doit contrôler l'exécutif, non se substituer à lui. Mais l'Assemblée ne peut pas examiner en profondeur le projet du ministre ; la seule vérification des chiffres demanderait des mois entiers. Et l'Assemblée n'aurait-elle pas mauvaise grâce à soulever des objections hypothétiques dans un moment si critique ?

L'orateur est bien près, maintenant, de dévoiler sa ligne d'action :

« Il n'est pas de votre sagesse, messieurs, de vous rendre responsable de l'événement. La nation montre une confiance illimitée au ministre des Finances ; manifestez-lui la même confiance. Acceptez ses propositions sans les garantir, puisque vous n'avez pas le temps de les juger. Acceptez-les de confiance ! En déférant cette espèce de dictature provisoire au ministre, vous remplissez vos devoirs de citoyens et de représentants de la nation. »

En fait, Mirabeau prend acte de la dictature financière qu'exerce Necker ; il entend la pousser jusqu'à ses conséquences extrêmes : « Si, ce qu'à Dieu ne plaise ! le ministre des Finances échouait dans sa glorieuse entreprise, vous seriez là, messieurs, votre crédit serait intact… »

Les députés se lèvent ; ils approuvent, enthousiastes et s'apprêtent à voter un texte à l'unanimité : « L'Assemblée… décrète un secours extraordinaire du quart des revenus de chaque citoyen et renvoie, pour le mode, au pouvoir exécutif. » Mais Mirabeau remonte à la tribune. Il prend plaisir à aller à contre-courant… contre le courant qu'il a déclenché : un décret aussi important ne doit pas être voté au milieu d'un tel tumulte ! Et le texte, proposé par le président de l'Assemblée, Clermont-Tonnerre, lui semble trop sec. Il propose de se retirer pour rédiger une motion plus réfléchie… Les députés l'invitent à se retirer.

En l'absence de Mirabeau, les esprits deviennent plus critiques et le débat plus acerbe :

« Prendre dans la caisse d'autrui, ce n'est pas un chef-d'œuvre politique !

— Il y a au moins un milliard d'argenterie en France...

— La seule orfèvrerie de l'Église vaut bien 140 millions ! »

L'archevêque de Paris, Juigné, se dit prêt à sacrifier tous les ornements d'église non nécessaires au culte. Il est applaudi.

Le débat reprend :

« Le plan de Necker va ruiner la classe indigente des petits propriétaires ruraux...

— Mais la pauvreté, même, sera généreuse !

— La manière de procéder de Mirabeau n'est pas bonne : le plan de Necker ne peut être adopté sans une délibération approfondie... »

Mirabeau revient et donne lecture de son texte : « L'Assemblée, frappée de l'urgence des besoins, considérant la confiance sans bornes que la nation témoigne au ministre et la nécessité de s'abandonner à ses lumières, décide d'adopter textuellement ses propositions... »

Mais la méfiance est là. Les adversaires de Mirabeau s'étonnent de son éloge... presque inconditionnel de Necker. François-Henri de Virieu s'écrie :

« Mirabeau poignarde le plan ! »

Le député d'Aix veut se justifier :

« J'ai rarement été inculpé de flagornerie. J'ai voulu me conformer à l'esprit de la décision que l'Assemblée voulait prendre : accepter de confiance un plan que les circonstances ne nous laissaient pas le loisir d'examiner. Je n'ai pas l'honneur d'être l'ami du ministre... On m'a entendu : le royaume ne serait pas en péril si M. Necker se trompait ; il le serait si l'Assemblée perdait son crédit dans l'opinion. »

Son jeu étant découvert, le tribun feint de le découvrir :

« On m'a deviné ; or je n'ai jamais prétendu me cacher. Nous n'avons rien à substituer au plan du ministre, mais il ne faut pas que nous l'épousions, que nous en fassions notre œuvre propre. Nous n'avons pas à nous porter garants, politiquement, des succès de M. Necker. Afin d'éviter toute ambiguïté, je déclare que j'opposerais de grandes objections à ce plan, s'il s'agissait de le juger. »

La franchise de Mirabeau provoque de nouveaux rebondissements. Des voix s'élèvent pour exiger un examen approfondi en comité... Après cinq heures de débat, notre tribun est exténué. Il remonte, pour la quatrième fois, à la tribune :

« Deux siècles de déprédations et de brigandages ont creusé le gouffre où le royaume est près de s'engloutir, il faut le combler, ce gouffre effroyable ! J'entends parler de patriotisme, d'élans de patriotisme, d'invocations au patriotisme. Ah ! Ne prostituez pas ces mots de patrie et de patriotisme. C'est de la simple arithmétique : donner une portion de son revenu pour sauver tout ce qu'on possède... Aujourd'hui, la banqueroute, la hideuse banqueroute est là, elle menace de vous consumer : vous, vos propriétés, votre honneur... et vous voulez délibérer ! »

L'Assemblée est subjuguée. Elle éclate en applaudissements frénétiques et elle vote, unanime, « l'acceptation, de confiance, du plan du ministre ».

« *Timeo Danaos*... Craignons les Grecs, surtout quand ils apportent des présents », a lancé Lally-Tollendal, partisan de Necker. Mirabeau a-t-il embrassé le ministre pour mieux l'étouffer ? Germaine de Staël estime que Mirabeau a eu « une manière perfide de louer » son père. Elle a assisté à la séance, à peu de distance de l'orateur : elle ne « croyait pas à ses bonnes intentions » mais il « a captivé son admiration ».

Molé, l'acteur du Théâtre-Français, fend la foule, fonce vers Mirabeau :

« Mon Dieu, monsieur le comte, quel discours ! Et avec quel accent l'avez-vous prononcé ! Mon Dieu, comme vous avez manqué votre vocation ! »

LENDEMAINS D'OCTOBRE

Conspirer pour reconstruire… Le 8 octobre, Mirabeau réunit à Auteuil, chez sa nièce d'Aragon, fille aînée de Caroline du Saillant, l'aile « avancée » de l'Assemblée : Adrien Duport, Alexandre de Lameth et Barnave – ils constituent, désormais, la faction des triumvirs, avec l'autre Lameth, Charles –, leur ami le banquier Laborde de Méréville, et La Fayette, accompagné de son « autre lui-même », l'homme le plus proche de lui à l'Assemblée, La Tour-Maubourg, député de la noblesse du Puy, dont le frère, officier aux gardes du corps, a protégé la reine au plus fort de la tragédie d'Octobre.

Les journées des 5 et 6 octobre ont ensanglanté la Révolution : la famille royale, quasi prisonnière, a été ramenée de Versailles à Paris, au milieu du flot des marchandes et des ouvrières de la Halle, qui brandissaient comme des trophées, au bout de piques, les têtes tranchées des gardes du château. Versailles, dont les splendeurs exaltaient la monarchie, n'est plus qu'une coque vide, un décor déserté. Le monarque se réinstalle difficilement aux Tuileries, cette résidence abandonnée depuis plus d'un siècle, et dont il déplorera, lors de sa fuite à Varennes, « les incommodités ».

Comment expliquer la tragédie, et ce qui restera comme l'énigme des journées d'Octobre ?

Faut-il s'en prendre à l'imprudence de la cour et de la famille royale ?

Le banquet du 1er octobre, offert par les gardes du corps aux officiers du régiment de Flandre, les hommages à la reine, les ovations à la monarchie… tout a été relevé dans le réquisitoire qu'a publié *Le Courrier de Provence* : « Dans les temps de fermentation, il n'y a rien d'indifférent, ni de léger. Les têtes ont été échauffées par un festin somptueux, la prodigalité des vins et des liqueurs… Alors les conversations ont été sans mesure et sans frein. La reine s'est montrée à cette multitude exaltée. L'enfant héritier de la monarchie, porté dans les bras d'une mère aux regards attendris, a égaré les sentiments des soldats et produit une sorte de délire. La musique a fait retentir un air connu, dont le choix ne pouvait être l'effet du hasard : *Ô Richard, ô mon roi, l'univers t'abandonne*. Dans cette double ivresse, quelques voix, peut-être mercenaires, ont mêlé des imprécations contre l'Assemblée nationale. Un grenadier s'est accusé d'avoir été infidèle à son prince et a voulu se percer de son épée. Son sang a coulé, ce qui a provoqué des mouvements presque convulsifs. La cocarde nationale, l'emblème des défenseurs de la liberté, a été déchirée, foulée aux pieds. »

Lorsque le député Pétion dénonce le banquet, le 5 octobre, à la tribune de l'Assemblée, *Le Courrier de Provence* reproduit son intervention et publie de nouveaux commentaires : « Un incident presque burlesque, une indécence commise par des hommes ivres, un ruban d'une certaine couleur, peuvent entraîner une révolution. » Et Mirabeau revient à la charge : il propose à l'Assemblée d'interdire « les prétendus festins patriotiques... qui insultent à la misère du peuple et dont les suites peuvent être funestes ».

Fureur de Mirabeau ! Il a lancé à ses collègues :

« Je vous demande de déclarer que la personne du roi est seule inviolable, et que tous les autres individus de l'État, quels qu'ils soient, sont également sujets et responsables devant la loi. »

Stupeur de l'Assemblée. Puis une voix altérée :

« Quoi, la reine ! »

Mirabeau descend de la tribune :

« Si on l'exigeait, je dénoncerais la reine et le capitaine des gardes ! »

Mais, le soir même, le député d'Aix reconnaîtra ses torts : il s'est laissé emporter. Tout en maintenant sa critique de la légèreté de la cour.

Faut-il invoquer les réticences du roi, pressé de se prononcer sur les travaux constitutionnels de l'Assemblée ?

Le matin du 5 octobre, la lecture de sa réponse aux députés est peu faite pour les satisfaire. Le monarque est prêt « à accéder aux articles de l'Assemblée », mais à une condition « dont il ne se départira jamais » : que le pouvoir exécutif soit entièrement dans ses mains. Sur la Déclaration des Droits de l'homme, « qui contient de très bonnes matières », le roi s'interroge, et préfère attendre que le sens d'articles susceptibles de plusieurs interprétations soit fixé par des lois.

Le message est tombé dans un morne silence, à peine troublé

par quelques rares applaudissements de la noblesse et du clergé. Robespierre a protesté :

« La réponse du roi est destructive, non seulement de toute constitution, mais encore du droit de la nation à avoir une constitution. »

Mirabeau s'est inquiété :

« L'approbation que vient de donner le roi fait naître des doutes sur ses sentiments. Il importe, pour le succès de la tranquillité publique, que nos décrets soient acceptés, et surtout qu'ils paraissent l'avoir été volontairement. »

Faut-il deviner, dans le tourbillon des événements, la main invisible du duc d'Orléans, et voir, dans la montée de l'émeute, le résultat de ses intrigues ou de la conspiration qu'il aurait menée ?

La disette est « moitié factice, moitié réelle », selon La Fayette. C'est moins une privation actuelle que la crainte de manquer de pain qui expliquerait l'agitation populaire. La rumeur se fait insistante, dans les milieux proches de la cour : on aurait vu des miséreux, des femmes en guenilles sortir de grosses pièces d'argent de leurs poches. Le duc d'Orléans aurait « soudoyé la populace ».

La fille de Necker, Mme de Staël, repousse cette interprétation : « Que cela soit ou non, il faut n'avoir aucune idée de la Révolution pour imaginer que cet argent, s'il a été donné, ait exercé la moindre influence. Un peuple entier n'est pas mis en mouvement par des moyens de ce genre. La grande erreur des gens de la cour a toujours été de chercher dans quelques faits de détail la cause des sentiments exprimés par la nation entière. »

Faut-il incriminer la passivité de La Fayette, entraîné par la Garde nationale qu'il aurait dû diriger, débordé par les mouvements de foule qu'il aurait dû maîtriser, impuissant à prévenir, ni même à prévoir, la tragédie ?

Le matin du 5, lorsque les femmes de la Halle ont pénétré dans l'Hôtel de Ville pour s'emparer des fusils et même de pièces de canon, la Garde nationale est arrivée sur les lieux pour tenter d'éviter les pillages ; puis les gardes ont été incités à marcher, avec la foule, sur Versailles et La Fayette à prendre la tête du mouvement. Le général de la Garde nationale s'est alors surtout soucié d'être « couvert » : il s'est fait confirmer par la commune de Paris l'ordre de marcher sur Versailles, puis s'est mis, « plus mort que vif », à la tête de la Garde, qui avançait, tambour battant et drapeaux déployés.

Lorsque la Garde s'approche de Versailles, dans la nuit, à la lueur des torches, l'épouvante s'abat sur le château : avance-t-elle en amie ou en ennemie ? La Fayette tente de rassurer le roi, de briser l'ambiguïté :

« Sire, vous voyez devant vous le plus malheureux des hommes. Si j'avais cru pouvoir servir plus utilement Votre Majesté, aujourd'hui, en portant ma tête sur l'échafaud, elle ne me verrait point ici. »

Puis il a fait occuper le château par la Garde nationale, il a cru prendre toutes les précautions, et est allé dormir... Rivarol le surnommera « le général Morphée ». Le lendemain, aux premières lueurs d'un jour gris, le château envahi, les gardes du corps massacrés, la reine terrorisée, le roi a capitulé et La Fayette, accouru trop tard, n'a pu être que le greffier de cette capitulation.

Faut-il suspecter Mirabeau, dont l'attitude a parfois été contradictoire ? Aux premières heures de l'émeute, le 5 octobre, il est le premier à comprendre la gravité de la situation. Il tente d'alerter Mounier, le président de l'Assemblée, qui s'obstine à voir dans le député d'Aix un « boutefeu », agitant par démagogie le spectre de l'insurrection, et qui n'attache aucun crédit à ses avertissements. Pourquoi, par contre, Mirabeau a-t-il fait preuve de juridisme lorsque Mounier a convoqué les députés dans la nuit pour leur demander de se rendre auprès du roi ? Il a objecté :

« Il n'est pas de notre dignité, ni même sage, de déserter notre poste au moment où des dangers imaginaires ou réels semblent menacer la chose publique. »

Mounier est exaspéré. Il est un réformateur timide, de la toute première vague de la Révolution, celle du Dauphiné. Il est débordé par ces jours de violence et cherchera refuge, dès le lendemain, à l'étranger. Il répond à Mirabeau :

« Notre dignité consiste à remplir nos devoirs. Je considère comme un devoir sacré d'être, en cet instant de danger, auprès du roi. »

Mais sa motion, mise au vote, est rejetée. Mirabeau reprend la situation en main :

« Je demande qu'il soit décrété que le roi et l'Assemblée seront inséparables pendant la présente session. »

L'unanimité est obtenue. L'Assemblée va suivre le roi à Paris.

Et Mirabeau, comme s'il faisait repentance, s'inquiète du sort du roi :

« Le roi aura-t-il du moins, à Paris, la sûreté personnelle la plus complète ? De quelles ressources dispose le roi pour conjurer les dangers qui le menacent ? »

Mais comment contester le courage physique et l'autorité

morale de Mirabeau, seul à même de préserver la dignité des délibérations de l'Assemblée ? Lorsque, dans la nuit, la foule, trempée et excitée, occupe, avec force vociférations, les galeries, et réclame « notre petite mère Mirabeau », le député d'Aix s'impose, d'une voix tonnante, et subjugue les manifestants. Et le lendemain matin, il réussit à dégager Malouet, encerclé par un groupe d'hommes, armés de piques.

À Auteuil, Mirabeau plastronne. N'est-il pas chez lui, dans la maison de sa nièce d'Aragon ? Il veut faire impression sur ses collègues de l'Assemblée, ces éléments avancés de la Révolution qui, à ses yeux, restent engoncés dans les faux-semblants de la respectabilité. Il s'emballe, se répand en souvenirs imaginaires... quitte à aggraver sa réputation sulfureuse.

« Lors de mon élection en Provence, j'ai usé de tous les moyens pour triompher. Ainsi, comme je n'étais vraiment pas assuré de la fidélité et de la sincérité de l'un de mes partisans affichés, un homme d'influence dont le soutien m'était nécessaire, j'ai pris une grande résolution : j'ai placé auprès de lui un espion, qui devait me faire rapport sur ses faits et gestes et qui devait même le poignarder s'il trahissait. »

Par bravade, Mirabeau se charge lui-même. Ses interlocuteurs ont compris qu'il exagère, mais feignent l'épouvante :

« Votre espion l'aurait poignardé ?

— Poignardé, vous dis-je.

— Mais vous auriez été responsable d'un assassinat ! »

Mirabeau, après un silence :

« Vous savez, dans les révolutions, la petite morale tue la grande ! »

Il se mesure, du regard, avec La Fayette – ce « sous-grand homme », dont il jalouse la carrière faite d'une accumulation de succès trop heureux, trop faciles, et dont il méprise le manque de volonté. La Fayette, érigé en protecteur du royaume !

La Fayette interpelle le député d'Aix :

« Vous voulez que nous fassions alliance ? J'y mets une condition : cessez d'importuner politiquement la reine ! Le 5 octobre, à l'Assemblée, vous avez parlé de menées contre-révolutionnaires à propos de la reine et laissé entendre que seule la personne du roi est inviolable... »

Mirabeau, ironique :

« Eh bien, général, que la reine vive puisque telle est votre volonté ! Une reine humiliée peut être utile, une reine égorgée n'est bonne qu'à inspirer une mauvaise tragédie ! »

Médaillon de Gabriel-Honoré de Mirabeau.
Musée Arbaud, Aix-en-Provence, d'après le portrait en pied de Boze.

Mme de Vassan, la grand-mère maternelle,
avec à son côté, debout, sa fille, future mère de Mirabeau.

Musée Arbaud, Aix-en-Provence © *Photo Jean Bernard*

Le bailli Jean-Antoine de Mirabeau, l'oncle de Mirabeau, en cuirasse.
Il est l'élément équilibré et équilibrant de la famille, son « bon génie ». Gouverneur de la Guadeloupe, il n'admet pas les traitements infligés aux Noirs et est en butte à l'hostilité des colons. À travers l'indignation de son oncle, Gabriel-Honoré prendra conscience de l'immense tragédie de l'esclavage.

Musée Arbaud, Aix-en-Provence

Le marquis Victor de Mirabeau, père de Gabriel-Honoré, par Aved, au Musée Arbaud (esquisse du portrait du Louvre).
Admirateur de Montesquieu, ami des physiocrates, il devient l'un des hommes les plus célèbres d'Europe, en 1756, avec la publication de son essai *L'Ami des Hommes*, un « traité de la population ».

Trois femmes dans la vie de Mirabeau :
En haut, à gauche : Émilie de Covet, fille du marquis de Marignane, épousée à Aix, le 22 juin 1772. « Elle était née pour être raisonnable… et elle l'aurait été si je n'eusse pas été très fol. »
En haut, à droite : Sophie de Monnier, enlevée par Mirabeau au printemps 1776. Une passion incandescente, qui conduira Sophie à la captivité, puis au suicide.
En bas : Henriette-Amélie de Nehra, la compagne des voyages à travers l'Europe (1784-1787), l'admiratrice forte et froide qui mettra, pour un temps, de l'ordre dans la vie de Mirabeau.

Musée Arbaud, Aix-en-Provence

Mirabeau, prisonnier à Vincennes.
Cible des lettres de cachet demandées par son père, Mirabeau a été incarcéré au château d'If en septembre 1774, puis au fort de Joux, près de Pontarlier, en mai 1775. Fugitif en janvier 1776, il est repris à Amsterdam le 14 mai 1775. Il connaîtra quarante-deux mois de captivité au donjon de Vincennes, avant de retrouver la liberté, le 13 décembre 1780.

Musée Arbaud, Aix-en-Provence

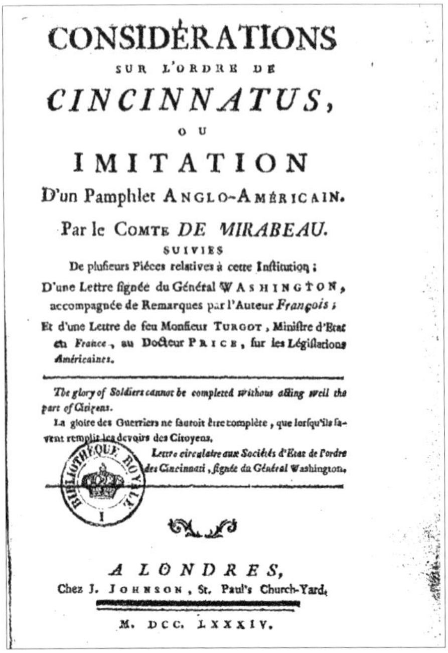

CONSIDÉRATIONS
SUR L'ORDRE DE
CINCINNATUS,
OU
IMITATION
D'un Pamphlet ANGLO-AMÉRICAIN.
Par le COMTE DE MIRABEAU.
SUIVIES
De plusieurs Piéces relatives à cette Institution ;
D'une Lettre signée du Général WASHINGTON,
accompagnée de Remarques par l'Auteur François ;
Et d'une Lettre de feu Monsieur TURGOT, Ministre d'Etat en France, au Docteur PRICE, sur les Législations Américaines.

The glory of Soldiers cannot be completed without acting well the part of Citizens.
La gloire des Guerriers ne sauroit être complète, que lorsqu'ils savent remplir les devoirs des Citoyens.
Lettre circulaire aux Sociétés d'Etat de l'ordre des Cincinnati, signée du Général Washington.

A LONDRES,
Chez J. JOHNSON, St. Paul's Church-Yard.
M. DCC. LXXXIV.

En 1784, Mirabeau publie le premier ouvrage signé de son nom : les *Considérations sur l'ordre de Cincinnatus* – une commande de Benjamin Franklin, un pamphlet contre l'intention prêtée à Washington de créer un ordre aristocratique au sein de la jeune république américaine.

Musée Arbaud, Aix-en-Provence

Frédéric II, « le Grand », « l'Unique », le monarque prussien que Mirabeau admirait et qu'il rencontra à Potsdam le 25 janvier, puis le 17 avril 1786. Mirabeau fit des offres de service au « roi-soldat », qui souhaita revoir « un couple de fois » celui qu'il avait d'abord pris pour un « efféminé satyrique ».

Bibliothèque nationale de France

À son retour de Berlin, Mirabeau se lance dans un réquisitoire contre le ministre Calonne, accusé de s'être laissé aller à de périlleuses spéculations en marge de ses fonctions officielles. Ici, Calonne en chimpanzé, face aux administrés qui refusent d'être payés en monnaie de singe.

Caricature de l'Assemblée des notables, 22 février 1787
© Musée de la Ville de Paris, Musée Carnavalet/*Giraudon*/*The Bridgeman Art Library*

Necker, le financier genevois, directeur général des finances du royaume, puis ministre d'État, pour qui Mirabeau éprouve une aversion naturelle, spontanée.

BnF

Le premier assignat, né du décret du 17 avril 1790.
Après avoir qualifié les assignats de « peste circulante » et d'« emprunt le sabre à la main », Mirabeau finit par considérer qu'ils n'ont que des avantages face à la banqueroute du Trésor royal.

BnF

DOMAINES NATIONAUX
Hypothéqués au remboursement des *Assignats* décrétés par l'Assemblée Nationale,
Les *19 & 21 Décembre 1789, 16 & 17 Avril 1790, sanctionnés par* LE ROI.

LOUIS XVI. ROI DES FRANÇOIS.

ASSIGNAT DE Deux Cents liv.

DEUX CENTS

Il sera payé, à l'ordre du sieur Hugues *, la somme de* DEUX CENTS *LIVRES*, *à la* Caisse de l'Extraordinaire, *conformément aux dispositions du Décret des seize & dix-sept Avril mil sept cent quatre-vingt-dix.*

LA LOI ET LE ROI.

N.° 10174

INTÉRÊT par Jour, *QUATRE DENIERS.*

En haut : l'ouverture des États généraux, le 5 mai 1789 (détail), dans l'immense salle ovale des Menus-Plaisirs. Mirabeau a-t-il réellement envisagé de répondre au roi ? Son discours était prêt. Il le publiera dans son *Journal des États généraux.*
En bas : les costumes de cérémonie des trois ordres.

BnF, Cabinet des Estampes

Le 23 juin 1789, Mirabeau entre dans l'Histoire. Au jeune et brillant maître des cérémonies, le marquis de Dreux-Brézé, qui enjoint aux députés du Tiers de se disperser, il lance : « Si l'on vous a chargé de nous faire sortir d'ici, vous devez demander des ordres pour employer la force. Car nous ne quitterons nos places que par la force des baïonnettes. »

Tableau de Joseph-Désiré Court. Rouen, Musée des Beaux-Arts
(C) RMN / © Agence Bulloz

Choderlos de Laclos, à peine sorti des *Liaisons dangereuses*, ce tableau clinique d'un libertinage auquel il ne participe guère, devient « l'âme du parti d'Orléans ».

BnF, Cabinet des Estampes

Le duc d'Orléans pourrait être, selon Mirabeau, « un roi de rechange »… dont Mirabeau serait le Richelieu.

BnF, Cabinet des Estampes

Le 12 juillet 1789, Paris s'embrase, soulevé par les rumeurs – Necker a été renvoyé par le roi, qui rassemble les troupes fidèles à la monarchie –, ici au Champ-de-Mars.

BnF, Cabinet des Estampes

Le 3 juillet 1790, Mirabeau rencontre secrètement la reine au palais de Saint-Cloud. Il est subjugué, jure sa fidélité monarchique, dit ses remords d'avoir été responsable de certains des chagrins de la reine. Mais comment Marie-Antoinette aurait-elle pu comprendre le grand écart permanent de cet aventurier de la politique, son double jeu de chef de file d'une assemblée hostile et d'allié secret de la cour ?

Musée Arbaud, Aix-en-Provence

L'éternel rival, Gilbert Motier, marquis de La Fayette, que Mirabeau surnomme « Gilles César » – Gilles, comme le personnage de la Comédie-Italienne, un grand niais au regard candide et au cœur tendre, le nez au vent, César car il est devenu, depuis les journées d'Octobre, le vrai pouvoir dans le royaume.

BnF, Cabinet des Estampes

La Fête de la Fédération, le 14 juillet 1790, le jour du triomphe de La Fayette.

BnF, Cabinet des Estampes

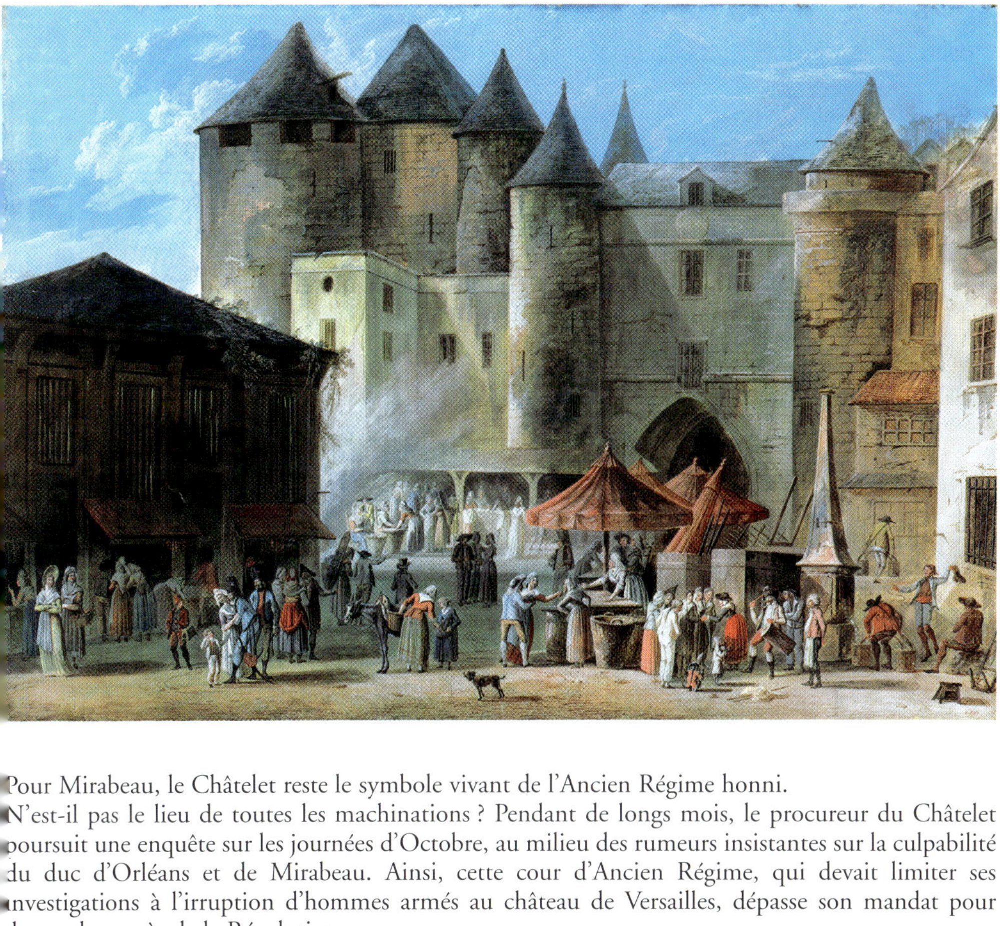

Pour Mirabeau, le Châtelet reste le symbole vivant de l'Ancien Régime honni.
N'est-il pas le lieu de toutes les machinations ? Pendant de longs mois, le procureur du Châtelet poursuit une enquête sur les journées d'Octobre, au milieu des rumeurs insistantes sur la culpabilité du duc d'Orléans et de Mirabeau. Ainsi, cette cour d'Ancien Régime, qui devait limiter ses investigations à l'irruption d'hommes armés au château de Versailles, dépasse son mandat pour dresser le procès de la Révolution.
Ici, le Châtelet, au centre de Paris, place de l'Apport.

Peinture de Thomas Naudet

Le comte de La Marck, prince d'Arenberg, descendant d'une des plus anciennes maisons princières d'Europe, né et élevé à Bruxelles, élu député de la noblesse par le bailliage du Quesnoy. Fasciné par les idées et l'énergie de Mirabeau, il sera son ami fidèle, sa conscience « monarchique » et son intermédiaire auprès du roi.

BnF

L'émigration se développe. Les caricaturistes recensent les proches de la cour qui ont franchi les frontières. Alors que le climat de Paris vire à l'émeute, Mirabeau défend « la liberté d'émigrer ». « Ne faites pas de vos États une prison ! » lançait-il, naguère, à Frédéric II.

BnF, Cabinet des Estampes (détail)

Les funérailles de Mirabeau, le 4 avril 1791, sont les premières funérailles d'État sous la Révolution. Un cortège gigantesque, représentant tous les segments de la nation. Oraison funèbre et tirs de mousquets en l'église Sainte-Eustache. Inhumation provisoire, à la lueur des torches et au roulement des tambours voilés, dans l'ancienne église Sainte-Geneviève… en attendant le Panthéon.

Musée Arbaud, Aix-en-Provence

Le 13 novembre 1792, des ouvriers, occupés à des réparations au palais des Tuileries, découvrent par hasard une armoire de fer, contenant la correspondance secrète de Mirabeau avec la cour. Le 21 septembre 1794, les « restes impurs » de Mirabeau sont rejetés du Panthéon.

Musée Arbaud, Aix-en-Provence

Buste de Mirabeau, par Lucas de Montigny.
Musée Arbaud, Aix-en-Provence

Le dialogue s'aigrit. La Fayette ne peut adhérer à ce parti pris de cynisme :

« Ne vous faites pas plus noir que vous n'êtes ! Notre coopération ne peut se bâtir sur l'immoralité ! »

Alexandre de Lameth intervient. Mirabeau le jauge, une fois de plus : pour lui, Lameth n'est qu'un aristocrate de cour, un courtisan égaré dans la Révolution, peut-être simplement parce que la reine ne lui a pas prêté une attention suffisante... Maintenant, il fait sa cour au peuple.

Mais Lameth joue les pacificateurs :

« La situation du royaume est difficile. Il nous faudrait un vrai gouvernement, qui tienne solidement la barre, en ces temps orageux. Le ministère ne présente pas les qualités nécessaires. »

Une certaine harmonie se fait jour entre les sept « reconstructeurs ». Les ministres sont exécutés, un à un : Necker, un vrai technicien des finances, mais incapable de se comporter en homme d'État ; Montmorin, trop faible ; Champion de Cicé, Saint-Priest, La Tour du Pin, qui n'entendent rien à l'administration ; La Luzerne, exclusivement passionné de botanique. Ils sont tous des hommes d'Ancien Régime, trop âgés pour adhérer à l'esprit du temps.

Quel sera le profil du prochain cabinet ? Comment le composer ? Ici, la prudence domine. Quelques noms sont prononcés... mais aucun des présents, aucun des « Sept » ne sera proposé : ce serait être juge et partie.

Mirabeau acquiesce :

« Je sais que j'ai élevé devant moi un môle de préjugés, qu'il me faudra du temps pour détruire. »

Les « Sept » se rapporteront à Louis XVI. Au roi de prouver sa loyauté à la Révolution en désignant des ministres compétents et d'opinion « avancée ». Mais changer de gouvernement ne suffira pas : ambassadeurs, intendants, tous les hauts cadres du royaume devront, eux aussi, être choisis parmi les amis du nouvel ordre.

INTERDIT DE MINISTÈRE

Le ministère s'ouvrira-t-il à Mirabeau ? Depuis la réunion d'Auteuil, le député d'Aix développe sa stratégie. Les intrigues s'entrecroisent. Les rencontres, les messages se multiplient.

Mirabeau pense avoir neutralisé La Fayette. Il a fait son éloge public, le 19 octobre, lors de la première séance de l'Assemblée à Paris, à l'archevêché. La Fayette, au nom de la Garde nationale, était venu présenter ses vœux aux députés et avait promis de veiller à leur sécurité. Mirabeau avait, alors, proposé de voter des remerciements au général, comme au maire de Paris, Bailly, pour « leur infatigable vigilance ».

Il l'avait également flatté dans sa correspondance. Il lui avait adressé une longue note, mêlant louanges et mises en garde : « Un homme dans l'État est garant du repos et du salut public, M. de La Fayette... Mais la force publique dont il dispose peut être un obstacle ; si les subsistances manquaient, elle pourrait même se tourner contre son chef. M. de La Fayette doit pouvoir compter sur le concours de tous les agents de l'autorité, et donc avoir un ministère à lui. » Le général a la réputation de se fier à son influence personnelle ? « Toute influence est nulle lorsqu'il s'agit de subsistances et de finances ; l'éloquence, les vertus, l'opinion publique ne donnent pas de pain si l'on manque du blé. »

La Fayette reste méfiant, mais il est ébranlé. Il semble gagné à l'idée de la nomination d'un nouveau gouvernement, mais il cherche à temporiser :

« Procédons à un renouvellement du ministère après le départ de Necker, qui ne sera probablement plus aux affaires dans deux mois.

— Dans deux mois, l'État est perdu ou sauvé sans retour, objecte Mirabeau. C'est maintenant qu'il faut délibérer ! On ne dit pas à un malade à l'agonie qu'on s'occupera de sa guérison dans deux mois ! »

Mais La Fayette hésite. Pour gagner du temps, il a ménagé de nouvelles entrevues de Mirabeau avec Montmorin, puis Necker.

Montmorin, blessé par les attaques de Mirabeau contre le ministère, s'est montré très réservé. Le tribun tente de lui expliquer sa situation de chef de file de l'Assemblée :

« Vous ne devez pas vous formaliser de mes " excursions " contre vous. Vous devez me laisser une certaine liberté dans ce domaine... Car l'Assemblée est comme un âne indompté, qu'on ne peut monter qu'avec beaucoup de ménagements. »

Necker a voulu recevoir Mirabeau, seul à seul. Allant jusqu'au bout des concessions, le député d'Aix a soumis, avant l'entretien, à La Fayette, une esquisse de nouveau gouvernement. Necker, loin de partir « dans les deux mois », serait Premier ministre – il est vrai que Mirabeau précise : « Parce qu'il faut le rendre aussi impuissant qu'il est incapable, et cependant conserver sa popularité au roi. » Talleyrand et La Fayette entreraient dans l'exécutif, ainsi que Mirabeau « au Conseil du roi, sans département » – il serait ministre sans portefeuille.

Mais Necker n'a rien perdu de sa hauteur, de son intransigeance. Il refuse le plan de nouveau gouvernement, à l'issue d'un entretien qui dure cinq heures.

« Ma force à moi, lance-t-il à Mirabeau, consiste dans la morale. Vous sentirez, un jour, la nécessité d'un apport de la morale. Jusqu'à ce que ce moment soit arrivé, il peut convenir au roi de vous avoir pour ministre, mais il ne se peut pas que nous le soyons ensemble. »

Dépit et colère de Mirabeau, qui écrit à La Fayette pour dénoncer « l'orgueil brutal ou plutôt délirant du méprisable charlatan ». Necker « a mis le trône et la France à deux doigts de leur perte et il s'obstine à la consommer plutôt que de s'avouer son incapacité ». Notre tribun s'indigne surtout de la « perfide collusion » des ministres avec Necker : il ne sera décidément pas « leur auxiliaire ».

Nouvelle entrevue de Mirabeau avec La Fayette : le commandant de la Garde nationale renonce à entrer au Conseil ; le député d'Aix se maintient « dans la perspective d'être ministre », mais il attendra que les circonstances aient imposé un changement total du ministère.

Comment ne pas retourner les événements tumultueux contre le ministère, alors que le ressentiment de l'Assemblée est si évident ? Un boulanger vient d'être sauvagement assassiné par la foule parisienne : il a été pendu à une lanterne car une rumeur – fallacieuse – l'accusait d'avoir caché du pain. Une délégation de la municipalité parisienne se présente devant l'Assemblée et lui demande de décréter la loi martiale – loi dont Mirabeau avait souhaité la proclamation, trois jours plus tôt.

Mirabeau s'installe à la tribune :

« Tout se tait et doit se taire devant un peuple qui a faim. Mais que fera la loi martiale devant un peuple attroupé ? Nous devons demander au gouvernement qu'il nous dise quels moyens il lui faut, quelles ressources il attend. Après quoi, il devra se comporter en responsable des mesures à prendre. »

L'un des ministres, Saint-Priest, qui a été congédié en même temps que Necker, puis rappelé avec lui pour reprendre l'Intérieur, est la cible particulière de Mirabeau. Il aurait dit aux femmes, à Versailles : « Quand vous n'aviez qu'un roi, vous ne manquiez pas de pain. À présent, vous en avez 1 200, allez vous adresser à eux. » Saint-Priest nie énergiquement avoir tenu ces propos. S'il a fait des remarques, elles ont été travesties. Mirabeau persiste : Saint-Priest « représente la contre-Révolution » ; il a « le despotisme dans l'âme ».

Les ministres sont ulcérés. Ils adressent un mémoire à l'Assemblée, pour répondre aux attaques de Mirabeau. Ils expriment leur découragement : il leur est impossible de faire respecter les lois sur la liberté du commerce des grains, car les anciennes ordonnances sont devenues lettre morte ; il est plus facile aujourd'hui de renoncer aux hautes fonctions que de les assumer, car la confusion règne dans tout le royaume... et ils se disent prêts à céder leur place à « d'autres personnes », qui auraient « plus de moyens et de ressources pour servir le roi et l'État ». Pourquoi ne pas les prendre au mot ? Mirabeau réplique, toujours aussi incisif, dans *Le Courrier de Provence* : « Ils ne répondent aux plaintes contre eux qu'en exposant la prostration de toutes les forces publiques, le dénuement de tous les moyens de l'État. » Et si les ministres donnaient leur démission ? À La Fayette d'agir. Il semble maintenant tout acquis aux vues de Mirabeau... « mais saura-t-il conserver sa décision ? »

Dans le même temps, Mirabeau a de graves ennuis d'argent. Il ne sait plus comment rétribuer ses collaborateurs genevois. En outre, un jeune avocat provençal, Pellenc, qu'il avait rencontré lors du procès d'Aix, vient de le rejoindre, avec une femme « jeune et jolie ». Mirabeau se sent « étouffé d'embarras subalternes » ; il est contraint de se faire quémandeur. Le banquier

Jeanneret, auquel il doit plus de 10 000 livres, le menace d'un mémoire imprimé. La Fayette propose son aide. Mirabeau est pris de scrupules : « Je ne peux accepter un grand secours sans une place qui le légitime. »

Montmorin transmet, par La Fayette, une proposition : Mirabeau pourrait être nommé dans une ambassade – Turquie, Hollande ou Angleterre –, qu'il ne rejoindrait pas, mais dont il percevrait le traitement mensuel. Le député d'Aix serait prêt à accepter, s'il recevait la promesse écrite du roi de sa prochaine nomination au gouvernement

Les intrigues se poursuivent. Talleyrand apparaît dans les esquisses successives de ministères, qu'élabore Mirabeau : il figure aux Finances, puis aux Affaires étrangères. Les deux hommes semblaient définitivement brouillés, depuis la publication de l'*Histoire secrète de la cour de Berlin* ; la question des biens du clergé les a rapprochés. Le 10 octobre, Talleyrand, en joueur enragé qui a misé sur la Révolution, a proposé d'affecter les biens du clergé, évalués à plus de deux milliards, au paiement de la dette de l'État. Le 2 novembre, Mirabeau le relaiera, à l'Assemblée, avec l'aide précieuse de son secrétaire Pellenc, capable d'argumenter à l'infini sur la nature juridique desdits biens...

« Si les biens de l'Église sont consacrés au culte public, les temples et les autels appartiennent à la société. Les membres du clergé sont des officiers de l'État, le service des autels est une fonction publique, le prêtre doit être rémunéré par la nation, comme le magistrat ou le soldat. »

Et Mirabeau d'aller jusqu'aux limites de son raisonnement : « Jamais le corps de marine ne s'est approprié les vaisseaux, construits par la nation pour la défense de l'État. »

D'autres alliances se nouent et se dénouent. L'archevêque Champion de Cicé, garde des Sceaux, conspire, de l'intérieur même du ministère, contre Necker ; il veut être de la prochaine combinaison ministérielle ; il veut absolument entrer en contact avec Mirabeau – deux semaines plus tard, il conspirera contre lui. Pour l'heure, le lieutenant civil au Châtelet, Talon, se présente comme le porte-parole de Cicé. Chef de la police parisienne et en possession d'une grande fortune, il veut jouer un rôle politique... et remplacerait volontiers son ami Cicé à la justice ! Il n'est pas très satisfait de ses premiers contacts avec le député d'Aix :

« Je fais des vœux pour que Mirabeau soit de bonne foi. Ce sera peut-être la première fois de sa vie, mais il y a un commencement à tout. »

Talon plaide la cause de Mirabeau auprès de La Fayette : il faut en finir et ouvrir la porte du ministère au seul homme qui puisse consolider la situation des ministres. Le député Adrien Duquesnoy, fidèle soutien du gouvernement... et futur fidèle de Mirabeau, partage ses vues : « Mirabeau, géant au milieu des Pygmées, a seul le génie, les talents, la force de caractère pour nous retirer du chaos... Après tout, le seul risque serait qu'il renforce trop le pouvoir royal par les talents mêmes dont il a fait usage pour l'anéantir. »

Parmi les adversaires inconciliables de Mirabeau : le très remuant ambassadeur des États-Unis, Morris, qui exerce une forte influence sur La Fayette. Représentant d'une nation égalitaire de pionniers, Morris est, paradoxalement, fasciné par l'aristocratie française, pour laquelle il éprouve le respect d'un parvenu. Il est indulgent envers ceux qu'il considère comme des gens du monde – tel Talleyrand, qu'il retrouve souvent chez sa maîtresse, Mme de Flahaut. Par contre, il est implacable envers Mirabeau, qui, à ses yeux, demeure un renégat, traître à sa classe. Il s'indigne auprès de La Fayette, quand celui-ci lui soumet les éventuelles combinaisons ministérielles :

« Si vous entrez au ministère en même temps que Mirabeau, tout Français honnête se demandera la cause de cette étrange coalition. Il y a des hommes qu'il faut employer, mais sans leur donner sa confiance. La liberté, que vous incarnez, rougira de honte si c'est une main polluée qui la conduit. »

Puis l'ambassadeur varie ses arguments : « J'insiste pour que Mirabeau ne soit pas introduit dans le Conseil. Au demeurant, s'il y entre, il perdra immédiatement toute influence sur l'Assemblée. »

Morris joue les intercesseurs entre Talleyrand et La Fayette. Talleyrand veut-il maintenant évincer Mirabeau ? Il affirme, péremptoire : « Personne, excepté Necker, ne peut faire face à la famine et à la banqueroute. Il faut attendre au moins trois mois pour un nouveau ministère. »

La Fayette l'interroge :

« L'influence de Mirabeau au sein de l'Assemblée est-elle toujours grande ?

— Elle n'est pas énorme. »

Dans l'attente d'une charge d'État, Mirabeau se comporte en homme d'État. Il reprend à son compte une idée de Sieyès : inscrire sur le tableau national des citoyens chaque Français à son vingt et unième anniversaire – afin de substituer à l'ancien dévouement à la monarchie absolue des allégeances nouvelles.

« Il est important de montrer à la jeunesse les rapports qu'elle soutient avec la patrie... La langue des signes est la vraie langue des législateurs. Les démocraties qui ont jeté par-dessus bord l'ancien cérémonial préparent une vie trop terne, trop raisonnable, pour la nouvelle génération. »

Le projet de Constitution prévoit que seuls seront éligibles à l'Assemblée les citoyens payant une contribution d'au moins un marc d'argent. Mirabeau manifeste avec vigueur son opposition à ce texte : son but reste d'associer les masses au nouveau régime.

« Quel est le vrai titre, le titre légal d'éligibilité ? La confiance. Quelle loi peut asservir les citoyens à ne chercher que dans une certaine classe ceux qui peuvent devenir leurs représentants ? »

Mais Mirabeau s'impatiente. Il veut lancer l'assaut contre le gouvernement. Il le veut d'autant plus qu'il lui faut entraîner les indécis. Il prépare la première escarmouche.

Le 5 novembre, Mirabeau évoque les troubles de Marseille : la tension monte entre la population et les éléments – maximalistes – recrutés au sein de la milice locale. Plusieurs Marseillais sont inculpés pour avoir inspiré des désordres ; ils sont placés au château d'If et réclament les pièces justificatives de la procédure, mais ils sont déboutés. Mirabeau est excédé : le ministère se contente de ruser avec la Révolution.

« Les ministres chercheraient-ils encore des détours ? Voudraient-ils rendre nuls vos décrets en ne s'occupant qu'avec lenteur de l'exécution ? »

L'Assemblée adopte immédiatement le projet de résolution de Mirabeau : « Il sera demandé à M. le garde des Sceaux et aux secrétaires d'État d'accuser réception des décrets de l'Assemblée. »

Le député d'Aix exulte : « J'ai gagné une première bataille contre les ministres pour la Provence. La partie marche à pas de géant. J'engage maintenant la grande bataille contre le ministère. » Il est conscient de sa force : « Le ministère doit recevoir la commotion du départ de Necker ! La Fayette devra me donner carte blanche pour la composition du futur ministère. Sans quoi, le ministère pourrait être constitué sans lui. »

Une partie qui se joue dans un cadre encore inhabituel : l'Assemblée a déménagé dans la salle du Manège, incommode et mal aérée, près des Tuileries. Le docteur Guillotin veille sur la santé de l'Assemblée : il trouve le Manège « néfaste » pour l'hygiène des députés. D'autres inconvénients apparaissent : ceux de la forme des délibérations. Les orateurs s'expriment dans l'ordre où ils se sont inscrits, les discours ne sont pas liés entre eux… L'exiguïté des lieux rend ces défauts plus sensibles qu'aux Menus-Plaisirs.

Le 6 novembre. Mirabeau lance l'assaut décisif – qui devrait amener la chute de Necker et l'avènement d'un vrai régime parlementaire.

L'ordre du jour appelle les questions de finances. C'est donc sur ces questions qu'interviendra Mirabeau, même s'il s'agit surtout d'un prétexte, d'une préface à la grande explication constitutionnelle.

Mirabeau veut mettre en pleine lumière la détresse financière du royaume « dont l'aggravation peut rendre tous nos travaux inutiles ». Il dénonce la spéculation : « C'est maintenant un commerce avantageux que d'envoyer nos louis et nos écus dans les places étrangères. »

Il dénonce la Caisse d'escompte, sur laquelle s'appuie Necker, mais sans lui imposer un contrôle de l'État : « Elle nous inonde d'un papier-monnaie de l'espèce la plus alarmante, puisque la fabrication de papier reste dans les mains d'une compagnie nullement comptable envers l'État. »

Il propose la création d'une Caisse nationale, qui serait chargée de la gestion de la dette, « sous l'inspection immédiate de la nation » : « Alors disparaîtront cette légèreté et ce charlatanisme qui ont caractérisé tous les plans d'amortissement. »

Il voit, dans la pénurie de monnaie métallique, le reflet d'un manque de confiance de l'opinion : « Le papier-monnaie n'est point épargné. Chacun cherche à s'en débarrasser contre de la monnaie métallique, qui sera thésaurisée… »

Il attribue aussi à l'inflation de papier-monnaie la « crise des subsistances » dans la capitale : « Ce n'est que l'argent à la main qu'on peut aller ramasser le blé dans les campagnes. »

Il suggère enfin d'acquérir du blé aux États-Unis en échange des intérêts de la créance de la France : « Ces intérêts suffiraient à payer un approvisionnement de plus de deux mois pour la ville de Paris, et le tiers de notre créance assurerait la consommation d'un semestre. »

Rendre à la nation le crédit qu'elle mérite ! Mirabeau dit son optimisme : « Il ne manque que le retour à la paix et au bon ordre, et vous y marchez à grands pas ! »

Subsiste… un désaccord fâcheux entre le gouvernement et l'Assemblée, qui « se regardent comme ennemis et craignent de discuter en commun sur la chose publique ».

Le député d'Aix a ainsi abordé la question constitutionnelle, le thème véritable de son intervention :

« Pourquoi ces tristes malentendus ? Quels sont les moyens de mettre fin à toutes ces contradictions qui ne cesseront de s'élever, aussi longtemps que les ministres du roi seront absents de l'Assemblée ? »

Mirabeau s'appuie sur l'exemple de l'Angleterre, où les ministres sont présents et peuvent être interpellés par tout membre de la Chambre des Communes. Puis il revient à la France : pourquoi redouter la présence des ministres, pourquoi cette « timidité soupçonneuse qui se précipite dans les pièges, par la crainte même de les braver » ?

« À l'Assemblée, les ministres ne pourront pas combattre la liberté du peuple. À l'Assemblée, leurs préjugés, leurs erreurs, leurs ambitions seront dévoilés avec énergie. Dira-t-on que le ministre pourrait influencer l'Assemblée par sa présence ? L'influence des ministres, si elle ne résulte pas de leurs talents et de leurs vertus, tient à des manœuvres, des séductions, des corruptions secrètes. Si quelque chose peut en tempérer l'effet, c'est bien leur présence à l'Assemblée, où ils se trouvent sans cesse sous les yeux d'une opposition qui n'a nul intérêt à les ménager. »

Mirabeau a posé la question décisive pour l'avenir de cette monarchie constitutionnelle, limitée, qui prend forme. Sera-t-elle de type parlementaire, fondée sur la responsabilité de l'exécutif devant l'Assemblée ? Des ministres se sentent menacés : la barrière entre les pouvoirs exécutif et législatif sera supprimée ; ils siégeront, sur un banc, à l'Assemblée, et demain, des membres de l'Assemblée seront ministres.

La droite est stupéfaite, atterrée ; elle n'imaginait pas une telle évolution ; le ministère devait rester la chasse gardée du monarque. À gauche, nombre d'ambitions déçues s'inquiètent de l'ombre toujours plus menaçante de Mirabeau. Mais le débat ne reflète pas cette crainte-là.

Clermont-Tonnerre approuve le député d'Aix :

« Nous avons souvent gémi sous des ministres ineptes, et le despotisme des ministres ineptes est le fléau le plus humiliant pour des hommes libres. Mais, si les ministres sont admis parmi vous, dans quatre jours il n'en restera plus un seul ou ils ne seront plus ineptes. »

Au contraire, le député Blin, de Nantes, se lance dans une âpre critique du régime parlementaire… en partant de l'exemple anglais, qui lui semble synonyme de corruption ! La présence physique des ministres facilite la corruption, ce mal dont dépérit la Chambre des Communes. Surtout, Blin a perçu une contradiction dans la posture du député d'Aix : n'est-ce pas le même Mirabeau qui s'opposait à la présence du ministre Necker dans un débat parlementaire, au mois d'août, et qui refusait qu'on puisse « opiner » en présence des ministres du roi ? « Les maximes soutenues alors n'ont pu changer si vite ! »

Le vicomte de Noailles, pourtant ami de la faction « avancée » des triumvirs, repousse lui aussi le précédent anglais : « Méfions-nous des entreprises de l'exécutif ! »

En privé, Adrien Duquesnoy tente d'aller à l'essentiel : « Les ministres du roi sont des gens ineptes et sans talent. Quand ils seront à l'Assemblée, nous, qui avons beaucoup plus de talent qu'eux, nous leur adresserons des interpellations auxquelles ils ne pourront pas répondre. La France entière et le roi verront que nous en savons plus qu'eux. Ils seront renvoyés et nous serons à leur place. »

La mécanique parlementaire est-elle ainsi dénudée ? Duquesnoy n'en a pas fini. Il hésite : « Au fond, la présence des ministres ne peut qu'être infiniment utile à la chose publique... et aux ministres eux-mêmes. Mais ce n'est pas seulement une question de fond. Il y a aussi des ambitions, des arrière-pensées personnelles... Après tout, on peut approuver, sur le fond, la proposition de Mirabeau et la rejeter parce qu'on ne veut pas de Mirabeau ministre. »

Telle est la question, en ce soir du 7 novembre, où Mirabeau croit déjà tenir la victoire... Talon va chez La Fayette : il veut faire l'impossible « pour le déterminer », car il vient d'apprendre « qu'une cabale terrible se forme à l'Assemblée contre Mirabeau ».

Le 7 novembre, le débat reprend. François de Montlosier, élu de la noblesse d'Auvergne, se lève. Il a été incité à prendre la parole par Champion de Cicé, le garde des Sceaux, qui assure Mirabeau de son appui et ne cesse d'intriguer contre lui. Aristocrate, homme de droite, il dit son opposition irréductible à un roi « à l'anglaise », dont les pouvoirs seraient abandonnés aux ministres. Il ironise sur les ambitions de Mirabeau : « Il y a un sens mystique dans sa proposition... »

A-t-il voulu qualifier de « mystique » la permanente dépendance financière de Mirabeau ? Ceux des députés qui saisissent l'allusion s'esclaffent... Montlosier poursuit : « ... mais une pareille proposition est le renversement de tout bon principe. »

Mirabeau ne s'émeut pas. La droite monarchiste la plus traditionnelle s'est exprimée. Il espère encore avoir le soutien de La Fayette, des triumvirs, des « hommes de progrès ».

Lanjuinais, un ardent député de gauche, breton, catholique, professeur de droit canon, se dresse. Lui aussi a été approché par le garde des Sceaux :

« Mes cahiers de doléances m'interdisent d'opiner devant les ministres... Nous avons voulu séparer les pouvoirs. Ne renonçons pas à cette séparation. Nous courons le risque de réunir, dans la personne des ministres, les pouvoirs exécutif et législatif... »

Mirabeau est déçu : Lanjuinais n'a guère compris ce jeu de la responsabilité parlementaire auquel il s'efforce d'initier l'Assemblée ! Mais le pire est à venir. Lanjuinais a tout simplement pris pour cible l'ambition supposée du député d'Aix :

« Nous exposerions les ministres à être le jouet des hommes ambitieux... s'il s'en trouvait dans cette Assemblée. Un génie éloquent vous entraîne et vous subjugue : que ne ferait-il pas s'il devenait ministre ? »

Lanjuinais propose donc un amendement à la proposition de Mirabeau : pendant toute la durée de l'Assemblée, et même pendant les trois ans qui suivront, un député ne pourra rien obtenir du gouvernement – ministère ou même pension, avancement, grâce...

Les députés jubilent. Duquesnoy, qui a cessé de rêver à un ministère Mirabeau, est satisfait : « Quel que soit l'art avec lequel on la déguise, l'ambition perce toujours ; elle n'échappe pas aux hommes un peu habitués à observer. »

Mais n'est-il pas excessif de tout interdire ? Il peut y avoir des avancements légitimes. Blin propose simplement qu'aucun député ne puisse entrer au gouvernement pendant toute la durée de la présente session de l'Assemblée.

Des députés l'approuvent :

« C'est tout à fait ce qu'il faut ! Aux voix ! »

Mirabeau demande la parole sur la motion Lanjuinais.

Il sait qu'il a perdu. Il n'a guère été soutenu par La Fayette, qui a trop mollement réagi aux cabales des ministres. Il a été trahi par la gauche de l'Assemblée, les Duport, Barnave, Lameth, dont il se faisait le porte-parole lorsqu'il proposait la présence physique et la responsabilité des ministres. Il a été trahi parce que ses « amis » ont préféré un règlement de comptes personnel à la bataille des idées. L'intervention de Mirabeau importait peu, ses arguments n'étaient même pas écoutés : l'essentiel était de couper à

Mirabeau, ce chef de file jalousé de l'Assemblée, la route du ministère, la conduite du gouvernement.

Autant partir en beauté, sur un discours hautain et mordant qui griffera les députés, qui les mettra en face de leur déloyauté. Comme jadis, au procès d'Aix, lorsqu'il avait asséné sa vérité à cette brigade d'avocats hostiles, au public, aux magistrats, alors qu'il savait la partie perdue.

Mirabeau parle – avec un parfait sang-froid, toute colère contenue, un sourire sarcastique sur les lèvres. Il déploie son ironie pour entrer dans une série de raisonnements à la limite de l'absurde : l'auteur de la motion pense-t-il réellement que l'élite de la nation, rassemblée au sein de l'Assemblée, ne peut pas renfermer un bon ministre ? Que la confiance obtenue de la nation par les députés, lors de leur élection, doit les exclure de la confiance du monarque ? Que si tous les citoyens ont une égale aptitude à tous les emplois, comme l'a récemment affirmé la Déclaration des droits, il faudrait exclure de cette aptitude les 1 200 membres de l'Assemblée ? Que l'Assemblée et le ministère sont tellement opposés l'un à l'autre, qu'il faille écarter tous les moyens d'établir un dialogue entre eux ?

Mirabeau continue à dresser, inexorablement, la liste des absurdités : pourquoi le jeu parlementaire, qui est un avantage dans le régime britannique, deviendrait-il une source de maux en France ? Pourquoi le simple fait d'être membre du gouvernement rendrait un citoyen suspect aux yeux de l'Assemblée ? Pourquoi serait-il interdit de choisir un ministre parmi les députés, alors que trois des ministres en fonction ont été élus députés aux États, deux d'entre eux dans l'ordre du clergé, le troisième par la noblesse ? Et Necker, l'idole de la nation, n'aurait-il pu devenir ministre « si nous avions eu le bonheur de le voir assis parmi nous » ?

Non, Mirabeau ne peut croire à ces « objets apparents » de la motion. Il doit exister une raison « cachée ». Laquelle ? On a voulu exclure quelqu'un du ministère. Et il ne peut y avoir que deux personnes à exclure, les autres membres de l'Assemblée ayant donné toutes preuves d'esprit public… l'auteur de la motion ou, lui, Mirabeau.

L'auteur de la motion ?

« Il est possible que sa modestie embarrassée ou son courage mal affermi aient redouté quelque grande marque de confiance et qu'il ait voulu se ménager le moyen de la refuser, en faisant admettre une exclusion générale. »

Ou Mirabeau lui-même ?

« Parce que des bruits populaires répandus sur mon compte ont donné des craintes à certaines personnes... Je propose donc un amendement : c'est de borner l'exclusion demandée à M. de Mirabeau, député des Communes de la sénéchaussée d'Aix. »

La crainte d'un ministère Mirabeau a rassemblé la gauche et la droite. Mais l'Assemblée n'apprécie guère l'ironie à ses dépens – et la mise à nu de son ostracisme... Tumultes et huées ponctuent l'intervention de Mirabeau. La motion de Blin est décrétée : les députés sont « interdits de ministère » ; ils ne pourront faire partie du gouvernement.

Mirabeau, qui a si souvent dominé, envoûté l'Assemblée, vient d'être vaincu par surprise. C'est une défaite grave, cinglante. Le député d'Aix est pris de doute sur son destin politique.

LA RÉVOLUTION SANS PILOTE

Après le 7 novembre et le choc du décret qui lui « interdit le ministère », Mirabeau est découragé. Jusqu'à cette défaite décisive, il avait pour objectif de s'affirmer comme le premier acteur d'une monarchie régénérée, de devenir le Premier ministre d'un exécutif royal renouvelé. C'est à cette fin qu'il avait combattu, par la parole et par la plume, avec toute sa puissance, son intelligence, sa détermination, son acharnement, pour s'imposer comme le chef de file de l'Assemblée. C'est dans cet esprit qu'il avait participé à l'anéantissement de l'ancienne société des ordres et des privilèges, tout en veillant à l'intégrité du pouvoir exécutif, lié à la monarchie.

Son ami, Camille Desmoulins, le confirme : « Rappelez-vous sa conduite dans l'affaire du veto, dans celle de la loi martiale, dans toutes les journées périlleuses pour le pouvoir exécutif. Quand il n'a été question que d'humilier la noblesse, de dévaliser le clergé, il a toujours été pour. Quand il s'est agi de toucher à l'oint du seigneur et à la puissance ministérielle, il a toujours été contre. »

Le décret de novembre brouille les perspectives de Mirabeau : le député d'Aix est rejeté, marginalisé. Il ne lui reste plus que l'intrigue, même s'il maintient, comme par automatisme, ses principes d'action : poursuivre le dialogue avec La Fayette, continuer à être présent dans les débats de l'Assemblée.

Ne pas bouder l'Assemblée. Dès le 14 novembre, sept jours après l'échec que lui a infligé l'Assemblée, Mirabeau réapparaît à la tribune. Il intervient sur la nouvelle organisation territoriale du royaume. Le Comité de constitution a proposé une division de la France en quatre-vingts départements. Il approuve l'objet du projet : il est nécessaire de mettre un terme à la division en provinces :

« Détruire l'esprit des provinces comme on a cherché à détruire l'esprit de tous les corps... Après avoir aboli les prétentions et les privilèges, il serait imprudent de laisser subsister une administration qui pourrait offrir un moyen de les réclamer et de les reprendre. »

Mais il désapprouve l'esprit trop géométrique, « à la Sieyès », du comité. Lui, « l'homme d'État », souhaite « le rapprochement de l'administration des hommes et des choses », mais aussi une division « qui ne paraisse pas une trop grande nouveauté, afin de composer avec les préjugés ». Il voudrait qu'on tînt compte davantage des mœurs, des habitudes, des considérations locales. L'égalité de territoire des quatre-vingts départements lui semble une « inégalité monstrueuse » :

« Je voudrais une division matérielle et, de fait, propre aux localités, aux circonstances, et non point une division mathématique, presque idéale, et dont l'exécution me paraît impraticable. Je sais bien qu'on ne couperait ni des maisons, ni des clochers ; mais on diviserait ce qui est encore plus inséparable, on trancherait tous les liens qui resserrent, depuis si longtemps, les coutumes, les productions et le langage. »

Mirabeau préférerait prendre en compte la densité de la population... « compensée par les arts, le territoire, l'industrie ». Il reste, en outre, fidèle à la doctrine de son père lorsqu'il dépeint le risque d'un dépeuplement des campagnes par l'attrait des grandes villes : « Le but de toute bonne société ne doit-il pas être de favoriser les habitations de la campagne ; je dis plus : de les honorer, de leur faire sentir à elles-mêmes leur propre importance ? »

Dans son élan, le député d'Aix préconise la division du royaume en cent vingt départements... que l'Assemblée repoussera comme trop complexe, mais en tenant compte de ses observations pour la future délimitation.

« Que sont ces efforts de Pygmées qui se raidissent pour faire avorter la plus belle, la plus grande des révolutions ? »

Mirabeau a conservé une sourde rancune contre les parlements : ils ont, certes, joué un rôle dans le combat contre l'Ancien Régime ; ils ont, en 1788, amorcé la Révolution – mais ils combattaient pour leurs intérêts propres, qui passent après ceux de la nation. Et ne voilà-t-il pas que ces messieurs des parlements relèvent la tête, qu'ils retrouvent leur morgue contre une Assemblée composée en grande partie de ces avocats qu'ils ont naguère humiliés et bafoués ! Vont-ils organiser une nouvelle fronde, cette fois contre l'Assemblée et la Constitution ?

Deux mois plus tôt, par un décret du 3 novembre 1789,

l'Assemblée les a mis en vacances. « Nous les avons enterrés tout vivants », avait conclu Alexandre de Lameth. La plupart des parlements, dont celui de Paris, se sont inclinés. Mais le parlement de Rouen a donné le signal de la résistance, et dressé un réquisitoire hautain contre l'Assemblée. Les avocats Barère et Barnave ont demandé des sanctions exemplaires. L'Assemblée a ordonné des poursuites – sur lesquelles elle est revenue, deux jours plus tard, après le plaidoyer de Frondeville, élu de la noblesse de Rouen et président du parlement rebelle.

L'Assemblée va-t-elle reculer, se laisser intimider ? Le parlement de Metz entre à son tour en résistance. Barnave dénonce une « coalition contre la Révolution ». Mais l'Assemblée, après une intervention de la municipalité de Metz, décide de pardonner.

Cette fois, c'est le parlement de Rennes qui choisit la dissidence. Il refuse d'enregistrer le décret du 3 novembre, alors que ceux de Rouen et de Metz s'étaient contentés de protester. L'Assemblée convoque les magistrats bretons, à sa barre, le 8 janvier 1790. Dans les tribunes, le public se presse pour apercevoir ces « derniers représentants de l'ancien monde ».

Les parlementaires de Rennes sont sereins. Aux décrets de l'Assemblée, ils opposent les droits et privilèges de la « nation bretonne » ; or, les États de Bretagne n'ont pas été consultés ; l'Assemblée a violé le contrat qui liait les deux nations de Bretagne et de France. Les magistrats bretons, en refusant d'enregistrer les décrets illégitimes, ont acquis un droit à la reconnaissance des générations futures de leur nation !

Les députés sont suffoqués. Un contrat de nation à nation ! C'est un discours de très Ancien Régime qu'on vient de leur tenir ! Le 9 janvier, les délibérations reprennent. L'avocat Le Chapelier, dynamique représentant du Tiers de Bretagne, est le premier à s'indigner : « Le parlement de Rennes se croit donc toujours supérieur à la nation ! »

Barnave additionne les arguments juridiques : « C'est l'habitude du despotisme... Ils ont insulté à la majesté nationale, provoqué la discorde entre la Bretagne et la France. Ils doivent être déclarés incapables de remplir leurs fonctions et toute fonction publique. »

Mais c'est le discours de Mirabeau qui va tout submerger. Pas d'arguties ou de demi-mesures face à un défi aussi direct ! Le député d'Aix dit son inquiétude avant de gagner la tribune :

« Si nous ne réagissons pas avec la plus grande énergie, c'est l'anéantissement de la Révolution, le signal de la désobéissance et de l'anarchie dans toutes les parties du royaume... »

Maintenant, l'orateur au marteau se déchaîne :

« Vous avez prétendu à un titre de gloire auprès des générations futures, lance-t-il à la délégation de parlementaires. Non, messieurs, le souvenir d'une telle démence ne passera pas à la postérité. Quelle présomption ! Vous voulez arrêter dans sa course le développement de la liberté et faire reculer le destin d'une grande nation ! »

Mais pourquoi s'indigner ?... poursuit Mirabeau. Les prétentions des parlementaires sont si ridicules :

« Vous nous dites que vous n'aviez pas le droit d'enregistrer nos décrets. Mais qui vous parle d'enregistrer ? Inscrivez, transcrivez, copiez, choisissez les mots qui plaisent le plus à vos habitudes, à votre orgueil féodal, à votre vanité nobiliaire, mais obéissez à la nation quand elle vous intime ses ordres, sanctionnés par son roi. »

L'orateur continue de tonner :

« Vous êtes des privilégiés. Cessez de vous porter pour représentants de la province dont vous êtes les oppresseurs. Ne parlez plus de ses franchises pour l'enchaîner, de ses libertés pour l'asservir ! »

Les coups de massue se succèdent :

« La langue des remontrances parlementaires est à jamais abolie. Êtes-vous Bretons ? Les Français commandent. N'êtes-vous que des nobles de Bretagne ? Les Bretons ordonnent, les Bretons de ce que vous nommez le Tiers État. »

Mirabeau a parlé une heure et demie. Les parlementaires de Rennes reculent, anéantis par cette tempête oratoire. Ceux des députés qui intriguaient contre lui deux mois plus tôt s'inclinent : « C'est une éloquence terrible, que lui seul possède », note Duquesnoy.

Après la séance, Mirabeau a pris « un coup de froid ». Il souffre d'une inflammation de l'œil gauche, qui le poursuit depuis sa captivité de Vincennes. Il ne réapparaît à l'Assemblée que le 11 janvier, un bandeau sur l'œil, après avoir subi force saignées, sangsues à l'appui... Les magistrats de Rennes sont exclus de toutes les fonctions de citoyens actifs. Les parlements sont frappés d'anathème. Ils seront bientôt officiellement abolis.

Le 26 janvier, Mirabeau revient sur l'inextricable affaire des troubles de Marseille. Les députés sont lassés : les questions de Provence rebondissent périodiquement, elles sont inintelligibles et ne concernent qu'une infime partie du royaume. Mais comment empêcher Mirabeau de revenir sans cesse sur la Provence ? N'est-il pas le grand homme de cette province ? le « flambeau » des patriotes de Marseille ?

De « bons citoyens » sont persécutés à Marseille, arrêtés, jetés au château d'If par de « méchants contre-révolutionnaires ». Le chef de file de la contre-Révolution est le grand prévôt de Provence, M. de Bournissac – qui aurait violé les décrets de l'Assemblée sur la procédure criminelle. Et le parlement d'Aix – que Mirabeau a affronté naguère dans le procès d'Émilie, et dont il fait l'un des trois maux de la Provence avec la Durance et le mistral – se tiendrait derrière le grand prévôt.

Mirabeau est venu à l'Assemblée : il n'est pas complètement rétabli mais refuse de se ménager. Il explique à ses amis qu'il est présent parce que : 1) la contre-Révolution est là ; 2) il s'agit d'asservir ou d'affranchir à jamais la Provence ; 3) cette affaire est devenue son affaire.

Mais les députés sont excédés : Bournissac est-il réellement coupable ? Il est aimé d'une partie des Marseillais, ceux du négoce local. « Le grand prévôt est regardé comme le protecteur de la ville, l'homme qui lui a épargné les plus grands malheurs, objecte le rapporteur, l'abbé Maury. Et l'on peut se demander qui est l'auteur réel des troubles… »

Le regard insinuant de Maury se porte sur Mirabeau. Duquesnoy frémit : « Ce n'est pas impossible. Mirabeau a peut-être lui-même provoqué l'arrestation de ses amis. Cet homme est capable de tout. »

Mirabeau n'est pas parvenu à briser « l'ennui judiciaire » qui entoure le dossier. Il a parlé pendant trois heures, fait l'historique de Marseille dans la Révolution – que lui a préparé son secrétaire Pellenc et qui, imprimé, deviendra une brochure de 91 pages :

« Marseille est la ville du royaume qui, la première, a manifesté le désir d'une heureuse révolution, qui, la première, s'est armée pour résister tout à la fois à ses oppresseurs et aux brigands qui pouvaient menacer sa tranquillité… Marseille tranquille, Marseille heureuse à côté des troubles qu'on cherchait à exciter dans le royaume. Cet élan, ce délire de patriotisme n'est plus. En quelques mois, en une seule procédure, un seul juge a transformé cette ville généreuse et libre en une ville tremblante et désolée. »

Soudain il change de ton. Il laisse de côté la question de la responsabilité du prévôt :

« Innocent ou coupable, agent direct des vexations qu'il exerce ou passif instrument de ceux qui le font agir, que m'importe ? Je sépare ici sa cause d'une plus grande cause. Ce n'est pas un individu de plus qu'il s'agit de poursuivre, ce sont les amis de la liberté qu'il faut sauver à Marseille, le succès de la Révolution qu'il s'agit d'assurer. »

Une nouvelle tempête oratoire s'est déchaînée. Mirabeau fait appel à l'affectivité des hommes de la Révolution, non plus à leur raison. Il oppose l'humanité, qui veut la libération des prisonniers de Marseille, et la politique sans entrailles, éternelle héritière de l'Ancien Régime, qui exige leur tête :

« Faut-il maintenir les anciens usages du despotisme ? Faut-il que les principes révolutionnaires soient jugés d'après l'ancienne police, qui n'était que le code du crime ? Faut-il que la Révolution ne puisse triompher sans que des milliers de martyrs périssent pour elles ? »

Il décrit, images à l'appui, une ville soumise au nouveau despotisme : « Bientôt, dans une ville qui n'aura plus de citoyens, qui n'aura que des esclaves, le père dira d'une voix tremblante à son fils : " Vois-tu cet échafaud, c'est celui des citoyens qui osèrent parler en faveur de la liberté. Apprends à souffrir mais échappe au supplice." »

Mais il agite aussi la menace. D'autres générations suivront. Malheur à ceux qui auront « abandonné l'innocence », « l'humanité les condamnera », la Révolution n'en sera que plus ensanglantée : « L'effusion du sang des martyrs tournera en délire le ressentiment actuel des villes et des campagnes contre les anciennes oppressions. Les victimes du prévôt trouveront des vengeurs. La nation entière, humiliée et indignée de tant d'horreurs, détruira les scandaleux monuments d'une jurisprudence discordante. »

Ultime antithèse : « La politique, l'impitoyable politique, pourra peut-être vous absoudre. Mais vous deviendrez des objets d'effroi pour la postérité ! »

Des « objets d'effroi » ? Qui pourrait accepter ce rôle parmi les héritiers des Lumières ? L'Assemblée, debout, acclame Mirabeau. Barnave, admiratif, commente : « Je ne crois pas que l'effet de l'éloquence puisse aller plus loin. »

Descendant de la tribune, Mirabeau s'explique et s'excuse presque, auprès de ses amis :

« Il fallait montrer à tous ces myrmidons que, malgré leurs efforts réunis, et le parti aristocratique de Marseille appuyé par la force publique, et les cabales de La Fayette, et la rage du côté droit de la salle, et l'activité des ministres avec leurs moyens de corruption, que malgré tout cela, l'Assemblée fait ce qu'elle doit dans les grandes occasions et qu'alors mon impulsion n'y est jamais vaine. »

Comment sortir de l'impasse provoquée par le décret du 7 novembre ? Une autre tentation est née, après celle du duc d'Orléans – qui a gagné Londres, quasiment sur l'ordre de

La Fayette, au lendemain des journées d'Octobre. Une autre intrigue est en cours : Mirabeau aimerait lier son destin à celui de Monsieur, le frère du roi.

Le comte de Provence a des relations difficiles avec Louis XVI, imprégnées d'une sourde rivalité, souvent proches de l'exaspération. Malgré son embonpoint, il estime avoir une allure plus royale que son frère. Il a des intérêts intellectuels, une réputation de lettré, une vraie culture, une mémoire prodigieuse. Il s'entoure d'hommes d'esprit et d'érudits. À la cour, son sentiment de supériorité tourne au pédantisme – ce qui rebute la reine, tout comme son scepticisme, son indolence, ses manières maussades.

Il a été l'héritier présomptif de la couronne jusqu'à la naissance du dauphin en 1781. En 1774, il a été consulté sur le rétablissement des parlements : il a considéré cette initiative comme un recul fatal pour la monarchie. Douze années d'insignifiance politique et de spéculations financières ont suivi.

En février 1787, l'ouverture de l'Assemblée des notables lui a enfin donné l'occasion de jouer un rôle actif dans les affaires du royaume. Président du premier bureau, il est apparu comme un réformateur modéré : il a attaqué la gabelle ; il a autorisé un débat sur la nature même de l'impôt ; il est intervenu en faveur du doublement de la représentation du Tiers aux États généraux.

Mirabeau vante le passé libéral du frère du roi. Conservateur ou réformateur ? L'image du comte de Provence sera toujours brouillée. Au tournant des années 1789 et 1790, il tente de s'imposer comme un élément de renforcement de l'autorité royale, en s'appuyant sur le prestige et le rayonnement de Mirabeau. Quand il aura rejoint les rangs des émigrés à Coblence, il semblera se complaire dans l'atmosphère militante et militaire qui règne dans la résidence de l'électeur de Trèves. Un quart de siècle plus tard, quand il sera devenu Louis XVIII, « Louis le Désiré », dans le déferlement passionnel d'une France redevenue monarchiste, on s'interrogera encore sur le contenu exact de son alliance avec Mirabeau...

Mirabeau est en contact permanent avec le comte de Provence, par l'intermédiaire du duc de Lévis, qu'il a surnommé « l'homme gris » et qui est un proche de Monsieur. Son plan consiste à contraindre la cour à donner au frère du roi les pleins pouvoirs exécutifs, ceux d'un Richelieu de la Révolution. Un Richelieu dont Mirabeau serait le conseiller intime, le père Joseph.

« L'atmosphère du pays est toujours la même, se lamente le député d'Aix. Indécision, faiblesse, envie, mauvaise foi. Aux Tuileries, le roi a pris ses habitudes, la reine reste dans son retranchement. La Fayette est le plus heureux et le plus immobile des joueurs. Necker ne sait ni ce qu'il peut, ni ce qu'il veut, ni ce qu'il doit. Seule l'Assemblée garde son prestige. La ville de Toulon, qui avait refusé d'obéir au ministre de l'Intérieur, Saint-Priest, s'est inclinée devant notre décret. »

Mais Mirabeau constate que le comte de Provence hésite à se rallier à son plan : « Au Luxembourg – qui est la résidence du futur Louis XVIII –, on meurt d'envie de se mettre en avant, mais on tremble, on a peur d'avoir peur… »

Parfois, au contraire, le frère du roi rêve d'un destin plus haut que celui de conseiller du monarque. Mirabeau tente de le raisonner : « Calmez, calmez, je vous en conjure, une impatience qui perdra tout. C'est précisément parce que votre naissance vous a placé si près du trône qu'il vous est difficile de franchir la seule marche qui vous en sépare. Nous ne sommes ni en Orient, ni en Russie, pour traiter les choses si lestement… En France, on ne se soumettrait pas à une révolution de sérail. »

Mais, à la fin de décembre 1789, Monsieur est contraint de s'unir à Mirabeau pour faire face à des accusations d'une grande violence, après l'arrestation du marquis de Favras – un royaliste exalté, avide d'action politique et de spéculations financières, marié à une princesse allemande d'Anhalt-Schomburg, et qui semble avoir préparé l'assassinat de La Fayette et du maire Bailly. Une feuille colportée à Paris accuse Monsieur d'avoir été à la tête de la conspiration !

Favras sera supplicié en place de Grève, en février 1790. Il semble s'être attendu, jusqu'au bout, à être gracié. Le lieutenant de police Talon se vante d'avoir recueilli de Favras des aveux compromettants pour Monsieur, puis de l'avoir détourné de rendre ses aveux publics. Intimidé, bouleversé par un appel à son loyalisme monarchiste, Favras aurait, après trois heures de dialogue avec le chef de la police parisienne, promis le silence…

Mirabeau, qui a reçu Favras à la demande de son ami le duc de Biron, et qui l'a trouvé « fort instruit dans les matières financières », n'est pas personnellement compromis. Il comprend que la situation du comte de Provence est préoccupante :

« L'enfer a déchaîné toutes les calomnies sur Monsieur. L'intrigue a redoublé d'activité et d'indifférence de moyens… au point qu'on a trouvé dans la rue un garde national assassiné, avec cette pancarte : *Va dans l'autre monde attendre La Fayette* ! »

Mirabeau, aidé de « l'homme en gris », conseille au comte de Provence, affolé, de contre-attaquer. Monsieur décide donc de s'adresser à une assemblée extraordinaire de la commune de Paris. Mirabeau rédige son discours : il fait parler le frère du roi en simple citoyen. Monsieur dément tout rapport avec Favras ; il rappelle son passé libéral, qui rend invraisemblable sa participation à une telle conspiration :

« Depuis la seconde Assemblée des notables, je n'ai pas cessé de croire qu'une révolution était prête et que le roi, par ses vertus et son rang suprême, devait en être le chef puisqu'elle ne pouvait pas être avantageuse à la nation sans l'être également au monarque. L'autorité royale est le rempart de la liberté de la nation et cette liberté est la base de l'autorité royale. »

Au-delà d'une justification, c'est un programme qu'avance Monsieur. Son succès est énorme. Mirabeau commente : « S'il sait suivre cette ligne, il deviendra Premier ministre de fait. »

Mais Monsieur s'alanguit après ce premier succès. Mirabeau dit sa déception : « Monsieur a la pureté d'un enfant, mais il en a la faiblesse et il est extrêmement difficile de lui faire comprendre que s'il se laissait faire seulement vingt-quatre heures, il serait un second duc d'Orléans. Il mollit… »

À la cour, c'est-à-dire aux Tuileries, dans ce qui reste de cour, Monsieur est isolé – selon Mirabeau : « La reine le traite comme un petit poulet qu'on aime bien à caresser à travers les barreaux, mais que l'on se garde d'en laisser sortir, et lui se laisse traiter ainsi ! »

Le député d'Aix finit par décider Monsieur à présenter au roi, au début de janvier 1790, un mémoire, dans lequel il lui demande d'être « le pilote nominal d'un nouvel équipage ». Un projet de contrat, à négocier entre le roi et le comte de Provence au nom de Mirabeau, l'accompagne : le roi promet à Mirabeau une ambassade et, en attendant, un traitement de 50 000 livres par mois ; Mirabeau s'engage à aider le roi « de ses lumières, de ses forces et de son éloquence » dans ce que Monsieur jugerait utile au bien de l'État et à l'intérêt du roi. Mirabeau conserve sa totale autonomie : « Dans le cas où M. de Mirabeau ne serait pas convaincu de la solidité des raisons qui pourraient lui être données, il s'abstiendrait de parler de cet objet. »

Rien n'aboutit. Mirabeau n'est décidément pas compatible avec les projets de la cour… « Tout cela est infiniment nébuleux. Il n'y a qu'une chose de claire : ils voudraient des êtres amphibies qui auraient le talent d'un homme et l'âme d'un laquais. »

Il sent la vanité de ses efforts : « Les cartes sont tellement mêlées dans ce tripot-ci, il est si difficile pour un joueur un peu systématique d'y combiner un coup, les sottises de part et d'autre y déjouent si complètement tous les concours… »

Une fois de plus, il s'exaspère : « Mon plan est prêt dans tous ses détails. Mais on n'a pas la bonne foi de l'écouter. »

Il éructe contre la cour… et contre Monsieur : « Quelles balles de coton, quelle pusillanimité, quelle insouciance, quel assemblage grotesque de vieilles idées et de nouveaux projets, de petites répugnances et de désirs d'enfants, de volontés et de volontés ! Celui qui est en dessous de tout, c'est Monsieur. Il a de tels moyens d'argent que si un valet les avait, il entrerait à coup sûr au Conseil, et ce Monsieur n'y entrera pas. Cela est déplorable… »

Mirabeau est pris de doute sur son propre destin : « Serai-je toujours réduit à conseiller, sans jamais agir ? c'est le sort de Cassandre : prédire toujours vrai et ne jamais être cru. »

Le 4 février 1790, l'échec est total. Louis XVI paraît à l'Assemblée et s'engage publiquement au côté de la Révolution :

« Je défendrai, je maintiendrai la liberté constitutionnelle. De concert avec la reine, qui partage tous mes sentiments, je préparerai le cœur de mon fils au nouvel ordre de choses que les circonstances ont amené. »

La gauche applaudit. Les modérés sont gênés. Les tenants de la monarchie absolue sont consternés : le roi pactise avec la Révolution ! Le cadet des Mirabeau, le vicomte, dans un grand geste théâtral, brise son épée, en pleine Assemblée :

« Puisque le roi renonce à son royaume, un gentilhomme n'a plus besoin de son épée pour le défendre ! »

Une vague d'enthousiasme déferle sur Paris. Dans toutes les assemblées de district, sur toutes les places publiques, on prête serment à la nation, à la Constitution, à la loi, au roi. Les étudiants parcourent les rues autour de la Sorbonne, en récitant le serment… Un *Te Deum* est chanté à Notre-Dame, en présence de l'Assemblée. Les Parisiens s'approchent avec plaisir, se parlent avec effusion.

Mirabeau échappe à cet enthousiasme. En d'autres temps, il se serait réjoui de ce ralliement du roi à la Révolution – qu'il a si souvent rêvé. Mais il analyse l'événement du 4 février comme une « pantomime » – qui, imaginée par Necker et La Fayette, n'avait d'autre but que de faire pièce aux projets de Mirabeau et du comte de Provence.

En dix mois d'action au service de la Révolution, Mirabeau a frappé à tant de portes – en vain ! « La balle ne reviendra-t-elle pas au joueur ? Malheureux royaume que guette la décomposition, et qui, en pleine Révolution, file sans pilote vers l'inconnu ! »

À Aix-en-Provence, Émilie suit avec une attention de plus en plus passionnée l'action politique de son mari séparé. Le vote du décret du 7 novembre l'afflige : l'envol de Gabriel-Honoré ne va-t-il pas être brisé ? Elle écrit à sa belle-sœur, Caroline du Saillant, avec laquelle elle est restée en relation. Caroline transmet sa lettre à Mirabeau, qui apprécie son analyse : « C'est d'un très bon esprit, d'un esprit même étendu et plein de raison, et la lettre est assaisonnée de grâce et de trait. »

Caroline se prend à rêver d'une réconciliation... Elle écrit à Émilie, décrit la situation présente de son frère : « Il est certainement las, comme il me l'a dit, mais je crois avoir compris qu'il ne serait plus aussi insouciant s'il avait conservé l'espoir d'une famille directe. »

Mirabeau n'est plus totalement hostile à une reprise de la vie conjugale : il se sent tellement prisonnier de Mme Le Jay. Mais il a si peu de temps à consacrer à sa vie privée... Il accepte, finalement, de dicter à Caroline une lettre pour Émilie.

Émilie le croit ambitieux ? « Je ne le suis pas dans l'acception vulgaire, je n'ai pas l'amour des cordons et des dignités. J'ai voulu préparer une grande révolution dans les choses humaines et, contre toute attente, aidé par l'esprit du siècle et des circonstances inconcevables, j'y ai réussi, jusqu'à un certain point. »

Émilie pense qu'il a, dans ses prises de position, voulu se venger de la noblesse de Provence ? « Certes, j'avais été si atrocement provoqué... Il est naturel qu'on me croie porté, dans ma conduite, par quelque esprit de vengeance. Mais on se trompe. La perfidie du gouvernement d'un côté, l'imbécillité des ennemis de la Révolution de l'autre, m'ont parfois entraîné hors de mes propres mesures, mais je suis toujours revenu au juste milieu. »

Il semble vouloir se confier. Il se dépeint, dans une certaine sérénité – mêlée d'une légère amertume : « J'approche du soir de ma vie, je ne suis pas découragé mais las. Les circonstances m'ont isolé. J'aspire au repos. Si je retrouve assez de fortune, je tâcherai d'être heureux en jouant aux quilles, et voilà tout. Si je n'en ai pas assez, je pense que je serai tout de même en mesure d'avoir une ambassade, et ce sera une retraite honorable et douce. »

Comment imaginer Mirabeau retraité ? L'aspiration n'est que passagère, et aussitôt démentie. Le chef de file de l'Assemblée reste prêt au combat : « Il faut que l'on revienne sur le décret des ministres. Sans quoi, la Révolution ne sera jamais consolidée. »

JUIFS, BOURREAUX ET COMÉDIENS

Le 21 décembre, les délibérations de l'Assemblée portent sur la question de l'accession des juifs de France à la citoyenneté. Ainsi s'ouvre un grand débat, qui témoignera de la maturité et de la générosité des Français de 1789.

Les juifs de chair et de sang, Mirabeau les a fréquentés pour la première fois. en Allemagne, dans la société cultivée de Berlin. L'émancipation des juifs est en marche, en Prusse, dès le XVIIIe siècle : le principe d'une complète égalité juridique a été posé. À peine tolérée, à peine sortie de la pénombre des ghettos, la communauté juive de Berlin est devenue une tête de pont des Lumières et une passerelle vers les courants intellectuels de l'Europe occidentale. Poètes et artistes se retrouvent dans le salon d'Henriette Hertz – et plus tard, de Rahel Levin, confidente de Goethe – au côté des hobereaux de Prusse-Orientale, des descendants des huguenots français, réfugiés après la Révocation de l'Édit de Nantes, et des négociants juifs, aussi raisonneurs que leurs compatriotes de pure souche allemande.

Lors de son premier séjour en Allemagne, Mirabeau a été très bien reçu dans la société juive berlinoise. Il est admiré et excite toutes les curiosités. Henriette Hertz proclame qu'elle « n'a jamais entendu personne parler d'une façon aussi intelligente ». L'historien et diplomate Christian Wilhelm von Dohm lui présente la brochure qu'il vient de publier sur la *Réforme civile des juifs*. Le romancier Friedrich Nicolaï, qui édite la principale revue littéraire allemande, lui recommande la lecture de *Nathan le Sage*, la tragédie de Lessing. Nathan le Sage est, en réalité, le portrait du philosophe juif Moses Mendelssohn, qui a atteint à la célébrité après être né dans le ghetto médiéval de Dessau, et qui a polémiqué avec Voltaire, en défenseur de l'optimisme de Leibniz : il est mort au début de 1786, et ses idées sont encore présentes dans le débat public.

Mirabeau se prend de passion pour la personnalité de Moses Mendelssohn. Il ne cesse d'interroger Dohm sur la situation des juifs en Allemagne et en Europe. Et voici notre tribun, avec sa boulimie d'encyclopédiste, qui accumule analyses et chiffres et entreprend la rédaction d'un essai sur *Mendelssohn et la réforme politique des juifs*.

Pour Mendelssohn, le judaïsme est une religion rationnelle : il n'y a pas de contradiction entre la foi religieuse et la raison critique. C'est l'enfermement dans le ghetto qui a permis au judaïsme de survivre. Hors du ghetto, les juifs se comportent en fils du siècle des Lumières : le judaïsme doit être débarrassé de l'obscurantisme médiéval, épuré de ses archaïsmes ; il pourra alors être considéré comme la religion sœur d'un christianisme éclairé. Le judaïsme devient la religion d'une éthique universaliste ; dans l'Europe germanique, l'usage de l'allemand dans les synagogues se généralise – on évoque même l'interdiction de l'hébreu et du talmud. Le temps de l'abandon du groupe, de l'assimilation pure et simple à l'environnement national, est venu : ce sera l'un des axes du débat à l'Assemblée.

Dans son essai, Mirabeau porte, de Berlin, ses regards vers la France : particulièrement vers les juifs d'Alsace, ce qui lui vaudra des inimitiés solides dans la province de l'Est. Message humaniste : les défauts prêtés aux juifs résultent de leur enfermement dans le ghetto. Émancipez les juifs : les traits particuliers que vous leur prêtez seront vite effacés, ils ne se distingueront plus de leurs autres concitoyens. « Les adversaires des juifs ont toujours justifié l'oppression par les suites de cette oppression, cherché les causes dans l'effet, calomnié pour expliquer... » « La nature humaine se ressemble partout. Les juifs seront ce que sont les autres citoyens dans chaque État où les mêmes droits leur seront accordés, où les mêmes obligations leur seront imposées. »

Pour la première fois, le commentaire de son père, le marquis Victor, avait été positif sur un écrit de Mirabeau : « Ce drôle a saisi l'outil de la pensée, chose dont je ne le croyais pas capable. Sauf un fond totalement irréligieux qui se montre par des détails, l'ouvrage serait bien. »

Quelle est la situation des juifs en France, au moment où l'Assemblée s'engage dans un débat sur leur statut ?

Ils sont environ 40 000, autour de deux pôles fort différents. À Bordeaux et à Bayonne, réside le tiers d'entre eux : des juifs dits « portugais », des juifs « sépharades », chassés d'Espagne et du Portugal par l'Inquisition. Ils possèdent des privilèges, confirmés par Louis XVI, qui les déclare « justifiés tant par leur attachement inviolable pour les rois, que par leur application et leur talent dans le commerce, à la prospérité et à l'étendue duquel ils ont contribué dans le royaume ». Ils se considèrent comme les aristocrates du judaïsme. Leur position sociale est forte : la maison Gradis de Bordeaux traite directement avec le gouvernement et vient au secours de la ville dans les temps de disette. Les juifs « portugais » ont activement participé à la campagne pour les États généraux. Proches d'eux par les origines et le statut social : les « juifs du pape » en Avignon et dans le Comtat venaissin... mais ils relèvent des « États du pape », de la souveraineté du pape et ne font pas encore partie du royaume de France.

Les juifs d'Alsace, de Lorraine et des « trois évêchés » (les domaines temporels des évêques de Metz, Toul et Verdun, conquis sur le Saint-Empire par Henri II et reconnus à la France depuis la paix de Westphalie), qui forment les deux tiers de la population juive de France, sont d'origine germanique : ce sont des « ashkénazes ». Leur sort est peu enviable : ils sont en proie aux vexations et à la haine d'une population pour laquelle ils ne sont que des usuriers. De fait, ils vivent très séparés de la communauté nationale, retranchés dans leurs ghettos, soumis à des impôts spéciaux, limitant leurs activités à quelques métiers autorisés. Enfin, quelques centaines de juifs vivent clandestinement à Paris, d'où ils sont officiellement bannis : ils sont surveillés par un inspecteur de police, en charge « des escrocs et des juifs ».

Les prises de position sur la « question juive », qui se multiplient à partir de 1789, sont souvent inattendues, comme si leurs auteurs avaient choisi d'être à « contre-emploi ». Quels sont les premiers « cahiers de doléances » à prendre parti pour l'émancipation des juifs ? Ceux de la noblesse de Paris ! Et l'adversaire le plus déterminé de l'accession des juifs à la citoyenneté sera un député « de gauche », Jean-François Rewbell, élu du Tiers de Colmar – qui, il est vrai, fera fermer le Club des Jacobins après Thermidor, et sera élu président des Cinq-Cents puis directeur sous le Directoire.

Même surprise dans les réactions de l'opinion. En Alsace, les trois ordres pratiquent l'union sacrée lorsqu'il s'agit de la minorité juive : leurs « cahiers de doléances » sont unanimes à la dénoncer – pour le clergé de Colmar, elle est « la principale et la première cause de la misère du peuple ». Par contre, lorsqu'un « plébiscite » est organisé à Paris sur l'affranchissement des juifs, la réponse positive est quasi unanime dans tous les districts.

Ultime surprise : les tensions au sein de la population juive. Les juifs « portugais » craignent la poussée de leurs coreligionnaires de l'Est. Quand quelques juifs alsaciens tentent de s'installer à Bordeaux, ils sont dénoncés comme « vagabonds » aux autorités par les juifs « portugais », fiers de leur enracinement. Et quand l'Assemblée se saisit de la question de leur accession à la citoyenneté, les juifs « portugais » protestent encore : ils refusent tout débat particulier et veulent laisser l'évolution de leur condition se faire naturellement

À l'Assemblée, Mirabeau sera donc le plus chaleureux avocat de l'émancipation des juifs, au côté de l'abbé Henri-Baptiste Grégoire, député du clergé de Lunéville. Cultivé, éloquent, mais de l'éloquence simple des curés de campagne, l'abbé Grégoire semble animé de la foi ardente des chrétiens des premiers temps ; il dit « être venu à l'Assemblée avec la résolution d'y plaider la cause des juifs ». Dès le 3 août – près de cinq mois avant l'ouverture du débat –, il est monté à la tribune de l'Assemblée pour poser la question juive :

« La dispersion des juifs, errants, malheureux, proscrits dans tout l'univers depuis dix-huit siècles, est un événement unique dans l'Histoire. J'ai toujours pensé qu'ils étaient hommes ; vérité triviale, mais qui n'est pas encore démontrée pour ceux qui les traitent en bêtes de somme et qui n'en parlent que sur le ton du mépris et de la haine. J'ai toujours pensé qu'on pourrait recréer ce peuple, l'amener à la vertu et, partant, au bonheur. »

Est-il possible de « recréer » ce peuple ? C'est sur ce point que le débat prend forme à l'Assemblée, en décembre. Il ne s'agit pas, pour les députés, de nier le particularisme présent des juifs, mais de faire le pari de leur assimilation à la nation française, une fois qu'ils seront libérés de leurs entraves juridiques. Le pasteur Rabaut Saint-Étienne, après avoir plaidé l'octroi du droit de cité aux protestants, associe à leur sort les juifs, « ce peuple arraché de l'Asie, toujours errant, toujours persécuté depuis près de dix-huit siècles » : après leur émancipation, après avoir été « incorporés avec nous par nos lois », « ils prendraient nos mœurs et nos usages ». L'abbé Grégoire reprend son plaidoyer, fondé sur la simple humanité, mais il y ajoute un argument économique – assez approximatif, il faut le reconnaître : alors que certaines branches du commerce et de l'industrie dépérissent, l'octroi du droit de cité aux juifs permettrait « de faire baisser le prix des marchandises importées et d'arrêter le passage de numéraire à l'étranger ».

Dans l'esprit des opposants à cette vision volontariste et

optimiste de l'assimilation inéluctable, deux raisons principales s'entrecroisent : théologique et politique. Un curé lorrain, répondant sur un ton vif à l'abbé Grégoire, présente la réfutation théologique : « La race juive, condamnée par la Providence au vagabondage éternel, ne peut pas demander un changement de sa condition sans contredire les prophéties. »

L'abbé Maury se saisit de l'argument politique. Certes, « ils sont hommes, ils sont nos frères et anathème à quiconque parlerait d'intolérance », mais... « ils forment une nation qui a des lois, qui les a toujours suivies et qui veut encore les suivre, qui a traversé dix-sept siècles sans se mêler aux peuples qui l'admettaient dans leur sein ». L'évêque de Nancy développe le même thème : après un hommage aux « grands services que les juifs ont rendus à la Lorraine, et surtout à la ville de Nancy », il affirme qu'il s'agit d'une « tribu étrangère, avec les yeux toujours tournés vers une autre patrie ».

Le débat se prolonge à l'infini. Les juifs sont-ils inassimilables parce que, par essence, étrangers à la nation ? Ou leur assimilation sera-t-elle facile, dès qu'ils ne seront plus considérés comme étrangers à la nation, une exclusion qui relève de l'obscurantisme des siècles passés ? Vision pessimiste, fondée sur la conviction de l'absence de plasticité des êtres, contre vision volontariste, ouverte, irriguée par le sens de l'Histoire et du progrès... C'est cette seconde thèse, celle d'un avenir ouvert, que défend Adrien Duport : « Leur amalgame s'établira par nos lois, et il est de la politique de l'établir. »

Et Robespierre : « Nous les avons exclus de tous les honneurs, même des droits à l'estime publique. Nous ne leur avons laissé que les activités de spéculation et d'usure. Rendons-les au bonheur, à la patrie, à la vertu, en leur rendant la dignité d'hommes et de citoyens. »

Mirabeau contribue au débat, avec l'autorité qu'il a maintenant acquise et toute la force de sa conviction. Il ferraille à l'Assemblée avec le chevalier de Beaumetz :

« Ce n'est pas sans étonnement que j'ai entendu cet orateur estimable vous dire que les juifs ne voudraient peut-être pas des emplois civils et militaires auxquels vous les déclareriez admissibles ; et conclure de là, très spécieusement, que ce serait de votre part une générosité gratuite et mal entendue que de prononcer leur aptitude à ces emplois. Eh ! Messieurs, serait-ce parce que les juifs ne voudraient pas être citoyens que vous ne les déclareriez pas citoyens ? Dans un gouvernement comme celui que vous élevez, il faut que tous les hommes soient hommes... »

Il approfondit ce même thème dans *Le Courrier de Provence* : « Tous les hommes ont une patrie. Cette patrie est le lieu de leur naissance et de leur éducation. » Et le député d'Aix, esquissant une théorie de la laïcité, entreprend de distinguer chez le juif le futur citoyen... et le pratiquant d'un culte, dans une sphère qui doit rester strictement privée. « Les juifs nés en France, de parents établis en France, sont donc Français ; ce sont nos compatriotes, nos concitoyens. Veulent-ils jouir de tous les droits de citoyens, il faut qu'ils se soumettent à toutes les lois civiles et politiques du royaume. Se soumettent-ils à toutes les lois de l'État, on ne peut leur refuser l'exercice de tous les droits nationaux. Qu'importe alors la diversité du culte ; c'est à la messe qu'on est catholique ; c'est au prêche qu'on est protestant ; c'est à la synagogue qu'on est juif. Mais dans le monde, devant les tribunaux, dans les différentes fonctions sociales, des patriotes sont tous de la même religion ; de la religion des lois, des mœurs, des devoirs réciproques ; là tous les Français ont les mêmes sentiments, les mêmes obligations et les mêmes droits. Ainsi, c'est sous le rapport social que nous les envisageons et non point sous le rapport religieux. » Mirabeau est bien près de nous dire qu'une religion civique vient se superposer aux religions « privées ». Au passage, il montre sa connaissance des prescriptions alimentaires de la religion juive – souvenir de ses voyages en Allemagne ? « Qu'ils mangent de l'agneau et du pain azyme tandis que nous ferons le carême, peu importe. » Retour, pour conclure, au principe fondamental de la laïcité : la distinction de l'ordre public, légal et de la vie privée, les pratiquants d'un culte ne devant pas avoir la prétention d'imposer à l'État leurs lois religieuses. « Il suffit que, fidèles à l'ordre légal, ils ne se permettent pas ce que nos règles civiles défendent et qu'il n'y ait pas entre nous deux princes différents et deux morales. »

Entre-temps, la question examinée par l'Assemblée s'est élargie : les non-catholiques pourraient être éligibles aux emplois publics, mais aussi les membres de professions frappées d'infamie par d'anciennes lois, c'est-à-dire les comédiens et les bourreaux.

Le Courrier de Provence déplore cette confusion entre les exclus par la religion et par la profession : « Il n'est pas adroit de lier ainsi la cause des opinions religieuses et celle des professions, et de confondre dans une même catégorie le citoyen qui adore Dieu suivant sa conscience avec celui qui s'attache à une profession que des préjugés mal fondés ont flétrie dans l'opinion. »

Le député Rewbell, toujours à son idée fixe, s'écrie, indigné : « Quoi, et les juifs aussi ? »

L'abbé Maury a une autre exclusion en tête : « Il faut maintenir à l'extérieur des emplois publics le bourreau, l'homme qui ôte, de sang-froid, la vie à son semblable. »

Le Courrier de Provence a choisi de se dresser contre toutes les exclusions. Il plaide pour le bourreau : « Nous pourrions faire observer à l'abbé Maury que le militaire ôte aussi de sang-froid la vie à son semblable, qu'il fait en gros ce que l'exécuteur ne fait qu'en détail, qu'il le fait avec bien moins de certitude encore de la justice et de la nécessité de son action. Car enfin, l'acte de l'exécuteur est précédé de procédures, de témoignages et de preuves, déclarées valables par le tribunal compétent. Celui du militaire n'a souvent d'autre cause, d'autre garant de sa nécessité que le caprice d'un despote. »

De la distinction du bourreau et du militaire... L'exercice semble de pure rhétorique, conçu pour le concours annuel d'une académie de province ! Par contre, Mirabeau semble tellement plus à son aise lorsqu'il s'agit de plaider en faveur des comédiens, lui qui a toujours été enthousiasmé par le théâtre et séduit par les actrices. Il s'exprime depuis la tribune de l'Assemblée :

« C'était même une singulière idée que de mettre ce droit en question. Autoriser les théâtres et flétrir les acteurs ; immortaliser les grands poètes et déshonorer ceux qui représentent leurs chefs-d'œuvre : ce sont là des absurdités faites par ces gouvernements vicieux où les lois, les mœurs, les principes et les usages, les statuts civils et les règlements ecclésiastiques, le bon sens et la religion se heurtaient et se contrariaient sans cesse. Nous marchons vers un nouvel ordre de choses ; nous y touchons ; après toutes les discordances imaginables, nous arrivons à l'harmonie. »

Clermont-Tonnerre prononce, le 23 décembre, un discours admirable de clarté sur un dossier qui a allumé toutes les passions et rappelé la force des préjugés dans une partie de l'Assemblée... Les professions interdites ? « Elles sont nuisibles ou elles ne le sont pas ; si elles ne sont pas nuisibles, la loi ne peut les frapper de proscription. Des professions peuvent, il est vrai, par des circonstances accessoires, avoir armé l'opinion contre ceux qui les exercent. Que doit faire alors le législateur ? Il doit les ramener à leur véritable but. Il doit corriger les abus. » L'orateur en vient aux deux professions en question : « Je rougis de rapprocher les enfants des arts de l'instrument des lois pénales. » Le bourreau ? « Il ne s'agit, pour arracher l'exécuteur à l'infamie, que de le rendre un agent moins immédiat, que de changer le genre des peines. » Et Clermont-Tonnerre de s'appuyer sur les propositions techniques du docteur Guillotin, député de Paris, pour humaniser le profil du bourreau… sans prévoir évidemment à quel point la machine à tuer du docteur Guillotin entrera dans la suite de l'histoire de la Révolution ! Le comédien ? L'orateur passe au crible les « vices » qui lui sont reprochés, licence des mœurs, frivolité, danger des spectacles dont il est l'instrument. « Rien d'infâme ne doit subsister au su de la loi. » Mais Clermont-Tonnerre esquisse sa propre politique culturelle : « Abolissez les spectacles qui sont la honte et la perte de l'honnêteté publique ; cessez de flétrir des hommes qui exerceront leurs talents sur des théâtres devenus utiles. » Un théâtre « utile » qui se substituerait au théâtre « corrompu » de l'Ancien Régime, influencé par la « police », « l'une des branches les plus corrompues de l'ancienne administration ». Ainsi la liaison est-elle réalisée entre « l'immoralité » prétendue des comédiens et les manipulations politiques supposées de l'Ancien Régime !

Clermont-Tonnerre a dépeint, avec son élégance habituelle, ces préjugés auxquels le décret qu'il propose doit s'attaquer : « Il est de la nature du préjugé de s'attacher à des formes, à des apparences. Il est porté sur les nuages, et souvent il disparaît, si ces nuages se dissipent. » Mais le préjugé est-il aussi léger quand il s'agit de culte, d'opinions religieuses ? L'orateur reprend la notion de laïcité esquissée par Mirabeau : « La loi de l'État ne peut atteindre la religion de l'individu ; la religion ne peut influer sur la loi purement sociale. » Variations sur un thème désormais connu des hommes de 1789 : « La loi est la volonté générale à laquelle sont soumises les volontés individuelles ; la conscience est la seule chose qu'on ne puisse pas mettre en société. » À l'inverse, « les sectateurs d'un culte quelconque » ne pourront pas faire adopter comme loi de l'État leurs préceptes religieux.

Restent « les attaques des adversaires du peuple juif », que l'orateur examine sous le double angle des mœurs et des principes politiques.

Les mœurs des juifs les mettent-elles à l'écart du reste de la population, leur vie sociale est-elle définie en fonction de leur religion particulière ? Ce « peuple » est-il insociable ? « Il lui est ordonné de prêter à usure ; il ne peut s'unir à nous, ni par le mariage, ni par les liens de la fréquentation habituelle ; nos mets lui sont défendus ; nos tables lui sont interdites ; nos armées ne verront jamais des juifs servir à la défense de la patrie. » L'orateur entreprend de déminer ces reproches, qu'il estime injustes ou spécieux : l'usure « n'est point recommandée aux juifs par leurs lois… Cette usure est l'effet de nos propres lois. Des hommes qui ne possèdent que de l'argent ne peuvent faire valoir que de l'argent : voilà le mal. Qu'ils aient des terres et une patrie et ils ne prêteront plus : voilà le remède ». Quant aux autres aspects de leur insociabilité, on les exagère selon l'orateur – qui compte sur le temps pour arrondir les particularismes et qui partage, manifestement, sur ce point, l'optimisme ouvert de Mirabeau. « Cette insociabilité existe-t-elle ? Qu'en concluez-vous en principe ? Y a-t-il une loi qui m'oblige à épouser votre fille ? Y a-t-il une loi qui m'oblige à manger du lièvre, et à en manger avec vous ? Ces travers religieux disparaîtront... » Enfin, s'agissant de la défense de la patrie, l'orateur évoque ses contacts avec les nombreux juifs déjà enrôlés dans la Garde nationale.

L'analyse de Clermont-Tonnerre se fait plus intransigeante sur les conditions politiques de l'intégration des juifs à la nation. L'orateur propose de distinguer les droits des juifs comme individus de ceux des juifs « comme nation ». Il vient d'évoquer « les juges et les lois particulières » des juifs, ces tribunaux rabbiniques qui ne sauraient désormais dire le droit au nom de l'État, et il prononce sa magnifique sentence, expression d'une France révolutionnaire, tendue vers son unité et opposée à toutes les dérives communautaristes : « Il faut tout refuser aux juifs comme nation et tout leur accorder comme individus. » Et de préciser : « Il faut qu'ils ne fassent dans l'État ni un corps politique ni un ordre, il faut méconnaître leurs juges, ils ne doivent avoir que les nôtres ; il faut refuser la protection légale au maintien des prétendues lois de leur corporation judaïque. Il faut qu'ils soient individuellement citoyens. »

« Tout refuser aux juifs comme nation, tout leur accorder comme individus » : pour les hommes de la Révolution, il ne s'agit pas d'une formule en l'air, mais d'un précepte d'action très concret. L'Assemblée va légiférer en deux temps : les juifs « portugais » du Midi, déjà intégrés socialement, accèdent à la citoyenneté, sur une ultime intervention de Talleyrand ; ceux de l'Est, les « Allemands », réfractaires à l'idée d'une universalité des citoyens français, n'obtiendront droit de cité que deux ans plus tard, le 27 septembre 1791, trois séances avant la séparation de la Constituante. Puis Napoléon, l'unificateur par excellence, fera proclamer, le 26 juillet 1806, par les notables juifs de l'Empire français, leur attachement à leur nouvelle patrie.

CONTRE LA TRAITE DES NOIRS

« Il n'est que trop vrai que les Nègres l'emportent en infortune, non seulement sur tous les hommes, mais sur les plus misérables des êtres vivants. »

Le 1er mars 1790, Mirabeau pourfend les bénéficiaires de la traite des Noirs devant le Club des Jacobins. Ce n'est pas un discours de circonstance. La question de l'esclavage l'a toujours hanté. Dès l'enfance, il a pris conscience de l'immense tragédie à travers l'indignation de son oncle, le bailli Jean-Antoine, qui a été gouverneur de la Guadeloupe – un gouverneur d'une grande droiture, en butte à l'hostilité permanente des colons car il n'a jamais admis les traitements infligés aux Noirs :

« La plus vile partie de l'humanité blanche s'estime ici plus qu'un pair de France à Paris... Faire du sucre, fouetter des Nègres, faire des bâtards et s'enivrer, voilà la grande affaire des Créoles. »

Le bailli a tenté d'incarner la dignité de la France, et sa justice : « On est tout étonné que je ne veuille pas permettre que l'on tue un homme avec moins de cérémonie qu'ailleurs on tue un chien. L'esclave doit être considéré comme un homme et moi, je crois devoir le considérer comme un frère. »

À la veille de la Révolution, le 19 février 1788, Mirabeau a fondé, avec le journaliste Brissot, retour de Londres, la Société des Amis des Noirs – à l'imitation de la puissante Société anglaise pour l'abolition de la traite, un « foyer d'où s'échappent mille lumières ». Mirabeau a traduit et analysé les manifestes et textes fondateurs de la société anglaise. Trois mois plus tôt, le ministre Montmorin lui a donné l'autorisation de publier, sans censure préalable, un périodique, l'*Analyse des papiers anglais*, une sorte de « journal des journaux » britanniques : Mirabeau décide de consacrer plusieurs feuillets de chaque parution aux essais « abolitionnistes », qui sortent, en grand nombre, des presses anglaises.

L'initiative de Mirabeau a suscité la colère immédiate des armateurs et du haut commerce marseillais, réunis dans un groupe de pression des partisans les plus acharnés de la traite : le Club Massiac, du nom de l'hôtel où il siège. Le Club sollicite du roi une lettre de cachet pour interdire les réunions des « Amis des Noirs ».

« Ces pauvres Noirs ont donc des amis en France ? s'étonne Louis XVI. Tant mieux, je ne veux pas interrompre leurs travaux. »

Ainsi, l'antiracisme spontané de Mirabeau le met en opposition avec une fraction influente de l'électorat marseillais. L'homme qui a si bien pressenti les règles du jeu parlementaire et le statut du député comme mandataire de ses électeurs a le mérite de négliger ses propres conclusions lorsque ses convictions les plus fortes sont en jeu.

Cet antiracisme spontané ne s'inscrit évidemment pas dans la pensée dominante de l'époque. Certes, Emmanuel Kant a dénoncé, dans son *Projet de paix perpétuelle*, la colonisation européenne qui, « dans les îles à sucre, ce siège de l'esclavage le plus cruel et le plus calculé », a transformé le « droit de visite », ce « droit pour l'étranger, à son arrivée sur le territoire d'un autre, de ne pas être traité en ennemi », en « droit de conquête ». Mais que penser du « racisme des maîtres-penseurs » des XVIIIe et XIXe siècles, cette querelle qui agite les élites africaines d'aujourd'hui ?

Hegel a 19 ans en 1789, vingt et un ans de moins que le député d'Aix. En décembre 1962, le président du Ghana, Kwamé Nkrumah, ouvrant le premier Congrès international des études africaines, s'en prend aux propos prêtés à Hegel, selon lesquels l'Afrique serait en dehors de l'Histoire. Plus récemment, le prix Nobel de littérature, le Nigérian Wolé Soyinka, a présenté, dans son discours de Stockholm, Hegel comme « l'un des ancêtres intellectuels de l'Apartheid sud-africain ». Propos excessif, mais, entre-temps, philosophes et historiens africains sont entrés dans le débat : ils ont constaté que Hegel excluait les Noirs de l'histoire universelle et de la philosophie, qu'il refusait au monde africain toute rationalité. Un universitaire de Dakar, Amady Aly Dieng, a pris la défense de Hegel : « Pour lui, la barbarie du Nègre ne tient pas à des raisons biologiques, mais à la nature tropicale et surtout à la constitution géographique de son pays. » Mais il n'en reconnaît pas moins que « Hegel refuse catégoriquement aux Nègres d'avoir la capacité d'accéder à la philosophie et à la rationalité ».

Et que penser du géographe Karl Ritter, présenté comme l'inspirateur de Hegel ? « Des siècles semblent s'interposer entre l'Afrique et son avenir encore mystérieux. Les progrès individuels y restent inconnus, qu'il s'agisse de plantes, d'animaux, de peuplades ou même d'hommes isolés. Presque partout, la race dominante des Nègres, répandue en masse compacte... Tout progrès y est à peine sensible, sans individualité apparente de civilisation, de politique ni même de langue. Si quelques progrès se montrent isolément sur quelques étroites bandes de côtes, c'est qu'ils viennent de civilisations étrangères. » Terrible verdict, qui expliquerait l'eurocentrisme de Hegel, lecteur de Ritter ?

Ainsi Mirabeau apparaît-il comme notre contemporain, par son antiracisme spontané, alors que ses propres contemporains restent marqués par les préjugés de leur temps.

Le premier problème qui se pose à l'Assemblée est celui de la représentation politique des colonies.

Les colons de Saint-Louis du Sénégal ont donné une première idée des situations insolites que l'Assemblée allait avoir à affronter. Louis XVI avait souhaité que lui parviennent, depuis « les habitations les moins communes de son royaume », les « vœux et réclamations de ses sujets ». Les Saint-Louisiens adressent aux États généraux un cahier de « très humbles doléances et remontrances », le 15 avril 1789. Qui sont ces habitants de Saint-Louis qui vivent à l'ombre de la « Compagnie du Sénégal » et de son monopole du commerce de la gomme ? 6 000 Noirs, 1 200 mulâtres, 600 Européens, garnison comprise... et 3 000 esclaves. Les préjugés de couleur n'existent pas vraiment : la société locale est constituée de commerçants, Blancs et Noirs, qui ont les mêmes conceptions de classe et s'entendent pour trouver normal l'esclavage. Les Saint-Louisiens ont pour principale revendication : la fin du monopole de la Compagnie, le rétablissement du libre commerce de la gomme... et des esclaves !

Même détournement de l'héritage des Lumières à Saint-Domingue : quelques milliers de Blancs règnent sur 400 000 esclaves ; ils ont décidé de se faire représenter à l'Assemblée par vingt députés, qui se sont fait admettre provisoirement dans le tumulte de la séance du Jeu de paume. Il existe aussi une population de mulâtres – les « hommes de couleur » : hommes libres, ils possèdent le tiers des terres de Saint-Domingue, mais ils sont exclus de la société politique par les Blancs.

Lors de la vérification des pouvoirs des élus de Saint-Domingue, Mirabeau constate :

« On n'a même pas essayé de nous expliquer pourquoi les hommes de couleur, qui sont libres et propriétaires, et qui contribuent aux charges publiques, ne sont pas inscrits comme électeurs et ne sont pas représentés. »

Puis il revient sur le nombre des députés de l'île, qui semble arbitrairement fixé :

« Pourquoi vingt députés pour représenter quelques milliers de Blancs ? Les colons prétendent que le nombre de leurs représentants doit être proportionnel à celui des habitants de l'île et des richesses qu'elle produit. Vont-ils ranger leurs Nègres et leurs gens de couleur dans la catégorie des hommes ou dans celle des bêtes de somme ? Si les colons veulent que les Nègres et les gens de couleur soient hommes, qu'ils affranchissent les premiers, que tous soient électeurs, que tous puissent être élus. Dans le cas contraire, qu'ils comprennent que dans la représentation proportionnelle des populations de France, nous n'avons pas pris en compte la quantité de nos chevaux et de nos mulets. »

Comme les colons semblent soutenus par une partie de l'Assemblée, Mirabeau reprend la parole :

« Croient-ils que nous ne représenterons pas ces hommes qu'ils ont écartés de la vie publique ? Croient-ils que nous ne défendrons pas la cause des exclus ? Si telle a été leur espérance, je leur déclare qu'elle est outrageante pour nous et qu'elle sera déçue. »

La lancinante question de la représentation des colonies rebondit avec la proclamation des Droits de l'homme. La Déclaration n'a-t-elle pas une portée universelle ? Comment maintenir l'exclusion des « hommes de couleur » du jeu politique ?

Les députés des colonies font front : ils « avertissent et menacent des plus grandes calamités si la question d'humanité et de philosophie vient à prévaloir sur les opinions, les habitudes et les intérêts privés des colons ou planteurs ». Des soulèvements sont réprimés à la Martinique, à Saint-Domingue. Un magistrat qui avait jugé l'esclavage contraire au droit naturel est arrêté.

Les délégations se croisent devant l'Assemblée : celle « des hommes de couleur, propriétaires dans les colonies françaises », comparaît en octobre 1789 ; en contrepoint, se succèdent celles des armateurs. Les deux problèmes sont mêlés, alors qu'ils ne se confondent pas : le droit de vote des mulâtres ; la traite des Noirs.

Sur la traite, l'argumentation des partisans de son maintien est simple : toucher à l'esclavage, c'est perdre les colonies et renoncer à une grande partie de la fortune de la France, à l'heure où le royaume est guetté par la banqueroute. Mirabeau est la cible des colons : l'un d'eux le provoque en duel ; le tribun en prend bonne note... il promet de répondre après la fin de la session de l'Assemblée.

Alors que l'Assemblée se préoccupe plutôt des limites au droit de vote dans les colonies, Mirabeau se consacre à la question de l'esclavage. Avec une stratégie originale : seule une alliance franco-britannique permettra de mettre fin à la traite. Car les adversaires de l'abolition dans l'un des deux pays pourront toujours prétendre que l'autre puissance s'emparera de l'ensemble du marché !

En octobre 1789, Mirabeau accueille à Paris, avec la Société des Amis des Noirs, Thomas Clarkson, qui vient de publier à Londres un retentissant ouvrage sur *Le Commerce des esclaves*. Clarkson offre à Mirabeau une gravure représentant la coupe d'un vaisseau négrier. Mirabeau décide de l'avoir constamment devant ses yeux, sur son bureau :

« 29 506 Nègres ont été expédiés, en 1788, des côtes d'Afrique vers Saint-Domingue. Une bonne part de ces cargaisons humaines est promise à la mort, dans un climat chaud et malsain. »

En janvier 1790, Mirabeau écrit au philosophe Wilberforce, ami du Premier ministre Pitt :

« Il nous faut reposer la grande question de l'abolition de la traite. Je sais la rage que mon initiative va susciter chez les planteurs. Mais je n'ai qu'une vraie crainte : qu'on puisse dire que si, nous Français, nous abolissons, les Anglais en profiteront. L'instruction n'est malheureusement pas assez avancée pour qu'un préjugé universel puisse être facilement combattu, et je perdrai un grand nombre des voix de l'Assemblée, peut-être la presque totalité, si je ne parviens pas à convaincre mes collègues que l'Angleterre nous suivra infailliblement. Pour ma part, je sais que M. Pitt ne peut balancer entre les clameurs temporaires du commerce et l'impérissable gloire d'avoir mis fin à la plus honteuse des plaies qui affligent l'humanité… Mais tout le monde ne partage pas ma conviction. Ne pourrions-nous parvenir à un accord sur ce point avec M. Pitt, par votre entremise ? »

Mais l'Assemblée n'a pas attendu l'issue d'une telle négociation. Elle se saisit de la question de la traite et en confie l'étude à un Comité des colonies, dont Barnave sera le rapporteur. Ô douloureuse surprise ! Le jeune député du Dauphiné, le jeune et pur Barnave, qui a si souvent contesté le réalisme politique de Mirabeau et si souvent dénoncé ses manipulations, l'espoir de la gauche de l'Assemblée, membre du Triumvirat, son directoire officieux, Barnave va défendre « l'infâme pratique » de l'esclavage ! Pourquoi s'est-il ainsi fourvoyé ? A-t-il été à ce point otage de l'amitié ? Le beau-frère de Charles de Lameth, l'un de ses associés au sein du Triumvirat, est le plus riche planteur de Saint-

Domingue. Cette explication suffit-elle ? Elle laissera une grande ombre sur son œuvre et sa personnalité.

Mirabeau voulait intervenir à la tribune de l'Assemblée, mais la discussion est ajournée. Il se transporte donc, avec les feuillets de son discours, au Club des Jacobins. Il commence par rappeler l'universalité des Droits de l'homme. Comment la Révolution pourrait-elle accepter l'esclavage, qui est l'absence de tout droit ?

« J'entreprends de plaider devant vous la cause d'une race d'hommes qui vivent, souffrent et meurent, esclaves de la plus détestable tyrannie... Je ne dégraderai pas cette Assemblée en cherchant à vous prouver que les Nègres ont droit à la liberté ! Vous avez déclaré que tous les hommes naissent et demeurent égaux et libres. La proclamation des Droits de l'homme ne retentira-t-elle pas dans toutes les parties du globe ? »

Notre tribun fait un détour par la situation des mulâtres, des « gens de couleur », enfermés, dans leur identité, entre Blancs et esclaves :

« Qu'ils ouvrent les yeux, ces Créoles indolents et hautains qui croient que le mépris, l'arrogance tiennent lieu de force ! Ne savent-ils pas que les gens de couleur, cette nouvelle portion de la famille humaine, ulcérée par l'imbécile orgueil qui gradue l'estime sur la couleur de la peau, est lasse d'exister dans l'esprit des Blancs et dans leurs lois comme un intermédiaire entre le citoyen libre et l'esclave ? »

Puis Mirabeau examine les quatre arguments des « colons et trafiquants négriers », ces défenseurs de la « traite » :

1) *Le commerce des esclaves préserverait les Africains de conditions bien pires, que leur feraient subir la guerre ou la captivité dans leur propre pays.* Argument fallacieux, réplique Mirabeau : le motif de ces guerres n'est pas dans les mœurs des Africains, mais dans l'augmentation des demandes d'esclaves qui redouble les guerres et les captures.

2) *Ledit commerce ne se ferait point d'une manière inhumaine.* Un commerce non inhumain ? Les chiffres démentent cette affirmation. La Grande-Bretagne exporte annuellement 100 000 Noirs, dont 20 000 périssent en route. Vous qui regardez l'esclavage comme un bienfait, considérez qu'à l'horreur de la captivité qui commence pour ne finir qu'à la mort, se joignent, pendant le trajet, la faim, les maladies, le manque d'eau, le manque d'air ! Comptez pour rien les dévastations, les incendies, les pillages sur la côte d'Afrique !

3) *Les Nègres ne seraient pas malheureux dans les colonies, pas plus que les laboureurs dans nos climats.* De nouveau, des chiffres

précis pour illustrer les souffrances des esclaves dans les îles : de 1680 à 1775, 800 000 Noirs ont été introduits sur la partie française de Saint-Domingue ; il n'en reste que 290 000. Cessez d'être étonnés : nous traitons mieux les bêtes dont la chair nous sert de nourriture ! Et l'on compare le sort des Nègres à celui de nos paysans, comme si les souffrances de ces derniers devaient nous endurcir sur l'affreuse condition des esclaves.

4) *Il faudrait opter entre le maintien de la traite et la ruine des colonies*. Soutenir qu'il convient à une nation franche et généreuse d'autoriser des crimes parce qu'ils sont une source de richesses, c'est s'offrir au mépris et à l'indignation des représentants du peuple français...

Après avoir combattu, un à un, les arguments des armateurs et des colons, repris et corrigé leurs chiffres, Mirabeau en vient à l'argument principal :

« Ils disent que l'abolition de la traite en France profitera directement à l'Angleterre, que les Anglais, loin de croire aux rêveries de quelques déclamateurs, continueront d'acheter et de vendre des Noirs pour leur compte et ruineront nos colonies.

« Ne craignons pas cette duplicité politique ! Je vous assure que la sympathie des Anglais les plus éclairés et les plus influents les associe à la cause que je plaide devant vous. Celle des deux nations qui, la première, abolira la traite, forcera, dans l'instant même, l'autre à l'imiter. »

Mirabeau brandit maintenant la gravure offerte par Clarkson. En grand homme de théâtre, il va insuffler la vision de la traite, de la réalité concrète de la traite, à son auditoire :

« Voyez le modèle d'un navire chargé de ces infortunés et tâchez de ne pas détourner vos regards.

« Comme ils sont entassés les uns sur les autres, comme ils sont étouffés par les entreponts, ne pouvant se tenir debout, même assis, ils courbent la tête. Bien plus, ils ne peuvent mouvoir ni leurs membres, étroitement garrottés, ni leur corps même, car soumis à tous les besoins, à tous les maux de celui dont il partage les fers, chaque homme est attaché à un homme, quelquefois à un mourant, à un cadavre. Voyez comment le vaisseau qui se roule les meurtrit, les mutile, les brise l'un contre l'autre, les déchire par leurs propres chaînes. Se couchent-ils, tout l'espace est rempli et l'insensée cupidité n'a pas même prévu qu'il ne restait plus de passage et qu'il faudrait fouler aux pieds ces corps de suppliciés vivants.

« Suivez donc ce navire, ou plutôt cette longue bière flottante, traversant les mers qui séparent les deux mondes. L'horrible cachot mouvant se dépeuple de plus en plus, Nègres et matelots sont moissonnés.

« Chaque navire négrier emporte une provision de poison. Il est utile dans les révoltes. Par le poison, l'équipage se délivre de l'esclave impétueux que les chaînes et les gardiens auraient peine à contenir… »

Mirabeau demande l'abolition immédiate de la traite et l'affranchissement progressif des esclaves. Son argumentation semble irrésistible :

« Que l'Assemblée qui, avec tant de courage, a détruit l'aristocratie dont le joug humiliait la France, qui a tant fait pour la liberté, accepte de considérer que la couleur de la peau légitime la tyrannie : voilà ce qui est impossible. Le seul doute serait un outrage. Je ne demande donc plus si nous abolirons l'infâme trafic de la traite, mais quand nous l'abolirons. »

Mirabeau remporte, une fois de plus, un immense succès. Mais la coalition des préjugés et des intérêts reste forte. La semaine suivante, il est battu sur le rapport de Barnave qui déclare les colonies non soumises à la Constitution française ! Les îles de sucre pourront conserver leurs propres institutions. En mars 1791, l'Assemblée refuse, sur la motion du député Arthur de Dillon, député de la noblesse de la Martinique, de recevoir une délégation d'hommes de couleur. En mai 1791, l'Assemblée reconnaît, contre l'avis de Barnave, les droits civiques aux hommes de couleur nés de parents libres. C'est un premier et très partiel succès pour les « Amis des Noirs », mais Mirabeau n'est plus là pour s'en réjouir.

LE RETOURNEMENT

1790. En janvier, l'année qui s'ouvrait semblait opaque – sans la moindre perspective pour le député d'Aix. En mars, tout est relancé.

Au début janvier, Mirabeau confiait sa lassitude au comte de La Marck : « Nous jouons à colin-maillard. Je reste immobile autant que je le puis car un homme qui marche dans la nuit et dont le flambeau s'éteint doit s'arrêter jusqu'à ce que la lumière revienne. »

Heureusement, notait Mirabeau dans un élan d'affection, l'année écoutée avait été marquée par le développement d'une amitié forte entre La Marck et lui : « C'est mon bilan personnel de cette année mémorable. Une circonstance ne sortira point de mon souvenir : notre rapprochement. Ce sera l'amitié la plus impérissable et la plus dévouée. »

La Marck répondit avec mesure, comme pour voiler son admiration : « Je m'honore d'avoir su m'approcher de vous. Vos qualités sont trop souvent méconnues. Vous savez l'amitié qui m'attache à vous. J'acquiers une sorte de supériorité sur ceux qui n'ont pas su vous apprécier, ou qui ne l'ont pas voulu, car l'envie existe partout où il y a des hommes, particulièrement aux dépens des hommes supérieurs. »

La Marck et Mirabeau s'étaient rencontrés un peu plus d'un an auparavant, en décembre 1788, lors d'un dîner chez le prince de Poix, gouverneur de Versailles. La première impression de La Marck avait été de stupeur. Tout lui avait semblé démesuré, forcé, chez Mirabeau – son énorme chevelure bouclée et poudrée au-dessus d'une tête déjà trop grosse, son luxe ostentatoire, les boutons multicolores de son habit de ville, les boucles, trop grandes, de ses souliers, ses manières affectées, ses révérences démesurées, ses compliments prétentieux et ce manque de grâce quand il s'adressait aux femmes. « Quoique par sa naissance il allât de pair avec ceux qui le recevaient, on voyait tout de suite qu'il manquait de l'aisance que donne l'habitude du grand monde. »

Frotté aux élégances en demi-teinte, La Marck avait donc souffert. Auguste-Marie, prince d'Arenberg, comte de La Marck, était de quatre ans plus jeune que Mirabeau. Il était le descendant d'une vieille famille brabançonne au service de l'Autriche, une des plus anciennes maisons princières d'Europe. Né et élevé à Bruxelles, il avait hérité de son grand-père maternel un régiment allemand, aux ordres de la monarchie française depuis Louis XIV – et le titre de « grand d'Espagne » qui le mettait à égalité avec ducs et pairs de France. Il avait épousé une héritière française, était devenu un grand propriétaire terrien en France et avait payé l'impôt du sang à sa nouvelle patrie – ou plutôt à l'une de ses patries, car il était d'abord un Européen – puisqu'il avait été grièvement blessé en Inde, lorsqu'il avait fait partie, à la tête de son régiment, de l'expédition du bailli de Suffren.

La stupeur de La Marck face à Mirabeau n'avait été qu'éphémère. Dès que la conversation s'était réellement engagée chez le prince de Poix, tout le ridicule de Mirabeau s'était évanoui. La Marck avait été fasciné par les idées de Mirabeau, l'énergie avec laquelle il les présentait, sa connaissance de l'étranger, son opinion sur une Prusse qu'il prévoyait redoutable – ce qui ne pouvait que plaire à l'Autrichien que demeurait La Marck.

La Marck et Mirabeau s'étaient retrouvés en 1789, à l'Assemblée. La Marck, possesseur d'un fief en France, avait été élu député de la noblesse par le bailliage du Quesnoy. Mais ils ne s'étaient rencontrés qu'au lendemain de l'ordre royal du 27 juin, après la réunion des deux ordres privilégiés au Tiers. Jusque-là, La Marck, qui se trouvait parmi les intransigeants de la noblesse, ne pouvait entrer en contact avec un élu du Tiers.

Mirabeau l'avait abordé :

« Ne reconnaissez-vous plus vos anciens amis ? Vous ne m'avez encore rien dit.

— Les occasions nous ont manqué.

— Vous êtes bien mécontent de moi ?

— De vous et de bien d'autres.

— Alors, commencez par l'être de ceux qui habitent le Château. Le vaisseau de l'État est battu par la plus violente des tempêtes, et il n'y a personne à la barre.

— J'espère vous voir souvent désormais, avait conclu La Marck dans un sourire.

— Avec un aristocrate comme vous, je m'entendrai toujours facilement, répondit Mirabeau, dans l'un de ces grands rires qui déplaisaient tant à son interlocuteur... »

Ils se revoient régulièrement. Leurs divergences politiques n'ont pas été dépassées, mais leurs personnalités sont complémentaires.

« Où voulez-vous en venir avec cette marche incendiaire que vous imposez à l'Assemblée ?

— Comprenez que le sort de la France est décidé : les mots de liberté et d'impôt consenti ont retenti à travers tout le royaume. Il nous faut maintenant un gouvernement plus ou moins semblable à celui de l'Angleterre. C'est cela qui sauvera la monarchie.

— Une monarchie constitutionnelle ? Je suis prêt à m'entendre avec vous là-dessus. Louis XVI serait propre à jouer le rôle d'un roi constitutionnel, il serait même satisfait de ne pas avoir la trop lourde charge d'un monarque absolu. »

Un lien fort se noue entre les deux hommes. Mirabeau voit en La Marck l'homme qui sera son intermédiaire auprès du roi, qui lui permettra de rapprocher le roi de la nation. La Marck, grand seigneur flegmatique, dévoué avec ferveur à la reine, est libre de tout préjugé et de toute ambition : il a toujours été comblé d'honneurs et de richesses ; sa santé ébranlée et sa condition originaire d'étranger le conduisent à observer de manière un peu distante le combat politique français ; la mission qu'il s'assigne sera de ramener Mirabeau à l'allégeance à la monarchie chaque fois qu'il semble en dévier, d'être la conscience monarchique de Mirabeau.

La Marck volera aussi au secours de Mirabeau, dans les situations de détresse financière qui n'épargnent pas le député d'Aix devenu l'un des chefs de file de l'Assemblée. Ainsi, en ce mois de septembre où le tribun surgit chez La Marck, de très bonne heure, l'air préoccupé : « Je ne sais où donner de la tête. Je manque du premier écu. Prêtez-moi quelque chose. »

La Marck lui tend un rouleau de cinquante louis, et lui explique qu'il entend ainsi contribuer à son indépendance politique. Ému, Mirabeau ne cessera de lui témoigner sa reconnaissance.

Le 18 mars, La Marck alerte Mirabeau, depuis Bruxelles où il séjourne. Il vient de recevoir un message du comte de Mercy, ambassadeur d'Autriche à Paris et conseiller secret de Marie-Antoinette : « Le roi et la reine sont décidés à réclamer les services du comte de Mirabeau, s'il est, lui, décidé à leur être utile. »

La Marck regagne immédiatement Paris. Le comte de Mercy

est la diplomatie incarnée : son extrême prudence et sa réserve sont légendaires. Homme de confiance de l'impératrice Marie-Thérèse, il a été placé à Paris – où il restera vingt-quatre ans en poste – pour être l'ange gardien de la dauphine… puis de la reine. La Marck le rencontre, dès son arrivée :

« Vous avez des relations intimes avec le comte de Mirabeau ? lui demande Mercy. Le roi et la reine ont pensé qu'en les entretenant, vous aviez l'intention de leur être utile.

— Ils ne se sont pas trompés.

— Leurs Majestés m'ont chargé de vous demander votre opinion sur les dispositions que vous supposez actuellement à M. de Mirabeau.

— M. de Mirabeau a toujours été dévoué à la cause de la monarchie. Il veut rendre force à un exécutif, qui ne pourrait être que le gouvernement du roi, et que le roi choisirait de façon qu'il ait la confiance de l'Assemblée. »

L'ambassadeur Mercy semble rassuré :

« Le roi et la reine vous laissent maître des conditions et ne veulent avoir de rapports avec le comte de Mirabeau que par votre entremise. Le secret doit être gardé. »

La Marck semble soudain effrayé par les responsabilités qu'on lui impose. Il répond que la démarche du couple royal lui semble trop tardive et trop secrète :

« Le mal déjà fait est bien grave. Je doute que M. de Mirabeau lui-même puisse réparer le mal qu'on lui a laissé faire. »

Il exige que Mercy prenne part à la négociation et rencontre Mirabeau. Le prudent ambassadeur demande… un temps de réflexion.

Le lendemain, La Marck se rend chez Mirabeau. Le député d'Aix est découragé. Il s'éloigne de la monarchie, il se sent repoussé, méconnu, sa situation personnelle est misérable, alors qu'il est convaincu d'être le seul membre de l'Assemblée à avoir la vision et l'influence nécessaires pour instaurer une monarchie réformée. Il accepte, avec empressement, les ouvertures du couple royal.

Mercy a accepté de rencontrer Mirabeau. L'entrevue a lieu rue du Faubourg-Saint-Honoré, dans l'hôtel de La Marck. Mercy arrive par la grande entrée, Mirabeau par une porte dérobée qui donne à l'arrière, sur le jardin. Tout oppose les deux hommes : le diplomate autrichien est persuadé que Mirabeau est un déclassé, qui s'est engagé, par rancune, sur le chemin de la Révolution ; il ne peut croire – il le lui dit – qu'il s'obstinera, avec son talent, son génie, dans ce rôle de faiseur de désordres ! Mirabeau accepte cette apostrophe : Mercy lui semble bien au-dessus de ce qu'il imaginait… Finalement, les deux hommes communient dans la même angoisse pour le sort de la monarchie. Il faut tirer le roi de Paris, mais non de France, lui lance Mirabeau. Et il développe son plan. Il faudra arracher le roi à Paris, à l'aide d'une petite armée fidèle, soudainement rassemblée, et le conduire dans une province fidèle, de préférence la Normandie. Le roi lancera une proclamation à la nation, pour la rassurer, lui dire son acceptation de toutes les conquêtes légitimes de la Révolution. Il appellera l'Assemblée à le rejoindre. Tout autre plan devra être exclu, et d'abord la fuite vers une frontière : « Un roi ne fuit pas devant son peuple. » Le peuple devra se coaliser avec son roi.

Mercy l'approuve : le plan de Mirabeau est mesuré ; il exprime la voix de la sagesse. Ce que Mercy tait, c'est sa crainte de l'influence des émigrés. Ceux de Turin harcèlent la cour. Il vient de l'écrire à la reine : « Ce qui est vraiment aussi inouï que criminel, c'est l'idée d'enlever le roi de force. » Il a dénoncé les illusions du couple royal, le triste tableau de l'insuffisance d'armes, de munitions, pour constituer une troupe quelconque, la difficulté d'affronter trois ou quatre cent mille hommes des milices nationales, tous aussi exaltés. « Comment pourrait-on supporter l'idée du danger que courraient le monarque et son auguste épouse s'ils étaient arrêtés en route ? » Le diplomate traditionnel, qu'on dit sans imagination, vient d'imaginer Varennes. Enthousiasmé par son entrevue avec Mirabeau, il déplore qu'on ait attendu si longtemps avant de recourir à un homme si éminent, « qu'on a laissé devenir dangereux, quand il aurait pu être si utile ».

Le lendemain de l'entretien de Mirabeau avec Mercy, La Marck est reçu par la reine, aux Tuileries, en secret dans l'appartement de sa première femme de chambre.

Marie-Antoinette lui avoue la raison de sa suspicion sur Mirabeau : le député d'Aix « a-t-il participé aux horreurs des journées des 5 et 6 octobre ? » La Marck répond de son ami : il certifie avoir passé la plus grande partie de ces journées avec lui. Marie-Antoinette est soulagée… Le roi entre : « Il faudra que tout ce qui se fera par Mirabeau reste un profond secret pour mes ministres. »

La Marck est atterré. Comment songer à employer une personnalité telle que Mirabeau à l'insu des ministres ? Mais le courtisan s'impose silence. Il ne dira pas ses craintes à Mirabeau, il se contentera de lui révéler la haute idée que le couple royal a de ses talents. Il est surpris et presque déçu de constater la réaction de

Mirabeau, si fortement impressionné, bouleversé par la bienveillance du couple royal, sensible à la magie de la royauté...

En mai, La Marck négocie le traité de Mirabeau avec la cour. Le tribun promet au roi « loyauté, zèle, activité, énergie et un courage dont on est peut-être loin d'avoir une idée ». Une réserve, destinée à garantir l'autonomie de l'action de Mirabeau : sa conduite ne devra pas être jugée sur un fait, sur un discours, mais dans son ensemble – « il est impossible de sauver l'État, jour à jour ».

La reine a demandé « ce qu'il y aurait de mieux à faire pour que Mirabeau fût content d'elle et du roi ». Les dettes du tribun seront réglées – même ses habits de noce n'avaient pas été payés. La cour lui assurera un traitement mensuel de 6 000 francs, auxquels s'ajouteront 300 francs pour un secrétaire. Et le roi remet quatre billets signés de sa main, pour un versement total d'un million de livres, qui seront payés à Mirabeau à la fin de la session de l'Assemblée, s'il s'est comporté conformément à ses engagements. Toutes ces questions d'argent seront traitées par l'archevêque de Toulouse, Fontanges, l'ancien aumônier de la reine.

Mirabeau exulte. Selon La Marck, « il laisse éclater une ivresse de bonheur, dont l'excès m'étonna un peu ». Car La Marck ne partage pas l'exubérance de Mirabeau. Il avoue son scepticisme à Mercy :

« Quelle que soit ma confiance dans les talents de Mirabeau, je ne peux m'empêcher de regarder la monarchie française comme perdue. Et je doute même de l'utilité de Mirabeau, quand j'observe la façon dont le roi se propose de l'employer. »

TROISIÈME PARTIE

L'ALLIÉ DU ROI

GUERRE ET PAIX

L'ombre de l'ancien pouvoir royal continue de se projeter sur les travaux de l'Assemblée. Comment « récupérer » l'ancien monarque absolu dans la nouvelle organisation des pouvoirs, fondée sur la souveraineté du peuple ? Comment le réduire au rôle d'un simple acteur politique, d'un simple rouage institutionnel, dans le processus de formation de la volonté de la nation ? L'Assemblée a dépouillé le roi de sa souveraineté, elle l'a transformé en premier fonctionnaire du royaume ; mais, comme le souligne François Furet, elle ne pouvait pas « exorciser sa présence historique ». L'ancienne monarchie, taillée dans le roc de l'Histoire, continue de dominer les mémoires et de hanter les esprits.

La question de la place du roi dans le nouveau régime resurgit, de manière presque anecdotique, d'un différend anglo-espagnol dans la lointaine baie de Nootka, sur la rive nord-américaine du Pacifique. Heurt de deux desseins impériaux ? La position espagnole est, aujourd'hui, difficile à comprendre. Au XVIIIe siècle, les Anglais ont, certes, tenté de se constituer un vaste empire en Amérique du Nord, après avoir évincé les Français du Canada et de la Louisiane orientale par le traité d'Utrecht de 1763 ; ils ont tenté aussi d'étendre leur influence commerciale au sein même de l'Amérique espagnole. Les Espagnols se considèrent donc comme menacés dans leur souveraineté sur ces immenses terres de Nouvelle-Espagne qui, de l'actuel Sud chilien et argentin, vont jusqu'au nord de San Francisco, une agglomération qu'ils ont créée en 1776. Mais c'est projeter bien loin la souveraineté de l'Espagne que de l'étendre jusqu'à cette baie de Nootka inconnue, dépendance du Vancouver d'aujourd'hui, dans l'Ouest canadien, en Colombie britannique ! Reste qu'un officier espagnol a saisi six vaisseaux anglais à Nootka, que l'Angleterre a répliqué en armant ses bâtiments et en mobilisant ses marins, et que Louis XVI et ses ministres ont considéré qu'ils sont engagés envers l'Espagne par le « pacte de famille » du 15 août 1761, conclu entre les Bourbons de France et leurs cousins de Madrid.

Le pacte de famille liait fortement les deux monarchies : par ce traité, signé par Choiseul au nom de Louis XV et par l'ambassadeur Grimaldi, Charles III d'Espagne avait choisi l'alliance de la France et répudié l'influence anglaise. La clause d'assistance avait immédiatement joué : l'Espagne s'était malencontreusement lancée dans la guerre de Sept Ans, qui opposait la France à l'Angleterre et à la Prusse et, venant au secours d'un combat virtuellement perdu, elle avait partagé le sort de la France dans la défaite. La guerre d'indépendance américaine avait offert une occasion de revanche au pacte de famille : un plan de débarquement franco-espagnol en Angleterre avait échoué, mais il avait paralysé la puissance navale britannique et facilité l'insurrection au Nouveau Monde ; des affrontements navals avaient conduit à la reconquête de Minorque par les Franco-Espagnols et à plusieurs assauts contre Gibraltar (le plus jeune frère de Louis XVI, le comte d'Artois, futur Charles X, avait participé aux opérations). La paix de Versailles, en 1783, avait consacré le retour de Minorque et des Deux-Florides à l'Espagne et effacé l'humiliation de 1763.

On comprend donc que l'assistance à l'Espagne ait été décidée, presque par automatisme, par le gouvernement de Louis XVI. Quatorze vaisseaux de ligne seront armés dans les ports de l'Atlantique et de la Méditerranée. Des crédits sont demandés à l'Assemblée : « Sa Majesté est trop convaincue du patriotisme des représentants de la nation pour n'être pas assurée d'avance de leur empressement à décréter des secours. » Mais, pour l'Assemblée, le problème de principe est double. Le nouveau régime de la France est-il comptable des engagements de la monarchie absolue ? En fait, cet aspect sera peu invoqué, tant est encore grande la révérence de l'Assemblée, confrontée à l'Histoire. Mais surtout, qui décidera de la guerre et de la paix ? Qui aura le droit d'engager la nation dans la guerre, ce pouvoir régalien par excellence dans l'Ancien Régime ? Les députés réalisent soudain qu'ils n'ont cessé de limiter les pouvoirs du roi dans l'ordre interne, national, mais ne se sont pas préoccupés de ses compétences internationales ! Ce roi dépossédé de presque tous ses pouvoirs n'a-t-il pas conservé le plus important d'entre eux : le droit d'être présent et d'agir dans l'arène internationale ?

On imagine déjà les grandes lignes du débat. Pour la droite : le roi, même diminué, reste un coparticipant à l'élaboration de la volonté nationale, comme le montre le droit de veto qui lui a été consenti en septembre 1789. Pour la gauche : l'Assemblée, seule représentante de la souveraineté du peuple, doit décider seule de la guerre et de la paix, le roi n'étant que son exécutant ; confier au roi le droit de désigner l'ennemi, ne serait-ce pas lui offrir le moyen d'attenter aux libertés et de se saisir de l'État ? Entre les deux camps, Mirabeau va tenter d'élaborer un compromis, parce qu'il est désormais au service du roi, mais aussi parce qu'il a toujours été convaincu de la nécessité d'une collaboration entre les deux pouvoirs, exécutif et législatif.

D'emblée, dès le samedi 15 mai 1790, lorsque la demande de crédits du gouvernement vient à l'examen de l'Assemblée, le débat revêt une grande acuité.

Alexandre de Lameth va au plus court en posant la question de principe, au milieu d'une vive agitation de la droite : « Le droit de guerre ne peut être délégué par l'Assemblée, car il s'agit du droit de faire verser le sang. Prenons garde aux manœuvres des ministres des diverses cours européennes ! C'est, aujourd'hui, de la cause des rois contre les peuples que nous débattons. »

Alexandre de Lameth, qui a servi en Amérique comme aide de camp de Rochambeau, aurait pu évoquer cette guerre qui vit la monarchie française défendre la cause de la liberté... Mais il est d'abord le créateur, avec Duport et Barnave, de ce « Triumvirat » – que Mirabeau se plaît à qualifier de « Triumgueusat » –, cette force qui a émergé des journées d'Octobre et qui contrôle, en partie, l'Assemblée.

La droite s'émeut : va-t-on maintenant arracher au roi ce droit de guerre qui est le socle même de l'institution monarchique, ce droit qui laisse le monarque juge de l'opportunité de déclarer une guerre qu'il va ensuite diriger, ce droit en vertu duquel les Français se sont, au fil des siècles, unis à leurs rois sur les champs de bataille ? Elle demande l'ajournement du vote sur la motion déposée par Alexandre de Lameth.

La gauche réagit. Barnave, le ton sec, s'élève contre la proposition de la droite : « Notre silence préjugerait la question de principe. »

À l'extrême-gauche, Robespierre appuie lui aussi la motion de Lameth : « En pareille matière, seule la nation peut décider. Sinon que de pièges, de dangers ! »

Mais la guerre, même décidée par l'Assemblée, par les représentants de la nation, n'est-elle pas illégitime ? Pourquoi la nation n'adresserait-elle pas un message nouveau au monde, un message de paix ? Robespierre introduit dans le débat l'utopie pacifiste... que son maître à penser, Jean-Jacques Rousseau, avait pourtant récusée dans sa critique du projet de « paix perpétuelle », cher à l'abbé de Saint-Pierre :

« Si, au lieu d'accorder des subsides, l'Assemblée faisait une grande démarche, afin de dire au monde que la nation française se contente d'être libre, qu'elle ne veut s'engager dans aucune guerre, qu'elle veut vivre avec toutes les nations dans la fraternité ? Alors toutes les nations comprendraient que la France défend la cause de l'humanité et qu'elles lui doivent leur bonheur ! »

Mirabeau se lève. Il a choisi la solennité. Il propose de définir ce qui entre directement dans la compétence du roi, donc du pouvoir exécutif : les mesures d'urgence, provisoires, dictées par l'esprit de précaution et la nécessité de défendre la nation. Peu importent les questions de principe sur la guerre et la paix :

« Le roi a le provisoire, le droit d'armer, de prévenir l'agression... Son message n'a rien à voir avec une déclaration de guerre. Il pourrait exister, dans la même forme, même si nous avions décidé que le droit de guerre et de paix appartient à l'Assemblée. En fait, il s'agit simplement pour nous de dire si les fonds demandés par le roi sont nécessaires, et cela est évident... Tenons-nous en à cette autorisation de crédits. Pourquoi alors effrayer l'opinion publique en lui donnant à penser qu'il faut d'abord trancher la question de la guerre et de la paix ? L'opinion se figurera que la guerre est prête à fondre sur nous ! »

Le baron de Menou, député de la noblesse de Touraine qui s'est rapidement réuni au Tiers, devenu un proche des triumvirs, répond à Mirabeau. Son intervention est bien construite, son ton inspiré. Il déclenche les applaudissements frénétiques de la gauche.

Premier thème : ces mesures « provisoires », que Mirabeau veut consentir au roi, peuvent bel et bien déclencher une guerre, et une guerre qui pourrait être injuste puisque l'Assemblée n'aura pas eu l'occasion de se prononcer sur les causes profondes, sur les racines du conflit ! Deuxième thème : si nous devons nous engager dans une guerre, une guerre juste car nous saurons que l'Angleterre se refuse à la cause de la justice, alors ce n'est pas quatorze vaisseaux que nous devons armer, mais toutes nos forces de terre et de mer ! Et l'orateur de proposer une distinction, qui séduit l'Assemblée, entre une guerre simplement « ministérielle », poursuivie par le gouvernement du roi, et une vraie guerre « nationale », qui mobiliserait toute la volonté de la nation. Troisième thème : Menou revient sur l'Angleterre, la vieille rivale arrogante, qu'il faudra attaquer sur son territoire même, si la France est sûre de représenter la cause de la justice.

Menou a non seulement répondu au plaidoyer de Mirabeau pour la libre initiative du roi, mais il a pris, dans le même élan, le contre-pied du pacifisme à la Robespierre : le thème de la guerre juste, si agréable à l'oreille de l'Assemblée, croise ceux de la mobilisation nationale, de la perfidie des monarchies européennes, voire du chauvinisme contre le vieil ennemi britannique... La gauche lui fait décidément un triomphe. Le duc d'Aiguillon, arrière-petit-neveu de Richelieu et fils d'un des ministres des Affaires étrangères et de la guerre de Louis XV – il émigrera, mais il est encore dans sa phase d'exaltation révolutionnaire –, en rajoute sur la traîtrise des monarques et de leurs ministres :

« C'est à la Constitution, à la Révolution qu'on en veut. Les ministres abuseront de tout, de nos désastres comme de nos succès. Un roi victorieux est un grand danger pour la liberté quand c'est un roi des Français. »

Mirabeau comprend qu'il doit se replier. Les députés vont tout de même le suivre dans la motion de compromis qu'il propose. L'Assemblée demande à son président de se rendre auprès du roi pour le remercier des mesures prises : c'est reconnaître, très provisoirement, la légitimité de ces « mesures provisoires » laissées par Mirabeau à l'initiative du gouvernement du roi. Le point de fait est donc réglé ; les crédits extraordinaires, demandés par le ministre des Affaires étrangères Montmorin pour armer quatorze vaisseaux, sont accordés. Mais le grand débat constitutionnel sur le point de droit, sur le droit de guerre et de paix, loin d'être éludé comme Mirabeau l'avait d'abord souhaité, s'ouvrira le lendemain.

Le dimanche 16 mai, les tribunes de la salle du Manège sont bondées. Les ambassadeurs des puissances européennes sont présents : ils s'interrogent sur cette nouvelle politique extérieure « nationale » et non plus « ministérielle » qui prend forme. Les simples citoyens, membres des clubs, sont anxieux : l'Assemblée parviendra-t-elle à déjouer les pièges des aristocrates et des cours étrangères, dénoncés la veille – si le roi peut lever des troupes, il les dirigera dans le combat intérieur, contre les patriotes... Les ultimes partisans de la monarchie sont aussi anxieux : va-t-on achever le découronnement du roi ? Et que restera-t-il de la politique étrangère de la France si on l'abandonne aux lubies d'une assemblée, travaillée par toutes les utopies ?

Le débat, intense, va se prolonger jusqu'au 22 mai.

À gauche, Charles de Lameth, frère aîné d'Alexandre et quatrième triumvir… de fait – député de la noblesse d'Artois, il a, comme son cadet, servi sous Rochambeau en Amérique –, soulève une tempête en rappelant les méfaits royaux : rois orgueilleux, qui ont déclenché des guerres pour poursuivre une gloire vaine ; rois faibles, manipulés par des ministres ambitieux ou corrompus ; rois sensuels, qui ont fait couler le sang de leur peuple pour répondre aux caprices d'une maîtresse. Ainsi le bon Henri IV, lorsqu'il s'effondra sous le poignard de Ravaillac, « s'apprêtait à embraser l'Europe pour la possession de la princesse de Condé ». Et l'orateur de terminer par une allusion à l'or des ennemis de la Révolution, qui achève de conquérir les tribunes :

« Ils ne seront pas vainqueurs car, s'ils ont de l'or, nous avons du fer et nous saurons nous en servir. »

Pétion, député du Tiers de Chartres, futur maire de Paris et président de la Convention, s'en prend à la nature même des diplomaties européennes : le secret qu'elles cultivent n'est que la face extérieure de leur fourberie. Et, dans un discours aussi vertueux que celui de son ami Robespierre, il propose que la France renonce à toutes ruses et fourberies diplomatiques, à tous desseins de conquête et qu'elle proclame « que toute irruption sur un territoire étranger est une lâche infamie ».

À droite, un orateur fougueux, habile, convaincu, s'érige en défenseur des droits du roi et du réalisme diplomatique des cours européennes : l'abbé Maury, qui s'est acquis une grande réputation dans l'éloquence sacrée et qui, de prédicateur devenu tribun politique, passe, en son temps, pour le rival en éloquence de Mirabeau.

Il défend la thèse royale, en se plaçant délibérément en dehors des nouveaux principes révolutionnaires : l'Assemblée n'est qu'une instance exceptionnelle, issue des États généraux, et n'a de validité qu'à l'intérieur des principes constitutionnels de la monarchie ; or le droit de guerre et de paix est la prérogative royale, par excellence, dans le « gouvernement monarchique ». Suit une défense et illustration de la diplomatie classique : aux méfaits des monarques, il oppose ceux des assemblées, les excès et incohérences des peuples libres. Si les rois ont parfois abusé de leurs droits, que dire des républiques ? Et que dire de la lenteur des assemblées à décider, de leur inaptitude au secret diplomatique, de la corruption de leurs membres, de la passion idéologique qui va déformer leurs décisions – à cent lieues du souci d'équilibre des monarchies traditionnelles ? Enfin, à l'utopie de la paix perpétuelle et d'une diplomatie angélique à la Robespierre ou à la Pétion, il oppose la permanence des ambitions, des préoccupations de prestige, d'esprit de conquête. Il va jusqu'à prédire que les régimes, même fondés sur l'utopie, donnent un jour dans le cynisme, et que « toutes les guerres s'appelleront bientôt défensives » – ce que l'avenir du système international confirmera !

Mirabeau s'est tu pendant les trois premiers jours du débat constitutionnel. Le mercredi 19 mai, il vient s'asseoir près d'Alexandre de Lameth : leur dialogue est rapporté par Lameth dans son *Histoire de la Constituante.*

« Demain, nous serons en dissentiment ! lance Lameth. Car, d'après la rumeur publique, le décret que vous proposerez ne sera guère dans les principes...

— Qui a pu vous dire cela ? l'interrompt Mirabeau. Je n'ai communiqué mon projet à personne.

— Peut-être ne m'a-t-on pas dit la vérité. À vous de me détromper. Montrez-moi votre projet.

— Si vous voulez nous coaliser, j'y consens.

— Mais nous sommes tous coalisés ! Si vous voulez sincèrement la liberté et le bien public, vous nous trouverez toujours à votre côté. »

Mirabeau et Lameth se dirigent vers le jardin des Feuillants, qui jouxte l'Assemblée. Là, Mirabeau lit son projet de décret. Lameth le juge peu clair et annonce qu'il le combattra.

Le soir, Mirabeau retrouve Lameth, accompagné des deux autres triumvirs, Barnave et Duport. Le texte de Mirabeau semble vraiment favorable au roi.

« Votre position est incompréhensible, reprend Lameth. En dépouillant l'Assemblée, vous travaillez contre vous-même, puisque vous aurez toujours un grand rôle dans l'Assemblée. En vous rapprochant du gouvernement du roi, vous vous suicidez politiquement. »

Mirabeau semble ébranlé. Puis il se reprend, énigmatique :

« En fait, je suis engagé. Le ministère a tout fait pour s'assurer la majorité. Vous ne parviendrez pas à le vaincre. »

Les triumvirs s'insurgent :

« Nous aurons la majorité sans vous. Nous l'aurons contre vous. »

Puis ils se font conciliants :

« Mais nous serions charmés de l'atteindre avec vous... Si vous restiez dans vos principes, dans nos principes, nous serions heureux de vous laisser la gloire de la journée, nous nous contenterions de vous soutenir. »

Mirabeau revient à sa première idée :

« Le succès est impossible. Le ministère a l'affaire en main. Et si nous triomphions contre le ministère, nous serions en danger...

— Vous voulez dire qu'on attenterait à notre vie ?

— Cela s'est vu dans les révolutions... »

Les triumvirs ne sont guère impressionnés. Ils mettent ces fantasmes sur le compte de l'indécision de Mirabeau :

« Oui, vous êtes indécis. Vous êtes tout de même attiré par la perspective d'un nouveau succès pour la cause du peuple. Vous avez mené bien d'autres combats contre le ministère, contre le roi, des combats qui semblaient plus dangereux que celui-ci...

— Je vous dis que je suis engagé. Il est vrai que j'hésite... Je ferai tout ce qui dépendra de moi pour ne pas me séparer de vous. Je vous écrirai demain. »

Le billet du lendemain décevra les triumvirs : « Je vous confirme que vous vous trompez sur le calcul des voix. Je suivrai la voie moyenne. Mais, quoi qu'il puisse arriver, je n'oublierai pas le caractère chevaleresque de vos procédés. »

Jeudi 20 mai. Mirabeau est à la tribune. Ton grave, rythme lent, presque hésitant : en grand acteur, le député d'Aix veut capter, dans un premier temps, l'attention de l'auditoire ; il parlera plus rapidement, dans quelques instants, lorsqu'il exposera ses arguments dans le feu de sa passion.

L'exorde est très habile. L'orateur semble faire profil bas, il multiplie les précautions oratoires... destinées à détruire les préventions de l'Assemblée. Il s'excuse presque d'intervenir après cinq jours de long débat : en fait, son intention est simplement d'établir l'état de la question – d'une question jusqu'ici mal posée ! Et cette « matière » de la guerre et de la paix, qui « sonne fortement à l'oreille, réveille et trompe l'imagination », cette matière trop passionnelle, propre à « exciter toute l'attention du patriotisme », doit être traitée en contenant « l'émotion bien excusable que doivent inspirer les craintes qui nous environnent ». Ainsi Mirabeau s'affranchit-il du débat précédent : il va poser la vraie question ; et, succédant aux idéologues enflammés, il sous-entend qu'il s'exprimera avec la froide raison de l'homme d'État.

Il revient au centre du débat. L'exercice du droit de faire la paix et la guerre doit-il être « délégué au roi » ou « attribué au corps législatif » ? Sur cette alternative, la gauche et la droite n'ont cessé de s'affronter. Mais, ainsi posée, la question resterait insoluble... pour l'orateur lui-même. Il ne veut pas demeurer enfermé dans un dilemme : la délégation au roi anéantirait la

Constitution, elle serait un risque pour les libertés ; l'attribution au corps législatif susciterait d'autres dangers, car elle laisserait la nation vulnérable, face à la paralysie d'une assemblée trop nombreuse. Mirabeau refuse donc le « choix exclusif » ; le droit de guerre et de paix doit être reconnu « concurremment » aux deux pouvoirs, exécutif et législatif. Cette collaboration du roi, c'est-à-dire de l'exécutif, et de l'Assemblée ne serait-elle pas logique ? La décision de guerre ou de paix relève à la fois de l'action et de la réflexion, de l'exécution et de la délibération...

Mirabeau s'engage dans un long et laborieux exercice de science politique concrète, par-delà les thèses en présence : il veut analyser « la pratique de la guerre et de la paix » et recenser les hypothèses où chacun des deux pouvoirs pourrait agir seul, celles où leur collaboration s'impose.

Premier constat : il revient au roi, au pouvoir exécutif, de gérer, en permanence, les réseaux de relations extérieures et les moyens de défense de la nation. Les premiers actes de guerre, les premières hostilités se produiront, le plus souvent, avant toute entrée en lice du corps législatif. Les hypothèses s'enchaînent ici, elles relèvent de l'urgence, de la nécessité, et requièrent finalement la vigilance de l'exécutif – qu'il s'agisse de répondre à une agression sur les frontières ou à une attaque en mer contre des bâtiments nationaux, ou de maintenir par la force quelque droit contesté par l'étranger. Comment imaginer, dans ces différents cas, une immixtion de l'Assemblée ? Le corps législatif s'érigerait en un second exécutif s'il manifestait, en cette phase préliminaire, quelque approbation ou « improbation ». Se chargerait-il des préparatifs de défense ? Il n'éviterait pas l'agression pour autant. Tout au plus le législatif pourrait-il intervenir s'il est manifeste que les opérations décidées par l'exécutif signifient une agression contre un peuple voisin, la préparation d'une guerre offensive, contraire aux idéaux de justice inscrits au fronton des nouvelles institutions.

Deuxième constat : le corps législatif retrouve tous ses droits lorsque l'état de guerre lui est notifié et lorsque des fonds lui sont demandés par l'exécutif. Il a alors plusieurs mesures à prendre : s'assurer que l'agression n'est pas venue « de nos ministres ou de quelque agent du pouvoir exécutif » ; « dans un tel cas, l'auteur de l'agression doit être poursuivi comme criminel de lèse-nation ». Puis décider si la guerre est nécessaire ou refuser les fonds et « requérir le roi de négocier la paix »... la négociation elle-même restant le fait de l'exécutif. Enfin, « redoubler d'attention pour remettre la force publique dans son état permanent quand la guerre vient à cesser » : l'exécutif reste suspect ; il convient d'éviter la continuation de l'état de guerre, le maintien de trop d'hommes en armes et de revenir à cet état de sécurité minimum décrit par Kant. Les précautions suggérées au législatif sont donc multiples pour couper court à toute tentation de l'exécutif de prolonger la militarisation de la société : « Ordonnez de congédier sur-le-champ les troupes extraordinaires, fixez un court délai pour leur séparation, bornez la continuation de leur solde jusqu'à cette époque, et rendez le ministre responsable, poursuivez-le comme coupable si des ordres aussi importants ne sont pas exécutés. »

Combattre les arguments allégués en faveur de chacun des deux systèmes « exclusifs » : telle est aussi la préoccupation de Mirabeau. Sera-t-on assuré de n'avoir que des guerres justes, si le droit de faire la guerre est délégué à la seule Assemblée ? Ce serait oublier les exaltations collectives de quelques centaines de députés : l'Assemblée n'a-t-elle pas acclamé, cinq jours plus tôt, celui de ses membres (le baron de Menou) qui lui proposait de porter le fer sur le sol de l'Angleterre ? D'autres dangers rôdent sur les assemblées politiques, qu'énonce notre orateur : la montée des dissensions civiles, la lenteur des délibérations ou, au contraire, l'emprise directe sur un exécutif dont la démarche sera empreinte d'incertitude, d'hésitations. L'attribution du droit de guerre au seul monarque comporterait aussi bien des périls : Mirabeau agite le spectre d'un « roi qui, couvrant les complots du despotisme sous l'apparence d'une guerre nécessaire, rentrerait dans le royaume avec une armée victorieuse, non pour reprendre son poste de roi citoyen, mais pour reconquérir celui des tyrans ». Mais cette objection n'est-elle pas commune à tous les systèmes ? La réponse de l'orateur est toujours dans la collaboration entre les deux pouvoirs : le roi n'aurait pas de compétence exclusive, le droit de guerre et de paix serait partagé avec le corps législatif. Au demeurant, il convient de reconnaître au monarque sa juste place dans les institutions, de « faire de sa magistrature ce qu'elle doit être »... et de cesser de craindre « qu'un roi rebelle, abdiquant lui-même sa couronne, s'expose à courir de la victoire à l'échafaud ». Reste une interrogation, qui embarrasse Mirabeau, il le reconnaît : comment, à quel moment, prévenir les abus les plus graves que tout système peut comporter ? La réponse est pragmatique : c'est le « tocsin de la nécessité » qui seul peut donner le signal de « l'imprescriptible devoir de résistance ».

Ultime coquetterie : Mirabeau feint de n'être pas satisfait du projet de décret qu'il présente pour clore son intervention.

« Il n'est pas bon. Il est incomplet. Il devrait être un " code moral" du droit des gens, du droit international. Je désire vivement qu'on perfectionne mon projet, qu'on en propose un meilleur. Je vous apporte mon texte avec un sentiment de défiance. »

Mirabeau croit même opportun de faire appel à l'autorité morale de l'abbé Sieyès, dont l'influence est grande au sein de l'Assemblée et du Club de 1789, dissident des Jacobins :

« Est-ce à moi de présenter ce projet ? Je le fais avec un profond regret, car ce serait à l'abbé Sieyès, au grand Sieyès, je lui demande pardon, je le nomme, ce serait à l'homme qui a révélé au monde les véritables principes du gouvernement représentatif, de s'exprimer, de poser dans sa Constitution un des grands ressorts de l'ordre social. Je voulais me reposer sur ce grand penseur de l'achèvement de cet ouvrage, je l'ai pressé, conjuré, supplié, au nom de l'amitié dont il m'honore, au nom de l'amour de la patrie. Il m'a refusé. Je vous conjure, à mon tour, d'obtenir son avis, d'arracher cet homme à son découragement, un homme dont je regarde le silence et l'inaction comme une calamité publique ! »

Un silence.

« Vous me saurez gré de ma candeur... Voulez-vous maintenant me dispenser de lire mon projet de décret ? Je vous en serai reconnaissant. »

De toutes parts, le cri fuse :

« Lisez, lisez !

— Vous voulez que je lise ? Souvenez-vous que je n'ai fait que vous obéir... »

Les articles du projet suivent : le droit de faire la guerre et la paix « appartient à la nation », son exercice est délégué « concurremment au corps législatif et au pouvoir exécutif ». Le soin de veiller « à la sûreté extérieure du royaume » appartient au roi – auquel revient la conduite des négociations, et de « préparatifs de guerre proportionnés à ceux des États voisins ». Dans le cas « d'hostilités imminentes ou commencées, d'un allié à soutenir, d'un droit à conserver par la force des armes », le roi sera tenu d'en donner notification au corps législatif, lequel devra enquêter sur les causes du conflit, accorder les fonds nécessaires, voire considérer le conflit engagé comme une guerre de conquête et poursuivre ses initiateurs au sein même de l'exécutif... De vifs applaudissements saluent la lecture du projet.

Le long discours du 20 mai 1790 est le premier que prononce Mirabeau depuis la conclusion de son accord avec la cour. Il nous révèle ce que pourrait être la méthode du député d'Aix dans sa nouvelle position d'allié secret du roi. Une méthode qui se résumerait en trois mouvements :

D'une part, Mirabeau refuse tout alignement sur la gauche ou la droite de l'Assemblée. À gauche, il s'éloigne des triumvirs et tente de passer en force avec sa doctrine du droit de guerre et de paix, dont la principale partie consiste dans une dénonciation très détaillée de la thèse de la gauche, favorable au corps législatif. Sur sa droite, il marque sa différence en dénonçant les périls d'une délégation du droit de guerre au pouvoir exécutif ; il manie même la provocation et suscite un vif incident avec Jean-Jacques d'Éprémesnil. Ce noble « de robe », qui est né à Pondichéry et a un peu de sang hindou dans les veines, ce magistrat véhément au Parlement de Paris, a été le porte-parole de l'opposition parlementaire à tous les ministres réformateurs ; ne ménageant pas la personne même des monarques, il a pris parti contre la reine dans l'Affaire du collier et le gouvernement le fit arrêter en mai 1788 – il acquit alors une certaine notoriété car tous les magistrats se solidarisèrent avec lui quand les exempts vinrent l'appréhender... Le voici rentré dans les rangs monarchistes, dont il est l'un des hérauts, brouillon et chimérique. Il demande le rappel à l'ordre de Mirabeau lorsque notre tribun évoque l'hypothèse d'un « roi despote », partant « avec une armée de Français conquérir la place des tyrans ».

D'autre part, Mirabeau reprend, subrepticement, des éléments des philosophies politiques qui s'affrontent. Il se fait le porte-parole de la diplomatie classique : la France peut bien changer de régime politique, longtemps encore « notre paix et la paix des autres » ne pourront être autrement conservées « que par un équilibre qui empêche une réunion soudaine de plusieurs peuples contre un seul » ; et à cet éloge du principe de l'équilibre, s'ajoute celui des méthodes classiques, du fameux « secret », propre à irriter les oreilles jacobines (« et longtemps encore nous aurons de pareils secrets »). Dans le même temps, cette description de la diplomatie comme « royaume de l'immuable », pour reprendre le mot d'Henry Kissinger, n'empêche pas Mirabeau de faire place aux principes d'une diplomatie nouvelle, révolutionnaire, idéologique, à travers des concepts tels que ceux de guerre injuste, de guerre offensive, dont la prohibition serait à inscrire dans les nouvelles tables de la loi internationale. Il s'agit moins d'une synthèse que d'un syncrétisme, d'une juxtaposition de fragments de visions contraires des relations internationales, propre à créer une proximité paradoxale avec les divers groupes de l'Assemblée.

Finalement, notre orateur évite de trancher, de dire clairement qui, du roi ou du corps législatif, aurait dans ses compétences de déclarer la guerre. Mais ce refus de choisir n'est qu'apparent : dans les faits, le roi et l'exécutif seront pratiquement les maîtres de la décision : comment arrêter une guerre qu'ils auront lancée ? Tel est désormais l'objectif de Mirabeau : servir le monarque, tout en restant à l'écart du parti monarchiste, et le servir plus efficacement que le parti monarchiste arc-bouté sur la défense nostalgique de l'ancien ordre – en procédant à une mise à jour du pouvoir royal, dans le cadre des nouvelles institutions.

Cette manœuvre de Mirabeau, les triumvirs l'ont comprise – et la rumeur sur l'accord avec la cour est parvenue jusqu'aux Lameth. Ils viennent de rencontrer Gouvernet, le fils du ministre de la Guerre, qui leur a confié :

« Vous perdrez la partie, car je viens de remettre 60 000 francs à Mirabeau. »

Mais le combat n'est pas terminé. L'Assemblée ne s'est pas prononcée sur le projet de décret de Mirabeau. La suite du débat a été remise au lendemain. Au nom des triumvirs, Barnave répondra à Mirabeau.

Dès le 21 mai à l'aube, les tribunes du public ont été envahies. Certains avaient passé la nuit aux portes du Manège. La foule est encore plus importante à l'extérieur...

Attaques croisées de la gauche et de la droite. Le jacobin Biauzat prend pour cible Mirabeau, sur le ton de la raillerie : il évoque son « orgueilleuse humilité », son éloge de Sieyès – « ainsi les prêtres impies de l'Antiquité embellissaient les idoles ». Il dénonce ce prétendu parti « mitoyen » que le député d'Aix a l'ambition de constituer, « à coups de tromperies et de feintes oratoires »... Le monarchiste Cazalès attaque aussi Mirabeau, en dénonçant les parties de son discours favorables au corps législatif : « Il faut révéler au peuple un grand secret : si vous ôtez encore au roi un de ses droits, alors il n'aura plus de roi ! »

Barnave, député du Dauphiné, est à la tribune. Il paraît toujours aussi jeune, plus jeune que ses 28 ans. Le teint pâle, le regard bleu, la voix claire – mais sans la puissance de tribun de Mirabeau –, toujours aussi froid, comme pour mettre à nu la rigueur, la logique de son intervention et l'enchaînement de ses arguments. Contrairement à Mirabeau qui, la veille, a lu son texte, Barnave parle à partir de quelques notes ; il improvise.

« Il existe quelques principes clairs, que personne au sein de cette Assemblée ne nie... sauf quelques opposants systématiques, nostalgiques de l'Ancien Régime. Quels sont ces principes ?

La souveraineté du peuple ; la séparation du législatif et de l'exécutif ; la loi expression de la volonté générale, donc de l'Assemblée élue ; le roi exécuteur de cette volonté. Appliquons ces principes : la déclaration de guerre, acte de la volonté générale, doit émaner de l'Assemblée. »

Une approbation retenue court d'un banc à l'autre :

« Il n'y a rien à redire à cela... »

Barnave choisit son adversaire :

« Parmi les nombreux projets de décrets, c'est celui de Mirabeau que je veux discuter. Mirabeau propose que le droit de guerre soit exercé, en concurrence, par le roi et les représentants du peuple. C'est évidemment impossible. Ce serait organiser la confusion des pouvoirs, l'anarchie constitutionnelle. »

Barnave veut démasquer Mirabeau, analyser sa méthode :

« L'avez-vous constaté ? L'exposé de Mirabeau n'était qu'une série de faux-fuyants. Il se gardait bien de répondre à la question essentielle : qui déclarera la guerre ? En réalité, cette soi-disant concurrence laissera les mains libres à l'exécutif ; les pouvoirs de l'Assemblée ne seront qu'illusions. Car, une fois la guerre lancée, avec toutes les passions qu'elle va charrier, il sera impossible de l'arrêter. Mirabeau a repris tous les arguments de la droite : il a détaillé les inconvénients immenses d'une délégation à l'Assemblée, et nous a donné à penser que la délégation au roi serait moins risquée. En fait, Mirabeau a tranché la question du droit de guerre en faveur du roi. »

L'approbation de l'Assemblée tourne à l'enthousiasme :

« Avec quelle rigueur, il perce à jour Mirabeau ! »

Après ce bref assaut, Barnave reprend l'argumentation de la gauche :

« Méfions-nous des ministres corrompus, ambitieux, égarés... Ils sont indifférents au bonheur du peuple. Ils déclencheront des guerres afin d'obtenir des honneurs, des places. Les citoyens paisibles, vertueux, les vrais amis de la liberté, refuseront sans hésiter ce terrible droit de la guerre au roi, c'est-à-dire à ses ministres ! »

Les acclamations de la gauche et des tribunes couvrent la fin du discours. Barnave a proposé que le droit de déclarer la guerre soit exercé exclusivement par l'Assemblée. À cet instant, il dispose manifestement d'une large majorité.

Cazalès, au nom de la droite, proteste contre une décision trop rapide. Mirabeau l'appuie et lance son propre défi :

« Ce discours était très habile. Mais je me fais fort d'en démonter les ressorts, demain... »

L'Assemblée est tentée : comment renoncerait-elle à ce duel entre deux grands orateurs ? Elle autorise Mirabeau à répondre le lendemain, bien qu'il se soit déjà exprimé sur ce thème.

« L'immortel Barnave ! Le sauveur de la patrie ! »

La foule des Jacobins et des « vrais patriotes » porte Barnave en triomphe... jusque sous les fenêtres du roi, comme pour imposer une nouvelle humiliation au monarque.

Plus tard dans la soirée, des groupes s'agglutinent aux principaux carrefours de Paris, particulièrement des Tuileries au Palais-Royal. Des camelots distribuent à grands cris aux passants un libelle d'une feuille : *Trahison découverte du comte de Mirabeau.* Son auteur, le journaliste Lacroix, lorsqu'il a apporté son manuscrit à l'imprimeur Junion, rue de Savoie, n'a pas caché qu'il était protégé « par les Lameth ».

Lacroix s'est-il inspiré du *Britannicus* de Racine ? Tel Néron, Mirabeau est présenté comme un monstre naissant : « Tes forfaits sont enfin découverts, habile imposteur. Nous n'avions conçu que des doutes sur la conduite à l'Assemblée nationale. Ces doutes se réalisent aujourd'hui... C'était de l'or qu'il te fallait... Tu voulais de l'or et des honneurs. » Le pouvoir de Néron-Mirabeau est usurpé et détourné au profit du roi : « Tu viens de mettre le comble à tes crimes, à ta perfidie, en faisant l'insidieuse motion d'accorder au pouvoir exécutif le droit de nous égorger, d'envahir nos propriétés, sous le prétexte spécieux et apparent du bien public. » Agrippine-Lacroix n'est pas dupe et lui prédit la suite de ses crimes et le sort qui l'attend : « Prends garde que le peuple ne tourne sa juste fureur contre toi et qu'il ne te punisse de tes trahisons. Prends garde que le peuple ne promène ta tête... Le peuple est lent à s'irriter, mais il est terrible quand le jour de sa vengeance est arrivé... »

Les passants discutent et approuvent le pamphlet. Certains crient déjà : « Mirabeau à la lanterne ! »

Le samedi 22 mai au matin, une foule compacte a envahi la rue Saint-Honoré, la place Vendôme, les jardins des Tuileries et des Feuillants. Une anxiété, mêlée d'agressivité, domine. Cette affaire du droit de guerre va-t-elle réellement permettre la résurrection du pouvoir royal ?

« Si l'Assemblée favorise le roi, il faut crier tout de suite aux armes !

— Souffrirons-nous que nos droits soient foulés aux pieds par les aristocrates ? Non, nous mettrons tout Paris à feu et à sang... »

Mirabeau, en route vers la salle du Manège, traverse cette multitude hostile. Il est reconnu. C'est le tumulte autour de lui. On crie vengeance, on menace de l'égorger ou de le pendre. Il murmure : « Je sortirai de l'Assemblée, triomphant ou en lambeaux. »

Il croise Volney, député du Tiers d'Anjou, cet érudit qui, à la veille de la Révolution, a appris l'arabe dans un monastère copte au Liban avant de consacrer un ouvrage à sa traversée de l'Égypte et de la Syrie. Volney lui lance, péremptoire :

« Mirabeau, hier au Capitole, aujourd'hui à la roche Tarpéienne… »

Prophète de malheur ! La montée au Capitole, au temple de Jupiter, le symbole du triomphe romain. Et, à quelques mètres de là, la pente abrupte de la roche Tarpéienne, d'où l'on précipitait les condamnés à mort… Mirabeau, irrité, répond par un haussement d'épaules.

L'ultime journée de débat sur le droit de guerre et de paix s'ouvre sur une intervention d'Adrien Duquesnoy, député du Tiers de Bar-le-Duc, qui pourfendra plus tard, dans son *Journal*, la propension de ses collègues à jouer les littérateurs : « Voilà pourquoi ils passent des nuits à préparer des discours. » Vieil adversaire de Barnave, il a choisi de soutenir Mirabeau :

« Mirabeau a fait à chaque pouvoir sa vraie part ; il nous montre la voie du juste milieu, indispensable à toute institution sociale. »

Le Chapelier, qui a rencontré les Lameth la veille mais n'a pu trouver d'accord avec eux, apporte finalement son concours à Mirabeau, tout en proposant quelques amendements à son projet de décret.

Adrien Duport veut contenir ce mouvement de ralliement à son ancien partenaire de la Société des Trente. Il apostrophe sèchement les deux orateurs :

« Vous ne vous exprimez pas clairement. Il faut choisir entre l'exécutif et le corps législatif. L'enjeu est trop important. Il faut en finir avec ces ambiguïtés et ces phrases louches.

— C'est vrai. Il faut avouer nettement sur quoi l'on est d'accord et sur quoi l'on diffère ! » enchaîne Mirabeau, qui occupe, à son tour, la tribune.

Le député d'Aix n'en déplore pas moins les affrontements auxquels donne lieu « une des questions les plus délicates et les plus difficiles de l'organisation sociale » :

« Insinuations calomnieuses, inculpations forcenées, haines de la rivalité, machinations de l'intrigue et de la malveillance… C'est une étrange manie, un déplorable aveuglement que celui qui anime ainsi, les uns contre les autres, des hommes qu'un même but, un sentiment unique, indestructible, devraient toujours rapprocher, réunir. Ainsi substitue-t-on un amour-propre irascible au culte de la patrie… »

Mirabeau sait qu'il joue une partie décisive pour son destin politique. Il lui faut d'abord, pour émouvoir l'Assemblée, rappeler les attaques dont il est l'objet :

« Moi aussi, on voulait, il y a peu de jours, me porter en triomphe, et maintenant on crie dans les rues “ la grande trahison du comte de Mirabeau ! ” »

Il revient, presque malgré lui, sur le mot de Volney qui l'a blessé :

« Je n'avais pas besoin de cette leçon pour savoir qu'il est peu de distance du Capitole à la roche Tarpéienne. »

Première réponse : notre tribun rappelle ses états de service révolutionnaires.

« L'homme qui combat pour la raison, pour la patrie, ne se tient pas si aisément pour vaincu. Il a conscience d'avoir bien mérité de son pays, et surtout de lui être encore utile. Il veut dire la vérité, il veut faire le bien public indépendamment des mouvements si mobiles de l'opinion populaire. »

Au passage, Mirabeau égratigne, sans le nommer, Barnave pour son succès de la veille, qui ne peut qu'être éphémère, alors que lui travaille pour l'Histoire :

« Celui que ne rassasie pas une vaine célébrité et qui dédaigne les succès d'un jour pour la véritable gloire… Il ne doit attendre sa destinée, la seule qui l'intéresse, la destinée de son nom, que du temps, ce juge incorruptible qui fait justice à tous. »

Maintenant, l'Assemblée est domptée. L'orateur peut consacrer les instants qui suivent à sa propre apologie – un exercice dans lequel il excelle :

« On prophétise depuis huit jours mon opinion sans la connaître. On calomnie mon discours sans l'avoir compris. On m'accuse d'encenser des idoles, au moment où elles sont renversées, d'être le vil stipendié de ceux que je n'ai cessé de combattre. On me dénonce comme un ennemi de la Révolution, alors que je suis un de ceux qui l'ont faite. On me livre aux fureurs du peuple trompé alors que, depuis vingt ans, je suis au premier rang du combat contre toutes les oppressions. »

Cette fois, Mirabeau a choisi d'égratigner, toujours sans les nommer, les frères Lameth, à travers leur passé de courtisans repentis :

« Je parlais aux Français de liberté, de constitution, de résistance, lorsque ces vils calomniateurs suçaient le lait des cours, et vivaient de tous les préjugés dominants ! »

D'allusion en allusion, la contre-attaque a été efficacement menée. Que les accusateurs, qui ont tant à se reprocher, donnent les preuves de leurs accusations ! Qu'ils prouvent la collusion de Mirabeau avec la cour !

L'Assemblée semble fascinée. Le climat est propice au duel sur le fond, avec Barnave.

« Hier, Barnave m'a fait l'honneur de ne répondre qu'à moi. J'aurai pour son talent le même égard, et je vais, à mon tour, essayer de le réfuter. »

Un long exposé de droit constitutionnel va suivre. À partir d'un argument massue : Barnave a accusé Mirabeau de provoquer « l'anarchie constitutionnelle », en préconisant la concurrence des deux pouvoirs, législatif et exécutif, dans le domaine du droit de la guerre, une concurrence qui ne serait que confusion des pouvoirs. Mirabeau répond que Barnave n'a rien compris à la nouvelle organisation des pouvoirs : n'est-il pas allé, dans son discours de la veille, jusqu'à confondre pouvoir législatif et corps législatif ? Barnave ne comprend décidément pas que le pouvoir législatif, le pouvoir de faire la loi, est une fonction de l'État... mais qu'il n'est pas synonyme de corps législatif : le corps législatif et le roi sont associés dans l'exercice du pouvoir législatif !

Après cette réfutation de principe, Mirabeau entreprend de détruire, point par point, les arguments de Barnave. Tâche trop facile, précise-t-il : « S'il a fait voir du talent de parieur », Barnave « n'a jamais montré la moindre connaissance d'un homme d'État. » Les objections de Barnave défilent une à une, avant d'être écrasées sous les coups de massue de Mirabeau : « Parlez nettement : les deux délégués de la nation doivent-ils concourir ou non à l'expression de la volonté générale ? Dans l'affirmative, peut-on donner à l'un d'eux une délégation exclusive ? [...] Comparez mon article avec le vôtre : vous ne parlez ni d'initiative proprement dite, ni de proposition, ni de sanction de la part du roi. La ligne qui nous sépare est bien connue : c'est moi qui suis dans la Constitution, c'est vous qui vous en écartez. [...] N'ai-je pas dit nettement que la notification est au roi, et la résolution, l'approbation, l'improbation à l'Assemblée nationale ? Ne résulte-t-il pas de chacun de mes articles que le roi ne pourra jamais entreprendre la guerre, ni même la continuer, sans l'approbation du corps législatif ? Où est le piège ? Je ne connais qu'un seul piège : c'est d'avoir feint, comme vous l'avez fait, d'exclure le roi de toute participation. [...] Vous avez prétendu que je n'avais exigé la notification que dans le cas d'hostilités et que j'avais supposé que toute hostilité était une guerre, qu'ainsi je laissais faire la guerre sans le concours du corps législatif. Quelle insigne mauvaise foi ! J'ai exigé la notification dans le cas d'hostilités imminentes ou commencées, d'un allié à soutenir, d'un droit à conserver par la force des armes. Ai-je ou non compris tous les cas ? Où est le piège ? »

Et, toujours, l'argument de principe : « Vous ne m'échapperez pas. Je vous appelle à l'ordre : vous avez forfait la Constitution, vous l'avez déséquilibrée, vous l'avez dénaturée. Vous avez oublié que la Constitution fait une place au roi, même dans le pouvoir législatif. »

Mirabeau a convaincu l'Assemblée. Charles de Lameth, en pleine colère, peut bien exiger qu'une dérogation au règlement soit accordée à Barnave comme elle l'avait été à Mirabeau, afin que Barnave puisse répondre... L'Assemblée refuse : la discussion est « fermée » après l'intervention de Mirabeau.

Place à l'examen des projets de décret : vingt-deux projets, un par orateur. La priorité est accordée à ceux de Mirabeau et de Barnave.

La Fayette s'exprime en faveur du projet de Mirabeau, qui convient « à la majesté d'un grand peuple » ; et il met en avant son expérience dans « la carrière de la liberté ».

Les triumvirs mettent leur énergie dans une dernière bataille, sur les amendements. Alexandre Lameth propose une nouvelle rédaction de l'article Ier du projet de Mirabeau : « La guerre ne pourra être déclarée que par un décret du corps législatif, rendu sur la proposition formelle du roi. » Ainsi, explique-t-il, tout piège est écarté ; la part du roi et celle de l'Assemblée sont précisées.

Mirabeau adhère « de tout son cœur » : « Jamais je n'ai dit autre chose ! Pourquoi s'obstine-t-on à dire au public que mon opinion n'est pas mon opinion ? »

Le projet de décret est adopté à l'unanimité.

Qui a gagné ? Toute ambiguïté n'a pas été levée, au fil de ce long débat constitutionnel.

Camille Desmoulins ironise : « La question a été décidée : 1) en faveur de la nation, 2) en faveur du roi, 3) en faveur de l'un et de l'autre. »

Les triumvirs disent avoir gagné. Mirabeau n'a-t-il pas adhéré à l'amendement d'Alexandre de Lameth, qui précise, enfin, les droits de l'Assemblée : pas de déclaration de guerre, sans décret de l'Assemblée ? Et ils poursuivent leur combat contre Mirabeau, la rupture semblant désormais ouverte avec lui. Mirabeau n'a-t-il pas revu, avant de le publier, son discours du 20 mai ? Sans doute l'a-t-il jugé, rétrospectivement, trop royaliste, et a-t-il voulu le mettre en harmonie avec celui du 22 mai, plus prudent, plus consensuel ? Dans la lettre d'envoi de son texte imprimé, Mirabeau attaque les Lameth et leurs amis, intrigants, « corrupteurs » du peuple, achetant au prix fort ses applaudissements. Indignés, les Lameth et Barnave font paraître un *Examen* montrant comment Mirabeau a travesti son propre discours. Et de dénoncer, à leur tour, la mauvaise foi et la déloyauté du procédé. Les « patriotes » ont suivi, dans un premier temps, les triumvirs : le peuple a gagné, le complot de Mirabeau et de la cour a échoué !

La réalité est autre : pour la première fois, l'abaissement du pouvoir royal a été arrêté. Des prérogatives royales ont été sauvegardées – grâce à la coalition de la droite royaliste et de l'aile modérée des révolutionnaires.

Cette réalité, l'extrême-gauche va la reconnaître.

L'un des plus acharnés dans ses critiques contre Mirabeau est Camille Desmoulins. Il retrouve, par hasard, le député d'Aix, quelques jours plus tard, sur la terrasse des Feuillants. « Je jette à Mirabeau un regard que je charge de mon mieux de mépris et d'indignation. Il me salue du coin de l'œil en riant et d'une manière qui m'invite si amicalement à venir m'expliquer avec lui que je suis entraîné sur ses pas. “Osez-vous bien, lui dis-je, traverser si tranquillement la rue en plein midi, et ne craignez-vous point la lanterne ? Convenez que si le pouvoir exécutif ne vous a pas donné 100 000 écus pour vos dernières harangues, il vous vole !” » Mais Mirabeau, toujours séducteur, se contente de sourire, de passer son bras sous celui de Desmoulins, et de le mener jusqu'à la rue de l'Échelle. « Promettez-moi de venir chez moi après-demain, vous aurez votre explication. » « L'explication fut un dîner charmant », conclut Desmoulins.

D'autres seront moins faciles à convaincre. Pour Marat, « tout ce qu'il y avait de dispositions funestes dans le projet de Mirabeau a passé. » À Lyon, Manon Phlipon, intelligente et belle, impatiente et exaltée – Jeanne-Marie Roland de La Platière, qui restera dans l'Histoire comme Mme Roland, l'épouse du futur ministre de l'Intérieur brissotin, comme l'hôtesse du salon de la rue Guénégaud, le salon des Girondins… et qui sera exécutée en 1793 –, se lamente : « Un décret purement illusoire et tout royaliste. »

Que veut Mirabeau ? Il l'explique dans la lettre d'envoi de son texte aux administrateurs des départements : « Aux mouvements qui nous ont été nécessaires pour sortir du néant, doivent succéder les conceptions propres à nous organiser. Après nous être assez méfiés et avoir déblayé de misérables décombres, il nous faut le concours de toutes les volontés pour reconstruire. Il est temps de passer d'un état d'insurrection légitime à la paix durable d'un véritable état social. » Mais comment reconstruire, et passer « à un véritable état social », dans une capitale en fermentation, prise entre le battement des tambours patriotiques, la musique martiale de la Garde nationale et les vendeurs de pamphlets aux titres exaltés ?

L'ENTREVUE

Mirabeau descend du cabriolet à deux chevaux, qui s'est arrêté devant le palais de Saint-Cloud, ce 3 juillet à 8 heures du matin. Il s'est entouré de précautions : il a passé la nuit en dehors de Paris – à Auteuil, chez sa nièce d'Aragon, la fille de Caroline ; et il a pris pour cocher son neveu du Saillant.

Il a donc obtenu une entrevue avec la reine. Le couple royal est à Saint-Cloud pour l'été, sa demi-captivité sera plus détendue. Avant d'entrer dans le parc par une porte latérale, volontairement laissée ouverte, le théoricien du réalisme politique, le disciple à éclipses de Machiavel se réveille chez Mirabeau : et si la cour avait préparé son assassinat ? Le duc de Guise, chef de la Ligue, a bien été assassiné par Henri III, qui l'avait attiré à Blois.

Il se tourne vers son faux cocher et vrai neveu :

« Va-t-on traiter loyalement avec moi ou est-ce un piège dans lequel je risque ma vie ? Je l'ignore. Si je ne suis pas de retour dans une heure, pars à toute bride prévenir le commandant de la Garde nationale parisienne, fais sonner le tocsin et annonce au peuple la perfidie de la cour. »

Mirabeau est maintenant en face de la reine.

Selon Mme Campan, femme de chambre de Marie-Antoinette, l'entretien a eu lieu dans la partie la plus élevée des jardins, dans un kiosque qui couronne le « jardin d'Armide ». Axel de Fersen a exploré les cachettes possibles. Marie-Antoinette a expliqué à l'ambassadeur Mercy : « J'ai trouvé un endroit, non pas commode mais suffisant, pour le voir et pallier tous les inconvénients des jardins et du château. »

Marie-Antoinette n'est plus « l'étoile du matin » que Burke, membre du parti whig, va évoquer dans ses *Réflexions* pamphlétaires « sur la Révolution de la France ». Elle ne ressemble plus aux portraits de salon que peignait Mme Vigée-Lebrun, avec ses chapeaux aux plumes d'autruche et ses robes de brocart. Elle n'est plus cette toute jeune femme au charme délicat, qui semblait éprise de sa propre beauté, qui traversait, aérienne, les galeries de Versailles et qui, par la grâce de ses mouvements, dépassait en attrait sensuel les plus belles femmes de la cour ; elle est devenue une femme d'une beauté adoucie, elle paraît songeuse et lasse, son désir de plaire a cédé la place au recueillement.

Une nouvelle époque a commencé pour elle. Sa personnalité, sa vie intérieure sont totalement transformées. Elle qui, pendant vingt ans, a fait preuve d'une si étonnante paresse – qui lui valait les piques de sa mère l'impératrice Marie-Thérèse –, elle qui a été incapable de découvrir le royaume dont elle était la reine, incapable d'écouter le rapport d'un ambassadeur, de lire un livre, voire une lettre sinon en la parcourant, et qui a fait montre d'une si étonnante futilité et d'une insouciance si extravagante, la voici maintenant s'élevant à la hauteur de son destin tragique, se montrant intelligente, énergique, active et si courageuse... « Elle fait de son bureau une chancellerie, de sa chambre un cabinet de diplomate », constate Stefan Zweig. Le roi mis à l'écart, elle négocie avec les ministres, les ambassadeurs, les monarques étrangers ; elle s'initie aux codes et à l'écriture chiffrée – sans la moindre secrétaire, et avec des espions jusqu'à la porte de sa chambre. En outre, c'est à cette heure de sa vie, qu'éprise de vérité, elle a décidé, après vingt ans de sacrifice à la raison d'État, de ne plus se refuser à l'homme aimé. Mais l'heure est vraiment tragique : nous pleurons tous les soirs, a avoué son amant, Fersen.

Mirabeau regarde la reine. Il a souhaité ardemment ce contact d'homme à homme, puisqu'il a osé écrire : « Le roi n'a qu'un homme, c'est sa femme. » Mais peut-être a-t-il d'autres arrière-pensées, celles d'un cardinal de Retz qui admirait les mains si fines d'Anne d'Autriche. De nombreux auteurs l'ont imaginé : Sainte-Beuve qui le voit se demandant « s'il ne pourrait intéresser en elle la femme » ; Michelet, selon qui « Mirabeau eût été le ministre d'une reine plus volontiers que d'un roi ; le ministre ou bien l'amant ». Après tout, les libelles fangeux ont prêté tant d'aventures à la reine. Et Mirabeau sait bien que la jeune dauphine fut bien près, très près, de tomber dans les bras de son ami Lauzun.

La reine semble lointaine, ses cheveux sont naturels et flous, les soucis accusent le nez d'aigle, ses lèvres « à la Habsbourg » – la lèvre inférieure très marquée – n'esquissent plus de sourire. Elle reste désirable. Mirabeau était venu expliquer sa stratégie, en séducteur politique. Il voulait imposer son magnétisme, vaincre les réticences de la reine, les transformer en admiration. Mais c'est lui qui est séduit.

L'échange est-il égal ? Mirabeau ne s'enferre-t-il pas dans ses illusions ? Il jure sa fidélité monarchique, qui jamais ne l'a déserté. Il regrette ses variations cyniques sur la reine, à l'Assemblée ou dans un échange avec La Fayette. Il dit, avec attendrissement, ses remords d'avoir été l'un des principaux responsables des chagrins de la reine. Le lendemain, Marie-Antoinette exprimera sa satisfaction à La Marck : elle aura acquis « la conviction du dévouement sincère de M. de Mirabeau à la cause de la monarchie ».

Mais cette satisfaction ne peut la porter très loin. Elle a encore devant les yeux les journées d'Octobre, ses gardes égorgés, le palais de Versailles envahi. Pour elle, Mirabeau domine toute cette première phase de la Révolution ; il est le bélier qui a ébranlé la stabilité des temps heureux. On peut utiliser le tribun, en cette période de tous les dangers, lui demander conseil... et appliquer ses recettes si elles ne sont pas trop audacieuses. On peut placer ce qui reste de cour sous sa protection provisoire. Mais cette alliance ne peut être que provisoire ! Il faudra bien se débarrasser de ce gentilhomme déclassé, lorsque le calme sera revenu. Mirabeau veut le pouvoir suprême, être à la tête du gouvernement monarchique. Jamais la reine ne l'a imaginé dans ce rôle. Comment la reine, avec son intelligence rectiligne, pourrait-elle comprendre le grand écart permanent de cet aventurier de la politique, ses avancées en ligne brisée, son double jeu de chef de file d'une assemblée hostile et d'allié secret du monarque ?

Mirabeau est subjugué. Il est resté plus d'une heure et son neveu allait se décider à repartir, inquiet, quand il a surgi, à bout de souffle :

« Elle est bien grande, bien noble et bien malheureuse, mais je la sauverai. »

Les agents de la Révolution sont présents jusqu'aux abords des appartements royaux. Le lendemain, *L'Orateur du peuple*, le journal de Fréron, publie la lettre d'un lecteur qui se présente comme « l'ami de la vérité » : elle relate la visite « vraiment suspecte » de « Riqueti aîné », à « 6 heures du matin », au château de Saint-Cloud. « Une conférence s'est établie entre une très grande dame et ledit Riqueti. »

Le journal se garde de tout commentaire : Mirabeau est trop puissant à l'Assemblée pour qu'on puisse se risquer à une attaque frontale. Fréron préfère donner discrètement sa chance à la rumeur naissante...

CONTRE « GILLES CÉSAR »

Une obsession anime Mirabeau : La Fayette, qu'il surnomme « Gilles César ». Gilles, comme le personnage du théâtre de la Foire Saint-Germain puis de la Comédie-Italienne, un grand niais au regard candide et au cœur tendre, qui vogue, le nez au vent, d'aventure en mésaventure ; il a été immortalisé par Watteau, le peintre préféré de Frédéric de Prusse, dont notre tribun a pu voir les toiles à Potsdam. César, parce que La Fayette est devenu, depuis les journées d'Octobre, le vrai pouvoir dans le royaume, le protecteur officiel et le geôlier officieux du roi, le « maire du palais » d'une monarchie politiquement absente, comme pour un retour aux derniers Mérovingiens.

La Fayette : Mirabeau l'a immédiatement perçu comme son rival, et un obstacle dans sa marche vers le pouvoir. Gilbert Motier, marquis de La Fayette, est de huit ans son cadet. Depuis qu'il s'est arraché à ses terres d'Auvergne, pour se porter, à peine âgé de 19 ans et malgré les ordres du roi, au secours des « insurgents » d'Amérique, il est devenu un mythe vivant et l'idole de la France : le champion de la liberté du Nouveau Monde a été élu aux États généraux par la noblesse de Riom ; il est maintenant le symbole de la liberté française. Sa gloire, son passé héroïque l'ont conduit au commandement de la Garde nationale, au lendemain de la prise de la Bastille... et à une sorte de tutelle sur la cour. Mais, pour Mirabeau, la personnalité de La Fayette est tellement inférieure à sa légende ! Une personnalité molle, un homme sans caractère, sans volonté, sans conscience de l'Histoire, sans stratégie, qui a fait la preuve de sa niaiserie et de son infatuation, et qui est porté par un destin beaucoup trop grand pour lui. Quelle injustice !

Mirabeau a, d'abord, voulu s'allier à La Fayette. Le 28 avril, alors qu'il est découragé lorsqu'il considère l'état du royaume et sa propre stagnation politique, et incertain sur ses pourparlers avec la cour, il écrit au combattant de Yorktown pour lui jurer une amitié éternelle : « Je me suis éloigné de vous parce que vos liaisons politiques de ce temps n'étaient dignes ni de vous, ni de moi. Monsieur le marquis, notre temps, notre Révolution, nos circonstances ne ressemblent à rien de ce qui a été... J'éprouve l'impérieux désir de me rapprocher de vous, pour ne m'en séparer jamais. » Et pour le soutenir discrètement dans ses rapports qu'il sait tendus avec les Lameth et les triumvirs : « Ils ne vous fatiguent plus de leur active inaction ; on singe longtemps l'adresse, mais non pas la force. » Il entend, en outre, s'appuyer sur le Club de 1789, que La Fayette vient de créer, le 13 mai, avec le maire Bailly, Le Chapelier, Sieyès et Talleyrand, pour affronter les Jacobins.

Mirabeau est allé jusqu'à confier à La Fayette sa profonde détresse. Ses ennemis politiques, qui ne cessent de rappeler « d'assez longues erreurs de ma vie privée en opposition avec ma conduite publique » ; les créanciers qui « me tourmentent dans mon existence domestique et me détournent de mes travaux... Je suis sans cesse dévoré par ces vers rongeurs qui répandent un si cruel poison sur ma vie... » Il l'avoue, pitoyable : « Je désirerais que mes dettes soient payées. » Peut-être devrait-il se résigner à accepter « tel objet, qu'en d'autres temps j'ai dédaigné », par exemple l'ambassade de Constantinople ? Ainsi annonce-t-il son « retournement » imminent.

La Fayette ne répond pas à ses avances. Mirabeau est confirmé dans son animosité : « Un ambitieux impuissant qui veut jouir du suprême pouvoir sans oser le saisir, ni sans en avoir les moyens. » Il envisage de faire intervenir la cour, mais se contente de prendre date auprès de La Marck : « Quand le roi sera las d'être prisonnier, nous verrons. » Mais il précise, pour éviter tout malentendu : « Mais souvenez-vous qu'un roi ne s'en va qu'en plein jour, quand c'est pour être roi. »

Mirabeau a obtenu le soutien de La Fayette dans le débat sur le droit de guerre et de paix. Il renouvelle ses offres d'alliance : « Que faisons-nous, monsieur le marquis ? Rien, nous laissons faire. Et dans quelle époque ! Avec quels adversaires ! Ce que je pense et veux vous déclarer, c'est que je vaux mieux que tout cela, et que borgne peut-être, mais borgne dans le royaume des aveugles, je vous suis plus nécessaire que tous vos comités réunis. » Il revient à la charge, se lamente sur les occasions perdues : « Que n'ai-je été votre conseil habituel, votre ami abandonné, le dictateur enfin, permettez-moi l'expression, du dictateur... » Une déclaration éperdue d'admiration : La Fayette pourrait être le nouveau Richelieu. « Oh ! M. de La Fayette, Richelieu fut Richelieu contre la nation, pour la cour, et quoique Richelieu ait fait beaucoup de mal à la liberté publique, il fit une assez grande masse de bien à la monarchie. Soyez Richelieu sur la cour, pour la nation. » Mirabeau serait son père Joseph, son éminence grise incontournable : « Richelieu avait son capucin Joseph, ayez donc aussi votre éminence grise, ou vous vous perdrez en ne nous sauvant pas. Vos grandes qualités ont besoin de mon impulsion, mon impulsion a besoin de vos grandes qualités. » Et le député d'Aix de jouer les soupirants déçus, d'aspirer à un « mariage » politique, de déplorer l'hostilité de son entourage : « Vous ne voyez pas qu'il faut que vous m'épousiez et me croyiez, en raison de ce que vos stupides partisans m'ont plus décrié, m'ont plus écarté ! Ah, vous forfaites à votre destinée ! »

Le message est du 1er juin. Le même jour, la première Note de Mirabeau à la cour est consacrée, pour l'essentiel, à la dénonciation du « prétendu général de la Constitution, le rival du monarque ». La puissance de La Fayette naît de la faiblesse de la cour. « Que sera cet homme devenu tout à coup, d'intrigant souple, d'humble courtisan, le gardien des rois, si rien ne l'arrête, ne l'embarrasse dans sa carrière ? Maître de l'armée parisienne, et par cette armée de Paris... pouvant disposer du pouvoir exécutif si les ministres sont de son choix. » Comment arrêter cette ascension, en apparence irrésistible ? Lui enlever toute influence sur la nomination des futurs ministres. « Un tel homme, borné au commandement d'un corps de Garde nationale, subordonné à la municipalité de Paris, surveillé par le corps législatif et sans faveur auprès du roi » ne pourrait être redoutable à de « bons ministres », forts de l'autorité de l'Assemblée. Mirabeau propose même d'opposer à La Fayette le marquis de Bouillé, qui, général en chef de l'armée de l'Est, réprimera en août la révolte de la garnison de Nancy, et tentera, un an plus tard, de protéger la fuite du roi. Il est « pur de toutes les souillures que l'autre (La Fayette !) a contractées », il est « plus estimé que lui de l'armée », et plus indépendant car il ne traîne pas le boulet de la soumission aux factions parisiennes. Des « instructions envoyées à M. de Bouillé » – ou un conseiller de talent, placé auprès de lui – permettraient de mettre en pleine lumière, au regard de l'opinion publique, ses qualités : la fermeté du général et le patriotisme du citoyen. Faut-il donc considérer Mirabeau comme le précurseur des « conseillers d'image » du personnel politique ?

Le 20 juin, l'objectif du député d'Aix n'est plus d'abaisser

La Fayette, mais de le contraindre à une alliance. La crise politique « est au comble », l'insécurité se développe dans les provinces et dans les villes – à Marseille, en particulier, « où l'on tremble de la multitude d'étrangers qui y affluent de toutes parts ». Et La Fayette a été complice, « bêtement ou perfidement mais entièrement complice » du décret de la veille, un brandon de guerre civile, qui prive la noblesse héréditaire de ses titres et armoiries, chacun devant reprendre son patronyme familial... et Mirabeau est fort irrité de se retrouver Riqueti. Il n'est décidément plus possible de laisser La Fayette agir sans contrôle : on sait, désormais, qu'il est « également ambitieux et incapable ». Ambitieux : « Il va se faire faire généralissime, se faire proposer le généralat, recevoir la dictature de fait de ce qui est la nation, ou de ce qui a l'air de la nation. » Incapable : « Un plan, il n'en a pas. Des moyens, il les reçoit de la main de chaque journée. » Et les invectives de Mirabeau pleuvent sur « l'imbécillité de son caractère, la timidité de son âme, les courtes dimensions de sa tête » ! Maîtriser La Fayette : seul Mirabeau est à même de le faire. Et notre tribun de solliciter une intervention de la reine : « Que la reine parle à La Fayette et lui dise : vos fonctions absorbent entièrement vos facultés individuelles... Vous êtes obligé de vous en rapporter, pour les affaires politiques, à votre entourage, qui est faible. Vous devez donc vous renforcer. » La reine dirait, haut et fort, l'estime qu'elle porte à Mirabeau, dans les termes que lui suggère Mirabeau : « Vous avez et nous avons la conviction qu'outre le talent, M. de Mirabeau est le seul homme d'État de ce pays-ci ; que nul n'a son ensemble, son courage et son caractère. » Et la souveraine pousserait à « l'accouplement politique » des deux hommes : « Je vous demande, j'exige que vous vous accoupliez de M. de Mirabeau, mais en entier, journellement, ostensiblement et dans toutes les affaires. Il faut que nous ayons son avis avec le vôtre. Il faut que nous puissions nous dire : ces deux hommes-là ne sont qu'un. Ce qui est délibéré et convenu entre eux deux est notre volonté. »

Mais l'ambition de La Fayette peut-elle s'accommoder d'une alliance politique avec Mirabeau ? Le chef de la Garde nationale révèle à ses proches : « On m'a proposé de m'entendre avec M. de Mirabeau. J'ai dit : je ne l'aime, ni ne l'estime, ni ne le crains. Je ne vois pas pourquoi, je chercherais à m'entendre avec lui. »

Un court moment de communion entre les deux hommes : le grand Franklin, Benjamin Franklin, vient de mourir à Philadelphie. Ils furent, tous deux, liés au coauteur de la Déclaration d'indépendance, à l'homme qui vint négocier à Paris l'alliance de Louis XVI avec les jeunes États-Unis – et qui inspira l'engagement américain de La Fayette et le pamphlet de Mirabeau sur l'*Ordre de Cincinnatus*.

Le 11 juin, La Fayette laisse la parole à Mirabeau, qui est pourtant affligé d'une violente ophtalmie ; la souffrance physique ajoute à son émotion lorsqu'il prononce l'oraison funèbre de Franklin à la tribune de l'Assemblée : « Il est retourné au sein de la divinité, le génie qui affranchit l'Amérique et versa sur l'Europe des torrents de lumière. »

Oraison funèbre d'un homme de science-homme d'État, d'un homme des Lumières par un homme des Lumières : « Le sage que deux mondes réclament, l'homme que se disputent l'histoire des sciences et l'histoire des empires… »

Mirabeau ne manque pas de présenter son oraison comme d'autant plus légitime qu'elle est un hommage au talent, au génie et non au rang, comme sous l'Ancien Régime : « Assez longtemps les calculs politiques ont notifié la mort de ceux qui ne furent grands que dans leur éloge funèbre. Assez longtemps l'étiquette des cours a proclamé des deuils hypocrites. Les nations ne doivent porter que le deuil de leurs bienfaiteurs… les héros de l'humanité. »

Et de proposer que l'Assemblée s'associe au deuil national des États-Unis : « La France éclairée et libre doit un témoignage de souvenir et de regret à l'un des plus grands serviteurs de la philosophie et des libertés. Qu'il soit décrété que l'Assemblée portera pendant trois jours le deuil de Benjamin Franklin ! »

L'Assemblée est gagnée par l'éloquence de Mirabeau et la solennité de l'instant. L'ovation est prolongée, et la motion adoptée immédiatement. Des députés pleurent. Pendant trois jours, les habits de deuil seront de rigueur au Manège. D'Éprémesnil se fera rappeler à l'ordre pour ne pas avoir respecté le décret. Robespierre paraîtra dans des vêtements trop longs et trop larges, prêtés par un ami.

Où en est le projet d'« accouplement politique », cet ultimatum que la reine doit remettre à La Fayette ? L'archevêque de Toulouse, Fontanges, a remanié le texte de Mirabeau « pour changer le style et non les choses », pour le rendre présentable à la reine. La Marck est optimiste : « Si cet impuissant *capitan* tergiverse, on dira franchement : j'exige. » Puis il prévient Mirabeau : il vient de recevoir de la reine « une lettre de plusieurs pages sur une entrevue avec Gilles César… Vous en serez content ». Marie-

Antoinette n'a-t-elle pas été assez ferme ? La Fayette est-il décidément trop obstiné ? Il se refuse à céder. Bien plus, alors que notre tribun sollicite la présidence de l'Assemblée, La Fayette, contacté par Talleyrand, fait échouer sa candidature : « M. de Mirabeau se conduit trop mal avec moi. J'ai vaincu le roi d'Angleterre dans sa puissance, le roi de France dans son autorité, le peuple dans sa fureur. Je ne céderai pas à M. de Mirabeau », lance-t-il à Nicolas Frochot, ami fidèle du député d'Aix. Il le redira, d'une autre manière, dans ses *Mémoires* : « Pour cette fois, je voulais un patriote vertueux et je l'ai dit franchement. » Mirabeau avait répliqué, tout aussi franchement : « Tôt ou tard, il payera ces mots qui révèlent bien le secret de sa petitesse et le poids de sa vanité. »

Ce nouvel échec est cinglant : il anéantit le projet que caressait Mirabeau pour la Fête de la Fédération, qui doit être célébrée au Champ-de-Mars, ce 14 juillet 1790. Le couple royal appréhende ce premier anniversaire de la chute de La Bastille. Sa sécurité sera-t-elle assurée ? Ne va-t-il pas connaître de nouveaux drames, de nouvelles humiliations, de nouvelles journées d'Octobre ? Mirabeau, au contraire, pressent, dans cet événement, l'occasion historique de sceller l'union de la monarchie et de la liberté. La Révolution s'accorde un répit. L'heure est à la fraternisation, toutes provinces confondues. Ce sera une immense manifestation d'unité nationale, à partir de ces « fédérations » qui se sont constituées spontanément dans toutes les parties du royaume, autour des gardes nationaux, et dont les délégations partent pour Paris.

Mirabeau aurait tant aimé prononcer, au Champ-de-Mars, le serment de la Fédération – en tant que président du corps législatif. Par sa seule présence, sa popularité de tribun, son charisme, il aurait donné de l'éclat à la cérémonie ! Il a rédigé un projet de discours pour le roi, mais Louis XVI refuse cette occasion unique de rallier la Révolution à la monarchie. L'archevêque de Toulouse déplore la « surdité » du monarque : « La reine m'a dit qu'il n'y avait pas moyen de gagner sur le roi de parler demain. »

Talleyrand doit célébrer la messe sur l'Autel de la patrie, mais ce prélat malgré lui est peu initié au rite, moins que Mirabeau... qui, pourtant, s'affirme indifférent en matière de religion ! Le député d'Aix organise donc une répétition générale chez l'un de ses amis, le marquis Saisseval. Il joue les maîtres de cérémonie, prescrit, avec gravité, gestes et génuflexions... tandis que l'évêque d'Autun est pris d'un fou rire. Le lendemain, au Champ-de-Mars, en avançant vers l'autel, Talleyrand glissera à La Fayette : « Je vous en prie, ne me faites pas rire. »

Ce 14 juillet, le vent froid et la pluie battante qui frappent Paris ne peuvent rien contre l'enthousiasme de la foule, qui acclame les bannières des districts parisiens et celles des départements. Vertige de la découverte de la nation dans tous ses segments, de la fraternisation de toutes les classes, de tous les âges ! Au milieu d'une chaîne de femmes, la duchesse de Luynes pousse sa brouette surchargée. Dom Gerle, qui voulait faire déclarer le catholicisme religion d'État, a pris la tête d'une délégation de chartreux. Le *Ça ira*, chanté sur l'un des airs favoris de la reine, le « carillon national », semble avoir perdu toute agressivité, tant est grande l'allégeance que les patriotes manifestent, en ce jour d'unité, au trône.

Louis XVI peut bien apparaître rétracté quand il prête serment, jurant de maintenir la Constitution et d'exécuter les lois. 200 000 voix, subjuguées, l'acclament... Mais La Fayette est le vrai héros de la cérémonie. Campé sur son cheval, devant l'autel, la taille prise dans un brillant uniforme, il incarne l'apothéose de la Révolution, la conquête des libertés. Les fédérés se prosternent devant lui, lui baisent les mains, les bottes... Mirabeau dîne, le soir du 14 juillet, avec Sieyès et laisse paraître sa rancœur : « Avec un pareil peuple, si j'étais appelé au ministère, poignardez-moi, car, un an après, vous seriez esclaves. » Et, lorsque la cour lui demande de tirer les leçons de la Fête de la Fédération, il libère son amertume : « On a compromis le roi et on a servi l'homme redoutable [La Fayette], on a fait de lui l'homme de la Fédération... J'ai prédit, j'ai deviné. Mes prophéties, mes conseils ont été inutiles. Cette terrible position où tous les projets, toutes les combinaisons cèdent aux craintes individuelles, où l'on n'ose pas consulter ni employer un homme de sens, ni même se désentourer de traîtres, ni parler un langage qui puisse avoir quelque dignité, quelque utilité... cette terrible position fait tout avorter. »

CONVAINCRE LA COUR

Mirabeau s'impatiente. Il enrage contre la cour. « On » ne l'écoute pas, « on » ne prête pas attention à ses conseils, « on » ne le suit pas. Il ne rencontre que léthargie là où il souhaiterait la réapparition d'une volonté, d'un monarque volontariste. Un monarque qui verrait enfin dans le député d'Aix le seul homme d'État de l'Assemblée, l'homme du destin.

Mirabeau se heurte à un mur. Il passe du découragement à la colère, il choisit de multiplier les prophéties les plus sombres – mais qui se révéleront réalistes ! – pour convaincre la cour : « Vous le verrez, la populace battra leurs cadavres », glisse-t-il à La Marck.

Dans sa Note du 13 août, il se déchaîne : « Quatre ennemis arrivent au pas redoublé : l'impôt, la banqueroute, l'armée, l'hiver. » Que faire ? En finir avec l'immobilisme. « Il faut prendre un parti, je veux dire qu'il faut se préparer aux événements en les attendant, ou provoquer les événements en les dirigeant. »

À l'horizon : la guerre civile, « certaine et peut-être nécessaire ». Peut-être nécessaire, car il s'agirait d'une manière de vider l'abcès, d'interrompre cette « longue maladie chronique… par le salut ou la mort ». Le salut, ce serait d'abord la libération des « deux prisonniers », le roi et la reine, prisonniers dans Paris. Mais Mirabeau veut un entretien avec le couple royal. Il s'agit de questions trop graves pour qu'on puisse décider, trancher à la suite d'un échange de Notes. Il lui faut « une conférence aussi longue et libre qu'il est nécessaire ». Une conférence dont il souligne qu'elle est indispensable, mais dont il sait qu'elle sera « difficile et périlleuse » pour lui, pour son prestige au sein de l'Assemblée et pour sa sécurité, si son caractère secret n'est pas préservé.

Dans une perspective de guerre civile, une urgence : s'assurer des appuis au sein de l'armée. Non pas mobiliser des corps d'armée au service du monarque : cette solution serait « téméraire » et irréaliste dans l'actuel rapport des forces, elle saperait définitivement la situation du roi. Mais simplement s'assurer quelques points d'appui, par le jeu des nominations aux plus hauts grades. Au demeurant, l'armée n'est plus qu'une juxtaposition de régiments isolés, sans liaison entre eux…

Mirabeau fixe son regard sur les « régiments suisses », dont un décret de l'Assemblée nationale vient, le 31 juillet, de confirmer la composition originale, la nature de corps distinct du reste de l'armée. Il importerait de nommer un « inspecteur général des Suisses » : le poste a déjà existé dans le passé ; et face aux mutineries, qui s'étendent, l'Assemblée vient de « supplier » le roi, dans un décret édicté six jours plus tôt, le 7 août, « de nommer des inspecteurs extraordinaires choisis parmi les officiers généraux ». L'heure est donc bien à la désignation d'envoyés spéciaux du monarque auprès des commandants de corps. Non pour rétablir l'autorité de l'État menacée par les insurrections militaires, mais pour préparer l'affrontement inéluctable.

L'inspecteur général des Suisses devrait être pris à l'extérieur desdits régiments, parmi les fidèles du roi. À ce fidèle de prendre ensuite contact avec les gouvernements des Treize Cantons suisses, de nouer des relations de confiance avec eux, de connaître l'esprit des différents régiments et de les répartir parmi les points sensibles, « depuis la Manche jusqu'à Besançon »… Mirabeau affirme que, « par un hasard heureux », il n'existe pas d'officier suisse capable d'assumer les fonctions d'inspecteur général. Puis il nuance son propos : la vérité est que jamais les Treize Cantons ne seront unanimes sur le choix d'un officier suisse. La voie est donc libre pour la future décision royale : Mirabeau propose, avec une détermination insistante, le nom du très fidèle La Marck, le nom de son intercesseur auprès du roi… Et esquisse un chantage final : sans manifestation de la volonté royale, il n'y aura pas de salut. Et si la France sombre dans un « sauve-qui-peut » général, alors lui, Mirabeau, s'adonnera à des « combinaisons particulières ».

Mirabeau reprend la plume, quelques heures plus tard, pour une Note, datée du 14 août. Une Note rectificative : La Marck vient de refuser la proposition de Mirabeau, qui avance donc un autre nom pour l'inspection générale, celui d'un officier suisse, le chevalier de Bachmann. Une réputation militaire « distinguée », après vingt-cinq ans de commandement « brillant » d'un régiment suisse ; un caractère « liant et fidèle », capable « d'affaires et de dextérité » : Bachmann jouit à la fois de l'estime de ses concitoyens et de la considération de la société militaire. Garantie suprême : Bachmann a toujours marqué de la déférence pour La Marck ; ce dernier pourra donc le surveiller, « sans que cela paraisse », chaque fois que les intérêts « politiques et militaires » du couple royal seront en jeu.

Sociologue politique avant l'heure, Mirabeau consacre ce nouveau courrier à une analyse précise, qu'il veut lucide, de l'influence et des tendances idéologiques des milieux suisses de Paris. C'est une colonie étrangère importante, à l'influence incontestable : elle comprend, d'une part, « presque tous les portiers de Paris », d'autre part, un grand nombre des gardes suisses du roi. Une colonie, au vrai, si peu étrangère, car elle vit en osmose avec la France...

Le fait nouveau est que l'idéologie de la Révolution, dans ses formes extrêmes, imprègne les Suisses de Paris, ceux que Mirabeau appelle les « Helvétiens francisés » : « Ils inondent la Suisse de décrets révolutionnaires, de feuilles séditieuses » et inquiètent les pouvoirs locaux des Treize Cantons. Commentaires acerbes du député d'Aix : ces Suisses expatriés veulent introduire dans leur pays « l'exagération qui agite la monarchie française » ; ils sont « dirigés par nos machinistes incendiaires » et deviennent « les missionnaires de la religion du désordre ». Il faut, sans délai, découvrir les moyens de « tranquilliser les cantons suisses », sans quoi ces derniers seront tentés de retirer leurs troupes du service de la France et de les mettre à la solde d'autres puissances, l'Angleterre par exemple, qui paie très cher ses mercenaires de Hesse, ou l'Espagne, qui demande depuis longtemps des troupes aux cantons catholiques... Cette perspective est inquiétante : ce sera autant de perdu pour la défense de la France... et pour la protection personnelle du roi.

C'est un Mirabeau contre-révolutionnaire qu'on découvre ici, fort éloigné du chef de file jacobin de l'Assemblée. Adapte-t-il son discours aux destinataires de ses Notes ? Certainement. La part de jeu est évidente lorsqu'il écrit de La Marck « qu'on peut compter sur lui comme sur soi-même », alors qu'il s'adresse au couple royal, que La Marck est son intercesseur auprès du couple... et que les monarques n'ont pas à être rassurés sur la fidélité de La Marck qu'ils connaissent beaucoup mieux qu'ils ne connaissent Mirabeau ! La sincérité de Mirabeau semble cependant forte : ses colères répétées d'ennemi du désordre montrent le chemin parcouru depuis les premières semaines de la Révolution.

Nouvelle Note, le 17 août, et nouveau plaidoyer. L'allusion de Mirabeau, dans sa Note du 13, au « sauve-qui-peut » qui pourrait survenir, et aux « combinaisons particulières » auxquelles il se consacrerait alors, a été mal interprétée : le couple royal y a vu une esquisse de chantage et une menace de sécession ; si on ne suivait pas ses conseils, Mirabeau songerait à son propre salut...

Notre tribun entreprend donc de rassurer ses interlocuteurs : on a vu une déclaration de guerre « là où il n'y avait que le plus fervent abandon dans la déclaration de mes sentiments et de mes pensées ». Pourquoi toujours suspecter la sincérité de son dévouement, alors que La Fayette « trouve ses prisonniers trop bien conseillés depuis quelque temps » ? Pourquoi attribuer à son animosité pour La Fayette son attachement à la cause monarchique alors que, s'il le voulait, il pourrait très rapidement s'unir politiquement à lui ?

Reviennent les plaintes sur l'immobilisme de la cour et l'inaction du ministère. Oui, le moment est venu d'agir, et d'en finir avec « cette intercadence d'essais et de résignation, de demi-volontés et d'abattement, qui éveille les méfiances, enracine les usurpations [allusion renouvelée à La Fayette, le “maire du palais”, dont le pouvoir se nourrit de la passivité de la cour ?], et flotte d'inconséquences en inconséquences ».

Inaction du ministère, si évidente qu'elle a suscité un bon mot de Charles de Lameth : « Le pouvoir exécutif fait le mort. » Une inaction qui a pour premier résultat de déséquilibrer les pouvoirs : les comités spécialisés de l'Assemblée auraient dû se limiter à leur travail d'étape dans la procédure législative, dans l'élaboration des lois. En l'absence de véritable gouvernement, ils empiètent sur la fonction exécutive, font concurrence aux divers ministères, s'érigent en doublure du gouvernement, en second gouvernement.

Et cette passivité en politique intérieure tourne à l'incohérence lorsqu'elle laisse place à un activisme injustifié en politique étrangère ! Mirabeau, qui a défendu – avec quelle énergie ! – le droit de guerre du roi dans l'affaire du pacte de famille avec l'Espagne, révèle son désaccord grandissant sur le fond même de l'intervention de la France : « Une périlleuse alliance, une guerre désastreuse, où il n'y a pas une seule chance de succès ! » Son intention est claire : pourquoi épuiser le crédit du roi dans une affaire qui n'est pas la sienne, alors que ce crédit devrait être utilisé pour agir en politique intérieure, là où se joue le destin du royaume ?

Mirabeau déploie tout son talent pour convaincre la cour sur ce point. « Tant d'incohérence me passe, je l'avoue. Je suis stupéfait de tant de faiblesse unie à tant d'audace... [...] Comment oset-on proposer au roi de tenter pour l'Espagne ce qu'il n'ose pas pour lui-même ? » Et le député d'Aix d'insister, de revenir à ce thème qui l'obsède : la perspective de guerre civile, qui ramènerait la France au respect de l'ordre et de la monarchie. Comment ses interlocuteurs ont-ils pu frémir à cette idée de guerre civile, alors, qu'avec cette affaire d'Espagne, qui leur est si étrangère, ils vont provoquer une guerre générale et vingt guerres civiles dans le royaume ?

Protestation de fidélité : « Je serai fidèle jusqu'au bout, parce que tel est mon caractère. » À lire de près ce nouveau courrier, une esquisse de chantage apparaît tout de même... L'auteur attendra, certes, « qu'un coup de tonnerre brise la déplorable léthargie sur laquelle je ne puis que gémir » ; mais il n'espère plus la réunion de cette conférence avec le couple royal, qu'il souhaitait, et qui « aurait expliqué beaucoup de choses sur lesquelles il est clair qu'on ne me devine ni ne m'entend ». Il va donc se replier sur son métier de membre de l'Assemblée, se borner « aux moyens temporaires et circonstanciels » puisque aucun autre ne lui est ouvert. Il va « retravailler dans l'Assemblée », redevenir le chef de file jacobin.

LA QUERELLE DES ASSIGNATS

Serait-ce l'influence, peut-être inconsciente, de son physiocrate de père ? Mirabeau s'est toujours considéré comme un « grand homme en finances » – en finances publiques s'entend, puisque la gestion de son patrimoine privé n'a jamais été équilibrée. Un an plus tôt, le 26 septembre 1789, il a agité devant l'Assemblée le spectre de la banqueroute. Avec Talleyrand. il a conseillé de mettre en vente les biens du clergé : le décret du 2 novembre 1789, arraché à une Assemblée hésitante, a mis les biens ecclésiastiques « à la disposition de la nation » ; puis, le 19 décembre, l'Assemblée a créé la Caisse de l'extraordinaire, avec pour mission d'émettre des « assignats », une sorte de titre gagé sur les « biens nationaux », puisque tel est le nouveau nom des biens de l'Église. Le décret du 17 avril 1790 a été le véritable acte de naissance des assignats, de naissance de la monnaie-papier, et Mirabeau observe avec curiosité les premiers billets : de 200, 300 ou 1 000 livres, imprimés en noir sur du papier blanc, des coupons d'intérêt qui peuvent être détachés – l'intérêt est de 5 % – et qui, détachés, serviront souvent d'appoint ; au centre, un médaillon représente Louis XVI, « roi des Français », de profil ; en filigrane, la mention « La loi et le roi », ainsi que trois fleurs de lys.

Ce 27 août 1790, l'Assemblée discute un rapport de son Comité des finances sur la « liquidation de la dette publique ». Surréalisme parlementaire ! Comment liquider la dette publique, alors que les impôts, les « contributions » exigées des citoyens ne rentrent pas et qu'il s'agit de survivre, malgré le déficit quotidien ! Mirabeau est à la tribune. Il lit, sans y adhérer vraiment, un texte laborieusement rédigé par son nouveau collaborateur genevois, Reybaz. « Je m'étais réduit au silence sur la question de nos finances. Mais, aujourd'hui, muni de réflexions nouvelles... »

Il reprend l'image de l'abîme, qui a si bien réussi dans son discours sur la banqueroute. Mais sans convaincre vraiment : « Il est ouvert cet abîme, il s'agrandit devant nous... De quelles ressources nous aviserons-nous pour franchir l'hiver qui s'avance ? »

L'attaque est imprécise. Elle ne suggère aucun remède contre le déficit. Tout au plus prend-elle pour cible la routine supposée du ministre des Finances, Necker :

« Je vois déjà le ministre des Finances venir dolemment nous présenter un nouveau certificat de notre ruine. Je le vois nous présenter ce qui ne pourra même pas nous sauver : les éternelles suspensions, les atermoiements indéfinis, les retards de rentes... Est-ce donc là, bon dieu, sa science en finance ? »

En réalité, Mirabeau veut abattre politiquement Necker, auquel il est hostile depuis... l'ouverture des États généraux. Mais sous quel angle attaquer sa gestion financière ? Les 400 millions d'assignats émis au début de 1790 ont été dépensés par la Trésorerie, en l'absence d'autres ressources. Une nouvelle émission pourrait-elle être décidée ? Necker s'y refuse. Il partage le point de vue des « experts » – Condorcet, Lavoisier, Dupont de Nemours – qui considèrent que la multiplication des assignats en circulation va provoquer l'inflation et le renchérissement des denrées.

Peu importe ! Priorité au politique. Mirabeau, qui, dans le passé, a qualifié les assignats de « peste circulante » et d'« emprunt le sabre à la main », proclame désormais qu'ils n'ont que des avantages. Ainsi incitera-t-il Necker à la démission.

Mirabeau reprend son offensive dans une Note à la cour, cinq jours plus tard. Necker, homme d'État, est « l'auteur de tous les malheurs du roi », mais Mirabeau ne veut considérer que son « impéritie financière ». Le ministre des Finances ne veut pas prendre en compte la perspective de la banqueroute. Il se dissimule que les charges à supporter deviennent terriblement pesantes. « En vain M. Necker pense-t-il tout gagner en retardant les remboursements et en payant des intérêts. » C'est cette « obstination à ne pas changer de marche » qu'il convient de briser.

Sur le remède, Mirabeau est plus prolixe que dans son intervention devant l'Assemblée : si l'on veut éviter « la plus terrible catastrophe en finances », il faut « opérer une grande diminution dans les intérêts de la dette » et... « substituer au numéraire métallique, qui se dérobe chaque jour à la circulation, un numéraire qui ne puisse pas lui être aussi facilement enlevé ». C'est la recette magique : d'un côté, « les assignats-monnaie faisant office de numéraire », de l'autre, « par bonheur, les biens du clergé, qui fournissent, pour cette opération, un moyen infaillible ». Ainsi la dette serait-elle bientôt éteinte, sauf événements extraordinaires : une résistance de fait à l'aliénation des biens du clergé... ou la guerre. Mais si la France est contrainte de faire une guerre, « il n'est plus possible de soumettre au calcul ce qui concerne la dette » !

Le « ministre actuel des Finances » ne peut être l'homme de la situation : les assignats-monnaie n'ont pas été conçus par lui ; il a toujours été déterminé à les combattre. Au demeurant, même s'il revenait de ses conceptions, sa position serait difficile : il n'est pas « en bonne intelligence avec l'Assemblée » ; il n'a plus d'influence sur l'opinion publique qui, un temps, a attendu de lui des miracles ; il est même devenu dangereux à la tête du ministère des Finances, tant il est dans l'attente de l'échec des formules nouvelles... Il faut donc laisser partir Necker. Mirabeau propose déjà le nom de son remplaçant : le banquier genevois Étienne Clavière, son ami et collaborateur. Mirabeau est simplement en avance d'une année : de fait, Clavière sera élu à la Législative et deviendra ministre des Finances dans le premier cabinet girondin !

Soudain, un scrupule : « Peut-on répondre du succès des assignats-monnaie ? Je réponds hardiment que non. On ne peut répondre de rien dans un royaume comme la France, et surtout dans des circonstances où tant de passions diverses et tant de préjugés se livrent de perpétuels combats. »

Necker démissionne le 3 septembre, sous le prétexte d'une santé chancelante. Mirabeau peut être satisfait : Necker, qu'il jugeait étranger à la Révolution, regagne la Suisse. Mais aucune humiliation n'aura été épargnée à l'ancien ministre de Louis XVI. Il est retenu, avec sa femme, à Arcis-sur-Aube, dans l'attente d'une autorisation de l'Assemblée : la municipalité le suspecte, sans doute, de partir avec les caisses de l'État, alors qu'il a laissé en dépôt 2 millions de livres, la moitié de sa fortune – afin de prévenir l'avilissement des assignats avec lequel on paie les rentes !

Le 27 septembre, la querelle des assignats va trouver son épilogue à l'Assemblée. Mirabeau a commandé un nouveau texte à Reybaz, car on lui reproche « d'avoir varié » : de nouveaux libelles rageurs circulent sur « la sottise ou la fourberie » du comte de Mirabeau... À Reybaz de préparer une « noble réponse ».

L'abbé Maury, de mieux en mieux installé dans son rôle de tribun de la droite, de « bélier » du camp monarchiste, propose une procédure originale : il est prêt à s'asseoir à côté du président de l'Assemblée, afin de répondre, point par point, à l'exposé de Mirabeau. Il ne croit pas à la capacité d'improvisation du député d'Aix sur un sujet aussi technique. Il multipliera les objections, fera éclater ses contradictions. Le voici qui se hisse, par surprise, près du bureau : « Me voici placé, si M. de Mirabeau veut me proposer ses difficultés ! »

L'Assemblée refuse ce duel singulier. Mirabeau, soulagé car on lui a évité un piège considérable, peut se consacrer à la lecture de son plaidoyer. Car il s'agit bien d'un plaidoyer : l'orateur cite les passages d'un discours qu'il a prononcé un an plus tôt, le 1er octobre 1789. « Voilà ce qu'on appelle mon apostasie... Vous le voyez : je distinguais alors ce que je distingue aujourd'hui, et je distingue aujourd'hui ce que je distinguais alors ! Je suis constant dans mes principes. »

Une différence essentielle, que ne relève pas l'Assemblée : dans son discours d'octobre, Mirabeau prévoyait le remboursement des assignats ; il n'en est plus question...

Notre tribun s'évade du domaine trop aride des chiffres, pour poser quelques banderilles politiques :

« Un gouvernement vampirique a sucé, depuis plus d'un siècle, le sang des peuples, pour s'environner de faste. »

Surtout, il s'acharne contre Necker, comme si cette haine recuite, qu'il ne peut apaiser, exigeait une sorte de règlement de comptes rétrospectif. Il reproche à l'ancien ministre son scepticisme d'expert des finances publiques, ses scrupules de banquier timoré :

« Quand nous proposions de vendre aux créanciers de l'État les biens nationaux, il répliquait par une raillerie : "À quelle époque et dans quel lieu ?" J'ai envie de lui lancer aujourd'hui : "Ces propos, à quelle époque et dans quel lieu vous permettiez-vous de les tenir ?" »

Et Mirabeau de prendre la pose de l'homme d'État :

« Face à l'administrateur encombré de détails, le législateur doit oser être grand, savoir être juste. »

Contre toute attente, Mirabeau a suscité l'enthousiasme de l'Assemblée, qui décrète l'impression de son discours.

Mirabeau a déclenché, le 27 août, une opération politique, qui a peu à voir avec la gestion des finances, et qui est sur le point de réussir. Les finances publiques ne sont que prétexte à enraciner la Révolution, à lier le sort des citoyens à celui de la Révolution.

De manière révélatrice, Mirabeau a pris pour exemple la

révolution américaine : « J'entends les Américains dire aux Français : nous avons créé, pendant notre révolution, du mauvais papier-monnaie et, cependant, ce papier, tel quel, nous a sauvés ; sans lui, notre révolution était impossible. »

Telle est la voie. Mirabeau l'a écrit dans sa Note à la cour : il ne répond pas du succès des assignats-monnaie. Techniquement, financièrement, il ne se fait pas d'illusion sur le destin des assignats ; au fond de lui-même, il sait que les réticences de Necker étaient justifiées.

Mais quelle magnifique perspective politique ! L'assignat non remboursable va sauver la Révolution : à court terme, il lui permet de gagner du temps face au poids croissant de la dette ; à plus long terme, il lie tous les porteurs d'assignats et acheteurs de biens nationaux au destin de la Révolution – tout retour en arrière les ruinerait.

Cette perspective, tous les chefs jacobins l'ont perçue ; ils ont fait front autour de Mirabeau. Pour Barnave, « ceux qui ne veulent pas la Révolution ne veulent pas les assignats ». Pour Duport, « tous les individus seront attachés, par leur intérêt, à la Constitution ». Et encore Mirabeau : « C'est vraiment là mettre le sceau à la Révolution. »

« Mettre le sceau à la Révolution », conforter, par le biais des assignats, la Révolution, était-ce réellement ce que la cour attendait de Mirabeau ? Une contradiction de plus dans le comportement de Mirabeau, une ambiguïté de plus chez l'allié secret du roi.

L'ENQUÊTE DU CHÂTELET

Où se situe politiquement Mirabeau, en ce mois d'août 1790 ?

Marat vient de publier un libelle incendiaire contre les « ennemis de la Révolution », qu'il appelle les « noirs ». Quelles humiliations a pu subir Jean-Paul Marat, qui fut, pendant six ans, médecin aux gardes du corps du comte d'Artois, pour devenir, à partir de septembre 1789, le plus violent des journalistes pamphlétaires dans *L'Ami du peuple* ? Cette fois, il dénonce pêle-mêle, parmi les « noirs », les aristocrates, les ministres « gangrenés et archigangrenés »... et Mirabeau, « l'infâme Riqueti ». Mirabeau se voit même assigner la première place dans la sentence que prononce Marat : « Citoyens, élevez 800 potences, pendez-y tous ces traîtres et, à leur tête, l'infâme Riqueti. »

Mirabeau a déclenché l'ire de Marat en montant à la tribune de l'Assemblée le 20 août, pour aborder la question des mutineries qui se développent dans l'armée. Les soldats refusent l'autorité des officiers, qu'ils qualifient d'« aristocrates ». Une nuit du 4 août rampante... Un vrai cauchemar pour Mirabeau : le jeune officier qu'il fut, l'aristocrate qui subsiste en lui, mais aussi le révolutionnaire épris d'ordre, soucieux de rétablir l'ordre, une fois la révolution accomplie – tout concourt en lui à ce « radicalisme », à cette solution radicale qu'il préconise, au risque d'éroder son image, sa popularité :

« Un corps ulcéré ne peut pas être pansé plaie à plaie, ulcère à ulcère : il faut une transfusion de sang nouveau... Si vous faites des décrets particuliers à chaque insurrection particulière, sur des récits qui vous arrivent à travers le prisme des passions, vous ne ferez rien d'efficace. L'efficacité, la seule efficacité serait de licencier toute l'armée dans vingt jours, le 10 septembre prochain, pour la réorganiser immédiatement, en excluant tous les éléments douteux, et de ne recevoir pour soldats ou pour officiers que les citoyens qui prêteront serment de remplir les devoirs attachés à leur état… »

Licencier toute l'armée, puis la réorganiser ! On perçoit ici tout ce que Mirabeau aurait pu apporter à la reconstruction de la France en pleine tourmente révolutionnaire : l'analyse d'une situation, l'intuition des mesures à prendre, la rapidité d'exécution. En un mot, l'esprit de décision de l'homme d'État, dont il est l'un des rares à pouvoir faire montre au sein de l'Assemblée… Mais un remède si radical que l'Assemblée, stupéfaite, se dérobe… et que Marat se déchaîne.

Le 22 août, le député de droite Malouet veut alerter ses collègues sur le contenu du pamphlet de Marat. Malouet, d'un naturel très inquiet, irrite les députés, même ses amis monarchistes, par sa manière de tout prendre au sérieux, les interventions, motions, projets de décret, de tout interpréter « au premier degré », sans tenir compte du côté théâtral des travaux de l'Assemblée et de l'ensemble de la vie publique :

« Marat promet à la potence une partie des membres de l'Assemblée, lance-t-il. C'est insupportable ! Nous devons donner ordre au maire de Paris de faire arrêter Marat et les colporteurs qui diffusent son libelle. »

Mirabeau l'interrompt :

« Pourquoi dénoncer ici pareilles démences ? »

L'objection est compréhensible : pour le député d'Aix, l'Assemblée donnerait un écho excessif à *L'Ami du peuple* en ouvrant un débat sur ses écrits… Mais Mirabeau ne s'arrête pas là. Il se lance dans l'une de ces galéjades qu'il affectionne :

« Puis-je vous faire remarquer que, dans ce texte d'homme ivre, je suis le seul à être nommé, à être désigné par mon nom ? Alors, puisqu'il est question de " noirs " dans ce libelle, eh bien ! c'est au Châtelet du Sénégal qu'il faut dénoncer son auteur. »

Un jeu de mots très approximatif qui – au-delà de l'indulgence de Mirabeau pour ses propres saillies – nous rappelle que le Sénégal est présent dans l'imaginaire collectif des députés et que les colons de Saint-Louis ont même adressé des « cahiers de doléances » aux États généraux. En fait, par ce biais, notre tribun rebondit sur le Châtelet, le vrai :

« Vous voulez faire juge de l'extravagance de ce libelle, un autre auteur de libelle, tout aussi extravagant… M. le procureur du roi du Châtelet ! Passons à l'ordre du jour, s'il vous plaît ! »

Allusion presque subliminale, qui enthousiasme la gauche. Le procureur du Châtelet, au profit duquel la municipalité de Paris s'est dessaisie, poursuit, depuis des mois, une enquête sur les journées d'Octobre, mais la procédure traîne, l'opinion s'impatiente dans l'attente de révélations, des rumeurs insistantes circulent sur la culpabilité du duc d'Orléans et de Mirabeau, des députés de droite ont même témoigné contre eux. Lourde attente pour Mirabeau : il lui faut absolument dissiper les doutes du couple royal sur sa prétendue responsabilité dans ces journées sacrilèges. Mais le sacrilège est également ressenti dans l'opinion publique : la vénération pour le monarque et sa famille n'a pas encore disparu, même lorsque la monarchie est abaissée et contestée ; les actes antimonarchiques des 5 et 6 octobre apparaissent comme autant d'infamies. L'enquête du Châtelet pourrait donc déconsidérer les chefs de file des « patriotes ».

Pour Mirabeau, c'est bien une machination qui se prépare au Châtelet : ne s'agit-il pas d'une cour d'Ancien Régime, qui devait limiter ses investigations à l'irruption d'hommes armés au château de Versailles et qui a dépassé son mandat pour se lancer dans l'examen de toute l'affaire d'Octobre, et dresser le procès de la Révolution ? Le porte-parole du Châtelet est même venu évoquer, devant l'Assemblée, en parodiant la « Zaïre » de Voltaire, les « secrets plein d'horreurs » que l'enquête allait dévoiler. Très calme, Mirabeau a répliqué en obtenant de l'Assemblée qu'elle confie à son Comité des rapports la supervision de l'enquête du Châtelet.

Ce 22 août, Mirabeau revient donc sur l'affaire, en détournant l'intervention de Malouet :

« Le droit et le désir des membres inculpés est que tout soit connu. Ces machinations ne nous effraient pas ; mais il faut avancer l'échéance des explications. Je supplie, je conjure le Comité des rapports de hâter son travail... »

Les applaudissements les plus vifs signifient soudain à l'orateur qu'il a le soutien à peu près total de l'Assemblée. Mais Mirabeau veut terminer :

« ... et de rendre publiques ces terribles procédures du Châtelet. La divulgation de ces soi-disant secrets mettra un terme à l'insolence des juges. »

Diversion involontaire, le 11 septembre. Un certain Trouard de Riolles a été arrêté en Dauphiné ; il est soupçonné de conspiration contre-révolutionnaire. Le nom de Mirabeau apparaît, dans ce qui n'est probablement qu'un fait divers.

Devant l'Assemblée, un rapporteur relate l'affaire et la minimise : « On a trouvé, parmi les papiers saisis sur ce personnage, une lettre que Riolles attribue à notre collègue Mirabeau, et qui n'est manifestement pas de l'écriture de Mirabeau. En outre, et cela est tout à fait contradictoire, un message du même Riolles traite Mirabeau de " scélérat prêt à se vendre à tous les partis ". »

Mirabeau renvoie la balle, dans un revers fulgurant :

« Monsieur le rapporteur, vous avez eu la courtoisie de me communiquer ces pièces. Je crois me souvenir que le sieur Riolles a écrit " l'infâme scélérat ". N'oubliez pas un adjectif aussi essentiel pour parfaire mon portrait ! »

Le rapporteur se joint, de bonne grâce, aux rires de l'Assemblée. Complaisant, il veut rapidement dégager Mirabeau de tout soupçon :

« Avez-vous jamais rencontré cet intrigant ? Il prétend vous avoir adressé un mémoire.

— Je ne dirai ni oui ni non. Je reçois à peu près cent lettres par jour... Des milliers de mémoires me sont parvenus depuis notre première séance... »

Un moment d'émotion :

« La cause de la liberté... Comment combattre pour la cause de la liberté et fermer son antichambre aux solliciteurs ? J'ai vu cinquante-quatre lettres de cachet dans ma famille, parmi lesquelles dix-sept pour moi ! Cet amour de la liberté m'a donné de grandes jouissances, mais aussi quelques tourments... »

Et Mirabeau de rattacher soudainement l'incident Trouard de Riolles à l'affaire d'Octobre :

« Ma position est singulière. Je suis aujourd'hui accusé d'avoir été le complice d'un conspirateur contre-révolutionnaire. La semaine prochaine, le Comité des rapports reviendra sur l'enquête du Châtelet et ces funestes journées d'Octobre, où je joue le rôle d'un manipulateur sournois, d'un conspirateur révolutionnaire furieux, d'un révolutionnaire exagéré. Alors, messieurs, il faut choisir. Conspiration pour conspiration, procédure pour procédure, peut-être supplice pour supplice, je préfère être du côté de la Révolution ! »

Mirabeau a réussi, une fois de plus, à s'identifier à la Révolution. Les acclamations de l'Assemblée saluent sa virtuosité.

Dès le 31 août, le Comité des rapports a fait savoir à l'Assemblée qu'il avait terminé l'examen... de l'enquête du Châtelet. Restait à imprimer un texte de cent vingt pages serrées, à distribuer à chacun des députés.

Mirabeau a d'abord protesté : « Encore plusieurs semaines d'attente, et de suspicions sur les accusés ! »

Mais, comme un député monarchiste demandait un débat immédiat, et jugeait inutile la diffusion d'une version imprimée, Mirabeau reconsidéra sa position et obtint l'impression du dossier... Après tout, mieux valait, pour être lavé de toute accusation, prendre son temps et pouvoir s'appuyer sur un document de référence : « Au demeurant, je ne suis pas si modeste... Je sais bien que, dans ce procès fait à la Révolution, je devrai tenir toute ma place. »

Le député Montlosier continuait de préférer une discussion immédiate : « Pendant ces nouvelles semaines d'attente, les coupables pourraient fuir ! »

Mirabeau rugit :

« Ceux que vous tenez pour coupables pourraient craindre que vos fameux témoins ne s'évadent ! »

L'échange devint virulent :

« Monsieur de Mirabeau, je ne figure pas parmi les témoins ! Et lorsque vous prétendez qu'on a voulu faire le procès de la Révolution, je vous répondrai ceci : si vous appelez Révolution les odieuses journées d'Octobre, alors oui, il convient de faire le procès de la Révolution ! »

Ce n'est que le 1er octobre que le député Chabroud put donner lecture de son... enquête sur l'enquête du Châtelet. Violation de la séparation des pouvoirs ? Sans aucun doute. Encore faut-il rappeler que les hommes de la Révolution ne reconnaissaient pas la fonction juridictionnelle comme un véritable pouvoir : les juges ne constituaient qu'un segment du pouvoir exécutif ; ils étaient des administrateurs qui délibéraient dans des formes solennelles, afin d'assurer l'impartialité de leurs jugements. Et les comités de l'Assemblée empiétaient naturellement sur la fonction juridictionnelle, comme ils empiétaient sur tous les autres secteurs du pouvoir exécutif et de l'administration.

Chabroud avait choisi de se comporter en compère de Mirabeau, qu'il admirait sans vraiment le connaître. Il ponctuait de remarques sceptiques chacune des accusations portées par les juges du Châtelet :

« Apprenant, le 5 octobre de l'an dernier, que le peuple de Paris marche sur Versailles, Mirabeau aurait conseillé au président de l'Assemblée, Mounier, de "se trouver mal" et de se précipiter chez le roi. Est-ce vraiment le signe d'un complot ?

« Au même Mounier, qui protestait de son attachement à la monarchie, il aurait répondu : "Un roi, évidemment, mais pas nécessairement Louis XVI, pourquoi pas un Louis XVII ?" Si ce propos avait bien été tenu, il pourrait être l'indice d'un complot...

Mais, dans sa longue déposition devant les juges, Mounier n'a pas repris ce propos.

« Mirabeau aurait été vu, le soir du 5 octobre, portant un sabre nu, dans les rangs du régiment de Flandre... Ce serait très grave. Mais comment imaginer Don Quichotte-Mirabeau dans cette posture, persuadé qu'il va, de son sabre nu, changer le cours de la Révolution ? Le plus probable est qu'il y a eu confusion, chez les témoins, avec M. de Gamache, qui ressemble étonnamment, de visage, à Mirabeau.

« Des femmes auraient crié dans la nuit : " Où est notre comte Mirabeau ? Nous voulons voir notre comte Mirabeau..." En quoi est-ce l'indice d'une complicité avec les émeutières ?

« Mirabeau aurait déclaré, le 6 octobre, devant l'Assemblée : "Le vaisseau de l'État va avancer plus rapidement vers le port." Où est le mystère, la signification cachée ? J'ai beau torturer mon intelligence, je ne perçois pas ce que cette tournure oratoire cèle de suspect.

« Parlant de ce qui venait de se passer, Mirabeau aurait dit : "Le peuple a besoin quelquefois qu'on lui fasse faire le saut du tremplin." Mais ce propos semble bien mince pour fonder une accusation, et il n'a été rapporté que par ouï-dire.

« Mirabeau et le duc d'Orléans auraient été complices dans l'organisation de ces journées. Mais comment affirmer une telle complicité, et reconnaître, dans le même temps, que le premier aurait qualifié le second de " fuyard " lors du départ du duc pour Londres ? »

Chabroud ironise : il s'excuse de s'être appesanti « sur des riens », mais le long exposé des prétendues charges contre Mirabeau montre bien que le dossier est vide... L'enquête du Châtelet ne peut susciter que la dérision. Il n'y a pas lieu à poursuites contre Mirabeau – ni contre le duc d'Orléans.

Le député d'Aix est ravi. Chabroud a magnifiquement préparé le terrain pour la réplique, qu'il veut foudroyante, du lendemain. Il a présenté, sans le savoir, une sorte de brouillon de l'intervention de Mirabeau, jusqu'à la contre-attaque finale, la dénonciation de la droite, cette « faction toujours vaincue, toujours révoltée », qui tente de prendre sa revanche par des moyens judiciaires, alors que, rappelle Chabroud, « une grande révolution a changé la face de la France ».

Le 2 octobre, Mirabeau monte donc à la tribune.

Pour se défendre ? Il le nie. Il est l'objet d'inculpations ridicules, « dont aucune n'est prouvée ». Il ne se regarde point comme accusé. Et quel homme de bon sens le croirait « accusable » ?

De sa place, l'abbé Maury, toujours si violent, et qui n'a cessé de lancer l'anathème contre les « régicides » d'Octobre, approuve, cette fois, l'orateur : « Il n'y a vraiment pas lieu d'accuser Mirabeau... Je consens volontiers qu'il sorte de la procédure. »

À la tribune, le député d'Aix explique que s'il se défend c'est parce qu'il est attaqué comme membre de l'Assemblée. Il ne peut manquer « une occasion solennelle d'éclaircir les faits », alors qu'il a eu le tort, par insouciance et par mépris, de ne pas répondre aux libelles et aux rumeurs calomnieuses.

Au détour, une digression sur le roi, qui a adopté « notre orageuse révolution », sur la droite monarchique, formée de trop de « conseillers pervers », sur la procédure du Châtelet, qui semble avoir pour seul objet de raviver les cicatrices d'un passé récent. Le Châtelet ! Quelle haine pour ce tribunal qui, jadis, prononça son interdiction pour prodigalité, sur la demande de son père ! Mirabeau voudrait tant examiner les contradictions et les obscurités de cette procédure, les craintes insufflées aux amis de la liberté, « les frayeurs qu'on a voulu inspirer au trône ». La procédure du Châtelet ? « Un exemple de scélératesse, tout à la fois éhontée et malhabile. »

Mais notre tribun est décidé à se contenir. Il ne parlera que des faits qui lui sont purement personnels, et il ne discutera que trois faits principaux, les trois imputations qui reviennent sans cesse.

Premier fait : l'affaire du régiment de Flandre – dont le fameux banquet de Versailles, avec propos contre-révolutionnaires et cocardes tricolores foulées aux pieds, fut à l'origine des journées d'Octobre. On aurait donc vu Mirabeau parcourir les rangs du régiment, le sabre à la main, dans l'après-midi du 5 octobre. Le témoignage, qui émane d'un certain Valfond, est ridicule. Peut-on imaginer le député d'Aix qui, bien que patricien, tient à porter l'habit du Tiers État, dont il est l'élu, haranguer en vêtements noirs et chapeau rond, sabre nu à la main, les officiers et soldats dudit régiment ? Au demeurant, ce serait ridicule sans cesser d'être innocent. Se promener dans un tel accoutrement bourgeois, sabre à la main, ne constitue pas un crime de lèse-majesté ou de lèse-nation. Le plus probable est que le témoin a confondu Mirabeau avec un certain M. de Gamache, qui, comme l'a indiqué le rapporteur, lui ressemble fort et se trouvait sur les lieux. Tout cela n'aurait donc rien de fâcheux, sauf – et l'humour reprend ici ses droits – pour ce M. de Gamache « qui se trouve légalement et véhémentement soupçonné d'être fort laid, puisqu'il me ressemble ». Ultime alibi : le témoin Valfond a décidément la vue basse puisque Mirabeau a passé l'après-midi tout entière du 5 octobre chez son ami La Marck, en tête à tête...

Deuxième fait : les propos prêtés à Mirabeau dans divers apartés avec le président de l'Assemblée, Mounier, dans la matinée et la soirée du 5 octobre. Le député d'Aix a alerté Mounier : « Paris marche sur nous, croyez-moi ou ne me croyez pas, peu m'importe, mais Paris, vous dis-je, marche sur nous ! » Mirabeau alerte le président de l'Assemblée et on en déduit qu'il était le manipulateur suprême, l'organisateur de la marche sur Versailles. Évidemment sa réaction n'était due qu'à l'intuition d'un vrai politique, averti que « la fermentation de Paris redoublait »... Et Mirabeau de disqualifier, au passage, Mounier qui lui aurait répondu : « Paris marche sur nous ? Tant mieux, nous serons plus tôt république. » Remarque étonnante, de la part d'un des premiers « monarchiens »... mais Mounier n'est plus là pour s'expliquer : il a choisi l'exil au lendemain des journées.

L'autre propos de Mirabeau, qui lui est reproché, dans un échange avec Mounier, sur « Louis XVI ou Louis XVII » : cette phrase, Mounier ne l'a pas confirmée, Chabroud ne l'a pas retenue, Mirabeau ne s'en souvient pas... Et pourtant, le député d'Aix tient à l'expliquer, et il s'enferre ! Ce propos était logique, souligne-t-il : si l'opinion était persuadée que Louis XVI est fautif, et complice des excès du parti monarchiste, alors il faudrait bien « un Louis XVII, qui serait roi comme Louis XVI ». Maladresse commise dans le feu de la démonstration, ou provocation volontaire pour bien marquer les frontières de la collaboration avec le couple royal ? On imagine les réactions blessées de Louis XVI et de Marie-Antoinette au rappel parfois triomphaliste des événements d'Octobre, et des intrigues qui les accompagnèrent.

Troisième fait : les rapports de Mirabeau avec le duc d'Orléans. Le député d'Aix a promis à son auditoire de donner « le mot de l'énigme ». Éclaircissement très relatif : Mirabeau n'a pas parlé au duc d'Orléans, mais il lui a fait donner le conseil de ne pas partir pour l'Angleterre. En fait, c'est La Fayette qui est dans la ligne de mire de notre tribun. Très ouvertement : « J'apprends par la notoriété publique qu'après une conversation, très impérieuse d'une part, très résignée de l'autre, entre M. d'Orléans et M. de La Fayette, le premier vient d'accepter la mission, ou plutôt de recevoir l'ordre, de partir pour l'Angleterre. » Les suites de ce départ provisoire du duc, sous le couvert d'une mission diplomatique ? « Inquiéter les amis de la liberté, répandre des nuages sur les causes de la Révolution, fournir un nouveau prétexte aux mécontents, isoler de plus en plus le roi, semer de nouveaux germes de défiance, au-dedans et au-dehors du royaume. » Surtout, ce départ précipité a pour effet de renforcer la dictature de La Fayette, Mirabeau le proclame crûment : il laissait « sans rival l'homme à qui le hasard des événements venait de donner une nouvelle dictature ». Le député d'Aix a donc tenté d'exercer une pression contraire, de s'opposer au départ pour Londres, de dénoncer ce qui pouvait apparaître comme une fuite, ce qui semblait signifier « une condamnation sans accusation ». Ce fut, de sa part, une démarche civique, et non la participation à quelque conspiration... « Voilà ce fait éclairci, et M. de La Fayette peut en certifier tous les détails, qui lui sont tous parfaitement connus. »

Mirabeau a donc réduit à néant les « trois faits principaux », dissipé les accusations calomnieuses. L'Assemblée et les tribunes du public s'embrasent, une fois de plus, enthousiastes. Mais l'orateur n'en a pas fini : « J'oublie que je viens d'emprunter le langage d'un accusé, lorsque je ne devrais prendre que celui d'un accusateur. » La contre-attaque finale se développe, en périodes balancées par un refrain impérieux :

« Quelle est cette procédure... qui se trouve entre les mains d'un tribunal incompétent, qui n'est souverain que pour les crimes de lèse-nation ?

« Quelle est cette procédure qui... n'a été, pendant si longtemps, qu'une arme de l'intrigue, qu'un glaive suspendu sur la tête de ceux qu'on voulait perdre ou effrayer, ou désunir ou rapprocher ?

« Quelle est cette procédure prise sur des délits individuels dont on n'informe pas, et sur des causes éloignées sur lesquelles on ne répand aucune lumière ?

« Quelle est cette procédure dont tous les événements s'expliquent sans complot, et qui n'a cependant pour base qu'un complot ? dont le premier but a été de cacher des fautes réelles et de les remplacer par des crimes imaginaires ? que l'amour-propre a d'abord dirigée, que la haine a acérée, dont l'esprit de parti s'est emparé ?

« Quelle est cette procédure que les ennemis les plus acharnés de la Révolution n'auraient pas mieux dirigée s'ils en avaient été les seuls auteurs, comme ils en ont été presque les seuls instruments ? »

Ultime estocade : Mirabeau reprend et retourne la phrase que le porte-parole du Châtelet, parodiant « Zaïre », avait prononcée devant l'Assemblée :

« Oui, le secret de cette infernale procédure est enfin découvert... Il est dans les ressources qu'elle a fournies aux ennemis de la Révolution. »

L'Assemblée, conquise, acclame Mirabeau pendant qu'il regagne sa place. Elle décrète qu'il n'y a pas lieu à accusation.

Mirabeau a triomphé des intrigues de la droite monarchiste... mais aussi de La Fayette. Il s'est dressé en défenseur de la Révolution, et les triumvirs et autre chefs jacobins ont fait bloc autour de lui. Le 5 octobre, il retrouvera sa place au sein du Club des Jacobins, qu'il avait quitté en mai pour le Club de 1789, fondé par La Fayette.

Une ombre peut-être : il a mené sa défense à grands coups de massue et fait quelques victimes... Il a disqualifié Mounier, qui l'a toujours agacé, mais celui qui fut l'un des précurseurs de la Révolution a choisi l'exil. Il a surtout attaqué, sans ménagement, La Fayette : mais il attendait du chef de la Garde nationale un vrai soutien contre les calomnies dont il était la cible, un soutien « ostensible » qui lui avait été promis mais n'est jamais venu. La Fayette n'a même pas assisté à la séance de l'Assemblée ; tout au plus semble-t-il l'avoir disculpé dans quelques conversations privées. Il a, enfin, blessé le couple royal : sans doute ne pouvait-il se justifier, dans les mêmes termes, par le même discours, à la fois devant la cour et devant l'Assemblée. La synthèse était trop difficile : il lui fallait justifier les journées d'Octobre et la marche sur Versailles devant l'Assemblée, faire silence sur la semi-captivité du roi...

LE DÉCRET ABSURDE

Mirabeau combat, plus que jamais, le décret du 7 novembre 1789 – qui déclare incompatibles les fonctions de ministre et de député. Par ambition personnelle : il aspire au ministère ; son influence d'orateur exceptionnel sur l'Assemblée ne lui suffit pas ; seule la participation à l'exécutif lui donnerait le vrai pouvoir. Mais aussi par conviction de « constitutionnaliste » : il propose à l'Assemblée et au roi la mise en place d'un régime parlementaire, avec un gouvernement choisi dans l'Assemblée et responsable devant elle ; cette forme de gouvernement permettrait un équilibre harmonieux entre les pouvoirs et une confiance réciproque ; la séparation tranchée entre l'exécutif et l'Assemblée n'engendrerait, par contre, qu'hostilité et incompréhension entre les deux pouvoirs.

Mirabeau plaide donc, dans ses Notes à la cour, pour l'annulation du décret d'incompatibilité. Le 12 septembre 1790, il entend montrer que seule la formule parlementaire mènerait à la réunification de l'action étatique (car la séparation des pouvoirs est plus facile à concevoir en théorie qu'à réaliser en pratique : tel est le cœur de la doctrine constitutionnelle de Mirabeau) et, par là même, à la reconstitution de l'autorité royale. « Il est impossible, dans un gouvernement représentatif, pour que la nation ne soit pas exposée aux plus violentes secousses, et l'autorité royale à des attaques continuelles, que les ministres n'aient pas séance dans le corps législatif. Leur présence seule peut y servir d'intermédiaire et de lien commun entre les pouvoirs. » De fait, l'autorité royale peut périr soit de l'inaction d'un exécutif diminué, paralysé, soit de l'apparition et de l'affirmation d'une autre autorité, en particulier des comités de l'Assemblée, qui empiètent sur la fonction exécutive.

Ainsi, « il n'y a plus à balancer » : le roi doit attaquer ouvertement le « décret absurde ». Si l'initiative royale réussit, l'opinion publique sera reconnaissante au monarque d'avoir été l'interprète de « l'intérêt public » et des « véritables principes ». En cas d'échec, les suites du refus, les fautes du ministère retomberont sur l'Assemblée. Et le député d'Aix de conclure, d'un trait ironique mâtiné de cynisme : « Lorsqu'on ne peut pas obtenir le bien, l'avantage de faire faire une sottise est quelque chose. »

Seize jours plus tard, le 28 septembre, Mirabeau élargit son analyse constitutionnelle : il s'agit « d'allier les principes du gouvernement représentatif avec ceux du gouvernement monarchique, et de retrancher de notre Constitution les idées républicaines qui en font un code d'anarchie ». C'est bien le grand dessein d'une « démocratie royale » qui est confirmé : la révision de la Constitution (ou plutôt des décrets votés par l'Assemblée, qui tiennent lieu, provisoirement, de constitution) ne doit pas signifier son anéantissement ; il faut conserver toutes les acquisitions de la Révolution, c'est-à-dire la suppression des abus de l'Ancien Régime, et corriger les déviations introduites par l'Assemblée – les empiétements de l'Assemblée, par comités interposés, sur les tâches de l'exécutif, la perte d'efficacité du pouvoir exécutif dans l'administration et l'exécution des lois. Hélas ! L'Assemblée a accepté le principe d'une révision mais, malgré ses promesses, La Fayette a réussi à exclure Mirabeau du Comité de révision alors que les triumvirs, les Lameth, Duport, Barnave, en font partie. Lui absent, Mirabeau est persuadé que la révision ne peut aboutir ; il aurait été préférable de laisser les défauts de la Constitution apparaître et s'aggraver, dans l'attente du redressement inéluctable. « Il valait cent fois mieux que la révision de la Constitution ne fût pas tentée que de l'être de cette manière. Il valait mieux que ses défauts, ses disparates, ses principes contradictoires restassent exposés, tels qu'ils sont, à la censure de l'opinion publique. » Cela dit, si la Constitution est peu satisfaisante et doit être réélaborée, par contre la Révolution est accomplie – et elle l'est à l'avantage de l'autorité royale. Un thème sur lequel revient souvent Mirabeau : la destruction des corps intermédiaires privilégiés fortifie les pouvoirs du roi et facilite leur exercice, il voudrait tant en persuader la cour ! « J'ai toujours fait remarquer que l'anéantissement du clergé, des parlements, des pays d'États, de la féodalité, des capitulations des provinces, des privilèges de tout genre est une conquête commune à la nation et au monarque. »

« Corriger » la Constitution, mais ne pas la « renverser » ! Mirabeau scande inlassablement ce conseil à l'adresse de la cour. Le 6 octobre : « renverser » la Constitution, ce serait ressusciter « tous les abus » de l'Ancien Régime, « rétrograder... au point d'où nous sommes partis » avec « une noblesse turbulente, un clergé factieux, des magistrats rebelles, des États de province toujours menaçants, des privilèges odieux ». Une fois de plus, le député d'Aix apparaît comme un centriste dans la Révolution : « Je redoute qu'on ne sache pas s'arrêter, lorsque le mécontentement éclatera. Un torrent a tout renversé ; l'opinion publique, mal dirigée, pourrait devenir un second torrent, et ce fléau d'un autre genre n'est peut-être pas éloigné. » Ce second torrent pourrait être suscité par l'impossibilité de donner « un mouvement paisible et régulier » aux différents corps organisés par la Révolution : les municipalités, les districts et les départements, seuls corps en activité mais en opposition les uns aux autres. Ainsi que les tribunaux, désormais élus et annihilés par l'esprit de parti : « La justice... est un besoin de tous et de chaque instant. Comme elle doit commander le respect, elle doit inspirer la confiance. Ses erreurs sont des iniquités. Ses iniquités excitent à la vengeance. Je vois déjà les plus funestes dissensions éclater, avant que les tribunaux de toute espèce, qu'on a créés, puissent seulement s'organiser. » Ainsi que l'armée, que guette la menace d'élections en son sein : « Les élections n'y ont pas encore porté les torches de la licence, ni les flambeaux de la discorde. Ce moment approche. Que deviendront ces corps volcaniques, à la moindre étincelle que va y allumer l'esprit de parti ? Telle qu'elle est, l'armée ne peut subsister, et cependant le moindre changement peut y devenir une crise des plus redoutables. » Et la conclusion nous ramène au problème du jour, le changement de ministère : « La défiance ne cessera pas ; elle deviendra même toujours plus active, et perdra le royaume, si l'on ne se hâte pas de remplacer des ministres dont, soit vérité, soit erreur, les intentions sont suspectes, et l'impéritie évidente. »

Dans sa Note du 14 octobre, Mirabeau étend son propos et présente à la cour un véritable abrégé de droit constitutionnel. Quelles sont les bases de la Constitution ? Une « royauté héréditaire dans la dynastie des Bourbons » ; un « corps législatif périodiquement élu, borné dans ses fonctions à la confection de la loi » – toujours le souci d'éviter ce gouvernement d'Assemblée, qui émerge déjà et s'imposera, trois ans plus tard, dans les convulsions de la Convention ; un « pouvoir exécutif suprême », qui aura une très grande latitude « dans tout ce qui tient à l'administration du royaume, à l'exécution des lois, à la direction de la force publique ». Malheureusement, plusieurs des décrets constitutionnels sont « vicieux » dans leur rédaction. Le député d'Aix tente une approche psychologique de la majorité de l'Assemblée : les législateurs étaient en proie à une grande « perplexité » sur l'avenir politique du royaume, ils craignaient même que le roi « ne désertât sa haute magistrature, ou ne voulût reconquérir la plénitude de son autorité » ; ils n'ont donc formé l'édifice constitutionnel qu'avec « des pierres d'attente », sans « clef de voûte » ; ils ont eu pour but secret « d'organiser le royaume de manière qu'ils puissent opter entre la république et la monarchie, et que la royauté fût conservée ou inutile, selon les événements ». Mirabeau est conscient, ici, d'avoir déchiffré « une grande énigme » : en fait, son analyse se double d'une étonnante prémonition. Il précise encore que, si cette construction provisoire s'est faite sous l'aiguillon de la démagogie, la responsabilité en revient aux deux ordres privilégiés, dont la résistance a contraint le Tiers à s'appuyer sur le peuple, « le flatter, le corrompre, l'associer à toutes les parties de l'administration ; tout reporter à lui, tout faire par lui, tout créer, tout détruire pour lui ». On a voulu faire une constitution « au milieu des tempêtes de l'opinion publique ». Mais l'espérance d'une mutation constitutionnelle subsiste, du fait même de l'ambiguïté persistante du nouveau régime, qui permet toutes les interprétations et toutes les pratiques. « Comme l'édifice n'est point encore achevé, il est temps, au lieu de l'abattre, de lui donner, avec les mêmes matériaux, une forme absolument différente. Ses bases sont également propres à la république et à la monarchie ; elles pourraient même servir à fonder le pouvoir le plus absolu, et le milieu de ces deux extrêmes est une monarchie tempérée » – sous cette dénomination de « monarchie tempérée », c'est bien l'idéal de Mirabeau, d'un vrai régime parlementaire, avec un exécutif fort auprès du roi, mais responsable devant l'Assemblée, qui est désigné.

Retour au décret d'incompatibilité : « Si le décret est levé, les ministres peuvent être pris indifféremment parmi les Jacobins, ou dans toute autre secte. » Merveilleuse intuition du jeu parlementaire : « Des Jacobins ministres ne seraient pas des ministres jacobins. » Entré au gouvernement, le démagogue « le plus enragé » constatera les insuffisances, l'inefficacité de l'exécutif et du pouvoir royal ; il sera « flatté de consolider son ouvrage » ; d'homme de parti, il deviendra homme d'État, au nom de sa mission à accomplir au-delà des partis. Tel est le pari de Mirabeau, qui s'affirme décidément comme le meilleur expert de l'Assemblée en droit constitutionnel… et en pratique parlementaire, une pratique encore virtuelle : il suggère la formation d'une sorte de gouvernement d'union nationale, ou plutôt d'union des différentes fractions politiques favorables au nouveau régime, quelques ministres étant pris parmi les Jacobins, d'autres dans « une section différente du parti populaire ».

Le 15 octobre, Mirabeau fait part à la cour de l'importante, de la grande nouvelle : la procédure qui devrait mener au désaveu des ministres et – il l'espère – à l'annulation du décret d'incompatibilité est engagée. Trois comités de l'Assemblée – ils seront finalement quatre – vont proposer aux députés de prier le roi de nommer un nouveau ministère.

Mirabeau suggère immédiatement une nouvelle stratégie : le roi ne doit pas attendre le vote par l'Assemblée du décret de renvoi ; il doit agir par anticipation et démettre lui-même ses ministres, ou exiger leur démission. Stratégie paradoxale : le député d'Aix n'introduit-il pas une contradiction avec la logique du régime parlementaire, dont il souhaite l'instauration ? En demandant au roi de prendre l'initiative de la révocation des ministres, il met le pouvoir royal en première ligne, alors qu'on attendrait de lui qu'il confie à l'Assemblée le soin de censurer le gouvernement... Il s'explique : les institutions du nouveau régime sont encore fragiles ; introduire le précédent du désaveu des ministres par l'Assemblée pourrait être fâcheux en temps de révolution ; mieux vaut donc, dans une première phase, ne pas gêner le choix du monarque, maintenir dans son intégrité la prérogative royale. Ainsi, c'est moins le principe de la responsabilité des ministres devant l'Assemblée que Mirabeau veut contourner, que l'application de ce principe en période révolutionnaire. Et le député d'Aix de conseiller, de suggérer, voire de contraindre : la démission des ministres doit être donnée, acceptée et connue dans les vingt-quatre heures !

Dans les jours qui suivent, Mirabeau enrage : la cour est inerte, le « royal bétail » ne réagit pas à ses Notes. Il tente encore de convaincre : si le roi n'agit pas par anticipation, il sera dans l'alternative d'obéir à l'Assemblée ou d'abdiquer ! En outre, Mirabeau apprend que la cour a consulté le député Nicolas Bergasse, lequel lui conseille d'appliquer le schéma parlementaire classique : laisser l'Assemblée censurer les ministres. Bergasse, élu lyonnais, est un défenseur intraitable de la monarchie et un tenant de longue date du modèle constitutionnel anglais. Il a été, douze ans plus tôt, un adepte du « mesmérisme », cette doctrine du médecin allemand Franz Anton Mesmer, qui suscita un engouement passager à Paris, à la faveur de quelques guérisons : selon Mesmer, tout être vivant serait soumis à l'influence d'un fluide magnétique, accumulé et retransmis par des passes ou des attouchements – les expérimentations autour du fameux baquet de

Mesmer acquirent une grande notoriété. D'où la galéjade à laquelle ne peut résister le provençal Mirabeau… à l'adresse de la cour : « C'est donc au baquet mesmérique, c'est donc sur le trépied de l'illumination qu'ils vont chercher un remède à leurs maux ! » Les illusions s'envolent : Mirabeau n'aura pas le soutien de la cour dans la seconde « bataille du ministère ».

« L'Assemblée, tout entière, est acharnée à soutenir le décret absurde », pressent Mirabeau, le 19 octobre, dans une lettre à son correspondant préféré, Mauvillon, ce descendant de protestants français, qu'il a rencontré à Brunswick et avec lequel il a noué « un mariage d'âmes ». De fait, il va rapidement perdre la nouvelle « bataille du ministère », sans même participer physiquement au débat car il est retenu, chez lui, par une violente crise hépatique – « je viens d'échapper à la mort », écrira-t-il à la cour.

Ce même 19 octobre, quatre des comités de l'Assemblée présentent donc un projet de décret demandant au roi de renvoyer les ministres. La demande est adressée au roi car il a seul la compétence de nommer et de renvoyer les membres de l'exécutif. Mais le roi doit être informé de l'insuffisance de ses ministres ; le redressement du royaume passe par leur renvoi. Telle est l'analyse du très jacobin baron de Menou, rapporteur des comités : « Les ministres tardent trop à suivre Necker dans sa retraite. Ils se gardent de concourir réellement au nouvel ordre des choses. En réalité, ils sont inertes et le gouvernement dont ils sont membres est impuissant. »

Cazalès, monarchiste de conviction, non conformiste de tempérament, surprend, une fois de plus, les députés : « Je suis opposé à ce décret, car des accusations précises, formelles, doivent être portées contre la gestion des ministres. Mais je souligne que je ne défends pas les ministres, pas plus que je n'ai défendu Necker : ils sont tous indéfendables, car ils ont lâchement livré l'autorité royale ! »

Ainsi, même des monarchistes aussi affirmés que Cazalès se refusent à défendre les ministres du roi. Cazalès vient même de glisser, en guise d'épitaphe, un vers du Tasse : « *Ils allaient encore, mais ils étaient morts.* »

Une motion de censure avant la lettre va-t-elle être votée ? Est-ce l'aube du vrai régime parlementaire souhaité par Mirabeau ? Le débat reprend le 20 octobre. La tendance générale est à la démission des ministres ; et les adversaires du décret refusent, eux-mêmes, de soutenir, sur le fond, l'action du gouvernement.

Alexandre de Lameth tranche, d'emblée : « Le mal est dans l'existence des ministres actuels à la tête des affaires. »

Alexandre de Beauharnais, premier mari de Joséphine et dont la fille, Hortense, sera reine de Hollande et mère du futur Napoléon III, dénonce, en bon député jacobin, « l'inertie criminelle des ministres » : « Ils n'ont même pas eu la pudeur de prévenir, par leur démission, le décret qu'ils savent que nous allons prendre. »

Le modéré Pierre-Victor Malouet, seul rescapé du gotha de l'administration royale, si impopulaire qu'il parvient rarement à achever ses interventions – il parle sous les quolibets, car il est soupçonné de répandre une « odeur ministérielle » –, s'aligne sur la position ambiguë de Cazalès : il se prononce contre le décret mais n'épargne pas pour autant les ministres :

« La terrible vérité est que la France est plongée dans l'anarchie. Les ministres sont nuls... mais ils ne sont pas la racine du mal. Il faut d'abord rétablir un pouvoir royal, l'autorité royale. »

Clermont-Tonnerre – l'orateur le plus écouté de la noblesse, autre analyste si subtil du nouveau droit constitutionnel du royaume, et qui sera défenestré, deux ans plus tard, par une populace en colère – veut se tenir strictement au droit : « Le projet de décret sur le renvoi des ministres excède les pouvoirs constitutionnels de l'Assemblée. »

Mais Barnave intervient, de sa voix froide, dépassionnée, d'avocat démontant un dossier :

« Je veux ramener la question à sa pure simplicité, en laissant de côté les calomnies pour et contre. Est-il vrai que le gouvernement souffre de l'inactivité des ministres ? Si c'est vrai, cette vérité doit-elle être mise sous les yeux du roi ? Or j'affirme que tous les comités de l'Assemblée, y compris le Comité militaire, se plaignent de l'administration des ministres. »

Le député Rostaing, membre du Comité militaire, l'interrompt : « C'est faux ! Pas une plainte n'est parvenue au Comité militaire contre le ministre de la Guerre, La Tour du Pin. Je confirme que notre comité n'a aucune connaissance de plaintes directes contre le ministre de la Guerre. »

L'interruption fait sensation. Les murmures, comme une voûte sonore, recouvrent l'Assemblée. L'orateur qui voulait laisser de côté les calomnies aurait-il cédé à son tour à la calomnie ?

Barnave ne s'émeut pas. Il réplique avec assurance et un certain dédain :

« Votre agitation est infondée... On m'a mal entendu. Je n'ai pas parlé de plaintes précises. J'ai voulu faire comprendre que les mutineries, l'insubordination militaire qui se répandent ont pour base la méfiance, et le Comité militaire le sait bien. »

Il répond maintenant aux adversaires des décrets... au nom de l'exemple anglais :

« Déclarer au roi que ses ministres n'ont pas la confiance de la nation, c'est le principe anglais. Il ne s'agit pas de dénoncer des crimes, mais de proclamer la confiance ou la méfiance politique de l'Assemblée. Contrairement à ce que veut Cazalès, nous n'avons nul besoin d'une accusation formelle, précise. Nous devons donc décréter le projet des comités ! »

Et, soudain, un effet de manche final, non exempt de démagogie :

« Encore un mot ! Je voudrais bien savoir qui est content des ministres actuels ? Que ceux qui sont satisfaits se lèvent ! »

L'Assemblée éclate en applaudissements. Seul le baron de Vaudreuil, élu de la noblesse de Castelnaudary, se lève, mais personne ne semble l'avoir remarqué...

« Aux voix ! Aux voix ! » crient Alexandre et Charles de Lameth.

L'issue semble certaine : les ministres vont devoir partir. Mais la confusion s'instaure : Cazalès veut reprendre la parole et répondre à Barnave. Le Chapelier, du Club de 1789, voudrait épargner le ministre des Affaires étrangères, Montmorin. La gauche l'applaudit. L'abbé Maury et Mirabeau – de retour à l'Assemblée – veulent intervenir. Sous les protestations, le débat est déclaré clos. Une question préalable de la droite est repoussée. La gauche impose le vote public : chaque député se prononcera tout haut, à l'appel de son nom.

Stupéfaction de l'Assemblée : après plus de huit heures de débat intense, le décret de renvoi des ministres est repoussé par 403 voix contre 340.

Que s'est-il passé ? En même temps que cette motion de censure avortée, c'est l'ère des « jeux et délices » parlementaires, des négociations de couloir, qu'on voit poindre. Nombre de députés « patriotes » se sont absentés discrètement au moment du vote, de peur de « désobliger » tel ou tel ministre, auquel ils ont demandé des places pour leurs amis ou leurs électeurs ; d'autres parmi eux auraient même voté ouvertement « non », donc pour le maintien des ministres, pour la même raison. Camille Desmoulins ironise : « Ils ont dit non en se couvrant le visage des deux mains, pour se dérober aux lorgnettes. » Dans les cafés du Palais-Royal, en pleine effervescence, on crie : « Les défenseurs de la liberté ont déserté ses drapeaux ! »

Succès apparent pour la monarchie : les ministres n'ont pas été « censurés » ; le roi n'est pas contraint de les démettre. Pour Mirabeau, c'est un échec politique grave : la « ligne » monarchique traditionnelle, qui était favorable au statu quo, est confortée ; le député d'Aix ne parvient décidément pas à imposer sa ligne nouvelle d'une monarchie réformatrice, qui s'allierait au « parti populaire » pour défendre les nouvelles institutions. C'est surtout un échec personnel : les députés redoutent toujours l'entrée de Mirabeau au gouvernement ; en votant contre le renvoi des ministres, ils ont aussi évité toute réouverture d'un débat sur le « décret absurde », le décret d'incompatibilité du 7 novembre 1789, et barré, cette fois encore, la route du ministère à leur remuant tribun.

Le soir du 20 octobre, Mirabeau intervient devant le Club des Jacobins. Le cloître obscur, la salle voûtée et mal éclairée, donnent à la réunion une allure de conspiration. Le député d'Aix veut rendre l'espérance aux « patriotes » abattus, mal assis sur leurs bancs de bois ; il veut ranimer l'énergie révolutionnaire :

« Pourquoi tant de souci ? Avant quinze jours, les ministres auront démissionné. Juridiquement, ils restent en place. En réalité, ils sont déjà partis. »

Telle est la nouvelle ligne d'action de Mirabeau, dans ses Notes à la cour : les ministres doivent partir ; le futur gouvernement, dans lequel il ne pourra toujours pas figurer, devra comprendre des hommes « à lui »...

Selon Mirabeau, les ministres, déconsidérés, délégitimés, ne sont plus d'aucune utilité pour le pouvoir royal. « Ont-ils la confiance du peuple, les ministres que le peuple accuse ? Méritent-ils la confiance du monarque, ces ministres qui laissent le trône sans soutien, l'autorité sans appui, les grands principes sans organe ?... Si, accusés par des millions de voix, ils ne l'emportent que par le secours d'un appel nominal, effroi des lâches et des faibles, je les regarde comme tout aussi bien rejetés aux yeux de la nation que si le décret avait passé. »

La cour se trouve donc placée devant une alternative : ou le ministère est nul « et fut-il jamais plus dangereux d'avoir un ministère sans activité » ? Ou le ministère n'est soutenu que par une minorité de l'Assemblée et il contribuera à la délégitimation du roi, considéré comme l'allié d'un pouvoir minoritaire. L'habileté consisterait à prévenir ce dilemme en révoquant le ministère, en remplaçant « sur-le-champ les ministres », en montrant « plus de déférence à l'opinion publique qu'à la majorité apparente de l'Assemblée ». « Je sais que des ministres qui sauraient leur métier donneraient eux-mêmes ce conseil ; mais les ministres ont-ils la moindre tactique ? »

Mirabeau revient, sans cesse, à la charge : « Le mal s'aggrave de plus en plus » ; « il est évident que le roi a perdu sa cause, lorsque les ministres l'ont gagnée » ; la victoire apparente du parti monarchique n'a eu d'autre résultat que la radicalisation de la majorité de l'Assemblée, de ce « parti populaire » qui paraissait tendre vers une certaine modération mais qui va, désormais, « redoubler d'exaltation dans les Jacobins, de précautions et d'efforts dans l'Assemblée, et de démagogie dans les provinces » ; « l'époque d'un mécontentement général n'est point éloignée, l'opinion publique peut, à chaque instant, tout renverser ».

Au passage, Mirabeau se défend contre les attaques dont il est la cible : ne voilà-t-il pas que des ministres lui font un crime « d'avoir parlé contre eux aux Jacobins après le décret, comme s'il était maladroit de parler là où je ne peux les desservir, et de m'être tu là où je pouvais leur nuire » – un mutisme à l'Assemblée plus ambigu que Mirabeau ne veut le reconnaître, puisqu'il s'expliquait par son état de santé. La cour, elle aussi, lui reproche son comportement dans l'affaire du renvoi, son vote pour le décret à l'Assemblée, son discours contre les ministres aux Jacobins : « D'où vient cette méfiance qui se manifeste si clairement, et qui jamais ne fut moins méritée ? J'ai désiré le renvoi des ministres. Était-ce pour nuire ou pour servir le roi ? Ces ministres ont-ils donc été si utiles à l'autorité royale ? J'ai conseillé de prévenir le décret : mais n'était-ce pas pour conserver la prérogative royale ? »

Le député d'Aix s'acharne particulièrement sur le ministre Montmorin, dont l'Assemblée a souhaité le maintien, mais qui a eu, naguère, des rapports si rugueux avec lui. Mirabeau le tient pour un médiocre politique, mais surtout pour l'homme de paille de La Fayette. « Je ne conçois pas ce que la cour pourrait faire aujourd'hui d'un homme incapable de remplir son poste, et qui ne pourrait qu'être le valet de ceux qui l'ont protégé, le complaisant du parti qui l'a soutenu… En voulant se river à son poste par la faveur populaire, il n'a pas vu qu'il rendait sa retraite inévitable et qu'il se frappait d'impuissance. » Mirabeau prodigue ses conseils, imprégnés d'une ruse perceptible : « Obtenir dès ce moment sa démission, c'est ce qu'il y aurait de plus habile. Or il est facile de le forcer à cette démarche : un seul mot, un seul regard ne tue-t-il pas un courtisan ? On dit, monsieur, que vous allez donner votre démission ? Ce seul mot serait regardé comme un ordre. »

Montmorin, « aide de camp » de La Fayette ? Montmorin, espion de La Fayette au sein du gouvernement ? Sur ce point, le ministre détrompera Mirabeau deux mois plus tard.

L'AFFAIRE DU PAVILLON

À l'Assemblée, le 21 octobre : la question du pavillon tricolore surgit brusquement.

Jacques-François de Menou est à la tribune. Desservi par son physique enrobé – proche de celui des prébendés de l'Ancien Régime ? –, il s'affirme dans la posture d'élu de la noblesse mué en Jacobin pointilleux. Destins imprévisibles des générations de 1789 ! Devenu général en 1792, Menou sera souvent vaincu sur les champs de bataille : par La Rochejaquelein et les Vendéens, puis par les Anglais qui le contraindront à capituler à Alexandrie. Entre-temps, il aura succédé à Kléber à la tête de l'armée d'Égypte et se sera converti à l'Islam. Sous l'Empire, il sera membre du Tribunat, puis gouverneur du Piémont, gouverneur général de la Toscane et de Venise…

Menou aborde la question du pavillon de la marine. Les bannières des amiraux, les pavillons de beaupré hissés à l'avant des vaisseaux de guerre, demeurent ceux de l'Ancien Régime. Il faut substituer les trois couleurs au pavillon blanc : « Les marins ont droit, comme les soldats de terre, aux couleurs nationales. »

François-Henri de Virieu, ce « monarchien » modéré, qui prit part au mouvement réformiste du Dauphiné, précurseur de la Révolution, tente de rendre hommage au pavillon blanc : « Il fut le pavillon de la liberté, lorsque la France appuya la cause de la libre Amérique ! »

Par son intervention nuancée, Virieu a imprudemment ouvert la voie à l'ironie corrosive du fougueux marquis de Foucault : « Laissez à des enfants ce nouveau hochet des trois couleurs ! »

Charles de Lameth tente de le rappeler à l'ordre. Foucault persiste : « Ne nous laissons plus amuser de frivolités, de cet amour pour les modes… »

L'Assemblée s'embrase. Trépidations des grands jours : la droite soutient l'orateur, la gauche proteste et l'interrompt.

Mirabeau a perçu le moment : la politique est faite de symboles, il en est convaincu. Voici venu l'instant où les symboles se heurtent. Il doit entrer dans la mêlée, prendre part à cette grande querelle sur les signes, et donc sur les principes, sur la nature du nouveau régime ! Il intervient spontanément, il improvise. Ce sera l'un de ses discours les plus brillants.

« Aux premiers mots proférés dans cet étrange débat, j'ai ressenti les bouillons du patriotisme jusqu'au plus violent emportement. »

Devant ce pathos préliminaire, la droite ricane. Tourné vers elle, Mirabeau cherche à entrer dans son sujet :

« Messieurs, donnez-moi quelques moments d'attention. Je vous jure qu'avant que j'aie cessé de parler, vous ne serez pas tenté de rire... »

Il a trouvé l'angle de sa contre-attaque : la droite a fait preuve d'une étonnante présomption en posant la question du pavillon blanc car, en fait, il n'y avait pas lieu à délibération ! Et Mirabeau de rappeler les « crises terribles » provoquées par de précédentes et coupables insultes aux couleurs nationales : une allusion aux journées d'octobre 1789, suscitées par le mépris qui aurait été manifesté à l'endroit de la cocarde tricolore lors du fameux banquet du régiment de Flandre. De rappeler aussi la « félicitation mutuelle de la nation entière » lorsque le roi a porté lui-même les trois couleurs : allusion, cette fois, à la visite de Louis XVI à l'Hôtel de Ville, le 17 juillet 1789. Et de conclure, menaçant : « Il y a peu de mois, il y a peu de semaines, le téméraire qui eût osé montrer quelque dédain pour cette enseigne du patriotisme eût payé ce crime de sa tête. »

Les applaudissements éclatent et se prolongent à gauche. À droite, la houle des murmures s'élargit...

Mirabeau veut parfaire son avantage. On peut lui opposer « la futile objection de la dépense ». Il réplique, par avance, à l'objection qui, à vrai dire, n'a pas été formulée : « Comme si la nation, si longtemps victime des profusions du despotisme, pouvait regretter le prix des livrées de la liberté ! » Perfectionniste, il croit nécessaire de donner une justification économique au changement de pavillon, qui « versera des richesses dans le commerce des toiles, et jusque dans les mains des cultivateurs du chanvre, et d'une multitude d'ouvriers ».

Il en arrive aux arguments politiques. Les équipages de la

marine s'étaient insurgés à Brest, en août 1790. Leur offrir le pavillon tricolore, c'était leur donner un signe « d'adoption de la patrie », « une récompense de leur retour à la discipline ». Surtout, il revient sur son argument massue : « cette mesure n'avait pas besoin d'être demandée ni décrétée » puisque le roi, « chef suprême des forces de la nation », avait déjà ordonné l'adoption des trois couleurs.

Mais l'ouverture d'un tel débat est significative : les « cœurs contre-révolutionnaires » sont gonflés, « toutes les idées sont tellement subverties, tous les principes sont tellement dénaturés, on méconnaît tellement l'esprit public » ! Certains se sentent assez forts « pour arborer la couleur blanche, la couleur de la contre-Révolution ». Mais cela n'est guère effrayant... Tourné vers la droite, il lance :

« Vous avez trop présumé ! Ne vous endormez pas dans une si périlleuse sécurité ! Votre réveil sera prompt et terrible ! »

Au milieu des applaudissements de la gauche, une voix se détache à droite : « C'est le langage d'un factieux ! »

Mirabeau réagit :

« Parce que nos opinions sont contraires, vous soutenez que je tiens le langage d'un factieux. Je prétends, moi, qu'il est criminel de défendre, pour nos flottes, une couleur différente de celle que le roi a adoptée pour la nation, une couleur que vous tenez pour suspecte et proscrite ! Les véritables factieux, les véritables comploteurs sont ceux qui invoquent des préjugés à ménager, et rappellent nos antiques erreurs et les malheurs de notre honteux esclavage. Non, messieurs, leur sotte présomption sera déçue, leurs sinistres présages, leurs hurlements blasphémateurs seront vains. »

Mirabeau donne soudainement dans le lyrisme :

« Elles vogueront sur les mers, les couleurs nationales ; elles obtiendront le respect de toutes les contrées, non comme le signe des combats et de la victoire, mais comme celui de la sainte confraternité des amis de la liberté sur toute la terre, comme la terreur des conspirateurs et des tyrans. »

Vient la péroraison attendue :

« Je demande que le décret sur le pavillon tricolore soit adopté et que les matelots à bord des vaisseaux, au lieu du cri accoutumé de " Vive le roi ! ", lancent un " Vive la nation, la loi et le roi ! " »

Le discours est applaudi à gauche, hué à droite. Le tumulte devient général. L'abbé Maury, congestionné, s'empare de la tribune, qu'il secoue avec colère, pour dénoncer un discours incendiaire. Mais c'est un député, jusqu'ici inconnu, Guilhermy, qui va s'illustrer en exprimant son indignation : Mirabeau « encourage au meurtre d'une partie de l'Assemblée » ; ses propos sont atroces, révoltants – ils sont ceux « d'un scélérat et d'un assassin ».

Le vote ne met pas fin à la tempête. Menou ne peut admettre les injures adressées à Mirabeau ; il exige l'arrestation immédiate de Guilhermy. Ce dernier tente de se justifier : « Il s'agissait bien d'une provocation à l'assassinat. M. de Mirabeau sait certainement combien le peuple est facile à tromper... »

Cazalès, à l'éloquence vive et naturelle, l'un des meilleurs orateurs de l'Assemblée, intervient avec chaleur pour défendre Guilhermy, dans une allocution « au-dessus des partis » : « Les propos de Guilhermy sont inexcusables, mais ceux de Mirabeau étaient bien incendiaires... » Puis, désignant la droite : « Une partie de cette Assemblée peut être dans l'erreur, mais ses intentions sont pures. Elle ne peut être désignée comme n'étant pas du parti du peuple. Le peuple connaîtra un jour, par l'excès de son malheur, non ceux qui le trompaient, car personne ici ne veut le tromper, mais ceux qui se trompaient eux-mêmes... »

Mirabeau a, d'abord, semblé un vainqueur magnanime : il a demandé de passer à l'ordre du jour. Mais, après réflexion, il ne tolère pas qu'on l'ait traité d'incendiaire ! Le champion de la liberté est prêt à contenir la liberté de ses opposants, si elle menace d'ébrécher sa statue :

« Je ne puis, je ne veux consentir à être accusé. Non seulement mon discours n'était pas incendiaire, mais il était de mon devoir, dans une insurrection si coupable, de relever l'honneur des couleurs nationales... Demander qu'on arborât la couleur blanche proscrite par la nation, à la place des couleurs adoptées par elle et par son chef, c'était proclamer la contre-Révolution. »

Reste l'injure proférée par Guilhermy : elle était « si vile... qu'elle ne pouvait m'atteindre ». Mirabeau aurait même pu se faire l'avocat de l'agresseur ! Mais, au terme d'une dialectique subtile, il considère qu'il ne peut donc être suspecté d'un désir de vengeance, mais qu'il se doit, comme représentant de la nation, « de ne pas se laisser aller au premier mouvement d'une fausse générosité ». « Sacrifier la portion de respect qui lui est due, comme membre de cette Assemblée, ce serait déserter son poste et son devoir ! »

Ainsi Mirabeau ne propose plus de passer à l'ordre du jour. Qu'on le juge ou qu'on juge Guilhermy ! « S'il est innocent, je suis coupable. Prononcez ! Je ne puis que répéter que j'ai tenu un langage dont je m'honore. » L'Assemblée suit Mirabeau et condamne Guilhermy à trois jours d'arrêts.

Mirabeau a reconquis l'Assemblée et l'opinion publique. Dans son journal, *Les Révolutions de France et de Brabant*, Camille Desmoulins exulte : Mirabeau-Tonnerre est redevenu la terreur des « noirs », des ennemis de la Révolution ; « au seul son de sa voix, tout le cul-de-sac, la droite, tremble ! »... En hommage, Desmoulins « lui jette à la tête toutes les places de la République de France » et il regrette « de ne pas disposer des places du ciel ! »

Mais comment la cour va-t-elle accueillir ce qu'elle considérera probablement comme une nouvelle incartade ? Comment Mirabeau pourra-t-il prouver qu'il s'érige en champion de la ferveur révolutionnaire pour être plus efficace dans son dévouement à la monarchie ?

Il tente de se justifier auprès de La Marck, qui lui a dit son embarras : « Je n'ai point été un démagogue, j'ai été un grand citoyen, un habile orateur. » L'agression est venue de « ces stupides coquins... qui vous offrent tout platement la contre-Révolution, et l'on croit que je ne tonnerai pas ! » Et Mirabeau de prévenir toute critique en rappelant ses convictions, sa différence : « Je suis l'homme du rétablissement de l'ordre, non d'un rétablissement de l'ancien ordre... Messieurs du rétrograde me trouveront toujours prêt à les foudroyer. »

Mirabeau multiplie les Notes à la cour, mais il semble désabusé. « J'avoue que je ne sais pas trop, mon cher comte, pourquoi j'envoie des Notes. Mais enfin, vaille que vaille, en voici encore une », écrit-il, le 23 octobre, à La Marck. Le 24, il revient sur l'affaire du pavillon tricolore. Les « ennemis de la Révolution » l'ont provoqué par leur « rage indiscrète et malhabile », leur « attaque violente ». Son discours fut cependant « tourné tout entier vers l'éloge du monarque. Voilà ma conduite, qu'on la juge ! »

La révélation est étonnante : un éloge du monarque ! De fait, Louis XVI est discrètement épargné, son acceptation des trois couleurs depuis le 17 juillet 1789 est rappelée – elle devient même l'argument majeur qui légitimera la position de Mirabeau. Mais est-ce l'éloge du monarque ou l'éloge de la Révolution à travers les concessions obtenues du monarque ? Un monarque dont le statut amputé porte témoignage des progrès de la Révolution...

Mirabeau n'en exalte pas moins son « zèle si pur », son « dévouement illimité », son « opiniâtre » désir d'être utile à la couronne, le serment qu'il a fait de défendre l'autorité royale – « dussé-je combattre seul et succomber dans cette lutte éclatante où j'aurai l'Europe pour témoin et la postérité pour juge ».

La Marck rapporte les plaintes de Marie-Antoinette, ses doutes sur le loyalisme de l'allié secret : « Est-ce pour cela qu'on le paie ? Est-ce pour nous servir qu'il a prononcé ce discours au ton jacobin si affirmé et qu'il a pourfendu nos plus fidèles soutiens au sein de l'Assemblée ? » On comprend ces interrogations, d'autant que d'autres faux pas seront commis... Des faux pas ? Ou des occasions pour Mirabeau, chef de file virtuel du futur grand parti « mitoyen », de marquer sa différence avec ces « messieurs du rétrograde » ?

À Belfort, un soir d'octobre, des hussards et leurs officiers, sortant d'un repas de garnison généreusement arrosé, s'en sont pris aux bourgeois de la ville, supposés en majorité « patriotes ». Le colonel du Royal-Liégeois a pris leur tête, la musique et les tambours suivent. « Vive le roi, vive la joie ! » crie le colonel. Les officiers répondent : « Vivent les aristocrates, au diable la nation ! » Une chasse s'organise en pleine ville, les citoyens rencontrés étant sommés, à coups de plat de sabre, de reprendre les slogans du jour... Le 30 octobre, ces incidents sont évoqués à l'Assemblée. Un Jacobin parle de crime de « lèse-nation ». Le fougueux monarchiste Foucault, qui est intervenu dans l'affaire du pavillon, estime que les sabres n'ont blessé personne. Et Mirabeau de rugir, sous les acclamations :

« Ceux qui ont traité naguère les couleurs nationales de hochets, doivent apprendre que les révolutions des peuples ne sont pas des jeux d'enfants ! Personne ne pourrait, sans crime, monter à cette tribune pour atténuer les attentats de Belfort ! »

Le 6 novembre, Mirabeau se retrouve au centre d'un nouveau tumulte. Un député jacobin de Corse vient de traiter de mauvais Français un autre représentant de l'île, l'abbé Peretti, qui siège à droite. Pour preuve de son accusation, il veut donner lecture d'une lettre privée de l'abbé... mais Mirabeau l'interrompt :

« J'ai obtenu une copie de cette lettre. Voici ce que l'abbé Peretti écrit : la religion est en péril. L'Assemblée nationale ne croit point de bornes à son pouvoir... On fait tout pour détruire la religion.

— Mais, c'est vrai, c'est bien le climat de l'Assemblée ! » proteste la droite, tout en applaudissant.

Ses chefs de file, ironiques : « Nous demandons l'impression de ce texte ! »

L'abbé Peretti n'en est pas moins furieux : Mirabeau a donné une lecture publique d'un courrier privé ! Armé d'un stylet, Peretti se précipite sur lui et feint de le frapper dans le dos. La confusion est générale. Des Jacobins et des députés de droite s'élancent vers la tribune, les uns pour protéger Mirabeau, les autres pour le menacer...

La droite quitte ses bancs :

« Ce Mirabeau est un grand gueux, insolent, scélérat », « Brigand ! Ton règne est passé ! Tu aboutiras à l'échafaud ! »

Mirabeau fait front : « Tant de tumulte pour une simple lecture... »

Foucault le défie :

« Faites avancer vos phalanges ! »

Mirabeau s'esquive :

« Voulez-vous changer une assemblée délibérante en arène de gladiateurs ? Avouez que notre patience est grande... »

Ainsi va l'Assemblée. La droite, minoritaire, impuissante, enrage contre le mépris, la haine qui l'entourent. Elle aussi déborde de haine et ne peut plus se contenir face à ce qu'elle interprète comme autant d'outrages... Mirabeau participe à l'abaissement de cette droite, si proche du cœur des monarques. Comment peut-il poursuivre ce double jeu, ou plutôt ce jeu sur un double échiquier, au sein de la majorité jacobine de l'Assemblée, et comme conseiller secret du couple royal ?

Un intermède chaleureux dans cette difficile liaison avec les monarques.

Mirabeau vient d'apprendre que Jeanne de La Motte est à Paris ou près d'y arriver... La comtesse de La Motte, l'aventurière, issue d'un bâtard de Charles IX, que le procès du « collier de la reine » avait révélée dans son rôle de manipulatrice, cinq ans plus tôt, en 1785 : elle avait dupé le cardinal de Rohan, l'avait persuadé que la reine souhaitait posséder un collier de 1 600 000 livres ; le prélat avait acheté le bijou à crédit, mais Jeanne de La Motte, loin de le remettre à la reine – qui ignorait tout de cette intrigue –, l'avait vendu par pièces. Jeanne de La Motte avait simulé être la reine dans un rendez-vous nocturne accordé à l'amoureux cardinal de Rohan, et cette escroquerie avait finalement été désastreuse pour la réputation de la reine et le destin de la monarchie. Emmanuel Fréteau, alors conseiller au Parlement de Paris – élu de la noblesse en 1789, avant de faire cause commune avec le Tiers État –, s'était écrié : « Un cardinal escroc, la reine impliquée dans une affaire de faux. Que de fange sur la crosse et sur le sceptre ! Grande et heureuse affaire pour le triomphe des idées de liberté ! »

Mirabeau s'inquiète : Qui a incité Jeanne de La Motte à revenir à Paris ? Serait-ce une initiative du duc d'Orléans, de La Fayette, des Lameth, afin de monter une nouvelle intrigue contre Marie-Antoinette ? Mirabeau fait sienne la rumeur selon laquelle La Fayette se serait livré à un chantage – et menacé la reine d'un procès en adultère si elle ne le laissait pas constituer le ministère. Mais la manœuvre semble signée du duc d'Orléans : Jeanne de La Motte aurait été installée rue des Bons-Enfants, dans une maison communiquant avec celle du chancelier du duc. Enfin les Lameth, liés aux précédents, pourraient être les véritables artisans de cette « trame d'iniquité ».

Que préparent les comploteurs ? « Toutes les manœuvres sont autant d'attaques à la reine, toutes les attaques à la reine autant d'échelons pour arriver jusqu'à frapper le roi, et le salut individuel des deux époux est aussi inséparable que Louis XVI et sa couronne. » Mirabeau qui, le 5 octobre 1789, proposait que seule la personne du roi soit déclarée inviolable, la reine devant être considérée comme sujet et responsable devant la loi, a décidément été conquis, depuis l'entrevue de Saint-Cloud, par l'intelligence et l'énergie de Marie-Antoinette.

Mirabeau s'inquiète de l'acharnement des comploteurs contre « sa » reine malheureuse, que révèle cette nouvelle affaire de La Motte. Il sera le chevalier servant de la reine, comme il le rêvait à Saint-Cloud. Dans sa Note du 11 novembre à la cour, il dit son allégeance : « Il est impossible de s'exagérer le sentiment de dévouement audacieux que produit en moi la découverte de tant d'iniquités et de perfidies… On ferait tout à la fois la plus cruelle injure à mon endroit et le plus pitoyable mécompte si l'on doutait que je périrai sur la brèche dans tout ce qui touchera l'auguste victime, que convoitent tant de scélérats. »

Marie-Antoinette sera « extrêmement contente » de la Note de Mirabeau. Elle y trouvera, selon La Marck, une « confiance nouvelle ».

LE THÉOLOGIEN IMPROVISÉ

Mirabeau est, déjà, intervenu avec fougue sur le statut de la religion catholique dans le royaume. C'était le 13 avril 1790 : dom Gerle, un chartreux, prieur du couvent de Pont-Sainte-Marie, député du clergé de Riom, avait été remarqué pour ses opinions libérales, jusqu'à ce jour où il avait eu l'imprudence de demander à l'Assemblée de proclamer le catholicisme religion nationale ; il avait même évoqué une promesse de Louis XIV. Le député d'Aix avait immédiatement tonné, dans l'une de ces fulgurances dont il avait le secret :

« Puisqu'on se permet des citations historiques, je n'en ferai qu'une. Rappelez-vous, messieurs, que d'ici, de cette même tribune, je vois la fenêtre du palais d'où la main d'un monarque français, Charles IX, armée contre ses sujets par des factieux, tira l'arquebuse qui donna le signal de la Saint-Barthélemy. »

Au vrai, personne ne pouvait voir, de la salle du Manège, la sinistre fenêtre du palais du Louvre. Mais cela importait peu : le tribun l'avait vue au moment où il parlait... et il avait déclenché un orage passionnel.

Mais il avait aussi lancé le débat sur le statut matériel du clergé, lorsqu'il avait pris position, le 2 novembre 1789, à la suite de Talleyrand, pour la mise à la disposition de la nation des biens de l'Église : en échange de cette « nationalisation », l'État pourvoirait aux frais du culte et à l'entretien des ecclésiastiques. Et il était revenu, lors de la querelle des assignats, sur la consolidation de la Révolution qu'entraînerait la vente des biens devenus « nationaux ».

De fait, à la veille de la Révolution, l'Église catholique était si « encastrée » dans l'État de la monarchie absolue, à la fois partenaire privilégiée du pouvoir politique et composante de la structure étatique, qu'elle allait être la principale victime de la destruction de l'Ancien Régime. Avec la nuit du 4 Août, elle était non seulement dépossédée de son statut de premier ordre dans le royaume, mais aussi d'une partie de ses revenus, avec la disparition de la dîme, abolie purement et simplement – alors qu'une compensation financière était prévue pour la perte des divers droits féodaux. La spoliation de son assise foncière et immobilière avait suivi. En outre, elle n'avait plus la garde de la religion de l'État, mais d'une croyance parmi d'autres, d'une religion devenue affaire privée.

Pourquoi, si la religion ne relève plus que des convictions privées des citoyens, faut-il donner à l'Église catholique un statut dans l'État et faire de son statut particulier une partie de la nouvelle constitution ? L'Assemblée n'a jamais réellement surmonté cette contradiction.

Sans doute faut-il faire la part du pragmatisme : puisque les ressources de l'Église ont été confisquées, il faut bien donner les moyens de survivre à cette institution qui reste physiquement si présente, jusque dans le moindre village du royaume. Par ailleurs, l'Assemblée s'attaque, à coups de scalpel, au corps de l'Église, comme elle s'est attaquée aux grandes corporations : elle abolit, en février 1790, les vœux monastiques et les ordres religieux comme incompatibles avec les Droits de l'homme. Entre mai et juillet 1790, elle débat de la « Constitution civile du clergé », à partir des travaux de son Comité ecclésiastique – ce quasi-ministère de l'Église, branche spécialisée du régime d'Assemblée qui prend forme, au moment où le catholicisme perd son statut de religion d'État !

Peut-être faut-il expliquer cette contradiction persistante par le poids de l'Histoire. L'Assemblée, comme le relève François Furet, se fait la légataire du passé. Les révolutionnaires héritent de la tutelle « gallicane » de la monarchie sur le recrutement et la gestion de l'Église. Ils parlent de liberté de conscience mais, à l'imitation de l'Ancien Régime, ils entreprennent de légiférer sur l'Église et d'intégrer l'Église à l'État.

Le projet de Constitution civile du clergé calquait l'organisation de l'Église sur celle de l'État. Quatre-vingt-trois évêchés, au lieu de cent trente, pour quatre-vingt-trois départements. Un pouvoir épiscopal devenu collégial, à l'image des « directoires » locaux et départementaux : l'évêque serait désormais assisté d'un conseil permanent de vicaires. Évêques et curés seraient élus... par l'ensemble des électeurs, qu'ils soient catholiques ou non ; salariés de l'État, ils prêteraient un serment de fidélité à la

Constitution ; la résidence leur serait imposée, sous le contrôle des municipalités. Les liens avec Rome et l'Église universelle seraient tranchés.

Le débat sur le projet élaboré par le Comité ecclésiastique de l'Assemblée avait été ouvert, le 29 mai, par Boisgelin, l'archevêque d'Aix, qui avait plaidé l'incompétence de l'État. Les institutions politiques ne pouvaient, à elles seules, remodeler les formes canoniques ; les règles de l'Église ne pouvaient être modifiées que par le concours des pouvoirs temporel et spirituel. Mais le ton était au compromis :

« Nous sommes loin de nous opposer à vos désirs, quand nous vous proposons les seules formes qui puissent les remplir. C'est au concile national, c'est au chef de l'Église universelle à concourir avec les désirs et les vues de la puissance civile... Nous supplions, avec les plus respectueuses instances, le roi et les représentants de la nation de vouloir bien permettre la convocation d'un concile national. »

Le lendemain, Jean-Baptiste Treilhard, ancien avocat au Parlement, juriste à la compétence manifestement prisée puisqu'il était membre, simultanément, de six comités de l'Assemblée, avait répliqué en condamnant l'Église comme un tissu d'abus, à l'image de l'ensemble de l'Ancien Régime :

« De grands emplois étaient confiés à des mains inhabiles ; l'incapacité traînait à sa suite le dégoût des devoirs, et l'aversion pour le lieu où on devait les remplir... On citait comme des modèles les rares prélats qui résidaient dans leur diocèse. »

Pour l'orateur, la Constitution civile était d'autant plus légitime qu'elle signifiait un retour à la pureté de l'Église primitive : « Dans les premiers siècles, les peuples choisissaient eux-mêmes tous leurs pasteurs. Le premier apôtre élu après la mort de Jésus-Christ fut choisi par les fidèles... »

Et Treilhard d'ajouter que la controverse sur la prétendue incompétence de l'État n'avait pas lieu d'être : au cours des siècles de l'Ancien Régime, personne n'avait jamais contesté les droits absolus des monarques sur l'organisation de l'Église.

Cette double argumentation – les traditions du christianisme primitif, la prépondérance du pouvoir temporel dans le droit public français – avait été reprise et élargie, le 31 mai, par un austère avocat du clergé, Armand Camus, député du Tiers de Paris comme Treilhard, dont l'intervention reflétait l'étonnante et inattendue revanche du « parti janséniste » – abaissé et persécuté sous la monarchie par les deux pouvoirs, temporel avec Louis XIV, au nom de l'unité de l'État, spirituel avec la bulle

Unigenitus, qui condamnait les « cent une propositions » de ce courant religieux :

« La soumission à l'autorité souveraine de la nation n'est pas seulement une obligation de nécessité, c'est un devoir de charité. Que les pasteurs de notre siècle se pénètrent des principes qui faisaient agir ceux des premiers siècles de l'Église... et la religion sera pure en France. »

Paradoxe de « l'Église civile » qu'établit la Constitution civile du clergé : elle porte une religion civile, politique, mais non une religion nouvelle ; elle exprime une libération de la religion traditionnelle mais, comme l'a montré Alphonse Dupront, elle fait étape dans un conformisme « gallican », mimé sur l'ancien pouvoir monarchique. Mais cette continuité institutionnelle n'exclut pas une rupture en profondeur. L'Église est dans l'État, mais l'État n'est plus dans l'Église. À travers la Constitution civile, ce sont « les morts qui parlent », les protestants, les jansénistes, voire les voltairiens, autour du Dieu de Voltaire, un Dieu ami des hommes ; de manière sous-jacente, c'est la victoire du déisme des Lumières, ou du « théisme » comme disait Voltaire, dans sa lutte contre « l'infâme », l'infâme étant à la fois la religion dominante, qui règne d'en haut, par privilège historique, et l'ancien ordre étatique, unis pour opprimer les consciences.

L'examen du texte, par articles, avait semblé interminable. L'abbé Grégoire avait obtenu qu'on réservât les droits du pape. L'ensemble de la Constitution civile du clergé avait été adopté, le 12 juillet.

L'Église allait-elle finalement accepter son bouleversement édicté par l'Assemblée ? Elle était habituée aux ruades du pouvoir politique sous la monarchie absolue : en France, mais aussi en Europe, Joseph II venait de le rappeler avec sa brutale réforme de l'Église autrichienne. Les évêques taisaient leurs réserves, dans la crainte de réveiller les soupçons d'aristocratie qui pesaient sur eux. La masse du clergé semblait s'accommoder du texte – les curés avaient surtout discuté leur dotation. Louis XVI avait finalement signé le décret, le 23 juillet, sur le conseil de... l'archevêque Boisgelin.

Restait la condition de procédure, que le débat avait fait apparaître : la Constitution civile devait être endossée par une autorité spirituelle. L'Assemblée avait refusé le concile national. Peut-être était-ce une erreur, car l'Église de France rassemblée était plus aisée à convaincre que le « chef de l'Église universelle », qui se retrouvait en première ligne. Le soulèvement d'Avignon, possession du pape depuis près de cinq siècles, contre l'autorité pontificale, ne pouvait que peser sur la réponse de Rome : gagnés par la contagion révolutionnaire, les habitants des États du pape demandaient leur rattachement à la France !

Dès l'été de 1790, l'opposition du pape à la Constitution civile était connue ; elle était largement utilisée par le cardinal de Bernis, ancien secrétaire d'État aux Affaires étrangères et ambassadeur à Rome depuis deux décennies. L'opposition se durcissait au sein de l'opinion catholique et du clergé. Le 30 octobre, vingt-neuf évêques députés, bientôt rejoints par cent dix autres signataires, évêques et chapitres du royaume, publiaient l'*Exposition des principes* rédigée par Mgr de Boisgelin, une réfutation en règle de la Constitution civile. C'est à cette *Exposition* que Mirabeau répond, le 27 novembre, de la tribune de l'Assemblée.

Mirabeau avait pris soin, jusqu'ici, de se tenir à l'écart des travaux et des débats sur la Constitution civile du clergé. Pourquoi lui qui pourfendait le célibat des prêtres, et dont l'irréligion était connue, se serait-il compromis pour la défense du clergé ? À l'inverse, il se refusait à rejoindre la meute pour hurler contre la religion dominante. S'il se voulait affranchi de tout dogme, il était trop intelligent et trop épris de liberté pour refuser aux croyants le droit de pratiquer leur culte dans les conditions qui leur semblaient souhaitables. Et il était trop réaliste pour ne pas tenir compte de l'emprise de la foi, pour ne pas reconnaître l'importance des rites et des pratiques religieuses dans la vie quotidienne du royaume. Le combat pour la Constitution civile n'était donc pas son combat.

Mais il avait soudain compris quelle tragédie pouvait provoquer le grand schisme religieux que préparait l'Assemblée à grands coups de sectarisme et de dogmatisme… antidogmatique. Le 26 novembre, le rapporteur du Comité ecclésiastique, Voidel, avait donné dans l'habituelle paranoïa des gouvernants : il y avait complot ; les troubles suscités en Bretagne par le refus de serment des curés, la résistance du clergé à travers le pays, et la publication de l'*Exposition de principes*, tous ces signes prouvaient bien l'existence d'un complot contre la Révolution ! Le rapporteur préconisait donc un ultimatum à l'adresse des membres du clergé : le décret vigoureux qu'il proposait exigeait, dans les huit jours, la prestation du serment de fidélité ; à défaut, évêques ou curés seraient réputés avoir renoncé à leurs offices.

Comment se glisser entre les deux camps, celui des nouveaux persécutés, qui vont refuser le serment et rompre avec la Révolution, et celui de l'Assemblée, qui se raidit face à ce qu'elle considère comme une obstruction à ses travaux, et comme un empiétement sur sa souveraineté par « l'Évêque de Rome » ? Mirabeau a défini sa ligne : il proposera des mesures bien moins sévères que le Comité ecclésiastique, mais il les enrobera dans un discours violent. Il prévient La Marck et Fontanges, l'archevêque de Toulouse ; il demande qu'on fasse comprendre son jeu à la cour et qu'on lui assure le soutien des élus de droite du clergé – il a commencé sa campagne à l'Assemblée en tentant de convaincre l'abbé Dominique de Pradt et l'évêque de Perpignan. L'archevêque de Toulouse approuve : si Mirabeau pouvait « inoculer la modération à l'Assemblée ! »

Étonnant discours que celui que prononce notre tribun, ce 27 novembre : il mêle les préoccupations politiques de l'homme d'État à la défense inattendue de la religion, réalisme oblige, et aux essais de démonstration du théologien improvisé – car Mirabeau a préparé son discours avec le concours de l'abbé Adrien Lamourette, futur évêque constitutionnel de Lyon. Surtout, il se saisit des thèmes qui ont déjà surgi dans le débat et les réinterprète.

Le thème de la « cabale », menée par des factieux au sein même de l'Assemblée, lui inspire une charge violente : Mirabeau dénonce « la ruse d'une hypocrisie », « le punissable dessein d'égarer le jugement du peuple », le « signal solennel de scission », un « ténébreux phénomène » dont le but caché est « d'imprimer au ressort contre-révolutionnaire... une teinte constitutionnelle et nationale ». Il reprend la thèse du complot, qui « demande des agents suscités au milieu de vous », « pris parmi les compagnons de vos travaux », des « manœuvres de contre-Révolution », combinées entre les clergés français et romain ! Mais il met en garde les députés patriotes : le but des « factieux » est de les provoquer, de les pousser « à renoncer à toute justice », « à fouler aux pieds la foi de leurs pères », alors qu'ils doivent se faire les défenseurs de la religion – « tandis que de toutes parts les ennemis de la liberté publique vous accusent d'avoir juré la perte de la religion, je me lève pour vous conjurer, au nom de la patrie, de soutenir, de toute la force dont la nation vous a revêtus, cette religion ».

Le thème de l'Église primitive, non encore institutionnelle, est repris : « Alors les prêtres ne demandaient, pour la religion, aux maîtres du monde, que de la laisser épancher dans le cœur de l'homme » ; ils « ne connaissaient d'autre ressource de leur frugale subsistance que les aumônes de ceux qui recevaient l'Évangile et qui employaient leur ministère ». Mais, le thème est retourné : il s'agit moins de vanter la pureté de l'Église des premiers temps que d'opposer son caractère rustique à l'Église puissante et reconnue de la Constitution civile : grâce à l'œuvre de l'Assemblée, l'Église est « incorporée à un grand empire », « la plus solide portion de la substance de l'État est consacrée à la perpétuité de son règne et de son culte », « le signe auguste du christianisme est planté sur la cime de tous les départements de France »... et la Constitution civile prouve que « Dieu est aussi nécessaire que la liberté au peuple français » ! Apologie extraordinaire de la religion, qui a pour objet de mieux faire ressortir l'ingratitude des « factieux » !

Le thème des abus de l'Église sous l'Ancien Régime est brandi en réponse à la critique la plus forte de l'*Exposition* : « l'élection » des évêques et curés serait contraire aux règles anciennement établies de l'Église ; elle sombrerait parfois dans l'illogisme le plus manifeste – « il y a des départements dans lesquels on ne compte pas un ecclésiastique parmi les électeurs ». Ici intervient l'élément ultime, l'élément massue : « Vous deviez bien frémir, ô vous qui brûlez de tant de zèle pour la restauration de l'ancienne discipline, lorsque, sous l'Ancien Régime, un ministre, vendu aux volontés et aux caprices de ce qu'il y eut de plus pervers et de plus dissolu autour du trône, distribuait, en mercenaire, les honneurs et les richesses de l'Église de France. » Mirabeau martèle la condamnation des pratiques de l'Ancien Régime : du clergé d'alors on ne vit sortir « ni doléances, ni réclamations, ni remontrances » contre un abus « qui tuait si visiblement la religion » et « corrompait si scandaleusement toutes les sources de morale ». Ainsi, le choix des évêques par les électeurs efface avantageusement « celui qui couronnait de la tiare sacrée des fronts couverts du mépris public et flétris de l'empreinte de tous les vices » – l'orateur aurait-il pensé à son collègue, parfois si proche dans l'action politique, l'évêque d'Autun, Talleyrand ?

Mirabeau pense avoir préservé l'essentiel : l'obligation de prêter le serment civique n'a plus le caractère d'un ultimatum ; les huit jours de mise en demeure disparaissent ; le prêtre le plus réfractaire aura « son échappatoire ». Mais, pour dissimuler, pour « couvrir » ce retour en arrière qu'il suggère à l'Assemblée, il a multiplié les invectives et même, pris par son élan, les dispositions insultantes : les prêtres non-jureurs seront déchus, les ordinations en cours seront suspendues afin de parer à une « néfaste surabondance de ministres des autels »...

Erreur de calcul ? Le projet de décret modéré est occulté par la violence du discours, la virulence du ton ! La droite est exaspérée.

La cour est excédée : « Mirabeau cédera donc toujours à son incurable manie de courir après la popularité ! »

« J'avouerai volontiers, précise Mirabeau, que la théologie n'entrera jamais dans le plan de mes études. »

Pourtant, il en vient à s'égarer sur le plan théologique, malgré le concours précieux de l'abbé Lamourette, lorsqu'il veut prouver que la controverse sur la répartition géographique des diocèses n'a pas lieu d'être, chaque évêque étant, solidairement, le « pasteur de l'Église universelle ». Déformation soudaine de notre tribun, trop influencé par d'autres débats en cours à l'Assemblée ? Chaque évêque serait le « représentant » de l'Église universelle, comme chaque député est le « représentant » de la nation ? Ou de l'imprégnation du droit canonique par le droit public français !

Cette fois, Mirabeau s'est piégé. L'Assemblée peut bien, de confiance, l'acclamer ; son succès n'est qu'éphémère. L'abbé Maury, « convulsionnaire », le cloue sur la question de la juridiction des évêques. Et le janséniste Camus juge l'intervention du député d'Aix « superflue, inexcusable, injuste ». Il demande et obtient la priorité pour le projet de décret du rapporteur Voidel. Ainsi Mirabeau est-il pris à contre-pied : ses invectives contre l'Église sont jugées excessives par Camus, pourtant adversaire de Rome ; et le but secret qu'il poursuivait – le décret modéré qui évitait de brusquer le clergé, qui expliquait à la masse des croyants que la Constitution civile n'était pas une attaque contre la religion, qui donnait au gouvernement le temps de négocier avec Rome – n'est pas atteint puisque, sur l'intervention de Camus, c'est le décret Voidel qui passe, avec sa mise en demeure qui coupe les ponts, précipite la crise et prépare le schisme.

Malgré le ton de son discours, Mirabeau n'a pas obtenu la moindre concession de la gauche. Il a perdu sur tous les tableaux.

La Marck n'ose plus se présenter devant la reine. Comment défendre encore le député d'Aix ? La lassitude l'envahit à son tour… « Quand vous verrai-je hors de la sphère d'un factieux ? lui lance-t-il. À votre avis, la France n'est pas encore assez désorganisée et les esprits assez égarés ? »

Mirabeau le rabroue : « Vous me donnez du chagrin, mais non du remords. Je crois que vous n'avez ni lieu, ni droit d'être mécontent de moi. »

Mais il ne veut pas d'une brouille avec La Marck. Après une journée sans nouvelles de lui, il lui écrit :

« Vous m'avez fait passer une cruelle nuit. »

L'EXAGÉRÉ D'ARRAS

Mirabeau a, d'abord, été intrigué par l'obscur député d'Arras : comme beaucoup de ses collègues, il a vu en lui un « fou vertueux » et un « Jacobin exagéré », « plus patriotique que réfléchi ». Puis Robespierre l'a inquiété : « Il est dominé d'une ambition incalculable, il désire se frayer un chemin au trône. » Mais Mirabeau se sent trop supérieur à ce personnage emprunté et peu connu : « Je défie Robespierre de me dépopulariser. »

Mirabeau et Robespierre : comment imaginer deux personnalités aussi opposées ? Mirabeau est l'incarnation de la Révolution flamboyante, triomphante. Robespierre ne joue qu'un rôle effacé à l'Assemblée, ses discours sont laborieux, d'un style suranné. Mirabeau est extraverti. Robespierre est terrassé, il le dit lui-même, par sa « timidité d'enfant » ; il ne peut s'empêcher de trembler quand il approche de la tribune. Dumont le dépeint : il a un clignotement continuel dans les yeux et ne regarde pas les gens en face. Mirabeau est tout aisance et éloquence, Robespierre est gauche et raide, avec sa susceptibilité qui est une blessure ouverte, son air effacé et son unique habit olive. Au surplus, les journaux écorchent son nom et son amour-propre dans les comptes rendus des séances : il est Robert-Pierre ou Roberspierre, et parfois son intervention est attribuée à « un membre » anonyme.

Mirabeau fascine Robespierre pour son pouvoir sur l'Assemblée. Le député d'Arras s'assoit volontiers près de lui, le suit dans les rues, tente de copier sa coiffure. Des journalistes ont surpris son jeu et le surnomment « le singe de Mirabeau ». Car, avant de se figer dans la posture de « l'Incorruptible », Robespierre n'est pas très éloigné de la position « centriste » de Mirabeau : il se défend d'être républicain, « c'est me faire trop d'honneur » ; il « abhorre toute espèce de gouvernement où les factieux règnent ». Il déclare, dans la pure manière de Mirabeau : « Il ne suffit pas de secouer le joug du despotisme si l'on doit retomber sous le joug d'un autre despotisme. » Pourtant, Mirabeau ne s'y trompe pas : Robespierre est l'homme des principes abstraits et absolus. Sa passion pour les humbles et les plus pauvres est une passion désincarnée pour les masses, conçues d'un point de vue arithmétique. Et il est un partisan déterminé, dès l'origine, de la pression desdites masses sur les travaux de l'Assemblée...

Mirabeau et Robespierre : à défaut de se croiser avant la réunion des États, leurs vies ont connu un moment de parallélisme, au printemps 1783, lorsque l'un et l'autre ont conquis la notoriété, à l'occasion de joutes judiciaires.

Alors que Mirabeau somme, devant le parlement d'Aix, Émilie de Marignane de reprendre la vie commune, à l'autre bout de la France, Robespierre s'engage, devant les juges d'Arras, dans le « procès du paratonnerre », sa première grande affaire de jeune avocat.

Un bourgeois de Saint-Omer, un inventeur qui se veut génial mais reste méconnu, a construit de ses mains et planté sur la cheminée de sa maison un paratonnerre conforme aux normes de Benjamin Franklin. Mais cette machine effrayante – la première installée dans tout l'Artois – inquiète le voisinage, qui se voit déjà entouré de flammes. Une pétition circule, les échevins interviennent et ordonnent de démonter immédiatement la fameuse lame – à laquelle l'inventeur substitue une pointe plus courte, qui fait office de paratonnerre, tout en formant appel devant le conseil d'Artois, afin de vaincre publiquement cette « multitude ignare », ces « ignorants séditieux ».

Robespierre est donc l'avocat de ce « martyr » de la science et de la modernité. Il plaide dans ce vieux palais aux poutres géantes, la « Cour-le-Comte », où les comtes de Flandre et d'Artois tenaient jadis leur cour et où siègent les juges d'Artois, une province « réputée étrangère » car encore fortement imprégnée d'hispanisme – le portrait de Charles Quint n'a jamais été décroché, on a simplement accroché, à son côté, celui de Louis XVI ! Le public est dense, car les Arrageois se divisent fortement sur cette controverse...

Robespierre commence son très long plaidoyer. Sa voix est un peu grêle, son débit monocorde : en fait, il lit son texte, mais un texte très travaillé, d'une grande richesse, qui exprime une conviction et qui finit par séduire un auditoire attentif. Un texte rationnel et ironique, qui ridiculise la « coalition des bonnes gens » et les édiles de Saint-Omer :

« À voir les réactions des échevins, on croirait la ville de Saint-Omer placée dans une de ces contrées lointaines où le flambeau des arts n'a jamais lui, où le nom des sciences n'est même pas connu. »

Suit un panorama des sciences physiques de l'époque, une information encyclopédique sur les découvertes de l'électricité, une histoire détaillée de l'expansion du paratonnerre dans le monde anglo-saxon, des récits sur les catastrophes évitées – les maisons, et même une poudrière, préservées de la foudre ! En guise de péroraison, la preuve par l'adhésion des princes à la nouvelle invention :

« Ces paratonnerres qui suscitent notre aversion dominent les magasins à poudre de Genève, protègent les édifices publics et les vaisseaux de Venise et le Sénat lui-même, depuis un décret de 1778. Quant à la foule des souverains illustres, qui ont imité la conduite de ces deux républiques... Le grand-duc de Toscane, l'impératrice de Russie, l'impératrice et l'empereur d'Autriche. Un paratonnerre défend à Turin le palais du roi de Sardaigne, et un autre le château de l'électeur de Bavière. Faut-il encore citer la Suède, la Saxe, le Palatinat ? »

Le plaidoyer ne saurait ignorer d'autres initiatives aussi exemplaires, en France même :

« N'est-ce rien que Buffon ait placé un paratonnerre sur son château de Montbard et Voltaire un à Ferney ? Dijon commence à en fleurir, et Lyon. On n'en signale encore que deux à Paris, mais Louis XVI vient d'en faire mettre un sur le cabinet de physique du château de la Muette ! »

Louis XVI lui-même ! Les juges d'Arras sont impressionnés. Et Robespierre de dire, au détour, sa foi dans le monarque :

« S'il restait encore quelques doutes sur les effets de ces machines, on n'en aurait point fait l'essai sur une tête si chère et si sacrée. J'en atteste les sentiments de la France pour un prince qui fait ses délices et sa gloire. »

Robespierre a eu les juges à l'usure. Lorsque l'avocat général demande un supplément d'enquête, la consultation d'une académie ou d'une société savante, le futur député d'Arras terrifie le conseil d'Artois en le menaçant de vingt nouvelles dépositions, d'exemples pris à Paris, Dijon, Montpellier, Philadelphie... Les juges ne sont tout de même pas des physiciens ! Et leur amour-propre aussi est en jeu. Robespierre les prévient : leur verdict sera connu de toute l'Europe :

« À peine aurez-vous prononcé, messieurs, le jugement qui doit nous venger, que la renommée le portera jusqu'aux extrémités de l'Europe. Ces mêmes papiers publics qui ont rendu compte de la sentence de Saint-Omer, et qui ont promis à toutes les nations l'histoire entière de ce procès singulier, s'apprêtent à leur annoncer la décision qui va le terminer. Paris, Londres, Berlin, Stockholm, Turin, Pétersbourg connaîtront, presque aussi promptement qu'Arras, ce monument de votre sagesse et de votre zèle pour les progrès des sciences. »

Menacés de rejoindre la « multitude ignare » dans la réprobation de l'Europe, les juges d'Artois s'empressent de publier le plus court des verdicts :

« La cour permet à la partie de maître Robespierre de rétablir son paratonnerre. »

Maximilien de Robespierre a gagné. Le *Mercure de France* va répandre la nouvelle à travers la France, à défaut de l'Europe. Robespierre, ce vieux garçon prématuré, qui vit avec sa sœur Charlotte chez sa tante Henriette et se nourrit de laitages et de fruits – mais comment ne pas être un jeune vieillard lorsqu'on est orphelin de mère en bas âge puis abandonné par un père en fugue à travers l'Europe ? –, semble heureux.

Le 5 décembre au soir, au Club des Jacobins, se produit le premier – et unique – affrontement entre Mirabeau et Robespierre. Dans la journée, l'Assemblée a voté un décret qui réserve aux citoyens actifs, définis par leur statut de propriétaires ou le niveau de leurs revenus, le droit d'être gardes nationaux. Réaction d'une Révolution qui est encore le fait du Tiers bourgeois, décidé à exclure des avantages du nouvel ordre tous les prolétariats ou sous-prolétariats de France. Réaction de peur aussi face à ces « classes dangereuses », qui émergent au fil des ondes de choc insurrectionnelles. Le député d'Arras est indigné. Il avait voulu intervenir à l'Assemblée, défendre le droit naturel de tout citoyen de porter les armes, de s'armer pour sa « sûreté » et la sûreté commune, mais il avait été interrompu par les cris de ses opposants. Il veut prendre sa revanche aux Jacobins.

Il s'élance, devant ces patriotes qu'il sent si proches de lui :

« La Constitution est-elle établie dans l'intérêt général ou dans celui d'une certaine classe d'hommes ? En dehors de l'humanité, de la justice, de la morale, tout n'est que préjugés, intrigues, mauvaise foi… et nous en avons un nouvel exemple. Pourquoi le peuple ne serait-il pas digne de porter les armes ? Quand cessera-t-on de calomnier le peuple, de blasphémer contre le peuple, qui est le vrai souverain, de le décrire comme méchant, barbare, corrompu, alors que les castes fortunées auxquelles vous transférez la puissance sont réellement injustes et corrompues, alors que le peuple, lui, est bon, patient, généreux ? »

Presque surpris par la force de ses premières phrases, Robespierre devient encore plus véhément :

« Comment pouvez-vous dire à la raison et à la liberté : vous irez jusque-là et pas au-delà ? Qui êtes-vous pour dire cela ? Pour dire : vous irez jusqu'au point où la volonté populaire et notre ambition, notre intérêt personnel, ne coïncident plus ? Vous dirigez par les petits manèges du charlatanisme et des intrigues de cour une révolution dont vous n'êtes pas dignes ! Mais vous serez emportés, vous serez entraînés comme de faibles insectes par le cours irrésistible de la Révolution ! »

Depuis plus d'une heure, Robespierre apostrophe les « parvenus » de la Révolution. Mirabeau s'est-il senti visé par ses invectives ? Il rappelle l'orateur à l'ordre : il n'est pas possible de se prononcer contre un décret déjà voté par l'Assemblée !

Soulèvement de l'auditoire, qui crie au despotisme de Mirabeau. L'Assemblée veut dépouiller de leurs droits les plus pauvres, les citoyens passifs... et le Club des Jacobins veut empêcher Robespierre de protester

« Continuez ! » crie-t-on à Robespierre.

Mirabeau est débordé, ses mises en garde sont inaudibles. Va-t-il agiter sa sonnette, ou se couvrir comme le fait le président de l'Assemblée ? Non, il monte sur son fauteuil et appelle à l'aide ses « confrères », les députés membres du Club. Une trentaine d'entre eux l'entourent. Face à Mirabeau, « l'incorruptible Robespierre » rassemble la grande majorité des membres du Club.

Charles de Lameth apparaît, le bras en écharpe. Il est le héros du mois. Trois semaines plus tôt, il a été provoqué par le duc de Castries, il a accepté un duel à l'épée et il a été blessé au bras gauche. Sa blessure a provoqué une grande exaltation patriotique... et le saccage de l'hôtel de Castries. Or, que déclare ce fougueux Jacobin, ce Jacobin à la prestance de cuirassier ? Que Robespierre est un de ses amis les plus fidèles, que son amour pour le peuple est exceptionnel mais que... il n'est décidément pas possible de se prononcer contre un décret déjà adopté par l'Assemblée !

L'auditoire se refuse à applaudir. Heureusement, le vicomte de Noailles intervient : il estime que le décret n'est pas une profession de foi contre le peuple et ne comporte pas le sens qu'on lui donne. Et les Jacobins de se satisfaire de cette synthèse maladroite !

Robespierre est devenu le « pur » de la Révolution ; il a détrôné un autre pur, Barnave, dont le journaliste Brissot vient de lacérer la réputation dans une lettre ouverte, criée et distribuée à la porte du Club – un pamphlet sur le soutien qu'apportent les triumvirs aux colons esclavagistes de Saint-Domingue. Robespierre, l'ancien timide sans moyens oratoires, a osé s'opposer à Mirabeau et il a rassemblé autour de lui, ce 5 décembre, le gros des troupes jacobines ! Mirabeau a-t-il pressenti, en cette soirée, le destin de Robespierre ? Il lance, désabusé, à ceux de ses collègues qui ont répondu à son appel à l'aide : « Il ira loin, il croit tout ce qu'il dit et il n'a pas de besoins. »

RENCONTRE AVEC MONTMORIN

« Je l'ai laissé "se dérouler tout entier". J'ai affecté de ne pas l'interrompre, afin qu'il puisse aller au bout de son exposé. »

Long, très long exposé... Ce 5 décembre 1790, Mirabeau, sortant du Club des Jacobins, s'est rendu chez le comte de Montmorin. Il est arrivé à 10 heures du soir, est reparti à 1 heure 30. Plus de trois heures, consacrées, pour l'essentiel, à un long monologue de Montmorin.

Armand-Marc de Montmorin de Saint-Hérem, un aristocrate auvergnat, a été nommé à la tête des Affaires étrangères en 1787, après avoir été ambassadeur en Espagne puis membre de l'Assemblée des notables. Il est désormais le seul survivant du gouvernement. Après le retrait de Necker, et malgré le refus de l'Assemblée de demander leur renvoi, les ministres se sont bel et bien démis, comme le prévoyait Mirabeau. Dès le 28 octobre, La Luzerne, ancien gouverneur des îles Sous-le-Vent, a abandonné le ministère de la Marine à Fleurieu, directeur général des Arsenaux, que soutenait le député d'Aix. À la fin de novembre, l'avocat Duport-Dutertre, un ami des Lameth, membre de la municipalité parisienne, très actif lors de la prise de la Bastille, a remplacé l'archevêque Champion de Cicé comme garde des Sceaux ; Lebègue Duportail, maréchal de camp, ancien de la guerre d'indépendance d'Amérique, a succédé à La Tour du Pin au ministère de la Guerre ; Valdec de Lessart, ancien collaborateur de Necker, a pris les Finances puis la Maison du roi après le départ de Guignard de Saint-Priest, très proche du couple royal, ancien ambassadeur en Turquie puis en Hollande.

Serait-ce le tournant du destin, si longtemps attendu ? Montmorin veut organiser une grande coalition autour de Mirabeau, qu'il rabrouait deux ans plus tôt ! Mais, à la veille de l'entretien, le député d'Aix hésite. Que cache cette proposition ?

Il ne veut pas se découvrir, ni s'engager à fond. Il sait la reine hostile à Montmorin. Dans une Note à la cour, datée du 4 décembre, il explique : « Je ne veux pas trancher un fil qui peut conduire à quelque chose. Il est indispensable, quel que soit l'objet du ministre, que je me prête à ses vues avec plus ou moins d'arrière-pensées, soit pour le seconder si son plan est utile, soit pour le combattre s'il ne l'est pas, soit enfin pour en connaître les détails, dussé-je n'y prendre aucune part. »

Pendant l'entretien, Mirabeau a la sensation de dominer physiquement, de toute sa masse, Montmorin, ce grand seigneur d'Ancien Régime, naguère arrogant – d'une arrogance tout de même atténuée par un regard un peu timide mais pénétrant, qui semblait mettre à nu les caractères et les événements. De cette haute époque, ne subsiste qu'un personnage fluet, inquiet, désemparé, qui souhaiterait tellement ancrer ce qui lui reste de pouvoir sur un accord solide avec Mirabeau, le tribun de l'Assemblée, l'un des seigneurs du nouveau régime. Dans cette perspective, Montmorin va au-devant de tous les souhaits de Mirabeau :

« Comment établir une confiance réciproque entre nous ? Je vais écarter tous les soupçons qui pourraient vous faire tenir sur la défensive. »

Montmorin commence par le problème que pose le grand adversaire de Mirabeau, « Gilles César » : « Une première précision : La Fayette n'est pour rien dans mon plan. Et je vais le prouver en vous dévoilant sa véritable position. »

La Fayette ! Mirabeau a été exaspéré par l'influence supposée de La Fayette sur la formation du nouveau ministère. La Fayette qui se vante de « faire les ministres » comme il envoyait autrefois ses domestiques retenir des loges au théâtre... Montmorin insiste :

« Il vous a trompé. Soyez irréconciliable avec lui. Mais qui n'a-t-il trompé, soit volontairement, soit sans le savoir, soit sans le vouloir ? Vous croyez cet homme ambitieux ? Il n'a d'autre ambition que d'être loué. Vous le croyez désireux du pouvoir ? Il en recherche l'apparence plutôt que la réalité. Vous le croyez fidèle à l'amitié ? Il n'aime que lui-même. Comment, avec un tel caractère, ne vous aurait-il pas trompé ? »

Merveilleuse surprise ! Mirabeau croit entendre sa voix intérieure et ses propres analyses. Montmorin partage sa conviction : « Gilles César » n'est qu'une puissance molle... Mais, déjà, le ministre entend montrer que l'influence politique de La Fayette n'est pas celle que lui prête Mirabeau :

« Voulez-vous connaître son influence ? Il en a sur la cour, mais par la peur : il terrorise le roi et la reine. Sur le gouvernement, le ministère, aucune. Il n'en a jamais eu : ce qu'il savait, il le savait par moi. Lorsqu'il obtenait quelque succès, c'est que je l'aidais. Je n'avais qu'à le laisser faire pour qu'il échouât.

« À l'avenir, il aura encore moins d'influence, car je suis fatigué de la part qu'il veut prendre aux affaires. Je ne suis pas le seul, mes collègues le sont comme moi. Le garde des Sceaux a déjà rompu trois fois avec lui... Au demeurant, son jeu n'est pas sain, et nous devons le faire cesser. Ce prétendu rôle de Premier ministre officieux, sans fonctions, hors du ministère, tue l'autorité royale – et c'est l'autorité royale qu'il s'agit de rétablir. »

Et Montmorin d'anéantir, d'un dernier mot, La Fayette :

« Lorsque nous l'aurons mis à l'écart, il ne sera plus rien. Sa fortune est dissipée ; il ne pourra disposer d'aucune aide financière et je pourrais même lui retirer ses aides de camp. Son influence sur l'Assemblée sera nulle, il l'a déjà complètement ruinée en se liant avec tous les clans puis en s'éloignant d'eux. Les députés qui pourraient lui rester sont, en réalité, sous mon contrôle – et il n'aura plus de moyen de nuire... Je ne veux pas lui nuire non plus. Que veux-je donc ? Qu'il soit simplement commandant de la Garde nationale... jusqu'à ce qu'on lui trouve un successeur sûr. Et qu'il soit entièrement exclu du gouvernement et de toute influence sur la cour. »

Après un silence, Montmorin aborde l'autre question qu'il tient à éclaircir, celle de ses relations passées avec Mirabeau :

« Je vous dois une seconde explication : pourquoi ai-je tant tardé à me rapprocher de vous, alors que je vous ai toujours reconnu pour le premier talent de l'Assemblée ? Jugez vous-même... D'abord, je me trouvais puissamment lié avec M. Necker et ce lien politique fort excluait tout rapport avec vous. Cet obstacle m'avait toujours paru insurmontable. Ensuite, je n'avais pas la confiance de la cour : l'entourage de la reine m'était hostile, on ne me pardonnait pas d'être revenu aux affaires par la faveur populaire. À quoi, sans la confiance de la cour, notre rapprochement aurait-il servi ? Enfin, vous-même vous êtes lié, ou avez tenté de vous lier, à l'époque, avec M. de La Fayette – et cela me rendait encore plus difficile une coalition avec vous.

— Maintenant, tout est changé ? glisse Mirabeau.

— Tout est changé. Pour la première fois, je suis réellement indépendant. Je ne suis suspect ni à l'Assemblée, ni à ses divers partis, ni à l'opinion publique. Je puis être un utile intermédiaire entre la nation et le roi. Et, comme je n'ai jamais trompé personne, on pourra se fier à moi. »

Montmorin prend un ton solennel :

« Je veux me rapprocher de vous, mais pour faire quoi ? Pour mener quelle politique ? Il faut que je m'explique d'une manière plus étendue.

« Il est évident que nous périssons, nous, la royauté, l'autorité, la nation entière. Le mécontentement est universel, mais insuffisant pour ramener l'ordre. L'Assemblée se tue et nous tue, mais une action précipitée contre elle ne produirait qu'un excès de rage de plus, et des troubles encore plus graves. Si le roi voulait gagner en popularité, tendre la main au peuple, il créerait du même coup les moyens de notre action… mais il ne le peut pas, ce n'est pas dans sa nature, et l'impopularité de la reine est encore trop forte pour ne pas rejaillir sur lui.

« Que faut-il donc faire ? Temporiser, mais gouverner. Attendre un vent favorable, mais préparer les voiles, ne pas quitter un instant le gouvernail.

« Je veux relever l'autorité, je veux consacrer toutes mes forces à ce but. Vous le voulez vous-même, vous ne pouvez désirer autre chose, je connais vos principes. C'est par le talent que vous dominez. Laissez de côté les sectaires, qui ne voient le salut que dans les bouleversements les plus extrêmes : seul l'un d'eux mérite exception, Barnave – il faut le gagner pour le leur ôter, ce serait mieux que de décider de le perdre avec eux. »

Les considérations de stratégie politique, de politique concrète affleurent. Montmorin poursuit :

« Quant à vous, je ne vous compare avec personne autre. Il y a, dans cette Assemblée, quelques hommes d'une certaine force… mais ils sont tarés. Vous seul avez le courage de perdre en popularité au nom de vos convictions, puis de regagner en popularité par prudence. Vous n'avez jamais varié sur les grandes questions monarchiques. Vous avez d'ailleurs des liaisons à la cour, je le sais ; je ne veux pas connaître vos intermédiaires et vos secrets, mais ces liaisons peuvent être utiles à la chose publique.

« De mon côté, ma situation avec la reine est décourageante, malgré tous les efforts que j'ai déployés pour obtenir sa confiance. Quel est mon but ? Je veux servir, et ne le puis utilement que par la reine. Elle est la partie la plus forte du gouvernement. C'est par elle que je voudrais agir sur le roi. Mon premier objet, si nous lançons une action sur l'opinion publique, sera de rendre la reine populaire – ce qui serait d'autant plus facile qu'elle a renoncé à tout contre-mouvement contre la Révolution et que, si la Constitution s'améliore, je ne désespère pas de réconcilier la reine avec le nouveau régime. »

Et Montmorin de conclure :

« Les divers points de ma coalition avec vous sont donc faciles à établir :

« 1) Vous m'aidez à tracer un plan qui nous permette d'en finir avec l'Assemblée, sans séisme politique.

« 2) Vous m'aidez à donner forme à l'opinion publique, à changer l'opinion des départements, à veiller sur les élections, à rendre populaire la reine... et à me faire obtenir sa confiance... ou, plutôt, je ne demande rien. Éclairez-moi, secondez-moi. Je ne suis pas un théoricien. Je n'ai jamais rêvé sur la constitution des empires, ce n'est pas mon métier, je le ferais mal. Je vous laisse la plus absolue liberté de réflexion. Simplement, je sens mieux qu'un autre la nécessité de louvoyer pour arriver à un certain but. »

Mirabeau est enthousiaste. Il est maintenant convaincu de la sincérité du ministre. Il prend les mains de Montmorin :

« Ce n'est pas le ministre du roi, forcé quelquefois de jongler, que je viens d'entendre, c'est monsieur de Montmorin, un homme d'honneur, qui m'a parlé et ne veut pas me tromper. Je vous servirai, je vous seconderai de tout mon pouvoir. Il s'agit d'abord d'arrêter un plan, et je vous communiquerai sur cela quelques idées. Avec la reine, prenez garde surtout qu'à force de rappeler vos services, vous n'ayez blessé sa fierté, plus sensible que jamais par l'humiliation qu'elle éprouve. »

Mirabeau n'a plus aucune raison de douter de Montmorin. Il le dit, dans une Note du 6 décembre à la cour : « Il faudrait montrer plus de confiance à M. de Montmorin. » Mirabeau, se réinvestissant dans son rôle d'allié fidèle de la couronne, fait assaut de loyalisme, de dévouement à la reine : « Je ne communiquerai rien par écrit à M. de Montmorin que la reine ne l'ait vu. » Il va jusqu'à demander à la reine « le secret même pour le roi », de peur qu'une « indiscrétion ne mît obstacle à la coalition » !

Mirabeau s'est donc « coalisé » avec Montmorin, le seul ministre qui ait l'oreille de l'Assemblée. Mais, pour l'élaboration du fameux « plan », il ne lui fait guère confiance : « Jusqu'à présent, les projets de M. de Montmorin sont à peu près nuls, et ses auxiliaires peu de chose. » « La difficulté est de trouver un plan utile » : ce sera la tâche que s'assigne Mirabeau, avec l'aide de son « atelier », de ses collaborateurs, le Provençal Pellenc en tête, Mirabeau intervenant tout de même pour inspirer, corriger, raturer... et greffer sa vision et sa passion sur le Plan de décembre.

UN COURT TRAITÉ DE POLITIQUE

Le 23 décembre. Mirabeau adresse à la cour l'exposé du « plan » que lui a commandé Montmorin. Dix-huit jours seulement lui ont été nécessaires pour rédiger cet *Aperçu de la situation de la France* : un vrai manuel, ou un court traité de politique concrète qui, même s'il a été élaboré avec le concours de son « atelier », porte la griffe et reflète le style du député d'Aix.

Aperçu de la situation de la France et des moyens de concilier la liberté publique avec l'autorité royale : dans ce texte, Mirabeau montre à la fois sa connaissance intime des forces politiques au travail dans la France de 1790 (il dessine une sociologie politique de la France, vingt mois après le début de la Révolution), et l'énergie avec laquelle il propose un plan de conquête du pouvoir. On peut, sans ridicule, comparer ce court traité de politique au *Prince* de Machiavel, tant sont nombreux les traits communs au secrétaire de la chancellerie de Florence et au grand tribun de la Révolution.

Dans la méthode, surtout : garder les yeux ouverts, écarquillés, sur la scène politique ; privilégier l'observation directe et indirecte, faite de contacts et de lectures ; éliminer de l'analyse politique tout ce qui n'est pas la politique, qui ne relève pas de la politique pure. La politique devient une simple technique, fondée sur la connaissance, un jeu d'échecs qui n'est justiciable que de l'intelligence. Il s'agit de démonter une société politique, un système politique, comme l'explique Machiavel, dans une lettre de San Casciano : « J'ajuste ma loupe d'horloger, je prends d'un doigt délicat mes petites aiguilles fines, je démonte et remonte sans cesse les petites roues dentées. » Sans oublier l'acteur politique ultime, l'homme, qui doit être tenu, lucidement, pour ce qu'il est : « Je sonde les reins nerveux de tous les ressorts de l'âme humaine et je la fais fonctionner sous mes yeux comme elle fonctionne chez tous les hommes »... ou l'étude des passions faite sans passion.

Même posture de l'observateur, pris entre la poursuite d'un grand dessein et un intérêt personnel qui le tenaille : Machiavel, lui aussi, a de constantes difficultés d'argent et, dans sa retraite forcée, la nostalgie de la chancellerie – comme Mirabeau « aspire au ministère » ; aussi multiplie-t-il les platitudes à l'égard des Médicis.

Une différence fondamentale, cependant, entre nos deux auteurs : Machiavel est un « politicien en chambre » ; il a « ce goût maladif de la force de ceux qui ne la possèdent pas eux-mêmes » (Georges Lescuyer) ; il cherche « l'homme fort », qu'il ne peut être lui-même, ce Prince doté de *virtù*, qui sera au-dessus du commun et de la « petite morale ». Mirabeau est, à la fois, un homme d'action et un théoricien – ici, un théoricien de la pratique. Loin de rechercher le Prince fort, derrière lequel il s'abritera, il a conscience de servir un Prince faible, un monarque faible – et c'est lui qui devra, derrière le monarque, réunir les qualités du Prince qui sont l'énergie, la résolution, le ressort, la création continuelle, une tension sans relâche vers le but.

Seul un « plan systématique » peut réussir. « Les simples idées théoriques ne suffisent plus, il faut y joindre l'exécution. » Analyse et action : l'étude de politique pratique vient compléter le précis de droit constitutionnel, épars dans les diverses Notes à la cour. L'effort à accomplir est énorme, car il s'agit finalement de revitaliser la machine étatique, l'appareil d'État, et de lui imprimer une nouvelle direction : « Il faut un grand concours de moyens pour donner un mouvement sensible à une machine aussi vaste. »

Pour construire ce « plan systématique », Mirabeau se propose d'identifier les différents obstacles à surmonter, de préciser le but à atteindre, de déterminer les moyens à rassembler, et de porter une attention particulière à « l'exactitude dans l'exécution ». Les obstacles seront présentés avant le but : la démarche peut ne pas sembler logique ; du moins prouve-t-elle le caractère très empirique de l'approche de Mirabeau.

Les obstacles sont très longuement recensés : l'auteur en compte douze ! Tentons de les regrouper sous trois rubriques : le couple royal, le peuple de Paris, l'Assemblée.

Le couple royal pose... deux problèmes, à certains égards contradictoires :

– L'indécision du roi, qui est relevée par tous les témoins de l'époque, et qui procède de la timidité du monarque, de son manque de confiance dans ses facultés. Cette indécision est politiquement désastreuse, car elle est contagieuse : elle suscite l'inaction des ministres, l'immobilisme de l'exécutif, et l'empiétement de l'Assemblée sur les tâches gouvernementales, par le biais de ses comités ; elle explique ce régime de confusion des pouvoirs, de domination de l'Assemblée, qui sera poussé à son paroxysme sous la Convention – ce régime que Mirabeau est le seul, au sein de ce qu'on n'appelle pas encore la « classe politique », à analyser et à dénoncer avec clarté, et qui n'a guère de rapport avec le régime parlementaire qu'il appelle de ses vœux. À terme, et le député d'Aix joue, une fois encore, les prophètes, « la royauté, entièrement nulle, graduellement avilie et cependant très coûteuse, ne paraîtrait qu'un fantôme dont on croirait pouvoir se passer ».

– À la reine, l'opinion publique reprocherait plutôt sa trop forte détermination. La reine est au cœur des « intentions coupables » qu'on prête à la cour – des dangers imaginaires, agités par une extrême-gauche, constituée d'ambitieux, très nombreux (Mirabeau imagine-t-il déjà le destin d'un Robespierre, « l'exagéré d'Arras » ?), qui rêvent d'accéder au pouvoir grâce à une « suite continuelle de révolutions ». La menace est réelle : ces prétendus dangers effraient, également, les députés de ce parti intermédiaire que veut rassembler Mirabeau, ces « centristes » de la Révolution, des « gens sages », qui veulent réagir contre les dérives du nouveau régime… mais ne veulent pas d'un retour à l'ancien ordre. Une étincelle, entre les mains des « factieux », pourrait tourner à l'incendie et plus aucune barrière « n'environnerait le trône ». Il faut donc corriger « l'image » de la reine : « La dissimulation de la reine ne suffirait pas, il faut qu'elle rassure sur ses intentions, que sa conduite publique prenne un autre cours. » Il faut qu'elle séduise l'opinion publique, comme elle a conquis « ses entours », son entourage, le retournement de Mirabeau à son égard en est une preuve… Et le député d'Aix, qui est notre contemporain dans son appréhension du poids de l'opinion publique, de présenter ses recettes : « Que les ministres associent [la reine] à ce qu'ils feront dans le sens de la Révolution, qu'ils l'investissent de toute leur popularité. » Il va jusqu'à suggérer « une bienfaisance éclairée qui la rendrait agréable à la multitude » : on croirait voir nos modernes étoiles médiatiques énumérer leurs actions au sein des organisations non gouvernementales…

Le peuple de Paris… Paris, qui fascine Mirabeau : il confiera, un peu plus tard, à son ami Nicolas Frochot, qui rédigea les « cahiers » du Tiers de Bourgogne et sera son exécuteur testamentaire : « Paris est le sphinx de la Révolution, il m'attire, je voudrais lui arracher son secret. » Mais Paris dont Mirabeau condamne la « démagogie frénétique ». Il serait vain de chercher à changer « la température de Paris », il serait plus habile de s'en servir « pour détacher les provinces de la capitale ». « Jamais autant d'éléments combustibles et de matières inflammables ne furent rassemblés dans un seul foyer. » Une presse incontrôlable depuis qu'elle est libre : des journalistes de bas étage, « cent folliculaires, dont la seule ressource est le désordre ». « Une multitude d'étrangers indépendants qui soufflent la discorde dans tous les lieux publics » : reportons-nous au Portugal de la révolution des Œillets, envahi par les jeunes gauchistes européens... « Une immense populace, accoutumée depuis une année à des succès et à des crimes » : dans ses Notes à la cour, Mirabeau a montré comment le Tiers, se croyant menacé par l'esprit de résistance des deux ordres privilégiés, a favorisé l'irruption du peuple – c'est-à-dire, en fait, du peuple de Paris – dans les travaux de l'Assemblée, et finalement sur la scène politique. Depuis, le peuple de Paris a mis toutes les branches du pouvoir sous sa surveillance : l'armée, le roi, les ministres, l'Assemblée, chaque député... Il « ôte aux uns le pouvoir d'agir, aux autres le courage de se rétracter, et une foule de décrets n'ont été que le fruit de son influence ». Un pouvoir sous surveillance, sous influence. Et notre tribun de délivrer un diagnostic des plus pessimistes : « Dans les basses classes, la lie de la nation. Dans les classes plus élevées, ce qu'elle a de plus corrompu, voilà ce qu'est Paris. » Les « chefs de Paris » se voient déjà en chefs du royaume... Paris sera « la dernière ville du royaume où l'on remettra la Paix... » : il faut donc détacher les provinces de la capitale, peut-être en « dévoilant les dépenses, en tous genres, qu'elle occasionne »... et transporter la future Assemblée dans un autre lieu, où son indépendance et sa liberté seront assurées.

Paris, c'est aussi sa Garde nationale, et le problème du maintien de l'ordre public, du pouvoir de coercition qui fait défaut au nouveau régime politique. Mirabeau tient la Garde nationale de Paris pour un obstacle au rétablissement de l'ordre : ses chefs sont membres des Jacobins, ils apprennent à leurs soldats « à obéir au peuple comme à la première autorité ». Une troupe « trop nombreuse pour prendre un esprit de corps », trop proche des citoyens pour oser leur résister, trop puissante pour laisser la moindre autonomie à l'autorité royale, trop faible pour s'opposer à une insurrection... En outre, elle agit par contagion sur les autres gardes nationales du royaume, auxquelles « elle donne le ton », et elle empêche la reconstitution d'une véritable

« maison militaire du roi », d'une garde particulière, attachée à la sécurité du couple royal. Les solutions ? Lui donner un autre chef – c'est la question de la succession de La Fayette. Lui opposer une maison militaire du roi qui serait « populairement organisée », recrutée dans tous les départements afin de mieux neutraliser l'influence de Paris. L'analyse de Mirabeau sera reprise, trois ans plus tard, par les Girondins qui proposeront d'établir l'Assemblée dans une autre ville que Paris, et de lui donner une garde composée de contingents des divers départements.

L'Assemblée incarne, à elle seule, une série infinie d'obstacles. Par son irritabilité : elle est en proie à des accès de démagogie, qui se propagent dans tout le royaume. Une irritabilité que Mirabeau estime légitime quand elle est provoquée par la noblesse, le clergé, les tenants de la contre-Révolution : le révolutionnaire n'a évidemment pas disparu sous l'allié du roi... mais qui pourrait se retourner et être exploitée contre l'Assemblée, si elle est systématiquement dirigée contre les ministres et les propositions, même populaires, de l'exécutif. « Un ministère habile pourrait lui faire une guerre très cruelle. »

L'Assemblée est trop nombreuse, difficile à maîtriser, à dominer, ce qui ne fait qu'aggraver « l'habitude qu'elle a prise d'agir comme le peuple par des mouvements toujours brusques, passionnés, précipités ». « Elle a ses orateurs et ses spectateurs, son théâtre et son parterre, son foyer et ses coulisses. » Aveux impressionnants du plus grand tribun de l'Assemblée, qui aura si souvent réussi à la dominer : « Elle favorise le talent quand il la sert, elle l'humilie s'il la contrarie. Nul secret, nul concert n'est possible au milieu du choc des amours-propres dont elle est l'arène. Elle se croit trop forte pour chercher à s'éclairer, trop avancée pour rétrograder, trop puissante pour composer. »

De cette irritabilité d'une Assemblée trop nombreuse, naît un autre obstacle : la confrontation avec l'Assemblée ne doit pas être directe, frontale. « Maladroitement attaquée », l'Assemblée pourrait se porter aux mesures extrêmes, « s'irriter, renverser les faibles barrières qui la séparent du trône, usurper sans déguisement tous les pouvoirs et trouver assez d'approbateurs pour se maintenir ». Un combat à fleuret moucheté est requis ici, afin d'éviter cette « conflagration universelle », cette guerre civile, qu'évoquait Mirabeau dans ses premières Notes à la cour. « La force trompe presque toujours la main qui s'en sert... Il faut qu'un pouvoir prenne insensiblement la place de l'autre, que l'influence royale s'établisse graduellement. »

Au sein de l'Assemblée, la droite traditionnelle, les défenseurs patentés de la monarchie, issus d'une partie de la noblesse et du clergé, sont tombés dans un « incurable discrédit ». Il est impossible de compter sur l'appui de ce parti, car ses membres sont incapables de discerner le véritable intérêt du roi ; il serait, au demeurant, dangereux de s'appuyer sur cette fraction car le risque serait de disqualifier, au regard de l'opinion, le combat politique à mener : on reconnaît évidemment ici les thèses du chef du parti intermédiaire « virtuel », soucieux de se distinguer des monarchistes classiques.

Au-delà du parti monarchiste, il existe de nombreux « mécontents » au sein du royaume. Mais les mécontents « utiles » sont ceux qui veulent tout à la fois la liberté et un pouvoir exécutif, qui redoutent également l'anarchie et le despotisme ; ils pourraient servir le trône, mais ils sont peu nombreux, ils sont des « dissidents » plutôt que des mécontents. La masse des mécontents – clergé, parlements, possesseurs de fiefs, une grande partie de la noblesse – pourrait jouer un rôle dans une guerre civile, mais non dans la perspective d'une rectification du cours pris par la Révolution, d'une réforme du nouveau régime. Nouveau conseil délivré à la cour : il importe de se distinguer de la masse des mécontents, autant que du parti monarchiste...

Autre préoccupation liée à l'état de l'Assemblée : le processus de révision, engagé sous les auspices de La Fayette, n'est qu'un faux-semblant. Il prétend corriger certaines des conséquences des décrets constitutionnels, tout en maintenant des principes « vicieux », des principes qui lieraient une future assemblée et ne lui laisseraient qu'un « fantôme de pouvoir ». Parmi les exemples de fausses réformes, Mirabeau développe celui des municipalités : le Comité de révision propose de transformer les municipalités de campagne en municipalités de canton et de ramener ainsi le nombre des municipalités de quarante mille à sept ou huit mille. Mais, objecte-t-il, « ce que les municipalités perdraient en nombre, elles le gagneraient en force ; l'influence des villes deviendrait toujours plus considérable et le pouvoir exécutif, forcé d'agir tout à la fois sur huit ou dix mille points, n'en serait pas moins impuissant ».

Plus généralement, c'est « l'ordre de choses déjà établi » qu'il faudrait non pas corriger, mais renverser, afin de relever l'autorité royale. Il ne s'agit plus des seuls défauts de la Constitution, mais de l'ensemble du système politique, « un mélange assez confus de démocratie, d'aristocratie et de monarchie ». L'aristocratie dans ce qu'elle a de plus « dangereux » : « l'influence des richesses » (d'après les décrets de novembre et décembre 1789, qui seront rapportés, une contribution d'un marc d'argent était nécessaire pour être éligible à l'Assemblée). La démocratie dans ce qu'elle a de plus « funeste » : l'influence des villes sur les campagnes. La monarchie, détruite de manière évidente, comme le montrent l'absence d'un véritable pouvoir exécutif, la destruction de l'appareil d'État, au fil de la multiplication des corps délibérants, de mille autres petites assemblées, dans les départements, les districts, les communes.

Et ces difficultés sont encore plus difficiles à surmonter, du fait de l'esprit de parti en passe de conquérir la France, des sectarismes opposés qui se sont emparés de l'Assemblée : « Les détracteurs de l'Assemblée sont passionnés, ses approbateurs le deviennent aussi, les premiers rejettent tout, les seconds ne blâment rien, on est de tel parti, ou de tel autre, et nulle discussion n'est possible. » Et Mirabeau de s'interroger : « Comment diriger les citoyens qui ne voudraient ni écouter, ni être éclairés ? »

Tel est le tableau politique de la France de 1790 que propose Mirabeau à un cercle très restreint de lecteurs : le couple royal, ses quelques conseillers occultes avec, au premier rang, La Marck, et évidemment Montmorin. Un tableau vivant et vibrant. Jean Giono, qui fut non seulement le romancier des bouillonnements de la Durance et de la terre sèche du plateau de Valensole, mais aussi un passionné de littérature politique, a opposé la prose abstraite de Hobbes, l'auteur du *Léviathan*, le théoricien du pouvoir absolu, aux textes de Machiavel « qui peuvent être confrontés avec le plein air ». Machiavel dit la nuit, la pluie, la boue, le vent, comme si le visage de Florence « lui sautait aux yeux par lambeaux » à travers l'histoire et la politique. On pourrait faire le même commentaire de l'analyse par Mirabeau de « la situation de la France » : elle n'est pas un simple document administratif ou politique, elle nous fait sentir la houle révolutionnaire, elle nous restitue les visages de ces Jacobins sectaires et obstinés, les vertiges de la foule parisienne, l'effroi des anciens privilégiés, un peu comme le fera *La Marseillaise* de Jean Renoir…

Après l'analyse, l'énoncé des buts à atteindre : « concilier la liberté publique avec l'autorité royale », respecter les « avantages » de la Révolution tout en restaurant un véritable pouvoir exécutif. Ou plus précisément : exclure une contre-Révolution, mais élaborer une nouvelle constitution, une contre-Constitution.

Écarter une contre-Révolution : « Il faut admettre la Révolution dans son esprit ; attaquer la Révolution serait aller au-delà du but. » Revenir à la situation de la France à la veille de la réunion des États généraux ? Ce serait un projet chimérique, face à une nation naturellement impatiente, « qui ne verrait pas impunément son espoir trompé ». Ferait-on disparaître, d'un seul coup, une génération, ôterait-on la mémoire à 25 millions de Français ? Le projet n'en serait pas moins chimérique et exigerait une négociation avec ce qui resterait du peuple. Triompherait-on dans une guerre civile, qui prendrait l'allure d'une contre-Révolution armée ? Le vainqueur devrait tout de même composer avec l'opinion publique, associer le peuple aux nouvelles institutions. Une transformation irréversible se serait donc produite dans l'esprit public et imprimée sur la conscience collective pendant ces mois qui ont ébranlé la France. Et Mirabeau est presque tenté d'ajouter un élément éthique, au nom du réalisme : « Le mouvement qui porte un grand peuple à se donner de meilleures lois mérite d'être secondé plutôt qu'arrêté. »

Au surplus, les destructions opérées par la Révolution – l'abolition des privilèges et de ces divers corps politiques qui structuraient la France de l'Ancien Régime – sont non seulement favorables à la nation, car elles ont consacré l'égalité des conditions et la liberté des citoyens, mais aussi au monarque, car il est plus commode de diriger une société unifiée dans ses profondeurs. Cette « surface parfaitement unie » qu'exige la liberté, cette égalité dans les droits politiques « qui est un instrument de pouvoir », libèrent la monarchie de ses entraves alors que, sous l'Ancien Régime, le royaume était « hérissé de privilèges et de corps intermédiaires, composé de parties inégales se tiraillant entre elles et toujours prêtes ou à résister individuellement ou à se coaliser ». Ainsi la Révolution, « en nivelant le paysage social » (Jean-Jacques Chevallier), aura-t-elle finalement travaillé pour le pouvoir : le thème sera repris par Tocqueville dans *L'Ancien Régime et la Révolution*, mais le pouvoir ainsi renforcé ne sera pas celui de Louis XVI...

Tendre à une meilleure constitution, à une contre-Constitution : tel est, selon Mirabeau, « l'intérêt du roi, inséparable de celui de la nation », tel est le but que dictent la prudence et l'honneur. La contre-Constitution devrait reprendre ceux des principes fondamentaux introduits par la Révolution qui sont dignes d'être conservés : un corps législatif unique et permanent, le pouvoir exécutif confié à un monarque héréditaire, l'unité dans l'assiette de l'impôt, l'admissibilité de tous les citoyens à tous les emplois, « un mode moins arbitraire pour l'obtention des grâces » (ou de l'histoire personnelle de l'ancienne victime des lettres de cachet), la liberté des opinions religieuses, la liberté de la presse – « mais non son impunité », précise Mirabeau. « En un mot, j'admets dans mon système les bienfaits de la Révolution et les principales bases de la Constitution. »

Mais la contre-Constitution devrait renverser une pyramide des pouvoirs qui a fait la preuve de son inefficacité et de son illogisme : à chaque échelon, celui qui doit obéir est en réalité plus fort que celui qui ordonne ; les corps délibérants départementaux et locaux ont tous les moyens de résister à l'autorité supérieure ; le pouvoir exécutif, sans agents ni organes, est soumis à l'influence des législateurs, et les législateurs à la pression du peuple de Paris. Un monstre institutionnel a pris forme, un pouvoir monarchique devenu inutile, un pouvoir démocratique incomplètement établi, un « gouvernement monstrueux, inexécutable » – tout ce que l'Assemblée a décrété en ce sens doit être « abrogé ».

Le but ainsi déterminé, quels sont les moyens de parvenir à cette correction de la Constitution ? Puisqu'il s'agit d'abroger certains décrets constitutionnels et de recréer un pouvoir exécutif, une proclamation royale ou quelque autre acte de l'exécutif ne saurait suffire : l'idée d'un « roi législateur » est inacceptable dans la France de 1790, elle « aliénerait sans retour l'esprit des peuples » et serait le signal d'une guerre civile – Mirabeau va jusqu'à rappeler la séance royale du 23 juin 1789, et le refus d'obéissance qui suivit, sans commettre l'inélégance d'évoquer le rôle qu'il tint ! Seul le corps législatif, l'Assemblée des représentants du peuple, peut corriger la Constitution.

Mais est-ce l'Assemblée actuelle qui doit intervenir, ou la future Assemblée, que Mirabeau dénomme « la seconde législature » ? Ici le député d'Aix est catégorique : seule cette seconde assemblée peut être l'instrument d'une grande révision. L'Assemblée actuelle est trop engagée dans le « chaos inextricable » qu'elle a créé : ses chefs ont accordé une trop grande importance aux décrets qu'ils ont élaborés pour les réformer ; parviendrait-on à convaincre la majorité de l'Assemblée de la nécessité de cette réforme, elle inclurait en son sein ce parti « traditionnel », ces députés des deux ordres privilégiés dont la présence suffirait à déconsidérer la réforme envisagée ; parviendrait-on même à convaincre la majorité du parti patriote, de la « section patriotique » de l'Assemblée, la réforme serait suspectée puis déchirée par le redoutable peuple de Paris, par une opinion publique non encore re-façonnée. Mirabeau martèle son argument majeur, la vision cauchemardesque d'un pouvoir législatif sous surveillance : n'oublions pas, lorsqu'on parle des maux de la Révolution, cette « action immédiate du peuple », cette « espèce d'exercice de la souveraineté » par le peuple, qui fait que le législateur « n'est plus qu'un esclave », qu'il est « obéi quand il plaît et détrôné s'il choque l'impulsion qu'il a donnée »... « La masse du peuple est tout, ses mouvements impétueux sont les seules lois, caresser le peuple, le flatter, le corrompre est tout l'art des législateurs. » Pourrait-on contourner l'Assemblée actuelle, la contraindre à réformer son œuvre, par des pétitions qui seraient suscitées dans les divers départements et qui contribueraient au changement de l'opinion publique ? La manœuvre pourrait paraître séduisante mais elle est prématurée : elle suppose accompli tout le travail de propagande qui reste à accomplir.

Cette « seconde législature » dans laquelle Mirabeau met ses espoirs, devra, elle aussi, être constituante – ou, pour le moins, être chargée de la ratification de l'ouvrage constitutionnel de l'actuelle Assemblée. Qui d'autre pourrait le faire ? Le député d'Aix estime que la représentation nationale au sein de l'Assemblée actuelle est, en quelque sorte, viciée : d'une part, elle est restée formée de trois ordres, même après l'abolition des ordres ; d'autre part, le mandat de ses membres est ambigu, leurs pouvoirs n'étant évidemment plus ceux qu'ils avaient reçus pour siéger aux États généraux, et ayant été étendus du fait des circonstances... On mesure le chemin parcouru par Mirabeau, allié du roi, lorsqu'on évoque la réplique qu'il lançait, seulement huit mois plus tôt, le 19 avril 1790, aux députés de la droite qui contestaient le pouvoir de l'Assemblée de faire une constitution à partir des pouvoirs qu'ils avaient reçus en vue de la réunion des États du royaume !

Cette seconde législature devrait ne comporter aucun des membres de l'actuelle Assemblée. En droit, nul ne peut être juge et partie, explique Mirabeau, et on ne peut demander aux députés sortants de ratifier ou de censurer leur propre ouvrage. En fait, la décision interdisant la réélection des actuels députés serait facile à obtenir : un grand nombre d'entre eux ont perdu l'espoir d'être réélus, en particulier mais pas seulement les représentants des ordres privilégiés. Excès de prudence aboutissant au résultat contraire de celui qui est recherché ? On sait que Robespierre fera voter le décret interdisant la réélection des membres de la Constituante, dans l'espoir que la nouvelle Assemblée détruirait une constitution qu'il jugeait trop favorable au roi... À défaut d'une interdiction de réélection, Mirabeau propose – en s'en excusant car il sait qu'une pareille mesure serait totalement « hors des principes », l'un des dogmes de la Constituante étant que chaque député est le représentant de l'ensemble de la nation – que les futurs députés ne puissent être élus hors du département où se trouve leur domicile. Cela afin d'éviter que les « démagogues de Paris », les « Desmoulins, Marat, Danton » n'en viennent à diffuser leurs candidatures et leurs idées à travers les départements et ne puissent l'emporter « sur les plus honnêtes citoyens ».

Mais quelle conduite tenir vis-à-vis de l'actuelle Assemblée ? La ménager ou la combattre ouvertement ?

Mirabeau délivre ici une série de conseils « machiavéliens » – il s'en excuse auprès du couple royal, en invoquant la nécessité d'utiliser tous les moyens d'une « intrigue obscure » et d'une « artificieuse dissimulation ». Il ne faut pas affronter l'Assemblée, mais la discréditer, la perdre auprès de l'opinion publique.

Piéger l'Assemblée, la pousser à la faute, tel est le mot d'ordre que Mirabeau décline de toutes les manières qui lui semblent possibles : lui laisser prendre tous les décrets qui peuvent multiplier le nombre des mécontents (ne résister ouvertement qu'aux lois ou règlements qui toucheraient au principe du gouvernement monarchique) ; l'inciter à édicter des dispositions d'exception en faveur de la capitale, afin d'attiser les jalousies de la province ; l'engager à détruire les municipalités rurales, noyées dans des municipalités de canton, à bouleverser celles des villes, et à contester les compétences des administrations départementales, ce qui causerait un surcroît d'agitation et d'anarchie dans le royaume ; la submerger sous un grand nombre de pétitions populaires, dont l'esprit serait contraire à celui de la majorité de l'Assemblée ; la pousser à concentrer toujours plus de pouvoirs, à usurper des pouvoirs, de façon à susciter des réactions hostiles dans l'opinion et à préparer la crise inéluctable ; appesantir ses débats sur toutes les questions inutiles, ces moments de torpeur lui ôtant tout crédit. Enfin, le moyen le plus redoutable de déconsidérer l'Assemblée serait dans la guerre sourde et souterraine que pourraient lui livrer les ministres du roi, s'ils parvenaient à s'entendre : en énonçant dans des rapports au ton neutre ou modéré toutes les imperfections de l'administration provoquées par les lois nouvelles, les ministres mettraient sous une lumière cruelle les torts de l'Assemblée, que celle-ci garde silence ou qu'elle réagisse avec vivacité, ce qui aggraverait encore son cas au regard de l'opinion.

Le résultat final serait que l'Assemblée, accablée par « l'effrayant tableau de ses erreurs, de ses passions, de ses caprices », en vienne à se démettre d'elle-même, pour céder la place à la « seconde législature » ; la partie négative de son œuvre tomberait avec elle. « Le succès est là tout entier, et peut-être n'est-il que là. »

Mais n'est-ce pas jouer la politique du pire, avec les risques qu'elle comporte ? Mirabeau ne l'ignore pas : « Les grandes masses d'hommes sont des leviers difficiles à mouvoir, et dont la force trompe presque toujours la main qui s'en sert. »

Reste l'ultime partie, « d'exécution », d'action, de politique pratique, du « plan » de Mirabeau – celle qui suscite peut-être le plus d'attente de la part de la cour.

Première surprise : un autre Mirabeau, inattendu, se révèle ici. Non plus le grand tribun qui dompte l'Assemblée, ni le penseur politique aux analyses puissantes, aux visions d'avenir irriguées par son imagination créatrice, mais un homme d'appareil, une sorte de bureaucrate de parti, qui s'attache avec une minutie infinie, avec un souci presque obsessionnel des détails, à la mise en place d'un réseau politique. Action au sein de l'Assemblée : une « chaîne » de députés, animée par un fidèle de Mirabeau, Adrien Duquesnoy, tentera d'inciter la Constituante à voter telle mesure ou à adopter telle position. Action sur Paris : un « atelier de police » sera créé, destiné à influencer la Garde nationale, les corps administratifs, le corps électoral, les journaux, l'opinion publique parisienne – surtout, les spectateurs des tribunes de l'Assemblée ; il sera animé par Talon, ancien lieutenant civil au Châtelet et suppléant puis député de la noblesse de Chartres, que Mirabeau avait voué à la vindicte de la cour dans une Note précédente, mais qui semble s'être « entièrement désabusé de La Fayette », et par son acolyte Sémonville, conseiller au Parlement et député suppléant de la noblesse de Paris, que La Marck décrira comme « ne faisant qu'un seul avec Talon », « un autre intrigant, dissimulé, âpre à l'argent, calme dans les affaires, fidèle par intérêt, traître s'il le faut ». Un portrait peu engageant, mais Mirabeau précise « qu'il y a certains services qu'on ne peut attendre que de certaines personnes ». Action sur les provinces, avec des « voyageurs » de « première » et de « deuxième » classe, qui sillonneront la France, décriront l'état de l'opinion, prendront contact avec les personnalités influentes. Le fidèle Pellenc coordonnera ce réseau de « voyageurs », d'organisateurs en mission, au sein d'un « atelier de correspondance »... et un autre « atelier », animé par Clermont-Tonnerre, l'orateur le plus brillant de la droite, sera consacré à la rédaction d'articles ou d'ouvrages à diffuser dans les provinces. Le meilleur auteur serait Mirabeau lui-même, il en a conscience et il l'écrit mais… « je ne puis tout dire à la fois » ; du moins le député d'Aix s'engage-t-il à rédiger les programmes nationaux et instructions générales.

Minutie extrême : le budget de l'opération est précisé – les voyageurs de première classe seront gratifiés de 1 000 livres par mois et de 1 200 livres de frais de départ ; ceux de deuxième classe, qui sont en fait leurs supérieurs, recevront 3 000 livres par mois ; un « sacrifice assez considérable » devra être fait pour Pellenc. Les membres de l'« atelier de police » parisien, comme les voyageurs en province, devront répondre à des questionnaires, qui permettront de faire le point sur l'état de l'opinion – mais Mirabeau ne se contente pas de dresser une longue liste de questions, il va jusqu'à fournir des réponses types de son cru, à titre d'exemples et pour éviter toute ambiguïté, de même qu'il prépare un règlement interne et un calendrier de travail pour chaque « atelier », avec l'indication des conférences périodiques à tenir par les divers responsables avec Montmorin, voire avec lui-même. S'il s'agit de détromper la cour qui se défiait des idées générales et de la rhétorique du député d'Aix, le portrait de Mirabeau-organisateur politique semble intervenir très opportunément…

Seconde surprise : on attendait de Mirabeau un projet politique, il propose un projet policier ; on l'imaginait formant une grande coalition parlementaire au sein de l'Assemblée, il veut établit un service de renseignement à l'ombre du couple royal ; on voyait en lui un Gambetta du XVIIIe siècle, rassemblant toutes les forces vives de la Constituante et du pays afin de consolider le nouveau régime, de fonder un régime politique viable, il se présente comme un cardinal de Retz, nous initiant aux intrigues de la nouvelle Fronde et imaginant diverses machinations.

Pourtant, lorsqu'il traite de « l'action sur l'Assemblée », il nous présente un projet politique en pointillés : il s'agirait d'unir des députés pris dans trois partis, la droite monarchique – sur laquelle, il est donc finalement légitime de s'appuyer… une légère contradiction dans l'analyse de Mirabeau – avec Cazalès, l'un de ses chefs de file les plus prestigieux, et Clermont-Tonnerre, Montesquiou, Bonnay, le centre « fayettiste » avec Talleyrand, Le Chapelier, fondateur du Club breton puis dénonciateur des « sociétés populaires », d'André, député de la noblesse aixoise, rapidement rallié au Tiers État, Thouret, Emmery, et la gauche jacobine, avec Barnave, auquel il porte – comme Montmorin – une profonde estime après tant de duels oratoires. Mais, en réalité, il ne s'agit pas d'une fédération de fractions parlementaires, mais d'un réseau clandestin d'agitation et de désinformation – chaque député devant être aussi indépendant que possible, chacun croyant être seul dans le secret, chacun devant ignorer le rôle joué par ses collègues d'une autre tendance politique... et chacun devant même ignorer le but véritable du réseau et l'ensemble des mesures prévues !

Ce culte du secret, cette préoccupation exclusive de la manipulation enlèvent toute signification politique à la coalition « tripartite » entrevue. Mirabeau se comporte-t-il en allié du roi ou en agent du roi ? Peut-être, cependant, convient-il de montrer plus de compréhension envers le projet de Mirabeau : son caractère de réseau clandestin peut n'être que provisoire, dans le contexte incertain et dangereux de la Constituante ; d'autres mesures en gestation – la prise de contact avec les personnalités fortes des diverses provinces, le travail de propagande sur les assemblées électorales, sur le corps électoral – peuvent laisser supposer qu'à l'approche de la « seconde Assemblée », le « réseau » aurait pu donner naturellement naissance à une coalition politique affichée. En outre, Mirabeau souhaite l'implication de tous les ministres – « de tous », il le précise – dans son projet, ce qui contribuerait au caractère « ostensible » du fameux réseau.

Quatre jours plus tard, le 27 décembre, Mirabeau rédige une nouvelle Note pour la cour : il croit utile de se justifier longuement sur le choix de Talon et Sémonville, anciens agents de La Fayette, ce « protecteur en espalier » du couple royal. Surtout, il se fait pressant et adresse une adjuration pathétique à la cour : « Le danger devient plus grave chaque jour, et les ressources plus grêles. On ne se sauvera que par un plan qui amalgame... les combinaisons de l'homme d'État et les ressources de l'intrigue, le courage des grands citoyens et l'audace des scélérats. » Il se « jette aux pieds de la reine, pour la supplier de ne pas briser... notre dernier instrument de salut. Les dangers qui environnent le trône, ceux qui la menacent, sont si grands que son courage seul peut les fixer ». « Qu'elle nous laisse monter nos ateliers, et dans quinze jours nous lui répondons du moins de sa sûreté envers et contre tous. Autrement, malheur au téméraire qui oserait la tranquilliser ! »

Mirabeau, seul champion de la monarchie, avec pleins pouvoirs ? Il avait présenté son « plan » comme « une sorte de pharmacie politique » où le « chef seul », muni de remèdes classiques et de « plantes vénéneuses », « dose ses compositions » – il avait précisé : « sous la direction de son génie ». De la part du malade, il avait requis « une confiance abandonnée ».

Quelle sera la réaction de la cour ? Le malade s'abandonnera-t-il au médecin ou repoussera-t-il la médication d'un charlatan ? La Marck a lu, lui-même, le « plan » à Marie-Antoinette, qui s'est déclarée très impressionnée. Le roi, agacé par ce nouveau protecteur virtuel, ce candidat aux fonctions de « maire du palais » alors qu'il subit déjà la « protection » de La Fayette, semble avoir trouvé très exagéré le tableau des dangers, tel qu'il est dépeint par Mirabeau. L'exécutif est muet : le garde des Sceaux, Duport-Dutertre, est trop lié aux Lameth pour se soucier du sort du couple royal ; le ministre de la Guerre, Duportail, a assimilé les règles du gouvernement d'Assemblée et se considère au service, non du roi, mais du Comité militaire de la Constituante ; Lessart aux Finances puis à l'Intérieur reste fidèle au roi, mais apparaît faible et sans influence.

La Marck se confie à l'ambassadeur d'Autriche, Mercy : le « plan » lui semble « vaste et trop compliqué », mais certains de ses éléments pourront être mis en œuvre, pour le plus grand profit de la monarchie. L'autre résultat positif est l'engagement déterminé, hardi, de Mirabeau – au-delà de ce qu'on pouvait espérer. Encore faudra-t-il suivre de près l'exécution du « plan » : ce sera la tâche de La Marck, qui s'inquiète, par avance, de l'impétuosité de Mirabeau, et de ses « coups » imprévisibles… et de la timidité de Montmorin, souvent dépassé par la tourmente révolutionnaire. L'ambassadeur d'Autriche répond que le « plan » est parfait en théorie, mais que la difficulté est de trouver, dans l'application, des « coopérateurs » qui aient la même force, le même élan, que Mirabeau.

Une grave lacune du « plan », au regard de la cour : la question de la liberté de mouvement du roi et de sa famille n'est pas abordée, même si Mirabeau fait allusion, dans son questionnaire sur les provinces, aux réactions de l'opinion à un voyage du roi. Talon, lorsqu'il s'entretient avec La Marck, dépasse, de sa propre initiative, cette partie du « plan » : il se fait fort de « déjacobiniser » Paris en peu de temps, et de faire demander par les Parisiens eux-mêmes « plus de liberté pour le roi ». Mais, sur ce même thème, un tout autre plan semble en débat à la cour.

DES DIFFICULTÉS DU DOUBLE JEU

Piéger l'Assemblée, la pousser à la faute... La Marck insiste auprès de Mirabeau, ce 5 janvier 1791 : pourquoi ne pas utiliser la question religieuse, la controverse sur le statut du clergé, qui s'exaspère et blesse la nation en profondeur, pour mettre en œuvre le Plan de décembre, pour « enferrer » et « dépopulariser » l'Assemblée, pour la « désinfluencer » ?

Le député d'Aix répond à La Marck qu'il travaille d'arrache-pied, toujours avec l'abbé Lamourette, sur le texte de sa nouvelle intervention, qu'il qualifie d'« évangélique » : « Lorsque vous me retrouverez, vous ne verrez qu'un mort, car cette instruction évangélique m'a tué. J'ai encore passé la moitié de la nuit là-dessus. »

Il revient sur le Plan de décembre : « Désinfluencer l'Assemblée ? C'est chose faite... Qui pourrait croire que la démission de 20 000 curés n'aura aucun effet dans le royaume ? »

La veille, prenait fin le délai de huit jours prescrit au clergé pour prêter le serment civique. L'Assemblée était hésitante. Barnave et Charles de Lameth avaient sommé leurs collègues : il fallait aller jusqu'au bout. Seuls quelques curés et deux évêques, dont Talleyrand, avaient déjà juré fidélité au nouveau régime. L'appel des députés du clergé « réfractaires » – c'est-à-dire presque tous les membres ecclésiastiques de l'Assemblée – s'était donc déroulé, avec une lenteur solennelle. Tous avaient refusé le serment... sauf un curé. À l'extérieur, la foule scandait : « À la lanterne, ceux qui refuseront ! »

Mirabeau tentait encore de jouer les conciliateurs. Il avait remarqué une affiche, apposée sur les murs de Paris, qui excitait l'opinion publique contre les membres du clergé, qualifiés de « perturbateurs du repos public ». Il avait rugi :

« Cette affiche est inique et inconstitutionnelle ! Le prêtre qui s'obstinerait à ne pas prêter serment et à conserver, tout de même, l'exercice de ses fonctions, serait, certes, un perturbateur. Mais celui qui nous dirait “ En conscience, je ne peux pas prêter serment et je me retire ”, celui-là n'est certainement pas coupable ! »

La gauche avait applaudi. Le maire de Paris, Bailly, avait présenté ses excuses : l'affiche avait été exposée par erreur et à son insu ; elle venait d'être retirée.

Mirabeau avait repris la parole pour évoquer le danger d'une trop longue interruption du ministère religieux après la démission d'un prêtre non-jureur :

« La nécessité est urgente d'assurer à un peuple la continuité de son culte. Il serait trop douloureux pour vous d'apprendre qu'au milieu de vos cités, la portion chrétienne des habitants cherche en vain autour d'elle son guide, son pasteur. Et que, dans les campagnes, l'agriculteur agonisant est forcé de descendre au tombeau sans que la religion ait béni son dernier soupir ! »

Toujours, sous le discours mélodramatique, la crainte lucide du gouffre que la Constitution civile va ouvrir dans la nation... L'Assemblée suit l'orateur et vote le décret qu'il a proposé et qui élargit le cercle des candidats possibles aux fonctions ecclésiastiques.

Une grande voix s'élève à droite : Cazalès exige de l'Assemblée qu'elle déclare formellement « ne pas avoir voulu toucher au spirituel ». Mirabeau rectifie : « Ce qu'il faut dire, c'est que l'Assemblée “ n'a pas touché au spirituel ”. »

Cazalès et l'abbé Maury protestent : « Elle y a touché, elle y a bel et bien touché ! »

Mirabeau passe outre et s'efforce de dominer les murmures :

« S'il est vrai que personne n'a ici l'intention secrète de troubler la paix... que nous voulons tous concourir à la paix. S'il est vrai que cette résistance n'est pas le moyen, trop souvent utilisé, de faire prévaloir l'autorité de Rome... Alors il faut se contenter de la déclaration mille fois faite, et non à faire : l'Assemblée n'a pas attenté au spirituel ! »

Et le député d'Aix met les rieurs de son côté :

« Je précise, à l'intention de la partie de l'Assemblée qui m'interrompt, que je ne suis pas candidat à un évêché. »

Les interventions de Mirabeau influent sur l'état d'esprit de ses collègues, convaincus que l'opinion publique n'est décidément pas mûre, et qu'il faut lui expliquer, à travers les dispositions de la Constitution civile, le nouveau statut de l'Église de France et de la religion dans le royaume. L'Assemblée confie à son Comité ecclésiastique la préparation d'un manifeste, d'une *Adresse aux Français sur la Constitution civile du clergé*. Mirabeau n'est pas membre du Comité ecclésiastique ? Peu importe. C'est à lui que revient la rédaction du manifeste.

Le 14 janvier, Mirabeau donne lecture de l'Adresse à la tribune de l'Assemblée :

« Français, au moment où l'Assemblée nationale coordonne le sacerdoce à vos lois nouvelles, on s'efforce d'égarer votre conscience. Les vrais amis de la religion doivent être prémunis contre les clameurs hypocrites des ennemis de la Révolution... »

L'auteur du manifeste veut d'abord répondre à ceux qui reprochent à l'Assemblée de ne pas avoir proclamé le catholicisme religion de l'État, de la nation. Il invoque le caractère universel du christianisme :

« Le christianisme ne saurait être national. Il s'exclut, par son essence même, de tout système de législation locale. Il est le lien d'une société éparse dans tous les empires du monde... »

La droite ricane : dans son élan, l'orateur a évoqué « les splendeurs de l'inébranlable empire de l'éternité » !

« Quelle grandiloquence ridicule ! »

À son habitude, Mirabeau, soutenu par les applaudissements de la gauche, veut passer en force. L'humour affleure :

« Autant nous blâmer pour n'avoir pas indiqué, dans la Constitution civile, que le soleil est l'astre de la nation et que nul autre ne sera reconnu par la loi pour régler la succession des jours et des nuits ! »

L'argument de Mirabeau n'est pas vraiment décisif : une religion peut être à vocation universelle et être érigée en religion nationale dans tel ou tel État. L'orateur est plus heureux quand il s'interroge sur l'intérêt de lier la religion et l'État :

« Est-il utile au bonheur public que la conscience des hommes soit enchaînée par la loi de l'État ? »

Au passage, il plante une banderille sur ceux de ses adversaires qui veulent une religion d'État, d'un État dont ils contestent, par ailleurs, la légitimité :

« Quels sont ces hommes qui nous demandaient, avec une chaleur et une amertume si peu chrétiennes, un décret qui rendît le christianisme constitutionnel ? Ce sont les mêmes qui nous disaient que cette constitution devait perdre l'État et déshonorer la nation française ! Ô hommes de mauvaise foi ! Pourquoi voulez-vous donc introduire une religion que vous faites profession de chérir et d'adorer dans une législation que vous vous faites gloire de décrier et de haïr ! »

Mirabeau feint d'ignorer l'objection symétrique qui pourrait lui être opposée : pourquoi légiférer sur le catholicisme au moment où il perd son statut de monopole dans l'État pour être renvoyé dans le champ des convictions privées ? Mais il est pris dans une contradiction plus immédiate : il s'est appuyé sur le caractère universel du christianisme contre les tenants du catholicisme-religion nationale ; comment éviter l'ingérence du chef de l'Église universelle, le « baptême » de la Constitution civile par l'Évêque de Rome ? Il reprend sa difficile démonstration théologique de la fin novembre sur l'inutilité du recours au pape :

« La primauté ne consiste pas dans une juridiction plus éminente et plus étendue. Les évêques sont chargés du régime de l'Église universelle, comme l'étaient les apôtres. L'onction de l'épiscopat suffit à leur institution. Ils n'ont pas plus besoin de la sanction du pontife de Rome que saint Paul n'eut besoin de celle de saint Pierre... »

Et notre tribun, manifestement satisfait du manifeste dont il donne lecture, revient et conclut provisoirement sur l'élection des prêtres, cette disposition de la Constitution civile qui soulève les plus fortes tempêtes :

« Le mode d'élection adopté par l'Assemblée nationale est donc le plus parfait, puisqu'il est le plus conforme aux procédés des temps apostoliques, et rien n'est si évangélique et si pur que ce qui dérive de la haute antiquité ecclésiastique ! »

De l'appel à la conciliation, Mirabeau est passé à l'apologie du christianisme apostolique. C'est la part vraiment évangélique de l'Adresse, celle de l'onction et de l'attendrissement, due à la plume de l'abbé Lamourette. Les Pères de l'Église sont conviés à contempler l'œuvre de la Révolution :

« Que pourraient dire ces pontifes vénérables des premiers temps du christianisme, du temps des catacombes, s'ils contemplaient la gloire dont la religion se voit environnée dans la France d'aujourd'hui ? Toutes ces tours, tous ces temples surmontés de la croix de l'Évangile ! Quel spectacle, quel ravissement pour celui qui n'a vu la religion que dans les antres des forêts et des déserts ! Je crois l'entendre s'écrier, comme autrefois celui qui contemplait le camp du peuple de Dieu : “Ô Israël, que vos tentes sont belles ! Ô Jacob, quel ordre, quelle majesté dans vos pavillons !” Voilà qui donne la mesure des exagérations incendiaires qu'on répand ! Qu'ils jurent donc, les prêtres de bonne foi ! »

Lyrisme impétueux de Mirabeau ! L'Adresse, commencée comme une explication claire à l'usage des citoyens et des croyants, tourne à la supplication aux réfractaires « de bonne foi ».

Mais le combattant politique est toujours présent sous le prédicateur ; le coup d'estoc succède à l'extase évangélique. Le député d'Aix reprend le thème qui a semblé lui réussir en novembre ; il pourfend les abus de l'Ancien Régime, il interpelle les évêques faits par l'Ancien Régime :

« Vous qui êtes le fruit de cette iniquité effrayante qui appelait aux premiers emplois du sacerdoce ceux qui croupissaient dans l'oisiveté et l'ignorance, et qui fermait impitoyablement les portes du sanctuaire à la portion sage et laborieuse de l'ordre ecclésiastique... »

Après avoir attisé la lutte entre bas et haut clergé, l'orateur se veut menaçant :

« Voyez ces prélats et ces prêtres qui soufflent l'esprit de soulèvement et de fureur... ce sacerdoce méditant sans cesse des moyens pour s'emparer de la force publique... »

Dans la salle, le tumulte est général. Les cris de la droite et les répliques de la gauche se croisent. S'agit-il encore de la lecture de l'Adresse ? L'Assemblée n'est-elle pas submergée par les commentaires personnels, de plus en plus violents, de l'orateur ?

« Ne croirait-on pas qu'ils ont le même but que l'impie et qu'ils sont résolus à la perte du christianisme, pourvu qu'ils soient vengés et qu'ils aient épuisé tous les moyens de recouvrer leur puissance et de vous replonger dans la servitude ? Ils égarent les consciences et alarment la piété des simples ! Ils s'attachent à faire croire au peuple que la religion et la Révolution ne peuvent subsister ensemble ! Peut-être le peuple finira-t-il, derrière ces mauvais pasteurs, par abjurer son christianisme ! »

La résistance à la Constitution civile du clergé décrite comme un anti-christianisme ! Mirabeau est-il allé trop loin ? L'abbé Maury et plusieurs députés du clergé préfèrent quitter la salle. Si le but poursuivi par Mirabeau était bien de piéger l'Assemblée, de la pousser à des positions maximalistes, le succès semble acquis.

Vient la péroraison. Mirabeau se retourne vers l'ensemble des Français, pour achever de les convaincre. Qu'ils comparent la situation présente du royaume avec celle de la France d'il y a quelques mois, à la veille de la Révolution, sans liberté, sans vraie religion :

« La vraie religion de l'Évangile ne s'y trouvait pas. Nous étions une nation sans patrie, un pays sans gouvernement, une Église sans caractère.

— Ce n'est pas possible ! On ne peut pas entendre cela ! On a mis là des abominations qu'on ne peut entendre de sang-froid ! Ce n'est pas là le texte de l'Adresse tel qu'il était soumis au

Comité ecclésiastique ! Je demande l'ajournement et le renvoi au comité ! Il faut lever la séance ! »

La voix tranchante s'est élevée à gauche. Comme en novembre, c'est Armand Camus, l'avocat janséniste et principal auteur de la Constitution civile, qui, indigné, a interrompu le député d'Aix. La salle du Manège est en effervescence. Mirabeau ne peut terminer sa lecture, il confie son texte à l'imprimeur de l'Assemblée et demande la clôture du débat, « un tissu de déclamations éloquentes ou non éloquentes, qui auront fort peu avancé la chose publique ». Il se promet de ne plus apparaître devant le Comité ecclésiastique, de ne plus jouer les théologiens d'occasion.

Dans une lettre à La Marck, il ne se dissimule pas la gravité de la situation : « Voilà une plaie nouvelle, mais la plus envenimée de toutes. Un foyer de gangrène de plus, ajouté à tous ceux qui rongent, corrodent et dissolvent le corps politique. Nous nous étions fait un roi effigie, sans pouvoir, un corps législatif qui administre, qui juge, qui récompense et punit, qui fait tout sauf ce qu'il doit faire. À présent, nous arrangeons un schisme religieux, le pire des dangers, le plus inextricable des embarras. Ce sera la fin de tout, si l'Assemblée ne se lasse pas d'obéir aux anarchistes. » D'un trait rapide, Talleyrand dit son accord avec l'opinion de Mirabeau : « La Constitution civile est la plus grande faute politique de l'Assemblée. »

La Marck est mécontent : Mirabeau, maladroit, a réussi à mettre toute l'Assemblée contre lui !

Mirabeau proteste : « Comment pouvez-vous parler de l'opposition de " toute " l'Assemblée ? J'ai été contesté seulement sur une ou deux phrases. Tout le reste a eu un désespérant succès. Vous me confirmez dans ma déception : la cour et vous, vous êtes si lents à me savoir gré de mes services et si pressés de me reprocher la moindre faute ! »

La Marck acquiesce, finalement : « L'essentiel était d'utiliser à fond la question du clergé pour " désinfluencer " l'Assemblée. »

Mirabeau développe cet argument dans une Note à la cour, le 21 janvier : « On ne pouvait pas trouver une occasion plus favorable de coaliser un grand nombre de mécontents, de mécontents d'une plus dangereuse espèce, et d'augmenter la popularité du roi aux dépens de celle de l'Assemblée nationale… Il faut pour cela : provoquer le plus grand nombre d'ecclésiastiques fonctionnaires à refuser le serment ; provoquer le plus grand nombre possible d'abstentions lors des élections de prêtres ; porter l'Assemblée nationale à des moyens violents contre les paroisses " abstentionnistes ", tels que faire casser les municipalités et requérir du roi l'emploi de la force publique ; après cet emploi de la force, provoquer des pétitions dans les départements pour s'y opposer... Il est impossible de dissimuler l'embarras où se trouverait l'Assemblée, si toutes ces mesures concouraient en même temps. »

Pourtant, dans sa conscience d'homme d'État, Mirabeau n'est pas satisfait de son action dans la question du clergé. Le 24 janvier, dans une nouvelle Note à la cour, il retourne sa stratégie : il voudrait que le funeste décret du 27 novembre soit retiré, mais l'initiative ne devrait pas venir de lui. Car cette politique du pire, qu'il joue comme on joue aux échecs, peut avoir un certain charme ; mais il perçoit, de plus en plus, le tragique de la situation du royaume.

Cette initiative, Cazalès va tenter de la prendre, dans un nouveau débat, le 26 janvier. Mais il est trop aristocrate pour émouvoir l'Assemblée. Seul Mirabeau aurait pu montrer aux députés le gouffre de la guerre civile vers lequel les entraînent l'obligation du serment civique et le schisme religieux qui en est la conséquence. Seul Mirabeau aurait pu les convaincre de retirer le décret sur le serment. Or, il a pris la position contraire, refusant tout retrait, car il est prisonnier de son double jeu et de ce soi-disant machiavélisme, si difficile à manier.

L'inquiétude de La Marck est autre : il ne voit que trop « l'état où se trouve le plan ». Le Plan de décembre n'avance pas ! Aucun « voyageur », aucun informateur, n'est encore parti pour la province. L'« atelier des ouvrages » n'est pas encore établi. On a à peu près renoncé au concours des ministres : Mirabeau avait vu juste, l'influence de La Fayette sur le choix des ministres a été forte, quoi qu'en dise Montmorin. Aucune stratégie n'a encore été élaborée au sein de l'Assemblée. Seul l'« atelier de police » a commencé à fonctionner, « quelques machinations sont déjà en mouvement, plusieurs folliculaires sont gagnés ».

La Marck éprouve les plus grands doutes sur le succès du « plan » : bien conçu, mais « pour d'autres temps et d'autres hommes ». « Nous ne sommes plus au temps de la Fronde ! » Et trop complexe pour un Montmorin, « lent par indécision, par faiblesse, par paresse » ! Seul Mirabeau est à la hauteur du jeu ; il montre « d'excellentes dispositions » et une grande détermination dans ses conférences avec Montmorin. Mais Mirabeau a son propre jeu : « Il voudrait pousser les autres et se tenir en arrière, avoir le mérite du succès et ne pas mettre sa popularité à trop rude épreuve. »

Éternelle quête de popularité ! Dix jours plus tôt, La Marck reprochait à Mirabeau d'avoir mis toute l'Assemblée contre lui ! Depuis, le tribun accumule les succès et les honneurs. Le 21 janvier, il a été élu administrateur du département de Paris, récemment créé, au côté de Talleyrand, Sieyès, Alexandre de Lameth et Danton. Le 18, il a appris qu'il avait été élu à la tête de l'un des bataillons parisiens de la Garde nationale, celui de la Grange-Batelière. Émotion de Mirabeau ! Il n'était pas candidat et ce fut une élection spontanée contre le candidat de La Fayette ! Le nouveau commandant exulte. Lorsqu'il prend son commandement, le porte-parole du bataillon lui lance : « Soyez notre commandant, sans cesser d'être notre camarade ! »

Mirabeau répond, modestement : « Je vais faire mon apprentissage, je n'ai que l'envie de servir ! » Et il va se faire applaudir au Club des Jacobins, en uniforme de chef de bataillon, habit bleu, épaulettes, hausse-col... Seul le pamphlétaire Fréron décrira la scène comme ridicule.

Mirabeau va-t-il saisir l'occasion d'un rapprochement avec la cour, d'une nouvelle entrevue avec la reine ? Normalement, chaque chef de bataillon doit prendre son tour de service aux Tuileries pour la garde de la famille royale. Il pose la question à la cour : doit-il prendre son tour ? Sa présence, explicable par le devoir, pourrait, certes, susciter défiance et commentaires ; mais son absence pourrait apparaître pour de l'affectation. En fait, il a très envie d'être invité par le couple royal. Il pourrait remettre à la reine des « écrits utiles » et recevoir en échange un mot, une expression, « même très énigmatiques », sur ses intentions. Il prend un ton câlin pour évoquer le dauphin : « Accoutumé à faire plusieurs choses à la fois (c'est pourquoi je les fais mal), je pourrais, dans le même temps, jouer aux boules, abattre des quilles, et Monseigneur le Dauphin ne perdrait rien à cela. » Mais Mirabeau ne jouera pas aux quilles avec le dauphin : la cour ne répondra pas.

RUE DE LA CHAUSSÉE-D'ANTIN

Mirabeau vit, agit et se gaspille. Il est entouré d'une armée de secrétaires, trois ou quatre à la fois, qui tentent de suivre la rapidité de sa pensée et de domestiques qui portent la livrée, officiellement supprimée. Et d'un cercle rassurant de femmes admiratives, et de maîtresses toujours disponibles, de préférence des actrices ou des danseuses de l'Opéra. Et d'insouciance et de faste...

La Marck tente de le mettre en garde : ces dépenses sont trop voyantes alors que chacun sait qu'il vivait d'expédients, il y a encore quelques mois ! Mirabeau accepte remarques et reproches, promet d'être plus réservé et sait, par avance, qu'il ne pourra pas tenir sa promesse. Pour son collaborateur Dumont, « Mirabeau était comme les enfants, il avait envie de tout et ne savait rien se refuser : l'argent semblait un embarras pour lui, il avait hâte de s'en défaire ».

En fait, il a adopté une posture de défi : ses ennemis voudront-ils rechercher les sources de son opulence ? Elles n'ont rien de secret ! Il tient table ouverte, il sourit d'un air entendu lorsque ses invités l'interrogent et ne craint pas de faire des allusions codées aux subsides de la cour. Un jour, tout se termine dans un gros fou rire, lorsqu'il exhibe les diamants qu'il vient d'acheter et qu'il destine à une amie. « Autant nous présenter votre part dans la liste civile du roi ! » lance l'un des convives.

Il errait jusque-là d'un garni à l'autre ; il loue un hôtel particulier de la rue de la Chaussée-d'Antin qui appartient à l'actrice Julie Carreau, future épouse du grand tragédien Talma. « Mirabeau orne sa maison comme le boudoir d'une petite maîtresse », estime Dumont, partagé entre envie et désapprobation. Le voyageur italien Gorani est admiratif : « De ma vie, il ne m'est arrivé de faire des repas plus aimables que chez Mirabeau. Sa chambre à manger ne ressemble en rien aux chambres à manger d'aucun autre homme. » Mirabeau a installé une partie de sa bibliothèque dans sa salle à manger, dont Gorani nous décrit les quatre côtés : « L'un présentait un buffet riche et élégant, travaillé avec un goût raffiné, avec des vases antiques remplis de choses exquises. Un côté formait une bibliothèque de livres superbement liés et d'éditions rares. Un côté était couvert de tableaux représentant les plaisirs de la table et le quatrième de ces côtés était tapissé d'estampes rares sur le même sujet. »

Le but de Mirabeau est de favoriser des conversations libres, de permettre les confidences politiques ou autres, donc hors la présence des domestiques qui peuvent se révéler autant d'espions en ces temps sulfureux. L'hôte imagine donc que ses invités se serviront eux-mêmes. Il invente, en quelque sorte, les repas libre-service, toujours selon Gorani : « Entre les convives étaient placés de petits meubles à quatre étages, des servantes, couverts de bouteilles, d'assiettes, de verres, de services, de sorte que chacun se servait à désir. Le premier service étant mangé, Mirabeau sonnait et alors on suspendait les discours. Trois valets emportaient en un instant les plats vides puis disparaissaient. Il en allait de même après chaque service. »

Une seule précision sur la qualité des mets : sensualité oblige, la cuisine de l'hôtel de la Chaussée-d'Antin est très épicée. Selon le témoignage d'une convive, « la chère était délicieuse, mais tellement incendiaire que je crachais presque toujours le sang quand je dînais chez Mirabeau ».

Dîners et invités se succèdent. Un soir, c'est le jeune vicomte de Chateaubriand – il est âgé de 22 ans – qui se trouve placé à côté de Mirabeau et qui, englouti dans sa timidité, ne prononce pas un mot. Soudain, le député d'Aix semble découvrir sa présence et lui applique sa main sur l'épaule… mais c'est pour conclure un long monologue consacré à ses ennemis : « Ils ne me pardonneront jamais ma supériorité ! » Chateaubriand n'en est pas moins séduit. Ne souffre-t-il pas, comme a souffert Mirabeau, de l'autorité d'un père d'Ancien Régime, inflexible, menaçant, despotique ? Il reviendra sur cette rencontre, trente ans plus tard, dans ses *Mémoires d'outre-tombe*. Anxieux, il se demande si Mirabeau l'a réellement remarqué, s'il a deviné son destin : « Lorsque Mirabeau fixa ses regards sur un jeune muet, eut-il un pressentiment de mes futuritions ? Pensa-t-il qu'il comparaîtrait un jour devant mes souvenirs ? » Puis il prend la pose devant l'Histoire, comme pour mieux s'affirmer face à Mirabeau, dans ce dialogue imaginaire : « J'étais destiné à devenir l'historien des hauts personnages. Ils ont défilé devant moi, sans que je me sois appendu à leur manteau pour me faire traîner avec eux à la postérité. » Et de revenir sur l'image de Mirabeau qui s'est incrustée en lui : « La nature semblait avoir moulé sa tête pour l'empire ou pour le gibet, taillé ses bras pour étreindre une nation ou pour enlever une femme. »

Mirabeau n'en a jamais fini avec sa famille. Il reçoit la visite inattendue de sa sœur, Louise de Cabris, qui ne ressemble plus guère à la jeune fille éclatante qu'il découvrit à son retour de Corse. Prématurément vieillie, accablée de soucis familiaux – la santé de son mari – et d'embarras d'argent, elle a fait partie, dès août 1789, de la toute première vague de l'émigration ; elle s'est réfugiée à Nice, mais la réputation de son frère l'a poursuivie, elle a été soupçonnée d'être « l'espionne du comte de Mirabeau », elle a été contrainte de clamer, haut et fort, son désaccord politique avec son frère aîné, « un homme traître à son Dieu, à son roi, à son ordre ». Elle reprend pourtant contact avec lui, lors d'un séjour à Paris, curiosité et ressentiments mêlés... Louise de Cabris est accompagnée de Caroline du Saillant, cette autre sœur avec laquelle Mirabeau est en excellents termes. Elles sont si différentes ! Louise, brune, les traits creusés, une ressemblance forte avec son père, le défunt marquis, et ce port impérieux et ce regard ardent, vindicatif, qui sont les ultimes restes de sa grâce passée. Caroline, blonde aux yeux gris-bleu, nonchalante, respirant la bonté et la gaieté. Mirabeau ne manque pas de les comparer : « Caroline, c'est de l'or le plus pur ; Louise, un jeton si parfaitement doré qu'il faut infiniment d'habileté pour en deviner l'alliage. »

Mais c'est surtout son frère cadet, André-Boniface-Louis, le vicomte de Mirabeau, le fils préféré du marquis, l'élu de la noblesse du Limousin, qui lui pose problème. Les caricaturistes le présentent, sur les estampes populaires, le buste sous l'aspect d'un gros tonneau, les bras en forme de bouteilles de vin. Le sobriquet lui colle à la peau et il en tire fierté : c'est Mirabeau-Tonneau opposé à Mirabeau-Tonnerre. Il paraît souvent à l'Assemblée, mais il n'a guère d'intérêt pour les affaires publiques ; il se contente de prendre des positions diamétralement opposées à celles de son frère, qu'il jalouse. En mai 1790, il s'offre en spectacle aux députés en escaladant la tribune, à moitié ivre, alors que son frère l'occupe et s'apprête à parler.

Il a beaucoup d'esprit, lorsqu'il n'est pas sous les vapeurs de l'alcool – un vrai Mirabeau. Ses amis recueillent ses bons mots dans des brochures qui ont un écho, du côté monarchiste : *Les Dîners du vicomte de Mirabeau*, *La Tasse de café sans sucre*. Au cours d'un dîner au Palais-Royal, il participe à la fondation des *Actes des apôtres*, une feuille royaliste que Rivarol illustrera de ses écrits. Surtout, il anime un journal satirique, *La Lanterne magique*, dont son frère aîné est la cible préférée. Égratignures sur son physique et ses attitudes : « Admirez sa frisure, la mieux soignée de toutes, l'air content de lui-même qui le caractérise ; il sourit à ses approbateurs et leur rendra en motions les bienfaits dont ils le comblent. » Attaques beaucoup plus violentes, lors de son installation à l'hôtel de la Chaussée-d'Antin : « D'où a tiré ce palais, ces meubles magnifiques, le crapuleux maître de céans ? Qui à Paris ignore qu'il a passé sa vie dans les pensions ou les hôtels garnis ? Voici son ancienne adresse. Il vivait là, étroitement logé dans une seule chambre, et végétait en compilant ou imprimant des libelles qu'il avait escroqués. Et ce malheureux a maintenant des hôtels, des équipages ; le métier de député est donc bien lucratif. » Caricatures sur sa prétendue lâcheté : sur un dessin, l'abbé Maury, le grand tribun monarchiste, est assailli. La légende : « Mirabeau, accoutumé au meurtre, se précipite sur un adversaire sans armes, c'en est fait… Mais où fuit soudain notre valeureux champion ? Aurait-il vaincu ? Non, la fermeté de Maury le déconcerte et, selon son habitude, il s'éloigne d'un ennemi qu'il faut combattre… »

Dans ses rapports avec son cadet, Mirabeau fera toujours montre de solidarité et d'indulgence. Le vicomte est blessé dans un duel. Mirabeau vient le voir ; il est accueilli par un commentaire acide : « Je vous remercie de votre visite, d'autant plus que vous ne me mettrez jamais dans le cas de vous en rendre une pareille. » Le vicomte est arrêté pour avoir insulté la foule depuis le balcon d'un restaurant du Palais-Royal ; il était manifestement ivre. Mirabeau vient le délivrer et lui reproche ses excès. Et le cadet de répliquer, non sans humour : « De tous les vices de la famille, vous ne m'avez laissé que celui-là. » Le vicomte est renvoyé devant l'Assemblée, après avoir été impliqué dans des incidents au sein de son régiment, stationné à Perpignan. Mirabeau intervient pour rappeler que les immunités dont jouissent les députés s'appliquent aussi à son frère. Au risque d'altérer sa popularité, comme le montre un virulent éditorial de *L'Orateur du peuple* : « Il semblait que Mirabeau attendait, pour se rapprocher de son frère et lui rendre son amitié, qu'il se fût rendu bien digne de lui par quelque nouvel attentat contre la nation. Mirabeau était non seulement le plus âgé, mais il avait l'aînesse des crimes. »

En fait, le vicomte est surtout un soldat – et un bretteur, toujours prêt à dégainer. Il a fait, naguère, une brillante campagne d'Amérique. Il lui manque la perspective d'une vraie carrière militaire. Il va émigrer et procurer de nouvelles difficultés à son aîné : Mirabeau prend une dernière fois sa défense, explique qu'il a pris le chemin de l'exil après avoir voulu « maintenir un régiment rebelle dans le chemin du devoir »... L'Assemblée décrète le vicomte « émigré ennemi public ». Mirabeau « le jeune » constituera, à ses frais, une légion de 3 000 volontaires sur la frontière alsacienne ; il mourra, en septembre 1792, à Fribourg-en-Brisgau, victime d'une rixe avec un officier émigré.

Les collaborateurs de Mirabeau vont-ils l'abandonner ? L'« atelier » va-t-il disparaître ? La Marck s'en inquiète. Il n'est plus simplement le « contact » avec la cour ; il est devenu le meilleur ami du député d'Aix. Il le lui dit, dans un courrier du 20 mai 1790 : une déclaration d'amitié passionnée, dans le ton d'une époque qui n'écartait pas les manifestations de « sensiblerie ». « Avec vous, j'entreprendrai tout, sans vous, je ne risquerai qu'avec un espoir calculable. Ma gloire et mon ambition se trouveront plus à servir le génie et le talent qu'à courir, pour mon compte, les aventures. » Il reviendra, plus tard, sur une fascination, qui transcende d'évidentes divergences : « Il faut avoir connu Mirabeau dans le commerce le plus intime pour rendre justice à ses bonnes et nobles qualités et comprendre tout ce qu'il y avait en lui de séduction. Malgré la divergence de caractère et même d'opinion qui existait entre nous, je ne sais quel charme, pour ainsi dire involontaire, m'attirait vers lui. »

Rien ne va plus au sein de l'« atelier » : les collaborateurs genevois se disputent, Duroverai n'assumerait qu'une petite partie du travail, Dumont le lui reproche amèrement. En mars, Dumont quitte Paris pour Londres, plein de rancune : « Mirabeau ne m'inspirait plus les mêmes sentiments depuis que je le connaissais trop. » Ses raisons sont parfaitement contradictoires : il se plaint, à la fois, de son statut de « nègre littéraire », de rédacteur inconnu, occulté par son patron... et de la notoriété qu'il commence à obtenir, son nom étant de plus en plus associé par la rumeur publique à celui de Mirabeau ! Associé du « maître de l'Assemblée » ? « Je vis des personnes très estimables se refroidir pour moi par une suite du mépris que leur inspirait Mirabeau. » Et ce sera pire à Londres, où l'opinion éclairée désapprouve les dérives de la Révolution. Nègre littéraire ? « La réputation de faiseur subalterne n'a rien de flatteur pour l'amour-propre. » Et Dumont va tenter de s'attribuer la meilleure part dans l'œuvre de Mirabeau.

Dumont ne nie pas les qualités de Mirabeau : l'esprit de synthèse, le sens des formules qui résument un débat ou poussent les feux de la Révolution, et cette compréhension intime, incomparable, de l'état d'esprit de l'Assemblée. « Un coup d'œil prompt, un tact sûr, un art de démêler immédiatement le véritable esprit de l'Assemblée et d'appliquer sa force tout entière au point de résistance, sans l'user mal à propos sur des accessoires » ; « personne n'a plus fait avec un seul mot, personne n'a frappé le but avec plus de précision, et n'a plus souvent entraîné l'opinion générale, soit par une insinuation heureuse, soit par un trait qui intimidait ses adversaires ». Pour le reste, Dumont est tout près de prétendre que Mirabeau n'a été que le brillant porte-parole des idées que lui, Dumont, élaborait. Une thèse que reprendra, malicieusement, Camille Desmoulins : « On sait bien qu'à l'imitation des acteurs du théâtre romain, qui étaient toujours deux pour un rôle, l'un pour la déclamation et l'autre pour le geste, M. de Mirabeau ne s'est jamais réservé que le geste, et s'est toujours reposé du son sur une personne cachée derrière la toile. »

Ces insinuations surprennent Mirabeau. Il n'a pas le sentiment d'avoir commis le moindre plagiat. « On me dispute une partie de mes ouvrages ? Erreur si jamais il en fut. » Ses ouvrages, ses discours, il les a tous conçus. Certes, il s'est approprié les faits, les chiffres, les données matérielles rassemblées par ses collaborateurs, obtenant ainsi « dans un seul entretien ce qui lui eût coûté un jour de lecture ». Ces faits, il « les évalue, les écoute et les reproduit sous des formes brillantes. Chacun se retrouve ; mais comme on se retrouve embelli, personne n'ose se plaindre ». Mirabeau insiste : il « tire parti de tout ce qui l'environne et s'enrichit sans dépouiller personne ».

Amour-propre d'auteur profondément blessé : le député d'Aix renouvelle sans cesse son plaidoyer. Il se compare à l'architecte qui « n'a pas sculpté les colonnes ou peint les plafonds ou exécuté les ornements », mais « il a dessiné le plan, distribué les appartements, choisi le genre de décoration... et c'est celui qui a fait le palais qui reçoit les éloges ou subit les critiques ». Et la démonstration semble tout emporter avec l'image majestueuse de ces fleuves qui « se grossissent des eaux qu'ils reçoivent dans leur cours, confondant dans leur lit les dons divers des montagnes et arrivent aux mers dans un état de splendeur qui surprend à leur embouchure ». Mirabeau peut d'autant moins comprendre ce procès en propriété littéraire que la répartition des rôles lui semblait évidente et nullement secrète : dans les premiers temps d'une Assemblée encore inorganisée, ses collaborateurs ne se glissaient-ils pas à son côté, sur les sièges réservés aux députés ?

Mme de Staël volera à son secours : « Aucun de ceux qui se vantaient d'avoir écrit ses textes n'aurait pu écrire ce qu'il savait leur inspirer. »

Il faut reconstruire l'« atelier », enrôler de nouveaux collaborateurs. Mirabeau a, depuis longtemps, des vues sur Reybaz, ce pasteur suisse aussi compétent en théologie qu'en finances. Il lui avait écrit dès l'automne 1789 : « Genève, vos amis, la France et moi, nous aurions un extrême besoin de vous. » Mais Reybaz est plus difficile à séduire que Dumont et Duroverai. Il est austère, dépourvu d'ambition mais avec assez de moyens pour vivre, en toute indépendance, à Paris, avec sa femme et sa fille : il se partage entre des travaux de physique et une libre collaboration au *Mercure de France* et à d'autres publications. Il refuse même les invitations à dîner de Mirabeau… Le député d'Aix revient à la charge, avec déférence, toute familiarité exclue. Il lui envoie les épreuves de ses discours, sollicite cérémonieusement ses critiques, gagne discrètement sa femme et sa fille en mettant sa voiture à leur disposition. Il tente de rassurer le pasteur genevois : leur collaboration n'aura rien de sulfureux. « Vous savez allier la sévérité des principes, la rigueur dans la polémique, la décence et le goût… Je ne vous demande pas de dire adieu à tout cela, mais, au contraire, de vous maintenir ainsi. Ce n'est pas une prière oiseuse, ni même ingrate. » Comment se dérober à la pression de Mirabeau, et continuer à décliner ses offres ? Reybaz cède ; il entre à l'« atelier » en mai 1790. Mirabeau lui confie les travaux les plus délicats : une intervention sur le mariage des prêtres – mais Robespierre se saisira, en premier, de ce thème – et le dossier des assignats.

C'est la période la plus heureuse de la vie de Mirabeau. Il est libéré de ses entraves matérielles, il a pleinement conscience de sa puissance politique, il peut s'épanouir, avec impétuosité, dans une effervescence intellectuelle permanente… et un effort physique démesuré. La Marck s'en félicite : « Il ne s'accordait pas un instant de repos. Tantôt à la tribune, tantôt dans son cabinet, à l'affût de tout ce qui se passait, de tout ce qui se disait, dictant à son secrétaire, écrivant lui-même, révisant les écrits qu'il faisait faire, provoquant des discussions pour faire jaillir des idées nouvelles, s'emparant lui-même de ces idées en chargeant les autres d'en faire la base de leur travail, et, par-dessus tout cela, n'oubliant pas ses plaisirs. » Stefan Zweig fait le même constat, dans sa biographie de Marie-Antoinette : « Il tient des discours à l'Assemblée et dans les clubs, discute, négocie, reçoit des visites, lit, travaille, rédige, l'après-midi, des exposés et des motions pour l'Assemblée et, le soir, des rapports secrets pour le roi. Il lui faut plus de travail, plus de danger, plus de responsabilité encore et, en même temps, il veut vivre et jouir. » Avec le double poids de son double engagement politique : il a juré fidélité à la nation et au roi, il est le chef de file de l'un et de l'autre parti, en plein combat politique, et il joue brillamment ce double rôle ! « Il voue au service des deux causes les deux forces de sa nature exceptionnelle : sa clairvoyance politique et son ardente et irrésistible passion. Il distribue et pare les coups si rapidement, il fait tournoyer son épée avec une telle dextérité, que personne ne sait au juste qui est visé, si c'est le roi ou le peuple, l'ancien ou le nouveau régime... Peut-être, dans ses moments d'enthousiasme, ne le sait-il pas lui-même ! »

La réputation, la popularité de Mirabeau sont maintenant immenses. Le tribun a fini par éclipser son éternel rival, La Fayette. On n'acclame plus le cheval blanc du chef de la Garde nationale, mais la voiture légère, reconnaissable à sa couleur bleue rayée, qui conduit chaque jour Mirabeau à l'Assemblée – un « vis-à-vis », avec deux sièges qui se font face. Rue de la Chaussée-d'Antin, c'est un défilé perpétuel : la maison est envahie par des visiteurs dès 7 heures du matin jusqu'au départ du député d'Aix pour l'Assemblée, souvent au milieu d'une foule qui l'attend « pour la grande félicité de le voir passer ». On l'aperçoit à la Comédie-Française, discrètement tapi dans une quatrième loge, le soir de la reprise de *Brutus*, la tragédie de Voltaire ? Les spectateurs scandent son nom jusqu'à ce qu'il rejoigne, dans la galerie, les spectateurs qui l'acclament...

Mirabeau semble dominer la vie politique de son temps. Germaine de Staël le reconnaît, malgré son très ancien ressentiment : « Mirabeau est l'homme le plus marquant parmi les députés ; pour la première fois, il inspire de l'estime, de par sa supériorité naturelle. » Reybaz partage l'opinion de sa compatriote : « Il est un aigle, comparé à ses commencements. » De passage à Paris, Dumont fait le même constat : « C'est lui que les étrangers recherchent d'abord des yeux dans la salle des séances. On était heureux si on l'avait entendu parler. » Et son ascendant est total : même les « tracassiers Jacobins » se laissent entraîner par lui quand il « veut condescendre à se montrer à leur tribune ».

Les manifestations d'admiration tournent à l'adulation : le peintre Boze le place entre les figures allégoriques de la France et de la Vérité ; tous les patriotes veulent acquérir les reproductions lithographiques du tableau... Dumont, à son retour en France, découvre qu'on a même fait de Mirabeau un nom commun. Entre Calais et Amiens, il s'adresse à un garçon de poste : « Vous avez de bien mauvais chevaux. » Et l'autre de répondre : « Oui, mes deux chevaux de trait sont mauvais, mais mon mirabeau est excellent » ; et de lui expliquer que les postillons appellent ainsi le cheval de charge, qui fait le plus fort de l'ouvrage... Même la feuille royaliste, au ton si acéré, *Les Actes des Apôtres*, se découvre de l'indulgence pour Mirabeau. « Il a triomphé de tant de contradictions, dont une seule aurait perdu tout autre. Après avoir excité l'étonnement de tous, il a fini par frapper d'admiration la multitude. » L'organe monarchiste tente de disséquer les secrets de la séduction de Mirabeau. Vis-à-vis des hommes : son éloquence « animée et verbeuse » qui « vous ferme la bouche », son silence et sa façon de « méditer avec complaisance » sur vos principes lorsque vous êtes de son avis, ce qui comble votre amour-propre et lui permet de terminer par un sourire ou sous l'alibi d'une affaire pressée une conversation... dont vous sortez content. Vis-à-vis des femmes : sa tournure « un peu satyrisée », « la promesse d'un amour ardent »... « on oubliait qu'il n'était pas beau ». Il a réussi à devenir « l'homme de tout le monde », son ambition étant de maîtriser « les âmes et les volontés ».

Son train de vie explose en même temps que sa renommée. Mirabeau acquiert la précieuse bibliothèque de Buffon, fait collection d'estampes rares et de pierres gravées. Il lui faut maintenant une terre : il a un long échange de correspondance avec Beaumarchais, qui a couvert les enchères sur le clos des Minimes, dans le bois de Vincennes, classé parmi les biens nationaux. Badinages croisés : l'un a jeté les yeux sur les Minimes parce qu'il y a fait sa première communion, l'autre a toujours été fasciné par le tableau du *Jugement dernier*, accroché dans la sacristie, Beaumarchais est prêt à céder à son ancien adversaire car il le mettra ainsi « entre quatre murailles ». Finalement, Mirabeau passe, le 15 février 1791, un contrat de bail de la terre et du château du Marais, ancienne propriété du philosophe Helvétius, près d'Argenteuil... et de la sépulture du marquis Victor. Colère de La Marck : « Vous auriez mieux fait d'acheter Versailles dans six mois qu'une baraque à présent ! » Colère de Dumont : « On dirait que Mirabeau a peur de passer pour un honnête homme ! » Le banquier Clavière veut mettre un terme à ces controverses : « Mirabeau nous est nécessaire. Lui seul impose aux Jacobins et à la cour. S'il coûtait un million à la nation, ce million ne serait pas mal employé. »

LA RÉVOLUTION ET L'EUROPE

L'archevêque de Toulouse, Fontanges, l'affirme et les députés en sont convaincus : la politique étrangère est la « partie brillante » de Mirabeau. Le député d'Aix n'est-il pas l'un des rares membres de l'Assemblée à connaître l'Europe, à avoir étudié les institutions politiques de l'Angleterre, de la Prusse, des Pays-Bas, alors que la plupart de ses collègues se contentent de lieux communs sur la psychologie des peuples voisins ? Qu'il intervienne, au nom du Comité diplomatique dont il est le rapporteur, comme ce 28 janvier 1791, le silence se fait, l'attention est forte, les propositions qu'il formule seront votées par acclamation et le texte de son discours sera imprimé et diffusé.

Le Courrier de Provence a, par avance, qualifié son discours de « document historique ». Mirabeau veut calmer les « bruits de guerre et alarmes publiques » et apprécier « par leur réalité » les dangers, « quels qu'ils soient ». Il se dresse en défenseur obstiné de la paix extérieure, face à la presse révolutionnaire, qui ne cesse de dénoncer les manœuvres des monarchies, les intrigues des émigrés et l'inertie du gouvernement du roi, peut-être secrètement complice de l'étranger.

« Sur quelles contrées portent vos alarmes ? demande Mirabeau. La cour de Turin ? Non. La Suisse libre, fidèle aux traités et presque française ? Non. L'empereur d'Autriche, Léopold ? Il a des armées nombreuses mais aussi de vastes frontières à protéger, et il a voulu commencer son règne par la paix. Il est très préoccupé par les Pays-Bas, à peine soumis. En s'attaquant aux Français, il ne ferait que susciter la contagion de la lutte contre la tyrannie. Alors qui craignez-vous ? Quelques princes allemands, quelques aristocrates français qui ont cherché refuge à l'extérieur ? Enfin, il y a l'Angleterre… »

Un silence de l'orateur renforce la curiosité. Tant de sentiments divers s'entrechoquent sur l'ennemie héréditaire, la grande rivale, maîtresse des mers, mais aussi la pionnière de la liberté en Europe, l'institutrice de la liberté... Avec, au surplus, le succès du pamphlet corrosif, ces *Réflexions sur la révolution de la France*, que vient de publier Burke, pourtant membre du parti whig, la gauche des Communes.

« Face à l'Angleterre, une trop grande confiance serait imprudente. Nos intérêts restent opposés. Mais ne calomnions pas la nation anglaise, même si la marche de notre Révolution a heurté certains préjugés politiques ou religieux de l'autre côté de la Manche ! Cette nation est respectable ! Je sais que beaucoup d'Anglais ont applaudi à notre liberté parce qu'ils sentent bien que tous les peuples libres forment une société d'assurance contre les tyrans ! Les Anglais se dresseraient contre leur gouvernement s'il osait diriger une croisade féroce contre nous et notre Constitution. Non, ce n'est pas une guerre ouverte que je crains, mais des manœuvres sourdes, des moyens secrets pour attiser la désunion dans nos rangs, exciter nos partis les uns contre les autres, s'opposer à notre prospérité. »

L'accueil de l'Assemblée à ce passage est chaleureux, les approbations fusent. L'orateur poursuit, maintenant, par des paroles apaisantes :

« Français, étendez vos regards au-delà de vos frontières, vous n'y trouverez que des voisins qui ont besoin de paix. Vous y trouverez des hommes que, pour des guerres injustes, on ne mènera plus aussi facilement au combat. Le besoin de paix domine. Si on échauffe les esprits par la fantasmagorie d'une guerre menaçante, cela ne peut provenir que de la malveillance d'agitateurs ambitieux ou d'ennemis de la liberté... »

Restent les précautions à prendre, tant que la conduite des autres gouvernements sera « environnée de nuages » : les propositions de Mirabeau sont évidemment bien accueillies. Précautions militaires : la force armée devra être « complétée ». Précautions diplomatiques : un mouvement devra être organisé au sein de l'appareil des Affaires étrangères ; les futurs envoyés de la France ne se considéreront plus comme « les agents du ministre ou les confidents de l'aristocratie », mais comme les représentants d'un peuple « magnanime », c'est-à-dire « pacifique ».

Comment la France de la Révolution voit-elle l'Europe ? Deux perceptions s'opposent, qui mènent à deux stratégies internationales, à deux paris sur l'avenir du système européen.

Selon la première, celle de Mirabeau, la Révolution ne peut

s'épanouir que dans la paix extérieure. Le député d'Aix veut éviter toute complication avec l'étranger. Dans une lettre à son ami Mauvillon, il va jusqu'à soutenir que « les affaires de la France iront mal aussi longtemps que le ministre des Affaires étrangères sera le ministre principal » : les orages intérieurs sont déjà assez violents en ces temps d'élaboration d'un nouveau régime politique. Dans les colonnes de son journal, il interdit toute démagogie contre les « ennemis héréditaires » de la nation, il adjure les lecteurs de ne pas se laisser « agiter l'imagination par de sombres terreurs », de ne pas imiter ces enfants « de qui les contes les plus effrayants sont toujours les mieux écoutés ». Le regard de l'économiste est présent dans cette politique de paix : un conflit absorberait tous les biens nationaux et entraînerait la banqueroute du royaume ; et notre tribun est attaché au libre-échangisme du marquis Victor et des physiocrates, pour lequel il rompt des lances lors du débat sur le commerce des Indes orientales, contre les partisans des monopoles et des droits particuliers, car il est persuadé que le libre-échange serait un facteur de paix et une avancée vers une « alliance des peuples ».

L'autre perception des hommes de la Révolution est celle d'une France « citadelle assiégée », qui ne peut survivre qu'en exportant ses principes, qu'en précipitant l'affranchissement des peuples du continent. Glissement paradoxal : dans un grand mouvement d'exaltation, l'Assemblée veut renoncer à toute conquête, déclarer la paix au monde, « délibérer pour l'univers et dans l'univers et convoquer l'Assemblée des nations » selon Volney – en un mot, renoncer aux ruses et aux calculs de la diplomatie traditionnelle des politiques de puissance et de l'équilibre européen. La diplomatie même n'a plus d'objet ; la France libérée n'a plus besoin de diplomates ; les diplomates sont suspects, car reflets de l'Ancien Régime, et inutiles ! Mais les révolutionnaires sont taraudés par la menace extérieure de cette autre France qui se reconstitue dans l'émigration, sur la rive gauche du Rhin, auprès des cours de Coblence, de Mayence, de Worms ; ils sont éperonnés par le flot des zélateurs cosmopolites, le cortège des admirateurs étrangers, menés par l'Allemand Anacharsis Clootz, qui ont rejoint la Révolution pour la convaincre de se répandre à travers l'Europe – Clootz qui déclare : « Quand je lève les yeux sur une mappemonde, il me semble que tous les autres pays ont disparu, je ne vois que la France. » Ainsi, progressivement, le messianisme révolutionnaire se substitue à la volonté de neutralité au milieu des puissances européennes. L'ambition séculaire de la monarchie, tendant à l'augmentation du territoire, se pare de couleurs nouvelles, celles de la libération des peuples voisins.

De cette opposition entre deux perceptions, témoigne le débat qui s'ouvre, le 21 mai 1790, entre Mirabeau et Adrien Duport, devant la Société patriotique de 1789 – créée pour défendre et diffuser les principes de la Révolution, ce qui lui vaut rapidement le surnom habituel de « Club de propagande ». Mirabeau prend la parole. Il voit en la Révolution « le réveil de la liberté pour tous les peuples d'Europe, et comme le sommeil de la mort pour les rois » ; il exprime la conviction que, partout, les peuples suivront l'exemple de la France. Mais il demande qu'on ne s'occupe que de la France : il importe « d'affermir la Constitution sur des bases inébranlables ». Duport désapprouve avec vivacité cette attitude « défensive » : il accuse Mirabeau d'encourager ainsi les gouvernements voisins à chercher à anéantir l'œuvre de la Révolution en France même. La meilleure défense du nouveau régime politique de la France est dans « l'offensive », dans une propagande écrite et orale qui pousserait les sujets des États voisins à la révolte contre les monarques. Duport s'acharne contre les vues apaisantes de Mirabeau, qu'il qualifie de « cruelles chimères », « d'hypothèses aussi ridicules que fausses » : « il m'est impossible de croire en la léthargie des rois en ce moment ». La controverse est d'autant plus acerbe qu'elle intervient après le long débat sur le droit de guerre et de paix, l'attaque de Barnave contre Mirabeau à l'Assemblée…

Cette opposition entre deux stratégies rappelle celle qui prendra forme, cent trente ans plus tard, dans la Russie soviétique naissante, entre les tenants de la « révolution permanente », de l'exportation de la révolution, et ceux du « socialisme dans un seul pays ». Anachronisme ? Certes, mais il y a, tout de même, parallélisme des situations : dans les deux cas, un régime « dissident » vient briser l'homogénéité du système européen.

Pourtant, en 1791, les deux perceptions sont moins différenciées dans leurs conséquences concrètes qu'on pourrait l'attendre. Au fil des débats, Mirabeau est contraint de donner des gages, au moins verbaux, aux maximalistes. Il ne va pas, comme les clubs et la presse révolutionnaires, jusqu'à demander l'entrée des Liégeois opprimés dans la nation française, mais quand une délégation des insurgés se présente devant l'Assemblée, le 18 septembre 1790, il s'indigne contre la droite qui exige un mandat formel des habitants de Liège et insiste pour qu'on entende la délégation. De même, lorsque les clubs et la presse dénoncent l'accord des « tyrans couronnés » contre le peuple français, il tente de calmer la surexcitation par une diversion : il signale comme un acte de haute trahison un manifeste du prince de Condé, émigré, et demande la confiscation de ses biens.

Sur le fond, la synthèse reste possible : Mirabeau et les partisans de la paix ne sont pas pour autant des partisans du statu quo européen. Ils souhaitent l'avènement d'un nouveau « droit public de l'Europe », qui prendrait en compte les traités existants, mais en révisant celles de leurs clauses qui ne sont pas conformes au nouveau droit des peuples. C'est la thèse que le député d'Aix a soutenue dans son premier discours comme rapporteur du Comité diplomatique, le 25 août 1790 : il analyse le pacte de famille conclu entre les dynasties française et espagnole, qui n'est aux yeux de bien des patriotes qu'un chiffon de papier, et il propose de le transformer en pacte de nation à nation :

« Ce n'est point le pacte de famille en entier que nous vous proposons de ratifier. Mais notre intérêt nous oblige à confirmer l'alliance, en en conservant les seules clauses défensives. »

La première tâche du Comité diplomatique, mis en place par l'Assemblée autour du rapporteur Mirabeau, sera justement de réviser les traités existants. On imagine l'irritation des chancelleries européennes face à ce révisionnisme unilatéral, qui laisse à la Révolution le libre choix de ce qui est à conserver ou à rejeter dans le droit international de l'Europe.

Comment l'Europe voit-elle la Révolution française ? Deux visions se superposent : les peuples admirent l'œuvre, ou les desseins, de l'Assemblée ; les pouvoirs en place, monarques et chancelleries, sont rassurés par l'impuissance du gouvernement de la France. N'est-ce pas la double réponse logique à ce « contraste infini », cette « touche extraordinaire » qu'Albert Sorel relevait dans la Révolution : « L'infirmité du gouvernement qu'elle constitue et la puissance des idées qu'elle introduit dans le monde. »

La communion des peuples avec la nation française en pleine « régénération », pour reprendre l'expression favorite de Mirabeau, est manifeste, à travers toute l'Europe. Les députés à l'Assemblée constituante édictent leurs lois à la manière des philosophes des Lumières : pour l'humanité. Ils annoncent un évangile terrestre, ils veulent réaliser l'idéal de vertu, de liberté, de justice du XVIIIe siècle. Ils sont sincères. L'Europe les croit ; elle partage leurs espérances et leurs illusions.

Dans ses *Mélanges*, Tocqueville rapporte les souvenirs d'un Danois : « J'avais 16 ans. Mon père rentre à la maison, à Copenhague, hors de lui. Il appelle ses fils :

« “Que vous êtes dignes d'envie ! Quels jours heureux et

brillants se lèvent sur vous ! Toutes les barrières de la naissance et de la pauvreté vont tomber. Désormais, le dernier d'entre vous va pouvoir lutter avec le plus puissant, à armes égales ! »

« Il s'arrêta, vaincu par son émotion et se mit à sangloter. Puis il nous raconta comment la Bastille avait été prise et les victimes du despotisme délivrées. Ce n'était pas seulement en France qu'une révolution commençait, c'était dans toute l'Europe. Elle poussait ses racines dans des millions d'âmes. Une espérance infinie s'empara de mon cœur. »

Même dans l'Empire russe, cette autocratie par excellence de l'Europe, le trouble gagne les palais de Pétersbourg et de Moscou : on se met à disserter sur les abus du régime féodal et les vertus de la liberté, on esquisse le plan d'une « chambre des seigneurs » à la manière polonaise, qui serait un premier et timide pas vers un régime représentatif... Mais c'est en Allemagne et en Italie, dans ces deux grandes nations européennes en mal d'unité, que les événements de France ont le plus grand retentissement.

L'« acclamation » est continue en Allemagne, au cours des années 1789 et 1790 : la bourgeoisie s'identifie au Tiers État, la noblesse éclairée salue l'avènement de la liberté, la fin des abus et des préjugés. La France ne réalise-t-elle pas l'idéal de Christian Wolff, ce philosophe et juriste qui exprima pour la première fois l'idée d'une « Société des Nations » au-delà de l'état de jungle, et que Hegel célébrera comme « l'instituteur de l'Allemagne » ? À Berlin, des femmes du monde se parent de l'écharpe ou de la cocarde tricolore. Des bourgeois rhénans se rendent à Strasbourg pour prêter le serment civique et s'enrôler dans la Garde nationale. Kant admire le triomphe de la raison, Humboldt fait le voyage de France pour assister à la fin du despotisme. Le publiciste Schloezer, qui s'est refusé à admirer la révolution d'Amérique, chante celle de la France : « Une des plus grandes nations de la terre secoue résolument le joug de la tyrannie ; nul doute qu'on ait chanté le *Te Deum* au ciel ! » Même le sang versé lui semble de peu d'importance, un accident malheureux confronté à l'enjeu : « Où a-t-on vu une révolution sans excès ? Est-ce qu'on guérit des ulcères avec de l'eau de rose ? S'il y a du sang versé, qu'il retombe sur vous, despotes, qui avez rendu cette révolution nécessaire. » Le voyageur et naturaliste Forster s'enthousiasme au récit de la nuit du 4 Août. Le diplomate Gentz, qui publiera, plus tard, des manifestes contre Napoléon et conseillera Metternich au congrès de Vienne, rédige une apologie de la Constituante.

Au-delà des « Amis des Lumières » et des cercles cosmopolites, la Révolution est aussi admirée par le chœur des lyriques, des chantres du génie allemand et des gloires passées du germanisme, par les prophètes et les visionnaires d'une Allemagne unie et conquérante. Klopstock, qui avait glorifié les héros du Moyen Âge germanique et le Saint Empire romain de langue allemande, exalte les « néo-Francs », qu'il invite ses compatriotes à imiter. Le poète souabe Schubart, un patriote fougueux qui avait évoqué avec colère les provinces perdues par le Saint Empire, trouve maintenant légitime l'union de l'Alsace à la France : « Devenir français de cette façon est le plus grand triomphe que puisse concevoir un Allemand qui rêve d'être libre ! » Il est vrai qu'il discerne, dans la Révolution, l'approche des temps nouveaux où « la libre Germanie deviendra le centre des forces de l'Europe et l'aréopage sublime qui aplanira les conflits de tous les peuples… Restons unis. Nous serons bientôt la première nation du monde ». Seules grandes exceptions à ce mouvement de sympathie spontanée : Schiller, qui proclame son écœurement du spectacle que donnent les troubles de Paris ; Goethe qui, sans se faire d'illusion sur le vieil ordre et l'Ancien Régime, condamne la Révolution parce qu'elle opère hâtivement, à coups de décrets, et que ce n'est pas ainsi que procède la nature.

En Italie, la réaction est analogue, surtout en Italie du Nord. Le dramaturge Giovanni Pindemonte, qui fut podestat de Vicence, compose un poème, « La Francia », en l'honneur de la Révolution. L'officier toscan Pietro Verri, économiste et futur homme d'État, est persuadé que la lumière des événements de France va rayonner sur sa patrie. En Angleterre, des témoignages d'enthousiasme littéraire existent aussi : telle l'ode de Wordsworth à la Révolution – « *Admirable explosion d'espérance et de joie ! Vivre durant cette aurore, c'était le bonheur. Être jeune, c'était le ciel même !* » Mais les cercles politiques estiment qu'ils ont précédé la France d'un siècle, et que les bouleversements parisiens n'apportent ni nouveauté, ni séduction. La Société de la Révolution, fondée en souvenir du 1688 anglais, adressera tout de même ses félicitations à l'Assemblée constituante.

Bientôt les manifestations de sympathie philosophique cèdent le pas à l'agitation politique et sociale. Dans les États voisins de la France, les paysans ne s'arrêtent pas à la beauté des principes, ils revendiquent le bénéfice des réformes. En Piémont, en Savoie surtout, ils protestent contre les privilèges de la noblesse. À Carouge, les insurgés chassent l'intendant ; à Chambéry, ils contraignent le gouverneur à se démettre. Les émeutes font rage, de Livourne à Florence, et le cardinal de Bernis, ambassadeur à Rome, s'inquiète : « La régence a accordé au peuple tout ce qu'il a demandé et, malgré cela, la tranquillité n'est pas rétablie. » À Cologne, à Trèves, à Spire, les bourgeois se rappellent leurs anciennes franchises. L'onde de choc partie de France provoque une véritable révolution à Liège – car elle réveille le vieil et turbulent esprit démocratique. Chaque peuple secoue son joug, qu'il réinterprète selon sa tradition nationale : l'agitation est religieuse et catholique en Irlande, aristocratique en Hongrie, monarchique en Pologne.

En contrepoint de l'élan et de la communion des opinions publiques et des nations, les chancelleries font montre de condescendance ou d'indifférence. Une première raison de cette méconnaissance des événements de France est... le précédent des États-Unis. En 1789, la conviction est générale en Europe que la révolution américaine est un échec. La jeune république du Nouveau Monde semble sans volonté politique et sans finances ; sa Constitution est considérée comme utopique, elle est la cause de la faiblesse de l'exécutif. Les Américains eux-mêmes sont les premiers à retourner cette critique vers la France – tel l'ambassadeur à Paris, Governor Morris, si sévère pour les nouvelles institutions. La deuxième raison est, évidemment, l'impuissance affichée des nouveaux gouvernants. L'Assemblée ne sait ni gouverner la France, ni se gouverner... et elle est le seul pouvoir qui subsiste, puisque l'exécutif et l'administration ont pratiquement disparu et que les ministres, débordés, écrasés de conseils et de comités, ne sont que les commis de l'Assemblée.

La première victime du déclin, voire de l'absence, de la France dans l'Europe des monarchies est l'Espagne, qui ne peut réellement compter sur le « pacte de famille ». Après les journées d'Octobre, Charles IV s'indigne de l'inertie de Louis XVI – « j'aimerais mieux mourir à la tête de mes troupes que d'abandonner ainsi la couronne ! » Il aimerait pousser Louis à la résistance, coaliser l'Europe autour de lui mais « il serait insensé de le faire monarque malgré lui ». Autre allié de la France, victime de l'effondrement des finances françaises : le roi de Suède Gustave III, dont l'alliance avec Versailles a été conclue en 1784 pour six années, et qui aurait grand besoin des subsides de la France pour poursuivre ses entreprises de condottiere contre la Russie et le Danemark. Gustave III, comme Charles IV, caresse parfois l'idée d'une croisade des rois contre la Révolution : une croisade dont il serait le nouveau Gustave-Adolphe et qui lui permettrait « de faire de l'or avec des sabres et de ramasser des trésors » comme ses ancêtres pendant la guerre de Trente Ans.

À Pétersbourg, la Révolution contrarie également les projets diplomatiques de la grande Catherine : la quadruple alliance qu'elle comptait former avec l'Espagne, la France et l'Autriche lui échappe ! La tsarine multiplie les invectives contre le nouveau régime français : le roi constitutionnel n'est qu'un « allié en peinture », qui se laisse dicter des lois et l'Assemblée une « hydre à 1 200 têtes ». Dans le même temps, elle constate, avec complaisance, l'effondrement de la plus brillante monarchie d'Europe – qui faisait tant d'ombre, naguère, à la petite princesse allemande, parvenue à la tête d'un empire à demi barbare. Si elle partage les rêves de Gustave III d'une croisade monarchique, elle se contente, pour l'heure, d'isoler, dans une sorte de quarantaine, le chargé d'affaires français, Genet, et de placer les 10 000 membres de la colonie française sous une étroite surveillance policière.

La cour de Vienne devrait être la plus affectée par les événements de France : l'allié français est paralysé dans l'immédiat, le principe même de l'alliance est compromis pour l'avenir – les révolutionnaires dénoncent la « coterie autrichienne » de la cour et semblent prêts à soutenir les révoltés des Pays-Bas – et, au surplus, la reine de France, physiquement menacée, est la sœur de l'Empereur ! Pourtant Joseph II ne manifeste pas de véritable émotion : il ne veut pas « déranger sa santé » sous le coup d'événements « auxquels il n'a aucune part ». L'indifférence – officielle – domine : l'Empereur retient surtout qu'il ne pourra plus « tirer » du royaume ni hommes, ni argent.

Son frère Léopold, grand-duc de Toscane, qui va lui succéder, a d'abord réagi en gouvernant éclairé, en homme des Lumières : une fois passé le temps des troubles, la France « régénérée » sera encore plus puissante car « il y aura enfin une patrie, on l'aimera et on y sera plus attaché, il sera plus agréable d'être ministre et roi en France ». Et cette régénération, tous les souverains de l'Europe seront contraints de l'imiter, de la proposer à leurs peuples : « Il en viendra un bien infini partout, la fin d'injustices, guerres, désunions et troubles… La France aura ainsi introduit une mode utile en Europe. » Par la suite, Léopold sera pris de doute puis de mépris… Lui aussi compensera la déception de la perte de l'alliance française par la satisfaction que lui procurera le spectacle de la déchéance de la France, l'ancienne rivale dans la course à l'hégémonie. Sur la survie de l'alliance française, des illusions semblent cependant être nées du « retournement » de Mirabeau : l'ambassadeur d'Autriche Mercy se réjouissait de l'appartenance du député d'Aix au Comité diplomatique car il le croyait un « chaud défenseur » de l'alliance avec Vienne.

À Berlin, la satisfaction éclate ouvertement. Aucun intérêt direct n'est en jeu, ici : aucune alliance avec la France, ni projet d'alliance... Mirabeau ne pouvait plus revenir à l'époque où il préconisait une alliance avec l'Angleterre et la Prusse ; et la publication de son *Histoire secrète de la cour de Berlin* avait contribué à l'exécration par le royaume de Prusse d'une révolution dont l'un des chefs de file se permettait de publier un libelle offensant pour le monarque et l'État prussien. Par contre, la déroute de la royauté, la paralysie de l'État satisfont les dévots et théosophes qui ont pris le pouvoir sous Frédéric-Guillaume : l'alliance de la France et de l'Autriche semble bel et bien dissoute, en même temps qu'est anéanti le crédit de la reine. Les ambitions de la diplomatie prussienne sont comblées. Le roi de Prusse se contente de demander à son ministre à Paris de prendre contact avec certains des meneurs de l'Assemblée, afin d'éviter tout retour en force du « parti autrichien ». Quant au risque que pourraient encourir tous les trônes européens face à l'incendie parisien, il n'en a cure.

Parmi les puissances européennes, l'Angleterre, politiquement libérale mais rivale séculaire, est la plus tourmentée et la plus divisée par l'entrée de la France en révolution. Au sein du parti whig, les libéraux purs, tels Fox, Sheridan, lord Stanhope, enthousiastes et chaleureux, sont prêts à accueillir un régime frère et à nouer avec lui une alliance pacifique qui mettrait fin à une situation conflictuelle, ruineuse pour les finances publiques et le commerce. Sur la même ligne, lord Lansdowne confie à l'ambassadeur de Louis XVI : « Réussissez dans votre révolution, vous serez assez forts et assez puissants par vous-mêmes pour faire la loi à l'Europe. » Mais l'anarchie parisienne déchire les premières illusions. Les journaux de Londres procèdent à une critique très serrée et très lucide des actes de l'Assemblée. Les plus insulaires des hommes politiques britanniques manifestent leur joie : à leur tête, Burke estime qu'il existe désormais une grande place vide sur la carte de l'Europe, « l'espace jadis occupé par la France ». Et Burke de déployer toute son ironie pour sceller son jugement sur la France : « Les Français se sont montrés les plus habiles artisans de ruines, ils ont entièrement renversé leur monarchie, leur Église, leur noblesse, leurs lois, leur Trésor, leur armée, leur marine, leur commerce, leurs manufactures... Si nous avions complètement vaincu la France, si elle s'était prosternée à nos pieds, nous n'aurions pas osé lui imposer une loi aussi dure, aussi fatale à sa grandeur nationale. »

Le gouvernement de Londres – le cabinet Pitt – est résolument pacifique. La Révolution permet à l'Angleterre de se substituer à la France sur les marchés commerciaux. La monarchie limitée en France répond aux intérêts politiques de l'Angleterre. Mais William Pitt ne veut pas aller plus loin, alors qu'à Berlin on s'étonne que l'Angleterre ne saisisse pas l'occasion d'agresser la France, ou de se jeter sur ses colonies. Vue de Londres, une intervention étrangère ne peut que susciter l'unité des Français.

Pourtant, en France, au ministère comme à l'Assemblée et dans l'opinion, la conviction s'enracine que le cabinet de Londres cherche à fomenter des troubles ou à les entretenir. Dans tout incident, même minuscule, la presse révolutionnaire découvre la main invisible de Londres. Le Cabinet britannique s'efforce de rassurer l'opinion française : l'ambassadeur anglais prend directement contact avec la présidence de l'Assemblée, les 27 juillet et 4 août 1789, pour démontrer la bonne foi de son pays – ce qui provoque une très vive protestation du ministre Montmorin : les assurances de paix de l'Angleterre doivent être adressées au roi ! Pitt charge alors d'une mission discrète Hugh Elliott, l'ami d'enfance de Mirabeau, qui, au retour de son ambassade à Copenhague, fait le voyage de Paris à l'automne 1790 pour rencontrer le député d'Aix, entouré d'autres chefs de file de l'Assemblée.

Mirabeau aura donc été l'homme de la paix extérieure pendant la première phase de la Révolution, du printemps 1789 au printemps 1791. Tâche extrêmement difficile, car les événements de France ont provoqué un changement en profondeur du système international. Un défi fondamental est lancé à l'Europe monarchique. Un nouveau principe de souveraineté émerge, qui menace directement les intérêts des princes européens. L'affaire des fiefs allemands d'Alsace en fait preuve : après la nuit du 4 Août, l'abolition des droits féodaux est appliquée aux fiefs détenus en Alsace par des princes allemands, fiefs qui leur étaient garantis par les traités de Westphalie ; les princes « possessionnés » en appellent aux traités. De même, la principauté d'Avignon et une partie du Comtat venaissin, possessions du pape, seront réunies à la France après un plébiscite et contre la volonté de Pie VI. Mirabeau aura réussi à temporiser : il conseille de racheter, même à haut prix, les droits des princes allemands en Alsace « pour éviter une guerre » ; il parvient à ajourner la demande d'annexion de l'enclave papale – « j'ai muselé, sur cela, cette Assemblée vorace », se réjouit-il. Mais, au-delà de la dextérité diplomatique de Mirabeau, la réalité est tranchée : le droit des peuples à disposer d'eux-mêmes est opposé aux traités conclus par les princes et à la légitimité monarchique. Bientôt, deux Europes se dresseront, l'une contre l'autre.

QUAND LE PRÉSIDENT ABSORBE LE TRIBUN

Mirabeau est élu président de l'Assemblée, le 29 janvier 1791. Il en est le quarante-quatrième président, en vingt mois, puisque chaque mandat, en ces temps d'extrême démocratie, est de deux semaines.

Pourquoi une si longue attente après tant de députés moins brillants que lui ou franchement médiocres ? Trois mois plus tôt, lors de l'élection de Barnave, Camille Desmoulins exprimait un regret : « Et le grand Mirabeau, quand honorera-t-il, que dis-je, quand enorgueillira-t-il le fauteuil ? » Suivait un souhait : « Oh ! Nous le réservons pour clore, par sa présidence, la première législature, et ouvrir la seconde par sa présidence encore. À moins que nous ne l'envoyions en ambassade à Londres, en attendant qu'il aille nous représenter au congrès général de l'Europe, et signer, au nom du peuple français, la paix de l'abbé de Saint-Pierre et la liberté universelle. » Un souhait peut-être ironique : le journaliste rêvait-il réellement d'un rôle international pour Mirabeau, dans ce futur Sénat européen décrit, au début du siècle, par l'abbé de Saint-Pierre dans son *Projet de paix perpétuelle* ?

Au début janvier, il a manqué seulement trois voix à Mirabeau. Il écrit à La Marck : « C'est le cas de l'emporter. Remuez un peu les bons aristocrates, qui d'ailleurs m'ont à peu près porté. »

Pourquoi ce qui pourrait sembler de l'ostracisme ? La position de Mirabeau a toujours été ambiguë : chef de file de la gauche, il est récusé par nombre de bourgeois qui forment le gros de ses troupes pour sa vie aventureuse, ses mœurs, sa versatilité politique. La Fayette lui a toujours refusé les voix de son groupe. Il aurait donc besoin, pour atteindre la majorité, des voix d'une partie de la droite, aux yeux de laquelle il incarne la Révolution... Mais le Plan de décembre, qui commence à être diffusé dans ses rangs, adoucit la droite. Le ministre Montmorin, l'archevêque de

Toulouse, La Marck font campagne. Le 29 janvier, une centaine de « bons aristocrates » rejoint la gauche et porte le député d'Aix à la présidence.

Dans l'un de ses moments de mirabeaulâtrie, Camille Desmoulins a exalté le bilan de la présidence de Mirabeau : « Un jour, lorsque le fauteuil sera relégué au trésor de Saint-Denis, le bénédictin chargé de le montrer aux curieux dans la postérité ne dira point " C'était là le fauteuil de l'Assemblée nationale ", il dira " C'était là le fauteuil de Mirabeau ". »

À la présidence, comme lorsque simple député il occupe la tribune, Mirabeau aura déployé son charisme et fixé l'attention de tous. À la présidence, il se singularise par son autorité naturelle : il parvient à discipliner une Assemblée constituante nombreuse et fébrile, très riche en talents – probablement la plus riche en personnalités de l'histoire politique de la France. Il le fait à sa manière, avec esprit et gentillesse, en se montrant à la hauteur de toutes les difficultés, en parvenant à esquiver tous les pièges. Surtout, il saisit toutes les occasions d'élever le débat, de rappeler les grands principes sur lesquels tente de se fonder le nouveau régime, et, par ce biais, il flatte l'Assemblée dans son amour-propre collectif, une Assemblée satisfaite de la dignité dans laquelle semblent baigner ses débats. En même temps Mirabeau parvient à faire passer sa volonté par tous les interstices de la fonction présidentielle, tant est grand l'ascendant qu'il a acquis sur ses collègues. Certains grognent, tout bas, contre son « despotisme », ses « usurpations ». Peut-être a-t-il abusé de ses interventions, peut-être a-t-il trop « corrigé » les députés, avec parfois ce qui pourrait ressembler à de la cuistrerie. Mais son intelligence sauve tout, ainsi que la si courte durée du mandat présidentiel, qui lui évite de se rendre insupportable à ses collègues…

Pourtant, il pourrait être enserré dans une fonction qui le contraint à la passivité, voire au mutisme sur l'essentiel. Il n'a même pas pu prononcer de discours de remerciement : un décret récent a supprimé cette cérémonie. La Marck s'inquiète, tout en le félicitant : « Enfin, vous voilà président ! Mais, déjà, je voudrais que vous ne le fussiez plus, car vous voilà muet pour quinze jours. »

Dans ce cadre rétracté, Mirabeau va faire montre de qualités qu'on ne lui connaissait pas. Première surprise : le tribun passionné, le partisan, le chef de file de la Révolution, se révèle, à la stupéfaction de beaucoup, un président impartial, au-dessus de la mêlée, le président chaleureux et serein de tous les députés, toujours prêt à excuser les écarts de parole, à relativiser les convictions qui s'affrontent. Dans le feu d'un débat, il lance une sorte d'autocritique collective :

« Messieurs, il y a peu d'entre nous qui n'aient la preuve que la chaleur contagieuse d'une grande Assemblée ne nous ait conduits au-delà de nos propres sentiments et du sens que nous voulons donner aux expressions. »

Deuxième surprise : il dirige vraiment les débats, avec une fermeté douce. Il fait preuve de méthode. Il a chargé son collègue et ami Frochot de prendre des notes pendant chaque séance, des notes qu'il retravaille ensuite avec lui pour en tirer les lignes de force des discussions. Le lendemain, il revient, avec précision, au point où la discussion avait été interrompue, il résume les positions en présence, il resitue les controverses dans une perspective plus générale. Sa méthode suscite des éloges. Il les reçoit avec modestie : « N'est-ce pas que Frochot et moi, nous ne présidons pas mal ? »

Dumont constate que Mirabeau a montré des « talents tout nouveaux, inconnus de ses prédécesseurs : un ordre et une netteté de travail dont on n'avait point d'idée... Il écartait les accessoires ; d'un mot, il éclaircissait la question ; d'un mot, il apaisait le tumulte ». Ses mots, ses réparties, qui reflètent sa présence d'esprit, ont été pieusement recueillis par ses biographes. d'Alfred Stern à Antonina Vallentin et à Jean-Jacques Chevallier.

Le député Maury s'impatiente de l'intervention d'un de ses collègues ? Il lui lance : « Calmez-vous, monsieur l'abbé, l'intervenant peut avoir dit une chose inutile, il n'a pas dit une chose injurieuse. »

François-Denis Tronchet, député du Tiers de Paris et bâtonnier de l'ordre des avocats, futur défenseur de Louis XVI, est, à 65 ans, l'un des doyens d'âge de la Constituante. Il veut intervenir dans un débat sur la réforme du droit pénal, mais sa voix ne porte pas... Mirabeau intervient, courtois, voire flatteur : « Je réclame le silence pour M. Tronchet. Sa poitrine n'est pas aussi forte que sa tête. »

Volonté d'efficacité contre les discours inutiles : le député Regnier, qui vient d'être innocenté par un comité de l'Assemblée de l'accusation de prévarication, veut parler. Mirabeau l'en dissuade : « Monsieur Regnier, je vous demande la permission de vous refuser la parole. Ne nous ôtez pas le plaisir d'avoir rendu justice à votre droiture sans vous avoir entendu. »

Volonté d'assurer le respect de la fonction présidentielle. Au député d'André – collègue provençal ! – qui lui demande, non sans désinvolture, de poser la question préalable, il répond, en lui montrant la sonnette placée sur son bureau et dont il ne se sert guère :

« Vous m'avez nommé votre président, et non votre sonneur ! »

Au rapporteur Chasset, qui souhaite intervenir au nom du Comité ecclésiastique après la clôture du débat :

« Apparemment, pendant que vous parliez à votre voisin, vous ne vous êtes pas aperçu que la discussion était fermée.

— Je le sais, monsieur le président, mais ni l'Assemblée, ni son président ne peuvent refuser d'entendre leur Comité ecclésiastique, réplique Chasset, qui a lui-même exercé la présidence, après Barnave, une présidence terne, sans autorité…

— Service pour service, vous avez voulu m'apprendre mon métier, laissez-moi vous apprendre le vôtre. »

Volonté de faire respecter la dignité de l'Assemblée. Sur une motion mise aux voix, beaucoup de députés ont négligé de participer au vote public, en se levant pour ou contre… Le président décide de remettre la motion aux voix :

« Messieurs les députés, il s'agit de faire la loi, la fonction la plus auguste qu'on puisse remplir ici-bas ! Il est étrange que des membres du corps législatif ne concourent point à la délibération. Je vous invite donc à voter. »

Le président Mirabeau, qui ne dédaigne pourtant pas les grivoiseries en privé, et qui, selon Barnave, place si souvent une plaisanterie triviale à côté d'un trait sublime, considère que des plaisanteries trop appuyées égratignent la dignité de l'Assemblée. Ainsi, lorsque le rapporteur du Comité ecclésiastique relate les démarches effectuées auprès de divers couvents pour délimiter les paroisses parisiennes :

« Au couvent des Filles-Dieu, il ne nous a pas été possible de vaincre ces dames, qui n'ont même pas voulu nous accorder l'entrée de leur chœur… »

Aiguillonné par les rires de ses collègues, le rapporteur reprend :

« Il n'en a pas été de même à l'abbaye Saint-Antoine, où ces dames se sont prêtées avec complaisance, avec tout le civisme possible, à nos propositions… »

Les rires redoublent, les applaudissements éclatent. Le président intervient avec sévérité :

« Messieurs, la gaîté française est extrêmement aimable, pourvu qu'elle ne dure pas trop longtemps dans une assemblée délibérante. »

Mais c'est surtout dans ses réponses, souvent improvisées, aux délégations de toutes natures, qui se succèdent à la barre de l'Assemblée, que Mirabeau tente de faire passer quelques messages : il s'éloigne ainsi des allocutions convenues et des lieux communs de ses prédécesseurs en pareilles circonstances...

Les docteurs en droit de la Sorbonne viennent protester – avec près de deux siècles d'avance sur le mouvement de mai 1968 – contre le monopole d'enseignement des professeurs dans les facultés de droit. Mirabeau leur répond... en soulignant le caractère obsolète du droit public et privé français, qui va suivre le sort de toutes les institutions de l'Ancien Régime. Ne subsisteront, « de l'ancienne jurisprudence, que ces vérités éternelles, prises dans la nature de l'homme et de la société ».

La Société des inventions et découvertes, récemment créée, présente ses hommages à l'Assemblée. Mirabeau saisit l'occasion de lancer de nouvelles piques « contre le despotisme, qui avait tout enchaîné, jusqu'à la pensée », puis il s'interroge sur le droit de propriété de l'inventeur, qui n'est pas contestable mais... « Il est des inventions que l'amour de l'humanité publiera sans en faire une source d'intérêt particulière. »

La délégation de la municipalité de Paris pose plus de problèmes : elle se plaint des dettes que la Révolution lui a fait contracter. Le président – non sans une certaine démagogie pour un expert en finances publiques ! – la rassure : « Vos dettes sont une avance faite à la liberté ; vous avez semé sur une terre féconde, elle vous restituera tous les trésors que vous lui avez confiés. » Mais il parle aussi de la nécessité d'union, il émet le souhait que la municipalité mette fin aux manifestations à répétition. Est-ce l'esprit du Plan de décembre qui transparaît ?

Une délégation de l'hôpital pour aveugles des Quinze-Vingts veut porter plainte contre l'administration du cardinal de Rohan. Mirabeau est plein de compassion : il ne cesse de souffrir d'ophtalmie et vit dans la crainte de sombrer dans la cécité. Il évoque, avec émotion, « cette cruelle injustice qui prive un individu de toutes les consolations de la vie et qui, cependant, n'est point la mort ». Il assure les aveugles de l'appui de l'Assemblée : « Un aveugle sans guide devrait être un spectacle inconnu parmi les nations policées. »

Mais le plus grand succès du président Mirabeau est lié à la visite d'une délégation de quakers, la secte rendue célèbre par William Penn, l'un des grands précurseurs de l'idée d'union européenne et le fondateur de la Pennsylvanie. Mirabeau est malade, atteint d'une forte fièvre ; il a dû, selon l'usage du temps, se faire poser des sangsues pour lutter contre « l'échauffement du sang » et son cou est recouvert de linges. Les quakers, qui aspirent à la simplicité de la première Église chrétienne, demandent à être dispensés de prêter le serment civique devant l'Assemblée, car leurs principes leur interdisent quelque serment que ce soit… Mirabeau va au-devant de leur vœu, de manière inattendue :

« Estimables citoyens, vous vous trompez, vous l'avez déjà prêté ce serment civique que tout homme digne d'être libre a plutôt regardé comme un devoir. Vous n'avez pas pris Dieu à témoin, mais vous avez attesté votre conscience… et votre conscience n'est-elle pas un rayon de la divinité ? »

Les quakers recueillent la sympathie de la grande majorité de l'Assemblée : ils sont égalitaires, ils ne sont pas catholiques, ils n'ont pas de clergé, ni de pape, ils ne posent aucun des problèmes de la Constitution civile ! Il est donc très facile à Mirabeau de faire l'éloge de la secte et de rapprocher son destin de celui de la France de la Révolution :

« Les quakers, qui ont fui les persécutions et les tyrans, ne pouvaient que s'adresser avec confiance à notre Assemblée, la première à avoir légiféré sur les Droits de l'homme. Et la France régénérée, qui recommandera toujours le respect de la paix, peut devenir aussi une heureuse Pennsylvanie. »

Il est tout aussi facile à Mirabeau de dire son « admiration » pour le « système philosophique » des quakers, tout en rappelant la ligne de séparation entre les convictions privées et le domaine de l'État :

« L'examen de vos principes, considérés comme des opinions, ne nous regarde point. Il est une propriété qu'aucun homme ne voudrait mettre en commun, les mouvements de son âme, l'élan de sa pensée. Les rapports de chaque homme avec l'Être d'en haut sont indépendants de toute institution politique. Entre Dieu et le cœur de chaque homme, quel gouvernement oserait être l'intermédiaire ? »

Mais le président Mirabeau ne se limite pas aux éloges attendus. Il se dresse, maintenant, en réaliste face aux utopistes. Il prend à contresens les quakers, connus pour leur pacifisme intégral, pour proposer une véritable théorie de la légitime défense, face aux guerres d'agression.

« Vous dites qu'un article de votre religion vous défend de prendre les armes et de tuer sous quelque prétexte que ce soit. C'est sans doute un beau principe philosophique que celui qui donne, en quelque sorte, ce culte à l'humanité. Mais prenez garde que la défense de soi-même et de ses semblables ne soit aussi un devoir religieux. Vous auriez donc succombé sous les tyrans ?

Puisque nous avons conquis la liberté pour vous et pour nous, pourquoi refuserez-vous de la conserver ? Vos frères de la Pennsylvanie, s'ils avaient été moins éloignés des sauvages, auraient laissé égorger leurs femmes, leurs enfants et leurs vieillards plutôt que de repousser la violence ? Et les stupides tyrans, les conquérants féroces, ne sont-ils pas aussi des sauvages ? L'Assemblée discutera toutes vos demandes dans sa sagesse ; et si jamais je rencontre un quaker, je lui dirai : mon frère, si tu as le droit d'être libre, tu as le droit d'empêcher qu'on ne te fasse esclave. Puisque tu aimes ton semblable, ne le laisse pas égorger par la tyrannie ; ce serait te tuer toi-même. Tu veux la paix ; eh bien, c'est la faiblesse qui appelle la guerre ; une résistance générale serait la paix universelle. »

L'Assemblée, enthousiaste, applaudit son président et décrète l'impression de l'*Adresse des quakers* et de la réponse de Mirabeau.

Où en est le Plan de décembre ? Selon La Marck, Mirabeau « est lancé de bonne foi, si on en juge par la suite qu'il met à l'exécution de son plan ». Montmorin organise, le 11 février, une rencontre entre Malouet et Mirabeau. Malouet était réticent. Montmorin l'a sermonné :

« Vous n'allez pas faire le difficile et rejouer les grands airs de Necker à l'encontre de notre homme ! »

L'entretien dure de 10 heures du soir à 2 heures du matin. Mirabeau est épuisé, les yeux injectés de sang, mais il a la force de tonner, comme à la tribune :

« Qui, avec la même volonté que moi, est dans une meilleure position pour agir ? Toute la partie saine du peuple, et même la canaille, est à moi ! On m'accuse d'être vendu à la cour ? Peu m'importe ! Personne ne croira que je lui ai vendu la liberté du pays ! Je dirai à la gauche : j'ai été dans vos rangs, et au premier rang, pour lutter contre la tyrannie. Mais j'ai toujours défendu la monarchie constitutionnelle, l'autorité tutélaire du monarque ! »

Mirabeau se « droitise » au contact de Malouet. Il a la conviction – rétroactive – de l'unité de son parcours politique :

« Cette horde patriotique, je suis le seul à pouvoir en parler sans faire volte-face. Je n'ai jamais adopté ces romans, cette métaphysique, ces crimes inutiles. »

Malouet est fasciné, mais il a un mot malheureux : « Vous réparerez mieux que personne le mal que vous avez fait. »

Mirabeau est blessé. Il proteste :

« Je n'ai fait aucun mal volontairement. Le grand mal a été

l'œuvre de tous, de vous, modérés, des ministres, de l'ensemble de l'Assemblée. »

Puis les deux hommes font leurs comptes : Malouet peut entraîner cinquante députés à droite, Mirabeau répond d'une centaine de députés à gauche. Le roi devrait parler aux chefs de file de la noblesse et du clergé...

Au-delà du « plan », la question de la liberté du roi se pose. Mirabeau expose à Malouet le projet qu'il a imaginé, sous l'impulsion de La Marck : les assemblées départementales fidèles au roi lanceraient une pétition demandant la dissolution de la Constituante ; l'agitation politique ainsi provoquée serait à même de couvrir la « sortie » de Paris du roi et de sa famille – que Mirabeau conduirait auprès du général de Bouillé, commandant des forces de Lorraine, dans une place forte du Nord ou de l'Est.

Dans le même temps, la cour poursuit un autre projet, très voisin, conçu par le ministre Breteuil, émigré en Suisse : le couple royal chercherait toujours refuge auprès du général de Bouillé, de préférence à Montmédy, en prenant par Varennes pour éviter Verdun ; auparavant, l'empereur d'Autriche aurait procédé à une démonstration militaire hostile, près de la frontière de l'Est ; les troupes impériales pourraient soit fournir un abri au roi, soit soutenir les forces de Lorraine, soit les contenir « si elles chancelaient ».

Une différence très importante distingue les deux projets : celui de Mirabeau prend appui sur la volonté de la nation, sur la nouvelle légitimité, celle de la France de la Révolution ; celui de Breteuil sur la connivence avec les souverains étrangers, sur l'autre légitimité, celle de l'Europe des monarchies. Mais la pièce maîtresse est la même : le général de Bouillé, royaliste, mais non lié aux « aristocrates » de l'Assemblée, un royaliste à l'image « libérale », qui pourra être le « sabre » de l'opération. Le 10 février, La Marck qui, comme Mirabeau, ignore tout de « l'autre projet » de la cour, se rend à Metz auprès de Bouillé. Il a la conviction d'avoir convaincu le général, qui adhère au projet de Mirabeau : il se porte fort pour les assemblées des départements lorrains qui, « assez bien composées et fort mécontentes de la marche des choses », rejoindront certainement la pétition nationale conçue par Mirabeau.

MESDAMES SONT PARTIES !

L'onde de choc ébranle les cafés du Palais-Royal, les clubs, les journaux, en ce dimanche 20 février. Mesdames sont parties ! Les tantes du roi ont quitté Paris, la veille à 11 heures du soir, par la route de Lyon ! Les Parisiens laissent aller leur imagination : le reste de la famille royale va suivre ; on a aperçu, dans les écuries royales de Versailles, de grands carrosses de voyage et un nombre inhabituel de chevaux ; le dauphin a été enlevé, sous un déguisement, par les tantes ; le comte de Provence, frère du roi, a déjà fait charger des sommes importantes, en numéraire, sur sa voiture ; les troupes autrichiennes attendent les fugitifs aux frontières…

Mesdames, filles de Louis XV : ces vieilles filles ennuyeuses, bigotes, n'eurent jamais aucune influence sur leur père lorsqu'elles menaient une petite guerre de cour contre son ultime maîtresse, la Du Barry, et elles tentèrent en vain d'initier Marie-Antoinette à l'art de la médisance et de l'intrigue souterraine, aux perfidies de palais, à la stratégie des coups d'épingle et à la loi d'airain de l'étiquette. Sans pouvoir et sans influence, elles se sont retranchées dans leur résidence de Bellevue, dont elles ont fait la citadelle de la « réaction ». Elles ont décidé de partir pour Rome car elles ne voulaient pas recevoir la communion d'un prêtre jureur.

Six jours plus tôt, le 14 février, alors que Mirabeau achevait son court mandat de président, l'alarme a retenti : une délégation de la municipalité de Paris, présidée par le maire Bailly, s'est heurtée au refus du roi de retenir ses tantes :

« Quand on me montrera un décret de l'Assemblée qui leur défende de voyager, j'empêcherai mes tantes de partir. Mais, jusque-là, elles sont libres de sortir du royaume, comme tous les citoyens. »

Une autre délégation, conduite par l'abbé Mulot, officier municipal et prêtre-citoyen « qui se fait gloire d'être soumis aux lois dictées par la sagesse de l'Assemblée », a expliqué aux députés que « Mesdames veulent partir » et que la municipalité ne peut « voir sans douleur l'abandon que fait d'un roi chéri une partie de sa famille ». Elle remet une pétition, demandant le vote d'une loi sur les obligations de la famille royale.

Mirabeau a esquivé le débat, dans sa dernière intervention de président de l'Assemblée, au ton très monarchique :

« C'est une des questions les plus graves dont notre corps constituant ait à s'occuper. La famille royale est indivisible au trône. Les membres de cette famille, s'ils osaient être rebelles aux lois, seraient contenus sans trouble par leur chef. Le monarque n'est pas isolé. Un grand peuple est devenu sa famille. »

Mais il a tenté de mettre en garde la cour, dans l'une de ses Notes : « Le voyage de Mesdames n'est pas seulement périlleux pour elles, il peut être cause de mille dangers pour Leurs Majestés. Les malveillants feront regarder ce départ comme le présage certain de celui du roi, et les factieux y trouveront prétexte d'une nouvelle agitation populaire. La commotion peut se porter jusqu'au château, et quand on habite un toit de chaume, il est permis de craindre ou la tempête ou l'incendie. »

Mirabeau a ajouté : « Dans tous les cas, le peuple de Paris ne verra point avec indifférence un voyage qui ôte un million de rentes à la consommation de la capitale. » Une raison de plus de mettre Paris sous pression : Mesdames disposent d'un million de rentes sur la liste civile du monarque et les livres de comptes de la couturière-lingère de la reine chiffrent les achats si importants des tantes du roi, leur contribution au commerce de la capitale.

Le thème est repris par la presse révolutionnaire. Camille Desmoulins insiste, dans *Les Révolutions de France et de Brabant* : « Il est faux de dire que les tantes du roi jouissent des mêmes droits que les autres citoyens. Est-ce que la nation leur a fait présent, à leur naissance, d'un million de rentes, comme à Mesdames ? Non, Sire, vos tantes n'ont pas le droit d'aller manger nos millions en terre papale. Qu'elles renoncent à nos pensions. Qu'elles restituent aux coffres de l'État tout l'or qu'elles emportent et qu'elles aillent ensuite, si bon leur semble, à Lorette ou à Compostelle. »

Marat fulmine aussi, dans *L'Ami du peuple* – mais il aborde, en outre, un autre thème : celui de la famille royale-otage... ou bouclier contre une agression de l'étranger. « Le salut de la chose publique interdit à Mesdames d'aller porter leurs personnes et nos millions chez le pape ou ailleurs. Leurs personnes, nous devons les garder précieusement, car elles contribuent à nous garantir contre les intentions hostiles... Tout ce que Mesdames emportent est à nous, tout jusqu'à leurs chemises. Il me déplaît à moi que leurs chemises aillent à Rome. Il faut garder ces béguines en otages et donner triple garde au reste de la famille. »

À l'Assemblée, le député Armand Camus propose de retrancher de la liste civile les sommes destinées à Mesdames, mais sa motion, jugée mesquine, est rejetée. Barnave demande que le Comité de constitution dépose, dans les plus brefs délais, un projet de loi relatif aux droits de la famille royale : c'est à d'autres personnes qu'aux deux vieilles tantes, sous-entend-il, qu'il convient de délivrer des avertissements.

Mesdames sont donc bel et bien parties ! Le département de Seine-et-Oise a chargé le commandant en chef de la Garde nationale de Versailles, Berthier, futur maréchal de Napoléon, d'accompagner les princesses. Elles sont parties avec leur train habituel de vingt personnes et, pour escorte, un détachement de chasseurs de Lorraine. Dès l'annonce du 20 février, Paris est en effervescence : une foule, où dominent les femmes, envahit le château de Bellevue. Dans son *Journal*, Camille Desmoulins se déchaîne, avec sa gouaille habituelle : « Mesdames, dites de France comme si les dames de la halle n'étaient pas de France aussi bien qu'elles, se sont évadées... » Et il propose, non sans humour, un arrêté fantaisiste au maire de la commune qui déciderait d'arrêter les fugitives : « Nous, maire de..., principalement par cette grande raison que le salut du peuple est la loi suprême, comme nous l'enseigne M. le curé et la Déclaration des droits... disons. Mesdames, que vous ne passerez outre mais demeurerez en fourrière, sous bonne et sûre garde, à l'enseigne du " Cheval blanc ", jusqu'à ce qu'il en ait été référé à la nation et statué par les 48 000 municipalités. Car tel est notre bon plaisir. »

Le tumulte gagne l'Assemblée. Le 21 février, Barnave, dans un discours violent, suspecte le comte de Provence de préparer son départ. Le 22, la foule encercle le Luxembourg, la résidence du frère du roi. Très digne, le futur Louis XVIII assure qu'il n'a pas l'intention de quitter Paris, d'abandonner le couple royal.

« Et si le roi venait à partir ? crie la foule.

— Osez-vous le prévoir ? » répond-il, très calme.

Mais il est contraint d'ouvrir à la foule la route des Tuileries. Les grilles sont forcées. Accourus, Bailly et La Fayette se comportent en spectateurs impuissants. Les manifestants prétendent découvrir la preuve de projets de fuite du roi...

Le 23 février au matin, l'Assemblée, maintenant présidée par Adrien Duport, délibère sur le procès-verbal que lui a adressé la municipalité de Moret. Les magistrats de cette commune, à dix kilomètres au sud-est de Fontainebleau, ont vu passer Mesdames et leur suite le dimanche 20 : ils ont décidé de fermer les portes de la ville, d'examiner les passeports des tantes du roi et d'interrompre leur voyage jusqu'à la décision de l'Assemblée. Mais une centaine de chasseurs de Lorraine ont surgi, les armes à la main, ont fait rouvrir les portes et permis la fuite des voyageuses.

Le député alsacien Rewbell s'indigne à la tribune, et met en cause le ministre de la Guerre :

« La Constitution a été outragée et les pouvoirs confondus ! Vous n'êtes pas libres, notre Assemblée n'est pas libre ! Et que penser de la conduite du ministre de la Guerre, Duportail ? Comment a-t-il pu donner de tels ordres aux chasseurs de Lorraine ? Et, si ce n'est lui, qui est responsable de cette incroyable incursion ? »

Le débat reprend, le 24. L'Assemblée est scindée en deux blocs. La gauche se félicite du comportement patriotique de la municipalité de Moret. La droite chante le courage des chasseurs de Lorraine, qui ont fait leur devoir.

Deux France s'opposent, au milieu desquelles Mirabeau entend déployer sa stratégie croisée : tenir un discours « de gauche »... au service finalement de la monarchie. Une stratégie d'autant plus complexe qu'il s'agit d'attaquer, par la gauche, le ministre Duportail que Mirabeau considère comme un « valet » des Jacobins et de La Fayette réunis, et un homme hostile au général de Bouillé ! Le député d'Aix martèle ses arguments à la tribune :

« Nous devons savoir qui a donné l'ordre ! De quelles mains est sorti un ordre manifestement inconstitutionnel ? C'est le fait à éclaircir ! Que le ministre Duportail soit interrogé officiellement, qu'il réponde à la question qui hante l'Assemblée ! »

Montlosier proteste :

« Les chasseurs ont protégé le passage de Mesdames contre des mouvements séditieux. Ce sont des remerciements que nous leur devons. »

La motion de Mirabeau est votée. L'allié secret du roi vient d'obtenir le désaveu du très jacobin ministre de la Guerre – après un discours jacobin ! Mais Adrien Duport apprend une nouvelle, qu'il livre immédiatement aux députés : « Mesdames viennent d'être arrêtées à Arnay-le-Duc. »

Arnay-le-Duc est en Bourgogne, à près de 300 kilomètres de

Paris. Toutes les municipalités de France vont-elles suivre le conseil que leur a délivré Camille Desmoulins ?

Mirabeau avait été prévenu par un message angoissé de Montmorin puis par un billet de La Marck : « J'ai passé la nuit à boire. Mes idées ne sont pas encore bien nettes, je vous préviens. Voici cependant celle que j'ai sur l'arrestation de Mesdames : proclamez-vous leur défenseur. Alors, tout vous sera facile, car jusqu'à présent aucune loi n'est contre elles. Cette démarche aura quelque chose d'antique, de grand, de simple. Vous serez éloquent et vous tuerez les Robespierre et autre Barnave, s'il le faut. » Mirabeau a aussitôt répondu à La Marck : « Pas mal vu pour un ivrogne, mais j'espère que nous n'aurons pas besoin d'aller jusque-là. »

Duport donne lecture d'une lettre de Mesdames, qui sont outragées d'être retenues, malgré leurs passeports signés du roi. puis d'une communication de la municipalité d'Arnay-le-Duc, qui explique que Mesdames n'auraient pas dû partir avant le vote d'une loi sur les obligations de la famille royale, demandée par la pétition parisienne du 14 février.

La décision d'Arnay-le-Duc était-elle légale ? D'André est catégorique : « La simple pétition de citoyens parisiens n'a pas la valeur d'une loi et ne peut suspendre une loi ! Nous devons décréter qu'aucune loi ne s'oppose au voyage de Mesdames. »

Contrairement à l'attente de La Marck, Barnave intervient sur un ton plus modéré que le 21 février : « Il faut excuser la municipalité d'Arnay-le-Duc. Elle a cru agir pour le bien commun. »

Mirabeau entreprend de faire la synthèse entre Barnave et d'André : même indulgence que le premier envers Arnay-le-Duc :

« Les circonstances ne sont pas ordinaires. Nous ne sommes pas encore parvenus à établir le jeu régulier de l'organisation sociale... »

Même refus que le second de toute entrave au voyage des tantes du roi :

« Aucune loi n'empêche Mesdames de voyager. Ce qu'elles ont fait était peut-être imprudent, impolitique, mais non illégal ! »

Pour conclure, Mirabeau soutient qu'il n'y a pas lieu à délibérer. L'Assemblée doit renvoyer l'affaire au pouvoir exécutif, puisqu'il y a eu empêchement à l'exécution de la loi.

Le député d'Aix va jusqu'à rabaisser la portée de l'incident :

« N'avons-nous pas d'autre question à notre ordre du jour pour donner une telle importance au voyage de Mesdames ? »

L'affaire semble gagnée... Mais un obscur député, Gourdan, proche des Lameth, demande la parole :

« Aucune loi n'interdirait le voyage de Mesdames ? Je le conteste ! J'en vois une : le salut du peuple ! »

Le salut du peuple ! Mot-clé de la nouvelle langue révolutionnaire, qui permet de transcender toutes les barrières légales… Murmures. Applaudissements. Agitation croissante. Mirabeau avait voulu donner à son argumentation une allure très consensuelle. Il avait tenté d'anesthésier l'Assemblée. Tout est détruit. C'est à nouveau la tempête des grands débats de théologie politique qui menace.

Mirabeau trouve la parade – par la raillerie :

« Le salut du peuple n'est pas intéressé à ce que Mesdames couchent trois ou quatre jours de plus en route ! »

Une partie de l'Assemblée, puis le plus grand nombre, se rallient. Ils demandent la fermeture de la discussion, qui est décidée à la quasi-unanimité. Mirabeau a remporté la victoire, sans se dévoiler, sans se compromettre ouvertement au côté de la famille royale, sans suivre la voie extrême que La Marck lui conseillait d'emprunter…

Mais le débat est décidément à rebondissements multiples. Cette fois, les frères Lameth trépignent sur leurs bancs, s'obstinent, malgré la clôture. Le président, Duport, n'est-il pas leur ami le plus proche ? Il n'osera pas les interrompre…

Dans le tumulte, Alexandre de Lameth dénonce « le spectacle scandaleux que donne une partie de la famille royale » et la naïveté de députés patriotes qui croient la Révolution achevée, alors « qu'elle ne s'achèvera pas ». Il présente une motion hostile au voyage de Mesdames. Son frère Charles l'appuie :

« En temps de révolution, chaque citoyen est tenu de rester dans sa patrie. L'Assemblée ne peut pas méconnaître les circonstances présentes. En fait, Mesdames se sont évadées de la capitale…

— Évadées ! l'interrompt Montlosier. Vous avouez donc que la famille royale est prisonnière ! Nous en prenons acte !

— Il nous faut dire au roi que le peuple est affamé, ruiné par les émigrations, poursuit Charles de Lameth. Pendant cinquante ans, Mesdames ont été nourries, entretenues par la nation. Et maintenant, elles l'abandonnent ? »

D'André tente d'intervenir. Duport agite sa sonnette pour le faire taire. D'André lui demande de mettre de l'ordre dans l'Assemblée :

« Regardez à gauche. On va bientôt s'y battre. »

De fait, la gauche semble loin d'être unanime. Le baron de Menou, pourtant l'un des chefs jacobins, si lié aux Lameth, reprend et élargit la boutade de Mirabeau :

« L'Europe sera bien étonnée d'apprendre que l'Assemblée s'est occupée pendant quatre heures du départ de Mesdames, qui aiment mieux entendre la messe à Rome qu'à Paris ! »

L'Assemblée est excédée. Elle refuse tout amendement et adopte à la quasi-unanimité la motion de Mirabeau. Mesdames, libérées, vont pouvoir poursuivre leur voyage, sans prendre conscience, en apparence, du tohu-bohu qu'elles ont déclenché. La Marck considère cette équipée comme la répétition générale d'un « voyage » du roi.

Illusion du retour à la paix civile. La tempête a été évitée à l'Assemblée, mais non dans la rue. Dès le soir de ce jeudi 24, la foule envahit de nouveau les Tuileries : elle exige un ordre du roi à Mesdames, leur enjoignant de revenir à Paris. La Fayette accourt et commande à la Garde nationale de se ranger en ordre de bataille. Mirabeau est prévenu : il accourt aussi, suivi des invités qu'il avait conviés à dîner et il harangue les manifestants. Le calme est difficilement rétabli.

La presse révolutionnaire se déchaîne… et vise Mirabeau.

Camille Desmoulins poursuit la complainte que lui inspire son amour déçu pour le tribun : « La motion de Mirabeau était contradictoire, hétérodoxe, cacopolitico-ministérielle – et pour ne pas lui donner d'autre nom, il faut que j'aime grandement l'auteur ! La contradiction sautait aux yeux : le 14 février, Mirabeau, président de l'Assemblée, avait répondu à une pétition de Paris sur les devoirs de la famille royale, que c'était effectivement une grande question. Mais alors, Monsieur le Saint, comment se fait-il qu'aujourd'hui c'est une question qui ne mérite même pas de discussion ? Ô Saint Mirabeau, quand je fais ces réflexions, je sens aussi les bouillons de ma colère patriotique prête à déborder sur ta tête, Jacobin indigne ! »

Fréron, aussi, prend à partie Mirabeau dans son *Orateur du peuple* : il prédit qu'un jour « on apprendra, en se réveillant, que toute la cour a passé la frontière, pour aller se mettre sous la protection de l'Empereur, sans que l'alarme soit donnée ! » Et qui serait entièrement responsable ? « Mirabeau, dont la superbe assurance a tant de fois affirmé que les citoyens n'ont pas à s'inquiéter de l'étranger… Son despotisme est si grand qu'aucun Jacobin n'ose, par crainte de s'attirer les sarcasmes les plus amers, prendre la respectueuse licence de le contredire. »

DUEL AVEC LES FACTIEUX

Mirabeau est déterminé. Il a réussi à faire reculer la Révolution, avec l'immense majorité de l'Assemblée, sans découvrir son jeu. Maintenant, il veut se découvrir, désigner ouvertement les factieux, ce Triumvirat, ce « parti Lameth », qui refuse de se laisser manipuler et qui, s'il ne compte qu'une trentaine de députés, conserve une très forte influence sur la gauche de l'Assemblée. Le « parti Lameth », la « faction laméthique » est le nouvel adversaire prioritaire. Il semble avoir eu vent du Plan de décembre et se durcir pour mieux abattre Mirabeau.

Le 25 février, un débat s'ouvre à l'Assemblée sur un projet de décret sur la résidence des fonctionnaires publics. Un débat technique ? Non, puisque dans le nouveau droit public des Français, le roi est le premier des fonctionnaires. Deux systèmes réapparaissent et s'affrontent : le roi, simple rouage institutionnel parmi d'autres, dans l'horlogerie de la nouvelle constitution, ou l'héritier de l'ancienne monarchie et de son immense présence dans l'Histoire.

Au nom du Comité de constitution, Le Chapelier présente le décret : le premier des fonctionnaires publics devra, tant que siégera l'Assemblée, résider auprès d'elle. Par ailleurs, tout fonctionnaire qui se dérobera à ses obligations sera considéré comme démissionnaire ; et, s'agissant du roi, sa renonciation vaudra également pour sa « succession ». Ainsi le « premier fonctionnaire public » devra-t-il faire le sacrifice de sa liberté.

La droite a vu le danger. Le député La Gallissonnière s'indigne : « On veut condamner le roi à la prison éternelle. On veut le réduire à la condition du doge de Venise, prisonnier de la lagune toute sa vie ! »

Cazalès demande l'ajournement : « C'est une loi de circonstance, inspirée par les attroupements séditieux qui deviennent quotidiens, et qui vont jusqu'à violer l'enceinte sacrée du palais des rois ! Comment poser des principes pour l'avenir, sous la pression de la terreur régnante ? »

Barnave avance une simple mesure de prudence, à titre transitoire – mais peut-être n'est-ce qu'une manière d'avancer subrepticement les pions du Triumvirat ?

« Je propose qu'on interdise provisoirement aux membres de la famille royale tout déplacement hors du royaume. Il serait indécent qu'ils aillent, en ce moment, se mêler aux émigrants qui ont lâchement abandonné la France ! »

L'abbé Maury refuse le décret provisoire de Barnave :

« Pourquoi donner de nouvelles inquiétudes au peuple ? Il n'en a déjà que trop ! Que le projet soit ajourné, renvoyé au Comité de constitution, pour y être revu, corrigé...

— ... et augmenté, lance une voix à gauche.

— ... et jeté au feu », réplique Montlosier, à droite.

Adrien Duport tente de ramener le calme. Mais d'Éprémesnil demande la parole et provoque un fou rire à gauche : depuis son ralliement au camp des intégristes de la monarchie, celui qui fut le champion des droits du Parlement, le héros de la fronde parlementaire contre le roi, n'est plus pris au sérieux par la gauche de l'Assemblée qui daube sur son inconstance et sur sa confusion d'esprit.

« Ce que le décret néglige, c'est le caractère inviolable et sacré du roi, qui exclut toute juridiction, toute peine. Réunis en États généraux, nous avons prêté serment de "servir fidèlement" le roi. Ce premier serment, nul autre ne peut l'effacer, ou le contrebalancer. »

Cette fois, d'Éprémesnil a été écouté : il a visé juste, il a appuyé sur la ligne de fracture entre les deux France. Dans quelques instants, le vacarme va reprendre. Mais, sur-le-coup, c'est le silence, l'appel à la réflexion d'un côté à l'autre de l'Assemblée !

Le moment est si important que Duport croit devoir sortir de sa neutralité présidentielle :

« Nous avons prêté un serment constitutionnel de fidélité à la nation, à la loi et au roi. Vous manquez à ce serment en prétendant qu'il n'a pu exister après l'autre serment, que vous avez évoqué. »

Le tumulte a repris. À droite, on se tourne vers Duport, en l'accusant d'incohérence. Montlosier et Maury crient : « Vive le roi ! », suivis par de nombreux députés monarchistes, qui se lèvent. Cazalès parvient à se faire entendre :

« Le serment qui nous lie au roi, nous le renouvelons tous ! »

Les interruptions se croisent, de droite et de gauche :

« Qu'on le rappelle à l'ordre !

— Laissez-le parler !

— Je vous rappelle à l'ordre !

— À l'ordre, vous-même ! »

Mirabeau tente d'atteindre la tribune. Montlosier crie dans sa direction :

« À l'ordre, monsieur de Mirabeau ! Vous n'aurez pas la parole ! »

Cazalès a repris son souffle :

« Ce que le président Duport vient de dire est extrêmement inconvenant : il oppose le serment que nous avons prêté à la Constitution à celui qui nous lie au roi !

— Il n'a pas dit cela ! proteste-t-on à gauche.

— Oui, il l'a dit ! » répond l'écho à droite.

Duport veut se disculper. Mais Mirabeau, qui a pris possession de la tribune, le fait pour lui :

« Je crois que M. de Cazalès s'est trompé sur le propos du président Duport ; c'est le sentiment de M. d'Éprémesnil, avec qui je viens d'avoir un aparté. »

Duport semble soulagé. Cazalès revient sur l'incident :

« Je retiens que le langage de M. Duport prêtait, pour le moins, à équivoque. Ce que j'ai cru entendre était bien incertain. »

Mirabeau rebondit :

« Ce qui n'est pas incertain, messieurs, c'est qu'il serait coupable de scinder le serment que nous avons prêté, à la fois à la nation, à la loi et au roi. Notre serment de fidélité au roi est dans la Constitution, il est constitutionnel. Il est profondément injurieux de mettre en doute notre respect pour ce serment. Que ceux qui le mettent en doute soient blâmés. »

La gauche éclate en applaudissements : l'orateur visait manifestement d'Éprémesnil et Cazalès ! Mais Mirabeau poursuit, avec fougue :

« Ma déclaration est donc non équivoque ! Permettez-moi d'ajouter que je lutterai avec énergie, avec vous tous, contre toute espèce de factieux qui voudrait porter atteinte aux principes de la monarchie. Tout factieux, quels que soient son système de pensée, la partie du royaume où il réside, le poste qu'il occupe. »

De nouveaux applaudissements crépitent à gauche. Mais les députés de droite semblent prendre intérêt au discours de Mirabeau ; plusieurs d'entre eux, le doigt tendu vers la gauche, crient :

« Les factieux sont là-bas… »

Mirabeau conclut, avec force :

« Ma déclaration renferme tous les lieux, tous les temps, tous les systèmes, toutes les personnes, toutes les sectes...

— ... et tous les clubs ! Détruisez les Jacobins et nous aurons la paix ! » lance une voix, à droite.

L'interruption plaît à Mirabeau. Il a rassemblé le parti patriote, mais il a fait ajourner la motion de Barnave et il a frustré les triumvirs de leur revanche attendue. Surtout, il a commencé à retourner contre la gauche ce terme accablant de « factieux ». Les factieux ne sont pas nécessairement les membres de la droite perfide, et le cri qui vient d'être poussé peut susciter une prise de conscience chez ceux des députés patriotes qui ne sont pas inféodés au « parti Lameth ».

Le 28 février, alors que l'Assemblée s'apprête à légiférer sur les émigrations, le climat de Paris vire à l'émeute : de la salle du Manège, on entend le tambour qui appelle les patriotes du faubourg Saint-Honoré à manifester. Marat ne vient-il pas d'écrire, dans *L'Ami du peuple*, qu'il fallait chasser les « députés infidèles » ? La foule gronde déjà aux abords de l'Assemblée. Plus loin, au faubourg Saint-Antoine, le tocsin accompagne le cortège qui se forme, puis se dirige vers le donjon de Vincennes : une rumeur assure qu'un souterrain relie les Tuileries à Vincennes et que la famille royale va emprunter cette voie pour fuir ; il faut donc détruire cette nouvelle Bastille, qui se remplit d'armes et de munitions. Dans le même temps, 200 gentilshommes pénètrent, en armes, dans les Tuileries pour veiller à la sécurité du roi. Rude temps pour La Fayette et la Garde nationale, qui vont d'un point chaud à l'autre pour tenter de maintenir l'ordre !

À l'Assemblée, Le Chapelier présente le projet de décret du Comité de constitution... ou plutôt hésite à le présenter. Son intervention est des plus inattendues : il déclare qu'une législation contre l'émigration blesserait les principes de la Constitution et des Droits de l'homme et que le plus opportun, pour les députés, serait qu'ils autorisent le rapporteur à ne pas donner lecture du texte préparé par son comité !

Parmi les premiers intervenants, Robespierre semble aussi peu déterminé que le rapporteur :

« Je ne suis pas plus que M. Le Chapelier partisan d'une loi sur les émigrations. Mais une discussion permettrait de reconnaître l'impossibilité ou les dangers d'une telle loi. »

Seul Merlin de Douai, le futur rédacteur de la loi des suspects sous la Terreur, prend parti pour le décret :

« Dans le *Contrat social* Rousseau écrit que “ dans les temps de trouble, les émigrations peuvent être interdites ”. Je demande que le projet soit lu, imprimé et ajourné à huit jours pour décision. »

Tous les députés semblent tournés vers Mirabeau, tous les groupes le somment de se déclarer. Le député d'Aix n'est pas d'humeur à jouer avec les diverses sensibilités ou à renier ses convictions :

« Je demande une permission dont j'ai rarement usé : dire deux mots personnels. Oui, permettez-moi de lire l'extrait d'une lettre que j'adressai, il y a six ans, au despote le plus absolu d'Europe. »

Et Mirabeau lit le passage, déjà célèbre, des conseils qu'il délivrait à Frédéric-Guillaume II, lors de son avènement au trône de Prusse, et par lequel il l'incitait à donner à ses sujets « la liberté d'émigrer, loi d'éternelle équité... Ne faites pas de vos États une prison, l'homme n'est pas attaché à la glèbe, l'homme n'est pas une propriété, l'homme a le sentiment intérieur de ces vérités saintes ».

La droite applaudit, unanime. Elle a applaudi presque chaque mot jusqu'à contraindre le tribun à se reprendre, à revenir au début de chaque phrase... Une partie de la gauche a suivi.

Mirabeau énonce maintenant sa proposition :

« Il ne suffit pas de passer à l'ordre du jour. Nous aurions l'air d'étouffer dans le silence une circonstance qui exige une déclaration solennelle. Nous devons refuser la lecture du projet du comité, et je propose la motion suivante : “ L'Assemblée nationale, considérant qu'aucune loi sur les émigrants ne lui paraît pouvoir se concilier avec les principes de la Constitution, n'a pas voulu entendre le projet de loi sur cet objet.” »

Cette fois, Mirabeau s'est bien compromis. La confrontation de principes qu'il avait refusée lors de la controverse sur le voyage des tantes du roi, il l'accepte, la souhaite, la précipite. Il fait soudain figure de chef de file de la droite. Une partie de la gauche le suit, l'autre – le parti Lameth ? – est révulsée.

Duport, Barnave, les Lameth restent silencieux. C'est Rewbell qui répond, au nom de leur groupe :

« Je soutiens que, dans un moment comme celui-ci, tout citoyen qui, à la voix de sa patrie, ne rentre pas dans ses foyers, ne doit espérer aucun secours de ses concitoyens et renonce à la protection que la société assurait à ses propriétés et à sa personne. »

La contre-offensive est poursuivie par d'autres députés proches du Triumvirat : Pierre-Louis Prieur de la Marne, Muguet de Nanthou. L'argumentation du parti Lameth est maintenant claire : le discours de Mirabeau vaut pour le temps de paix, mais la France de la Révolution est en guerre ; elle est, en elle-même, une guerre aux monarchies européennes. L'heure est aux mesures de salut public, non au respect des Droits de l'homme. L'un tente de disqualifier la lettre de Mirabeau au roi de Prusse :

« Comment un homme de bon sens, comme Mirabeau, peut-il, de bonne foi, citer dans une circonstance aussi urgente, une lettre qu'il a écrite pour un État paisible ? Quelle analogie y a-t-il entre la Prusse tranquille, la Prusse en paix, et la France en convulsions ? »

L'autre renvoie à plus tard le respect des Droits de l'homme :

« On cite les Droits de l'homme ! Ces droits auront toute leur étendue lorsque la patrie sera sauvée. Dans un temps de trouble, de périls, il faut des bras, des baïonnettes et, peut-être, du sang... »

L'appel à la patrie en danger a isolé Mirabeau. La lecture du décret sur l'émigration est votée. Mirabeau est mis en minorité.

Le Chapelier donne lecture du projet qu'il avait implicitement désavoué. Un texte d'une redoutable simplicité, qui instaure, en trois articles, la dictature d'un comité de trois députés, élus par l'Assemblée : ce comité accorderait ou refuserait, en dernier ressort, tous les permis de voyage ou d'émigration ; il pourrait rappeler les émigrés ; les réfractaires à ce rappel seraient traités en rebelles, déchus de leurs droits de citoyens et privés de leurs biens.

Le tumulte couvre la fin de la lecture. On dénonce une « loi abominable », une « inquisition d'État ». D'André veut poser la question préalable :

« Il n'est pas possible de délibérer sur un texte qui offense à ce point les Droits de l'homme, qui détruit la liberté ! »

Le président Duport hésite : « On me demande, de toutes parts, la question préalable. » Il semble interroger, du regard, Mirabeau, qui se dirige vers la tribune :

« C'est une loi barbare, impossible à appliquer ! On ne retient pas les citoyens, dans le royaume, par une loi aussi draconienne ! Je serais déshonoré à mes propres yeux si je cessais un jour de repousser avec indignation le droit, le prétendu droit, de faire une loi de ce genre ! »

Avec habileté, l'orateur revient sur cet état de guerre virtuel, ces circonstances exceptionnelles qui pourraient justifier, selon une fraction de la gauche, le fameux décret :

« La dictature de la nécessité, que vous invoquez, pourrait justifier l'imposition de mesures de police. Mais entre des mesures de police et une loi contre les émigrations et les émigrants, il y a une distance immense, un abîme que nous ne pouvons franchir. »

Après un court silence, Mirabeau adopte un ton solennel ; il semble mettre toujours plus de force dans sa mise en garde :

« Je déclare, et j'en fais serment, que je serai délié de tout serment de fidélité envers ceux qui auraient eu l'infamie d'établir une telle inquisition dictatoriale. »

Mirabeau est maintenant porté par la houle des acclamations et des applaudissements qui se prolongent à droite. Il se met en avant, avec sa personnalité, son expérience :

« La popularité que j'ai ambitionnée, et dont j'ai eu l'honneur de jouir comme un autre… »

De violents murmurent s'élèvent à l'extrême-gauche, mais on applaudit dans les galeries du public.

« … n'est pas un simple roseau. C'est un chêne dont je veux enfoncer les racines dans ces principes que sont la raison et la liberté. Si vous faites une loi contre les émigrants, je jure de n'y obéir jamais ! »

Et le député d'Aix conclut :

« Comme aucune loi sur les émigrants ne peut se concilier avec les principes de la Constitution, je demande qu'on passe purement et simplement à la suite de l'ordre du jour et qu'on n'entende plus parler de ce texte ! »

Le « parti Lameth » s'est regroupé autour des deux frères, Charles et Alexandre. Le groupe est indigné… et inquiet. Il comprend la situation nouvelle, cette « conjuration » née du Plan de décembre et dont Mirabeau est l'âme. De la droite à la gauche fayettiste, de Cazalès et Maury, de Foucauld et d'Éprémesnil à d'André et Le Chapelier, ils n'ont cessé de se relayer, tous unis par un accord secret contre le Triumvirat qui croyait être assuré de son emprise sur l'Assemblée !

Charles de Lameth tente d'intervenir, mais n'insiste pas. C'est un Jacobin modéré, Vernier, qui va sauver la gauche : à la question préalable, soutenue par Mirabeau, il oppose une proposition d'ajournement, seule à même de sauver ultérieurement la loi :

« On nous dit qu'il est impossible de concilier une loi sur les émigrants avec la Constitution. Est-ce sûr ? Qu'on tente la conciliation ! Qu'on améliore le projet ! Qu'on ajourne le débat afin de laisser au comité le temps d'améliorer son projet ! »

Motion Vernier contre motion Mirabeau. Laquelle des deux sera débattue ? La motion Vernier obtient la priorité. Le parti Lameth exulte. Mirabeau est défait pour la deuxième fois dans ce débat.

« Le décret a été surpris ! » crie Cazalès.

Il se dirige vers le bureau du président, et l'interpelle, appuyé par ses amis :

« Vous avez mal posé la question ! Nous ne savions plus ce que vous mettiez aux voix. »

Mirabeau redemande la parole.

Le député Goupil, proche des Lameth, s'indigne :

« Mais c'est une dictature qu'exerce Mirabeau dans cette Assemblée ! »

Mirabeau se tourne vers lui :

« Je prie messieurs les interrupteurs de se rappeler que j'ai, toute ma vie, combattu le despotisme, et d'être persuadés que je le combattrai toute ma vie. »

Le député d'Aix tente de reprendre son argumentation. Mais il est constamment interrompu : il fait face à l'obstruction totale des amis des triumvirs. Alors, tourné vers les bancs du parti Lameth, il tonne :

« Silence aux trente voix ! »

Par ce sarcasme, il indique qu'il estime à une trentaine de sièges le groupe des Lameth... Et il demande, par provocation, l'interdiction de tout attroupement autour de l'Assemblée si la motion Vernier venait à passer – alors qu'on entend toujours les manifestants du faubourg Saint-Honoré, massés aux abords du Manège.

La motion Vernier est votée. Mirabeau s'est découvert, mais il est battu pour la troisième fois en cette journée du 28 février.

Après la séance, il s'arrête chez sa sœur Caroline du Saillant et lui dit :

« J'ai prononcé mon arrêt de mort. C'est fait de moi. Ils me tueront. »

Après cette dure journée du 28 février, Mirabeau va affronter une dure soirée et une dure nuit...

Il commence par se rendre au directoire du département de Paris. Une Adresse à l'Assemblée et une Proclamation aux citoyens de Paris ont déjà été rédigées, afin de réagir aux troubles provoqués par le départ de Mesdames. Il propose de les reprendre et de les rendre rapidement publiques, après les nouveaux troubles qui ont accompagné le débat sur l'émigration. La Proclamation démonte la tactique de la faction Lameth : pourquoi alarmer sans cesse les citoyens sur des dangers imaginaires ? « Les factieux sont ceux qui ne cessent de dire au peuple : la liberté est en danger » ; les attroupements continuels « déshonorent la liberté ». Dans l'Adresse, qu'il a lui-même rédigée, Mirabeau relance avec fougue l'assaut contre les « factieux » : « De tous les débris des anciennes institutions et des anciens abus, s'est formée une lie infecte, levain corrupteur que des hommes pervers remuent sans cesse pour en développer les poisons. Ce sont les factieux qui, au risque de renverser la Constitution… »

Puis Mirabeau rejoint l'hôtel du jeune duc d'Aiguillon, qui l'a convié à souper avec plusieurs députés de gauche. Mais les esprits sont si excités que plusieurs députés refusent la compagnie de Mirabeau : d'Aiguillon est contraint de le mettre à la porte ! L'injure semble l'éperonner : il décide de se rendre, par surprise, aux Jacobins ; le club doit revenir sur le débat sur l'émigration, et il sait qu'il sera la principale cible de la soirée.

Lorsque Mirabeau pénètre dans la salle voûtée de la bibliothèque, qui est pleine comme aux très grands jours, Duport, qui est à la tribune, sursaute et se trouble, puis reprend son réquisitoire :

« Tout a été calculé, tout est provocation. On veut perdre les Jacobins, parvenir à l'interdiction de notre club… On a imaginé un décret sur l'émigration si ridicule, si atroce qu'on ne l'a pas laissé lire jusqu'à la fin. Et on a provoqué une échauffourée à Vincennes pour donner à La Fayette l'occasion d'intervenir… »

Maintenant Duport charge La Fayette, son ancien compagnon de la Société des Trente. Il le décrit comme un « traître », épuisant la Garde nationale par ses convocations continuelles, la dressant contre les honnêtes citoyens, les vrais patriotes, qualifiés de « séditieux ». Chacun pense que Duport attaque La Fayette tout en songeant à Mirabeau ; il finit par se tourner vers le député d'Aix, le désigne, assis au premier rang :

« Nos plus grands ennemis sont ici. Ce sont des hommes sur qui s'étaient reposées nos plus grandes espérances, des hommes que vous n'avez élevés que pour qu'ils vous combattent avec plus d'avantage. Ces hommes – on l'a vu aujourd'hui à l'Assemblée – sont parfaitement du même avis que les aristocrates qui se trouvaient à l'autre bout de la salle… »

Le ton est donné, mais Duport hésite. Il alterne entre les protestations d'admiration pour Mirabeau, les appels à faire amende honorable adressés au tribun – le discours de Duport est, alors, onctueux, plaintif, attendri – et l'agression franche et directe :

« Mirabeau fait montre d'un despotisme odieux, d'un orgueil insupportable. Suffit-il qu'il dise "j'ai écrit cela il y a six ans" pour fermer la bouche à 1 200 collègues ? Parce qu'il a écrit, dans le passé, je ne sais quelle lettre au roi de Prusse, son opinion prend-elle plus de force que celle de Rousseau dans le *Contrat social* ? Va-t-il longtemps se comporter comme le Jupiter d'Homère, avec ses deux tonneaux du bien et du mal, qu'il verse, à son gré, sur le peuple ? Oui, je reconnais son génie, mais ce n'est pas le génie que la nation demande à ses représentants, c'est une austère probité, la fidélité aux engagements pris. J'admire son génie, mais je le dénonce comme un ennemi de la liberté. Qu'il redevienne honnête homme, et je cours l'embrasser ! »

Affronter les orages ! Mirabeau en a l'habitude... mais le moment est particulièrement difficile. De nombreux membres du club se lèvent et viennent applaudir Duport à la tribune, juste devant Mirabeau, comme s'il n'existait pas... Il est exténué par la fatigue de cette journée qui n'en finit pas, par la maladie qui l'envahit. Il tente de répondre. Il prend la défense de La Fayette : c'est avec raison qu'il est intervenu, avec ses gardes nationaux, à Vincennes ; la menace était sérieuse, et Duport est bien mal informé quand il parie d'un attroupement artificiellement provoqué. Sur l'émigration, Mirabeau souligne qu'il a soutenu la doctrine des philosophes et des publicistes : ses vues étaient diamétralement opposées à celles de certains de ses collègues, elles ne l'étaient pas nécessairement aux principes de la Constitution et de la liberté. Il a partagé l'avis de la droite ? Certes ! Mais ce n'est pas parce que Cazalès et les aristocrates adoptent une opinion, qu'il faut adhérer à l'opinion contraire ! Au demeurant, aucun « chef d'opinion » – Mirabeau désigne ainsi les chefs de file des différents groupes qui se sont constitués, informellement, au sein de l'Assemblée – n'a pris la parole contre une vue présentée comme tellement condamnable. « Pourquoi les chefs d'opinion sont-ils restés muets pendant le débat ? »

Alexandre de Lameth prend place à la tribune. Il est implacable, impitoyable, sans aucune trace de l'indulgence manifestée par Duport. Il est indigné : Mirabeau l'a blessé avec son allusion aux « trente » membres de son groupe, alors qu'il s'estime chef d'un grand parti. Son indignation lui donne du mordant, un élan oratoire qu'il n'a guère d'ordinaire :

« Heureuse séance que celle de l'Assemblée aujourd'hui ! Elle a été un trait de lumière, elle a permis à tant de collègues qui se refusaient à croire à tant de perfidie, de découvrir la conjuration. »

Il se tourne vers Mirabeau :

« Oui, monsieur Mirabeau, nous ne sommes plus trente. Dans cette salle vous pouvez compter cent cinquante députés jacobins qu'on ne désunira pas, qui sont la force de notre club au sein de l'Assemblée, qu'on ne pourra pas corrompre, ni ministérialiser. »

Un député membre du club crie son soutien à Lameth :

« Aucun patriote de l'Assemblée ne vous démentira ! On ne nous désunira pas ! »

Lameth reprend, toujours tourné vers le député d'Aix :

« Alors, vous voulez les faire prendre pour des " factieux " ? »

Au prononcé du mot « factieux », Lameth semble entré en fureur :

« On dit que nous sommes des factieux ! Mais les factieux sont ceux qui se laissent corrompre, ceux qui veulent opprimer le peuple, qui veulent le tromper ! »

Un silence. Puis il désigne du doigt Mirabeau :

« Je demande à cet homme intrigant et verbeux s'il sait ce que c'est qu'un factieux. Le factieux, le vrai factieux, le plus traître des factieux, c'est celui qui... »

Et Lameth d'énumérer les étapes du parcours politique de Mirabeau depuis vingt mois...

« C'est celui qui va d'un club à l'autre, des Jacobins au Club de 1789 puis de 1789 aux Jacobins, qui souffle le chaud et le froid, qui veut être l'eau et le feu, et qui trompe tout le monde, n'est que félonie... »

Décomposé, Mirabeau s'est approché de l'orateur, l'a tiré par son habit. Il lui demande, à voix basse, au nom de leur ancienne amitié, de leurs combats communs, de mettre fin à cette exécution... Lameth refuse de s'interrompre :

« Non, vous êtes trop perfide. »

Il reprend, longuement, le thème de la conjuration :

« Ne vous y trompez pas, toutes ces émeutes payées qui se multiplient n'ont qu'un seul but : perdre les Jacobins dans l'opinion, nous " dépopulariser ". Mais on n'y parviendra pas ! Nous sommes un grand parti. Tout à l'heure, vous avez parlé des " chefs d'opinion ". Qu'est-ce à dire ? Qu'il y aurait des " esclaves d'opinion " ? Tous les députés jacobins qui n'ont jamais trahi sont des chefs d'opinion ! »

Lameth lance sa botte finale :

« Je ne suis pas de ceux qui pensent qu'il est hautement politique de ménager M. Mirabeau, qu'il ne faut pas le désespérer. J'ai la conviction que si M. Mirabeau n'était pas au milieu de nous, il ne serait pas plus dangereux que les Cazalès et les Maury, il serait au niveau de n'importe quel aristocrate. Pourquoi épargner ce perfide ? Par crainte d'ulcérer son amour-propre et de le faire partir de notre club ? Hors de notre enceinte, toute sa force ne lui servira à rien ! »

Mirabeau est assommé, le visage inondé de sueur. Il ramasse

ses forces, face au public jacobin déchaîné. Il tente quelques excuses rapides. L'apostrophe aux « trente députés » ? C'était dans un « moment de chaleur », « d'emportement de son opinion ». Et il ne visait pas le parti Lameth, pas seulement ce parti. Il avait voulu dire qu'on ne fait pas la majorité de l'Assemblée avec un simple groupe. Il s'attache à rappeler les services qu'il a rendus à la Révolution, sa « conduite soutenue », ses actions « jamais démenties ». Hélas ! Il est accoutumé à « servir des ingrats ». Mais n'est-on pas sur le point de lui attribuer des torts imaginaires pour l'arracher à la faveur du peuple ?

Surtout, il se consacre au point du réquisitoire de Lameth qui lui a semblé le plus faible : son départ pour le Club de 1789 puis son retour aux Jacobins ? N'est-ce pas un faux procès ? Oui, il s'est éloigné un temps du grand club de la Révolution, oui il a boudé, à cause du despotisme de quelques-uns. Mais il a rapidement compris que le Club de 1789 n'était qu'un « club bâtard », qu'une coterie, et il est revenu, en toute confiance, vers les Jacobins, et il restera parmi eux « jusqu'à l'ostracisme ».

La flatterie a marché, et surtout l'admiration pour les actions anciennes de Mirabeau. Des applaudissements mesurés, réticents, saluent son départ du club.

Mirabeau est mécontent de lui-même. Il se voyait « chef de meute », chef d'un grand parti recrutant dans toutes les factions de l'Assemblée : il s'est retrouvé minoritaire à l'Assemblée et totalement isolé au sein des Jacobins, sa « famille politique » d'origine. Il espérait détacher Barnave des triumvirs et séparer les triumvirs du gros des Jacobins. Ils sont tous parfaitement unis !

LE PANTHÉON ET L'ARMOIRE DE FER

Mirabeau est malade, probablement depuis son incarcération à Vincennes. La vie sédentaire et le surmenage, en marge des réunions de l'Assemblée, ont aggravé ses maux. La surexcitation de la présidence a poussé au paroxysme les inquiétudes de son médecin, Cabanis.

Georges Cabanis est un ami personnel de Mirabeau. Médecin et philosophe de 34 ans, proche des encyclopédistes, il poursuivra une double carrière, médicale et politique. Il sera professeur de clinique à l'École de médecine, se piquera de matérialisme dans un traité sur les rapports du physique et du moral et siégera aux Cinq-Cents et au Sénat de l'Empire. Pour l'heure, il est décidé à imposer à Mirabeau un traitement « décisif et radical ». Mais il est confronté aux imprudences de son patient, aux coups de passion d'un homme qui joue avec l'idée de sa propre mort.

Le mois de mars 1791 a été plutôt calme à l'Assemblée, après les tumultes de février. D'étranges évolutions se sont produites. Les triumvirs, qui avaient choisi une ligne de « gauche extrême » pour accabler Mirabeau, pour dénoncer, le 28 février, aux Jacobins, sa « perfidie » et ce qu'ils semblaient avoir compris de son « plan », sont sur le chemin d'un « recentrage » : Barnave, qui n'a pas attaqué Mirabeau et auquel Mirabeau a toujours manifesté de l'amitié par-delà leurs joutes, a fait adopter, le 11 mars, par les Jacobins, une *Adresse aux Sociétés affiliées*, qui demande aux patriotes d'éviter « l'ardeur turbulente » et « l'effervescence inquiète » car le temps est venu de « terminer la Révolution » ! Ainsi les triumvirs reviennent-ils à la position centriste qu'ils avaient adoptée, le 5 décembre, aux Jacobins, lorsque Mirabeau avait reçu le concours de Charles de Lameth face à Robespierre. Les triumvirs semblent mettre leurs pas dans ceux de Mirabeau, ils prêchent, eux aussi, le retour à l'ordre ! La presse révolutionnaire ne s'y trompe pas : l'Adresse de Barnave – à plusieurs centaines de sociétés affiliées, qui constituent le plus puissant parti politique organisé de France – est dénoncée pour son « style flasque », digne d'un « castrat en politique », et pour son caractère non démocratique, puisqu'elle a été adoptée par acclamation. Comme l'écrivait Brissot dans sa *Lettre à Barnave*, les triumvirs veulent se « monarchiser » – ils tentent, comme Mirabeau, de nouer contact avec la cour. Duquesnoy relève, dans *L'Ami des patriotes* – non sans perversité, puisqu'il est maintenant la cheville ouvrière du « plan » de Mirabeau – que les triumvirs usent du langage de ce Club monarchique, fondé par Malouet et Clermont-Tonnerre, contre lequel ils mobilisaient, il y a peu, des hordes de manifestants.

De son côté, Mirabeau semble désabusé – une fois passée la phase de grande exaltation autour du « plan ». Il est retourné au Club des Jacobins, dont il a reconquis le soutien lors d'un débat, le 16 mars, sur l'égalité des partages dans les successions – une question qui a pesé sur sa vie personnelle ! Mais, à l'Assemblée, il perd une partie de son autorité : les députés jacobins continuent de lui être hostiles ; le groupe de La Fayette – mené par d'André et Le Chapelier – prend du champ après s'être associé au « plan ». Est-ce la fatigue ou l'inattention ? Mirabeau a perdu pied, les 22 et 23 mars, dans un débat sur l'organisation de la régence en cas de vacance du trône. Il a d'abord stigmatisé la régence « héréditaire » – la désignation, par avance, par la Constitution, d'un prince du sang – car ce serait « une régence imposée par le hasard ». Puis il s'est redressé contre la thèse d'un régent élu par l'Assemblée, car il a réalisé que les partisans de cette option avaient pour but de saper le principe d'une monarchie héréditaire... En outre, Mirabeau a fini par se perdre dans les « inextricables intrigues » qui obscurcissent l'exécution de son « plan », les trahisons souterraines, tromperies en tous sens, marchandages et chantages des « coquins » qui peuplent son « atelier de police ». Au demeurant, le travail en province sur l'opinion n'a même pas commencé. Mirabeau s'est entretenu avec Laporte, l'intendant de la liste civile du roi, des mesures à prendre, des émissaires à envoyer, des crédits à ouvrir... Mais Mirabeau semble hésiter devant le risque de guerre civile. Il est apparu, aux yeux du général de Bouillé, dans sa place forte de Lorraine, et de tant de monarchistes inquiets, comme le seul sauveur possible de la monarchie. Mais a-t-il recueilli l'adhésion véritable de la cour ? Il peut en douter tant sont perceptibles les réticences de Marie-Antoinette et de Fersen, qui ne voient en lui qu'un comparse éventuel pour un tout autre projet. Ce projet, il le devine presque lorsqu'il confie à Cabanis : « J'ai défendu la monarchie jusqu'au bout, je la défends même encore que je la croie perdue, parce qu'il dépendrait du roi qu'elle ne le fût point, et que je la crois encore utile. Mais, s'il part, je monte à la tribune, je fais déclarer le trône vacant et proclamer la République. »

Après deux coliques, qui l'ont violemment secoué, Mirabeau s'est adonné à ses excès de table habituels... en compagnie de deux danseuses de l'Opéra ! Cabanis le trouve très changé, le lendemain, dimanche 27 mars : de nouvelles coliques, compliquées de douleurs au diaphragme, l'ont tenaillé toute la nuit.

Le dimanche matin, Mirabeau tient à se rendre à l'Assemblée pour prendre part à un débat sur le statut des mines : La Marck est propriétaire des mines d'Anzin, dans le Hainaut, et il veut défendre les intérêts de son ami. Il s'arrête chez La Marck, qui veut le retenir : pourquoi rejoindre l'Assemblée alors que son visage est décomposé et qu'il semble sur le point de se trouver mal ? Mirabeau est offusqué : il ne veut pas laisser « ce paltoquet de Noailles » seul à intervenir. « Mon ami, ces gens-là vont vous ruiner si je n'y vais pas. »

Il prend la parole à l'Assemblée, obtient la priorité pour son projet, en anime l'examen par articles. Il dit son accord avec la position de départ de ses collègues : les mines doivent être déclarées « à la disposition de la nation ». Mais il brosse un tableau lyrique de l'exploitation des mines en France – les machines immenses, les puits en bois, les galeries, les pensions aux ouvriers malades – et retrouve l'accent des physiocrates pour demander si on doit dépouiller les propriétaires du sous-sol.

Il sort, défaillant, vers les 3 heures de l'après-midi – heure habituelle du « dîner » – sur la terrasse des Feuillants. La foule l'entoure, lui glisse des suppliques, des demandes de recommandations. Il a du mal à respirer, se sent oppressé. Lachèze, jeune confrère et ami de Cabanis, l'aperçoit, vole à son secours :

« Vous vous tuez.

— Arrachez-moi d'ici ! »

Il monte en voiture avec le jeune médecin.

Il repasse rapidement chez La Marck, se jette sur un canapé :

« Votre cause est gagnée, et moi je suis mort ! »

Puis il se tourne vers Lachèze :

« J'ai besoin de repos. Si vous n'avez pas d'engagement pour la journée, faites-moi le plaisir de me suivre à la campagne. »

Toujours accompagné de Lachèze, il se dirige vers sa propriété du Marais, à Argenteuil. Ses douleurs au diaphragme persistent, ainsi que ses angoisses cardiaques.

Le lundi matin, il rentre à Paris et tente de traiter ses maux par la diversion : il va aux Bains Chinois, qui le soulagent, puis à la Comédie-Italienne, pour entendre la Morichelli, la cantatrice qui sera sa dernière passion. Mais une « griffe de fer » déchire son diaphragme. Il se traîne péniblement jusqu'à son domicile de la Chaussée-d'Antin, appuyé sur le bras de Lachèze.

Cabanis, qu'il n'a pas voulu déranger, le rejoint à 1 heure du matin :

« Au premier aspect, jamais aucun malade ne m'a paru si décidément frappé à mort. Je le trouvai près de suffoquer, respirant avec la plus grande peine, le visage gonflé par l'arrêt du sang dans le poumon, le pouls intermittent et convulsif, les extrémités froides et faisant de grands efforts pour retenir ses plaintes. »

Suit la ronde des remèdes de l'époque, saignées, vésicatoires, sinapismes – après convocation d'un chirurgien.

Le fidèle Frochot, qui, depuis la réunion des États, est le député le plus proche de Mirabeau, est à son chevet. Mirabeau lui demande de faire chercher un notaire. Cabanis s'indigne :

« Ce n'est pas l'heure du notaire, c'est celle du médecin ! »

La respiration est plus libre, le pouls plus régulier. Mirabeau croit ressusciter :

« Je suis mieux, mais convenez que vous avez eu peur ! »

Le mercredi se passe, selon Cabanis, en « crises incessantes, presque aussitôt combattues et conjurées ». Le médecin se considère comme « maître de la maladie » : ses purgations viennent à bout des spasmes.

Mirabeau espère et désespère, demande à Frochot de ne pas aller à l'Assemblée, remercie Cabanis pour son amitié... Il se réjouit de la visite d'une délégation du Club des Jacobins, conduite par le cher Barnave, et du message qu'elle lui fait tenir, car il n'est pas en état de la recevoir ; il s'indigne du refus des frères Lameth de faire partie de la délégation :

« Lorsque Charles a été blessé dans son duel avec Castries, j'ai fait demander, chaque jour, de ses nouvelles ! »

Mirabeau apprend que le Club monarchique a été l'objet d'une nouvelle agression, que plusieurs de ses membres ont été molestés par les manifestants qui encerclaient son siège. Dans l'une de ses intuitions lumineuses, il lance :

« Après ma mort, les factieux se partageront les lambeaux de la monarchie. »

Dans la nuit de mercredi à jeudi, Mirabeau étouffe. Les

spasmes sont continus. Son visage, terreux, semble un masque funèbre. La mort réelle est là. Frochot tente de plaisanter :

« Guérissez vite afin d'écrire un mémoire à la gloire de vos gardes-malades !

— Mes amis, vous savez bien que je n'en reviendrai pas ! »

Il parle, maintenant, de lui au passé. Il a rendez-vous avec l'Histoire. Il évoque la personnalité de Pitt, le Premier ministre anglais :

« Si j'eusse vécu, je crois que je lui aurais donné du chagrin. »

Le jeudi matin, Mirabeau demande La Marck avec insistance – La Marck qui s'était tenu à l'écart par discrétion. Mirabeau a encore assez de lucidité pour s'inquiéter du destin de sa correspondance avec la cour :

« Plusieurs personnes pourraient être compromises, et d'abord les divers agents du “ plan ”. »

Mais Mirabeau hésite, quand La Marck est seul avec lui :

« Il serait peut-être plus prudent de détruire tous ces papiers, mais je ne puis m'y résoudre : ils contiennent aussi la justification de mon action, l'honneur de ma mémoire. Ne pourrait-on les mettre à l'abri chez vous, et les publier plus tard pour défendre ma mémoire ? »

La Marck promet : les papiers vont être triés par Pellenc, le fidèle collaborateur provençal ; les plus importants seront conservés et transportés chez La Marck, les plus compromettants seront brûlés. La tâche terminée, La Marck revient au chevet de Mirabeau et s'effondre près de la cheminée de la chambre.

À l'extérieur, la capitale et le royaume semblent concentrés sur la maladie de Mirabeau. L'émotion est profonde. On s'arrête dans la rue, sans se connaître, pour parler de la santé de Mirabeau. Depuis le 28 mars, les autres nouvelles sont occultées. Les rumeurs tournent autour de l'état du malade, ses chances de rétablissement, le malheur que constituerait sa disparition. Des groupes se rassemblent au Palais-Royal et dans les lieux publics. La rue de la Chaussée-d'Antin est noyée sous une foule dense, l'hôtel de Mirabeau est littéralement assiégé, les délégations se succèdent – groupes de l'Assemblée, clubs politiques, corps de métiers, Provençaux de Paris…

Un bulletin médical, signé de Cabanis, est publié dans *Le Moniteur*. D'autres suivent, imprimés et enlevés, plusieurs fois par jour. Dans l'hôtel même, la foule des parents, des amis, des collègues de l'Assemblée, des relations stationne au rez-de-chaussée, dans la cour, le jardin. Le roi, la reine envoient prendre des nouvelles : « Sachons gré à Louis XVI de ne pas être venu lui-même. On l'aurait idolâtré », écrit ironiquement Camille Desmoulins, qui se joint à la foule des visiteurs, comme pour une ultime réconciliation.

L'état du malade continue de se dégrader, dans la nuit de jeudi à vendredi. Cabanis, croyant maintenant à une fièvre maligne, tente le quinquina, un remède très rare – mais le malade vomit le précieux quinquina. Des médecins de Genève, interrogés par Dumont, diagnostiqueront, plus tard, sur le fondement des symptômes observés, deux affections combinées : une péricardite rhumatismale et la formation de calculs biliaires. D'autres insisteront sur l'inflammation du diaphragme.

Mirabeau ne perd pas une occasion de méditer sur le mystère de la condition humaine. Il interpelle son médecin, dont il sait le matérialisme militant :

« Tu es un grand médecin, mais il est un plus grand médecin que toi : l'auteur du vent qui renverse tout, de l'eau qui pénètre et féconde tout, du feu qui vivifie ou décompose tout. »

Caroline du Saillant, qui représente la famille – à l'exclusion de la mère Vassan, qui voulait, furieuse, revenir sur divers contentieux financiers au chevet de son fils – a souhaité appeler un confrère de Cabanis en consultation. Celui-ci invite le docteur Petit, médecin du dauphin… et homme des Lumières, qui se partage lui aussi entre médecine et philosophie.

Mirabeau le reçoit de manière très mondaine, comme dans un salon :

« Je ne vous cacherai pas que j'ai toujours pensé qu'on ne pouvait avoir pour médecin que son ami, et le docteur Cabanis est mon ami. Mais je dois dire que Cabanis m'a révélé de vous de telles qualités morales, qui sont comme le condensé de l'esprit de la Révolution, que j'ai pensé que vous auriez pu, de toute évidence, devenir mon ami. »

Petit répond, sur le même ton :

« Je suis votre immortelle carrière depuis le début. Vous incarnez pour moi la patrie, la liberté, la Constitution. »

Puis il examine le malade et s'entretient, en aparté, avec Cabanis :

« Il est perdu. Mais tant qu'un homme respire, il faut le soigner… Essayez vésicatoires et camphre. »

Mirabeau l'interroge :

« Que pensez-vous de mon état ? Soyez sincère.

— Vous n'êtes pas bien.

— Croyez-vous me tirer d'affaire ?

— Je l'espère, mais je ne promets rien.

— J'aime qu'on me parle ainsi ! »

Puis il désigne Frochot, La Marck et le groupe qui est à son chevet :

« Voyez, monsieur, comme on s'empresse autour de moi. On croirait que ces gens sont à mes gages… Eh bien ! Ce sont tous des amis. »

Les médecins s'étant provisoirement retirés, Mirabeau demande un notaire, auquel il dicte un long testament, dans l'après-midi de vendredi. Il institue héritier et légataire universel son neveu, « Saillant fils », qui l'accompagna à Saint-Cloud, au rendez-vous secret avec la reine. Il lègue ses manuscrits à La Marck et à Cabanis, sa vaisselle d'argent et « ses baguiers, garnis de toutes leurs bagues » à La Marck. Il énonce une série de legs à Lachèze, à l'évêque « jureur » de Lyon, Lamourette, qui fut étroitement associé à son travail de « théologien » improvisé, et dont il a reçu la visite le matin même, à son secrétaire Comps. Il n'oublie pas Henriette de Nehra, la seule femme qu'il a aimée d'un amour serein – Henriette qui semblait effacée de sa vie, qu'il a croisée dans la rue, quelques semaines plus tôt, en allant à l'Assemblée, qu'il a saluée d'un grand geste désolé mais sans pouvoir arrêter sa voiture… Il se préoccupe du sort du petit Lucas, son enfant, auquel il n'a pu donner son nom : il lui attribue 24 000 livres en viager sur sa tête. Il dit sa volonté d'être inhumé dans la chapelle de sa maison du Marais, et son souhait que les cendres de son père et de sa grand-mère paternelle y soient transportées.

Dans le même après-midi du vendredi, Mirabeau reçoit la très longue visite – deux heures – de Talleyrand. Les deux hommes ne s'aiment pas vraiment, mais une ancienne complicité les unit, celle de l'attente des temps nouveaux qui allaient permettre l'épanouissement de leurs talents. Talleyrand est devenu le chef de l'Église constitutionnelle, il consacre les évêques jureurs. Demain, on raillera à droite : « Le confesseur fut digne du pénitent. »

Talleyrand ironise, en aristocrate qui ne saurait s'émouvoir :

« On a bien de la peine à arriver jusqu'à vous. Je suis venu, comme le peuple de Paris, trois fois par jour à votre porte, et il y a deux heures que j'attends de vos nouvelles avec lui.

— Ah ! Je le sais bien. Pour le peuple, c'est toujours un grand jour que celui où l'on meurt. »

Mirabeau demande à Talleyrand où en sont les travaux de l'Assemblée. Il se désole de ne pouvoir prendre part au débat du lendemain sur la réforme des successions par testament. Son discours est prêt – il l'a déjà esquissé devant les Jacobins : un texte dans l'esprit des Lumières, dressé contre le despotisme paternel, limitant la liberté de tester du père de famille, posant le principe de l'égalité des héritiers. Talleyrand s'engage à le lire devant l'Assemblée : il le « débitera très bien » selon Barnave, mais sans les intonations et les gestes de Mirabeau, son ton déclamatoire, son reste d'accent méridional...

En remettant son texte à Talleyrand, Mirabeau ne résiste pas au plaisir d'une plaisanterie : l'occasion est trop belle !

« Il sera singulier qu'on lise, l'après-midi, un essai sur les successions testamentaires d'un homme qui a fait, le matin, son propre testament ! »

Alors que le soir tombe et que l'état du malade s'aggrave, on introduit une dernière délégation : celle du Club des Jacobins, conduite par Rabaut Saint-Étienne, qui rapportera au Club qu'il a trouvé Mirabeau « dans un état affreux ». Cabanis s'installe, pour la nuit, dans un fauteuil, à côté de son patient. Mirabeau ne dort pas. Il ne cesse de parler, « avec précision, énergie et éclat », selon le médecin – mais il se plaint de vertiges, et de ces images qui se précipitent avec trop de rapidité devant lui.

Cabanis est ému. Il vient d'apprendre que la foule qui attend, angoissée, devant l'hôtel de la Chaussée-d'Antin, a pris une initiative inattendue : elle a barré toutes les rues du quartier et interdit la circulation des voitures, afin que le sommeil de Mirabeau ne soit pas troublé.

Mirabeau s'attendrit à l'annonce de cette nouvelle :

« Un peuple si sensible et si bon est bien digne qu'on se dévoue à son service, qu'on fasse tout pour établir et consolider sa liberté. Il m'aura été glorieux de lui consacrer ma vie. »

Le jour apparaît, en ce matin du samedi 2 avril. Mirabeau a fait ouvrir les fenêtres. Il observe le soleil printanier. Il dit à Frochot :

« Si ce n'est pas Dieu, c'est du moins son cousin germain. »

Il a d'ultimes entretiens avec Cabanis – il lui confie qu'il ne veut pas souffrir, qu'il compte sur ses remèdes –, puis avec La Marck, sur ses affaires privées, les personnes qu'il met sous sa protection, et surtout, pendant trois quarts d'heure, sur les affaires publiques.

Il perd la parole, remue les lèvres, réclame, du geste, à Cabanis les remèdes promis, car il est en proie à une vraie torture qui lui arrache des cris.

« On me trompe. Où sont les remèdes ? » souffle-t-il à voix

basse. En fait, Cabanis a envoyé chercher des stupéfiants, qui n'arrivent pas.

Puis Mirabeau se retourne dans un mouvement convulsif, qui le rejette brusquement sur le côté droit.

« Il ne souffre plus », constate le docteur Petit, revenu à son chevet.

Immense douleur de la nation. Aux carrefours, des orateurs s'improvisent pour prononcer des centaines d'oraisons funèbres. Le Club des Jacobins décrète un deuil de huit jours et décide de faire inscrire la fameuse réplique à Dreux-Brézé au bas d'un buste commandé à Houdon. Danton approuve :

« Mirabeau créa la liberté en Europe ! »

Le directoire de Paris a d'abord imaginé d'inhumer Mirabeau au Champ-de-Mars, devenu Champ de la Fédération, sous l'autel de la Patrie. Puis une autre idée s'est imposée : transformer la nouvelle église Sainte-Geneviève, dessinée par Soufflot, en tombeau des grands hommes, en Panthéon – « Aux grands hommes, la patrie reconnaissante » – et Mirabeau sera le premier à y reposer.

L'Assemblée approuve l'initiative de Paris. La volonté testamentaire de Mirabeau ne sera, certes, pas respectée... Mais Le Chapelier intervient :

« La dépouille d'un grand homme appartient à la patrie. »

Robespierre retrace l'apport de Mirabeau à la Révolution :

« Il fut l'homme illustre qui, dans les moments critiques, sut opposer la plus grande force au despotisme. »

Barnave rédige le décret, d'une grande sobriété, qui crée le Panthéon et y place, en premier, le tombeau « d'Honoré Riqueti Mirabeau », qui « a mérité les honneurs décernés par la nation ».

Premières funérailles d'État sous la Révolution, mais surtout funérailles nationales, associant la nation dans tous ses segments, révélant le cœur battant de la nation. Le cortège gigantesque, parti de la Chaussée-d'Antin le lundi 4 avril à 5 heures de l'après-midi, n'atteindra que six heures et demie plus tard le sommet de la montagne Sainte-Geneviève. Il est ouvert par un détachement de cavalerie, une double haie de gardes nationaux, et une délégation des vainqueurs de la Bastille ; La Fayette, entouré de son état-major, conduit le deuil, s'avançant devant les Cent Suisses, les gardes de la prévôté de l'Hôtel de Ville et la musique de la Garde nationale. Le clergé précède le cercueil, qui est porté par les « citoyens-soldats » du bataillon que commanda Mirabeau. La famille suit, puis l'Assemblée presque au complet, tous partis confondus – on relève, parmi les rares absents, Pétion à l'extrême-gauche et quelques députés de droite –, les ministres, conduits par le garde des Sceaux – alors que, sous la monarchie, la tradition voulait qu'il ne participe à aucune cérémonie –, le département et la municipalité de Paris, les tribunaux, le « cortège dans le cortège » que constituent les nombreux membres du Club des Jacobins, tous en tenue de deuil, les délégations des autres clubs et sociétés fraternelles – au milieu d'une foule de 400 000 personnes. « Les balcons, les terrasses, les toits des maisons, les arbres mêmes, tout était chargé de peuple », écrira Desmoulins.

À l'église Sainte-Eustache, tendue de noir, l'ancien jésuite Cerutti, l'ami de Necker, prononce l'oraison funèbre, au milieu des prières et des tirs de mousquets : « Debout pour la patrie, il en était la plus haute colonne. Les hommes des Lumières, Montesquieu, Voltaire, Rousseau, avaient préparé la nation, Mirabeau vint, avec son intrépidité et son génie, exécuter leurs vues... Il sera nommé le premier des Français. » Puis le cortège s'ébranle, à la lueur des torches, au roulement des tambours voilés... et du tam-tam, entendu, pour la première fois, dans une cérémonie publique à Paris. L'inhumation provisoire a lieu dans l'ancienne église Sainte-Geneviève, en attendant l'entrée dans la nouvelle, le Panthéon.

Du Panthéon à l'armoire de fer...

Le 13 novembre 1792, pendant que se déroule le procès du roi. des ouvriers, occupés à des réparations au palais des Tuileries, découvrent, encastrée dans un mur, une armoire de fer, et les papiers qu'y rangeait l'intendant de la liste civile Laporte. Les menées souterraines de Mirabeau avec la cour sont découvertes. La Convention ordonne de voiler, dans la salle des séances, le buste de Mirabeau, que le peuple sera invité à aller pendre en place de Grève. Elle décrète, le 25 novembre 1793 – 5 frimaire de l'an II –, sur l'initiative du poète Marie-Joseph Chénier, que le corps de Mirabeau sera retiré du Panthéon.

Le 21 septembre 1794 – cinquième jour sans culottide de l'an II –, deux mois après le coup d'arrêt du 9 Thermidor, qui n'a pas immédiatement apaisé les haines, Marat, assassiné par Charlotte Corday, est inhumé au Panthéon. Marat, dont les imprécations contre Mirabeau, dans *L'Ami du peuple* avaient été parmi les rares notes discordantes lors de ses funérailles : « Peuple, rends grâce aux Dieux ! Ton plus redoutable ennemi vient de tomber, Riqueti n'est plus ! » Et le pamphlétaire avait ajouté qu'il préférerait ne jamais mourir plutôt que de figurer, un jour, au côté de « Riqueti », au Panthéon. En un sens, son souhait est exaucé : alors que Marat est inhumé, les « restes impurs du royaliste Mirabeau » sont rejetés par une porte latérale.

Ultime volte-face de l'Histoire : les restes de Mirabeau, qui devaient être transportés au cimetière voisin de Saint-Étienne du Mont, dans leur cercueil de plomb, à titre de dépôt « jusqu'à nouvel ordre »... ont disparu à tout jamais. Les commissaires chargés de cette mission, ont, au nom de la vertu républicaine, brisé le cercueil et dispersé ce qui restait de la dépouille dans un coin du cimetière Clamart, dit de Sainte-Catherine, une nécropole qui se trouvait à l'angle de la rue des Fossés-Saint-Marcel et de la rue Scipion, près de l'actuel boulevard de Port-Royal.

Le jeune Lucas, que le sculpteur Lucas de Montigny, traversé des doutes les plus vifs à l'encontre de sa femme, avait remis à Mirabeau, a 8 ans lorsque disparaît son père naturel, au côté duquel il vivait. Il est recueilli par Caroline du Saillant et son mari, dans leur hôtel de la rue de Seine, qu'avait acquis jadis le marquis Victor.

Sept ans plus tard, Émilie de Marignane, veuve d'un second mari, un officier sarde, le comte della Rocca, rejoindra, à son tour, les Saillant. En réalité, elle a réussi, en sa qualité d'étrangère, à se faire restituer l'hôtel de la rue de Seine, alors que Caroline avait été emprisonnée sous la Terreur et privée de ses biens. Mais Émilie a changé : elle brûle, désormais, d'une intense passion posthume pour Gabriel-Honoré, recueille ses lettres, portraits et les autres témoignages de son existence, chante sa musique de prédilection, organise un véritable culte autour du grand disparu, l'incomparable... et se prend d'une affection débordante pour le jeune Lucas, pour lequel elle sera une nouvelle mère, après Henriette de Nehra et avec Caroline du Saillant. N'ira-t-elle pas jusqu'à lui léguer toute sa fortune, alors qu'elle oubliera son propre fils, né de son second mariage, lorsqu'elle mourra dans la propre chambre et le propre lit de Mirabeau, rue de Seine ?

Gabriel-Lucas de Montigny – puisque tel est le nom du « petit Lucas », doté du prénom du tribun –, élevé dans le culte de son père par Émilie, consacrera sa vie à la mémoire de Mirabeau : il sera son premier biographe, et lui élèvera son véritable monument funéraire, les huit volumes des *Mémoires biographiques, politiques et littéraires de Mirabeau.*

MIRABEAU-TONNERRE

Seul homme d'État à surgir dans les tempêtes de l'Assemblée constituante, Mirabeau a tâtonné, oscillé entre un pragmatisme prudent et la politique du pire, entre le rejet et le souhait de guerre civile en France. Mais il a compris le problème fondamental de la Révolution et entrevu sa solution.

Le bouleversement de la structure sociale de la France, par la suppression des ordres et l'abolition des privilèges, était irréversible – « l'arche sainte » d'une France égalitaire. Mais, pour s'enraciner, le nouveau régime exigeait un exécutif fort, monarchique – puisque la monarchie était, depuis dix siècles, dépositaire de l'autorité. La solution était donc une monarchie constitutionnelle à l'anglaise, telle que l'Angleterre l'avait inventée au fil de deux révolutions, telle que Mirabeau la préconisait, tout en affichant une certaine distance doctrinale avec le modèle anglais... Des ministres du roi, choisis par lui dans la majorité de l'Assemblée, et gouvernant dans une confiance intime avec la majorité de l'Assemblée.

On peut imaginer ce qu'aurait été un Mirabeau, Premier ministre du roi : Jean-Jacques Chevallier l'a tenté dans son récit des années de Mirabeau à la Constituante. Le tribun aurait montré, selon sa formule favorite, qu'un Jacobin ministre n'est pas un ministre jacobin. Il aurait pu être ce « Richelieu pour la nation », dont Mirabeau proposait, tactiquement, le rôle à La Fayette. Il aurait pu « terminer la Révolution ». Bonaparte, Premier Consul, jettera, en 1800, à son Conseil d'État : « Nous avons fini le roman de la Révolution. » Mais, c'est exactement ce que disait Mirabeau, dix ans plus tôt, dans l'une de ces formules par lesquelles il marquait son dédain à ses collègues, ces « géomètres de l'État », aveugles aux effets pervers qu'ils déclenchaient : « Je n'ai jamais adopté leur roman, ni leur métaphysique, ni leurs crimes inutiles. »

Faut-il évoquer la « corruption » morale et politique de Mirabeau ? Son grand dessein fut-il déjoué par l'Assemblée parce que, selon la malédiction de son père, le marquis, il avait « péché par la base, par les mœurs » ? L'exemple contraire d'un Talleyrand, réussissant sous tous les régimes, nous gardera de la tentation moralisatrice, et de cette perversion contemporaine qui consiste à appréhender le passé à l'aune du présent. Comme il l'a dit lui-même, dans le marché qu'il a conclu avec la cour, il n'a rien cédé de sa vision politique ni de ses principes... C'était une sorte « d'impôt national », écrira avec humour Edmond Rousse, « qui rapportera plus au pays qu'il ne lui coûte ». Plus que sa « corruption », c'est sa supériorité naturelle sur ses collègues, et surtout la conscience qu'il en avait, cette manière d'imposer sa souveraineté et d'ignorer la rancune, l'envie, les rivalités mesquines, qui ont irrité l'Assemblée.

Un exécutif monarchique ? Louis XVI aurait pu éviter la révolution populaire en conduisant, en liaison avec le Tiers, cette révolution royale que préconisait Mirabeau. Il pouvait encore sauver la royauté, maîtriser la Révolution et lui donner un cours différent en s'imposant à la tête de la démocratie royale. Une tâche difficile, on l'a dit : comment déposséder le monarque de l'Ancien Régime, tout en maintenant le monarque constitutionnel ? Comment ériger la monarchie, non plus en témoignage de ce qui a été détruit mais en image de ce qui doit être refondé ? « Il aurait fallu un grand roi, ou un grand ministre », nous dit Albert Sorel, dans le tableau qu'il a brossé de l'influence de la Révolution sur l'Europe. Le roi manquait ; le ministre se proposa... mais le couple royal était trop ancré dans ses principes et dans ses convictions, trop étranger à une politique contradictoire pour temps de crise, pour imaginer dans le tribun Mirabeau, dans le héraut des premiers mois de la Révolution, le Premier ministre d'une démocratie royale apaisée.

Un grand dessein déjoué et un grand destin manqué ?

Dans l'essai qu'il lui a consacré, lors du premier centenaire de la Révolution, l'académicien Edmond Rousse conteste à Mirabeau la qualité de « grand politique » : parce qu'il n'a pas tenu dans ses mains le pouvoir, et qu'il a été seulement obsédé par le souhait de le conquérir. Les « grands politiques » selon Rousse, les Henri IV, Richelieu, Mazarin, Louis XIV, « ont fait des établissements glorieux et durables, des conquêtes solides, assuré pour longtemps la grandeur de leur patrie ».

Pourtant, s'il n'a jamais exercé ces « fonctions exécutives » pour lesquelles il semblait être né, Mirabeau a trouvé naturellement sa place dans l'Histoire, a imprimé souverainement son sceau à la Révolution : n'est-il pas mort en souverain, enlevé à l'admiration de ses sujets ? Comme, un siècle après lui, Gambetta, dont l'expérience de gouvernant sera réduite à un ministère d'un mois. L'inachèvement n'est pas nécessairement synonyme d'échec. Si échec il y eut, ce fut plutôt celui de la France : la France a manqué Mirabeau.

Dans ses *Hommes de la Révolution*, Lamartine a présenté Mirabeau comme « le plus grand génie politique des temps modernes ». José Ortega y Gasset, dans un article de la *Revista de Occidente* publié en 1927, voit en Mirabeau « l'archétype du grand politique » – l'archétype, c'est-à-dire non l'idéal mais la réalité dans ce qu'elle a de plus profond. L'idéal est moins que la réalité : il est facile à imaginer et à définir. « En revanche, tout ce qui constitue le grand politique, nous devons humblement attendre que la Nature veuille bien l'inventer, elle, magnifiquement, et se résolve à enfanter un Titan tel que Mirabeau. »

À travers Mirabeau, Lamartine et Ortega y Gasset ont dessiné le portrait de l'homme d'État, du « politique par la grâce de Dieu, l'homme d'État né ». Quels sont ses traits ?

Le courage politique face au « bouillonnement des foules » : dès qu'il est contesté par l'Assemblée, voire menacé par les « patriotes » qui encerclent l'Assemblée, Mirabeau, loin de se troubler, revient à la charge, éclaircit le dossier en débat, renforce son argumentation et parvient à « déterminer le troupeau ».

Le talent politique, et son aspect le plus visible alors que s'ouvre l'ère des parlements, l'éloquence romantique qui enflamme les assemblées ou leur impose le calme – dès le premier discours de Mirabeau dont Dumont, souvent sévère à l'endroit du député d'Aix, décrit l'effet « électrisant » : « On n'avait encore rien entendu de cette force et de cette dignité dans le tumultueux prélude des Communes ; ce fut une jouissance nouvelle, car l'éloquence est le charme des hommes assemblés. »

Le sens de l'organisation, doublé d'une extraordinaire capacité de travail : Mirabeau met de l'ordre partout, à Aix et à Marseille où il organise les premières milices de citoyens du royaume, à l'Assemblée, dont il oriente l'activité et à laquelle il dicte sa procédure, comme dans l'application détaillée de son « plan ».

Une vision, une idée claire de ce qu'il faut faire pour la nation – « une politique de haute mer, de longue distance », selon Ortega y Gasset –, cette idée claire qui distingue « le génie de la politique » de l'homme politique commun.

Le sens du possible, la volonté de « sauver la soudaineté du passage » ! Car, nous dit Mirabeau, « nous ne sommes point des sauvages arrivant des bords de l'Orénoque... Nous sommes une nation vieille et sans doute trop vieille pour notre époque. Nous avons un gouvernement préexistant, un roi préexistant, des préjugés préexistants. Il faut, autant qu'il est possible, assortir toutes ces choses à la Révolution ».

Deux questions, cependant, au grand écrivain madrilène... quatre-vingts ans après la parution de son article.

D'une part, Ortega y Gasset s'émerveille de la facilité avec laquelle l'homme privé Mirabeau, « étranger aux chancelleries et à l'administration », traînant de prisons en procès, accaparé par des amours tumultueuses, se transforme, se convertit, à l'occasion des États généraux, en homme public et en chef de file de la Révolution. Mais y a-t-il eu réellement transformation, conversion de l'homme privé, improvisation d'une politique nouvelle, fusion d'un destin privé et de celui de la France ? Au vrai, comme le Prince de Machiavel, ou comme le chef, dépeint par Charles de Gaulle dans *Le Fil de l'épée*, l'homme public Mirabeau n'a cessé de se construire au prix d'une constante gymnastique de la volonté – mêlant au raisonnement, l'observation directe, les contacts, les lectures. Il a toujours été un homme d'État : lorsque, incarcéré à Vincennes, il voulait réformer le système pénitentiaire ; lorsque, faisant fléchir le balancier de la Bourse au fil de ses pamphlets, il se rêvait en grand argentier du royaume ; lorsque, séjournant à Berlin, il se posait en conseiller de Frédéric-Guillaume de Prusse. Il avait déjà revêtu l'armure, la *virtù* du grand homme politique ; ne lui manquait que la rencontre avec un destin – 1789 allait l'ériger en annonciateur du jugement dernier de l'Ancien Régime.

D'autre part, doit-on réellement opposer l'homme d'action Mirabeau aux « hommes de pensée », comme le fait Ortega y Gasset lorsqu'il écrit : « J'ai toujours cru voir en Mirabeau une cime du type humain le plus opposé à celui auquel j'appartiens » ? Pourtant, Mirabeau n'est pas « l'anti-intellectuel ». En prison ou en liberté, il ne cesse de lire avec frénésie, de prendre des notes, d'écrire. Tout l'intéresse : l'économie des salines de Franche-Comté lorsqu'il est dans le Jura, la musique sur laquelle il rédige, à Amsterdam, un essai au titre si moderne – *Le lecteur y mettra le titre*. Grand intellectuel des Lumières – comme ses ancêtres avaient été de brillants hommes d'épée – Mirabeau n'est sauvé de la condition d'intellectuel pur que par son impulsivité, son besoin constant d'action. Ce Provençal, issu d'une « famille de frénétiques », de Karamazov sudistes – son père parle d'une « race effrénée », son oncle du « salpêtre » qui est dans le sang des Mirabeau –, ce « monsieur Ouragan » ou « La Bourrasque », selon son père, ce « Mirabeau-Tonnerre », selon Camille Desmoulins, a toujours refusé le « piétinement sur place » de l'homme de pure réflexion. Il nous apparaît finalement comme un intellectuel-homme d'action, un intellectuel d'action, comme tous les grands politiques.

Quel aurait été le destin politique de Mirabeau s'il avait vécu ? Aurait-il évité la Terreur ? Oui, s'il avait réussi à maintenir une démocratie royale en prévenant l'erreur de Varennes – on sait qu'il avait élaboré un autre scénario de repli du roi sur une province fidèle. Oui, s'il avait évité l'affrontement de la Révolution avec le reste de l'Europe. Dans une Europe qui serait restée celle du traditionnel concert des puissances, dans un système homogène européen, fondé sur la légitimité monarchique, il pouvait y avoir place pour une révolution de la France, limitée à l'instauration d'une monarchie constitutionnelle – comme il y avait eu place pour les révolutions de l'Angleterre.

La tâche était, certes, difficile, et le résultat n'était pas assuré. Du vivant de Mirabeau déjà, un nouveau principe de souveraineté émergeait : dans l'affaire des princes possessionnés d'Alsace, comme dans le contentieux sur Avignon et le Comtat venaissin, le droit des peuples est opposé à la légitimité monarchique. Mirabeau a bien vu cette opposition, mais il a déployé tous ses efforts vers l'élaboration de compromis, afin de maintenir la paix européenne et le cours encore relativement modéré de la Révolution.

Après Mirabeau, il n'existe plus de chef de file de la Révolution à même d'empêcher l'embrasement d'un système européen devenu hétérogène. Les principes de légitimité s'affrontent, les armées se défient, les deux parties pratiquent naturellement l'ingérence et cherchent à provoquer la discorde chez l'ennemi. Le 1er août 1792, le manifeste du duc de Brunswick est révélateur. Le général en chef des armées prussienne et autrichienne – ce Brunswick qu'avait si bien connu Mirabeau pendant ses séjours en Allemagne – se défend de vouloir « s'immiscer dans le gouvernement intérieur de la France », mais il menace de traiter les gardes nationaux comme « rebelles à leur roi », de livrer la ville de Paris à « une exécution militaire » et à « une subversion totale » s'il est fait violence à la famille royale, et de tenir les membres « de l'Assemblée nationale, du département, du district, de la municipalité » pour « personnellement responsables de tous les événements sur leur tête ». Il s'agit d'un pur discours de guerre civile. La guerre civile européenne est engagée : à la croisade pour la restauration de la légitimité monarchique répond la croisade pour la libération des peuples européens.

Imaginons Mirabeau entraîné dans la guerre civile européenne... Il aurait été l'une des premières victimes de la Terreur. Mais il aurait pu ne pas attendre la Terreur ; il avait proclamé sa détermination, lors du débat sur l'émigration à l'Assemblée : « Si vous faites une loi contre les émigrants, je jure de n'y obéir jamais. » Il avait conseillé à Frédéric-Guillaume : « Donnez la liberté d'émigrer. L'homme n'est pas attaché à la glèbe. L'homme n'est pas une propriété. » Peut-être aurait-il suivi l'exemple de son ami Dupont de Nemours, et franchi l'Atlantique. Depuis sa prison de Vincennes, il avait écrit à Sophie combien il regrettait de ne pas avoir fui avec elle vers le Nouveau Monde : leur fille aurait été éduquée à Boston, en citoyenne libre de la jeune république américaine. Imaginons donc Mirabeau s'adressant, depuis Boston, au peuple français, pour lui rappeler les idées justes de la Révolution et l'héritage des Lumières face aux égorgeurs de Septembre, aux bourreaux de la Terreur, au sectarisme déshumanisé des « Jacobins exagérés ».

BIBLIOGRAPHIE

Les écrits de Mirabeau, publiés sous son nom

Considérations sur l'ordre de Cincinnatus. Londres, Johnson, 1784.

Doutes sur la liberté de l'Escaut, réclamée par l'empereur. Londres, G. Faden, 1784.

De la Caisse d'escompte. Paris, 1785.

De la banque d'Espagne, dite de Saint-Charles. Paris, 1785.

Sur les actions de la Compagnie des Eaux de Paris. Londres, 1785.

Réponse à l'écrivain des administrateurs de la Compagnie des Eaux (Beaumarchais). Bruxelles, 1785.

Lettre à M. sur Cagliostro et Lavater. Berlin, 1786.

Sur Moses Mendelssohn et la réforme politique des juifs. Londres, 1787. (traduction allemande Berlin, Maurer, 1787).

Lettre remise à Frédéric-Guillaume II, le jour de son avènement au trône. Berlin, 1787.

Dénonciation de l'agiotage. Paris, 1787.

Lettre sur l'administration de M. Necker. Paris, 1787.

Lettre sur l'invasion des Provinces-Unies à M. le comte de Mirabeau et sa réponse. Bruxelles, 1787.

Aux Bataves, sur le Stathoudérat. Paris, 1788. Deuxième édition, très modifiée, 1790.

Suite de la dénonciation de l'agiotage. Paris, 1788.

De la monarchie prussienne sous Frédéric le Grand. Londres, 1788. 4 volumes.

Conseils à un jeune prince qui sent la nécessité de refaire son éducation (texte « emprunté » à son père, le marquis). Paris, 1788.

Observations d'un voyageur anglais sur la maison de force appelée Bicêtre. Paris, 1789.

Sur la liberté de la presse, imité de l'anglais de Milton. Londres, 1788.

Correspondance entre M.C. et le comte de Mirabeau sur l'arrêt du 29 décembre 1788 (Les « lettres à Cerutti », sur Necker). Paris, 1789.

Les écrits de Mirabeau, publiés anonymement

Essai sur le despotisme. Londres, 1775.

Avis aux Hessois et autres peuples de l'Allemagne, vendus par leurs princes à l'Angleterre. Clèves, 1777.

Réponse aux « Conseils de la raison » (titre d'un pamphlet publié en réponse à l'Avis aux Hessois). Amsterdam, 1777. (Ces deux essais seront republiés dans une nouvelle édition de l'*Essai sur le despotisme*, Paris, 1792.)

Le lecteur y mettra le titre. Essai sur la musique. Londres, 1777.

Des lettres de cachet et des prisons d'État. Hambourg, 1782.

L'Espion dévalisé. Londres, 1782.

Ma conversion. Stamboul, Imprimerie des Odalisques, 1783 (*sic* !). (Nouvelle édition avec une préface de Rudy Le Menthéour, Paris, Éditions du Sandre, 2004.)

Erotika Biblion. Rome, Imprimerie du Vatican, 1783 (re-*sic* !). Réédition, Le Jay, 1792.

Réponse aux alarmes des bons citoyens. Paris, 1788. (Pamphlet contre les parlements.)

Histoire secrète de la cour de Berlin. Alençon, 1789, 2 volumes.

(Les Archives des Affaires étrangères renferment un grand nombre des manuscrits ou fragments de manuscrits publiés anonymement ou sous son nom par Mirabeau, dont le courrier « diplomatique » de Berlin, devenu *Histoire secrète...*, le manuscrit corrigé *De la monarchie prussienne*, ainsi que des notes de lecture, par exemple sur *L'Islamisme et le Coran* et *La Révolution aux États-Unis*, une traduction de la *Vie de Caïus Julius Agricola* de Tacite, l'*Abrégé de grammaire française*, composé pour Sophie).

Les écrits de campagne de Mirabeau pour l'élection aux États généraux

Discours sur la représentation illégale de la nation provençale. Aix, Gibelin-David et Émeric-David, 1789.

Réponse aux protestations contre le discours sur la représentation illégale... Aix, Émeric-David, 1789.

À la nation provençale. Aix, Émeric-David, 1789.

Opinion sur le règlement royal sur la convocation aux États généraux. Aix, Émeric-David, 1789.

Lettre du comte de Caraman, commandant en Provence et réponse de Mirabeau. Aix, 1789.

Les journaux créés par Mirabeau

Analyse des papiers anglais. 14 novembre 1787 - 19 novembre 1789. Cent deux numéros parus.

Journal des États généraux. Deux numéros : 2-4 et 5 mai 1789.
Lettre du comte de Mirabeau à ses commettants. Mai-juillet 1789.
Le Courrier de Provence. 1789-1790. En 1790, Mirabeau abandonne la direction du *Courrier*.

LES DISCOURS DE MIRABEAU

Collection complète des travaux de Mirabeau l'aîné à l'Assemblée nationale, recueillis par Étienne Méjan. Imprimerie Veuve Le Jay, 1791. 5 volumes.
Mirabeau peint par lui-même. Recueil de ses discours du 5 mai 1789 au 2 avril 1791. Paris, Buisson, 1791. 4 volumes.
Mirabeau, Discours et opinions, rassemblés par Mérilhon. Paris, Brissot-Thivars et Dupont, 1826, 9 volumes.
Archives parlementaires de 1787 à 1860. Recueil complet des débats législatifs et politiques, sous la direction de Mavidal, Laurent Clavel. *Première série : 1789-1799*. Paris, Librairie administrative Paul Dupont, 1867.

Cf. aussi :
F.-A. Aulard, *Les orateurs de l'Assemblée constituante*. Paris, Hachette, 1882.
François Furet et Dan Halévi, *Orateurs de la Révolution française*. Tome I : *Les Constituants*. Paris, Gallimard, 1989.
Discours de Mirabeau. Monaco, Hemera, 1949.
H. Reynald, *Mirabeau et la Constituante*. Paris, Didier, 1872.
A. Castaldo, *Les méthodes de travail de la Constituante*. Paris, Presses universitaires de France, 1989.

LES NOTES DE MIRABEAU À LA COUR

Recueil des Papiers trouvés aux Tuileries et imprimés par ordre de la Convention. Paris, 1793.
« Les notes à la cour », in : *Mirabeau entre le roi et la Révolution*, présenté par Guy Chaussinand-Nogaret. Paris, Hachette, 1986.

LA CORRESPONDANCE DE MIRABEAU

Lettres amicales à M. Mauvillon, à Brunswick. Hambourg, P.-F. Fauche, 1794.
Lettres à Chamfort. Paris, Imprimerie des Sciences et Arts, an III.
Correspondance entre le comte de Mirabeau et le comte de La Marck, pendant les années 1789-1799, publiée par Ad. de Bacourt, ancien ambassadeur de France près la cour de Sardaigne. Paris. Veuve Le Normant 1851, 3 volumes. (Le recueil de M. de Bacourt comprend tous les papiers remis par Mirabeau à La Marck, qui constituent le Fonds d'Arenberg.)

Lettres à Yet-Lie (Mme de Nehra), publiées par A. Dauphin-Meunier. Paris, Montaigne, 1929.
(Cf. les lettres à Sophie dans les prisons de Mirabeau.)

LES BIOGRAPHIES DE MIRABEAU

Montigny (Lucas de), *Mémoires biographiques, littéraires et politiques, écrits par lui-même, son père, son oncle et son fils adoptif.* Paris, Guyot et Delaunay, 1834-1835. 8 volumes. (Les papiers de Mirabeau, réunis par les soins de Lucas de Montigny, ont été, en très grande partie, déposés au Fonds Mirabeau de la bibliothèque Arbaud, de l'Académie de Provence, à Aix-en-Provence. On y trouve aussi les archives du château de Mirabeau, les documents d'état-civil, titres de propriété et de nombreuses liasses de correspondance de la famille Mirabeau.)

[Commentaires des *Mémoires* :
Hugo (Victor), *Étude sur Mirabeau.* Paris, 1834.
Sainte-Beuve, *Causeries du lundi,* tome IV, deux « lundis » sur Mirabeau et Sophie. Paris, Garnier, 1851.]

Loménie (Louis de), *Les Mirabeau.* Paris, Dentu, 1879, 2 volumes.

Loménie (Charles de). *Les Mirabeau,* deuxième partie. 1889-1891. Volumes III à V.

Rousse (Édouard), *Mirabeau.* Paris, Hachette, 1891. (Biographie courte et percutante, consacrée à l'écrivain Mirabeau, mais qui porte évidemment aussi sur le politique.)

Mézières (Alfred), *Vie de Mirabeau.* Paris, 1892.

Stern (Alfred), *La vie de Mirabeau.* Traduction de l'allemand par Lespès, Pasquet, Péret et Busson. Paris, Librairie Émile Bouillon, 2 volumes, 1895 et 1896. (Remarquable biographie du professeur d'histoire à l'École polytechnique fédérale de Zurich, dédiée au « personnage le plus grandiose d'une révolution incomparable » et rédigée à partir des Archives du Quai d'Orsay et des Archives d'État de Vienne, Berlin et Neuchâtel.)

Barthou (Louis), *Mirabeau.* Paris, Hachette, 1913.

Van Leisen (H.), *Mirabeau et la révolution royale,* préface de Jacques Bainville. Paris, Grasset, 1926. (Ce disciple de Maurras tente de démontrer l'identité entre la politique de Mirabeau et celle de Louis XIV et de Louis XV.)

Ortega y Gasset (José), « Mirabeau ou le politique ». Madrid, *Revista de Occidente,* 1927. Traduction française : in *Le Spectateur tenté,* Paris, Plon, 1958, et *Le Spectateur,* Paris, Rivages, 1992.

Jouvenel (H. de), *La vie orageuse de Mirabeau.* Paris, Grasset, 1928.

Caste (L.), *Mirabeau.* Lyon, Lardanchet, 1942.

Chevallier (Jean-Jacques), *Mirabeau, un grand destin manqué.* Paris, Hachette, 1946. (Un volume essentiellement consacré, avec une grande clarté, aux années 1789-1791.)

Vallentin (A.), *Mirabeau avant la Révolution.* Paris, Grasset, 1946.

Vallentin (A.), *Mirabeau dans la Révolution*. Paris, Grasset, 1947. (Deux volumes très riches en anecdotes, au rythme parfois torrentueux... Antonina Vallentin l'écrit par saccades, dans l'Alsace occupée, alors qu'elle tente d'échapper à la déportation.)

Dominique (P.), *Mirabeau*. Paris, Flammarion, 1947.

Castries (Duc de), *Mirabeau ou l'échec du destin*. Paris, Fayard, 1960.

Chaussinand-Nogaret (Guy), *Mirabeau*. Paris, Le Seuil, 1982.

TÉMOIGNAGES SUR MIRABEAU

Dumont (Étienne), *Souvenirs sur Mirabeau et sur les deux premières assemblées législatives*. Ouvrage posthume, publié par J-L Duval. Paris, Gosselin, 1832.

Peuchet (P.), *Mémoires sur Mirabeau et son époque*. Paris, Bossange frères, 1824, 4 volumes.

Duquesnoy (Adrien), *Journal*. Paris, A. Picard, 1894, 2 volumes.

Malouet, *Mémoires*. Paris, Didier, 1868, 2 volumes.

Journal de Gouverneur Morris, 1789-1792. Paris, Plon 1901. (Les commentaires, très critiques, de l'ambassadeur des États-Unis.)

Staël (Mme de), *Considérations sur la Révolution française*. Paris, Charpentier, 1843, 2 volumes.

Plan (Ph.), *Un collaborateur de Mirabeau*, Reybaz. Documents inédits. Paris, Sandoz et Fischbacher, 1874.

Mémoires de J-P Brissot dit de Warville, publiées par de Lescure. Paris, Didot, 1877.

Passy (L.), *Frochot, préfet de la Seine*. Paris, Durand, Pedone et Lauriel, 1867. (L'ami et collaborateur le plus proche de Mirabeau parmi les membres de la Constituante.)

Lameth (Alexandre de), *Histoire de l'Assemblée constituante*. Paris, 1829, 2 volumes.

Bénétruy (J.), *L'atelier de Mirabeau*. Paris, A. et J. Picard, 1962.

SUR LA JEUNESSE DE MIRABEAU

Ferval (Cl.), *La jeunesse de Mirabeau*. Paris, Fayard, 1926.

Fling (F.M.), *The Youth of Mirabeau*. New-York, Putnam, 1908.

Doumic (René), « La jeunesse de Mirabeau ». *Revue des Deux-Mondes*, 1903, pages 654-673.

Elliott (Sir Gilbert), *Life and letters*, London, 1874. (Le comte de La Marck est présenté, par erreur, comme un ami d'enfance des Elliott et de Mirabeau.)

Souvenirs du baron de Gleichen. Paris, Techener, 1868. (Un ami du marquis Victor, qui déplorait le comportement de ce dernier à l'égard de Gabriel-Honoré.)

Perey (L.), *Un petit-neveu de Mazarin, le duc de Nivernois*. Lévy, 1890. (L'ami très proche du marquis, auquel Gabriel-Honoré s'adressera souvent.)

Sur Mirabeau et sa famille

Henry (Gilles), *Mirabeau père*. Paris, Tallandier, 1989.
Delhoure (L.), *L'Ami des Hommes en Limousin*. Limoges, 1949.
Dauge (S.), *Le marquis de Mirabeau, un physiocrate*. Auch, 1905.
Bonnet (A.), *Mirabeau et sa femme*. Paris, 1900.
Nel (Ph.), *Émilie de Marignane*. Toulon, 1936.
Chapront, *Mirabeau-Tonneau*. Paris, édit. Haussmann, 1956.

Sur les prisons de Mirabeau

Lettres originales de Mirabeau, écrites du donjon de Vincennes, pendant les années 1877-1880, recueillies par P. Manuel. Paris, J. de Garnery, 1792, 4 volumes. (Manuel, procureur-syndic de la commune de Paris, a « retravaillé » les lettres de Mirabeau, avant de les livrer au public.)
Cottin (Paul), *Sophie de Monnier et Mirabeau d'après leur correspondance secrète inédite*, 1775-1789. Paris, Plon, 1903.
Lettres écrites du donjon de Vincennes, préface, notes et dossier de Béatrice Didier (lettres de la première année d'incarcération, 1777-1778). Arles, Actes Sud, 1998.

Sur les procès de Mirabeau

Joly (Aristide), *Les procès de Mirabeau en Provence, d'après des documents inédits*. Paris, Durand, 1863.
Seligman (Justin), *Mirabeau devant le parlement d'Aix*. Paris, Alcan-Lévy, 1884.
Furby (Ch.), *Les plaidoyers de Mirabeau devant la sénéchaussée d'Aix et le parlement de Provence*. Aix, 1892.
Leloir (Georges), *Mirabeau à Pontarlier*. Pontarlier, Thomas, 1886.
Vitry (J.-F.), *Lettres inédites, mémoires et extraits de mémoires, relatifs aux procès de Pontarlier et d'Aix*. Paris, Le Normant, 1806.
Trois mémoires de Mirabeau contre le marquis de Monnier. Pontarlier, 1782.
Mémoires contre sa femme. Six brochures. Aix, Joseph-David, 1783 et 1784.

Sur Mirabeau, la franc-maçonnerie et les clubs politiques

Cochin (Auguste), *Les sociétés de pensée et la démocratie moderne*. Réédition, Paris, Copernic, 1978.
Martin (G.), *La franc-maçonnerie française et la préparation de la Révolution*. Paris, 1926.
Walter (G.), *Histoire des Jacobins*. Paris, Somogy, 1946.
Michon (G.), *Essai sur l'histoire du parti feuillant : Adrien Duport*. Paris, Payot, 1924.

Vénier (René), *Mirabeau franc-maçon*. Marseille, Éditions du Centenaire, 1951.

Sur le séjour de Mirabeau à Berlin

Welschinger (Henri), *La mission secrète de Mirabeau à Berlin*. Paris, Plon, 1900.

Sur Mirabeau, financier

Hervieu, *Les idées économiques et financières du comte de Mirabeau*. La Rochelle, Imprimerie centrale, 1936.
Dauphin-Meunier (A.), *Mirabeau et l'économie prussienne de son temps*. Paris, Presses universitaires de France, 1933.
Mirabeau jugé par ses amis et ses ennemis. Paris, Couvet, 1791.
Say (Léon), *Les interventions du Trésor à la Bourse depuis cent ans*. Annales de l'École libre des sciences politiques, 15 janvier 1886.
Stourm (R.), *Les finances de l'Ancien Régime et de la Révolution*. Paris, Guillaumin, 1885, 2 volumes.

Sur Mirabeau et la Provence

Guibal (Georges), *Mirabeau et la Provence en 1789*. Paris, Thorin, 2 volumes, 1887 et 1891. (Étude classique d'un professeur d'histoire à la faculté des lettres d'Aix.)
Viguier (Jules), *La convocation des États généraux en Provence*. Paris, Lenoir, 1895.

Sur la vision internationale de Mirabeau

Sorel (Albert), *L'Europe et la Révolution française*. Paris, Plon, 1885. Deuxième volume, chapitres premier (les plans de Mirabeau) et trois (le comité diplomatique de l'Assemblée).

Sur la fin de Mirabeau

Cabanis, *Journal de la maladie et de la mort de Mirabeau*. Paris, Prault, 1791.
Cerutti, *Éloge funèbre de Mirabeau*. Paris, Desenne, 1791.

INDEX

TABLE

PREMIÈRE PARTIE
LE RÉVOLTÉ

DEUXIÈME PARTIE
LE RÉVOLUTIONNAIRE

TROISIÈME PARTIE
L'ALLIÉ DU ROI

Achevé d'imprimer sur les presses de

BUSSIÈRE

GROUPE CPI

à Saint-Amand-Montrond (Cher)
en avril 2008

Édition exclusivement réservée
aux adhérents du Club
Le Grand Livre du Mois

N° d'impression : 081398/4.
Dépôt légal : juin 2008.

Imprimé en France